제 3 판

강의
형법총론

강동욱

Criminal Law Lecture I

박영사

제3판 머리말

「강의 형법총론」제2판을 발간한 이후 2년이 지났다. 짧은 시간이었지만 사회의 변혁에 따라「형법」의 일부개정은 물론 일부 판례의 태도에도 변경이 있었다. 지금도「형법」개정안이 국회에 발의되어 있는 상태이지만 사실상 21대 국회가 종료된 상태이므로 제3판을 발간하기로 결정하였다. 제3판에서는 형법총론에 대한 이론과 판례 등에 대한 이해를 쉽게 이해하게 하고자 하는 본서의 저술 취지에 충실하면서 다음의 점에 관하여 수정·보완하였다.

첫째, 2023년 8월 8일 개정된「형법」(법률 제19582호)의 내용까지 모두 반영하여 수정·보완하였다. 그동안「형법」규정의 일본식 표현이나 어려운 한자어 등을 국민의 눈높이에 맞추어 읽기 쉬운 우리말로 변경하고, 법률문장의 내용을 정확히 전달할 수 있도록 어순구조를 재배열하는 등의「형법」일부개정이 있었다. 이에 개정된「형법」규정에 따라 본서의 내용을 변경·수정하였다. 또한「형법」에서 영아살해죄(제251조)와 영아유기죄(제272조)가 삭제됨에 따라 이에 관련된 내용을 수정하였고, 형의 시효에 대한 개정내용을 반영하였다.

둘째, 최근 각종 시험에서 판례의 중요성이 강조되는 현실을 반영하여 2024년 2월까지의 주요 대법원판례와 헌법재판소결정을 추가하는 등, 판례의 내용을 보완하였다. 특히,「형법」제1조 제2항의 적용범위에 관한 대법원 전원합의체의 판결을 상세하게 서술하였다.

끝으로 본서의 제2판에서 수정하지 못한 오·탈자나 서술의 오류 부분을 수정함으로써 본서의 완성도를 높였다.

이미 형법총론 교과서가 상당수 출판되어 있고, 모든 교과서들이 나름대로의 장점을 가지고 서술되어 있어서 많은 사람들이 형법총론 부분을 공부하는 데 이용되고 있다. 본서는「형법」규정 및 그 적용범위에 관하여 중점 중심으로 정리·서술함으로써 전문법률가들뿐만 아니라 법학초보자들도 형법총론의 이론과 판례의 내용을 보다 쉽게 습득하고 이해할 수 있도록 하고자 하였다. 또한 본서는 최근 판례 위주의 학습이나 각종 국가시험의 경향에 따라 주요 판결들을 소개함으로써 현대 법학공부의 흐름에 충실하게 대응하면서도 형법이론에 따른 학설의 대립과 그 이론적 귀결에 관한 이해의 중요성을 강조함으로써 형법총론 전반에 관하여 체계적인 지식을 가질 수 있도록 하였다. 앞으로도 본서의 취지에 따라 내용을 충실하게 보완해 나갈 것임을 약속드리면서, 독자 여러분들의 많은 비판과 격려를 기대한다.

끝으로 본서의 교정을 도와준 김봉수 김천대학교 교수와 최형보 세경대학교 외래교수에게 감사하며, 어려운 여건 속에서도 제3판을 출간해 주신 박영사 안종만 회장님, 안상준 대표님, 김선민 이사님을 비롯한 편집부 직원 여러분께 심심한 사의를 표한다.

2024. 6.

목멱산 중턱에서

저자 드림

제2판 머리말

「강의 형법총론」은 초판의 머리말에서도 밝힌 바와 같이 형법총론에 관한 학술서라고 하기보다는 교과서로서 형법학의 내용을 구파와 신파의 대립이라고 하는 구조적인 접근을 기초로 하여 형법총론분야에 있어서 기초이론과 판례의 태도를 서술함으로써 독자들이 형법을 쉽게 이해할 수 있도록 하는 것을 목표로 하였다. 이에 제2판에서도 초판의 기본적인 태도와 내용을 유지하면서 다음의 점에 유의하여 서술하였다.

첫째, 이 책의 초판을 발행한 후인 2020년 12월 8일 「형법」이 개정(법률 제17571호)되었으므로 아직 개정 「형법」의 시행(2021.12.9.) 전이지만 이번 개정판에서는 개정 「형법」을 반영하여 서술함으로써 개정 「형법」의 시행 후에도 참고할 수 있도록 하였다.

둘째, 이번 개정 「형법」의 취지는 "형법에 사용된 일본식 표현이나 어려운 한자어 등 개정이 시급한 대표적인 법률용어들을 국민의 눈높이에 맞추어 알기 쉬운 우리말로 변경하고, 법률문장의 내용을 정확히 전달할 수 있도록 어순구조를 재배열하는 등 알기 쉬운 법률문장으로 개정함으로써 형법에 대한 국민의 접근성 및 신뢰성을 높이려는 것"이었다. 이에 따라 「형법」상 개정된 부분 외에도 이번 개정 「형법」의 취지를 반영하여 전부분에 걸쳐 가급적 용어들의 표현을 개정 「형법」의 취지에 따라 알기쉬운 용어로 수정하였다.

셋째, 내용의 충실화를 꾀하였다. 즉, 개정 「형법」에 따라 내용을 새로 정리·편집하는 한편, 이 책의 초판에서 발견된 오·탈자와 일부 내용의 서술에 오류가 있거나 부족한 부분을 수정·보완하였으며, 최신 판례를 비롯하여 주요 판례를 추가하였다.

「형법」은 현행 법률 중에서 기본 3법에 속할 만큼 일상생활에 있어서 많은 영향을 미치는 중요한 법률이므로 누구나 쉽게 이해할 수 있어야 한다. 하지만 형법은 범죄와 형벌에 관한 법률이므로 시민의 인권보장을 위하여 엄격해석이 강조되면서 다른 법률과 달리 그 적용범위에 있어서 대립되는 학술적인 논란이 많고, 이러한 특성으로 인해 일반인은 물론이고, 법학자나 법조인조차도 이를 이해하는데 어려움이 적지 않다. 하지만 형법의 적용대상과 법률효과로서의 형벌의 중대성을 고려하면 법률전문가 또는 법률전문가를 지향하는 사람들뿐만 아니라 일반 시민들도 형법에 대한 기초지식을 가질 것이 요구되며, 이것은 법치국가의 국민으로서의 권리와 책임을 이해하게 하는 매우 중요한 요소가 될 것이다. 이 책은 이러한 요청에 부응하기 위하여 형법총론상 기본원리와 내용을 학습하게 하는데 중점을 두고 이론적 논쟁을 정리하여 서술하는 한편, 판례를 적시함으로써 독자들이 형법을 쉽게 이해하고 효과적으로 활용하는데 도움이 될 수 있을 것으로 판단된다. 앞으로도 꾸준한 개정과 보완을 통해 형법학에 대한 지식을 갖고자 하는 사람들을 위한 기본서로서 역할을 충실히 할 수 있도록 노력할 것을 약속드리며, 많은 격려와 비판을 기대하는 바이다.

끝으로 제2판의 출판에 있어서 교정의 수고를 해준 선영화 법학박사와 최형보 법학박사에게 감사의 뜻을 전하며, 어려운 여건 속에서도 이 책을 출간해 주신 박영사 안종만 회장님, 안상준 대표님, 김선민 이사님을 비롯한 편집부 직원 여러분께 심심한 사의를 표한다.

2021. 7.

목멱산 중턱에서

저자 드림

머리말

　우리나라가 산업화를 거쳐 민주화과정을 지나오면서 법의 중요성에 대한 사회적 인식이 달라졌고, 법치주의에 대한 믿음이 사회를 유지하는 근간이 되었다. 이로 인해 실정 법률뿐만 아니라 '법학'이라고 하는 학문영역에 있어서도 많은 발전을 이루었다. 특히, 산업화 이후 많은 젊은 법학자들이 독일 등 외국 유학을 통해 직접 법률이론과 법문화를 받아들이면서 일본 종속적 모습에서 벗어나 독자적인 법이론체계와 법문화를 형성하는 것은 물론, 우리 실정에 맞는 법률체계를 구축하는 정도에 이르렀다. 그 과정에서 시민 또한 권리의식이 강화되는 한편, 비약적인 사회발전에 수반하여 법률수요도 대폭 증가하게 되었다. 이러한 현실에 즉응하여 사회로부터 법조인 양성시스템에 대한 획기적인 전환이 요구되었으며, 이것이 반영되어 소수의 법조인 배출시스템에서 벗어나 다수의 법률전문가 양성을 통해 일반시민들이 보다 쉽게 법적 도움을 받을 수 있도록 법조인 배출시스템으로 전환되기에 이르렀다. 특히, 법조인 선발체계가 사법시험에서 법학전문대학원 졸업 후 변호사시험체제로 변화되면서 우리나라 법학교육에 있어서도 많은 변화가 초래되고 있다. 즉, 법학교육이 대학의 학부중심에서 법학전문대학원 중심으로 급격하게 바뀌었고, 법학교육의 방향도 이에 맞추어 법이론과 법기초 지식중심의 교육에서 판례 위주의 사례 및 실무교육 중심으로 변경되었다. 이것은 4차 산업혁명시대에 접어들면서 사회 전반에 걸쳐 실용중심의 교육이 강조되고 있는 현상과도 일맥상통하는 것이라고 하겠다.

　하지만 법은 국가와 사회를 유지하는 근간이 되고, 시민의 생활 및 행동과 밀접한 관련을 갖고 있다. 따라서 법의 제정과 집행 및 적용에 있어서 입법취지를 비롯하여 법철학적, 법이론적 지식이 바탕이 되지 않을 경우에 법은 시민의 인권을 보장하고 법익을 보호하는 수단이 아니라 오히려 시민을 해치는 흉기로 돌변할 수도 있다는 것이 역사적 경험을 통해서 증명된 바 있다. 이에 최근 법학교육이 지나치게 시험위주의 기교적인 형태로 되면서 법이론에 관한 교육이 황폐화되고 있다는 비판까지 제기되고 있는 것은 우려스러운 일이 아닐 수 없다.

또한 한편에서는 그동안의 법률서적이 사법시험용으로 이용되면서 분량이 지나치게 많아지고, 법률용어의 난해함으로 인해 일반인들이 접근하기에는 어려웠고, 이로 인해 일반인들이 법적 지식을 갖추기가 쉽지 않아서 법적 권리보장은 물론, 권리침해를 방지하는 데에도 한계가 있었다. 이러한 경향에 부응하여 최근 개설서 수준의 법률학 서적들이 다수 출간되고 있는 것은 매우 바람직한 현상이라고 하지 않을 수 없다.

그러나 이러한 상황에서 대학에서 법률학을 전공하는 학생들이나 법학을 전공하지 않고 법학전문대학원에 진학한 학생들이 법학에 대한 기초지식을 배양하고, 나아가 법률전문가로서 법률실무에 적용할 수 있는 법에 관한 이론적 기본적 지식을 쌓을 수 있는 법률전문서는 오히려 부족한 기현상을 보이고 있는 것도 사실이다. 이에 그동안 대학강단에서 강의해 온 강의자료를 정리하면서 이를 출판하고자 하는 욕심을 가지게 되었다. 따라서 이 책은 형법에 관한 학술전문서적이라고 하기 보다는 형법총론 교과서이자 강의안으로서, 형법총론에 관한 기초지식을 배양하게 하는 한편, 형법총론상에서 논의되고 있는 이론적 문제점들을 나열하고, 그에 관한 견해들에 대한 정리를 통해 학습자들이 같이 고민하고 연구해 볼 수 있도록 하는 계기를 마련하고자 하는데 그 목적을 두었다. 또한 부가적으로 관련 문제 영역에 대한 최신판례의 태도를 기술하여 참고할 수 있도록 함으로써 형사실무적 기초서로서는 물론, 각종 국가시험이나 전문자격시험 등에 대비한 수험서로서도 적극 활용할 수 있도록 하였다. 다만, 이 책은 본인의 연구서가 아니라 그동안 대학강단에서 강의해 오던 강의안을 정리·보완한 것으로서, 형법학에 대하여 처음 공부를 시작하거나 형법학에 대한 기초지식을 배양하고 이에 대한 체계를 갖고자 하는 사람들을 위한 목적으로 저술한 것이다. 따라서 이 책의 내용은 본인의 연구활동의 일환으로서의 학술적 분석이나 이론적 결론을 유도하려는 것이 아니고, 우리나라의 현재의 형법학자의 교과서나 선행연구들을 참고로 하여 그 내용을 정리하고, 이에 대해 저자의 의견을 밝히고 있다. 따라서 강의안으로서의 특성과 편집상 이유로 인해 각각의 참고내용을 개별적으로 각주에서 구체적으로 병기하지 않고 참고문헌으로 총괄적으로 적시하고 있는 것에 대하여는 깊은 양해를 부탁드리는 바이다.

끝으로 이 책의 출판에 있어서 기초정리를 도와 준 육군 제3사관학교 최우혁 교수와 교정의 수고를 해준 선영화 법학박사와 동국대학교 박사과정 최형보 군에게 감사의 뜻을 전하며, 어려운 여건 속에서도 이 책을 출간해 주신 박영사 안종만 회장님, 김선민 편집부장님을 비롯한 편집부 직원 여러분께 심심한 사의를 표한다.

2020. 7.

목멱산 자락의 연구실에서

저자 드림

차 례

제1편 서   론

제1장 형법의 기초이론

제2장   죄형법정주의

제3장   형법의 적용범위

제4장   형법이론과 형법학파

제2편   범죄론

제1장   범죄 일반이론

제2장 행 위 론

제3장   구성요건론

제4장 위법성론

제5장 책 임 론

제6장 미 수 론

제7장   공 범 론

제8장   죄 수 론

제**1**절 죄수 일반이론 / 361

제3편　형벌론

제1장　형　　벌

제2장   보안처분

참고문헌

김성돈, 형법총론(제8판), SKKUP, 2022.

김성천, 형법총론(제10판), 소진출판사, 2023.

김신규, 형법총론 강의(초판), 박영사, 2018.

김일수·서보학, 새로쓴 형법총론(제13판), 박영사, 2020.

김태명, 형법총론강의(제2판), 정독, 2023.

김혜정·박미숙·안경옥·원혜욱·이인영 공저, 형법총론(제5판), 정독, 2024.

박상기·전지연, 형법학 총론·각론강의(제5판), 집현재, 2021.

배종대, 형법총론(제17판), 홍문사, 2023.

성낙현, 형법총론(제3판), 박영사, 2020.

손동권·김재윤, 새로운 형법총론, 율곡출판사, 2011.

신동운, 형법총론(제15판), 법문사, 2023.

오영근·노수환, 형법총론(제7판), 박영사, 2024.

유기천, 개정 형법학(총론강의), 법문사, 2011.

이동기, 형법총론, 국민대학교 출판부, 2020.

이상돈, 형법강론(제4판), 2023.

이용식, 형법총론(개정판), 박영사, 2020.

이재상·장영민·강동범, 형법총론(제11판), 박영사, 2022.

이정원, 이석배, 정배근, 형법총론, 박영사, 2023.

이주원, 형법총론(제3판), 박영사, 2024.

이형국, 형법총론(제4판), 법문사, 2007.

이형국·김혜경, 형법총론(제7판), 법문사, 2023.

임 웅, 형법총론(제14전정판), 법문사, 2024.

장한철, 형법총론, 동방문화사, 2020.

정성근·박광민, 형법총론(전정3판), SKKUP, 2020.

정성근·정준섭, 형법강의 총론(제3판), 박영사, 2022.

정영석, 형법총론(전정5판), 법문사, 1994.

정영일, 형법총론(제3판), 학림, 2022.

차용석, 형법총론강의, 고시연구사, 1988.

최호진, 형법총론, 박영사, 2024.

황산덕, 형법총론(제7정판), 방문사, 1992.

한국형사판례연구회, 형법판례 150선(개정판 3판), 박영사, 2021. 등

제1편

서 론

제 1 장

형법의 기초이론

제1절 형법의 의의

형법은 범죄와 그에 대한 법률효과로서 형벌 또는 보안처분을 규정한 법률을 말한다.

1. 형식적 의미의 형법

형식적 의미의 형법은 1953년 9월 18일 제정(법률 제293호)되고, 같은 해 10월 3일부터 시행된 후 수차례의 일부 개정을 거친 형법전을 말한다.

형법전은 크게 총칙과 각칙으로 구성되어 있다. **총칙**에서는 모든 범죄와 형벌에 공통적으로 적용되는 일반원리에 대하여 규정하고 있으며, 형법의 적용범위(제1조~제8조), 범죄론(제9조~제40조), 형벌론(제41조~제86조)의 순으로 규정되어 있다. **각칙**에서는 개별 범죄와 그에 대한 형벌을 규정하고 있으며, 보호법익에 따라 국가적 법익에 관한 죄(제87조~제157조), 사회적 법익에 관한 죄(제158조~제249조), 개인적 법익에 관한 죄(제250조~제372조)의 순으로 규정되어 있다.

2. 실질적 의미의 형법

실질적 의미의 형법이란 그 명칭과 법률상 위치에 상관없이 범죄와 그에 대한 법률효과로서 형벌과 보안처분에 대하여 규정하고 있는 모든 법률을 말한다. 실질적 의미의 형법은 형식적 의미의 형법(형법전) 외에 크게 특별형법과 행정형법으로 구분된다.

가. 특별형법

특별형법은 형법전에 대한 보충법으로써 범죄의 성립과 처벌에 있어서 특례를 규정한 형벌법규를 말한다. 특별형법은 형법전에 대해 부수적·보충적 지위를 가지는 것으로, 그 규정형식은 형법전과 동일하다.

특별형법은 '특별법은 일반법에 우선한다'는 원칙에 따라 형법전에 우선하여 적용되며, 그 법령에 특별한 규정이 없는 한 원칙적으로 형법전의 총칙에 관한 규정이 그대로 적용된다(제8조 본문). 특별형법으로는 국가보안법, 폭력행위 등 처벌에 관한 법률, 특정범죄 가중처벌 등에 관한 법률, 경범죄 처벌법, 성폭력범죄의 처벌 등에 관한 특례법, 가정폭력범죄의 처벌 등에 관한 특례법 등이 있다.

나. 행정형법

행정형법은 행정목적을 달성하기 위하여 행정법규 위반행위에 대하여 행정제재가 아니라 형벌로 처벌하는 법률을 말한다(부수형법이라고도 한다). 그 규정형식은 형법전과 달리 범죄내용과 벌칙에 관한 규정이 분리되어 있다. 행정법은 본질적으로 형벌이 아닌 행정제재를 통하여 행정상 목적을 수행하는 것이 원칙이지만 그 목적달성을 위하여 행정단속에 있어서 부득이 형벌로 처벌할 필요가 있는 경우에 행정법규 내에서 형벌제재를 수용하고 있는 것이다. 대부분의 행정법에서는 그 위반행위에 대하여 형벌로 처벌하는 규정을 두고 있다.

행정형법에도 형법전의 총칙에 관한 규정이 그대로 적용되지만, 형법목적보다 행정목적이 우선하므로 형법전의 총칙에 관한 규정이 수정되는 경우가 있다(제8조 본문). 도로교통법, 조세범 처벌법, 관세법, 담배사업법 등의 벌칙규정에서 형벌로 처벌하는 경우가 이에 해당한다.

[참고] **조세범 처벌법**에서는 형법 제3조부터 제6조까지, 제10조, 제12조부터 제14조까지의 범칙행위를 한 사람에 대하여는 형법 제38조 제1항 제2호 중 벌금경합에 관한 제한가중규정을 적용하지 아니한다(제20조). **관세법**에서는 그 정황을 알면서 법 제269조 및 제270조에 따른 행위를 교사하거나 방조한 사람은 정범에 준하여 처벌하고, 법 제268조의2, 제269조 및 제270조의 미수범은 본죄에 준하여 처벌하며, 동 죄를 범할 목적으로 그 예비를 한 사람은 본죄의 2분의 1을 감경하여 처벌하도록 하고 있다(제271조). **담배사업법**에서는 이 법에서 정한 죄를 범한 사람에 대하여는 형법 제9조, 제10조 제2항, 제11조, 제16조, 제32조 제2항, 제38조 제1항 제2호 중 벌금 경합에 관한 제한가중규정과 형법 제53조는 적용하지 아니한다. 다만, 징역형에 처할 경우 또는 징역형과 벌금형을 병과할 경우의 징역형에 대하여는 그러하지 아니하다(제31조). **도로교통법**에서는 본법상 죄를 범한 사람에 대하여는 정상(情狀)에 따라 벌금 또는 과료와 구류의 형을 병과(竝科)할 수 있으며(제158조), 긴급자동차(제2조 제22호 가목부터 다목까지의 자동차와 대통령령으로 정하는 경찰용 자동차만 해당한다)의 운전자가 그 차를 본래의 긴급한 용도로 운행하는 중에 교통사고를 일으킨 경우에는 그 긴급활동의 시급성과 불가피성 등 정상을 참작하여 제151조, 교통사고처리 특례법 제3조 제1항 또는 특정범죄 가중처벌 등에 관한 법률 제5조의13에 따른 형을 감경하거나 면제할 수 있다(제158조의2).

제2절 형법의 성격

1. 형법의 법체계적 지위

가. 실체법

형법은 실체법이다. 형법은 형사(刑事)에 관한 법으로서 범죄의 성립조건과 그 범죄에 대한 법률효과인 형벌에 대하여 규정한 실체법이다. 따라서 형법은 형사절차에 관해 규정하고 있는 절차법으로서 형사소송법 및 형집행의 절차와 방법을 규정하고 있는 절차법인 행집행법과 구별된다. 다만, 실체법인 형법에도 친고죄나 반의사불벌죄 등 형사절차에 관한 내용과 형의 집행에 관한 내용이 일부 포함되어 있다.

나. 공법

형법은 공법이다. 형법은 개인의 범죄행위에 대한 국가의 형벌권 행사에 관해 규정한 법으로서, 국가와 개인 간의 관계를 규율하는 공법에 해당한다. 따라서 형법은 공공생활 규제의 질서이념인 배분적 정의를 그 원리로 하며, 법치주의의 실현으로서 죄형법정주의를 원칙으로 한다.

이 점에서 형법은 사인(私人) 간의 법률관계를 내용으로 하는 것으로서 사적(私的) 자치의 원칙을 기본으로 하고 평균적 정의를 그 원리로 하는 사법(私法)인 민법과 구별된다.

다. 사법법

형법은 사법법(司法法)이다. 형법은 기본적으로는 범죄와 형벌을 추상적으로 기술한 법규범임과 동시에, 구체적 사건에 대한 법원의 유·무죄 판단의 기준이 되는 사법법(재판법)이다. 이처럼 형법은 재판의 적용기준으로서 발생한 사건에 대한 사후적 적용이라는 점에서 사후적·소극적 성격을 가지며, 시민의 권리보장 또는 박탈에 대한 심판기준이라는 점에서 권리의 최후 보호자적 성격이 내재되어 있다.

따라서 형법은 법의 목적과 관련하여 법적 안정성을 중시하며, 이점에서 정의의 실현을 중점으로 하는 입법법과 행정목적의 적극적·구체적 실현을 위하여 합목적성이 강조되는 행정법과 구별된다.

[법의 목적] 라드부르흐(Radbruch)는 법의 목적은 '공동선(共同善)', 즉 국민 모두의 행복을 달성하는 것이라고 하면서, 이를 달성하기 위해서는 법은 3가지 요소, 정의, 합목적성, 법적 안정성을 갖추어야 한다고 하였다.

[형법의 성격] 형법은 과거에는 범죄자를 처벌하는 법으로서 기능을 하였기 때문에 그 처벌이 가혹하더라도 용인되었다. 하지만 근대 이후 형법은 사전 예고를 통해 범죄를 예방하는데 그 기능이 있는 것으로 평가되고, 형법상 범죄에 해당하지 않으면 처벌할 수 없으며 범죄를 범하였다고 하더라도 법에 규정된 형벌 이상으로 처벌할 수 없다는 죄형법정주의 기능이 강조되고 있다. 특히, 국가에 의한 어떠한 제재보다도 형벌로 인한 고통이 극심하다는 점에서 형벌권의 발동에 있어서는 겸억성의 원칙이 요청되고 있다. 따라서 형벌은 다른 수단으로 그 목적달성이 가능한 경우에는 그 수단을 이용하여야

하고(**보충성의 원칙**), 다른 수단이 없는 경우에 한하여 형벌은 부과되어야 하며(**최후 수단성의 원칙**), 형벌에 의할 경우에도 그 목적달성을 위한 최소한의 범위 내에서 부과할 것(**최소성의 원칙**)이 요구되고 있다. 따라서 이를 형법의 성격으로 설명하기도 한다.

2. 형법의 규범적 성격

형법은 도덕이나 관습, 종교규율 등과 같이 규범으로서의 성격을 갖는다. 다만, 형법은 도덕, 관습, 종교규율 등의 규범과 달리 그 위반행위에 대하여는 국가에 의한 강제력인 형사제재가 부과된다.

가. 가언적 규범

형법은 가언적(假言的, 가설적) 규범이다. 형법은 일정한 범죄행위를 조건으로 하여 이에 대한 법적 효과로서 형벌을 규정하고 있는 가언적 규범이다. 예를 들면, 형법 제250조 제1항에서는 "사람을 살해한 자는 사형, 무기 또는 5년 이상의 징역에 처한다"라고 규정함으로써 일정한 행위, 즉 살인행위를 조건으로 하여 이 조건이 충족되면 그 효과로서 형벌을 부과한다는 가언적 명령의 형식을 취하고 있다.

이처럼 형법은 일정한 작위 또는 부작위를 범죄요건으로 규정하고, 그에 위반한 경우에만 형벌을 부과하겠다는 형식으로 규정되어 있다. 따라서 형법은 '거짓말을 하지 말라', '살인을 하지 말라'와 같이 조건이 없는 단언적이고 정언적인 명령의 형식을 취하는 도덕규범이나 종교규범과 구별되며, 다른 법률들과도 그 규정형식에 있어서 차이가 있다.

나. 행위규범과 재판규범

형법은 행위규범임과 동시에 재판규범이다. 형법은 일반 국민의 입장에서는 가언적 규범형식을 통하여 일반인에게 행위기준을 제시하고, 그것은 금지와 명령의 형식으로 나타난다는 점에서 행위규범이다. 형법이 행위규범으로서 역할을 수행하는 것은 형법에서 규정한 금지 또는 명령에 위반하는 경우에만 형벌을 받게 되므로 형벌을 피하기 위한 규제대상을 먼저 설정해야 하는데, 그 규제대상인 행위요소가 곧 행위준칙으로 작용하기 때문이다.

또한 형법은 어떤 행위가 범죄이고, 이에 대해 부과될 형벌의 종류와 범위를 정하고 있기 때문에 법관이 재판을 함에 있어서 그 기준이 된다는 점에서 재판규범으로 작용한다.

다. 의사결정규범과 평가규범

형법은 의사결정규범임과 동시에 평가규범이다. 형법은 일반 국민에 대하여 형법이 불법으로 인정한 행위를 결의하여서는 안 된다는 의무를 부과하는 한편, 이를 위반하게 되면 형벌을 받게 되므로 형벌부과의 대상이 되는 범죄실행을 결의하지 말라는 경고적 의미를 내포한다. 따라서 형법은 일반 국민으로 하여금 부정적 가치판단이 내려진 행위를 결의하지 않도록 하는 기준이 된다는 점에서 의사결정규범이다. 또한 범죄행위는 행위와 그 행위에 의해서 야기된 결과가 법적으로 가치에 반한다는 평가를 통하여 형벌이 부과된다. 따라서 형법은 일정한 행위가 법적 가치에 반하고 위법하다고 평가하는 기준이 된다는 점에서 평가규범이다.

형법에 내재되어 있는 의사결정규범과 평가규범으로서의 성격은 상호불가분의 관계에 있다. 일반 국민에게 일정한 의사결정을 요구하기 위해서는 불법 여부에 관한 평가기준의 설정이 전제되어야 하지만, 불법을 결의한 의사결정의 결과에 대하여는 평가규범에 의하여 그 가벌성 여부가 판단되기 때문이다.

제3절 형법의 기능

법은 사회질서를 유지하기 위한 강제규범이다. 따라서 형법도 사회질서를 유지하여 평화로운 공동생활을 보장하는 것을 목적으로 하며, 그 구체적 기능은 다음과 같다.

1. 보호적 기능

보호적 기능이란 국가공동체 및 사회질서의 기본적 가치, 즉 법익 또는 사회윤리를 보호하는 기능을 말한다. 범죄는 생명, 신체, 자유, 재산, 국가나 사회의 안녕 등의 법익을 침해하거나 위험을 초래하는 것이다. 또한 형법은 이러한 범죄를 처벌함으로써 범죄로부터 법익이나 사회윤리를 보호하는 기능을 한다. 즉, 보호적 기능은 결과발생으로 야기되는 이익침해의 방지는 물론, 이익침해가 가능한 행위 자체의 방지를 그 내용으로 한다.

'법익'이란 법적 규제를 통하여 보호되는 이익이나 가치를 의미한다. 다만, 형법이 보호하고자 하는 법익은 보호가치, 보호필요성, 보호능력의 3요소가 조화되어야 한다. 따라서 형법상 법익보호의 요청은 보호할 가치가 있는 법익을 대상으로 필요한 경우에 한하여 보충적으로 허용되고(보충성의 원칙), 국가의 권력남용에 의한 형사제재는 허용되지 않으며(과잉금지의 원칙), 법익보호의 필요성 여부, 즉 법익침해행위에 대한 형사적 제재 여부를 판단함에 있어서는 비례의 원칙이 적용된다.

한편, 범죄란 사회윤리에 반하는 행위를 통하여 가치에 반하는 불법적인 결과를 가져오는 것을 의미하므로 결과불법뿐만 아니라 행위불법도 배제하여야 한다. 다만, 사회윤리적 행위가치의 보호를 지나치게 강조하게 되면 심정(心情)형법이 되어 형벌권이 무한히 확대될 가능성이 있고, 윤리의 실체가 불분명하여 형벌법규의 명확성을 요구하는 죄형법정주의에도 반할 수 있으므로 적절한 균형이 요구된다.

2. 보장적 기능

보장적 기능이란 형법이 국가의 자의적인 형벌권 남용을 제한함으로써 국민의 자유와 권리를 보장하는 기능을 말한다. 국가가 국민의 기본권을 부당하게 침해하지 않으면서 적정한 형벌권을 행사하기 위해서는 형벌권 발동의 대상과 범위를 명확히 법으로 정하여야 하고(범죄요건의 법률화), 제재효과의 종류·정도도 법률에서 명확히 규정할 필요가 있다(형벌요건의 법률화).

보장적 기능은 국민에게 행동에 대한 예측가능성을 보장함으로써 자유와 권리의 보장이 가능하게 되므로 죄형법정주의를 통해 실현된다. 따라서 보장적 기능은 (i) 형법에 규정되어 있는 범죄행위 이외에는 어떤 행위를 하더라도 처벌받지 않는다는 점에서 일반 국민에게 행동의 자유를 보장하며(일반인에 대한 마그나 카르타(Magna Carta)적 기능), (ii) 범죄를 범하여 처벌을 받더라도 형법에 정해진 형벌의 범위 내에서만 처벌받는다는 점에서 범죄인에게 부당한 처벌을 받지 않을 자유와 권리를 보장한다(범죄인에 대한 마그나 카르타적 기능)는 것을 그 내용으로 한다.

3. 규제적 기능

규제적 기능이란 형벌 또는 보안처분이라는 형사제재 수단을 통해 범죄로부터 사회질서를 유지하고 보호하기 위해 시민의 행동을 제한하는 기능을 말한다. 즉, 형법은 (i) 범죄에 대한 형사제재를 예고함으로써 일반인이 범죄를 범하지 않도록 억제하는 작용(일반예방기능)을 함과 동시에 (ii) 범죄를 범한 사람에게 형사제재를 과함으로써 범죄자 자신이 재범을 하지 않도록 하는 작용(특별예방기능)을 한다. 이를 통해 형법규범과 그 작용에 대한 신뢰를 형성함으로써 평화로운 사회생활을 형성하고 유지할 수 있도록 해준다.

4. 결어

형법의 기능이 상호 충돌할 때 어느 기능을 우선시킬 것인가가 문제된다. 규제적 기능은 형법의 규범논리적 구조로부터 당연히 유래되는 것이며, 실질적으로는 법익보호기능을 다하기 위한 기능이다. 하지만 형법의 규제적 기능을 지나치게 강조하면 국가가 국민에게 일정한 행위를 강요하는 결과를 가져오게 되므로 가치관의 다양화를 지향하고 있는 현대사회에 있어서는 규제적 기능보다 보호적·보장적 기능이 우선되어야 한다.

한편, 보호적 기능이 확대되면 개인의 권리와 자유의 보장범위가 축소되는 반면, 보호적 기능이 약화되면 개인에 대한 보장영역은 확대되므로 보호적 기능과 보장적 기능은 상호 모순된 것처럼 해석하기 쉽다. 그러나 보호받아야 할 법익을 한정하고 그 침해가 명백히 인정될 때만 형벌권을 발동하게 한다면 보호적 기능과 보장적 기능이 반드시 모순되는 것은 아니다. 따라서 고전적인 자유권에 관련된 범죄영역 중에서 형벌에 의해 처벌할 필요성이 줄어든 영역은 형벌권 발동을 제한하되, 사회발달에 따라 새롭게 등장한 법익침해행위, 예를 들면 소비자 착취행위, 사회적 약자에 대한 억압행위, 공해와 같은 환경파괴행위, 개인정보침해 등 프라이버시 침해행위, 디지털 관련 각종 침해행위, 신종금융범죄 등에 대하여는 법적 규제의 필요성이 강조되므로 보호적 기능의 강화가 요청된다. 다만, 보호적 기능을 강화하는 경우에는 법치국가의 최대과제인 보장적 기능과의 균형과 조화가 요구된다.

제4절 형법의 역사

1. 복수시대

복수시대(원시시대~고대국가 성립 이전)는 국가가 성립하기 이전의 시기로서, 범죄행위에 대한 제재는 사적(私的)인 복수형식에 의존하던 시대이다. 이때 복수에 의한 사적 제재는 응보적 사상을 토대로 행해졌다. 그러나 사형(私刑)으로 인한 폐단이 심각해지면서 복수를 제한하는 방법으로서 동해보복사상(Talio 법칙), 피난처제도, 속죄금제도 등이 발전·변화되었다. 이 중에서 배상금에 의한 속죄제도는 오늘날 벌금 및 손해배상제도의 기원이 되었다.

2. 위하시대

위하시대(고대국가 성립 이후~17C)는 국가가 성립되면서 복수적 제재가 국가의 형벌권에 귀속된 시기이다. 이 시대에는 형벌부과의 목적이 왕권강화에 있었던 까닭에 형벌이 일반예방주의의 기치아래 가혹하게 집행되었다. 즉, 이 시대는 (ⅰ) 범죄와 형벌은 국왕의 자의에 의하여 결정되는 죄형전단주의에 의해 지배되었고(자의성), (ⅱ) 형벌은 사회적·정치적 신분에 의하여 차별적으로 집행되었으며(신분성), (ⅲ) 형벌은 잔인하게 집행되었다(잔혹성). 또한 (ⅳ) 권력유지를 위하여 윤리를 법으로 강요하는 등, 국민생활에 대한 국가의 형벌적 간섭이 과도하게 행하여졌다(간섭성). 형사재판도 규문주의절차에 따라 이루어졌고, 고문과 같은 국가권력의 횡포가 당연시 되었다.

3. 박애시대

박애시대(18C 초~19C 중반)는 18세기 초 계몽주의 사상에 의해 개인의 자유와 인권을 중시하는 근대 법치주의 국가가 확립된 시기이다. 이 시대에는 국가권력에 대한 법률적 제한이 요청됨에 따라 형벌권 발동근거를 명문화하였다(죄형법정주의). 또한 형벌제도가 개인주의, 자유주의에 기초하여 개인의 자유와 권리를 존중하는 형태로 변화하면서 범죄와 형벌의 법규정화와 더불어 균형주의에 의한 국가권력의 자의적인 형벌권 집행의 제한, 형벌의 완화, 처벌상 신분차별의 철폐, 고문제도의 폐지 등 인도적 형벌관이 구현되었다.

4. 과학시대

과학시대(19C 후반~현대)는 19세기 후반에 들어 자연과학의 연구성과가 범죄에 대한 연구방법으로 도입되고, 범죄원인에 대한 실증적 고찰이 시도된 시기이다. 이 시대에는 당시 산업혁명에 따른 부수적 결과로서 범죄가 증가하고, 상습범·누범이 격증하면서 범죄가 자유의사에 따른 것이 아니라 일종의 사회적 현상 내지 병리적 현상으로 보았다. 이에 따라 범죄대책의 중점이 범죄로부터 범죄인으로 바뀌면서 형벌의 개별화를 위한 형사정책적 관점과 형법상 특별예방주의의 구현이 강조되었다.

[형법의 역사]

구 분	시 기	내 용
복수시대	원시시대~ 고대국가 성립 이전	사적(私的) 형벌시대 동해보복사상(Talio법칙) 피난처, 속죄금 제도 → 벌금 또는 손해배상제도로 발전
위하시대	고대국가 성립 이후 ~17C	형벌권의 국가귀속(私刑금지) 죄형전단주의, 잔혹한 형벌, 간섭성, 신분에 따른 처벌차별 16c 카롤리나 형법전, 교회법 등
박애시대	18C~19C 중반 (계몽주의 시대)	죄형법정주의, 죄형균형주의, 형벌의 인도화, 신분에 따른 처벌차별의 폐지 일반예방주의 - 응보형론
과학시대	19C 후반~현대	자연과학의 발달에 따른 범죄원인에 대한 실증적 연구 형벌개별화의 원칙(형벌과 보안처분의 일원화) 특별예방주의 - 범죄인의 재사회화(교육형으로 발달)

제 2 장

죄형법정주의

제1절 죄형법정주의의 의의와 배경 및 근거

1. 죄형법정주의의 의의

죄형법정주의란 어떤 행위가 범죄로 되고, 그 범죄에 대해 어떤 형벌을 과할 것인가는 미리 성문의 법률에 규정되어 있어야 한다는 원칙을 말한다. 이 원칙은 국가의 자의적인 형벌권 행사로부터 국민의 자유와 권리를 보장하기 위한 형법의 최고원리이며, 형법의 보장적 기능도 이를 통해 실현된다. 죄형법정주의 표현으로서 '법률 없으면 범죄 없고 형벌 없다(nullum crimen nulla poena sine lege)'라는 용어는 1801년 포이에르 바하(Feuerbach)가 처음 사용하였다.

죄형법정주의는 1215년 영국의 마그나 카르타 제39조("어떠한 자유인이라도 동료의 적법한 재판 또는 국법에 의하지 아니하고는 체포·감금되지 아니하고, 영지를 빼앗기거나 법적 보호가 박탈되지 아니하며, 추방되지 아니하고, 권리가 침해되지 아니한다")에서 유래한다. 이 사상은 영국의 1628년 권리청원과 1689년 권리장전에 반영되었고, 1774년 필라델피아 식민지 대표자 회의 선언, 1776년 미국의 버지니아 주, 메릴랜

드 주 헌법에 채용되었다. 이후 죄형법정주의는 1787년 미합중국 헌법과 1789년
프랑스의 '인간과 시민의 권리선언'(제8조)에 의해 확립되었고, 19세기를 거치면서
각국의 헌법 또는 형법에 명문으로 채택되면서 오늘날 형법의 가장 중요한 기본원
리가 되었다. 형법전에서 죄형법정주의를 최초로 규정한 것은 1810년 나폴레옹 형
법전(제4조)이다.

2. 죄형법정주의의 사상적 배경

죄형법정주의는 14~15세기 계몽주의의 산물로서, 직접적인 사상적 배경으로는
몽테스키외(Montesquieu)의 3권분립론과 포이에르 바하의 심리강제설을 들고 있다.

몽테스키외는 **3권분립론**을 주장하여 국가권력 상호 간의 견제와 균형을 유지
할 것을 주장하면서, 사법부는 법을 적용하는 기계로서 역할을 하여야 한다고 하
였다. 따라서 입법부에 의해 법률이 제정되지 않으면 사법부가 재판을 할 수 없으
므로 사법부가 어떤 행위를 범죄로 하여 형벌을 부과하기 위해서는 사전에 입법부
가 범죄와 형벌을 법률로 규정하여야 한다고 하였다.

또한 포이에르 바하는 형법의 목적은 범죄자의 처벌보다는 일반인에게 사전
예고를 통해 어떤 행위를 하면 범죄가 되어 형사처벌된다는 것을 미리 알려줌으로
써 범죄를 예방하는 데 중점이 있다고 한다(**심리강제설**). 즉, 인간은 이성을 가지고
불이익보다는 이익을, 고통보다는 쾌감을 선택하므로 범죄와 형벌의 사전 예고를
통해 쾌락보다는 불쾌의 고통이 크다는 것을 알려줌으로써 범죄를 방지할 수 있다
고 하였다.

이외에 베까리아(Beccaria)의 **죄형균형론**을 사상적 배경으로 들기도 한다. 즉,
그에 따르면 형벌을 부과하는 목적은 형벌권 행사를 통하여 불법으로부터 범죄자
의 격리를 추구하거나, 잠재적으로 범죄자적 성향을 가진 사람으로 하여금 범죄에
접근할 수 없도록 하기 위한 범죄억제적 효과를 거두기 위한 것으로 보고 있다.
따라서 이러한 형벌의 목적을 달성하기 위해서는 형벌권 행사의 대상과 범위가 명
확하게 설정되어 있을 필요가 있다고 하였다.

3. 죄형법정주의의 실정법적 근거

우리나라는 헌법과 형법에서 죄형법정주의를 규정하고 있다. 헌법 제12조 제1항에서는 "누구든지 법률에 의하지 아니하고는 체포·구속·압수·수색 또는 심문을 받지 아니하며, 법률과 적법한 절차에 의하지 아니하고는 처벌, 보안처분 또는 강제노역을 받지 아니한다"고 규정하여 형사제재에 있어서 헌법적 한계를 명확하게 하고 있다. 또한 헌법 제13조 제1항에서는 "모든 국민은 행위시의 법률에 의하여 범죄를 구성하지 아니하는 행위로 소추되지 아니하며, 동일한 범죄에 대하여 거듭 처벌받지 아니한다"고 규정하여 형사사후법(刑事事後法)을 금지하고 있다.

한편, 형법 제1조 제1항에서는 "범죄의 성립과 처벌은 행위시의 법률에 따른다"라고 규정함으로써 죄형법정주의를 표현하고 있다. 동조항은 형법적용에 있어서 시간적 범위에 관한 규정으로 해석하는 것이 일반적이지만, 범죄의 성립과 처벌은 행위당시에 이미 규정되어 있는 법률의 규정에 의하여야 한다는 의미로도 해석된다.

제2절 죄형법정주의의 파생원칙

1. 법률주의

법률주의는 범죄와 형벌은 입법부가 제정한 형식적 의미의 법률로 규정되어야 한다는 것을 말한다(관습형법의 금지). 형식적 의미의 법률이란 국민의 대표자인 국회에서 적법한 절차를 거쳐 심의·의결된 법규범을 말한다. 따라서 국회에서 제정된 법률이 아닌 명령, 규칙, 조례, 관습법 등의 법규범으로 범죄와 형벌을 규정할 수는 없다. 다만, 법률에서 형벌의 종류와 범위를 구체적으로 정하고, 그 세부적인 내용이나 기준 등에 대하여 명령·규칙 등 하위법규에 위임하는 형태의 위임입법은 허용된다.

그러나 죄형법정주의는 국가권력에 대한 통제를 목적으로 하므로 관습법도 행위자에게 유리한 경우에는 이를 적용할 수 있으며, 형법의 해석에 있어서 관습법을 기준으로 하는 것은 허용된다(예, 형법 제184조 수리방해죄의 '수리권'을 해석할 경우 등).

[판례] 사회현상의 복잡다기화와 국회의 전문적·기술적 능력의 한계 및 시간적 적응능력의 한계로 인하여 형사처벌에 관련된 모든 법규를 예외 없이 형식적 의미의 법률에 의하여 규정한다는 것은 사실상 불가능할 뿐만 아니라 실제에 적합하지도 아니하기 때문에, 특히 긴급한 필요가 있거나 미리 법률로써 자세히 정할 수 없는 부득이한 사정이 있는 경우에 한하여 수권법률(위임법률)이 구성요건의 점에서는 처벌대상인 행위가 어떠한 것인지 이를 예측할 수 있을 정도로 구체적으로 정하고, 형벌의 점에서는 형벌의 종류 및 그 상한과 폭을 명확히 규정하는 것을 전제로 위임입법이 허용된다(2000도1007).

2. 소급효금지의 원칙

소급효금지의 원칙이란 형벌법규는 그 시행 이후에 이루어진 행위에 대하여만 적용되고, 시행 이전의 행위에까지 소급하여 적용될 수 없다는 원칙을 말한다. 즉, 사후입법에 의한 법률의 소급효를 금지하는 것을 의미한다. 행위시에 범죄가 되지 않는다고 신뢰한 행위자를 처벌하거나 그가 예측한 것보다 불이익한 처벌을 하는 것을 방지함으로써 국민의 일반적 신뢰와 행동의 자유를 보장하기 위한 것이다. 다만, 소급효를 인정하는 것이 피고인에게 유리한 경우에는 소급입법이 허용된다(형법 제1조 제2항, 제3항 참조).

소급효금지의 원칙은 실체법인 형법, 즉 범죄의 성립과 처벌에만 적용된다. 다만, 형사제재 중 형벌에 대하여는 소급효금지의 원칙이 적용되는데 이론이 없으나 보안처분에 대하여 소급효금지의 원칙을 적용할 수 있는가에 대하여는 ① 긍정설(통설), ② 부정설, ③ 자유형적 성격이 강한 것은 소급효금지의 원칙이 적용되고, 그렇지 않은 경우에는 소급효금지의 원칙이 적용되지 않는다고 하는 개별화설 등이 있다. 판례는 사회봉사명령의 경우에는 소급효금지의 원칙이 적용되지만, 다른 보안처분에 대하여는 소급효금지의 원칙이 적용되지 않는다고 한다. 그러나 보안처분도 처분을 받는 자의 입장에서 보면 사실상 그 불이익이 형벌과 다르지 않으므로 소급효금지의 원칙을 적용하여야 한다.

[판례] 보호관찰은 형벌이 아니라 보안처분의 성격을 갖는 것으로서, 과거의 불법에 대한 책임에 기초하고 있는 제재가 아니라 장래의 위험성으로부터 행위자를 보호하고 사회를 방위하기 위한 합목적적인 조치이므로, 그에 관하여 반드시 행위 이전에 규정되어 있어야 하는 것은 아니며, 재판시의 규정에 의하여 보호관찰을 받을 것을 명할 수 있다고 보아야 할 것이고, 이와 같은 해석이 형벌불소급의 원칙 내지 죄형법정주의에 위배되는 것이라고 볼 수 없다(97도703). 이외에 신상정보공개명령제도(2010전도120), 위치추적전자장치부착명령(2010도11996, 2010헌가82), 디엔에이신원확인정보의 수집·이용(2011헌마28) 등 참조.

[판례] 가정폭력처벌법이 정한 보호처분 중의 하나인 사회봉사명령은 가정폭력범죄를 범한 사람에 대하여 환경의 조정과 성행의 교정을 목적으로 하는 것으로서 형벌 그 자체가 아니라 보안처분의 성격을 가지는 것이 사실이나, 한편으로 이는 가정폭력범죄행위에 대하여 형사처벌 대신 부과되는 것으로서, 가정폭력범죄를 범한 사람에게 의무적 노동을 부과하고 여가시간을 박탈하여 실질적으로는 신체적 자유를 제한하게 되므로, 이에 대하여는 원칙적으로 형벌불소급의 원칙에 따라 행위시법을 적용함이 상당하다(2008어4).

[소급효금지의 원칙과 절차법 및 판례] 소급효금지의 원칙은 원칙적으로 절차법인 형사소송법과 법률이 아닌 판례의 변경에 대하여는 적용되지 않는다. 다만, 절차법 규정이라도 사실상 행위자의 가벌성에 영향을 미치는 경우, 즉 친고죄를 비친고죄로 개정하는 경우와 공소시효를 연장하는 경우에 소급효금지의 원칙이 적용되는가가 문제된다. 헌법재판소는 공소시효를 연장하거나 폐지하는 경우에 그 변경이 공소시효 진행 중 이루어진 경우(부진정소급효)와 공소시효 완성 후 이루어진 경우(진정소급효) 모두 소급효금지의 원칙에 반하지 않는다고 하였다(96헌가2). 그러나 공소시효는 형식상 형사절차에 관한 것이라고 하더라도 실질적으로는 형벌권발동에 관한 내용이라는 점에서 소급효금지의 원칙을 적용하여야 한다. 최근 형사소송법의 개정에서는 공소시효에 관한 규정을 개정하는 경우에도 이미 공소시효가 완성된 범죄에 대하여는 소급적용하지 않고 있다.

한편, 판례의 변경, 즉 행위 당시의 판례에 의하면 처벌되지 않거나 가중처벌되지 않았지만 그 이후에 판례변경을 통하여 처벌되거나 가중처벌되는 것으로 된 경우에 변경된 판례에 따라 처벌 또는 가중처벌할 수 있는가, 즉 소급효금지의 원칙이 적용되는가에 대하여는 ① 소급효긍정설(판례), ② 소급효부정설, ③ 판례의 변경이 객관적 상황의 변화에 따른 법률 내에서의 법발견 내지 법해석활동에 불과한 경우에는 소급이 허용되지만, 법률보충적 내지 법창조적 활동을 통해 법적 견해를 변경시킨 경우에는 소급이 금지된다는 제한적 소급효긍정설 등이 있다. 우리나라는 성문법주의 국가로서 선례귀속주의를 취하고 있지 않으므로 대법원판결은 당해 사건에 대하여만 구속력을 가지기 때문에, 판례변경은 소급효금지의 원칙의 적용대상이 아니다. 따라서 변경된 판례에 따라 처벌 또는 가중처벌하더라도 죄형법정주의 위반이 되지 않는다.

[판례] 형사처벌의 근거가 되는 것은 법률이지 판례가 아니고, 형법조항에 관한 판례의 변경은 그 법률조항의 내용을 확인하는 것에 지나지 아니하여 이로써 그 법률조항 자체가 변경된 것이라고 볼 수는 없으므로, 행위 당시의 판례에 의하면 처벌대상이 되지 아니하는 것으로 해석되었던 행위를 판례의 변경에 따라 확인된 내용의 형법조항에 근거하여 처벌한다고 하여 그것이 헌법상 평등의 원칙과 형벌불소급의 원칙에 반한다고 할 수는 없다 (97도3349).

3. 유추해석금지의 원칙

유추해석금지의 원칙이란 법률의 규정이 없는 사항에 대하여 유사한 사항에 대하여 규정하고 있는 법률조항을 법문이 가지고 있는 언어의 가능한 의미한계를 벗어나게 해석하여 당사자에게 불리하게 적용하는 것을 금지하는 원칙을 말한다. 형법규범에 대한 법해석은 문언적 의미의 범위 내에서만 정당성을 갖는다. 따라서 형법의 해석에 있어서는 형법해석자의 자의나 편견에 의하여 범죄구성요건이 창설된다거나 형의 가중처벌을 가능하게 하는 법창조행위는 엄격하게 금지될 수밖에 없다. 특히, 형사재판에 있어서 법관의 유추해석은 어떤 행위에 대한 처벌규정이 없음에도 그와 유사한 형법조항을 적용하여 처벌할 수 있다는 것을 의미하고, 이것은 법창조 또는 법형성(입법)행위와 같으므로 죄형법정주의에 반하게 된다. 이러한 법해석의 원리는 형벌법규의 적용대상이 행정법규가 규정한 사항을 내용으로 하고 있는 경우에 그 행정법규의 규정을 해석하는 데에도 마찬가지로 적용된다 (2021도10981).

형법상 유추해석이 금지되는 범위는 행위의 가벌성을 좌우하는 형벌법규의 모든 요소는 물론, 보안처분을 포함한 그 행위의 법률효과까지 포함된다. 다만, 유추해석금지의 원칙은 피고인에게 불리한 유추적용에만 적용되므로, 범죄성립을 조각하거나 형벌을 감경하는 사유 등 행위자에게 유리한 경우에는 유추해석이 허용된다. 판례는 유추해석뿐만 아니라 지나친 확장해석도 금지하고 있다(2007도2162).

[판례] 법률을 해석할 때 입법 취지와 목적, 제·개정 연혁, 법질서 전체와의 조화, 다른 법령과의 관계 등을 고려하는 체계적·논리적 해석방법을 사용할 수 있으나, 문언 자체가 비교적 명확한 개념으로 구성되어 있다면 원칙적으로 이러한 해석방법은 활용할 필요가 없거나 제한될 수밖에 없다. 죄형법정주의 원칙이 적용되는 형벌법규의 해석에서는 더욱 그렇다 (2018도18872). 따라서 법령에서 쓰인 용어에 관해 정의규정이 없는 경우에는 원칙적으로 사전적인 정의 등 일반적으로 받아들여진 의미에 따라야 한다. 국립국어원의 표준국어대사전은 항로를 '항공기가 통행하는 공로(공로)'로 정의하고 있다. 국어학적 의미에서 항로는 공중의 개념을 내포하고 있음이 분명하다. 따라서 항공보안법 제42조의 '항로'는 지상의 항공기가 이동할 때 '운항 중'이 된다는 이유만으로 그때 다니는 지상의 길까지 포함하는 것으로 해석하는 것은 문언의 가능한 의미를 벗어난다(2015도8335).

[판례] 죄형법정주의는 국가형벌권의 자의적인 행사로부터 개인의 자유와 권리를 보호하기 위하여 범죄와 형벌을 법률로 정할 것을 요구한다. 그러한 취지에 비추어 보면 형벌법규의 해석은 엄격하여야 하고, 명문의 형벌법규의 의미를 피고인에게 불리한 방향으로 지나치게 확장해석하거나 유추해석하는 것은 죄형법정주의의 원칙에 어긋나는 것으로서 허용되지 아니하나, 형벌법규의 해석에서도 법률문언의 통상적인 의미를 벗어나지 않는 한 그 법률의 입법취지와 목적, 입법연혁 등을 고려한 목적론적 해석이 배제되는 것은 아니다(2018도3443).

[목적론적 축소해석] 목적론적 축소해석이란 법문에서 사용하고 있는 문언의 의미를 그 입법자의 의사나 법률의 목적을 고려하여 일상생활에서 사용되는 의미보다 축소시켜 해석하는 방법이다. 예를 들면, 법문상 '배우자'는 혼인신고를 한 '법률상 배우자'만을 말하며, 민법상 '제3자'는 해당 법률관계에 대하여 이해를 가진 '이해관계인'을 의미하는 것을 말한다. 판례는 "유추해석금지의 원칙은 모든 형벌법규의 구성요건과 가벌성에 관한 규정에 준용되는데, 위법성 및 책임의 조각사유나 소추조건, 또는 처벌조각사유인 형면제 사유에 관하여 그 범위를 제한적으로 유추적용하게 되면 행위자의 가벌성의 범위는 확대되어 행위자에게 불리하게 되는바, 이는 가능한 문언의 의미를 넘어 범죄구성요건을 유추적용하는 것과 같은 결과가 초래되므로 죄형법정주의의 파생원칙인 유추해석금지의 원칙에 위반하여 허용될 수 없다"(96도1167)고 하였다.

4. 명확성의 원칙

명확성의 원칙이란 범죄와 형벌의 내용이 명확하게 규정되어야 한다는 원칙을 말한다. 형벌법규의 내용이 불명확하고, 추상적이라면 법관의 자의적인 해석이 가능하게 되므로 국민들에게 예측가능성과 법적 안정성을 보장할 수 없다. 따라서 국민의 기본권을 제한하거나 의무를 부과하는 법률, 그중에서도 특히 형벌에 관한 법률은 국가기관이 자의적으로 권한을 행사하지 않도록 그 내용이 명확하여야 한다. 즉, 형벌법규는 어떠한 행위를 처벌할 것인지 일반인이 예견할 수 있어야 하고, 그에 따라 자신의 행위를 결정할 수 있도록 구성요건을 명확하게 규정할 것이 요구된다. 만일 형벌법규가 건전한 상식과 통상적 법감정을 가진 사람으로 하여금 자신의 행위를 결정해 나가기에 충분한 기준이 될 정도의 의미와 내용을 가지고 있다고 볼 수 없는 때에는 죄형법정주의의 명확성원칙에 위배되어 위헌이 될 수 있다(2022도7290). 헌법재판소도 "범죄의 구성요건에 관한 규정이 불명확한 경우에는 국가형벌권의 자의적 행사가 가능하게 되어 개인의 자유와 권리를 보장할 수 없으므로 죄형법정주의에 위배된다"고 하였다(93헌바50). 또한 형벌도 그 종류와 범위를 특정하여야 한다. 다만, 절대적 부정기형은 금지되는 반면, 상대적 부정기형은 죄형법정주의에 반하지 않는다(예, 소년법 제60조 참조).

그러나 입법기술상 형법에 규정된 개념들이 어느 정도 불명확한 것은 불가피하다. 따라서 처벌법규를 만든 이유가 무엇이며, 금지된 행위의 실질과 처벌의 종류 및 정도에 대하여 보통 상식을 가진 사람이라면 누구든지 인식가능한 정도의 명확성을 요하는데 그친다. 따라서 어느 정도로 상세하게 규정되었을 때 명확성의 원칙이 충족되는가는 입법취지 등을 고려하여 구체적 사례에 따라 개별적으로 판단할 수밖에 없다.

[판례] 처벌법규의 입법목적이나 전체적 내용, 구조 등을 살펴보아 사물의 변별능력을 갖춘 일반인의 이해와 판단으로 구성요건 요소에 해당하는 행위유형을 정형화하거나 한정할 합리적 해석기준을 찾을 수 있다면 죄형법정주의가 요구하는 형벌법규의 명확성 원칙에 반하지 않는다. 명확성 원칙은 모든 법률에 동일한 정도로 요구되는 것은 아니고 개개의 법률이나 법조항의 성격에 따라 요구되는 정도에 차이가 있을 수 있다. 개별 구성요건의 특수성과 그러한 법률이 제정되게 된 배경이나 상황에 따라 달라질 수 있기 때문이다. 명확성 원칙을 엄격히 지킬 것을 요구하는 것은 입법기술상 불가능하거나 현저히 곤란하므로 어느 정도의 보편적·일반적 개념의 용어사용을 피할 수 없다. 법률이 제정된 목적, 타 규범과 연관성을 고려하여 합리적 해석이 가능한지에 따라 명확성의 구비 여부를 가려야 한다. 설령 법 문언에 어느 정도 모호함이 내포되어 있다고 하더라도 법관이 보충하는 해석을 통해서 법 문언의 의미 내용을 확인할 수 있고 그러한 보충적 해석이 해석자의 개인적인 취향에 따라 좌우될 가능성이 없다면 명확성 원칙을 위반하였다고 할 수 없다(2018초기306).

5. 적정성의 원칙

적정성의 원칙이란 범죄와 형벌을 규정한 법률의 내용이 적정해야 한다는 원칙을 말한다. 이는 실질적 의미의 죄형법정주의에서 강조되는 원칙이다. 따라서 적정성의 원칙은 형법법규에 의한 처벌의 필요성과 죄형의 균형성을 그 내용으로 한다. 즉, 형벌법규는 사회와 개인의 이익을 보장하기 위해 본질적 필요성이 있을 때에만 규정하여야 하고, 범죄와 형벌 사이에는 적정한 균형이 유지되어야 한다.

따라서 형벌법규를 규정함에 있어서는 (ⅰ) 과잉금지의 원칙(국가권력작용의 한계를 획정하는 방법과 기준설정에 관한 원칙), (ⅱ) 적합성의 원칙(국가권력이 지향하는 목적설정과 실현수단에의 적합성에 관한 원칙), (ⅲ) 필요성의 원칙(국가목표의 달성과정에서 기본권침해는 최소화되어야 한다는 원칙), (ⅳ) 비례성의 원칙(입법과정에서는 입법목적과 기본권침해의 가능 정도를 비교 형량하여야 한다는 원칙), (ⅴ) 형벌권 정당화의 효율성과 보충성의 원칙 등을 고려하여야 한다.

> **[형벌권정당화의 효율성·보충성의 원칙]** 형벌권정당화의 효율성의 원칙이란 행정벌이나 민사벌로서 갈등이 해결될 수 있는 경우에는 형벌적용의 필요성이 배제되므로 형벌은 법익보호의 한계 내에서만 형벌가치로 그 효용성을 인정받을 수 있다는 원칙이다. 형벌권정당화의 보충성의 원칙이란 형벌은 사회방위에 필요한 불가피한 최후수단으로 사용되어야 한다는 원칙이다.

제3절 죄형법정주의의 현대적 의의

오늘날 국가기능이 확대되고 사회가 복잡화됨에 따라 형벌법규가 증가되고 있으므로 법의 형식적 측면만을 강조하는 고전적 죄형법정주의 시각만으로는 형법의 현대적 기능을 충족하기 어렵게 되었다. 이에 최근에는 죄형법정주의도 '법률 없으면 범죄 없고 범죄 없으면 형벌 없다'라는 형식적 관점에서 나아가 형법의 실질적 측면이 강조되고 있다. 즉, '법률이 있어도 그 내용이 명확하지 않거나 적정하지 않다면', '처벌이 필요불가결하지 않다면' 처벌되지 않는다는 실질적 고려가 요청되고 있다. 즉, 종래의 죄형법정주의가 법적 안정성에 중점을 두었던 반

면, 오늘날 죄형법정주의는 형벌법규내용의 적정성, 실질적 정의실현, 형법의 겸억
정신에 기초한 합목적성 등의 구현을 주된 내용으로 하고 있다.

제 3 장

형법의 적용범위

제1절 시간적 적용범위

> 제1조(범죄의 성립과 처벌) ① 범죄의 성립과 처벌은 행위 시의 법률에 따른다.
> ② 범죄 후 법률이 변경되어 그 행위가 범죄를 구성하지 아니하게 되거나 형이 구법
> (舊法)보다 가벼워진 경우에는 신법(新法)에 따른다.
> ③ 재판이 확정된 후 법률이 변경되어 그 행위가 범죄를 구성하지 아니하게 된 경우에
> 는 형의 집행을 면제한다.

형법의 시간적 적용범위란 형법이 어느 때에 발생한 범죄에 대하여 적용되는
가의 문제이다. 형법은 다른 법률과 마찬가지로 시행시부터 폐지시까지 효력을 갖
는다.

1. 입법주의

범죄행위 후에 형법법규가 개정되어 행위시와 재판시의 법의 내용이 달라진
경우에 법관은 재판에 있어서 어떤 시점의 법률을 적용해야 하는가가 문제된다.

가. 행위시법주의

행위시법주의는 범죄를 범한 행위당시의 형법을 적용하여야 한다는 원칙이다. 따라서 행위시법(구법)이 재판시에까지 적용되는 추급효를 갖게 된다. 형벌불소급의 원칙에 의하면 형법은 형법 시행 이후의 행위에만 적용되는 것으로 시행 이전의 행위에는 소급적용이 불가능하다. 이 원칙에 의하면 형사사후입법은 금지되며, 형법의 해석과 적용도 행위시의 법률에 근거하여야 한다.

나. 재판시법주의

재판시법주의는 형법의 수명자는 법관이므로 범죄 이후에 형법이 개정되면 법관은 개정된 재판시법(신법)을 적용하여야 한다는 원칙이다. 즉, 형벌법규에 변경이 있었다면 구법 조항은 이미 그 효력을 상실하였다고 해야 할 것이고, 신법은 구법상 문제점을 개선시키는 방향에서 개정된 것이므로 법 적용에 있어서도 후법우위의 원칙이 적용된다고 한다.

다. 결어

형벌법규에서는 죄형법정주의의 요청에 따라 소급효금지의 원칙이 적용되므로 행위시법주의에 따라야 한다. 다만, 행위자에게 유리한 경우에는 소급효금지의 원칙의 적용이 요구되지 않으므로 재판시법이 행위시법보다 가볍게 변경되었거나 행위시법이 폐지되어 범죄를 구성하지 않게 된 경우에는 재판시법을 적용하여야 한다. 형법은 행위시법주의를 원칙으로 하고 있으며, 예외적으로 행위자에게 유리한 경우에는 재판시법주의에 따르고 있다.

2. 현행법의 태도

가. 원칙

형법 제1조 제1항에서는 "범죄의 성립과 처벌은 행위시의 법률에 따른다"라고 규정하여 행위시법주의를 원칙으로 하고 있다. '행위시'란 범죄행위종료시를 말한다. 죄형법정주의의 소급효금지의 원칙에 따라 재판시법의 소급적용이 금지되고, 행위시의 형법이 적용되는 것이다. 계속범의 경우는 원칙적으로 실행행위가 종료되는 시점의 법률이 적용된다(2022도15319). 따라서 행위시에 범죄가 되지 않는 행위가 후에 범죄로 규정되거나, 행위시법에 비하여 재판시법의 형벌이 더 무거운 때에는 재판시법을 적용해서는 아니 된다.

> **[판례]** 포괄일죄에 관한 기존 처벌법규에 대하여 그 표현이나 형량과 관련한 개정을 하는 경우가 아니라 애초에 죄가 되지 않던 행위를 구성요건의 신설로 포괄일죄의 처벌대상으로 삼는 경우에는 신설된 포괄일죄 처벌법규가 시행되기 이전의 행위에 대하여는 신설된 법규를 적용하여 처벌할 수 없고, 이는 신설된 처벌법규가 상습범을 처벌하는 구성요건인 경우에도 마찬가지이다(2022도10660).

나. 예외

형법은 행위자에게 유리한 경우에는 예외적으로 재판시법주의와 집행시법주의에 따르고 있다.

(1) 재판시법주의

형법 제1조 제2항에서는 "범죄 후 법률이 변경되어 그 행위가 범죄를 구성하지 아니하게 되거나 형이 구법(舊法)보다 가벼워진 경우에는 신법(新法)에 따른다"라고 규정하고 있다. 죄형법정주의에 따라 행위시법주의를 따르더라도, 재판시법을 적용하는 것이 행위자에게 유리한 경우에는 재판시법의 소급효를 인정하고 있다. 이는 입법자가 법령의 변경 이후에도 종전 법령 위반행위에 대한 형사처벌을 유지한다는 내용의 경과규정을 따로 두지 않는 한 그대로 적용되어야 한다. 따라서 범죄의 성립과 처벌에 관하여 규정한 형벌법규 자체 또는 그로부터 수권 내지 위임을 받은 법령의 변경에 따라 범죄를 구성하지 아니하게 되거나 형이 가벼워진 경우에는, 종전 법령이 범죄로 정하여 처벌한 것이 부당하였다거나 과형이 과중하였다는 반성적 고려에 따라 변경된 것인지 여부를 따지지 않고 원칙적으로 형법 제1조 제2항과 형사소송법 제326조 제4호가 적용된다(2022도4610). 다만, 해당 형벌법규 자체 또는 그로부터 수권 내지 위임을 받은 법령이 아닌 다른 법령이 변경된 경우에 동항을 적용하려면, 해당 형벌법규에 따른 범죄의 성립 및 처벌과 직접적으로 관련된 형사법적 관점의 변화를 주된 근거로 하는 법령의 변경에 해당하여야 하므로, 이와 관련이 없는 법령의 변경으로 인하여 해당 형벌법규의 가벌성에 영향을 미치게 되는 경우에는 동항이 적용되지 않는다고 한다(2020도16420). 이때 해당 형벌법규 자체 또는 그로부터 수권 내지 위임을 받은 법령이 아닌 다른 법령이 변경된 경우에는 해당 형벌법규에 따른 범죄 성립의 요건과 구조, 형벌법규와 변경된 법령과의 관계, 법령 변경의 내용·경위·보호목적·입법취지 등을 종합적으로 고려하여야 한다고 한다(2022도6434).

[판례] 구 특정범죄 가중처벌 등에 관한 법률 제5조의11 제1항에서의 '원동기장치자전거'에는 전동킥보드와 같은 개인형 이동장치도 포함된다고 판단되므로, 비록 개정 도로교통법이 전동킥보드와 같은 개인형 이동장치에 관한 규정을 신설하면서 이를 '자동차 등'이 아닌 '자전거 등'으로 분류하였다고 하여 이를 형법 제1조 제2항의 '범죄 후 법률이 변경되어 그 행위가 범죄를 구성하지 아니하게 된 경우'라고 볼 수는 없다(2022도13430).

[판례] 정보통신망 이용촉진 및 정보보호 등에 관한 법률의 양벌규정이 개정되어 법인에 대한 면책규정이 추가된 것은 형법 제1조 제2항에서 정한 '범죄 후 법률의 변경에 의하여 그 행위가 범죄를 구성하지 아니하거나 형이 구법보다 경한 경우'에 해당한다(2011도11264).

'범죄 후'란 범죄행위가 종료한 후를 말하고, 결과발생 후를 의미하지 않는다. 따라서 실행행위 도중에 법률의 변경으로 인해 행위가 신·구법에 걸쳐 행하여진 경우에는 행위시법인 신법이 적용된다(2004도8651). 예비죄의 경우에는 예비행위의 종료도 범죄 후에 해당한다. 법률의 변경에서 '법률'이란 가벌성 여부를 결정지을 수 있는 관련 법률 전체, 즉 총체적인 법률상태를 의미하므로 형법은 물론 다른 법률도 포함된다. 따라서 형벌권 발생과 관련한 민법상 친족범위의 변경도 법률의 변경에 해당한다. 다만, 형의 경중에 변화가 없을 때에는 구법을 적용하여야 한다(4293형상445). 형의 경중은 형법 제50조에 의해 결정되며, 이때의 '형'은 법정형을 의미한다. 범죄 후 법령의 개폐로 인해 형이 폐지되었을 때에는 형사소송법상 면소판결의 사유가 된다(제326조 제4호).

한편, 행위시법과 재판시법 사이에 여러 차례에 걸쳐 법률이 개정됨으로써 중간시법이 있는 경우에는 모든 법률들을 비교하여 행위자에게 가장 유리한 법률을 적용하여야 한다(2012도7760).

(2) 집행시법주의

형법 제1조 제3항에서는 "재판이 확정된 후 법률이 변경되어 그 행위가 범죄를 구성하지 아니하게 된 경우에는 형의 집행을 면제한다"라고 규정하고 있다. 이는 재판이 확정되어 기판력에 의해 유죄판결의 효력은 그대로 유지되지만, 재판이 확정된 사람과 확정되지 않은 사람 사이에 최소한의 공평을 기하기 위한 취지에서 재판이 확정된 사람에 대해 재판확정에 따른 기판력은 유지하되, 형의 집행만 면제해주는 것이다.

3. 한시법

가. 한시법의 의의

한시법은 좁은 의미로는 형벌법규에 유효기간이 정해져 있는 법을 말하며, 넓은 의미로는 일시적 사정에 대처하기 위해 제정된 법으로서, 임시법을 포함한다. 한시법이론에서는 그 적용대상을 명확히 하기 위하여 일반적으로 협의의 한시법을 그 대상으로 한다.

나. 한시법의 추급효

한시법이 폐지된 후에도 법의 유효기간 중에 발생한 위법행위를 이 한시법에 근거하여 처벌할 수 있는가가 문제된다.

(1) 추급효인정설

추급효인정설은 한시법에 대하여는 형법 제1조 제2항의 예외를 인정하여 법의 유효기간 내에 범한 범죄에 대하여는 법의 효력이 종료된 이후에도 추급하여 처벌할 수 있다는 견해이다. 이 설은 (i) 한시법은 일시적 사정에 대처하기 위하여 제정된 것이므로 유효기간 중의 위반행위는 법적대적 행위로서 가벌성이 인정되고, (ii) 한시법의 추급효를 인정하지 않는다면 유효기간의 종료가 가까워짐에 따라 위반행위가 격증될 가능성이 있을 뿐만 아니라, 소송을 지연시킴으로써 한시법의 실효성을 기대하기 어려우며, (iii) 한시법은 행위당시에 처벌법규가 존재하고 있었으므로 사후입법에 의해 처벌하는 것과 다르다는 점 등을 논거로 한다.

(2) 추급효부정설

추급효부정설은 한시법도 유효기간이 지나면 당연히 효력을 상실하므로 추급효를 인정할 수 없다는 견해이다(다수설). 이 설은 (ⅰ) 한시법의 추급효를 인정하게 되면 형법 제1조 제2항의 규정과 모순되어 죄형법정주의에 반할 뿐만 아니라, (ⅱ) 법의 추급효를 인정하기 위해서는 명문의 규정을 통해 충분히 해결할 수 있음에도 불구하고 입법이 아닌 해석에 의하여 처벌범위를 확대하는 것은 입법의 오류를 해석에 의해 보완하려는 것으로서 부당하다는 점 등을 논거로 한다.

(3) 동기설

동기설은 당해 법률이 변경된 동기에 따라 구분하는 견해이다. 즉, 법률이 변경된 동기가 반성적 고려에 따른 법적 견해의 변경에 의한 경우에는 추급효를 부정하여 재판시법을 적용하고, 그 동기가 단순한 사실관계의 변화에 기인한 경우에는 추급효를 인정하여 행위시법을 적용하여야 한다고 한다(종전판례의 태도).

> **[판례]** 형법 제1조 제2항의 규정은 형벌법령 제정의 이유가 된 법률이념의 변천에 따라 과거에 범죄로 보던 행위에 대하여 그 평가가 달라져 이를 범죄로 인정하고 처벌한 그 자체가 부당하였다거나 또는 과형이 과중하였다는 반성적 고려에서 법령을 개폐하였을 경우에 적용하여야 할 것이고, 이와 같은 법률이념의 변경에 의한 것이 아닌 다른 사정의 변천에 따라 그때 그때의 특수한 필요에 대처하기 위하여 법령을 개폐하는 경우에는 이미 그 전에 성립한 위법행위를 현재에 관찰하여도 행위당시의 행위로서는 가벌성이 있는 것이어서 그 법령이 개폐되었다 하더라도 그에 대한 형이 폐지된 것이라고는 할 수 없다(2003도2770).

(4) 결어

한시법의 추급효를 인정하는 것은 법의 명시적 규정에도 불구하고 법의 실효성 유지라는 정책적인 이유로 행위자에게 불이익을 부담시키는 것이므로 죄형법정주의에 반한다. 또한 '법적 견해의 변경'과 '사실관계의 변화'는 사실상 불가분의 관계에 있을 뿐만 아니라, 그 구별도 상대적이어서 불분명하므로 결국 법관의 자의적인 판단에 의해 결정될 수밖에 없다. 따라서 형법의 겸억성의 원칙을 고려하면 한시법의 추급효는 부정하여야 한다. 한시법의 유효기간 중의 행위에 대하여 법의 유효기간 후에도 추급하여 처벌할 필요성이 있는 경우에는 한시법의 제정시에 부칙 등에서 추급효를 인정하는 근거규정을 마련하는 것으로 충분히 대처할 수 있을 것이다. 다만, 판례는 법령이 개정 내지 폐지된 경우가 아니라, 스스로 유효기간을 구체적인 일자나 기간으로 특정하여 효력의 상실을 예정하고 있던 법령이 그 유효기간을 경과함으로써 더 이상 효력을 갖지 않게 된 경우는 형법 제1조 제2항에서 말하는 법령의 변경에 해당한다고 볼 수 없다고 한다(2020도16420).

4. 백지형법과 보충규범

백지형법(白地刑法)이란 형법상 범죄구성요건의 일부나 전부가 기술되어 있지 않아서 다른 법률이나 명령 또는 고시 등에 의해 보충하여야 하는 형벌법규를 말한다(예, 형법 제112조의 중립명령위반죄).

백지형법의 경우에 보충규범의 개폐를 형법 제1조 제2항의 '법률'의 변경으로 인정할 수 있는가에 대하여는 ① 보충규범의 변경은 법률의 변경에 해당하지 않으므로 형법 제1조 제2항의 적용을 부정하여야 한다는 견해(소극설), ② 보충규범의 변경은 사실상 백지형법의 변경에 해당하므로 형법 제1조 제2항의 적용할 수 있다는 견해(적극설), 절충설로서 ③ 보충규범의 개폐가 가벌성과 직접적인 관련이 있는 경우에는 법률변경에 해당되지만, 가벌성에 영향이 없는 단순한 사실면에 관한 변경인 경우에는 법률변경으로 볼 수 없어 행위시법이 적용된다는 견해, ④ 보충규범이 민법 등 법률인 경우에는 형법 제1조 제2항의 법률의 변경에 해당한다는 견해, ⑤ 백지형법의 공백은 일시적인 특수사정에 탄력적으로 대응하도록 하기 위해 그 내용을 보충규범에 위임하고 있으며, 한시법적 성격을 띠고 있으므로 한시법의 추급효에 관한 판례의 입장인 동기설에 따라야 한다는 견해 등이 있다.

백지형법에 있어서 보충규범은 입법 당시부터 위임받은 위임입법이고, 백지형법은 실질적으로 보충규범에 의해 구성요건이 확정되므로 보충규범의 변경이 있는 경우에는 총체적인 법률의 변경에 해당하고, 따라서 백지형법의 변경으로 취급하여야 한다. 그러므로 보충규범의 변경내용이 행위자에게 유리한 경우에는 형법 제1조 제2항을 적용하여야 한다.

[고시의 변경과 형법 제1조 제2항] 고시의 변경이 형법 제1조 제2항의 법률변경에 해당하는가에 대하여는 ① 고시는 행정처분이므로 법률변경이 아니라는 견해, ② 경제통제법령의 벌칙은 고시와 합일함으로써 형벌법규의 기능을 다하는 것이므로 고시변경도 법률변경에 해당한다는 견해(판례)가 대립한다.

형법 제1조 제2항의 '법률의 변경'에서 법률은 가벌성에 영향을 줄 수 있는 총체적인 법률상태를 의미하며, 백지형법의 공백을 보충하는 고시 역시 단순한 행정처분이 아니라 입법부의 위임에 의한 것이므로 고시의 변경도 법률의 변경에 해당한다. 따라서 위의 적극설에 따르면 고시가 폐지된 경우에도 법률의 변경에 해당하므로 면소판결의 사유가 된다.

제2절 장소적 적용범위

형법의 장소적 적용범위란 범죄가 발생한 경우 어느 국가의 형법을 적용하여 처벌할 것인가의 문제이다.

1. 입법주의

가. 속지주의

속지주의는 범죄자의 국적을 불문하고 자국 내에서 발생한 모든 범죄에 대하여는 자국형법을 적용한다는 원칙이다. 이 원칙은 배타적인 영토주권에 근거한 것으로서, 범죄지를 중심으로 한 형법적용의 원칙이다. 외국을 운항 중인 자국의 선박이나 항공기 내에서 발생한 범죄에 대하여도 자국형법을 적용한다는 기국주의(旗國主義) 원칙은 속지주의의 보충적 역할을 수행한다.

속지주의에 따르면 사건을 신속하게 처리할 수 있어서 소송경제에 도움이 되며, 증거확보가 쉬워 실체적 진실발견에 유리할 수 있다. 반면, 자국민이 외국에서 범죄를 범한 경우나 범죄후 외국으로 도주한 자국민의 소추가 불가능하며, 외국에서 죄를 범한 내국인과 자국의 이익을 해치는 내·외국인 및 무국적지(공해상, 극지)에서의 범죄자를 처벌할 수 없게 된다.

나. 속인주의

속인주의는 자국민의 범죄에 대하여는 범죄지를 불문하고 자국형법을 적용하는 원칙을 말한다. 이 원칙은 국민주권사상에 근거한 것으로서, 형법적용의 기준을 국적에 두고 있다는 점에서 국적주의·종족주의라고도 한다.

속인주의에 따르면 자국민이 외국에서 범한 범죄에 대하여 처벌이 가능하게 된다. 반면, 이중국적자의 처벌에 있어서 국제법적 충돌이 발생할 수 있으며, 자국 내에서 자국민의 법익을 침해한 외국인의 범죄는 처벌할 수 없게 된다.

> **[적극적 속인주의와 소극적 속인주의]** 적극적 속인주의란 자국민이 범죄의 주체인 경우에는 범죄지 여하를 불문하고 자국법을 적용한다는 주의를 말하며, 소극적 속인주의란 자국민이 범죄의 피해자인 경우에는 범죄지 여하를 불문하고 자국법을 적용한다는 주의를 말한다. 형법 제3조는 적극적 속인주의에 해당한다.
> 적극적 속인주의는 다시 범죄지의 처벌 여부와 관계없이 처벌하는 절대적 적극적 속인주의와 범죄지의 법에 의해 처벌되는 경우에 한해 적용하는 상대적 적극적 속인주의가 있다. 우리나라의 통설과 판례는 전자의 태도를 취하고 있다(2017도953).

다. 보호주의

보호주의는 자국 또는 자국민의 법익을 침해하는 범죄에 대하여는 범죄장소나 범죄자의 국적을 불문하고 자국형법을 적용하는 원칙을 말한다. 전자는 국가 또는 국가적 법익의 보호에 중점이 있다는 점에서 국가보호주의라고 하고, 후자는 자국민의 보호에 중점이 있다는 점에서 개인(국민)보호주의라고 한다.

보호주의에 따르면 속지주의와 속인주의의 결함을 보충할 수 있다. 반면에, 보호주의에 관한 각국의 이해와 입법례가 다르게 되면 상호 마찰이 생길 가능성이 있다. 따라서 보호주의를 관철하기 위해서는 국가 간 협력체제의 구축 등 제도적 보완이 필요하다. 범인인도에 관한 국제조약, 호혜평등의 원칙의 채택 등이 이에 해당한다.

라. 세계주의

세계주의는 범죄지, 범죄자나 피해자의 국적을 불문하고, 문명국가에서 인정되는 공통된 법익을 침해하는 범죄에 대하여 자국형법을 적용하는 원칙을 말한다. 세계주의는 주로 집단살인, 인신매매, 테러, 마약범죄 등과 같이 국제적 영향력이 큰 범죄들에 대하여 적용된다.

세계주의에 따르면 반인류적 범죄에 대한 국제적 연대가 가능하게 된다. 반면, 범죄지 또는 범죄인의 국적과 상관없이 체포한 국가에서 처벌이 가능하므로 범인과 관련 있는 국가의 고유한 형벌권행사의 적용을 배제하는 결과를 초래할 수 있다.

2. 현행법의 태도

형법은 속지주의를 원칙으로 하면서 속인주의, 보호주의 및 세계주의를 보충적으로 규정하고 있다.

가. 원칙

> 제2조(국내범) 본법은 대한민국영역내에서 죄를 범한 내국인과 외국인에게 적용한다.
> 제4조(국외에 있는 내국선박 등에서 외국인이 범한 죄) 본법은 대한민국영역외에 있는 대한민국의 선박 또는 항공기내에서 죄를 범한 외국인에게 적용한다.

형법 제2조에서는 "본법은 대한민국 영역내에서 죄를 범한 내국인과 외국인에게 적용한다"고 규정하여 속지주의를 원칙으로 하고 있다.

'대한민국영역'이란 대한민국의 영토·영공·영해를 포함한다. 북한이 우리나라 영토에 해당하는가에 대하여는 ① 대한민국의 영토라는 견해(다수설), ② 재판권뿐만 아니라 형법의 적용자체가 불가능하다는 견해, ③ 우리나라 영토이지만 대한민국 통치권이 미치지 않으므로 외국으로 취급해야 된다는 견해 등이 있다. 헌법상 우리나라의 영토는 '한반도와 그 부속도서'(헌법 제3조)이므로 북한지역도 당연히 우리나라 영토에 속하며, 단지 재판권이 미치지 못하고 있을 뿐이다.

'죄를 범한'이란 범죄 실행행위를 포함하여 결과발생에 이르는 범행의 일부라도 대한민국영역 내에서 발생하면 이에 해당된다(편재설, 99도3403). 공모공동정범의 경우에는 공모지도 포함되며, 교사범·종범(방조범)의 경우에는 정범의 실행행위지나 결과발생지 외에 교사지·방조지도 범죄지에 포함되고, 예비·음모죄를 처벌하는 범죄의 경우에는 예비·음모지도 범죄지에 포함된다.

한편, 형법 제4조에서는 "본법은 대한민국영역외에 있는 대한민국의 선박 또는 항공기내에서 죄를 범한 외국인에게 적용한다"고 하여 속지주의의 연장으로서 기국주의를 규정하고 있다. '대한민국영역외'란 공해 및 외국의 영해와 영공을 포함한다. 다만, 우리나라 항구에 정박 중인 외국 선박이나 공항에 착륙되어 있는 외국 항공기에는 속지주의에 의하여 우리나라 형법을 적용하여야 한다.

> **[외국공관과 대한민국 영토]** 우리나라에 있는 외국공관에 대하여는 우리나라의 영토로 인정하되, 외교사절 등에 대한 특권(관할권 면제)이 인정되는 것으로 보아야 한다는 견해가 있다. 그러나 우리나라에 있는 외국공관이나 외국문화원은 국제협정이나 관행에 따라 국제법상 특권이 인정되는 지역으로서 외국의 영토로 간주된다(86도403). 외국에 있는 우리나라의 공관 및 종사자에 대한 보호의 측면에서도 상호주의에 의해 외국공관을 보호할 필요가 있다.

나. 예외

(1) 속인주의

> 제3조(내국인의 국외범) 본법은 대한민국영역외에서 죄를 범한 내국인에게 적용한다.

형법 제3조에서는 "법은 대한민국영역외에서 죄를 범한 내국인에게 적용한다"고 규정하여 예외적으로 속인주의를 인정하고 있다. 행위지인 외국에서 범죄로 처벌되는가 여부는 묻지 않는다(절대적·적극적 속인주의). '내국인'이란 범행당시에 대한민국의 국적을 가진 사람을 말한다.

(2) 보호주의

제5조(외국인의 국외범) 본법은 대한민국영역외에서 다음에 기재한 죄를 범한 외국인에
게 적용한다.
1. 내란의 죄
2. 외환의 죄
3. 국기에 관한 죄
4. 통화에 관한 죄
5. 유가증권, 우표와 인지에 관한 죄
6. 문서에 관한 죄중 제225조 내지 제230조
7. 인장에 관한 죄중 제238조

제6조(대한민국과 대한민국국민에 대한 국외범) 본법은 대한민국영역외에서 대한민국 또
는 대한민국국민에 대하여 전조에 기재한 이외의 죄를 범한 외국인에게 적용한다.
단 행위지의 법률에 의하여 범죄를 구성하지 아니하거나 소추 또는 형의 집행을 면
제할 경우에는 예외로 한다.

형법 제5조에서는 본법은 대한민국영역외에서 내란의 죄, 외환의 죄, 국기에
관한 죄, 통화에 관한 죄, 유가증권, 우표와 인지에 관한 죄, 문서에 관한 죄 중
제225조 내지 제230조(공문서와 공전자기록의 위조·변조 등), 인장에 관한 죄 중 제238조
(공인 등의 위조, 부정사용)에 기재한 죄를 범한 외국인에게 적용한다고 규정함으로
써 국가의 존립과 기능을 침해하는 중요범죄에 대하여는 보호주의를 취하고 있다.

한편, 형법 제6조에서는 "본법은 대한민국영역외에서 대한민국 또는 대한민국
국민에 대하여 전조에 기재한 이외의 죄를 범한 외국인에게 적용한다"고 규정함으
로써 국가보호주의 외에 개인보호주의도 명시하고 있다. 다만, 동조 단서에서는 "행
위지의 법률에 의하여 범죄를 구성하지 아니하거나 소추 또는 형의 집행을 면제할
경우에는 예외로 한다"고 규정함으로써 쌍방가벌성의 원칙을 명문화하고 있다.

(3) 세계주의

> 제296조의2(세계주의) 제287조부터 제292조까지 및 제294조는 대한민국 영역 밖에서 죄를 범한 외국인에게도 적용한다.

형법 제296조의2에서는 형법상 '약취, 유인 및 인신매매의 죄'(제31장)에 대하여 세계주의를 규정하고 있다. 이 조항은 2000년 12월 13일 우리나라가 서명한 인신매매방지의정서의 국내적 이행을 위해 입법된 것이다. 이외에 국제형사재판소의 관할 범죄의 처벌 등에 관한 법률에서는 집단살해죄, 인도에 반한 죄, 각종 전쟁범죄에 관해 규정하면서, 제3조 제5항에서 "이 법은 대한민국 영역 밖에서 집단살해죄등을 범하고 대한민국영역 안에 있는 외국인에게 적용한다"고 규정하고 있다.

(4) 외국에서 받은 형의 집행

> 제7조(외국에서 집행된 형의 산입) 죄를 지어 외국에서 형의 전부 또는 일부가 집행된 사람에 대하여는 그 집행된 형의 전부 또는 일부를 선고하는 형에 산입한다.

형법 제7조에서는 "죄를 지어 외국에서 형의 전부 또는 일부가 집행된 사람에 대하여는 그 집행된 형의 전부 또는 일부를 선고하는 형에 산입한다"고 규정하고 있다. 따라서 외국에서 처벌받은 사람에 대하여 국내 법원에서 다시 형을 선고하여도 위법이 아니며, 일사부재리의 원칙에 반하는 이중처벌에 해당되지 않는다. 다만, 외국법원의 판결을 존중할 필요가 있다는 점과 사실상 이중처벌에 해당하는 점을 고려하여 필요적 감경 또는 면제를 인정하고 있다. '외국에서 형의 전부 또는 일부가 집행된 사람'이란 외국 법원의 유죄판결에 의하여 자유형이나 벌금형 등 형의 전부 또는 일부가 실제로 집행된 사람을 말한다(판례).

[판례] 형법 제7조의 취지는 형사판결은 국가주권의 일부분인 형벌권 행사에 기초한 것이어서 피고인이 외국에서 형사처벌을 과하는 확정판결을 받았더라도 그 외국 판결은 우리나라 법원을 기속할 수 없고 우리나라에서는 기판력도 없어 일사부재리의 원칙이 적용되지 않으므로, 피고인이 동일한 행위에 관하여 우리나라 형벌법규에 따라 다시 처벌받는 경우에 생길 수 있는 실질적인 불이익을 완화하려는 것이다. 따라서 형사사건으로 외국 법원에 기소되었

다가 무죄판결을 받은 사람은, 설령 그가 무죄판결을 받기까지 상당 기간 미결구금되었더라도 이를 유죄판결에 의하여 형이 실제로 집행된 것으로 볼 수는 없으므로, '외국에서 형의 전부 또는 일부가 집행된 사람'에 해당한다고 볼 수 없고, 그 미결구금 기간은 형법 제7조에 의한 산입의 대상이 될 수 없다(2017도5977).

제3절 인적 적용범위

형법은 원칙적으로 시간적·장소적 적용범위 내에 있는 모든 사람의 범죄에 적용된다. 다만, 법률의 규정 등 특별한 사정이 있는 경우에는 예외가 인정된다.

1. 국내법상 예외

대통령과 국회의원에 대하여는 헌법상 형법의 적용에 있어서 예외가 인정된다. 이것은 대통령과 국회의원에게 형법이 적용되지 않는다는 것을 의미하는 것은 아니고, 단지 소추조건결여 또는 인적 처벌조각사유에 해당하여 처벌할 수 없다는 것을 의미한다.

가. 대통령

대통령은 내란 또는 외환의 죄를 범한 경우를 제외하고는 재직 중 형사소추를 받지 아니한다(헌법 제84조). 다만, 대통령은 재직 중 내란의 죄와 외환의 죄를 제외한 범죄행위를 한 경우에 형사상 소추가 불가능할 뿐이므로 그 범죄의 공소시효가 완성된 경우(재직 중에는 공소제기가 불가능하므로 공소시효가 진행되지 않음)가 아닌 한 재직 후에는 재직 중의 범죄행위를 이유로 처벌할 수 있다. 그러나 대통령이 내란 또는 외환의 죄를 범한 경우에는 재직 중이라도 형사소추가 가능하다.

나. 국회의원

국회의원은 국회에서 직무상 행한 발언과 표결에 관하여 국회 외에서 책임을 지지 아니한다(헌법 제45조). 국회의원의 면책특권이 인정되는 것으로서, 임기종료 후에도 국회의원으로 활동하던 당시의 직무상 발언과 표결에 대하여는 형사책임을 지지 않는다. 이외에 국회의원에게는 회기 중 불체포특권(헌법 제44조)이 인정된다.

2. 국제법상 예외

가. 국제법상 특권

국제법상 특권을 가지는 외국의 원수와 외교관, 그 가족 및 내국인이 아닌 종자(從者)에 대하여는 국제법상 면책특권이 인정된다. 이것은 이들에 대하여 형법이 적용되지 않는다는 것은 아니고, 단지 인적 처벌조각사유에 해당하여 처벌할 수 없다는 것을 의미한다.

나. 외국의 군대

대한민국과의 협정에 의하여 주둔하고 있는 외국의 군대(군대의 구성원, 군속 및 그들의 가족)에 대하여는 우리나라의 형사재판권이 제1차적으로 인정되지 아니한다. 「대한민국과 아메리카합중국간의 상호방위조약 제4조에 의한 시설과 구역 및 대한민국에서의 합중국 군대의 지위에 관한 협정(Status of Forces Agreement: SOFA)」 제22조에 의하면 공무집행 중의 미군이 행한 범죄에 대하여는 미국이 제1차적 형사재판권을 갖고 있다. 그러나 미군과 군속 및 그들의 가족이 공무집행과 관련 없이 죄를 범한 경우에는 우리나라가 형사재판권을 행사할 제1차적 권리를 가진다. 또한 미합중국 군대의 군속 중 통상적으로 대한민국에 거주하는 자는 이 협정이 적용되는 군속의 개념(제1조 (나))에 속하지 않으므로 우리나라가 형사재판권을 가진다(2005도798).

제 4 장

형법이론과 형법학파

형법이론이란 형법의 근본적 개념요소인 범죄와 형벌에 관한 기초이론을 말한다. 범죄이론은 형벌부과의 전제가 되는 범죄의 본질을 어떻게 이해할 것인가에 관한 것이고, 형벌이론은 범죄에 대한 법적 제재인 형벌의 본질과 형벌의 목적이 무엇인가를 밝히고자 하는 것이다.

제1절 범죄이론

1. 객관주의

객관주의는 인간의 자유의사의 존재를 전제로 하는 개인주의적 계몽사상에서 유래한 고전학파의 태도로서, 범인이 자유의사로 범행을 결의하고, 법익의 침해 또는 침해위험 등의 해악을 발생시켰다는 점(보호법익의 침해)에 범죄의 본질이 있다고 한다. 따라서 범죄는 구체적·현실적으로 발생한 행위이어야 하며, 형벌은 범죄사실로 나타난 결과의 대소 차이에 의하여 그 경중이 판단된다고 한다(현실주의, 행위주의, 범죄주의, 사실주의).

그리고 형사책임의 근거는 자유로운 의사결정을 통하여 적법행위를 할 수 있었음에도 불구하고 위법행위를 선택하였다는 점에 대한 도의적 비난에 있다고 한다(도의적 책임론). 따라서 형벌은 도의적 비난에 따른 처벌로서, 행위자에게 유책 행위능력이 있는 경우로서 법익침해의 정도에 상응하여 부과되며, 보안처분은 형벌 외에 필요하다고 인정되는 경우에 부수적으로 행하여지는 처분으로 이해한다(형벌과 보안처분의 이원론).

2. 주관주의

주관주의는 인간은 자유의사가 없고 소질과 환경에 의해서 결정된다는 의사결정론에 기초한 근대학파의 태도로서, 외부로 표출되는 행동에서 나타난 범죄적 악성 또는 반사회적 위험성에 범죄의 본질이 있다고 한다(행위자주의, 범인주의, 성격주의, 징표주의). 따라서 형벌도 범죄자의 의사나 악성(惡性)의 정도에 상응하여야 한다고 하면서 형벌의 개별화를 주장하였다.

그리고 형사책임의 근거는 반사회적 행위를 하는 범죄자에 대하여 사회구성원으로서의 역할을 다하지 못한 점에 있다고 하면서(사회적 책임론), 형벌과 보안처분은 성질상 동일한 것으로 이해하여 행위자에게 형벌적응능력이 있는 경우에는 형벌을 부과하고, 그렇지 않은 경우에는 보안처분을 부과하여야 한다고 한다(형벌과 보안처분의 일원론).

제2절 형벌이론

1. 응보형주의

응보형주의는 고전학파에서 주장하는 것으로서, 의사의 자유를 전제로 하여 형벌의 목적이 응보적 해악 그 자체에 있다는 견해이다. 이 입장은 응보적 해악 그 자체를 형벌부과의 목적으로 하기 때문에 절대주의 형벌관을 토대로 한다.

이 입장에서는 응보의 근거와 관련하여 ① 범죄는 신(神)의 의사에 반한 행위이므로 신의 의사에 근거하여 응보가 이루어져야 한다는 종교적 응보형주의 (Stahl), ② 실천이성의 지상명령 또는 사회를 부정하는 범죄행위에 대한 재부정으로써 응보가 행해져야 한다는 철학적 응보형주의(Kant, Hegel), ③ 법질서 위반에 대한 응보로 이해하는 법률적 응보형주의(Beling, Binding), ④ 윤리감정위반에 대한 응보이어야 한다는 윤리적 응보형주의(Merkel) 등이 있다.

2. 목적형주의

목적형주의는 근대학파에서 주장하는 것으로서, 의사결정론을 바탕으로 하여 형벌은 범죄로부터 사회를 방위하고 보호하기 위해 범죄인의 재사회화라는 목적을 실현하기 위한 수단이라고 하는 견해이다(Liszt). 이 입장은 19C 후반에 들어 상습범, 누범 등이 격증하면서 자유의사를 전제로 이해하여 왔던 응보형론에 대한 반성차원에서 제기된 것으로, 범죄에 대한 과학적·실증적 연구의 필요성이 강조되면서 형성된 것이다. 이것은 '형벌은 교육이어야 한다'라는 교육형론(Liepmann, Lanza, Saldana)으로 발전하게 된다.

3. 일반예방주의와 특별예방주의

가. 일반예방주의

일반예방주의는 응보형주의의 다른 측면으로서, 범죄에 상응한 형벌이 부과됨으로써 사회일반인을 위하여 범죄예방효과를 달성할 수 있다는 입장이다. 이 입장에서는 형벌의 가혹성, 엄격성을 강조한다. 일반예방주의는 (ⅰ) 형벌집행을 통하여 일반인을 위하·공포케 함으로써 범죄예방의 목적이 달성될 수 있다는 형벌집행을 통한 일반예방과 (ⅱ) 범죄 및 형벌을 미리 법률로 규정하여 일반인에게 예고함으로써 범죄예방의 효과를 달성한다는 형벌예고를 통한 일반예방(심리강제설)을 그 내용으로 한다.

나. 특별예방주의

특별예방주의는 목적형주의에 기초한 것으로서, 형벌의 목적을 범죄자의 사회복귀에 두고, 형벌은 범죄자를 교육 또는 개선·교화하여 범죄자의 재범을 예방하는 것이어야 한다는 입장이다. 이 입장에서는 특별예방의 목적달성을 위해서 형벌의 개별화, 단기자유형의 제한, 가석방·집행유예·선고유예제도의 활용, 상습범의 특별취급 등이 필요하다고 주장한다.

제3절 형법학파

형법학파는 형벌의 본질에 관한 대립으로부터 출발하였으며, 이후 형법 전반에 관한 이론적 대립으로 발전하면서 형성되었다.

1. 고전학파

고전학파(구파)는 객관주의 범죄이론을 취하는 것으로, 일반예방형론을 강조하는 전기구파와 응보형론을 강조하는 후기구파로 나뉘어져 있다.

가. 전기 고전학파

전기 고전학파는 14~15세기 근세 계몽주의 철학사상을 기초로 하는 학파로서, 구제도(Ancien Régime)하의 국가권력의 남용으로 인한 폐해를 극복하기 위해 형성되었다. 이 학파에서는 공리적 인간상을 전제로 하여 형벌의 목적에 있어서 일반예방기능을 강조하고, 개인의 인권보장을 위하여 죄형법정주의의 구현, 처벌에 있어서 신분차별의 철폐, 형법에서 윤리의 배격, 형벌의 인도화 등을 주장하였다. 대표적인 학자로는 베까리아(Beccaria, 죄형균형론), 포이에르바하(Feuerbach, 심리강제설), 벤담(Bentham, 공리주의) 등이 있다.

나. 후기 고전학파

후기 고전학파는 17~18세기 국가절대주의의 시기에 형성된 학파로서, 국가주의적·권위주의적 사상의 영향을 받았다. 이 학파에서는 인간은 추상적 이성을 가진 존재임을 전제로 하여 형벌목적에 있어서는 응보형주의를 강조하는 한편, 국가의 가부장적 지위를 인정하여 죄형법정주의를 중요시하지 않고, 형법에 있어서 윤리보호 기능을 강조하였다. 대표적인 학자로는 칸트(Kant, 절대적 응보형론), 헤겔(Hegel, 등가치적 응보형론), 빈딩(Binding, 법률적 응보형론), 메르켈(Merkel, 윤리적 응보형론) 등이 있다.

2. 근대학파

근대학파(신파)는 19세기 말 고전학파의 주장에 따른 범죄대책이 한계에 부딪히면서 대두된 것으로서, 당시의 자본주의의 심화와 도시집중에 따른 사회적 현상으로서 상습범과 누범이 증가함에 따라 범죄대책으로서 범죄 자체가 아니라 범죄인에게 주목하였다. 이 학파에서는 형벌목적에 있어서 목적형론을 주장하면서, 범죄인의 재사회화를 위한 형벌개별화와 의사결정론을 전제로 사회적 책임을 강조하였다.

대표적인 학자로는 이태리학파(인류학파)인 롬브로조(Lombroso, 생래성 범죄인론), 페리(Ferri, 범죄포화의 법칙, 사회적 책임론과 형벌대용물사상), 가로팔로(Garofalo, 범죄심리학적 연구)에서 시작하여, 독일의 리스트(Liszt)에 의해 발전하게 된다. 리스트는 보호형을 주장하였다는 점에서 범죄이론에서는 객관주의 입장에 있었지만, 형벌이론에서는 목적형론을 주장하였다. 또한 그는 범죄의 원인이 범죄인의 소질과 환경에 있다고 하면서 범죄대책으로서 형벌의 개별화와 사회정책·복지정책를 강조하는 한편, 국제형사학협회의 설립, 전(全)형법학사상의 구축 등 형사법의 발전에 기여하였다. 리스트의 목적형론은 이후 범죄징표설과 교육형론(Liepmann, Lanza, Saldaña)으로 발전하게 된다. 리스트와 구파의 입장을 대변한 비르크마이어(Birkmeyer)와의 30여 년에 걸친 '학파의 논쟁'은 유명하다.

> **[프랑스 사회학파]** 프랑스에서는 께뜰레(Adolphe Quetelet)가 윤리적인 사회현상에 대하여도 통계적인 법칙발견의 가능성을 제시한 이후, 범죄원인에 대하여 실증적·과학적 연구가 시도되었다. 또한 듀르껭(Durkheim)이나 타르드(Tarde)와 같은 사회학자들에 의하여 범죄원인에 있어서 사회적 원인에 관한 연구가 강조되었고, 라까사뉴(Lacassagne)를 중심으로 한 리용학파는 사회적 원인 중 경제적 요소를 강조하였다.

3. 결어

오늘날 형법학에 있어서는 범죄의 본질 및 형벌의 목적을 설명함에 있어서 구파와 신파의 입장을 절충하여 이해하는 것이 일반적이다(절충설). 따라서 범죄이론에서는 객관주의와 주관주의를 절충하여 이해하고 있으며, 형벌이론에서는 응보관점은 가급적 배제하되, 일반예방과 특별예방을 범죄의 각 실현단계에서 변증론적으로 합일하여 설명하고 있다. 즉, 개인의 자유와 사회질서의 보호라는 목적에 충실하기 위해 입법에서는 일반예방을, 형사소송에서는 책임의 상한선과 일반예방의 하한선 사이에서 특별예방을 중시하고 있으며, 행형단계에서는 특별예방의 요청을 우위에 두고 있다.

[형법이론에 있어서 구파와 신파의 대립]

구 분	구파(객관주의)	신파(주관주의)
자유의사 유무	자유의사를 인정함(비결정론)	자유의사를 부정함(결정론)
범죄에 대한 기본 시각	자유의사를 가지고, 시비선악을 변별할 수 있는 능력이 있는 사람이 자유의사에 의해 선택한 결과라고 한다. 또는 이해득실을 고려하여 이득이 된다고 판단하는 경우에 범죄를 범한다고 함(심리강제설의 입장)	범죄는 죄를 범하기 쉬운 특별한 성격(반사회적 위험성, 惡性)을 가진 사람, 시비선악의 판단능력과 그것에 따라 자기를 규율하는 능력이 없는 사람에 의해 필연적으로 범하게 된다고 함
형벌의 근거	자유의사의 소산인 이상 자신이 범한 행위에 대해 책임을 부담하는 것은 당연함(도의적 책임론)	사회에 복귀할 수 있도록 위험성의 교정을 내용으로 하는 사회방위처분을 받아야만 함(사회적 책임론)
형벌의 본질	법질서가 실재하고 실효성을 가진 것을 나타내기 위하여 과거의 위법행위에 상응하는 책임을 묻는 것임(응보형)	범죄자를 개선·교육하고, 위험성을 제거해서 일반 시민의 생활로 복귀시키는 것에 있음(개선형, 교육형)

형벌의 정도	범한 죄의 정도와 균형을 취해야 함 (죄형균형론) 부정기형을 부정함	범죄자의 위험성을 제거해서 사회에 복귀시키기 위해 필요한 처우의 기간을 기준으로 함(형벌개별화) 부정기형을 인정함
형벌과 보안 처분의 관계	형벌과 보안처분은 엄격히 구분됨 (이원론)	형벌과 보안처분은 성질을 같이 함 (일원론)
형벌의 기능	장래 죄를 범할 가능성 있는 불특정인의 범죄억지에 중점을 둠(일반예방)	범죄로 처벌된 사람의 재범방지에 중점을 둠(특별예방)
범죄성립요건에 관한 태도	외부에 나타난 피해·행동을 중시함 (행위주의, 사실주의, 현실주의, 범죄주의)	행동에 나타난 범인의 범죄적 의사 내지 범죄에 빠지기 쉬운 성격을 중시함 (행위자주의, 성격주의, 징표주의)
법해석의 기본태도	형식적·논리적 해석을 중시함	실질적 해석을 중시함
위법성의 본질	규범위반성 내지 법익침해성을 기본으로 함	반사회성, 사회상규로부터의 일탈을 중시함(실질적 위법성론의 추진에 공적이 큼)
책임의 본질	위법행위수행으로의 의사형성에 대한 비난(행위책임)	범죄에 임하는 성격의 위험성 (성격책임)
책임능력의 의미	의사형성에 대한 비난의 의미를 이해할 수 있는 능력(시비변별능력 및 변별에 따른 의사결정능력, 유책행위능력)	형벌적응성(형벌이라는 수단에 의해서 개선될 적격성·적응성-형벌적응능력)
고의의 본질	행위자의 의사를 중심으로 함 (의사설 또는 인용설)	행위자의 인식을 중심으로 함 (인식설)
사실의 착오에 대한 태도	구체적 부합설 또는 법정적 부합설	추상적 부합설
위법성인식의 체계적 지위	도의적 비난의 전제로서 필요함. 다만, 위법성인식가능성이 있으면 족하다고 함 (다수설)	자연범에 대하여는 위법성인식을 불요 법정범에 대하여는 위법성인식을 요함
기대가능성의 판단기준	행위자를 표준으로 함 (행위자표준설)	객관적 기준에 의함 (국가표준설)
주의무위반의 기준	주관적 기준에 의함(행위자 보호의 관점-행위자의 결과예견의무)	객관적 기준에 의함(질서유지측면 강조-일반인의 주의능력, 결과회피의무 강조)
실행의 착수시기	결과발생에 밀접한 단계 또는 구성요건적 행위의 일부의 개시시에 인정함	범죄수행적 행위에 의해 범의가 표현된 시점에 인정함

미수범의 처벌	기수보다 미수를 가볍게 처벌함 (기수와 미수의 구별)	기수와 미수를 동등하게 처벌함 (기수와 미수의 구별 불요)
불능범의 성부	절대적·상대적 불능설 또는 구체적 위험설에 의해 불능범을 긍정함	미신범을 제외하고는 불능범을 부정함 (주관적 위험설, 주관설)
공범의 의의	한 개의 범죄에 여러 사람이 가담·협력한 것으로 봄(범죄공동설)	공동의 행위로써 각자의 악성·사회적 위험성을 표현한 것으로 봄(행위공동설)
협의의 공범 처벌근거	공범종속성설	공범독립성설
공범의 미수 처벌 여부	원칙적으로 불처벌함 (예비·음모에 불과함)	미수범으로 처벌함
미수의 교사 처벌 여부	죄가 되지 않음(교사의 고의는 교사된 죄가 기수에 달할 의사를 필요로 함)	미수범의 한도에서 교사를 인정함
승계적 공범 인정 여부	중도에 가담함에 의해 이전의 사태를 포함해서 책임을 부담시킬 여지를 인정함(전체범행의 방조)	승계적 공범 인정. 다만, 중도에서 가담한 이후의 자기가 수행한 부분에 대하여만 책임을 인정함
죄수결정의 기준	범죄결과, 행위 또는 구성요건충족의 수를 기준으로 함-과형상 일죄는 여러 개의 죄에 해당함	범죄의사를 기준으로 함-과형상 일죄는 한 개의 죄에 해당함
상상적 경합범	같은 종류의 상상적 경합범 인정함	같은 종류의 상상적 경합범 부정함

제2편

범죄론

제 1 장

범죄 일반이론

제1절 범죄의 기초

1. 범죄의 의의

가. 형식적 의미의 범죄

　형식적 의미의 범죄란 '형벌법규에 위반하고 가벌적으로 평가된 사회침해적 행위'를 말한다. 이것은 형법학의 적용대상이 된다. '형벌법규 위반'이란 실정형법 규정에 저촉되는 경우를 말하며, 이를 구성요건해당성이라고 한다. '가벌적 평가'는 사실판단을 통해 구성요건에 해당하는 행위로 인정된다고 하더라도 형법상 처벌할 만한 것으로 평가되어야 한다는 것을 의미한다. 이에는 객관적인 평가를 내용으로 하는 위법성판단과 주관적인 평가를 내용으로 하는 책임판단이 있다. 따라서 형법상 범죄란 '구성요건에 해당하는 위법하고 유책한 행위'로 정의된다. 이를 3분법 범죄론체계라고 한다. 일반적으로 행위는 범죄성립요소의 전제요소로 이해한다. 따라서 형법상 행위가 아니면 애초에 범죄성립 여부가 고려되지 않는다.

나. 실질적 의미의 범죄

실질적 의미의 범죄란 가장 넓은 의미로는 '사회에 유해한 행위'를 말한다. 이것은 범죄학 또는 형사정책학의 연구대상이 된다. '사회유해성'이란 일반적으로 사회공동생활상의 존립이나 기능, 기타 사회생활상의 이익 및 가치를 부당·불법한 방법으로 손상하는 것을 말한다. 실질적 의미의 범죄는 '비행' 또는 '일탈행위'로 표현되기도 하며, 형법상 범죄규정과 무관하게 범죄의 실질(본질)을 규명하는 데 사용된다.

다. 형식적 의미의 범죄와 실질적 의미의 범죄의 관계

형식적 의미의 범죄는 죄형법정주의에 따른 형법의 보장적 기능을 수행하는 것으로 범죄학이나 형사정책적 연구성과를 반영하고 있다. 또한 실질적 의미의 범죄는 형사입법에 있어 어떠한 행위를 범죄로 규정할 것인가, 그러한 범죄화가 정당한 것인가에 대한 판단자료가 되는 것은 물론, 범죄화한 형법규정의 해석기준이 되기도 한다. 따라서 양자는 상호보완의 관계에 있다.

2. 범죄의 본질

범죄는 사회침해적 행위이다. 다만, 침해의 내용이 무엇인가가 문제된다.

가. 권리침해설

권리침해설은 범죄는 형벌법규에 의하여 위하되는 타인의 권리를 침해하는 행위라는 견해이다(Feuerbach). 이 설에 대하여는 형법상 범죄 중 도박죄(제246조), 범죄단체조직죄(제114조) 등 권리침해를 내용으로 하지 않는 범죄가 있는 것을 설명하기 어렵다는 비판이 있다.

나. 법익침해설

법익침해설은 범죄는 법규범에 의하여 보호되는 법익의 침해라는 견해이다(Liszt 등). '법익'은 사실적이고 현실적인 기초를 갖는 개념으로서 법에 의하여 보호되는 일정한 생활이익을 의미한다. 이때 '생활이익'은 형벌법규로서 보호할 만한 가치가 있는 것이어야 한다. 이 입장에서는 살인죄는 '살인행위'가 아니라 살인행위로 인한 '사람의 생명침해'라고 하는 결과로 인해 범죄성을 갖는다고 한다. 이 설은 객관주의 및 법익침해를 내용으로 하는 결과반가치론과 결합한다.

다. 의무위반설

의무위반설은 범죄를 의무위반으로 파악하는 견해이다(1930년대 Kiel학파). '의무'란 공동생활에 있어서 법적으로 보호되는 관념적 가치로서 사회구성원이 지켜야 할 부담을 말한다. 따라서 의무위반은 곧, 규범위반을 의미한다. 이 입장에서는 살인죄는 '사람의 생명침해'라는 결과가 아니라 '살인행위'에 의하여 '사람을 살해해서는 아니된다'는 규범의 요구에 따른 의무를 위반했기 때문에 범죄성을 갖는다고 한다. 이 설은 주관주의 및 사회윤리침해를 내용으로 하는 행위반가치론과 결합한다.

라. 결어

범죄는 법익침해라는 결과를 전제로 하지만 이것만을 이유로 처벌하는 것은 충분하지 않고, 법규범을 무시하는 행위 속에 숨겨져 있는 행위자의 의무침해 요소를 동시에 고려하여야 한다. 따라서 범죄는 법익침해임과 동시에 의무위반을 내용으로 한다(절충설).

3. 범죄의 성립요건

범죄체계론은 법률상 개념으로서 '범죄'는 무엇이며, 그것은 어떠한 요소로 구성되고, 또 각 요소는 어떠한 관계에 있는가에 대하여 이론적·체계적으로 연구하는 것을 말한다. 전술한 것처럼 우리나라에서는 3분법체계를 취하고 있으므로 범죄가 성립하기 위해서는 범죄성립의 3요소 즉, 구성요건해당성, 위법성, 책임이 충족되어야 한다.

가. 구성요건해당성

범죄가 성립하기 위해서는 행위가 범죄구성요건에 해당하여야 한다. 이를 구성요건해당성이라고 한다. '구성요건'이란 형벌법규에 의해 금지되거나 요구되는 행위를 유형적·추상적으로 기술한 것을 말한다. 예를 들면, 형법 제250조 제1항의 살인죄에서 '사람을 살해한 자'라고 기술한 부분이 구성요건이다.

나. 위법성

위법성이란 구성요건에 해당하는 행위가 전체 법질서의 관점에서 허용되지 않는다는 성질을 말한다. 그 판단은 일반인의 입장에서 객관적으로 행하여진다. 다만, 구성요건해당성이 있는 행위는 위법행위의 가벌적 유형인 구성요건에 해당하므로 위법한 것으로 추정된다.

그러나 정당방위로 사람을 죽인 경우와 같이 구성요건해당행위라고 하더라도 예외적으로 위법성이 인정되지 않는 경우가 있다. 이처럼 위법성이 배제되는 사유를 위법성조각사유라 한다. 형법상 위법성조각사유로는 정당행위(제20조), 정당방위(제21조), 긴급피난(제22조), 자구행위(제23조), 피해자의 승낙(제24조)이 있다.

다. 책임

책임은 위법행위를 한 행위자 개인에 대한 비난 또는 비난가능성을 말한다. 형법상 책임이 인정되기 위해서는 행위자에게 책임능력이 있음을 전제로 하여, 책임조건(책임고의 또는 책임과실, 위법성인식)이 충족되어야 하고, 초법규적 책임조각사유인 적법행위에 대한 기대가능성이 부정되지 않아야 한다(다수설). 일반적으로 구성요건에 해당하고 위법한 행위는 책임이 인정된다. 하지만 행위자에게 책임능력이 없거나 제한된 경우(제9조~제11조), 위법성착오에 정당한 이유가 있는 경우(제16조) 또는 저항할 수 없는 폭력에 의하여 강요된 행위(제12조) 등에 있어서는 책임이 감경·면제된다.

4. 행위상황과 범죄의 처벌조건

가. 행위상황

행위상황이란 행위에 대하여 처벌할 만한 위법성(가벌적 위법성)의 기초를 이루는 외부적 사실을 말한다. 행위상황은 개별 범죄에 관한 규정에서 구성요건요소로 유형화되어 있다. 진화방해죄(제169조)에서 '화재에 있어서', 야간주거침입절도죄(제330조)에서 '야간에', 해상강도죄(제340조)에서 '해상에서' 등이 이에 해당한다. 따라서 소화기를 부수는 행위는 평소에는 손괴죄(제366조)가 성립하지만, '화재에 있어서'는 진화방해죄가 성립한다. 이러한 범죄에 있어서 고의범이 성립하기 위해서는 행위자가 행위시에 행위상황에 대한 인식이 있어야 한다.

나. 처벌조건

처벌조건이란 범죄가 성립한 경우 그 범죄에 대한 형벌권을 발동시키기 위한 조건을 말한다. 처벌조건에는 객관적 처벌조건과 인적(人的) 처벌조각사유가 있다.

처벌조건은 범죄성립요건은 아니다. 따라서 (i) 처벌조건이 없더라도 범죄성립에는 지장이 없으므로 정당방위가 가능하고, (ii) 처벌조건에 대한 착오는 범죄성립에 영향을 미치지 않으며, (iii) 처벌조건을 충족하지 않더라도 공범성립에는 지장이 없다. 또한 (iv) 범죄성립요건이 결여된 경우에는 무죄판결을 하는 반면, 처벌조건이 없는 경우에는 형의 면제판결을 하여야 하고, (v) 객관적 처벌조건에 해당하는 사실에 대하여는 예견 또는 예견가능성이 없더라도 범죄는 성립되며, 행위와의 사이에 인과관계를 요하지 않고 단지 사실상 결연관계만 있으면 충분하다.

(1) 객관적 처벌조건

객관적 처벌조건이란 일단 성립한 범죄의 가벌성만을 좌우하는 객관적·외부적 사실을 말한다. 사전수뢰죄(제129조 제2항)에 있어서 '공무원 또는 중재인이 된 사실', 파산범죄에 있어서 '파산의 선고가 확정된 때'(채무자 회생 및 파산에 관한 법률 제650조, 제651조) 등이 이에 해당한다. 따라서 사전수뢰죄에 있어서 공무원이 되려는 사람이 뇌물을 수수한 경우에 이미 수뢰죄가 성립하지만 사후에 어떠한 사유로 인해 공무원으로 임용되지 않게 되면 수뢰죄로 처벌할 수 없게 된다.

(2) 인적 처벌조각사유

인적 처벌조각사유란 일단 범죄는 성립하였으나 행위자의 특수한 신분관계로 인해 형벌권이 발생하지 않는 사유를 말한다. 형법상 친족상도례(제328조 제1항)에 있어서 '직계혈족, 배우자, 동거친족, 동거가족 또는 그 배우자'와 같은 특별한 친족관계가 있는 경우가 이에 해당한다. 따라서 아들이 아버지의 지갑에서 돈을 훔쳤을 경우에 절도죄(제329조)는 성립하지만 친족상도례에 관한 규정에 의하여 형이 면제된다. 친족상도례에 관한 규정은 권리행사방해죄(제323조)를 비롯하여 강도죄와 손괴죄를 제외한 모든 재산범죄에 적용된다.

(3) 인적 처벌소멸사유

인적 처벌소멸사유란 가벌적 행위, 즉 범죄를 범한 후에 발생된 사유로서 이미 성립된 가벌성이 소급적으로 제거되는 정황을 말한다. 중지범(제26조) 또는 자수범(제90조 제1항, 제101조 제1항)에서 형을 면제하는 경우가 이에 해당한다. 이를 인적 처벌조각사유에 포함시키기도 한다.

5. 범죄의 소추조건

소추(소송)조건이란 공소제기를 위해 필요한 소송법상 조건을 말한다. 소추조건은 원칙적으로 형사소송법에서 규정하고 있다. 하지만 형법에서도 소추조건으로서 친고죄의 '고소'와 반의사불벌죄의 '피해자의 의사'에 대하여 규정하고 있다. 소추조건이 결여된 경우에는 공소기각 등 형식재판으로 소송을 종결하여야 한다.

가. 친고죄

친고죄는 피해자 등 고소권자의 고소가 없더라도 범죄는 성립하지만 고소권자의 고소가 있어야만 검사가 공소를 제기할 수 있는 범죄를 말한다. 친고죄에는 친족상도례의 경우(제328조 제2항)와 같이 범인과 피해자 사이에 일정한 신분관계를 요하는 상대적 친고죄와 이러한 제한이 없는 절대적 친고죄가 있다. 형법상 절대적 친고죄로는 사자에 대한 명예훼손죄(제308조), 모욕죄(제311조), 비밀침해죄(제316조), 업무상 비밀누설죄(제317조) 등이 있다.

나. 반의사불벌죄

반의사불벌죄는 범죄가 성립하면 수사는 물론, 공소를 제기할 수 있으나 피해자가 처벌을 희망하지 않는다는 명시적인 의사를 표시하면 처벌할 수 없는 범죄를 말한다. 형법상 반의사불벌죄로는 외국원수·외국사절에 대한 폭행죄(제107조, 제108조), 외국국기·국장모독죄(제109조), 과실상해죄(제266조), 폭행·존속폭행죄(제260조), 협박·존속협박죄(제283조), 명예훼손죄(제307조), 출판물에 의한 명예훼손죄(제309조) 등이 있다.

[판례] 반의사불벌죄에서 피해자가 처벌을 희망하지 아니하는 의사표시를 하였다거나 처벌을 희망하는 의사표시의 철회를 하였다고 인정하기 위해서는 피해자의 진실한 의사가 명백하고 믿을 수 있는 방법으로 표현되어야 한다 이때 반의사불벌죄의 피해자는 피의자나 피고인 및 그들의 변호인에게 자신을 대리하여 수사기관이나 법원에 자신의 처벌불원의사를 표시할 수 있는 권한을 수여할 수 있다(2017도8989).

다. 고발

고발은 일반적으로 형사소송법상 수사의 단서에 불과하지만, 특별법에 의하여 소추조건으로 되어 있는 경우가 있다. 조세범 처벌법(제21조)과 관세법(제284조 제1항)에 따르면 사건의 대량성, 기술적·전문적 특수성을 고려하여 당해 기관, 즉 국세청장이나 관세청장(또는 세관장)의 고발이 있어야만 그 위반자를 공소제기할 수 있도록 규정하고 있다. 독점규제 및 공정거래에 관한 법률위반(제71조 제1항)의 경우에도 공정거래위원회의 고발이 있어야 공소제기할 수 있다.

제2절 범죄의 종류

1. 작위범과 부작위범

범죄행위가 신체거동을 수반하는가 여부에 따른 구별이다.

작위범은 규범적으로 금지되어 있는 어떤 행위를 적극적으로 행함으로써 구성요건을 실현하는 형태의 범죄를 말한다. 형법상 대부분의 범죄는 작위범이다.

부작위범은 특정한 행위를 할 의무가 있는 사람이 그 행위를 하지 않음으로 인해 구성요건을 실현시키는 형태를 말한다. 부작위범에는 범죄구성요건이 부작위의 형태로 되어 있는 진정부작위범(예, 퇴거불응죄(제319조 제2항) 등)과 작위형태의 구성요건을 부작위로 실현하는 경우인 부진정부작위범이 있다.

2. 결과범과 거동범

범죄성립에 있어서 범죄행위 이외에 일정한 결과발생을 요하는가 여부에 따른 구별이다.

결과범은 범죄가 성립하기 위해서는 행위만으로는 부족하고, 이에 기한 일정한 결과의 발생을 필요로 하는 범죄를 말한다. 살인죄(제250조), 상해죄(제257조) 등이 이에 해당한다. 이때 행위자에게 결과발생에 대한 책임을 묻기 위해서는 행위와 결과 사이에 인과관계가 인정되어야 하며, 그렇지 않을 경우에는 결과가 발생하더라도 미수가 성립함에 그친다.

거동범은 구성요건상 결과의 발생을 요하지 않고 일정한 행위만 있으면 성립하는 범죄를 말한다. 폭행죄(제260조), 명예훼손죄(제307조), 주거침입죄(제319조) 등이 이에 해당한다.

3. 침해범과 위험범

범죄의 법익보호의 정도에 따른 구별이다.

침해범은 구성요건적 실행행위에 의하여 보호법익이 현실적으로 침해하여야 성립하는 범죄를 말한다. 예를 들면, 살인죄의 경우에는 살인행위를 통해 생명이라는 법익이 현실적으로 침해되어야 범죄가 성립한다. 살인죄를 포함하여 상해죄(제257조), 절도죄(제329조) 등 대부분의 범죄가 이에 해당한다.

위험범은 구성요건적 실행행위에 의하여 법익이 현실적으로 침해될 필요는 없고, 그 침해의 위험성만 있으면 성립되는 범죄를 말한다. 위험범은 (ⅰ) 추상적으로 위험발생의 가능성이 있으면 성립하는 추상적 위험범과 (ⅱ) 법익침해의 구체적·현실적 위험이 발생하여야 성립하는 구체적 위험범으로 구분된다. 현주건조물방화죄(제164조), 공용건조물방화죄(제165조), 타인소유의 일반건조물방화죄(제166조 제1항)는 전자에 해당하고, 자기소유물건방화죄(제166조 제2항)과 일반물건방화죄(제167조)는 후자에 해당한다. 구체적 위험범은 법문에서 현실적인 위험발생을 구성요건으로 규정하고 있다(다수설).

범죄성립에 있어서 추상적 위험범의 경우에는 위험발생에 대한 인식을 요하지 않지만, 구체적 위험범의 경우에는 현실적인 위험발생에 대한 입증이 요구되고, 행위자에게도 위험발생에 대한 인식이 있을 것을 요한다.

4. 즉시범과 상태범 및 계속범

범죄가 기수가 된 이후에도 범죄행위가 계속되는가 여부에 따른 구별이다.

즉시범과 **상태범**은 일정한 법익침해 또는 법익침해의 위험이 발생하면 범죄가 완성(기수)되고 범죄행위도 종료되는 범죄를 말한다. 다만, 즉시범은 범죄가 기수에 도달하면 보호법익이 소멸되는 범죄인 반면, 상태범은 범죄가 기수에 도달한 이후에도 법익이 위법한 상태로 존재하는 범죄를 말한다. 살인죄(제250조), 상해죄(제257조) 등이 전자에 해당하고, 절도죄(제329조) 등 대부분의 재산범죄가 후자에 해당한다. 후자의 경우에 위법한 상태로 존재하는 법익에 대한 행위는 새로운 법익을 침해하지 않는 한 별개의 범죄를 구성하지 않는다(불가벌적 사후행위).

계속범은 법익침해행위에 의한 결과발생과 동시에 기수가 되지만, 기수 가 된 후에도 그 법익침해 내지 법익침해의 위험성이 계속 있는 동안에는 범죄행위가 종료되지 아니하고 계속되는 범죄를 말한다. 감금죄(제276조), 주거침입죄(제319조 제1항) 등이 이에 해당한다. 계속범의 경우에는 (i) 범행이 진행되는 동안 공소시효는 개시되지 않으며, (ii) 범죄가 기수가 된 이후에 개입한 사람에 대하여도 공범이 성립할 수 있고, (iii) 기수 이후에 형의 가중사유가 실현되면 가중적 구성요건이 적용될 수 있다. 또한 (iv) 정당방위에서 침해의 현재성은 기수시점이 아닌 종료시점까지 인정되고, (v) 범죄종료 이전까지 중지미수의 적용이 가능하며, (vi) 죄수결정에서도 종료시점까지는 한 개의 죄로 평가된다. 한편, 계속범은 구성요건적 행위가 시간적 계속을 요하는 범죄, 즉 범죄행위가 어느 정도 계속되어야만 기수가 되는 범죄로 정의되기도 한다.

5. 일반범과 신분범 및 자수범

범죄의 주체에게 특정한 신분이 있을 것을 요하는가 여부에 따른 구별이다.

일반범은 누구든지 범죄의 주체가 될 수 있는 범죄를 말한다. 법문에서는 "…… 한 사람(또는 자)"로 표현된다. 대부분의 범죄가 이에 해당한다.

신분범은 범죄의 주체가 일정한 신분을 갖출 것을 요하는 범죄를 말한다. '신분'이란 남·녀의 성별, 내·외국인의 구별, 친족관계, 공무원인 자격과 같은 관계뿐만 아니라, 행위자의 특수한 인적 상태나 지위를 의미한다. 신분범에는 (i) 일정한 신분이 있는 사람만이 범죄의 주체가 될 수 있는 진정신분범과 (ii) 신분이 없는 사람이 범하더라도 범죄는 성립하지만 일정한 신분이 있는 사람이 범한 경우에는 형벌이 가중 또는 감경되는 부진정신분범이 있다. 수뢰죄(제129조), 업무상 비밀누설죄(제317조) 등이 전자에 해당하고, 존속살해죄(제250조 제2항), 업무상 과실치사상죄(제268조) 등은 후자에 해당한다.

자수범(自手犯)은 행위자 자신이 직접 실행해야 범할 수 있는 범죄를 말한다. 즉, 간접정범의 형태로는 범할 수 없는 범죄를 말한다. 위증죄(제152조), 피구금자간음죄(제303조 제2항) 등이 이에 해당한다. 따라서 자수범의 경우에 직접 범죄를 실행하지 않은 사람은 범죄에 관여하더라도 간접정범이 아니라 협의의 공범이 성립할 수 있을 뿐이다.

6. 단일범과 결합범

범죄행위에 의해 실현되는 구성요건의 수에 따른 구별이다.

단일범은 단일한 구성요건의 충족으로 실현되는 범죄를 말한다. 살인죄(제250조) 등 대부분의 범죄가 이에 해당한다.

결합범은 여러 개의 구성요건이 결합하여 별개의 독립한 구성요건으로 되어 있는 범죄, 즉 각각 범죄성립이 가능한 행위가 여러 개 모여 하나의 범죄가 되는 경우를 말한다. 강도죄(제333조)는 '폭행 또는 협박'과 '절취행위'라는 두 개의 행위에 의하여 이루어져 있는 것으로 폭행죄(제260조) 또는 협박죄(제283조)와 절도죄(제329조)가 결합한 것이다. 이외에도 강간 등 살인죄(제301조의 2), 인질강도죄(제336조), 강도강간죄(제339조) 등이 이에 해당한다.

7. 예비·음모, 미수와 기수

범죄행위의 실현단계에 따른 구별이다.

예비·음모는 범죄의 실행에 착수하기 이전의 인적·물적 준비행위를 말한다. 예비·음모는 살인예비·음모(제255조), 강도예비·음모(제343조) 등 법률의 규정이 있는 경우를 제외하고는 처벌하지 않는다(제28조).

미수는 범죄의 실행에 착수하였으나 실행행위를 종료하지 못한 경우(착수미수) 또는 실행행위를 종료하였지만 결과가 발생하지 않은 경우(실행미수)를 말한다. 미수범은 법률의 규정이 있는 경우에 한하여 처벌한다(제29조). 형법에서는 그 형태에 따라 장애미수(제25조), 자의에 의한 중지미수(제26조), 대상 또는 수단의 착오로 인하여 결과의 발생이 불가능한 경우에 인정되는 불능미수(제27조)로 구분한다.

기수는 범죄가 완성된 것을 말한다. 즉, 실행행위가 종료하였거나(거동범), 실행행위가 종료하여 법익침해(침해범) 또는 침해위험성(위험범)이 발생한 경우(결과범)를 말한다. 형법에서는 원칙적으로 기수범을 처벌한다.

8. 단독범과 공범

범죄에 관여하는 행위자의 수에 따른 구별이다.

단독범은 다른 사람의 가담 없이 1인이 범행을 한 경우를 말한다. 형법상 대부분의 범죄는 단독범을 전제로 하여 규정하고 있다.

공범은 2인 이상의 사람이 협력하여 죄를 범한 경우를 말하며, 임의적 공범과 필요적 공범이 있다.

임의적 공범은 범죄구성요건상 단독범의 형태로 규정되어 있지만 2인 이상의 사람이 협력·가공하여 범죄를 실현한 경우를 말한다. 임의적 공범은 넓은 의미에서는 공동정범, 간접정범, 교사범, 종범을 포함하며, 협의로는 교사범과 종범을 의미한다. 공동정범은 2인 이상이 공동하여 죄를 범한 경우를 말하며, 공동정범은 범행결과에 대하여 공동의 책임을 진다. 간접정범은 사람, 즉 "어느 행위로 인하여 처벌되지 아니하는 자 또는 과실범으로 처벌되는 자를 이용하여 범죄를 범한 자"(제34조 제1항)를 말한다. 교사범은 범죄의사가 없는 사람으로 하여금 범죄행위를 결의하게 하여 범죄로 나아가게 하는 사람을 말하며, 종범은 자신의 범죄결의에 따라 범죄행위를 하는 정범을 실행행위 전이나 실행행위시에 물질적·정신적으로 도와주는 사람을 말한다.

필요적 공범은 범죄구성요건상 여러 사람의 참가를 내용으로 하는 범죄유형을 말한다. 형법상 공범은 일반적으로 임의적 공범을 말한다. 형법상 필요적 공범으로는 내란죄(제87조), 소요죄(제115조) 등의 집합범과 뇌물죄(제129조 등), 도박죄(제246조) 등의 대향범(對向犯)이 있다.

[망각범] 망각범이란 일정한 작위가 기대됨에도 불구하고 부주의로서 그 작위의무를 인식하지 못하여 결과를 발생시킨 경우의 범죄를 말한다. 과실에 기한 부작위범이다. 예를 들면, 기차전철수가 부주의로 잠이 들어 철로를 바꾸지 않았기 때문에 기차가 전복된 경우를 말한다. 망각범에 대하여는 형법상 그 '행위성'이 문제된다.

제 2 장

행위론

제1절 형법상 행위론

1. 행위론의 의의

'범죄란 구성요건에 해당하고 위법하며 책임 있는 행위'라는 형식적 의미의 범죄개념은 행위개념을 전제로 논해진다. 다만, 형법상 '행위'는 자연적·물리적 행위가 아니라 형법적 평가를 가하기에 적합한 형태로서의 행위를 말한다. 따라서 행위론은 범죄개념의 실체인 행위의 의미와 그 기능 및 체계적 위치에 대한 논의를 말한다.

2. 행위개념의 기능

행위개념은 (ⅰ) 형법상 행위와 자연현상, 사회현상, 사람의 의사·사상 등 비행위를 구별하여 형법적 평가의 대상을 행위로 한정해 준다는 점에서 한계(설정)기능, (ⅱ) 고의·과실, 작위·부작위 등 형법상 모든 범죄형태를 포섭한다는 점에

서 통일기능(분류기능), (ⅲ) 범죄성립요소인 구성요건해당성·위법성·책임 등 범죄
성립요소를 연결시켜 범죄론의 체계성을 유지시키는 것이라는 점에서 결합기능
(연결기능)을 가진다. 따라서 행위개념은 결합기능을 유지하기 위해 위법성, 유책성
이라는 판단기준을 선취하지 않는다는 점에서 중립적이어야 하는 반면, 이것에 의
해 모든 형법적 평가요소가 파악되지 않을 정도로 중립적이어서도 아니 된다. 이
외에 기본요소로서의 기능을 추가하기도 한다.

3. 행위의 의의

가. 인과적 행위론

인과적 행위론은 19세기 후반 자연과학에 있어서의 기계론적 경향의 영향을
받은 자연주의적 행위론으로, 행위란 '사람의 의사에 의한 신체의 동(動)·정(靜)'이
라고 한다. 즉, 행위를 의사에 의하여 외부세계에 야기된 순수한 인과과정으로 이
해한다. 따라서 형법상 행위이기 위해서는 원칙적으로 주관적 요소로서 유의성(有
意性)과 객관적 요소로서 거동성, 즉 유체성(有體性)을 갖추어야 한다고 한다. 이
입장에 따르면 사상(思想)은 거동성이 없으므로 형법상 행위에 해당하지 않는다.
또한 단순한 반사운동, 수면 중의 신체동작, 무의식중의 동작, 절대적 강제에 의한
동작은 의사에 기한 것이 아니므로 형법상 행위에 해당하지 않는다.

인과적 행위론은 전통적인 객관주의 입장에서 주장된 것으로서, 행위단계에서는
의사의 유무만을 문제로 하고 그 의사내용에 대하여는 책임론에서 논하고자 한다. 즉,
객관적이고 인과적인 것은 불법에서, 고의·과실과 같은 주관적이고 정신적인 것은 책
임에 속한다는 것으로 결과반가치론과 연결된다.

이 이론에 대하여는 실제로는 의사유무와 의사내용을 구분하기 어렵고, 행위단
계에서 의사내용은 묻지 않기 때문에 미수행위의 경우 해당 구성요건을 정하는 데
어려움이 있으며, 거동성을 요구한 초기의 주장으로는 부작위를 포섭하기 어려워
부작위를 '법적으로 기대된 무엇을 하지 않는 것'으로 정의함으로써 규범적 요소를
행위개념에 선취하게 되었다는 비판 등이 있다.

나. 목적적 행위론

목적적 행위론은 벨젤(Welzel)이 주장한 것으로서, 존재론에 기초하여 의사와 의사내용을 분리할 수 없다는 전제에서 행위에 대한 의사의 전면적 지배를 강조하였다. 즉, 행위를 주관과 객관의 전체구조를 가진 의미에 찬 통일체라고 하면서, '인간의 행위는 목적활동성의 작용'이라고 하였다. '목적활동성'이란 행위자가 인과관계를 미리 알고, 목적달성을 위한 수단을 선택하여 이를 향해 조종한다는 것을 말한다. 이 입장에 따르면 목적을 명확히 인식하지 못한 충동적·폭발적·무의식적(반의식적)인 행위는 형법상 행위에 해당되지 않는다.

목적적 행위론에서 행위자의 '목적성'은 고의를 의미하므로 행위에 있어서 의사내용이 고려되고, 따라서 고의(과실포함)는 행위의 본질적 요소가 되며, 나아가 불법의 본질적 요소로서 주관적 불법요소가 된다. 이처럼 불법판단에 있어서 주관적 요소를 고려하게 됨으로써 불법은 행위자와 관계된 인적인 행위불법이 되며(人的 不法論), 행위반가치론과 연결된다. 또한 이 입장에서는 위법성조각사유를 인정하기 위해서는 방위의사 등 주관적 정당화요소가 있을 것을 요한다.

이 이론에 대하여는 '목적성'과 '고의'를 동일시하고, 과실범과 부작위범의 경우 목적실현의사가 없으므로 행위개념에 포함시키기 어렵게 되며, 특히 망각범에 있어서는 절망의 장이 된다는 비판이 있다. 이에 대하여 이 입장에서는 과실범은 '잠재적 목적성'이 있다고 하거나 과실행위는 '구성요건적으로 중요하지 않은 결과를 지향한 행위'로 설명하여 목적성을 인정하려고 하였으나 계속해서 비판을 받자 과실행위의 본질적 요소는 '결과'가 아니라 행위수행의 종류와 방법, 즉 '주의의무위반'으로 정의한다. 한편, 부작위에 대해서도 행위와 구별하고, 이들을 포함하는 상위개념으로서 '인간의 행태', 즉 '목적에 따라서 의사를 통제할 수 있는 능력의 범위 내에 있는 인간의 신체적인 적극적 태도 내지 소극적 태도'라는 개념을 만들어내고, 부작위는 행위와 같이 '행태'라는 개념에 속하므로 형법상 행위에 관한 규정을 부작위에 유추적용할 수 있다고 하였다. 그러나 형법상 유추적용 또는 유추해석은 금지된다는 점에서 이러한 설명은 타당하지 않다는 비판을 받고 있다.

다. 사회적 행위론

사회적 행위론은 1920년대에 출발하여 제2차 세계대전 후 본격적으로 형성·발전된 것으로 '사회성'을 행위개념의 핵심으로 취급하는 견해이다. 이에는 ① '행위는 사회적인 인간의 행태'(Maihofer)라고 하여 유의성을 배제하고 의미적 요소로만 행위의 본질을 파악하는 객관적 입장과 ② '사회적으로 의미 있는 인간의 행태'(Jescheck) 또는 '인간의 의사에 의하여 지배되거나 지배될 수 있는 사회적 의미 있는 행태'(Wessels)라고 하는 주관적 입장이 있다. 전자의 입장에서는 단순한 반사운동, 무의식적인 태도, 수면상태에서의 신체활동 및 절대적 강제에 의한 동작도 모두 사회성을 가지게 되므로 형법상 행위에 해당하는 반면, 후자의 입장에서는 의사지배를 요건으로 하므로 반사적 행위, 심신상실상태에서의 행동, 절대적 강제하의 행위는 유의성이 결여되어 형법상 행위에 해당하지 않는다.

사회적 행위론은 행위를 형법적 가치의 관점으로부터 분리하여 '사회적 의미'에서 구성하고자 하였다. 즉, 사회적 중요성이라는 평가를 통하여 행위개념을 정의함으로써 부작위와 과실행위 등, 형법상 의미 있는 모든 행위를 형법상 행위로 포괄하게 된다. 다만, 이 입장에서도 미신범은 그 결과가 인간에 의하여 지배될 수 없다는 점에서 행위에서 제외된다. 한편, 이 입장에서는 고의·과실을 구성요건론 내지 위법성론과 책임론에 걸쳐 위치시킴으로써 그 이중적 지위를 인정하고 있다.

객관적 사회적 행위론에 대하여는 행위개념으로부터 의사적 요소를 배제하므로 인간행위의 본질을 무시하는 것으로 되고, 주관적 사회적 행위론에 대하여는 부작위에서 '행위기대'를 행위 내지 행위개념으로 받아들이기 때문에 행위개념이 전구성요건적 단계를 벗어나게 된다는 비판이 있다.

라. 인격적 행위론

인격적 행위론에서는 행위를 인격(정신적 자기의식과 자기처분의 능력)의 객관화 또는 인격의 발현으로 이해하는 것으로서, 행위란 '행위자 인격의 주체적 현실화로 보이는 신체의 동·정'이라고 한다(團藤, 미국 모범법전 |§| 2.01.2). 책임의 기초를 개별행위의 배후에 있는 인격에서 찾는 인격적 책임론에서의 행위론이다. 이 입장에 따르면 반사운동, 절대적 강제에 의한 동작은 행위자의 인격이 반영된 것이 아

니므로 형법상 행위에 해당하지 않는다. 다만, 무의식적 행동도 반의식적인 무의식 또는 하의식(下意識, 잠재의식)에 의하여 통제된 행위로써 결과된 것이라고 인정될 때에는 행위성을 인정한다.

인격적 행위론은 사회적 행위론의 범주에 속하는 것으로서, 행위의 주체성을 요구함으로써 유책한 것만을 행위로 보기 때문에 책임능력 있는 사람만 행위를 할 수 있는 것으로 되기 때문에 범죄론체계를 무시하고 통합적 고찰로 흐를 우려가 있으며, 인격의 표현 여부를 판단함에 있어서 법관의 자의를 허용하게 된다는 비판이 있다. 이 입장에서는 인격적 행위를 행위의 인과성·목적성을 모두 고려하는 현실적 형성과정으로 보기 때문에 그러한 형성과정이 없는 부작위는 행위개념에 포함시킬 수 없게 된다.

> **[미국 모범형법전]** §2.01.2 : a. 반사 또는 b. 무의식 또는 수면상태에서의 신체의 동작, c. 최면상태 또는 최면적 암시에 의한 동작, d. 기타 행위자의 노력 또는 결정에 의하지 않은 신체의 동작은 행위가 아니다.

마. 결어

형법상 범죄론체계를 논하는 취지를 고려하면 행위개념을 정의함에 있어서는 행위를 형법적 평가의 대상으로서의 사실적 기초로 보고, 형법적 평가를 선취함이 없이 객관적·사실적 요소로부터 검토하여야 하고, 행위자의 주관적·현실적인 의사요소는 고의 내지 책임능력에서 고찰하여야 한다. 이러한 점에서 보면 행위론 중에서는 존재론적 방법과 규범적 방법을 절충하여 '사회적 중요성'을 행위의 핵심요소로 하는 사회적 행위론이 타당하다. 다만, 우리나라의 대부분의 학설은 '인간의 의사에 의한 지배 또는 지배가능성'을 전제로 한 '사회적 의미성'을 강조함으로써 주관적 사회적 행위론을 지지하고 있다.

그러나 사회적 행위론을 취하는 경우에도 적정한 범죄인정을 꾀하고자 하는 범죄론체계의 의미를 충족하기 위하여는 '사회적 의미'의 판단에 있어서 규범적·주관적 평가를 가급적 배제하고, 구체적·사실적·외부적 요소를 강조하여야 한다. 그렇다고 한다면 사회적 행위론을 따르면서 행위개념에서 행위자의 의사적 요소를 배제하는 객관적 태도를 견지하여 형법상 행위란 '공동생활관계에 영향을 미치는 인간의 외부적 행태'로 정의하는 견해가 경청할 만하다.

> **[이원적 행위론]** 이원적 행위론에서는 행위는 한편에서는 행위자의 목표설정 자체가 '행위자'의 자유의 결단이고, 이의 수행은 행위자의 인격적 결단에 의한 것이므로 인격의 현실화이며(개인적 행위론), 다른 한편에서는 행위는 사회관계 속에서 이루어지는 것이기 때문에 사회적 차원을 갖게 된다(법적 사회적 행위론)고 한다. 따라서 책임무능력자인 행위자에게 형법의 준수요구는 무의미하지만 행위는 이와 같이 사회적 차원을 갖기 때문에 다른 사람의 입장에서 책임무능력자의 행위도 불법으로 포착할 수 있게 된다고 한다(Wolff).

> **[행위개념 무용론]** 행위개념 무용론은 형법상 행위는 구성요건에 해당하는 행위만이 의미를 가지므로 전(前)구성요건적 행위개념은 '나(裸, 벌거벗은)'의 행위개념으로서 형법상 이를 인정할 실익도 없으며, 그것으로부터 체계적 결어를 도출할 필요성이나 가능성도 없다는 점에서 행위론을 논할 실익이 없다고 주장하는 견해이다. 이 입장에서는 범죄론체계에 있어서 구성요건실현행위를 출발점으로 삼는다.

제2절 행위의 주체와 객체

1. 행위의 주체

범죄의 주체는 원칙적으로 사람(자연인)이다. 자연인 이상 연령이나 책임능력의 유무와 관계없이 범죄주체가 될 수 있다. 그러나 법인에게 범죄능력을 인정할 것인가가 문제된다.

가. 법인의 범죄능력

(1) 범죄능력 부정설

법인의 범죄능력 부정설은 개인책임의 원칙을 강조하는 전통적인 대륙법계의 태도에 따른 견해로서, 그 논거는 다음과 같다(통설, 판례). (ⅰ) 법인은 자연인과 달리 의사능력·행능력이 없으므로 정신적·물리적 행위를 할 수 없다. (ⅱ) 법인은 윤리적이고 주체적인 자기결정을 할 수 없으므로 도의적 비난을 가할 수 없다. (ⅲ) 법인은 민법 제34조에 의하여 정관으로 정한 목적의 범위 내에서만 권리와 의무의 주체가 되지만, 범죄행위는 적법한 목적활동이 아니다. (ⅳ) 사형과 자유형이 부적당하다. (ⅴ) 법인을 처벌하더라도 그 기관이나 구성원이 바뀌게 되면 형벌효과는 없게 되므로 형벌적응능력이 없다. (ⅵ) 법인을 처벌하게 되면 책임 없는 구성원의 처벌까지 초래하여 개인책임의 원칙에 반한다. (ⅶ) 법인은 그 기관인 자연인을 통하여 행위하므로 그 자연인을 처벌하면 충분하며, 만약 법인도 처벌하고 그 기관인 자연인도 처벌하면 이중처벌이 된다. (ⅷ) 형사정책적 목적은 다른 수단에 맡겨야 한다.

이 설에서는 양벌규정은 범죄능력은 없으나 수형능력이 인정되는 경우라고 한다.

(2) 범죄능력 긍정설

법인의 범죄능력 긍정설은 실용주의 형법관을 기초로 하여 영미법계의 태도에 따른 견해로서, 그 논거는 다음과 같다. (ⅰ) 법인은 사회경제적 활동의 주체로서 독립한 사회적 작용을 담당한다. (ⅱ) 법인은 그 기관인 대표이사나 이사회 등의 의사와 행위가 곧 법인의 의사이고 행위가 되므로 의사능력과 행위능력이 인정된다. (ⅲ) 책임은 반드시 윤리적 비난이 아니며, 법인은 독립하여 집단적인 사회적 평가를 받고 있으므로 독립한 비난의 대상이 된다. (ⅳ) 법인을 처벌하게 되면 기관이나 구성원의 형벌적응능력에 영향을 미치므로 사실상 법인에 대한 형벌효과의 달성이 가능하다. (ⅴ) 민법 제35조는 법인의 불법행위능력을 인정한다. (ⅵ) 벌금형의 확대와 해산·영업제한이나 정지 등의 행정처분을 형벌화하게 되면 사형이나 자유형과 같은 효과를 가져올 수 있다. (ⅶ) 법인을 처벌함으로써 구성원을 처벌하는 결과로 되는 것은 반사적 효과에 불과하다. (ⅷ) 법인의 대표이사 등 기관이 한 행위에는 자연인인 개인으로서의 행위의 면과 기관으로서의 행위의 면이 있으므로 양자를 모두 처벌하더라도 이중처벌은 아니다. (ⅸ) 오늘날 법인의 반사회적 활동과 그 규모를 고려할 때 사회방위를 위하여 처벌필요성이 있다.

(3) 절충설

절충설로서는 ① 자연범과 행정범을 구별하여, 행정범에 대하여는 행정적 단속목적이라는 합목적적·기술적 요소가 강하므로 범죄능력을 인정하는 견해(부분적 긍정설), ② 법인에 대한 처벌규정이 있는 경우에는 법인의 범죄행위를 인정할 수 있으므로 이때에 한하여 범죄능력을 인정하는 견해 등이 있다.

(4) 결어

형법은 범죄의 주체로서 자연인만을 전제로 하여 입법한 것이므로 법인에게 범죄능력을 인정하는 것에는 다소 무리가 있을 수 있다. 그러나 우리 사회에서 법인이 차지하고 있는 역할과 비중이 중대한 점을 고려하면 법인의 형사책임을 인정하는 것이 바람직하다. 입법을 통해 법인의 범죄능력을 명시적으로 인정할 필요가 있다.

나. 양벌규정과 법인의 책임

법인의 명의로 행하여지는 행위가 심각한 범죄에 해당됨에도 불구하고 통설·판례가 법인의 범죄능력을 인정하지 않고 있으므로 사실상 법인을 처벌하기 어렵게 되어 있다. 이에 형사특별법이나 행정형법에서 법인의 대표자나 종업원이 범죄행위를 한 경우에 행위자인 자연인 외에 법인에게 동일한 벌금형으로 처벌하게 하는 양벌규정을 두는 경우가 있다.

이 양벌규정의 법적 성격에 대하여는 ① 법인에게 종업원에 대한 선임·감독상 과실이 있는 경우에만 처벌된다는 견해(일반과실책임설), ② 종업원에 대한 선임·감독상의 의무태만에 대한 법인의 과실을 추정하는 견해(과실추정설), ③ 종업원에 대한 선임·감독에 관한 법인의 과실이 있는 것으로 간주하는 견해(과실의제설), ④ 범죄능력이 부정되지만 행정단속목적을 위하여 정책상 무과실책임을 인정한 것이라는 견해(무과실책임설), ⑤ 법인의 자기책임이며, 법인의 종업원에 대한 관리·감독의무위반에 기초한 부작위책임이라는 견해(부작위감독책임설), ⑥ 행위자가 법인의 기관인 경우에는 무과실책임을 인정하고, 단순한 종업원인 경우에는 법인의 과실책임추정을 인정하는 견해(이분설) 등이 있다.

양벌규정의 입법목적이나 입법형태를 고려하면 양벌규정에 있어서 법인의 책임은 무과실책임을 인정하는 것으로 볼 수 있다. 하지만 이러한 태도는 책임주의 원칙에 반할 뿐만 아니라 법치국가의 원리와 헌법 제10조의 취지에 반하여 위헌이라는 것이 헌법재판소의 태도이다(2005헌가10, 2019헌가2 등). 또한 형법에서 형벌권을 추정하거나 의제하는 것은 형법의 기본원칙에 반한다. 따라서 양벌규정을 통해 법인의 형사책임을 인정하는 경우에는 법문에서 그 책임의 근거를 명확히 규정할 필요가 있다. 이 점에서 일부 법률에서 양벌규정을 두면서 "다만, 법인 또는 개인이 그 위반행위를 방지하기 위하여 해당 업무에 관하여 상당한 주의와 감독을 게을리하지 아니하였을 경우에는 그러하지 아니하다"(예, 환경범죄 등의 단속 및 가중처벌에 관한 법률 제10조, 대기환경보전법 제95조 등)는 단서규정을 부가하고 있는 것은 바람직하다. 하지만, 법인의 종업원에 대한 선임·감독상 과실을 입증하는 것이 현실적으로 쉽지 않다는 점에서 거증책임의 전환 등 입법적 보완이 요구된다.

[판례] 행정형벌법규에서 양벌규정으로 사업주인 법인 또는 개인을 처벌하는 것은 위반행위를 한 피용자에 대한 선임·감독의 책임을 물음으로써 행정목적을 달성하려는 것이다(2008헌가16).

[판례] 자동차손해배상보장법 조항 등은 법인이 고용한 종업원 등의 일정한 범죄행위 사실이 인정되면 종업원 등의 범죄행위에 대한 법인의 가담 여부나 종업원 등의 행위를 감독할 주의의무의 위반 여부 등을 전혀 묻지 않고 곧바로 법인을 종업원 등과 같이 처벌하도록 규정하고 있는바, 이는 아무런 비난받을 만한 행위를 한 바 없는 사람에 대하여 까지 다른 사람의 범죄행위를 이유로 처벌하는 것으로서 형벌에 관한 책임주의에 반하므로 헌법에 위반된다(2010헌가73, 92).

[판례] 정보통신망 이용촉진 및 정보보호 등에 관한 법률 제75조는 "법인의 대표자나 법인 또는 개인의 대리인, 사용인, 그 밖의 종업원이 그 법인 또는 개인의 업무에 관하여 제71조부터 제73조까지 또는 제74조 제1항의 어느 하나에 해당하는 위반행위를 하면 그 행위자를 벌하는 외에 그 법인 또는 개인에게도 해당 조문의 벌금형을 과한다. 다만 법인 또는 개인이 그 위반행위를 방지하기 위하여 해당 업무에 관하여 상당한 주의와 감독을 게을리하지 아니한 경우에는 그러하지 아니하다"고 규정하고 있다. 이와 같은 양벌규정의 취지는 법인 등 업무주의 처벌을 통하여 벌칙조항의 실효성을 확보하는 데 있는 것이므로, 여기에서 말하는 법인의 사용인에는 법인과 정식 고용계약이 체결되어 근무하는 자뿐만 아니라 그 법인의 업무를 직접 또는 간접으로 수행하면서 법인의 통제·감독하에 있는 자도 포함되고, 이 경우 법인은 위반행위가 발생한 그 업무와 관련하여 법인이 상당한 주의 또는 관리·감독 의무를 게을리한 과실로 인하여 처벌되는 것이라 할 것인데, 구체적인 사안에서 법인이 상당한 주의 또는 감독을 게을리하였는지 여부는 당해 위반행위와 관련된 모든 사정 즉, 당해 법률의 입법 취지, 처벌조항 위반으로 예상되는 법익 침해의 정도, 위반행위에 관하여 양벌규정을 마련한 취지 등은 물론 위반행위의 구체적인 모습과 그로 인하여 실제 야기된 피해 또는 결과의 정도, 법인의 영업 규모 및 행위자에 대한 감독가능성이나 구체적인 지휘·감독 관계, 법인이 위반행위 방지를 위하여 실제 행한 조치 등을 전체적으로 종합하여 판단하여야 한다(2011도11264).

또한 위와 같이 양벌규정을 따로 둔 취지는, 법인은 기관을 통하여 행위하므로 법인의 대표자의 행위로 인한 법률효과와 이익은 법인에게 귀속되어야 하고, 법인 대표자의 범죄행위에 대하여는 법인 자신이 책임을 져야 하는바, 법인 대표자의 법규위반행위에 대한 법인의 책임은 법인 자신의 법규위반행위로 평가될 수 있는 행위에 대한 법인의 직접책임이기 때문이다. 따라서 대표자의 고의에 의한 위반행위에 대하여는 법인 자신의 고의에 의한 책임을, 대표자의 과실에 의한 위반행위에 대하여는 법인 자신의 과실에 의한 책임을 져야 한다. 이처럼 양벌규정 중 법인의 대표자 관련 부분은 대표자의 책임을 요건으로 하여 법인을 처벌하는 것이지 그 대표자의 처벌까지 전제조건이 되는 것은 아니다(2021도701).

2. 행위객체

행위객체는 행위가 향하여진 사실적 대상, 즉 '사람'과 '물건' 등을 말하며, 이것은 구성요건에 기재되어 있는 공격의 객체로서 구성요건요소가 된다. 살인죄에 있어서 '사람', 절도죄에 있어서 '타인의 재물' 등이 이에 해당한다.

행위객체는 보호객체(보호법익)와 반드시 일치하는 것은 아니다. 살인죄(제250조 제1항)의 보호법익은 '사람의 생명'인 반면, 행위객체는 '사람'이다. 그러나 행위객체와 보호객체가 동일한 경우도 있다. 명예훼손죄(제307조)의 '명예', 신용훼손죄(제313조)의 '신용', 업무방해죄(제314조)의 '업무' 등이 이에 해당한다. 또한 범죄에 따라서는 보호객체는 있으나 행위객체가 없는 범죄도 있다. 다중불해산죄(제116조), 단순도주죄(제145조), 퇴거불응죄(제319조 제2항) 등이 이에 해당한다.

---- 제 3 장 ----

구성요건론

제1절 구성요건 일반이론

1. 구성요건 및 구성요건해당성의 의의

　　구성요건이란 형법상 금지 또는 요구되는 행위가 무엇인가를 법문에 추상적·유형적으로 기술해 놓은 범죄사실을 말한다. 구성요건개념은 (ⅰ) 구성요건에 해당하지 않으면 처벌할 수 없다는 점에서 죄형법정주의 기능, (ⅱ) 구성요건을 통해 범죄유형을 구분할 수 있게 한다는 점에서 범죄개별화기능, (ⅲ) 구성요건해당성이 인정되면 위법성이 추정된다는 점에서 위법성추정기능, (ⅳ) 범죄의 고의를 인정하기 위해서는 구성요건해당사실의 인식이 요구된다는 점에서 고의규제적 기능을 가진다.

　　구성요건해당성이란 어떤 행위가 특정한 구성요건에 저촉되는 경우를 말하며, 구성요건의 충족이란 그 행위가 특정한 구성요건이 포함하는 모든 요소를 완전히 실현하여 충족한 경우를 말한다. 구성요건은 위법성의 징표가 되므로, 어떤 행위가 구성요건에 해당하면 위법성이 있는 것으로 추정된다.

2. 구성요건이론의 발전

구성요건과 위법성의 관계에 대한 이론의 변화과정을 살펴보면 다음과 같다.

베링(Beling)은 초기 객관주의 입장에서 구성요건을 '실정법으로 규정된 범죄유형의 윤곽'으로 정의하고, 객관적 가치판단인 위법성, 주관적 가치판단인 책임에 대한 독자성을 강조하면서, 구성요건의 성격을 순수하고 기술적·몰가치적(가치중립적)인 것으로 취급하였다.

엠 에 마이어(M. E. Mayer)는 구성요건에는 순수한 기술적 요소 외에도 문서위조죄에 있어서의 문서, 절도죄에 있어서의 재물의 타인성 같은 규범적 요소나 가치관계적인 것이 포함되어 있다고 보았고, 구성요건과 위법성은 불과 연기의 관계와 같다고 하면서 구성요건해당성은 위법성의 인식근거가 된다고 하였다.

메츠거(Mezger)는 목적범에 있어서 목적, 경향범에 있어서 내심의 경향, 표현범에 있어서 주관적 의사 등 특수한 주관적 구성요건요소를 인정하는 한편, 구성요건해당성은 위법성의 존재근거라고 하여 구성요건과 위법성을 동일시하고, 위법성조각사유는 단지 예외사유에 해당한다고 하였다. 따라서 범죄론체계도 행위, 불법, 책임으로 구성하는 한편, 규범적 책임론을 주장하였다.

소극적 구성요건표지(요소)**이론**(메르켈(A. Merkel), 프랑크(Frank) 등)에서는 구성요건은 예외 없이 위법성의 존재근거가 된다고 하면서, 구성요건에는 범죄의 전형적 정황뿐만 아니라 위법성에 관계되는 모든 정황이 포함되므로 위법성조각사유의 전제조건들은 소극적 구성요건표지가 된다고 하였다. 이 입장에서는 범죄론체계를 행위, 구성요건해당성, 책임으로 구성하고, 위법성조각사유의 전제사실에 관한 착오를 구성요건적 착오로 취급한다.

헬무트 마이어(H. Mayer)는 구성요건을 위법·책임유형으로 설명함으로써 사실상 통합적 고찰에 이르렀다.

벨젤(Welzel)은 초기에는 사회적 상당성이론을 주장하면서 통합적 고찰을 주장하였다. 그러나 후에 태도를 바꾸어 기존의 3분법체계를 취하되, 목적적 행위론을 주장하면서 고의·과실을 구성요건요소로 위치시킴으로써 일반적 주관적 구성요건요소를 인정하였다. 또한 구성요건을 범죄사실이 완전히 기술되어 있는 폐쇄적 구성요건과 그렇지 않은 개방적 구성요건으로 나누고, 전자는 위법성추정기능이 인정되지만 후자는 위법성추정기능이 인정되지 않으므로 별도의 위법성판단이 필요하다고 하였다. 다만, 과실범과 부작위범은 초기에는 개방적 구성요건으로 취급하였으나, 후에 과실범의 주의의무나 부작위범의 작위의무는 판례 등에 의해서 사실상 추론할 수 있다고 하면서 폐쇄적 구성요건에 해당한다고 하였다.

[**사회적 상당성이론**] 벨젤은 "통상적이고 역사적으로 형성된 사회윤리적 공동체생활의 질서 내에서 행하여지는 행위는 사회적으로 상당하며, 따라서 그 행위가 법익을 침해하는 등 법문언상 구성요건에 포섭된다고 하더라도 구성요건에 해당하지 않는다"고 하면서 사회적 상당성이론을 주장하였다. 그러나 벨젤은 후에 사회적 상당성은 구성요건 조각사유가 아니라 구성요건제한을 위한 일반적인 해석원리로 보았다. 이것은 인적 불법론, 행위반가치론 등의 이론적 지주가 되었다.

---

3. 구성요건의 요소

가. 객관적 구성요건요소와 주관적 구성요건요소

구성요건요소에는 행위자의 심리 밖에 존재하는 객관적 구성요건요소와 심리 내부에 존재하는 주관적 구성요건요소가 있다.

객관적 구성요건요소로는 행위의 주체, 행위의 객체, 행위태양(방법), 행위의 결과, 행위와 결과 사이의 인과관계 및 행위상황 등이 있다.

주관적 구성요건요소로는 고의와 과실이 있다. 고의가 인정되기 위해서는 구성요건의 객관적 요소에 대한 인식을 요하며, 과실이 인정되기 위해서는 구성요건적 결과발생에 대한 예견가능성을 요한다. 한편, 고의·과실 외에 구성요건의 객관적 요소에 대한 인식을 초과하는 주관적 요소가 구성요건으로 되어 있는 경우가 있는데, 이를 초(과)주관적 구성요건요소라고 한다. 목적범에 있어서 목적, 경향범에 있어서 내심의 경향, 표현범에 있어서 주관적 의사 등과 같은 특수한 주관적 구성요건요소와 재산범죄에 있어 불법영득의사 등이 이에 해당한다.

나. 기술적 구성요건요소와 규범적 구성요건요소

기술적 구성요건요소는 구성요건요소 중 즉물적·대상적으로 기술될 수 있고, 단지 사실확정을 통하여 그 의미가 정확하게 이해될 수 있는 요소를 말한다. 사람, 음용수, 건조물, 살해, 불을 놓아 등이 이에 해당한다.

규범적 구성요건요소는 구성요건요소 중에서 그 기술 자체만으로는 내용을 확정하기 어렵고, 어떠한 규범의 논리적 전제하에서만 표상될 수 있으며, 따라서 법관에 의한 구체적 가치판단을 필요로 하는 요소를 말한다. 유가증권(제214조), 명예(제307조), 문서(제225조) 등이 이에 해당한다.

제2절 인과관계와 객관적 귀속

> 제17조(인과관계) 어떤 행위라도 죄의 요소되는 위험발생에 연결되지 아니한 때에는 그 결과로 인하여 벌하지 아니한다.

1. 인과관계의 의의

인과관계란 일정한 행위로 인하여 일정한 결과가 발생하였다는 것을 인정할 수 있는 연관관계를 말한다. 인과관계는 결과범(침해범, 구체적 위험범 포함)에서만 문제되고, 결과발생을 필요로 하지 않는 거동범(추상적 위험범 포함)에서는 문제되지 않는다. 즉, 결과범에 있어서 인과관계는 범죄의 기수 또는 미수를 결정하는 기능을 한다. 행위와 발생한 결과에 대해 인과관계가 인정되면 기수범이 되고, 그렇지 않으면 결과가 발생한 경우에도 미수범이 성립할 뿐이다. 예를 들면, 甲이 살인의 고의로 乙의 심장을 찔렀지만 乙이 경상만 입고 앰뷸란스에 실려 병원으로 가던 중 교통사고로 사망한 경우, 甲의 행위와 乙의 사망이라는 결과 사이에 인과관계가 인정되면 살인기수가 되고, 그렇지 않으면 살인미수가 된다.

2. 인과관계에 관한 학설

형법상 인과관계는 19세기 초까지는 각칙상 개개의 범죄, 특히 살인죄의 부분문제로서 다루는 데 그쳤고, 총칙의 일반적인 범죄특징으로는 취급하지 않았었다. 그러다가 1860년대 이후에 비로소 총칙에 있어서 범죄행위를 규정하는 범죄특징으로서 인과관계론이 도입되었으며, 이후 행위론의 중핵문제로 다루어지면서 전(前)구성요건적 문제로서 체계상 위치를 가지게 되었다. 그러나 19세기 말에 이르러 '상당인과관계설'이 대두되면서 인과관계는 법적 구성요건해당성의 문제로서 논해지게 되었다.

가. 조건설

조건설은 행위와 결과 사이에 '그 행위가 없었더라면 그러한 결과도 발생하지 않았을 것'이라는 조건관계(Conditio sine qua non)만 있으면 인과관계를 인정하는 견해이다(Glaser, Buri).

이 설에 대하여는 살인범의 출산행위도 살인죄의 원인으로 되는 등, 인과관계가 지나치게 넓게 인정되며, 결과발생에 대해 행위자가 전혀 예기하지 않았던 우연한 사정이나, 피해자 또는 제3자의 행위가 개입한 경우에도 Conditio공식에 의해 인과관계를 인정해야 하는 불합리한 결과가 발생하게 된다는 비판이 있다.

[**인과관계중단론과 소급금지의 이론**] 조건설의 불합리한 결론을 피하기 위하여 원칙적으로는 조건설을 취하면서 그 인정범위를 제한하려고 주장된 이론으로 인과관계중단론과 소급금지의 이론이 있다.

1. **인과관계중단론** : 원칙적으로 조건설에 따르지만 다음의 경우에는 인과관계가 중단된다고 한다. 즉, (ⅰ) 행위와 결과 사이에 일정한 사실이 개입함으로써 행위가 결과에 대하여 조건관계를 상실한 경우이다. 예를 들면, 甲이 乙에게 치사량의 독약을 먹였으나 아직 약효가 나타나기 전에 丙이 乙을 사살한 경우이다. (ⅱ) 행위와 결과 사이에 조건관계는 있으나, 그 결과가 예견불가능한 사실의 개입으로 말미암아 발생한 경우이다. 예를 들면, 甲이 乙에게 경상을 입혔는데, 의사가 치료를 잘못하여 乙이 사망한 경우이다. (ⅲ) 행위와 결과 사이에 조건관계는 있지만 양자 사이에 책임능력자의 자유로운 고의행위가 개입한 경우이다. 예를 들면, 甲이 乙녀를 강간하였는데, 乙녀가 비관하여 자살한 경우이다.

2. **소급금지의 이론** : 자유롭고 또한 의식적으로 (즉, 고의 또는 유책적으로) 결과를 발생시킨 행위가 있을 경우에는 그 전(前)조건은 원인이 될 수 없고, 다만, 그 사람이 공범규정에 해당하는 경우에만 협의의 공범으로서 책임을 부담시킬 수 있다고 한다. 예를 들면, 전술한 강간피해자 乙녀의 자살행위가 자유롭고 의식적인 경우에는 그 전조건인 甲의 강간행위에 소급해서 인과관계는 인정할 수 없다는 것이다.

나. 원인설

원인설은 조건설에 의해 확정된 조건 중 결과발생에 결정적인 역할을 한 조건을 원인이라고 하고, 원인에 대해서만 인과관계를 인정하는 견해이다. 이 설에서는 어떠한 조건을 원인으로 인정할 것인가와 관련하여 ① 우월적 조건설(Binding), ② 최후조건설(Ortmann), ③ 최유력조건설(Birkmeyer), ④ 동적 조건설(Kohler), ⑤ 결정적 조건설(Nagler) 등이 주장되고 있다.

이 설에 대하여는 결과발생에 대한 조건 중에서 어떤 것을 원인으로 볼 것인가에 대하여 판단자에 따라 의견이 다를 수 있기 때문에 객관적인 기준이 불명확하다는 비판이 있다.

다. 상당인과관계설

상당인과관계설은 행위와 결과 사이에 경험법칙상 상당성이 있으면 인과관계를 인정하는 견해이다. '상당성'이란 고도의 가능성, 즉 개연성을 의미한다.

상당성의 판단기준과 관련하여 ① 행위당시의 행위자가 인식한 사정을 기초로 하여 행위자의 입장에서 판단하여야 한다는 주관설, ② 행위전후의 모든 사정을 고려하여 일반인의 입장에서 판단하여야 한다는 객관설(사후예측설), ③ 행위당시에 일반인이 인식한 사정과 행위자가 특별히 인식한 사정을 기초로 하여 일반인의 입장에서 판단하여야 한다는 절충설 등이 있다. 판례는 절충설의 태도를 따르고 있다. 위의 사례에서 상당인과관계설에 따르면 살인행위로 인한 상해로 병원에 실려 가던 중 교통사고로 사망할 가능성은 낮기 때문에 인과관계는 부정된다.

상당인과관계설 중 주관설은 인과관계가 인정되는 범위가 지나치게 좁게 되고 부주의한 행위자에게 오히려 이익이 되는 반면, 객관설은 행위자 예측할 수 없는 사정까지 고려한다는 점에서 인과관계의 인정범위가 지나치게 확대되고, 절충

적 상당인과관계설은 합리적이지만 일반적 추상적 기준을 제시하는데 그쳐 판단
자의 자의가 개입할 우려가 있다는 비판이 있다.

라. 합법칙적 조건설

합법칙적 조건설은 조건설의 결함을 일상적 경험법칙으로서의 합법칙성을 통
하여 시정하려는 견해이다(Engisch). 따라서 여러 가지 유형의 조건관계에 대해 개
별적으로 합법칙 유무를 판단하게 된다.

이 설에 따르면 (ⅰ) 일정한 행위가 결과에 대해 원인이 되지만, 그 결과에 이
르는 과정에 제3자의 고의·과실에 의한 행위 등 다른 원인이 개입되었거나 피해
자의 과실 또는 특이체질 등이 개입하여 결과가 발생한 경우(비유형적 인과관계),
(ⅱ) 행위자의 행위가 아니더라도 다른 일정한 가설적 원인(예, 타인의 행위 등)에
의해 구성요건적 결과가 초래될 수 있었던 고도의 개연성이 있는 경우(가설적 인과
관계), (ⅲ) 개별적으로도 결과를 야기하기에 충분한 여러 개의 조건들이 중복적으
로 결합하여 일정한 결과를 발생하게 한 경우(이중적 인과관계), (ⅳ) 독자적으로는
결과를 발생시킬 수 없는 여러 조건들이 같이 작용함으로써 누적되어 결과를 발생
하게 한 경우(중첩적 인과관계, 누적적 인과관계), (ⅴ) 부작위범의 경우, (ⅵ) 과실범
의 경우 등에 있어서는 각각 인과관계를 인정한다. 하지만 (ⅶ) 결과발생에 이르는
행위의 진행과정에서 다른 행위가 개입되어 결과를 발생하게 한 경우(추월적 인과
관계)에는 애초의 행위에 대하여 인과관계를 부정한다.

합법칙적 조건설에서는 인과관계의 인정범위가 지나치게 확대되는 것을 방지
하기 위하여 사실판단에 근거한 인과관계가 인정되는 경우에도 다시 규범적 판단
에 근거하여 객관적 귀속 여부를 묻게 된다. 하지만 이 설에 대하여는 우리가 경
험하지 못한 사건의 경우에는 무엇이 합법칙적인지 판단할 수 없으며, 합법칙성
자체가 개방적인 개념이라 결국 법관의 주관적 확신이나 자의에 의하여 판단되어
질 수밖에 없다는 비판이 있다.

마. 기타의 학설

위험관계조건설은 조건설을 전제로 하여 인과관계의 유무를 행위와 결과의 관계에 비추어 사회가 그 행위에 대하여 위험을 느끼는가 여부에 따라 결정하려는 견해이다(정영석). 이 설은 수정된 조건설로서, 사회방위라는 형법의 목적을 고려하여 위험이라는 사회심리적 요소를 통하여 형식논리적인 인과관계의 개념에 제약을 가하려고 한 점에 특색이 있다. 이 설에 대하여는 위험이라는 사회심리적 요소에 의하여 조건 자체를 제한하고자 함으로써 인과관계의 확정을 불명확하게 한다는 비판이 있다.

목적설은 형법상 인과관계가 논의되는 목적은 기수범과 미수범의 구별에 있다는 점에 착안하여, 행위가 결과에 대하여 필연적인 경우는 기수, 우연적인 경우를 미수라는 견해이다. 이 설에 대하여는 인과관계의 판단에 행위자의 무의식세계까지 고려한다는 점에서 문제이며, 행위자의 심리분석을 통하여 우연의 요소를 필연화하는 것은 법치주의 형법이론에 반한다는 비판이 있다.

중요설은 인과연관과 귀책연관을 구분하여 설명하는 견해이다. 즉, 인과연관에 있어서는 일반적·논리적인 인과개념(즉, 조건설)에 의하여 결정하고, 결과귀속의 문제는 형법적 관점에 따라 결정하여야 하므로 형법적으로 중요한 사건만이 귀책된다고 하면서 구성요건해당성의 문제로 논의한다(Mezger). 이 설에 대하여는 상당인과관계설을 다른 각도에서 설명한 것에 지나지 않는다는 비판이 있다.

3. 객관적 귀속론

객관적 귀속론은 인과관계가 인정된 결과에 대하여 형법적 의미에서 행위자에게 객관적으로 귀속시킬 수 있는가를 일정한 척도를 통하여 판단하여야 한다는 이론이다. 이에 따르면 사실상 인과관계가 인정되는 경우에도 객관적 귀속이 인정되면 불법구성요건의 객관적 표지가 인정되어 기수가 되지만, 객관적 귀속이 부정되면 가벌성 자체가 탈락되거나 미수가 된다고 한다. 이 이론은 인과관계의 문제와 이에 대한 법적 책임의 문제, 즉 행위자에의 결과귀속의 문제를 구분하여 객관적 구성요건 단계에서 법적인 책임을 제한하고자 한다. 객관적 귀속의 기준과 관련하여서는 여러 주장이 있다.

가. 위험증대이론

위험증대이론은 행위가 보호법익에 대하여 법적으로 허용될 수 없는 위험을 야기하거나 위험을 증대시킨 때에만 그 위험으로 인한 결과를 객관적으로 귀속시킬 수 있고, 이에 반하여 법익에 대한 위험을 야기하지 않거나 감소시킨 경우, 그리고 위험만을 야기한 때에는 결과귀속을 인정할 수 없다고 한다(Roxin). 다만, 행위자의 행위가 위험을 증대시킨 경우에는 그 결과가 비록 합법적 대체행위에 의해서도 불가피하게 발생했을 것으로 예상되는 경우라고 하더라도 그 행위로 인한 결과는 행위자에게 객관적으로 귀속된다고 한다. 예를 들면, 교통법규 위반에 의해 사고가 발생한 경우에 교통법규를 지켰더라도 사고발생이 불가피했을 것으로 예상되는 경우에도 결과발생에 대한 객관적 귀속이 인정된다고 한다.

그러나 행위자가 기존의 인과과정에 간섭하여 위험을 비록 막지는 못했다고 하더라도 위험의 정도를 감소시킨 경우나 허용된 위험인 경우는 물론, 행위자가 법익침해의 위험을 유발하였으나 법적으로 의미 있는 만큼 위험을 증대시키지도 아니한 경우에는 객관적 귀속이 부정된다고 한다. 따라서 벽돌이 피해자의 머리 위에 떨어지려는 순간 그를 밀어 가볍게 다치게 한 경우, 교통법규를 준수하였으나 갑자기 보행자가 차도로 뛰어들어 부득이 다치게 한 경우 등에 있어서는 객관적 귀속이 부정된다.

나. 지배가능성이론

지배가능성이론은 어떤 결과의 발생이 일상적 생활경험 밖에 놓여 있어서 결과발생에 대한 예견가능성이 없고, 사건경과에 대한 지배가능성이 없는 경우에는 객관적 귀속이 부정된다고 한다. 따라서 어른이 되어 살인자가 된 아이의 출산행위, 살인에 사용된 총기나 그 총기의 금속·화약 등을 제조한 행위, 피해자가 살해행위로 경상을 입어 병원으로 후송되던 중 교통사고로 사망한 경우, 피해자의 특이체질로 사망한 경우, 주인이 뇌우(雷雨) 시에 종업원을 가게 바깥으로 내보내어 일을 하게 함으로써 벼락을 맞아 사망하게 한 경우는 물론, 불법건축물에 세들어 사는 피해자가 제3자의 방화로 사망한 경우 등과 같이 원인행위로 인한 인과과정에 다른 고의행위자가 자유롭게 개입한 경우 등에 있어서는 객관적 귀속이 부정된다.

다. 규범보호목적이론

규범보호목적이론은 일정한 의무를 규정한 규범의 보호목적에 따라서 객관적 귀속 여부를 결정하여야 한다고 한다. 즉, 규범을 위반하여 위험을 증대시켰다거나 허용되지 않는 위험을 야기시킨 경우라고 하더라도 그 결과가 규범의 보호목적범위에 속하지 않는 경우에는 객관적 귀속을 부정한다. 따라서 피해자가 피해당한 사실을 비관하여 자살한 경우, 피해자가 종교적 이유로 수혈을 거부하여 사망한 경우 및 방화한 집에 소유자가 가재도구를 가지러 들어갔다가 연기에 질식하여 사망한 경우 등에 있어서는 객관적 귀속이 부정된다.

4. 형법 제17조의 해석

조건설을 제외한 인과관계에 관한 학설들은 조건설을 전제로 하되, 조건설의 불합리한 결과를 극복하기 위하여 제시된 이론들이다. 형법 제17조는 인과관계에 관하여 "어떤 행위라도 죄의 요소되는 위험발생에 연결되지 아니한 때에는 그 결과로 인하여 벌하지 아니한다"고 규정함으로써 '행위'와 '결과' 사이의 인과관계판단기준에 대하여 '죄의 요소되는 위험발생에 연결되지 않은 때'라고 하고 있을 뿐이다. 따라서 형법 제17조는 조건설, 상당인과관계설, 합법칙적 조건설 등 어느 학설에 의하더라도 해석이 가능하다. 종래의 통설과 판례는 절충적 상당인과관계설에 의해서만 인과관계를 판단하고 있다.

그러나 형법상 책임주의의 관점에서 보면 인과관계의 확정은 인과관계의 유형에 따라 개별적으로 인과관계 여부를 판단하는 합법칙적 조건설에 의하고, 평가적 결과귀속은 객관적 귀속이론에 따라 제한하는 것이 합리적일 것이다. 다만, 객관적 귀속 여부는 위에서 언급한 이론들에 따른 기준들을 종합적으로 고려하여 개별 사례에 따라 구체적으로 판단하면 될 것이다.

[판례] 의사가 설명의무를 위반한 채 의료행위를 하여 피해자에게 상해가 발생하였다고 하더라도, 업무상 과실로 인한 형사책임을 지기 위해서는 피해자의 상해와 의사의 설명의무 위반 내지 승낙취득 과정의 잘못 사이에 상당인과관계가 존재하여야 한다(2010도10104).

[판례] 자상을 입은 피해자가 콜라와 김밥 등을 함부로 먹은 탓으로 체내에 수분저류가 발생하여 합병증이 유발됨으로써 사망하게 된 경우, … 살인의 실행행위가 피해자의 사망이라는 결과를 발생하게 한 유일한 원인이거나 직접적인 원인이어야만 하는 것은 아니므로, 살인의 실행행위와 피해자의 사망과의 사이에 다른 사실이 개재되어 그 사실이 치사의 직접적인 원인이 되었다고 하더라도 그와 같은 사실이 통상 예견할 수 있는 것에 지나지 않는다면 살인의 실행행위와 피해자의 사망과의 인과관계가 있는 것으로 보아야 한다(92도3612).

제3절 고의

제13조(고의) 죄의 성립요소인 사실을 인식하지 못한 행위는 벌하지 아니한다. 다만, 법률에 특별한 규정이 있는 경우에는 예외로 한다.

1. 고의의 의의

형법 제13조에서는 "죄의 성립요소인 사실을 인식하지 못한 행위는 벌하지 아니한다. 다만, 법률에 특별한 규정이 있는 경우에는 예외로 한다"고 규정하여, 원칙적으로 고의범을 처벌하도록 하고 있다(제13조). 고의란 구성요건의 객관적 요소에 해당하는 사실을 인식하고, 구성요건을 실현하려는 의사를 가진 것을 말한다(결합설). 형법상 고의는 행위시에 있어야 하며, 사전고의나 사후고의는 인정되지 않는다.

2. 고의의 체계적 지위

가. 책임요소설

책임요소설은 인과적 행위론에 입각한 고전적·신고전적 범죄론체계에 따른 견해로서, '행위의 외부적·객관적인 측면은 위법성에, 심리적·주관적 측면은 책임에 귀속시킨다'는 명제를 근거로 한다. 즉, 위법판단에 있어서는 법익침해 또는 그 침해의 위험성이 있는 외부적·객관적인 사정만이 고려되어야 하므로 범죄사실의 인식인 고의는 행위의 심리적·주관적인 요소로서 책임요소 또는 책임형식으로 책임에서 다루어야 한다고 주장한다. 이 입장은 고의·과실을 구성요건요소라고 한다면 구성요건해당성 판단에서 주관적 요소를 고려하여야 하므로 구성요건의 보장적 기능을 충분히 수행할 수 없게 된다는 것을 근거로 한다.

나. 주관적 구성요건요소(불법요소)설

주관적 구성요건요소(불법요소)설은 목적적 행위론에 입각한 목적론적 범죄체계에 따른 견해로서, 행위는 목적적 활동이고, 의사의 내용인 고의는 구성요건에 해당하는 외부적·객관적 사실을 인식하고 이를 실현하려는 의사로서 행위의 본질적 요소이자 주관적 구성요건요소라고 한다. 또한 '인적 불법관'의 입장에서 불법은 인간의 행위를 전제로 하고, 인간의 행위에서는 목적이 본질적 요소이므로 목적, 즉 고의범에 있어서의 고의는 당연히 불법요소로 되고, 불법을 유형화한 것이 구성요건이므로 고의는 구성요건요소가 된다고 한다.

다. 이중기능설

이중기능설은 사회적 행위론에 입각하여 합일태적 범죄론체계에 따른 견해로서, 고의는 행태의 방향결정요인으로서는 구성요건요소로서 구성요건해당적 행위불법의 핵심이 되고, 행위자의 동기과정의 결과 즉, 행위자의 심정적 무가치로서는 책임요소가 된다고 한다. 따라서 고의는 행위방향을 의미하는 구성요건적 고의와 주관적 책임에 관련되는 심정적 무가치로서의 고의, 즉 책임형식으로서의 고의라는 이중적 지위를 가진다고 한다.

라. 결어

고의를 책임요소로서 인정하는 전통적 견해는 책임의 문제를 논하기 전에 구성요건해당성을 확정지을 수 없다는 문제점이 있으며, 고의를 구성요건요소 내지 불법요소로만 인정하는 견해는 고의의 행위방향으로서의 위치만 보고 있다는 점에서 충분하지 않다. 따라서 이중기능설에 따른다.

[행위론(고의의 체계적 지위)과 고의의 내용] 고의의 내용은 행위론에 따라 다르다. ① 인과적 행위론에서 고의는 범죄사실의 인식과 위법성인식을 포함하는 것인 반면, ② 목적적 행위론에서 고의는 범죄사실의 인식만을 의미하고, 위법성인식을 고의와 분리하여 책임의 독자적 요소로 인정하였다. ③ 사회적 행위론에서는 고의의 이중적 기능을 인정하는데, 구성요건적 고의는 구성요건에 해당하는 사실의 인식을 의미하고, 책임고의는 위법성을 기초지우는 사실의 인식을 내용으로 하며, 위법성인식은 고의와 분리된 독립한 책임요소가 된다.

3. 고의의 본질

가. 고의의 내용

고의의 본질에 관해서는 종래 ① 범죄사실의 인식이 있으면 고의가 성립한다는 견해(인식설), ② 범죄를 실현하려는 의사가 있어야 고의가 성립한다는 견해(의사설) 등이 있었다. 그러나 오늘날 ③ 고의는 객관적 구성요건요소에 대한 인식(인지)이라는 지적 요소와 행위와 결과발생을 실현하려는 의욕(의사)이라는 의지적 요소를 갖추어야 한다는 견해(결합설)를 취하고 있다.

나. 지적 요소와 의지적 요소

(1) 지적 요소

고의의 본질에 있어서 지적 요소란 원칙적으로 구성요건적 사실의 인식을 말하며, 인과관계의 인식은 물론, 규범적 요소에 대한 의미의 인식을 포함한다.

구성요건적 사실에는 모든 객관적 구성요건요소, 즉 행위주체, 행위객체, 행위상황, 행위태양, 결과범에 있어서는 구성요건적 결과, 가중적 구성요건과 감경적 구성요건에 있어서는 가중적 요소와 감경적 요소를 포함한다. 특히, 결과범의 경우에는 인과관계가 구성요건요소에 해당하므로 이에 대한 인식이 있어야 한다. 이때 인과관계의 인식은 구체적인 인식을 요하는 것은 아니고, 대체적으로 그 본질적인 점에 대한 인식으로 충분하다.

그러나 결과적 가중범에 있어서는 원칙적으로 기본범죄에 관한 구성요건요소에 대한 인식으로 충분하고. 과실범인 중한 결과에 대한 인식(예견가능성으로 충분함)까지는 요하지 않는다. 또한 책임능력·처벌조건·소추조건은 구성요건요소가 아니므로 이에 대한 인식도 요하지 않는다. 위법성인식도 고의와 별개의 책임요소이므로 (다수설) 구성요건적 고의에 포함되지 않는다.

한편, 구성요건에 해당하는 사실의 인식은 단순히 외형적 표면적인 표상(물체의 인식)으로는 부족하고, 그 의미의 인식이 필요하다. 즉, 구성요건요소는 법적·사회적 의미와 관련되어 있기 때문에 규범적 요소뿐만 아니라 기술적 요소에 대하여도 사실의 인식 외에 그 의미를 인식하여야 한다. 다만, 이때의 '의미의 인식'은 정확한 법적 평가를 요구하는 것은 아니기 때문에 법률전문가 수준의 인식을 요하는 것은 아니고 법에 문외한인 사회일반인의 판단에 있어서 이해되어지는 정도의 소박한 가치평가로서 충분하다. 따라서 어떤 사실이 특정 구성요건에 해당한다는 것(법률의 적용)까지 인식할 것은 요하지 않는다.

(2) 의지적 요소

고의의 본질에 있어서 의지적 요소인 실현의사는 예견된 결과를 실현하려는 의사를 말한다. 따라서 고의가 성립하기 위해서는 행위자가 결과의 발생을 적극적으로 의욕·희망·인용할 것이 필요하므로, 의지적 요소가 없는 단순한 소원·희망·동기 등은 고의에 해당되지 않는다.

4. 고의의 종류

가. 직접고의와 간접고의

직접고의(dolus directus)란 행위자가 자신의 행위가 법익을 침해한다는 것을 확실히 알고 이를 의욕 내지 인용하는 것을 말한다. 직접고의는 (ⅰ) 의지적 측면의 강약에 따라 의지적 요소가 강한 목표지향적 결과의사를 가진 의도적 고의와 (ⅱ) 이보다는 약한 정도이지만 법익침해의 사실을 확실히 알 수 있었던 경우인 지정고의(知情故意)로 구분할 수 있다. 다만, 형법에서는 이를 구분하고 있지 않다.

간접고의(dolus indirectus)는 직접고의에 대응하는 것으로서, 보험금을 탈 목적으로 살인을 하는 경우와 같이 오직 간접적으로 의도된 고의를 말한다. 오늘날 이 용어는 사용되고 있지 않다.

나. 확정적 고의와 불확정적 고의

(1) 확정적 고의

확정적 고의란 행위 당시 구성요건사실을 확실히 인식하고, 이를 실현하려는 행위자의 내심상태가 확정적인 경우를 말한다. 행위자가 행위에 따른 결과를 예견하였다면 고의는 성립하고, 반드시 결과발생을 적극적으로 희망하였을 것을 요하지 않는다.

(2) 불확정적 고의

불확정적 고의란 구성요건요소에 대한 인식 또는 예견이 명확하지 않은 경우를 말하며, 이에는 택일적 고의, 개괄적 고의, 미필적 고의가 있다.

택일적 고의는 행위자가 결과발생의 대상, 즉 행위객체에 대하여 A 또는 B와 같이 택일적으로 인식·의욕하고 있는 경우를 말한다. 이에 대하여는 ① A와 B 중 범죄결과가 발생한 범죄(기수)와 결과가 발생하지 않은 범죄(미수)의 상상적 경합을 인정하는 견해가 있으나, ② 발생하지 않은 범죄가 중한 경우가 아니라면 발생한 결과에 대한 고의·기수범이 성립한다(통설).

개괄적 고의는 행위자가 여러 사람을 향하여 무차별적으로 총을 쏘는 경우와 같이 행위객체를 특정하지 않은 채로 여러 사람을 상대로 범행한 경우로서, 행위자가 인식한 다수의 행위객체 중에서 구성요건적 결과가 발생할 것은 확실하지만 구체적으로 어느 객체에게 결과가 발생할 것인가가 불확정적인 경우를 말한다. 이때에는 발생한 결과에 대하여 고의·기수범이 성립한다.

[막스 베버의 개괄적 고의] 막스 베버(Max Weber)는 살해의 의사로 목을 졸라 피해자가 사망한 것으로 오인하고 증거인멸의 목적으로 피해자를 강물 속에 던졌는데 실은 익사한 경우와 같이, 행위자가 제1의 행위에 의하여 의도한 결과가 발생한 것으로 오인하고 제2의 행위를 하였는데, 제2의 행위로 인해 제1의 행위에서 의도한 결과가 발생한 경우에는 살인에 대한 개괄적 고의가 인정되므로 발생된 결과에 대한 고의·기수범이 인정된다고 한다. 오늘날에는 이러한 경우를 개괄적 고의가 아니라 인과관계의 착오의 하나의 형태로 취급한다(후술 참조).

미필적 고의란 행위자가 행위당시 구성요건요소를 인식하기는 했지만 구성요건실현의사가 불확실한 경우를 말한다. 판례는 미필적 고의가 인정되는 경우에는 고의를 인정하고 있다.

(3) 미필적 고의와 인식 있는 과실의 구별

미필적 고의와 인식 있는 과실은 모두 범죄사실의 인식을 요한다는 점에서 양자의 구별기준이 문제된다.

① **개연성설**은 행위자에게 결과발생에 대한 개연성이 있는 경우가 미필적 고의이고, 단순한 가능성만 있는 경우는 인식 있는 과실이라는 견해이다. ② **인용설**은 행위자가 결과발생을 인용한 경우가 미필적 고의이고, 이를 부정한 경우가 인식 있는 과실이라는 견해이다(판례). ③ **묵인설**(감수설)은 고의의 체계적 지위를 구성요건요소로 이해하는 점을 고려하여, 행위자가 결과발생가능성을 인식하면서 구성요건실현의 위험을 묵인(또는 감수)한 경우에는 미필적 고의이고, 결과가 발생하지 않을 것으로 신뢰한 경우는 인식 있는 과실이라는 견해이다.

〈기타의 견해〉 ① 행위자가 결과회피의사를 가지고 결과를 방지하게 위해 노력하지 않았다면 미필적 고의가 인정된다는 견해(회피설), ② 행위자가 구성요건실현을 가능한 것으로 여기면서도 이를 무시하거나 보호법익에 대한 무관심 때문에 결과를 받아들인 때에는 미필적 고의가 인정된다는 견해(무관심설), ③ 고의의 본질에 관한 인식설에 기초하여 행위자가 구성요건적 결과발생의 가능성을 인식한 때에는 미필적 고의가 인정된다는 견해(가능성설), ④ 고의의 대상은 구성요건에 해당하는 행위가 아니라 허용되지 않은 위험행위이므로 허용되지 않는 위험에 대한 인식 또는 법익침해에 대한 결단이 있으면 미필적 고의가 인정된다는 견해(위험설), ⑤ 행위자가 결과발생가능성을 진지하게 받아들여서 그것과 타협하는 경우에는 미필적 고의가 인정된다는 견해(타협설) 등이 있다.

고의의 본질(결합설)을 고려할 때 미필적 고의와 인식 있는 과실의 구별은 의지적 요소에 의하여 판단하여야 하며, 고의의 이중적 기능을 인정하여 구성요건적 고의라는 측면에서 보면 용어사용에 있어서도 행위자의 감정적·정서적 요소를 가급적 배제하여야 한다. 따라서 묵인설(감수설)에 따른다.

[판례] 미필적 고의는 중대한 과실과는 달리 범죄사실의 발생가능성에 대한 인식이 있고, 나아가 범죄사실이 발생할 위험을 용인하는 내심의 의사가 있어야 한다. 행위자가 범죄사실이 발생할 가능성을 용인하고 있었는지 여부는, 행위자의 진술에 의존하지 않고, 외부에 나타난 행위의 형태와 행위의 상황 등 구체적인 사정을 기초로, 일반인이라면 해당 범죄사실이 발생할 가능성을 어떻게 평가할 것인지를 고려하면서, 행위자의 입장에서 그 심리상태를 추인하여야 한다(2017도12537).

제4절 사실의 착오

제15조(사실의 착오) ① 특별히 무거운 죄가 되는 사실을 인식하지 못한 행위는 무거운 죄로 벌하지 아니한다.

1. 착오의 의의와 법적 효과

착오란 행위자가 주관적으로 인식한 사실과 객관적으로 발생된 결과가 일치하지 않는 것을 말한다. 형법상 의미 있는 착오는 (ⅰ) 행위자가 자신의 행위가 범죄가 된다는 사실을 인식하지 못하고 행위를 하였으나 실제로는 범죄에 해당하는 경우, (ⅱ) 범죄가 되는 행위를 하였으나 의도한 사실과 다른 결과가 발생한 경우, (ⅲ) 행위자가 위법하지 않다고 생각하고 행위를 하였으나 실제로는 위법한 경우 등이다. (ⅰ)과 (ⅱ)는 사실의 착오(구성요건적 착오)에 해당하며, (ⅲ)은 위법성착오(법률의 착오)에 해당한다. 다만, 행위자가 구성요건적 사실을 인식하고 그것을 실현하려고 하였으나 실패한 경우, 즉 미수에 그친 경우에는 착오의 문제는 일어나지 않고 미수범의 성립 여부만이 문제된다.

착오의 형사책임에 대하여 (ⅰ)의 경우는, 예를 들면 타인의 물건을 자신의 물건으로 오인하고 가져 온 경우로서 구성요건적 고의가 성립하지 않으므로 과실범이 성립한다. (ⅱ)의 경우는 사실의 착오가 인정되면 원칙적으로 발생결과에 대해 고의가 조각되고, 과실범 처벌규정이 있는 경우에 한하여 과실범으로 처벌된다. (ⅲ)의 경우는 원칙적으로 책임이 조각되지 않지만 형법 제16조에 의해 '정당한 이유'가 있는 경우에 한하여 책임이 조각되는 것으로 된다(책임론에서 후술함). 다만, (ⅱ)의 사실의 착오에 있어서 인식사실과 발생결과가 모두 범죄에 해당되는 경우에는 고의의 인정범위가 문제된다.

[형법상 착오의 문제]

형법상 개념	주관적 측면	객관적 측면
(협의의)사실의 착오	A라는 범죄실현	B라는 범죄실현
법률의 착오	위법하지 않음	위법함
과실범	구성요건해당성 없음	구성요건해당성 있음
결과적 가중범	기본범죄만 실현	중한 결과도 발생
미수범	범죄의 전체실현	범죄의 일부실현

2. 사실의 착오의 의의

사실의 착오란 행위자가 주관적으로 인식한 범죄사실과 객관적으로 발생한 범죄사실이 일치하지 않는 경우, 즉 인식사실과 발생결과가 불일치한 경우를 말한다(구성요건적 착오). 광의의 사실의 착오는 법률의 착오와 대립되는 개념으로, 위의 도표상 과실범의 경우와 협의의 사실의 착오를 포함하는 개념이다. 그러나 과실범의 경우는 형법에 처벌규정이 있는 경우에 한하여 처벌하고 있으므로, 형법에서 문제되는 사실의 착오는 협의의 사실의 착오이다.

사실의 착오에 있어서 착오의 대상은 구성요건적 고의의 지적 요소인 모든 객관적 구성요건표지, 즉, 행위주체, 행위객체, 행위방법, 인과관계 등이다. 따라서 책임능력, 형벌, 처벌조건, 소추조건, 가벌성 등 객관적 구성요건표지 이외의 사정에 대한 착오는 구성요건적 착오가 아니다. 결과적 가중범에 있어서도 사실의 착오의 문제는 일어나지 않는다.

사실의 착오에 있어서는 행위자의 인식과 실제로 발생한 사실이 어느 정도까지 부합하면 발생한 사실에 대해 고의의 성립을 인정할 수 있을 것인가가 문제된다. 이에 대하여 형법에서는 규정을 두고 있지 않다.

3. 사실의 착오의 유형

가. 객체의 착오와 방법의 착오

객체의 착오란 행위객체의 동일성에 관한 착오, 즉 행위자가 행위객체를 잘못 인식하여 착오한 경우를 말한다. 예를 들면, 甲인줄 알고 총을 발사했는데 실제로 는 甲과 닮은 乙이었던 경우이다. 행위객체에 관한 착오는 행위객체에 대한 고의 가 전혀 없는 경우인 행위객체에 관한 단순한 부지(인식의 결여)와는 구분된다.

방법의 착오란 행위의 수단·방법이 잘못되어 행위자가 의도한 객체가 아니라 다른 객체에게 결과가 발생된 경우를 말한다. 예를 들면, 甲을 향해 총을 발사했는 데 총알이 빗나가 그 옆에 있던 乙이 맞아 사망한 경우이다.

나. 구체적 사실의 착오와 추상적 사실의 착오

구체적 사실의 착오란 행위자가 인식한 사실과 발생된 결과가 같은 종류의 구성요건에 해당하는 경우를 말한다. 예를 들면, 甲을 살해하려고 총을 발사하였 으나 옆에 있던 乙이 맞아 사망한 경우이다. **추상적 사실의 착오**란 행위자가 인식 한 사실과 발생된 결과가 다른 종류의 구성요건에 해당하는 경우를 말한다. 예를 들면, 甲을 살해하려고 총을 발사하였으나 옆에 있던 甲의 개가 맞아 사망한 경 우이다.

추상적 사실의 착오는 인식사실과 발생결과의 구성요건의 경중에 따라 (ⅰ) 경한 사실을 인식하였으나 중한 결과가 발생한 경우(예, 꽃병을 손괴할 의사로 총을 발사하였으나 옆에 있던 사람이 맞아 사망한 경우 등), (ⅱ) 중한 사실을 인식하였으나 경한 결과가 발생한 경우(예, 甲을 살해할 의사로 총을 발사하였으나 甲의 옆에 있던 꽃 병을 맞추어 깬 경우 등), (ⅲ) 보통살인(형법 제250조 제1항)과 존속살해(형법 제250조 제2항) 사이의 착오와 같이 형의 가중·감경사유에 관한 착오의 경우 등이 있다.

4. 사실의 착오의 효과

가. 구체적 부합설

구체적 부합설은 객관주의의 태도로서, 행위자가 인식한 사실과 발생된 결과가 구체적인 부분까지 일치(구체적 부합)하여야만 발생결과에 대한 고의·기수의 성립을 인정한다(구체화설). 이 설에서는 구체적 사실의 착오 중 객체의 착오는 일반적으로 착오로 인정하지 않으므로 발생결과에 대하여 고의·기수책임을 인정하고(이설 있음), 구체적 사실의 착오 중 방법의 착오의 경우와 추상적 사실의 착오는 인식사실에 대한 미수와 발생결과에 대한 과실의 상상적 경합이 성립한다고 한다.

이 설에 대하여는 객체의 착오와 방법의 착오를 구별하는 근거가 불분명하며, 고의·기수책임을 인정하는 범위가 지나치게 협소하게 된다는 비판이 있다.

> **[실질적 동가치설과 행위계획설]** 구체적 부합설의 결론을 시정하기 위하여 실질적 동가치설과 행위계획설이 주장되고 있다. 전자는 생명, 신체, 자유와 같은 개별적 성격이 강한 법익에 있어서 방법의 착오는 고의를 조각하지만, 소유권이나 재산과 같은 대체적 법익에 있어서는 객체의 특성은 고의의 성립에 영향이 없다고 한다. 후자는 행위계획이 구체적인 객체를 전제로 할 때에만 구체적 부합설이 타당하다고 한다.
>
> 그러나 이 설들에 대하여는 법익에 따라 고의의 성질을 달리 보는 근거가 불확실하고, 고의를 행위계획의 실현이라는 것은 잘못이라는 비판이 있다.

나. 법정적 부합설

법정적 부합설은 행위자가 인식한 사실과 발생된 결과 사이에 법정적 사실의 범위에서 부합하는 경우에는 발생결과에 대한 고의·기수의 성립을 인정한다(통설, 판례). 이 설에서는 구체적 사실의 착오는 발생결과에 대한 고의·기수책임을 인정하고, 추상적 사실의 착오는 인식사실에 대한 미수와 발생결과에 대한 과실의 상상적 경합이 성립한다고 한다.

법정적 부합설에서는 법정적 부합의 범위에 대하여 ① 구성요건이 동일한 경우라는 구성요건부합설과 ② 죄질이 동일한 경우라는 죄질부합설이 있다. 존속살해를 하려다가 오인하여 보통살인을 범한 경우에 전자에 따르면 인식사실과 발생결과의 구성요건이 다르므로 착오가 인정되어 존속살해죄의 미수와 과실살해죄의 상상적 경합이 성립하지만, 후자에 따르면 인식사실과 발생결과의 죄질이 동일하므로 착오가 인정되지 않아서 보통살인죄의 고의·기수가 성립한다. 다만, 구성요건부합설에서도 이 경우는 두 구성요건 간에 중합이 있기 때문에 행위자가 동일한 구성요건적 평가를 받는 사실을 인식하고 있으므로 두 개의 고의가 인정되어 존속살해미수와 보통살인죄의 고의·기수의 상상적 경합이 성립한다는 견해(두 고의범설)가 있다.

이 설에 대하여는 구체적 사실의 착오의 경우라고 하더라도 특정하지 않은 행위객체에게 우연히 발생한 결과에 대해 고의를 인정하는 것은 형법상 고의가 일반적 고의를 의미하는 것이 되므로 부당하며, 죄질의 의미도 명확하지 않다는 비판이 있다.

[판례] 사람을 살해할 목적으로 총을 발사한 이상 그것이 목적하지 아니한 다른 사람에게 명중되어 사망의 결과가 발생하였다 하더라도 살의를 조각하지 않는 것이다(75도727).

다. 추상적 부합설

추상적 부합설은 주관주의의 태도로서, 행위자에게 범죄를 범할 의사가 있고, 그 의사에 의하여 범죄가 발생한 이상 인식사실과 발생결과가 추상적으로 일치하는 한도 내에서 고의·기수의 성립을 인정한다. 따라서 구체적 사실의 착오는 발생결과에 대한 고의·기수의 성립을 인정하고, 추상적 사실의 착오는 범죄의사가 표출된 이상 형사책임을 부과하여야 한다는 점에서 인식사실과 발생결과 간에 중첩되는 범위인 경한 죄에 대하여 고의·기수의 성립을 인정한다. 따라서 경한 죄를 인식하고 중한 죄를 발생하게 한 경우에는 경한 죄의 기수와 중한 죄의 과실범의 상상적 경합이 성립하고, 중한 죄를 인식하고 경한 죄를 발생하게 한 경우에는 중한 죄에 대하여는 미수를 인정하되 중한 고의는 경한 고의를 흡수하므로 경한 죄의 기수는 인정되지 않고 중한 죄의 미수만이 성립한다.

이 설에 대하여는 특정범죄에 대한 의사가 없었음에도 고의를 인정하는 것으로 되어 죄형법정주의에 반한다는 비판이 있다.

라. 결어

형법상 고의는 특정 행위객체에 대한 고의를 의미하며, 발생결과가 동일한 구성요건에 해당한다거나 죄질이 동일하다는 이유로 고의를 의제하는 것은 책임주의원칙에 반하므로 구체적 부합설이 타당하다.

[사실의 착오와 법적 효과]

착오의 유형 학 설	구체적 사실의 착오		추상적 사실의 착오	
	객체의 착오	방법의 착오	객체의 착오	방법의 착오
	乙을 甲으로 오인하여 살해	甲을 죽이려고 총을 발사하였으나 빗나가 乙이 맞아 사망	甲의 개를 甲으로 오인하여 살해	甲을 죽이려고 총을 발사하였으나 빗나가 甲의 개를 살해
구체적 부합설		인식사실의 미수와 발생결과의 과실의 상상적 경합		
법정적 부합설	발생결과에 대한 고의·기수			
추상적 부합설			* 경한 죄 인식+중한 죄 발생 → 경한 죄의 기수+중한 죄의 과실의 상상적 경합 * 중한 죄 인식+경한 죄 발생 → 중한 죄의 미수+경한 죄의 기수=중한 죄의 미수	

5. 인과관계의 착오

가. 인과관계 착오의 의의

인과관계는 객관적 구성요건요소이므로 고의의 인식대상이다. 따라서 고의가 성립하기 위해서는 인과관계의 본질적 부분 또는 중요부분을 인식해야 한다. 그러나 결과발생에 이르는 과정에서 행위자가 주관적으로 예견한 인과과정과 실제 행하여진 인과과정에 불일치가 있는 경우가 발생할 수 있다. 이것을 인과관계의 착오라고 한다. 인과관계의 착오는 결과에 이르는 인과과정만 행위자의 인식과 다를 뿐 행위자가 원래 의도한 결과가 발생하였다는 점에서 방법의 착오와 구분된다.

인과관계의 착오에는 세 가지 유형이 있다. (ⅰ) 한 개의 행위 내에서 결과발생의 인과과정이 다른 유형(교각살해 사례)이다. 예를 들면, 익사시킬 의사로 수영을 못하는 피해자를 다리 위에서 떠밀었는데 피해자는 떨어지면서 교각에 머리를 부딪쳐 사망한 경우이다. (ⅱ) 제1행위가 아니라 제2행위로 인하여 결과가 발생한 유형(개괄적 고의 사례)이다. 예를 들면, 살해의 의사로 피해자를 돌로 때려 실신하자 죽은 줄로 오인하고 증거인멸의 목적으로 피해자를 산속에 매장하였는데, 실제로는 돌에 맞아 죽은 것이 아니라 매장으로 인해 질식사한 경우이다. (ⅲ) 제2행위가 아니라 제1행위로 인하여 결과가 발생한 유형(조기결과발생 사례)이다. 예를 들면, 기차에 탄 피해자의 머리를 몽둥이로 내리쳐 실신시킨 후 기차 밖으로 던져 살해하려고 계획하고 실행하였는데, 실제로는 머리의 가격행위로 인해 피해자가 이미 사망한 경우이다.

나. 인과관계 착오의 법적 효과

인과관계의 착오에 대하여는 ① 인과관계의 착오의 내용이 본질적인 경우에만 착오를 인정하고, 그렇지 않은 경우에는 착오를 인정하지 않고 고의를 인정하는 견해와 ② 인과과정과 인과관계를 개념적으로 구별하여, 인과과정은 착오나 고의의 조각 여부의 문제가 아니라 객관적 귀속의 문제로 파악하는 견해 등이 있다.

인과관계의 착오는 법적 귀속 여부가 아니라 사실판단의 문제로서 객관적 귀속 이전의 단계에서 고찰하여야 할 대상이므로 인과관계의 착오의 문제로 취급하여야 한다. 따라서 위의 (ⅰ)과 (ⅲ)의 사례에서는 상당인과관계설 또는 합법칙적 조건설에 따라 일정한 행위로부터의 결과발생이 사회생활상 일반적 경험법칙에 비추어 예견가능한 범위 내에 속하거나 인과관계의 착오가 비본질적이라고 판단되는 경우에는 착오가 인정되지 않으므로 발생결과에 대한 고의·기수범이 성립한다.

다. 개괄적 고의의 법적 효과

개괄적 고의의 사례에 있어서의 법적 효과에 대하여는 ① 개괄적 고의를 인정하여, 즉 전 과정을 개괄적으로 보면 피해자의 살해라는 처음에 예견된 사실이 결국 실현된 것이라는 점에서 고의·기수범을 인정하는 견해(개괄적 고의설, 88도650), ② 인과과정의 착오가 일반적 경험법칙에 비추어 예견가능한 범위에 있고 비본질적인 것으로서 중요하지 않으므로 고의·기수범이 성립한다는 견해(인과관계착오설, 다수설), ③ 제1행위시에는 살인의 고의가 있었지만 사망의 결과를 발생시킨 제2행위시에는 사체은닉의 고의만 있으므로 제1행위의 살인미수와 제2행위의 과실치사의 실체적 경합이 성립한다는 견해(미수설), ④ 개괄적 고의를 객관적 귀속의 영역으로 파악하여, 제2행위는 제1행위와 최종결과 사이에서 인과적 연쇄과정의 중간고리에 불과하므로 객관적 귀속이 인정되고, 원칙적으로 고의조각 여부는 문제되지 않는다는 견해(객관적 귀속설), ⑤ 행위자가 제1행위시에 의도적이었다면 그것이 행위자의 범행계획의 실현으로 평가될 수 있으므로 고의·기수책임을 인정하고, 단지 미필적 고의에 불과하였다거나 사후에 새로운 계획이 수립된 경우에는 행위자의 제1행위시의 계획이 실현된 것으로 평가할 수 없으므로 미수가 된다는 견해(계획실현설) 등이 있다.

개괄적 고의의 사례는 책임주의를 철저히 관철하고자 하는 입장에서 보면 인식사실은 미수이지만, 법구조적인 관점에서 보면 결국에는 인식사실이 발생하였다는 점에서 인과관계의 착오의 유형으로 이해하고, 그 착오가 본질적이어서 고의를 조각할 정도에 이르지 않았다면 발생결과에 대하여 고의·기수범의 성립을 인정하여야 한다.

6. 가중적 구성요건과 감경적 구성요건의 착오

가. 가중적 구성요건의 착오

형법 제15조 제1항에서는 "특별히 무거운 죄가 되는 사실을 인식하지 못한 행위는 무거운 죄로 벌하지 아니한다"고 규정하고 있다. 다만, 형법 제15조 제1항의 성격에 대하여는 ① 사실의 착오에 관한 특별규정으로서 기본적 구성요건을 인식하고, 가중적 구성요건을 실현한 경우에는 기본적 구성요건으로 처벌된다는 것을 명문화한 것이라는 견해(특별규정설)와 ② 사실의 착오에 관한 일반규정으로서 인식사실보다 중한 결과를 발생시킨 모든 경우를 포괄하는 규정이라는 견해

(일반규정설) 등이 있다. 법문의 형식상 형법 제15조 제1항은 형법 제13조의 특별규정으로서 인식사실보다 가중적 구성요건을 실현한 경우에 있어서 형사책임을 정한 규정으로 이해하여야 한다. 따라서 양부(養父)는 아버지가 아니라고 생각하고 살해한 경우에 발생결과는 존속살해죄가 성립하지만 형법 제15조 제1항에 의하여 보통살인죄로 처벌된다.

한편, 형법상 가중적 구성요건을 인식하고 기본적 구성요건을 실현한 경우에 대한 규정은 없다. 따라서 이에 대하여는 ① 기본범죄의 고의·기수가 성립한다는 견해, ② 인식한 중한 범죄의 미수와 실현된 경한 범죄의 고의·기수의 상상적 경합이 성립한다는 견해, ③ 이 경우를 추상적 사실의 착오 중 객체의 착오로 보아 구체적 부합설을 적용하여 인식한 중한 범죄의 미수와 실현된 경한 범죄의 과실범의 상상적 경합이 성립한다는 견해 등이 있다. 중한 고의는 경한 고의를 포함하고 있다는 점에서 가중적 구성요건을 실현하려고 한 경우에는 기본범죄에 대한 고의를 인정할 수 있으므로 인식사실인 중한 범죄의 미수와 발생결과인 경한 범죄의 고의·기수의 상상적 경합을 인정하여야 한다.

나. 감경적 구성요건의 착오

기본적 구성요건과 감경적 구성요건 간의 사실의 착오에 대하여는 형법상 규정이 없다.

먼저, 형을 감경하는 사유가 있음에도 이를 인식하지 못한 경우이다. 즉, 기본적 구성요건을 실현하려다가 감경적 구성요건을 실현한 경우에 대하여는 ① 기본범죄에 대한 미수와 감경적 구성요건의 고의·기수의 상상적 경합을 인정하는 견해와 ② 행위자가 인식한 사실을 기초로 하여 기본적 구성요건에 따라 처벌하여야 한다는 견해 등이 있다. 행위자의 의사 및 실현한 범위를 벗어나 형사책임을 묻는 것은 책임주의에 반하므로 기본적 구성요건의 미수와 감경적 구성요건의 고의·기수의 상상적 경합을 인정하여야 한다.

역으로, 형을 감경하는 사유가 없음에도 있다고 믿고 행위한 경우이다. 즉, 감경적 구성요건을 실현하려다가 기본적 구성요건을 실현한 경우에는 형법 제15조 제1항을 준용하여 발생결과인 감경적 구성요건을 적용하여 처벌하여야 한다.

제5절 과실

> 제14조(과실) 정상적으로 기울여야 할 주의(注意)를 게을리하여 죄의 성립요소인 사실을
> 인식하지 못한 행위는 법률에 특별한 규정이 있는 경우에만 처벌한다.

1. 과실의 의의

과실은 정상의 주의를 태만히 함으로써 죄의 성립요소인 사실을 인식하지 못한 것을 말하며, 과실범은 과실에 의하여 구성요건적 결과, 즉 범죄결과를 발생시킨 경우를 말한다. 형법 제14조는 "정상적으로 기울여야 할 주의(注意)를 게을리하여 죄의 성립요소인 사실을 인식하지 못한 행위는 법률에 특별한 규정이 있는 경우에만 처벌한다"고 규정하고 있다.

형법상 과실범을 처벌하는 규정으로는 실화죄(제170조, 제171조), 과실가스·전기등 방류죄(제172조의2), 과실가스·전기등 공급방해죄(제173조), 과실폭발성물건파열죄(제173조의2), 과실일수죄(제181조), 과실교통방해죄(제189조 제1항), 과실치사상죄(제266조 – 제268조) 및 과실장물취득죄(제364조) 등이 있다.

2. 과실의 체계적 지위

가. 구과실론

구과실론(책임요소설)은 인과적 행위론에 따른 것으로서, '위법은 객관적으로, 책임은 주관적으로'라고 하여 모든 주관적 요소를 책임에 귀속시키기 때문에 과실도 고의와 함께 책임요소라는 견해이다. 이 입장에서는 초기에는 심리적 책임론에 의거하여 '범죄사실에 대한 인식의 결여'라는 소극적 심리상태만을 과실로 보았으나, 이후 규범적 책임론에 따라 과실판단의 기준을 행위자의 '결과발생에 대한 주관적 예견가능성'에 두고, 여기에 따른 '결과예견의무위반'이 과실의 내용을 구성한다고 하였다.

이 설에 대하여는 과실 없는 행위도 일단 위법성을 인정할 수밖에 없다는 문제점이 있다는 비판이 있다.

나. 신과실론

(1) 위법요소설

위법요소설은 사회생활상 요구되는 기준행위를 일탈한 행위반가치가 과실범의 객관적 위법성을 결정한다고 하면서, '객관적 예견가능성'을 전제로 한 '결과회피의무'를 중심으로 과실범을 구성하는 견해이다. 이 견해에서는 '허용된 위험의 법리'에 따라 사회생활상 필요한 주의의무를 다하는 한 법익침해의 결과를 일으키더라도 위법이 아니라고 한다. 다만, 과실범의 경우에는 구성요건에 해당하더라도 위법성이 추정되지 않고, 주의의무위반을 위법요소로 인정하여 이것이 있을 때 비로소 위법성이 인정된다고 한다. 따라서 고의범과 과실범은 결과반가치는 동일하지만 행위반가치에서 차이가 있는 것으로서 불법내용의 단계에서 구별된다고 한다. 그리고 결과회피의무위반은 사회일반인(평균인)의 주의능력을 기준으로 판단하되, 행위자가 평균인의 판단을 초과하는 특수지식을 가지고 있었던 경우에는 이를 고려하여야 한다고 한다.

이 설에 대하여는 고의범과 달리 과실범에서는 구성요건해당성이 있더라도 위법성추정기능을 인정하지 않는 이유에 대한 설명이 없다는 비판이 있다.

(2) 구성요건요소설

구성요건요소설은 목적적 행위론에 따른 것으로서, 책임에는 순수한 비난가능성이라는 평가만을 남겨두고, 고의와 과실은 구성요건요소라는 견해이다. 이 견해에서는 과실은 '역사적으로 형성된 사회(윤리적)생활질서'의 범위 내에 있는, 소위 '사회상당성을 일탈한 주의의무위반행위'(객관적 주의의무위반행위)라고 하면서, 이것이 인정될 때 과실범의 구성요건해당성이 인정된다고 한다.

이 설에 대하여는 목적적 행위론이 갖는 근본적인 문제점을 내포하고 있다는 비판이 있다.

다. 이중기능설

과실의 이중기능설은 사회적 행위론의 입장에 따른 것으로서, 고의와 과실에 대해 구성요건요소와 책임요소로서의 이중적 기능을 인정하는 견해이다(통설). 이 견해에서는 과실에 있어서 주의의무를 객관적으로 요구되는 주의의무와 행위자의 개인적인 능력과 특성에 따른 주관적 주의의무로 나누고, 전자는 불법구성요건에, 후자는 책임영역에 속한다고 한다. 따라서 책임무능력자가 과실행위를 한 경우에도 주관적 주의의무는 부정되지만 객관적 주의의무가 인정되므로 위법성이 인정되어 보안처분이 가능하게 된다고 한다.

이 견해에서는 과실은 행위자가 일정한 주의를 하였더라면 결과발생을 예견할 수 있었고 이 예견으로부터 결과발생을 회피할 수 있었을 경우에 인정된다고 하면서, 주의의무는 '결과예견의무'와 '결과회피의무'를 내용으로 하고, 이것은 결과예견가능성과 결과회피가능성을 전제로 한다고 한다.

[수정된 전통적 과실론] 신과실론의 문제점을 해결하고자 전통적 과실론을 기반으로 한 수정이론이 제기되고 있다. 이 이론은 과실을 구성요건요소로 보되, 과실행위는 단지 '결과에 대하여 인과관계가 있다'라는 행위만은 아니고 결과발생이 실질적으로 허용되지 않는 위험을 갖는 행위이며, 그 위험의 현실화로서 결과가 발생한 때 처벌하는 것으로 이해한다. '위험성'은 결과발생의 객관적 예견가능성을 의미하며, 이것은 '어느 정도의 고도의 객관적 예견가능성'을 의미한다고 한다.

이 설에 따르면 과실행위는 결과에 대하여 인과관계를 갖는 행위일 뿐만 아니라 결과발생의 '실질적인 위험'을 띤 행위이어야 하고, 그 위험의 현실화로서 결과가 발생된 경우에 과실범의 구성요건해당성은 인정된다. 또한 과실책임은 결과발생의 실질적인 위험 있는 행위를 하면서 '위험'이라는 것을 인식하지 못한 것에 대한 비난으로 된다. 즉, 주의의무를 다하였더라면 행위의 위험성과 그로 인한 결과발생 및 그 사이의 상당인과관계를 인식하였을 것이고, 그 인식이 있었더라면 그러한 행위를 하지 않았을 것임에도 불구하고 부주의 때문에 그 행위를 하였다는 것에 대하여 책임을 묻는 것이 된다. 따라서 이 설에서는 결과예견의무위반이 과실책임의 중심이 되며, 이 예견의무는 위험인식가능성과 결과예견가능성을 전제로 하고, 신뢰의 원칙은 객관적 예견가능성(위험성)이 없는 경우로 이해한다.

라. 결어

구과실론에서는 결과반가치만으로 과실범의 불법을 인정하는 반면, 신과실론에서는 행위반가치만을 고려하여 객관적 주의의무만 준수하면 결과가 발생하더라도 적법하다고 한다. 그러나 과실을 결과회피의무의 위반으로만 보게 되면 과실범 전체가 부작위범화되어 고의범에서의 작위범이 과실범에서는 부작위범으로 되는 모순이 초래된다. 뿐만 아니라 위법요소설에 의하면 과실범은 개방구성요건이 되므로 구성요건내용의 판단에 있어서 자의성이 개입하게 되어 죄형법정주의에 반하게 된다. 나아가 신과실론은 부주의로 인한 결과예견의무위반이라는 심리상태를 무시하므로 과실책임을 공동화하고 책임을 객관화하게 된다. 따라서 과실도 고의의 경우와 같이 이중기능을 인정하여, 주의의무위반이라는 행위반가치와 이를 통해 위법하게 결과를 발생시켰다고 하는 결과반가치 때문에 처벌된다고 하여야 한다.

[판례] 소위 과실범에 있어서의 비난가능성의 지적 요소란 결과발생의 가능성에 대한 인식으로서 인식 있는 과실에는 이와 같은 인식이 있고, 인식 없는 과실에는 이에 대한 인식자체도 없는 경우이나, 전자에 있어서 책임이 발생함은 물론, 후자에 있어서도 그 결과발생을 인식하지 못하였다는 데에 대한 부주의 즉 규범적 실재로서의 과실책임이 있다고 할 것이다 (83도3007).

[신신과실론(위구감설)] 위구감설은 과실범에서의 결과발생에 대한 (객관적) 예견가능성이 구체적일 필요는 없고, 막연하게 유해한 결과가 발생할지도 모른다는 불안감, 위구감이 생기면 충분하다는 견해이다. 즉, 그러한 막연한 위구감이 생기는 경우에는 그 위구감을 해소시킬 만한 결과방지의무가 생기고, 이것을 태만히 한 경우에는 과실이 인정된다는 것이다. 허용된 위험의 법리나 신뢰의 원칙이 과실범의 성립범위를 한정하려는 것인데 반해, 이 견해는 그 성립범위를 확대하고자 하는 것이다.

오늘날 과학기술의 진보에 따라 약품으로 인한 피해, 불량식품으로 인한 피해, 환경오염을 포함한 각종 기업재해 등 미지의 위험을 수반하는 영역이 많아지고 있다. 그럼에도 불구하고 전통적인 과실이론에 따르면 현재의 과학수준으로는 결과발생에 대한 입증이 어렵기 때문에 이들을 형사처벌할 수 없게 되는 문제점을 극복하기 위하여 주장된 것이다. 이 견해와 유사한 것으로서 기업재해추급의 영역에만 위구감설의 적용을 한정하려는 생활관계별과실이론도 있다.

3. 과실의 종류

가. 인식 없는 과실과 인식 있는 과실

인식 없는 과실이란 주의의무에 위반하여 구성요건적 결과의 발생가능성을 인식(예견)하지 못한 경우를 말한다.

인식 있는 과실이란 구성요건적 결과의 발생가능성을 인식하였으나 주의의무에 위반하여 결과가 발생하지 아니할 것으로 믿은 경우를 말한다. 예를 들면, 옆에 휘발유가 있다는 사실을 전혀 모르고 담배를 피우다가 휘발유에 불이 붙어 화재가 발생한 경우는 전자에 해당하고, 옆에 휘발유가 있어서 화재의 위험이 있음을 알면서도 어느 정도 거리가 있으니 괜찮을 것이라고 생각하고 담배를 피우다가 화재를 발생시킨 경우는 후자에 해당한다. 특히, 인식 있는 과실은 구성요건의 실현을 감수(인용)하지 않았다는 점에서 미필적 고의와 구별된다. 인식 없는 과실과 인식 있는 과실의 형법적 효과는 동일하지만, 구체적 사건의 양형에서는 차이가 있을 수 있다.

나. 일반과실·업무상과실·중과실

일반과실은 일반인에게 통상적으로 요구되는 주의의무에 위반하는 경우를 말한다.

업무상 과실이란 일정한 업무에 종사하는 사람이 업무상 예견할 수 있는 주의의무를 위반하는 경우를 말한다. '업무'란 사람이 사회생활상의 지위에 기하여 계속해서 행하는 사무를 말한다. 형법에서는 업무상 과실을 보통과실의 경우보다 중하게 처벌하고 있다. 그 이유에 대하여 ① 업무자는 보통인보다 결과발생에 대한 예견가능성이 크기 때문에 보통과실 보다 그 형을 가중하고 있다는 견해(다수설), ② 업무상 과실이나 보통과실이나 주의의무는 동일하지만 업무자에게는 일반인보다 예견의무가 크기 때문에 책임이 가중된다는 견해, ③ 업무자에게는 일반인보다 무거운 주의의무가 부과되어 있기 때문이라는 견해 등이 있다. 과실범의 책임의 기초는 결과발생에 대한 예견가능성이므로 업무자의 가중처벌도 이를 기준으로 하여야 한다.

중과실은 주의의무위반의 정도가 심한 경우, 즉 조금만 주의하였더라면 결과발생가능성을 예견하거나 결과발생을 회피할 수 있었을 경우를 말한다. 형법에서는 중과실은 일반과실의 경우보다 주의의무위반의 정도가 크다는 점에서 보통과실에 비하여 형을 가중하고 있다. 다만, 업무상 과실과 중과실이 경합하는 경우에는 ① 중과실이 업무상 과실에 포섭된다는 견해와 ② 양자는 택일관계에 있다는 견해 등이 있다. 양 과실이 경합하는 경우에는 업무자의 특성이 우선적으로 고려되어야 하고, 따라서 업무상 과실로 처벌하여야 한다.

4. 과실범의 구성요건해당성

과실범의 구성요건해당성이 인정되기 위해서는 주의의무를 위반하여 구성요건적 결과가 발생하고, 주의의무위반과 그 결과발생 사이에 인과관계 및 객관적 귀속이 인정되어야 한다.

가. 주의의무의 위반

(1) 주의의무위반의 의의

주의의무위반이란 사회생활상 필요한 주의의무의 불이행을 말한다. 주의의무는 결과발생의 가능성(위험)을 예견할 의무(결과예견의무)와 결과발생을 회피하기 위해 필요한 조치를 취할 의무(결과회피의무)를 포함한다. 예를 들면, 차를 운전하여 골목길을 통과하는 운전자는 골목에서 사람이 갑자기 뛰어나와 차에 부딪칠 수 있는 가능성을 예견하고, 이러한 결과발생을 회피하기 위해 서행하거나 경적을 울리는 등의 조치를 취할 의무가 있다.

(2) 주의의무위반의 판단기준

한편, 주의의무위반의 판단기준에 대하여는 ① 행위자 개인의 주관적 주의능력을 표준으로 하는 견해(주관설, 행위자표준설), ② 사회일반인, 즉 평균인을 표준으로 하는 견해(객관설, 평균인표준설, 다수설), ③ 기본적으로는 평균인의 주의능력을 표준으로 하지만, 행위자의 주의능력이 평균인을 능가하는 경우에는 행위자 개인의 주의능력을 표준으로 하는 견해(절충설) 등이 있다.

행위자가 평균인에 미달하는 주의능력을 가지고 있다는 것을 이유로 구성요

견해당성을 부정하는 것은 범죄론체계와 일치하지 않으며, 전체 법질서에 위반하는 일반적인 성질을 의미하는 위법성의 본질과도 맞지 않다. 따라서 과실을 구성요건요소로 취급할 경우에는 행위자에게 사회생활을 영위함에 있어서는 객관적으로 요구되는 주의의무를 다할 것이 요구되어야 하므로 그 판단에 있어서도 평균인을 기준으로 하여야 한다. '평균인'과 관련하여 일반적 보통인을 의미한다는 견해(판례)도 있지만 주의 깊은 일반인으로 해석하여야 한다. 다만, 이때에 주의의무의 정도는 결과발생을 예견하고 회피할 수 있을 정도로 완벽할 것을 요하는 것은 아니고, 사회적으로 상당한 범위의 주의의무를 의미한다.

[판례] 의료사고에 있어서 의사의 과실을 인정하기 위해서는 의사가 결과발생을 예견할 수 있었음에도 불구하고 그 결과발생을 예견하지 못하였고, 그 결과발생을 회피할 수 있었음에도 불구하고 그 결과발생을 회피하지 못한 과실이 검토되어야 하고, 그 과실의 유무를 판단함에는 같은 업무와 직무에 종사하는 일반적 보통인의 주의정도를 표준으로 하여야 하며, 이에는 사고 당시의 일반적인 의학의 수준과 의료환경 및 조건, 의료행위의 특수성 등이 고려되어야 한다(2016도13089).

나. 결과의 발생

과실범은 구성요건적 결과, 즉 법익의 침해 또는 침해위험의 발생(예, 과실일수죄(제181조))을 초래한 경우에 성립한다. 따라서 과실의 미수범은 형법상 문제되지 않는다. 구체적으로 어떤 결과가 발생해야 하는지는 과실범의 개별구성요건에 규정되어 있다. 부작위에 의한 과실범은 성립할 수 있다.

[판례] 실화죄에 있어서 공동의 과실이 경합되어 화재가 발생한 경우 적어도 각 과실이 화재의 발생에 대하여 하나의 조건이 된 이상은 그 공동적 원인을 제공한 사람들은 각자 실화죄의 책임을 면할 수 없다. 즉, 피고인들이 분리수거장 방향으로 담배꽁초를 던져 버리는 한편, 피고인들 각자 본인 및 상대방이 버린 담배꽁초 불씨가 살아 있는지를 확인하고 이를 완전히 제거하는 등 화재를 미리 방지할 주의의무가 있음에도 이를 게을리 한 채 만연히 현장을 떠난 과실이 인정되고 이러한 피고인들 각자의 과실이 경합하여 이 사건 화재를 일으켰다고 보아, 피고인들 각자의 실화죄 책임을 인정하였다(2022도16120).

다. 인과관계 및 객관적 귀속

　행위자의 주의의무위반과 구성요건적 결과발생 사이에는 인과관계 및 객관적 귀속이 인정되어야 한다. 판례는 과실행위와 결과발생 간에 상당인과관계가 있을 것을 요하고 있다.

　과실범에서 객관적 귀속이 인정되기 위해서는 주의의무를 준수했더라면 결과가 발생하지 않았을 것(주의의무위반관련성)과 발생한 결과가 주의의무위반행위에 의해 침해된 규범의 보호목적의 범위 내에 속할 것(규범의 보호목적관련성)을 요하는 것이 일반적이다.

[**주의의무위반관련성이론**] 주의의무위반관련성이론은 과실범의 경우에는 발생결과가 행위자의 의무위반행위에 기인할 때에만 객관적으로 귀속시킬 수 있다고 하는 견해이다. 따라서 과실범이 의무에 합당한 행위를 하였더라도 같은 결과가 발생하였을 경우에는 객관적 귀속이 부정된다. 예를 들면, 화물자동차 운전수 甲이 앞서가던 乙의 자전거를 추월하려다가 乙을 전도시켜 사망하게 한 경우에, 甲이 도로교통법상 요구되는 법정추월간격을 위반(주의의무위반)하였지만 사고당시 술에 취한 乙이 몸이 차쪽으로 쏠리는 바람에 사고가 발생한 것으로서 설령 甲이 법정추월간격을 유지하였다고 하더라도 사고를 당하였을 것이라고 하는 사정이 있다면 甲에게 주의의무관련성이 인정되지 않는다고 한다.

　그러나 과실범의 경우에는 대부분 상황이 급박하거나 순식간에 발생하는 경우가 많기 때문에 주의의무위반이 결과발생에 영향을 미쳤는가를 정확하게 판단하기 어렵다. 따라서 과실범에 있어서 주의의무위반과 결과발생의 관계가 불확실한 경우의 객관적 귀속 여부에 대하여는 ① 주의의무에 합치되는 행위를 하였더라도 결과발생의 '가능성'만 인정되더라도 형법상 인과관계 또는 객관적 귀속을 부정하여야 한다는 견해(무죄추정설, 다수설), ② 결과가 발생하였을 가능성이 아니라 '확실시' 되는 경우에 한하여 형법상 인과관계 또는 객관적 귀속을 부정하는 견해(위험증대설), ③ 위험증대설에 기초하면서도 주의의무위반으로 인해 '상당할 정도'로 위험을 증대시켰을 때에만 객관적 귀속을 인정하는 견해(상당위험증대설) 등이 있다. 위험증대설에 따르면 궁극적으로 과실행위에 의해 위험이 증대되었다면 침해범인 과실범이 성립하는 것으로 될 뿐만 아니라 인과관계성립을 부정하는 거증책임이 피고인에게 전환되어 피고인에게 불리하게 되며, 상당위험증대설도 '상당성'의 의미가 불명확하다는 문제점이 있다. 따라서 '의심스러운 때에는 피고인의 이익으로'의 원칙에 따르면 위의 경우에는 주의의무위반 자체를 인정할 수 없으므로 무죄로 하여야 한다(판례).

[판례] 고속도로를 운행하는 자동차의 운전자로서는 일반적인 경우에 고속도로를 횡단하는 보행자가 있을 것까지 예견하여 보행자와의 충돌사고를 예방하기 위하여 급정차 등의 조치를 취할 수 있도록 대비하면서 운전할 주의의무가 없다. 다만 고속도로를 무단횡단하는 보행자를 충격하여 사고를 발생시킨 경우라도 운전자가 상당한 거리에서 보행자의 무단횡단을 미리 예상할 수 있는 사정이 있었고, 그에 따라 즉시 감속하거나 급제동하는 등의 조치를 취하였다면 보행자와의 충돌을 피할 수 있었다는 등의 특별한 사정이 인정되는 경우에만 자동차 운전자의 과실이 인정될 수 있다(2000도2671).

5. 과실범의 위법성

가. 위법성 일반

과실범의 경우에도 고의범과 마찬가지로 구성요건해당성이 인정되면 위법성이 추정되고, 위법성조각사유가 있으면 위법성은 부정된다. 이때에도 과실부분만 제외하고 고의범에서 필요로 하는 위법성조각의 요건은 모두 충족하여야 한다. 다만, 결과발생의 위험성이 있는 경우라도 그 결과방지가 이미 불가능한 상태에 있었을 때에는 과실범의 위법성은 부정된다.

한편, 과실범에 있어서도 방위의사 등 주관적 정당화사유의 요부가 문제된다. 예를 들면, 甲이 총을 만지다가 오발사고를 내어 乙을 다치게 하였는데 사실은 乙이 자신을 해치려고 하였던 경우에 甲에게 범죄가 성립하는가가 문제된다. 이에 대하여는 ① 과실범에 있어서도 행위반가치요소(주의의무위반적 행위수행방식 또는 행위자의 부주의 자체)를 상쇄시킬 수 있는 주관적 정당화요소를 요한다는 견해(다만, 이 견해에서는 과실범의 경우는 객관적 정당화상황에 대한 인식으로 충분하다고 한다), ② 과실범에 있어서는 주관적 정당화사유에 의해 배제될 가벌적인 행위불법이 존재하지 않는다거나 또는 행위불법이 인정되지만 결과불법이 없으므로 (불능)미수가 성립하지만 현행법상 과실범의 미수는 처벌하지 않는다는 것을 이유로 주관적 정당화요소를 요하지 않는다는 견해(다수설), ③ 과실거동범에 한하여 주관적 정당화요소가 필요하다는 견해(부분적 긍정설) 등이 있다. 과실범의 경우도 행위자가 객관적으로 정당한 상황하에서 행위한 때에는 애초부터 결과불법이 없기 때문에 과실범이 성립하지 않으므로 주관적 정당화요소를 요하지 않는다. 따라서 甲은 정당방위로서 무죄가 된다.

나. 개별 위법성조각사유

과실행위도 형법상 위법성조각사유에 해당할 경우에는 위법성이 조각된다. 즉, 과실에 의해 야기된 결과가 고의에 의한 행위로 인한 경우에도 그것이 정당방위에 해당하면 그 과실행위는 정당방위가 될 수 있다. 예를 들면, 자기를 부당하게 공격하는 사람에게 이를 중지시키기 위해 경고사격을 한다는 것이 잘못하여 총상을 입힌 경우이다. 다만, 주관적 정당화요소 필요설에 따르면 인식 없는 과실의 경우에는 부당한 침해에 대한 인식 자체가 없으므로 방위의사가 있을 수 없고, 따라서 정당방위가 인정되지 않는다.

또한 주로 도로교통에서 많이 발생하는데, 교통규칙을 위반하면서 보존하고자 하는 이익이 교통규칙의 준수라는 이익보다 우월한 경우에는 긴급피난이 인정될 수 있다. 예를 들면, 중환자를 병원으로 수송하기 위해 과속으로 달리다가 교통사고를 낸 경우이다. 그리고 주의의무에 위반한 행위임을 알면서도 그로 인한 위험성을 승낙한 경우에는 피해자의 승낙에 의한 행위가 될 수 있다. 예를 들면, 운동경기 중에 실수로 상대선수에 부상을 입힌 경우이다. 한편, 사기당한 피해자가 우연히 사기꾼을 만나자 자신의 청구권을 보전하기 위하여 체포하는 과정에서 실수로 부상을 입힌 경우에 과실범의 자구행위가 성립한다는 견해가 있다.

6. 과실범의 책임

과실범이 성립하기 위해서는 고의범과 같이 구성요건에 해당하고, 위법·유책한 행위이어야 한다. 과실범의 책임은 '행위자의 부주의한 심정'에 대한 비난가능성을 말한다. 따라서 과실범의 책임을 인정하기 위해서는 책임능력, 책임과실, 위법성인식(가능성), 적법행위에 대한 기대가능성의 요건이 충족되어야 한다(통설).

따라서 과실범에게는 개인적인 능력, 경험과 지식에 따른 주의능력이 요구되며, 책임과실, 즉 행위자 개인의 예견가능성과 회피가능성을 전제로 한 주관적 결과예견의무와 결과회피의무위반이 있어야 한다. 다만, 책임능력이 인정되면 책임고의는 있는 것으로 간주된다. 또한 과실범에서 결과를 예견하지 못한 경우, 즉 인식 없는 과실의 경우에는 일반적으로 위법성인식(또는 가능성)도 결여되므로 이때

에는 위법성착오가 문제된다. 그리고 과실범에서도 결과회피가 물리적으로는 가능
하였지만 구체적 상황하에서 적법행위를 기대할 수 없는 경우에는 초법규적 책임
조각사유로서의 적법행위에 대한 기대가능성이 없으므로 책임이 조각된다(예, 1897년
독일의 말꼬리사건).

[**과실범에 있어서 적법행위에 대한 기대가능성의 체계적 지위**] 이에 대하여는 ① 객관적
주의의무의 범위를 제한한다는 견해, ② 주관적 주의의무의 범위를 제한한다는 견해,
③ 고의범에 있어서와 같이 초법규적 책임조각사유라는 견해(다수설) 등이 있다.

---

7. 주의의무의 제한사유

가. 허용된 위험의 법리

(1) 허용된 위험의 법리의 의의

허용된 위험의 법리란 자동차운행, 건설공사, 원자력시설의 운영 등과 같은
법익침해의 위험성을 수반하는 행위라도 그로 인한 사회적 이익이 그 위험성에 비
해 현저히 큰 경우에는 일정한 조건하에서 그 행위를 허용한다는 것을 말한다. 즉,
허용된 위험의 법리는 현실적인 필요성에 따라 과실범의 객관적 주의의무의 위반
을 인정하는 범위를 제한하고자 하는 것이다.

현대사회에서는 과학의 발달에 수반하여 인간사회에 필요불가결한 새로운 영
역들이 생겨나고 있다. 그러나 이들 영역의 경우에는 위험을 방지하기 위한 안전
조치들을 취하더라도 본질적으로 내포하고 있는 위험성 때문에 법익침해(또는 위험
성)라는 범죄결과발생의 가능성은 항상 존재한다. 따라서 전통적인 견해(구과실론)
에 따르면 행위자에게 결과발생에 대한 예견가능성은 항상 인정되므로 과실범에
게 결과책임을 인정하는 것으로 된다. 따라서 이러한 위험이 수반되는 행위에 대
하여는 법익침해의 위험성 또는 법익침해의 결과가 발생하였더라도 통상 요구되
는 주의의무를 다하였다면 허용된 위험으로서 과실책임을 묻지 않고자 하는 것
이다.

(2) 허용된 위험의 법리의 체계적 지위

허용된 위험의 법리의 체계적 지위에 대하여는 ① 허용된 위험의 법리를 객관적 주의의무를 제한하는 원리로 이해하면서, 허용된 위험 내에서 행한 행위는 사회적으로 상당한 행위로서 그로 인해 구성요건적 결과를 발생하더라도 구성요건해당성이 배제되어 고의·과실범이 성립하지 않는다는 견해, ② 법익침해의 위험이 있음에도 불구하고 그것을 행위의 유용성·필요성과 법익침해의 위험성과의 형량을 통하여 정당화시키는 이론으로 파악하는 견해(위법성조각사유설), ③ 허용된 위험은 그 개념이 불명확하고 포괄적이어서 형법체계상 독자적인 지위를 인정할 수 없으며, 다양한 위험상황에서 발생한 각각의 결과를 나타내는 집합개념에 불과하므로 그 유형에 따라 각각 위법성조각 여부를 판단하면 된다는 견해(독자기능부인설), ④ 허용된 위험은 형법 제20조 정당행위의 '기타 사회상규에 위배되지 아니한 행위'로 이해하는 견해(정당행위설), ⑤ 과실행위의 책임요소를 주의의무위반과 예견가능성으로 파악하면서 책임조각사유로 인정하는 견해 등이 있다.

허용된 위험은 사회가 그 유용성과 필요성 때문에 감수해야 할 부분으로 행위자에게 객관적 주의의무를 부정하는 요소가 되므로 구성요건해당성을 부정하는 요소로 인정하여야 한다. 다만, 객관적 귀속론에 따르더라도 허용된 위험은 위험창출행위에 해당하지 않기 때문에 객관적 귀속이 부정되므로 구성요건해당성조각사유가 된다.

(3) 허용된 위험의 법리의 적용범위

허용된 위험의 법리는 각종 건설공사, 공장의 제품생산활동, 광산채굴행위 등의 생활활동, 철도·항공·자동차·해운 등 교통상의 편익을 위한 활동, 의료행위나 위험한 구조활동 등 인명이나 건강 등을 유지하기 위한 활동, 학문과 과학기술의 진보를 위한 위험한 실험행위 및 교육이나 보건을 위한 각종의 운동 등에서 적용되고 있다. 다만, 허용된 위험의 법리가 적용되기 위해서는 이들 영역에 있어서 행위자의 행위에 관한 주의규정을 두고 있으면 행위가 그 안전규칙 내에서 이루어지는 경우에 한하여 적용된다.

나. 신뢰의 원칙

(1) 신뢰의 원칙의 의의

신뢰의 원칙은 허용된 위험의 법리가 구체화된 것으로서, 교통사고에 관한 1935년 이래의 독일판례에서 비롯되었다. 즉, 운전자가 스스로 주의의무를 다하면 다른 교통관여자도 주의의무를 준수할 것이라고 신뢰하는 것이 상당한 경우에는, 비록 상대방이 주의의무를 준수하지 않음으로 인해 법익침해의 결과가 발생했다고 하더라도 행위자는 그 결과에 대해 과실책임을 지지 않는다는 원칙이다. 다만, 신뢰의 원칙이 인정되기 위해서는 (ⅰ) 도로교통망이 잘 정비되어 있어야 하고, (ⅱ) 교통신호나 교통시설 등 도로환경이 충분히 정비되어 있어야 하며, (ⅲ) 시민에 대한 교통교육이 일반화되고 교통도덕이 발달되어 있을 것이 전제되어야 한다.

(2) 신뢰의 원칙의 체계적 지위

신뢰의 원칙은 일정한 업무에 관여하는 사람은 각자에게 요청되는 규칙에 따라서 적절하게 행동할 것이 요청되며, 따라서 적절한 행위를 하지 않아서 야기되는 위험에 대하여는 이를 위반한 행위자가 부담해야 된다고 하는 '위험분배의 원리' 또는 '위험부담분배의 원리'를 전제로 하여 등장한 것이다. 즉, 신뢰의 원칙은 일종의 허용된 위험으로 신과실론과 함께 확립된 원칙으로서 객관적 주의의무를 제한하는 원칙으로 인정되고 있다. 다만, 그 법적 성격에 대하여는 객관적 주의의무의 체계적 지위에 따라 ① 구성요건해당성조각사유로 이해하는 견해와 ② 위법성조각사유로 이해하는 견해 등이 있다. 허용된 위험의 법리와 마찬가지로 구성요건해당성조각사유로 이해하여야 한다.

한편, 제한되는 주의의무의 내용과 관련해서는 ① 결과예견의무를 제한하는 것이라는 견해, ② 결과회피의무를 제한하는 것이라는 견해, ③ 결과예견의무와 결과회피의무를 제한하는 것이라는 견해 등이 있다. 구성요건적 과실의 주의의무 내용이 결과예견의무와 결과회피의무를 포함하고 있다(통설)는 점에서 신뢰의 원칙도 결과예견의무와 결과회피의무를 모두 제한하는 원칙으로 이해하여야 한다. 다만, 허용된 위험의 경우와 같이 신뢰의 원칙이 적용되는 영역에서는 일반적으로 위험발생이 예상되므로 신뢰의 원칙의 적용 여부를 판단함에 있어서도 결과예견의무위반보다는 결과회피의무위반 여부가 중점이 될 것이다.

(3) 신뢰의 원칙의 적용범위

신뢰의 원칙은 처음 교통관여자, 특히 자동차 운전자 상호 간에 적용되는 원칙이었다. 그러나 판례는 오늘날 자동차와 자동차뿐만 아니라 자동차와 자전거, 자동차와 보행자까지 그 적용범위를 넓히고 있다. 따라서 운전자가 고속도로 등 자동차전용도로나 육교 밑을 무단 횡단하는 보행자를 다치게 하더라도 운전자에게 원칙적으로 과실책임을 묻지 않는다(판례). 최근에는 그 적용범위를 더욱 확대하여 자동차에 의한 교통사고뿐만 아니라 여러 사람이 관여하는 의료행위나 공장작업과 같은 분업적 공동작업에서 발생한 사고에도 적용되고 있다. 제약회사와 약사 사이에도 신뢰의 원칙이 적용된다(74도2046).

그러나 분업관계에 있더라도 의사와 수련의 또는 의사와 간호사 관계와 같이 지휘·복종의 관계에 있는 사람이나 생산자 또는 식품업자와 소비자 관계에서는 신뢰의 원칙이 적용되지 않는다.

(4) 신뢰의 원칙의 적용한계

신뢰의 원칙은 전술한 바와 같이 신뢰의 원칙을 적용하기 위한 조건이 충족되지 않은 경우에는 적용되지 않는다. 따라서 시골길이나 골목길처럼 차선이 정비되어 있지 않는 경우, 신호등이 없거나 인도와 차도의 구분이 명확하지 않은 도로 등에서는 기본적으로 신뢰가 형성될 수 없으므로 신뢰의 원칙이 적용되지 않는다.

또한 상대방이 교통법규를 위반하여 운전하고 있는 것을 발견한 경우와 같이 주의의무위반을 미리 인식한 경우, 노인이나 어린이처럼 상대방에게 주의의무의 준수를 기대할 수 없는 특별한 사정이 있는 경우, 행위자 자신이 교통법규를 위반하여 운전하는 등 스스로 주의의무를 위반한 경우 등에 있어서도 적용되지 않는다.

제6절 결과적 가중범

> 제15조(사실의 착오) ② 결과 때문에 형이 무거워지는 죄의 경우에 그 결과의 발생을 예
> 견할 수 없었을 때에는 무거운 죄로 벌하지 아니한다.

1. 결과적 가중범의 의의

결과적 가중범이란 고의에 의한 기본범죄에 의하여 행위자가 예견하지 못한 중한 결과가 발생한 경우에 그 형이 가중되는 범죄를 말한다. 형법 제15조 제2항에서는 "결과 때문에 형이 무거워지는 죄의 경우에 그 결과의 발생을 예견할 수 없었을 때에는 무거운 죄로 벌하지 아니한다"고 규정하고 있다. 즉, 상해의 고의로 상해행위(제257조 제1항)를 하였는데 중한 결과인 피해자의 사망이 초래된 경우에는 형이 가중된 상해치사죄(제259조 제1항)가 성립한다. 이때 상해죄는 기본범죄, 상해치사죄는 결과적 가중범이 된다.

결과적 가중범은 초기에는 기본범죄로 인한 중한 결과로 인해 형이 가중되는 범죄로서 책임주의에 대한 예외로 이해되었다. 하지만 이것은 결과책임사상의 유물이라는 점에서 비판되면서 기본범죄와 중한 결과사이에 상당인과관계가 인정되기 때문에 형을 가중하는 범죄로 인식하였다. 그러나 상당인과관계론에 의한 제한도 반드시 책임주의와 일치하지는 않는다는 점에서 결과적 가중범에 있어서 책임주의의 관철을 위해 상당인과관계 외에 중한 결과에 대하여 과실을 요구하고 있다.

2. 결과적 가중범의 종류

가. 진정결과적 가중범과 부진정결과적 가중범

결과적 가중범에는 진정결과적 가중범과 부진정결과적 가중범이 있다.
진정결과적 가중범이란 고의의 기본범죄와 과실의 중한 결과발생의 결합으로

이루어지는 결과적 가중범을 말한다. 이때 행위자가 중한 결과에 대해 고의를 가진 경우에는 결과적 가중범이 성립하지 않는다. 상해치사죄 등 대부분의 결과적 가중범이 이에 해당한다.

부진정결과적 가중범이란 고의의 기본범죄에 의하여 과실뿐만 아니라 고의로 중한 결과를 발생케 한 경우에 성립하는 결과적 가중범을 말한다. 현주건조물방화치사상죄(제164조 제2항), 교통방해치상죄(제188조), 중상해죄(제258조) 등이 이에 해당한다. 부진정결과적 가중범을 인정하는 경우에 중한 결과는 고의에 의해 발생한 범죄라는 점에서 부진정결과적 가중범 외에 별도의 고의범이 성립하고, 따라서 한 개의 행위로 2개의 범죄에 해당하는 결과를 초래하였다는 점에서 부진정결과적 가중범과 중한 결과의 고의범의 상상적 경합을 인정하여야 한다(다수설). 다만, 판례는 이 경우에 결과적 가중범의 성립만 인정하고 있다.

[판례] 기본범죄를 통하여 고의로 중한 결과를 발생하게 한 경우에 가중 처벌하는 부진정결과적 가중범에서, 고의로 중한 결과를 발생하게 한 행위가 별도의 구성요건에 해당하고 그 고의범에 대하여 결과적 가중범에 정한 형보다 더 무겁게 처벌하는 규정이 있는 경우에는 그 고의범과 결과적 가중범이 상상적 경합관계에 있지만, 위와 같이 고의범에 대하여 더 무겁게 처벌하는 규정이 없는 경우에는 결과적 가중범이 고의범에 대하여 특별관계에 있으므로 결과적 가중범만 성립하고 이와 법조경합의 관계에 있는 고의범에 대하여는 별도로 죄를 구성하지 않는다(2008도7311).

나. 형법 제15조 제2항의 해석

형법 제15조 제2항의 해석에 대하여는 ① 현행법의 규정과 관계없이 결과적 가중범은 중한 결과에 대한 예견가능성, 즉 과실이 있는 경우에만 인정된다는 견해와 ② 형법 제15조 제2항은 예견이 불가능한 경우에 결과적 가중범의 성립을 부정한 것에 지나지 않으므로 중한 결과에 대해 과실이 있는 경우뿐만 아니라 고의가 있는 경우에도 결과적 가중범의 성립이 가능하다는 견해 등이 있다(다수설, 판례).

부진정결과적 가중범을 부인할 경우 입법의 미비로 인해 행위자가 기본범죄 외에 중한 결과에 대하여도 고의가 있는 경우에는 기본범죄와 중한 결과의 상상적 경합범이 성립하여 가장 중한 죄로 처벌되고, 이때의 법정형이 중한 결과가 과실인 경우(진정결과적 가중범)의 법정형보다 가벼운 경우에는 형의 불균형이 초래될 수 있다. 따라서 입법의 미비를 해석에 의해 보완할 필요가 있으므로 형법 제15조 제2항이 부진정결과적 가중범을 포함하는 것으로 해석하여야 한다.

[사례연구] 행위자가 교통도 방해하고 사람도 다치게 할 고의를 가지고 범죄를 범한 경우에 양 설은 법적 효과가 달라지게 된다.

① 부진정결과적 가중범 성립부정설에 따르면 형법상 교통방해상해죄가 없으므로 교통방해죄(제185조-10년 이하의 징역 또는 1천500만원 이하의 벌금)와 상해죄(제257조 제1항-7년 이하의 징역, 10년 이하의 자격정지 또는 1천만원 이하의 벌금)의 상상적 경합이 성립되고, 따라서 중한 죄인 교통방해죄로 처벌된다. 이것은 교통방해를 하려다가 실수로 사람을 다치게 하여 교통방해치상죄(제188조-무기 또는 3년 이상의 징역)를 범한 경우보다 법정형이 가볍다.

그러나 ② 부진정결과적 가중범 성립긍정설에 따르면 교통방해치상죄는 부진정결과적 가중범으로서 상해의 과실뿐만 아니라 고의가 있는 경우를 포함하므로 교통방해치상죄로 처벌(판례)되거나 교통방해치상죄와 상해죄의 상상적 경합이 성립되어 중한 죄인 교통방해치상죄로 처벌(다수설)됨으로써 진정결과적 가중범의 경우와 최소한의 형의 균형은 유지할 수 있게 된다.

---

3. 결과적 가중범의 구성요건

가. 객관적 구성요건

결과적 가중범의 객관적 구성요건에 해당하기 위해서는 (ⅰ) 고의의 기본범죄행위가 있어야 하고, (ⅱ) 중한 결과가 발생해야 하며, (ⅲ) 기본범죄행위와 중한 결과발생 사이에 인과관계 및 객관적 귀속(직접성의 원칙)이 인정되어야 한다.

과실범의 인과관계의 판단에 있어서 판례는 상당인과관계설을 따르고 있지만, 결과적 가중범에 있어서 기본범죄행위와 중한 결과 사이의 인과관계는 고의범에서와 마찬가지로 합법칙적 조건설과 객관적 귀속론에 의해 결정하여야 한다. 따라서 결과적 가중범이 성립하기 위해서는 먼저 일반인의 경험법칙에 따르면 기본범죄로 인해 중한 결과가 발생할 수 있다는 점에 대한 객관적 예견가능성이 인정되어야 한다. 그리고 '행위자의 과실이 없었고, 그 대신에 주의에 합치되는 행위를 하였더라면 결과가 발생하지 않았을 것인가'(합법적 대체이론)에 따라 직접성 여부를 판단하여야 한다. 이때 중한 결과가 기본범죄로부터 직접 초래되었거나 중한 결과가 기본범죄에 내포된 전형적인 위험의 실현에 해당한다면 직접성이 인정된다. 다만, 객관적 귀속론에 따르면서도 형법 제15조 제2항의 문언에 충실하여 직접성의 원칙을 요하지 않는다는 견해도 있다.

나. 주관적 구성요건

진정결과적 가중범의 경우에는 주관적 구성요건으로 중한 결과의 발생에 대하여 과실이 있어야 한다. 이때 과실의 내용에 대하여는 ① 행위자에게 중한 결과발생에 대한 예견가능성(주관적 예견가능성)이 있어야 한다는 견해와 ② 결과적 가중범의 경우에도 구성요건단계에서는 일반인에게 중한 결과발생에 대한 예견가능성(객관적 예견가능성)이 있어야 한다는 견해 등이 있다. 전설은 형법이 중한 결과에 대한 객관적 예견가능성이 있는 경우에만 결과적 가중범을 규정하고 있다는 점을 근거로 하고 있다. 하지만 과실범의 체계(이중기능)를 고려하면 구성요건단계에서는 중한 결과에 대해서도 객관적 예견가능성을 의미하는 것으로 이해하여야 한다. 다만, 중한 결과에 대한 과실은 기본범죄, 즉 기본적 구성요건의 실행시에 존재해야 한다. 따라서 강간범이 피해자를 강간한 후에 발생한 새로운 과실로 피해자를 사망에 이르게 한 때에는 강간치사죄가 아니라 강간죄 외에 과실치사죄가 성립한다.

또한 부진정결과적 가중범의 경우에는 기본범죄에 대한 고의 외에 중한 결과에 대해서도 고의가 있어야 한다.

4. 관련문제

가. 결과적 가중범과 공범

(1) 결과적 가중범과 공동정범

진정결과적 가중범은 기본적으로 중한 결과에 대한 과실을 요한다는 점에서 과실범으로 취급되므로 결과적 가중범의 공동정범은 과실범의 공동정범을 인정하느냐에 따라서 결론을 달리한다. 즉, ① 과실범의 공동정범을 부정하는 입장에서 기본범죄인 고의범에만 공동정범을 인정하고, 중한 결과에 대하여는 과실이 인정되는 각 가담자를 동시범으로 인정하는 견해(과실범의 동시범), ② 과실범의 공동정범을 긍정하는 입장에서 공동정범자 각자에게 중한 결과에 대한 과실이 있는 경우에 가중적 결과를 포함하여 결과적 가중범 전체에 대하여 공동정범의 성립을 인정하는 견해, ③ 결과적 가중범의 공동정범 인정 여부는 과실범의 공동정범 인정 여부와는 별개의 문제이므로 각 가담자가 결과적 가중범의 성립요건을 갖추고 있는 경우에 한하여 결과적 가중범의 공동정범을 인정할 수 있다는 견해 등이 있다.

　판례는 결과적 가중범의 공동정범은 기본행위를 공동으로 할 의사가 있으면 성립하고, 결과를 공동으로 할 의사는 요하지 않는다고 하면서, 중한 결과발생을 예견할 수 없는 경우가 아니라면 중한 결과발생에 대해 공동정범을 인정한다. 그러나 결과적 가중범에 있어서 책임주의를 관철하기 위해서는 공범자 각자에게 중한 결과발생에 대한 예견가능성이 있는 경우에 한하여 책임을 인정하여야 한다. 따라서 甲과 乙이 강도를 모의하여 실행하던 중 甲이 잘못하여 강도피해자에게 상해를 입혔을 경우에는 乙에게 상해의 결과발생에 대한 예견가능성이 있어야만 강도치상죄의 공동정범이 성립한다. 만약, 이때 甲에게 상해의 고의가 있었던 경우에는 甲에게는 강도상해죄가 성립하지만 乙에게는 상해의 고의가 인정되지 않으므로 중한 결과발생에 대한 예견가능성이 있는 경우에 한하여 강도치상죄가 성립한다(후술 공동정범 참조).

[판례] 결과적 가중범인 상해치사죄의 공동정범은 폭행 기타의 신체침해행위를 공동으로 할 의사가 있으면 성립되고 결과를 공동으로 할 의사는 필요 없으며, 여러 사람이 상해의 범의로 범행 중 한사람이 중한 상해를 가하여 피해자가 사망에 이르게 된 경우 나머지 사람들은 사망의 결과를 예견할 수 없는 때가 아닌 한 상해치사의 죄책을 면할 수 없다(2013도1222).

(2) 결과적 가중범과 교사범·종범

　결과적 가중범은 단순한 과실범이 아니고 중한 결과의 발생 때문에 형이 가중되는 기본범이므로 결과적 가중범의 교사범이나 종범도 성립할 수 있다. 다만, 결과적 가중범에 대한 교사 또는 방조가 되기 위해서는 기본범죄에 대한 교사 또는 방조 이외에 교사범 또는 종범에게도 중한 결과에 대한 과실, 즉 예견가능성이 있어야 한다. 이때 정범이 중한 결과에 대하여 고의가 있었거나 과실이 없었다는 것은 문제되지 않는다.

나. 결과적 가중범의 미수

(1) 진정결과적 가중범의 미수

진정결과적 가중범은 과실범이므로 과실범의 경우와 마찬가지로 미수범이 성립하지 않는다. 그러나 형법에서는 인질상해·치상죄(제324조의3)와 인질살인·치사죄(제324조의4) 및 강도상해·치상죄(제337조)와 강도살인·치사죄(제338조)에서 각각 미수범처벌규정(제324조의5, 제342조)을 두고 있다.

이에 대하여 ① 위 미수범 처벌규정은 고의범에 한하여 적용된다는 견해(다수설, 판례)와 ② 형법에서 미수범처벌규정을 두고 있고, 미수와 기수는 결과불법에서 차이가 많다는 이유로 기본범죄인 강도행위 또는 인질강요행위가 미수인 경우에 결과적 가중범의 미수범이 성립한다는 견해 등이 있다. 고의에 의한 결합범(예, 강도상해, 강도살인 또는 강도강간 등)의 경우에는 기본범죄의 기·미수에 관계없이 중한 결과가 발생한 경우에 고의·기수범을 인정하면서, 결과적 가중범의 경우에는 기본범죄가 미수인 경우에 미수범으로 처벌하면 불법평가에 있어서 균형성을 상실하게 되어 불합리하며, 중한 결과가 발생한 이상 결과불법도 인정된다는 점에서 진정결과적 가중범의 미수범성립은 부정하여야 한다.

[판례] 성폭력범죄의 처벌 및 피해자보호 등에 관한 법률 제9조(현행 제8조) 제1항에 의하면 같은 법 제6조(현행 제4조) 제1항에서 규정하는 특수강간의 죄를 범한 자뿐만 아니라 특수강간이 미수에 그쳤다고 하더라도 그로 인하여 피해자가 상해를 입었으면 특수강간치상죄가 성립하는 것이고, 같은 법 제12조(현행 제15조)에서 규정한 위 제9조 제1항에 대한 미수범처벌규정은 제9조 제1항에서 특수강간치상죄와 함께 규정된 특수강간상해죄의 미수에 그친 경우, 즉 특수강간의 죄를 범하거나 미수에 그친 사람이 피해자에 대하여 상해의 고의를 가지고 피해자에게 상해를 입히려다가 미수에 그친 경우 등에 적용된다(2007도10058).

(2) 부진정결과적 가중범의 미수

부진정결과적 가중범에 있어서는 고의가 있는 중한 결과가 발생하지 않게 되면 이론상으로 미수범의 성립이 가능하다. 부진정결과적 가중범에 있어서 고려될 수 있는 미수의 유형으로는 기본범죄의 미수와 중한 결과의 불발생의 경우, 기본범죄의 미수와 중한 결과의 발생, 기본범죄의 기수와 중한 결과의 불발생을 들 수 있다. 그러나 형법상 부진정결과적 가중범으로 해석되는 범죄 중에서 현주건조물일수치사상죄(제177조 제2항, 제182조)만 미수범처벌규정이 있다.

이에 부진정결과적 가중범의 미수범 성립 여부에 대하여는 ① 현행법의 규정을 적용하여 모든 유형의 미수범성립을 인정하는 견해, ② 기본범죄의 기수와 중한 결과가 미수인 경우에만 적용하여야 한다는 견해, ③ 부진정결과적 가중범의 경우에는 미수범의 성립을 부정하여야 한다는 견해 등이 있다. ③설에서는 중한 결과가 발생하지 않은 경우는 기본범죄(기·미수)와 중한 결과를 고의범으로 하는 범죄의 미수의 상상적 경합이 성립하되, 중상해죄의 경우는 중한 결과가 발생하지 않으면 단순상해죄, 상해조차 발생하지 않으면 상해미수죄로 처벌하여야 한다고 한다. 그러나 형법에서는 "현주건조물일수죄를 범하여 사람을 상해(또는 사망)에 이르게 한 때"라고 규정하고 있으므로 기본범죄가 기수임을 전제로 하여 중한 결과로 인해 형을 가중하는 취지라고 할 수 있다. 법문상 '범하여'는 기수를 의미하는 것으로 해석되고 있기 때문이다. 따라서 형법상 부진정결과적 가중범의 미수는 기본범죄가 기수에 이르고 중한 결과가 미수에 그친 경우를 의미하는 것으로 이해하여야 한다.

제7절 부작위범

제18조(부작위범) 위험의 발생을 방지할 의무가 있거나 자기의 행위로 인하여 위험발생의 원인을 야기한 자가 그 위험발생을 방지하지 아니한 때에는 그 발생된 결과에 의하여 처벌한다.

1. 형법상 부작위의 의의

형법상 행위에는 일정한 동작을 한다는 적극적인 태도로서의 작위와 규범적으로 요구(기대)된 일정한 동작을 하지 아니한다는 소극적 태도로서의 부작위가 있다(사회적 행위론).

그러나 사람의 행위가 작위와 부작위의 양면적인 성질을 지니면서 범죄가 성립하는 경우에 이를 작위범으로 볼 것인가 부작위범으로 볼 것인가가 문제된다.

가. 작위범 우선판단설

작위범 우선판단설은 부작위범과 관계에서 작위범의 성립을 먼저 판단하는 견해로서, 부작위는 작위에 대하여 보충적 관계에 있으므로 행위자의 작위와 부작위가 경합할 경우에는 작위범이 성립하고, 작위범의 성립이 부정될 때에만 부작위범의 성립 여부를 판단하여야 한다고 한다(판례).

이 설에 대하여는 작위와 부작위를 소극적으로 구분하고, 작위과 부작위를 보충관계로 보는 법적 근거를 제시하지 못하며, 작위부터 심사하게 될 경우 범죄성립을 쉽게 인정할 수 있게 되어 처벌의 부당한 확대를 가져올 수 있다는 비판이 있다.

나. 규범적 척도기준설

규범적 척도기준설은 사회적 행위개념에 따라 행위에 대한 '사회적 의미의 중점'이 작위와 부작위 중 어디에 있느냐에 따라 판단하여야 한다는 견해이다.

이 설에 대하여는 판단의 기준이 불명확하고, 따라서 판단자의 자의가 개입할 여지가 크며, 비난의 중점을 어디에 둘 것인가는 법적 평가에 선행하는 문제가 아니라 결과에 지나지 않는다는 비판이 있다.

다. 자연과학적 척도기준설

자연과학적 척도기준설에는 ① 행위와 결과 간에 자연과학적인 의미의 인과관계가 인정되면 작위이고, 그렇지 않으면 부작위라는 견해와 ② 일정한 방향으로 에너지의 투입이 있으면 작위이고, 그렇지 않으면 부작위라는 견해(판례) 등이 있다.

이 설에 대하여는 형법상 부작위는 규범적 개념이라는 점을 간과하고 있다는 비판이 있다.

라. 결어

부작위가 범죄로 성립하려면 규범적으로 요구된 일정한 동작을 할 의무, 즉 작위의무가 있을 것을 전제로 한다. 왜냐하면 인간이 동시에 할 수 있는 수많은 부작위 중에 형법적으로 의미 있는 부작위를 추출해 행위자를 특정해야 하기 때문이다. 예를 들면, 강물에 빠진 사람을 구조하지 않아 그 사람이 사망한 경우에 부작위한 사람은 세상 모든 사람인데, 이들 모두에게 부작위에 의한 살인죄가 성립한다고 할 수는 없다. 이처럼 부작위범의 경우에는 범죄의 성부가 작위의무와 관계에서 논의된다는 점에서 보면 작위와 부작위는 규범적 척도에 따라 구분하여야 한다. 이에 따르면, 갓 낳은 자신의 영아를 살해함에 있어서 입과 코를 막아 질식사시키는 것은 작위이고, 젖을 주지 않아 굶겨 죽이는 것은 부작위가 된다.

[판례] 어떠한 범죄가 적극적 작위에 의하여 이루어질 수 있음은 물론 결과의 발생을 방지하지 아니하는 소극적 부작위에 의하여도 실현될 수 있는 경우에, 행위자가 자신의 신체적 활동이나 물리적·화학적 작용을 통하여 적극적으로 타인의 법익 상황을 악화시킴으로써 결국 그 타인의 법익을 침해하기에 이르렀다면, 이는 작위에 의한 범죄로 봄이 원칙이고, 작위에 의하여 악화된 법익 상황을 다시 되돌이키지 아니한 점에 주목하여 이를 부작위범으로 볼 것은 아니며, 나아가 악화되기 이전의 법익 상황이, 그 행위자가 과거에 행한 또 다른 작위의 결과에 의하여 유지되고 있었다 하여 이와 달리 볼 이유가 없다(2002도995).

[부작위 개념과 행위론]
  1. **인과적 행위론** : 행위개념에서 '거동성'을 배제하고 '의사성'만으로 구성하면서, 형법상 부작위는 '무엇인가 해야 할 것을 하지 않는 것'으로 정의하여 작위와 부작위를 행위개념아래 포섭하고, 부진정부작위범을 '…을 하지 마라'라는 금지규범위반 또는 금지규범과 '…을 하라'라는 명령규범의 위반으로 파악한다.
  2. **목적적 행위론** : 작위와 부작위의 존재론적 구조를 다른 것으로 보고, 행위는 작위만을 의미한다고 하면서 부작위를 행위개념에서 배제하되, '행태'라는 개념에 양자는 포괄된다고 한다. 따라서 부진정부작위범의 경우에 있어서는 부작위에 의하여 결과발생을 방지하지 않는 것이 작위에 의한 구성요건실현과 당벌성(當罰性)에 있어서 동가치성이 인정될 때 작위범의 규정을 유추적용하여 처벌한다고 한다(기술되지 않은 (부작위의) 구성요건 인정).
  3. **사회적 행위론** : 행위개념 속에 인간의 적극적 태도로서 작위와 소극적 태도로서 부작위가 포함된다고 하면서, 규범논리적으로 보면 금지규범 속에는 작위에 의해서뿐만 아니라 작위에 의한 침해와 동일한 부정적 가치판단을 지니는 부작위에 의한 침해로부터의 보호도 목적으로 하고 있다고 한다. 따라서 부진정부작위범은 법문의 해석상 작위를 예정한 규정의 실행행위의 문언 속에는 부작위도 언어로서의 객관적인 이해가능한 범위에 포함된다고 한다.

2. 부작위범의 의의

부작위범이란 어떤 행위를 해야 할 사람(작위의무자)이 해야 할 행위를 하지 않음으로써 성립하는 범죄이다. 부작위범은 진정부작위범과 부진정부작위범이 있는데, 그 구별기준이 문제된다.

가. 형식설

형식설은 법률의 규정형식에 따라 구분하는 견해이다(다수설, 판례). 즉, 진정부작위범은 법문의 형식상 부작위 자체를 범죄로 예정하고 있는 것을 말하고, 부진정부작위범은 법문상으로는 통상 작위로써 범죄가 실현될 것을 예정하고 있는 것을 부작위로 실현하는 경우를 말한다. 따라서 부진정부작위범은 부작위에 의한 작위범이라고도 한다.

[판례] 직무유기죄는 이른바 부진정부작위범으로서 구체적으로 그 직무를 수행하여야 할 작위의무가 있는데도 불구하고 이러한 직무를 버린다는 인식하에 그 작위의무를 수행하지 아니함으로써 성립하는 것이다(82도3065).

나. 실질설

실질설은 현실적인 범죄행위태양을 중시하여 작위범에 있어서 거동범과 결과범에 대응하는 것으로 파악하는 견해이다. 즉, 진정부작위범은 단순히 부작위만 있으면 범죄가 성립하는 것으로 형법상 특별한 처벌규정이 있는 경우에 한하여 처벌되며, 부진정부작위범은 부작위로 인한 결과의 발생을 요하는 것으로 특별한 규정이 없더라도 발생된 결과에 따라 처벌이 가능하다고 한다.

다. 결어

형법상 진정부작위범은 열거적으로 규정되어 있으며, 주거침입죄(제319조)에 있어서도 주거관리자가 그 의무에 위반하여 다른 사람의 침입을 저지하지 않은 경우와 같이 거동범의 경우에도 부진정부작위범의 성립이 가능하다는 점에서 형식설이 타당하다. 형법상 진정부작위범으로는 다중불해산죄(제116조), 퇴거불응죄(제319조 제2항), 전시군수계약불이행죄(제103조 제1항), 전시공수계약불이행죄(제117조 제1항), 집합명령위반죄(제145조 제2항) 등이 있다. 따라서 진정부작위범은 법문에서 행위주체의 작위의무 내용이 명시되어 있기 때문에 구성요건의 해석에 따라 그 범죄의 성부를 판단하면 된다.

그러나 부진정부작위범의 경우는 개별 범죄구성요건에서 작위를 예정하여 규정하고 있을 뿐 작위의무의 내용이 기술되어 있지 않기 때문에 그 성격과 범죄의 성부가 문제된다. 형법 제18조에서는 "위험의 발생을 방지할 의무가 있거나 자기의 행위로 인하여 위험발생의 원인을 야기한 자가 그 위험발생을 방지하지 아니한 때에는 그 발생된 결과에 의하여 처벌한다"고 규정함으로써 부진정부작위범의 주체를 '작위의무있는 사람'으로 제한(신분범화)하는 한편, 부진정부작위범이 성립하기 위한 요건으로서 일정한 결과의 발생을 요구하고 있다(결과범화).

3. 부작위범의 구성요건

부작위범의 구성요건해당성을 인정하기 위해서는 구성요건적 상황을 전제로 하여 작위의무를 위반한 부작위와 작위가능성이 있어야 한다. 이외에 부진정부작위범의 경우에는 부작위로 인한 범죄결과발생이 있을 것이 요구된다.

가. 구성요건적 상황

부작위범이 성립하기 위해서는 구성요건적 상황, 즉 구체적인 작위의무의 내용을 인식할 수 있는 사실관계가 있어야 한다. 진정부작위범의 경우에는 사실관계가 구체적으로 법문에 명시되어 있다. 전시군수계약불이행죄(제103조 제1항)에서의 '전쟁 또는 사변', 퇴거불응죄(제319조 제2항)에 있어서 '퇴거의 요구' 등이 이에 해당한다. 그러나 부진정부작위범에서 구성요건적 상황이란 부작위에 의한 구성요건적 결과발생 또는 그 위험을 의미한다.

나. 작위의무위반의 부작위

부작위범이 성립하기 위해서는 작위의무를 위반한 부작위가 있어야 한다. 진정부작위범에 있어서는 작위의무의 내용이 법문에 명시되어 있지만, 부진정부작위범에 있어서는 작위의무내용이 법문에 기술되어 있지 않음으로써 작위의무의 근거와 범위가 문제된다(후술 참조). 만약 행위자가 요구된 행위를 다했지만 구성요건의 실현을 저지하지 못하였을 때에는 과실이 있는 경우에 한하여 부작위에 의한 과실범이 성립할 뿐이다.

이외에 부진정부작위범에 있어서는 범죄에 따라서 부작위가 구성요건에 예정된 작위와 '행위정형의 동가치성'이 인정될 것이 요구되기도 한다(후술 참조).

다. 작위가능성

부작위범이 성립하기 위해서는 부작위자에게 구체적 상황하에서 작위에 의하여 구성요건적 결과발생을 방지할 수 있는 가능성이 있어야 한다. 이것은 작위의무자가 명령된 행위를 수행하기 위한 외적 조건(공간적 거리, 구조수단의 존재 여부 등)이나 개인적인 능력(신체적, 정신적, 지적 능력 등) 등과 관련된 개인적인 행위가능성(개별적인 행위가능성)을 고려하여 판단하여야 한다. 다만, 작위가능성은 결과발생의 방지가 불가능한 경우뿐만 아니라 용이하지 않은 경우에도 부정된다. 따라서 아버지는 바다에서 수영하다 빠진 아들을 구할 의무가 있지만 자신이 수영을 못하는 경우뿐만 아니라 수영을 할 줄 알지만 파도가 너무 심하게 쳐서 구조가 현실적으로 어려운 경우에도 작위가능성이 부정된다.

한편, 구체적 상황에 따라서는 법익침해를 방지할 작위행위의 필요성이 요구되기도 한다. 예를 들면, 해양구조원 甲이 물에 빠진 A를 보았지만 다른 구조원 乙이 A를 구조하고 있었기 때문에 구조에 나서지 않고 있었으나 乙이 구조에 실패하여 A가 사망한 경우, 甲에게는 작위행위의 필요성이 없으므로 부작위범이 성립하지 않는다.

[부진정부작위범과 행위가능성] ① 부진정부작위범이 성립하기 위한 요건으로서 '작위의 불가능성'의 체계적 지위와 관련하여 행위가능성을 일반적인 행위가능성과 개별적인 행위가능성으로 나누어 설명하는 이원적 태도가 있다(통설). 전자는 일정한 시간이나 장소와 같은 객관적 상황과 관련한 것으로, 행위자가 법률이 요구하는 적극적인 작위의무를 이행할 수 있는 일반적이고 객관적인 가능성을 의미하는 것으로서 행위영역에 관한 문제라고 한다. 이에 반해 후자는 신체적·정신적 조건 또는 적절한 구조수단의 존재 등 작위의무를 수행할 수 있는 개인적인 능력을 의미하는 것으로 구성요건에 관한 문제라고 한다.

이에 대하여 ② 행위자가 '할 수 있었는데 하지 않은 경우(고의)'와 '할 수 있었는데 하지 못한 경우(과실)'만 부작위에 해당하고, '할 수 없었기 때문에 하지 못한 경우'는 부작위가 아니라 비행위(非行爲)로 보아야 한다고 하면서, 부진정부작위범에 있어서 일반적인 작위가능성의 문제는 구성요건이 아닌 행위의 문제이고, 구성요건적 부작위는 보증인의 의무위반이라는 견해가 있다. 전설에 따른다.

[판례] 자연적 의미에서의 부작위는 거동성이 있는 작위와 본질적으로 구별되는 무(無)에 지나지 아니하지만, 위 규정에서 말하는 부작위는 법적 기대라는 규범적 가치판단 요소에 의하여 사회적 중요성을 가지는 사람의 행태가 되어 법적 의미에서 작위와 함께 행위의 기본형태를 이루게 되므로, 특정한 행위를 하지 아니하는 부작위가 형법적으로 부작위로서의 의미를 가지기 위해서는, 보호법익의 주체에게 해당 구성요건적 결과발생의 위험이 있는 상황에서 행위자가 구성요건의 실현을 회피하기 위하여 요구되는 행위를 현실적·물리적으로 행할 수 있었음에도 하지 아니하였다고 평가될 수 있어야 한다(2015도6809).

라. 주관적 구성요건

행위자에게 구성요건해당성을 인정하기 위해서는 주관적 구성요건요소, 즉 고의와 과실이 있을 것을 요하므로 부작위범에 있어서도 법률에서 규정하고 있는 객관적 구성요건요소 즉, 구성요건적 상황의 존재, 요구되는 행위의 부작위, 작위가능성 등에 대한 인식 또는 인식가능성이 있어야 한다.

부진정부작위범에 있어서는 이외에 부작위에 따른 구성요건적 결과발생과 자신에게 작위의무가 있다고 하는 보증인적 지위에 대한 인식을 요한다. 다만, 작위의무의 체계적 지위와 관련하여 이분설에 따르면 보증의무는 구성요건요소가 아니라 위법요소이므로 이에 대한 인식은 요하지 않게 된다. 또한 동가치성 필요설에서는 작위의무위반 외에 동가치성에 대한 인식을 요하지만, 이것은 기술되지 않은 규범적 구성요건요소이므로 행위자에게 일반인이 인식한 정도의 의미내용에 대한 인식으로 충분하다.

한편, 부작위범의 경우도 행위자에게 부작위에로의 결단이 요구되므로 부작위의 고의에 있어서도 의지적 요소, 즉 의식적으로 부작위를 하였을 것이 요구된다.

> [판례] 부진정부작위범의 고의는 반드시 구성요건적 결과발생에 대한 목적이나 계획적인 범행 의도가 있어야 하는 것은 아니고 법익침해의 결과발생을 방지할 법적 작위의무를 가지고 있는 사람이 의무를 이행함으로써 결과발생을 쉽게 방지할 수 있었음을 예견하고도 결과발생을 용인하고 이를 방관한 채 의무를 이행하지 아니한다는 인식을 하면 족하며, 이러한 작위의무자의 예견 또는 인식 등은 확정적인 경우는 물론 불확정적인 경우이더라도 미필적 고의로 인정될 수 있다. 이때 작위의무자에게 이러한 고의가 있었는지는 작위의무자의 진술에만 의존할 것이 아니라, 작위의무의 발생근거, 법익침해의 태양과 위험성, 작위의무자의 법익침해에 대한 사태지배의 정도, 요구되는 작위의무의 내용과 이행의 용이성, 부작위에 이르게 된 동기와 경위, 부작위의 형태와 결과발생 사이의 상관관계 등을 종합적으로 고려하여 작위의무자의 심리상태를 추인하여야 한다(2015도6809).

> [부작위와 과실범] 진정부작위범은 과실범 처벌규정이 없으므로 과실에 의한 부작위범은 범죄가 되지 않는다. 그러나 부진정부작위범은 과실범 처벌규정이 있는 경우에는 부작위에 의한 과실범이 성립할 수 있다. 다만, 과실범이 성립하기 위해서는 과실범의 일반적인 성립요건인 주의의무위반에 따른 부작위와 보증인적 지위에 대한 인식을 포함하여 구성요건적 상황에 대한 예견가능성이 있어야 한다. 따라서 해수욕장에서 자기 아들이 수영이 미숙한 것을 알면서도 제대로 지켜보지 않아서 익사하게 된 때에는 부작위에 의한 과실치사죄가 성립할 수 있다.

마. 부작위범의 인과관계와 객관적 귀속

진정부작위범은 일반적으로 순수한 거동범적 성격을 갖기 때문에 인과관계가 거의 문제되지 않지만, 부진정부작위범은 작위범과 마찬가지로 결과(법익침해 또는 침해의 위험성)가 발생하여야 기수가 되므로 부작위와 발생결과 사이에 인과관계 및 객관적 귀속이 인정되어야 범죄가 성립한다.

과거에는 부작위는 활동으로서는 '무(無)'라는 이유로 부작위범에 있어서는 인과관계를 부정하였다. 그러다가 중세 중엽 이후에는 부작위 이외의 다른 대상에서 결과에 대한 원인력을 찾고자 하였다. 즉, ① 부작위에 선행하는 다른 작위에 원인력을 인정하는 견해(선행행위설), ② 작위시에 행한 다른 작위와 결과 간에 인과관계를 인정하는 견해(타행행위설), ③ 부작위시에 행위자의 결의에서 의무의식에 따른 작위충동을 억압하여 결과방지의 조건을 억제함으로써 결과를 일으키게 된다는 과정에서 원인력을 인정하는 견해(간섭설), ④ 이미 발생한 다른 원인의 진행을 방지할 수 있는 사람이 그것을 도리어 이용해서 결과를 발생하게 한 점에서 원인력을 인정하는 견해(타인행위설(他因行爲說)), ⑤ 부작위범의 인과관계는 결과방지에 대한 법적 의무에 불과하다는 견해(법적 인과관계설), ⑥ 부작위에는 물리적인 인과성은 없지만 작위의 인과관계에 준하여 원인력을 인정하는 준인과관계설 등이 있다.

그러나 이러한 태도들은 부작위범의 원인력에 관한 평가대상을 잘못 선택했다고 비판됨에 따라 부작위 자체에 대하여 결과발생의 원인력을 인정하는 견해들이 주장되었다. 종래 판례는 상당인과관계설에 따르고 있었다(67도1151). 그러나 합법칙적 조건설에 따르면 형법상 부작위는 '단순한 '무(無)'가 아니라 법적·사회적으로 기대된 행위를 하지 아니한 것'이며, 만일 이때 '기대된 행위를 하였더라면 그 결과가 발생되지 않았을 것이다'라는 조건이 성립되면 규범적 관점에서 그 부작위와 발생한 결과 사이에 인과관계, 즉 합법칙적 연관이 인정된다(가설적 인과관계론, 예기행위결여설). 따라서 물에 빠진 아이를 구조하지 않고 바라본 사람들은 누구든지 그 아이를 구조하였더라면 아이는 죽지 않았을 것이라는 관계가 설정되면 인과관계가 인정된다. 판례도 태도를 변경하여 부작위가 작위에 의한 행위와 동등한 형법적 가치를 가지고, 작위의무를 이행하였다면 결과가 발생하지 않았을 것이라는 관계가 인정될 경우에는 작위를 하지 않은 부작위와 결과 사이에 인과관계가 있다고 하였다(2015도6809). 다만, 이 입장에 따르면 인과관계가 지나치게 넓게 인정될 수 있으므로 부진정부작위범의 성립에 있어서는 작위의무의 존재, 부작위의 실행행위성 또는 작위가능성의 인정 등이 중요한 의미를 가지게 된다.

한편, 부작위범의 경우에도 부작위와 결과 사이에 인과관계 외에 객관적 귀속이 인정되어야 한다. 즉, 부작위범에 있어서도 과실범의 경우와 마찬가지로 부작위자가 요구되는 작위를 행하였더라도 결과가 발생하였을 가능성이 인정되면 의무위반관련성을 부정하여야 하고, 따라서 '의심스러운 때에는 피고인의 이익으로'의 원칙에 따라 무죄로 하여야 한다. 다만, 부진정부작위범의 경우에는 객관적 귀속판단의 척도에 있어서 규범의 보호목적이 특히 중요한 의미를 가진다. 부작위범의 작위의무위반 여부를 판단함에 있어서는 부작위자에게 요구되는 작위의무의 구체적 내용이 특히 문제되기 때문이다.

> 〈**참고**〉 부작위범의 인과관계와 관련하여 부진정부작위범의 경우에는 결과발생에 이르는 인과과정에 행위자가 개입하는 것이 없기 때문에 자연적 의미의 인과관계는 문제되지 않고 규범적 관점에서 '작위와 결과발생' 사이의 객관적 귀속문제만 남는다는 견해가 있다. 이 설에서는 과실범의 주의의무위반관련성의 법칙을 적용하여, 만약 행위자가 요구되는 작위를 하였더라도 마찬가지의 결과가 발생하였을 것이 확실한 경우에는 발생결과는 행위자의 부작위가 아닌 다른 위험의 현실화에 따른 것이므로 의무관련성이 부정된다고 한다. 뿐만 아니라 행위자가 요구되는 작위를 하였더라도 마찬가지의 결과가 발생하였을 가능성이 인정되면 객관적 귀속이 부정된다고 한다. 전술한 판결에서는 이 기준에 따라 상당인과관계를 부정하고 있다.

4. 작위의무

가. 작위의무의 체계적 지위

(1) 인과관계설

인과관계설은 작위의무를 인과관계에 위치시켜서 작위의무를 위반한 부작위에 대하여만 결과에 대한 원인력을 인정하는 견해이다.

이 설에 대하여는 부작위의 인과관계는 결과방지가능성을 의미하는 것이므로 작위의무하고는 상관이 없다는 비판이 있다. 오늘날 이 설을 취하는 견해는 없다.

(2) 위법요소설

위법요소설은 부작위는 인과관계만 인정되면 구성요건해당성은 인정되지만, 이때 부작위의 구성요건해당성에는 위법성징표기능이 없고, 작위의무위반이 인정될 때 비로소 위법한 부작위가 된다고 한다고 하면서, 작위의무는 위법요소라는 견해이다.

이 설에 대하여는 작위의무 없는 사람의 부작위도 구성요건해당성이 인정되어 합리적이지 못하며, 부진정부작위범의 경우에만 구성요건의 위법성추정기능이 부인되는 이유를 설명하기 어렵다는 비판이 있다.

(3) 보증인설

보증인설은 피침해법익과 사회생활상 긴밀한 관계를 가지고, 이 법익이 침해되지 않도록 법적으로 보증하여야 할 일정한 지위에 있는 사람을 보증인이라고 하고, 이러한 보증인의 부작위만이 작위에 의한 구성요건실현과 동가치로 인정되어 작위범의 구성요건해당성을 갖는다고 하면서, 보증의무는 구성요건요소라는 견해이다.

이 설에 대하여는 작위범에서는 금지규범에 따른 부작위의무를 위법성요소로 취급하는 것과 달리 부작위범에서 보증의무까지 구성요건요소로 취급하는 것은 문제라는 비판이 있다.

(4) 이분설

이분설은 보증인적 지위와 보증의무를 구별하여, 구성요건해당성은 유형적인 가치에 관계된 유형적 사실판단이므로 보증의무를 일으키는 법적·사실적 사정인 보증인적 지위는 구성요건요소이고, 보증의무 자체는 고의의 인식대상이 아니라는 점에서 위법요소라는 견해이다(이분설, 통설). 이 설에 따르면 보증인적 지위에 대한 착오는 사실의 착오가 되고, 보증의무에 대한 착오는 위법성착오가 된다.

(5) 결어

작위와 부작위의 동가치성은 사회적 관계에서 발생하는 특별한 의무에 관련시켜서 인정하면되므로 작위범과 부작위범의 범죄론체계상 통일성을 유지라는 측면에서 보면 보증인설이 타당하다.

나. 작위의무의 발생근거와 내용

형법 제18조에서는 '위험발생을 방지할 의무가 있거나 자기의 행위로 인하여 위험발생의 원인을 야기한'(선행행위로 인한 경우) 경우만 규정하고 있어서 작위의무의 발생근거와 그 내용이 무엇인가가 문제된다.

(1) 형식설

형식설은 보증의무가 법적 의무라는 관점에서 작위의무의 발생근거를 법령, 계약 또는 선행행위 등 그 형식에 중점을 두고 판단하는 견해이다(형식적 법의무설, 법원설).

(ⅰ) 법령에 의한 경우로는 민법상 친권자의 보호의무(제913조)와 부부 사이의 부양의무(제826조) 및 친족 간의 부양의무(제974조), 경찰관직무집행법상 경찰관의 보호조치의무(제4조), 의료법상 의사의 진료·응급조치의무(제15조), 도로교통법상 사고발생시 운전자의 구호의무(제54조) 등을 들 수 있다. (ⅱ) 계약에 의한 경우로는 고용계약에 따른 사용자의 피고용인 보호의무, 간호사의 환자간호의무 등을 들 수 있다. (ⅲ) 지배인수에 의한 경우로는 계약 등에 의한 의무 없이 부상자나 노약자를 인수하여 관리한 경우에 계속해서 보호할 의무 등을 들 수 있다. (ⅳ) 지배영역성이 인정되는 경우로는 가옥의 소유자 또는 관리자가 자기가 지배·관리하는 장소의 불을 끌 의무, 자동차로 친 사람을 차에 태운 경우에 계속해서 보호할 의무 등을 들 수 있다. (ⅴ) 선행행위로 인한 경우로는 실화를 한 사람에게는 소화의무가 발생하고, 자동차를 운전하여 사람을 다치게 한 사람에게는 피해자를 구호해야 할 의무가 발생하는 경우 등을 들 수 있다. 이외에 (ⅵ) 밀접한 가족관계나 생활공동체 관계에 근거한 특별한 신뢰관계 또는 사회상규나 조리에서 작위가 기대되는 경우 등을 들 수 있다.

(2) 실질설

실질설은 형식설에 의할 경우 작위의무의 내용과 한계를 명확히 할 수 없다는 점에 착안하여 작위의무를 기능적 관점에서 고려하는 견해이다(기능설). 구체적으로는 보호기능에 의한 보증인의 의무인 보호의무와 위험에 대한 감시의무에 따른 안전의무(지배의무)로 분류한다.

보호의무의 내용으로는 (ⅰ) 긴밀한 자연적 연분관계에 의한 보증의무(예, 가족적 혈연관계에 따른 보호의무), (ⅱ) 단체직위에 의한 보증의무(예, 담당공무원의 형사구금자 또는 정신병원수용자의 보호의무), (ⅲ) 긴밀한 공동체관계에 의한 보증의무(예, 탐험대원이나 등산대원 상호 간의 보호의무), (ⅳ) 자의적인 인수에 의한 보호관계에 따른 보증의무(예, 수영교사와 학생 또는 등산안내자와 등산객 간의 보호의무, 자의에 의한 병자의 보호의무) 등을 들 수 있다. 또한 (ⅴ) 보호기능의 인수에 의한 보증의무로서 요보호자가 상대방의 구조약속을 신뢰하고 행위하다가 결과가 발생하거나(예, 맹인에 대한 안내를 약속하고 방치하여 사고가 발생한 경우) 다른 구호조치를 취하지 않게됨으로써 결과가 발생한 경우(예, 의사의 치료약속을 믿고 다른 의사에게 부탁하지 않았지만 그 의사가 치료를 제대로 하지 않아 사망한 경우) 등을 들 수 있다.

안전의무의 내용으로서는 (ⅰ) 선행행위로 인한 보증의무, (ⅱ) 지배영역 내에 있는 위험원에 대한 감독책임에 따른 보증의무(예, 위험한 물건이나 기계 또는 동물을 소유 또는 점유하고 있는 사람의 보증의무, 공사현장감독의 안전시설의무 등), (ⅲ) 타인의 행위에 대한 감독책임에 따른 보증의무(예, 교사의 학생에 대한 감독의무, 상관의 부하직원에 대한 보증의무, 선장의 선원에 대한 보증의무 등) 등을 들 수 있다.

(3) 결어

작위의무의 형식적 근거에 관하여는 종래 법령, 계약, 사무관리, 선행행위에 의한 작위의무의 인정에서 나아가, 오늘날 밀접한 생활공동체, 밀접한 신뢰관계, 관습, 조리, 신의성실에 의한 작위의무까지 확대하는 경향에 있다(판례 참조). 그러나 형식설은 사법상(私法上) 의무나 윤리적 부분까지 작위의무를 확대·적용하는데 문제가 있고, 실질설은 작위의무의 발생근거를 고려하지 않음으로써 보증의무를 인정하는 범위가 대폭 확대될 우려가 있다. 형법에서는 독일형법의 '구조의무불이행죄'(제323조c)와 같은 규정은 두고 있지 않으므로 죄형법정주의의 요청에 따라 작위의무의 범위를 엄격하게 한정하여야 한다. 따라서 작위의무의 발생근거는 형식적인 근거를 기초로 하되, 실질설에 의하여 작위의무의 범위를 제한하여야 한다(절충설).

[판례] 부작위범의 작위의무는 법적인 작위의무이어야 하므로 단순한 도덕상 또는 종교상
의 의무는 포함되지 않으나 법적인 의무인 한 성문법이건 불문법이건 상관이 없고, 또 공법
이건 사법이건 불문하므로 법령·법률행위·선행행위로 인한 경우는 물론이고 기타 신의성실
의 원칙이나 사회상규 혹은 조리상 작위의무가 기대되는 경우에도 법적인 작위의무는 있다
(2015도6809).

다. 작위의무의 정도

작위의무는 당해 구성요건적 결과의 발생을 방지하기 위한 의무이므로 일정
한 부작위자에게 그 법익에 대한 보호가 사실상 특별히 위임되어 있고, 그 부작위
가 작위에 의한 구성요건실현과 동일시할 만한 정도의 유형적 위법을 갖춘 경우에
인정된다. 따라서 작위의무는 당해 작위범에 상당한 정도로 강도의 것이어야 한다.

5. 행위정형의 동가치성

가. 동가치성의 요부

부진정부작위범의 성립에 있어서는 부작위가 작위에 의한 구성요건적 실현과
동가치할 것이 요구된다. 이것은 기술되지 아니한 규범적 구성요건요소로서 '행위
정형의 상응성(相應性)'이라고도 한다. 다만, 작위의무 외에 동가치성의 판단을 별
도로 요하느냐에 대하여는 ① 작위의무위반이 있으면 동가치성도 당연히 인정된
다는 견해, ② 동가치성은 작위의무와 독립한 요소이므로 부작위범이 성립하기 위
해서는 작위의무 외에 동가치성이 요구된다는 견해(판례), ③ 동가치성의 문제는
부작위에 의한 구성요건적 결과가 구성요건에서 요구하는 수단과 방법에 의하여
행하여질 것을 요한다는 의미라고 하면서, 살인죄 등, 단순한 결과범(순수한 결과야
기범)의 경우는 작위의무의 문제에서 동가치성이 완전히 해소되므로 따로 고려할
필요가 없지만, 사기죄 등 특별한 행위양상과 결부된 결과범(행태의존적 결과범)의
경우에는 작위의무위반 외에 작위의무 불이행에 있어서 작위와의 동가치성이 별
도로 요구된다는 견해(이원설, 다수설), ④ 부작위범이 성립하기 위해서는 결과발생
을 구성요건요소로 인정하고 있는 범죄(결과범과 구체적 위험범의 경우)는 작위의무

위반으로 충분하지만, 거동범의 경우에는 별도로 동가치성 판단이 필요하다는 견해 등이 있다.

단순한 결과범의 경우에는 범죄성립에 있어서 결과발생 자체가 중요하므로 동가치성 판단이 의미가 없지만, 특정 행위방법이 문제되는 범죄의 경우에는 보증인적 지위와는 별개로 행위정형에 있어서의 동가치성에 대한 판단을 통해 부작위범의 성립범위를 제한할 필요가 있다.

> **[판례]** 형법이 금지하고 있는 법익침해의 결과발생을 방지할 법적인 작위의무를 지고 있는 자가 그 의무를 이행함으로써 결과발생을 쉽게 방지할 수 있는데도 결과발생을 용인하고 방관한 채 의무를 이행하지 아니한 것이 범죄의 실행행위로 평가될 만한 것이라면 부작위범으로 처벌할 수 있다(2022도16120).

> **[판례]** 업무방해죄와 같이 작위를 내용으로 하는 범죄를 부작위에 의하여 범하는 부진정부작위범이 성립하기 위해서는 부작위를 실행행위로서의 작위와 동일시할 수 있어야 한다(2017도13211).

> **[행태의존적 결과범]** 형법상 행태의존적 결과범으로는 공연음란죄(제245조), 위계·위력 등에 의한 살인죄(제253조), 특수폭행죄(제261조), 강제추행죄(제298조), 사기죄(제347조), 공갈죄(제350조) 등을 들 수 있다.

나. 동가치성의 체계적 지위

동가치성의 체계적 지위에 대하여는 ① 객관적 구성요건요소라는 견해(다수설), ② 불법 또는 책임요소라는 견해, ③ 객관적 구성요건요소는 물론, 주관적 구성요건요소라는 견해 등이 있다.

동가치성은 작위와 부작위의 사회적 의미에서의 동일성 여부를 판단하는 기능을 하고, 이것이 행태의존적 결과범에만 제한적으로 요구된다는 점에서 보증인적 지위와 체계상의 위치를 같이 하면서도 구성요건적 부작위의 성립을 제한하는 객관적 불법구성요건요소로 이해하여야 한다.

다. 동가치성의 판단

동가치성의 유무판단에 대하여는 ① 의무위반행위에 대한 행위자의 의사방향을 중시하여 '단지 막연히 방치했느냐' 또는 '적극적 이용의사가 있었느냐'를 중심으로 판단하는 견해와 ② 동가치성 판단에 있어서도 당해 부작위가 개별적 구성요건상 행위요소를 비롯한 모든 구체적 사정과 주체가 가지고 있는 지위의 특수성 및 주체와 피해자의 특수관계 등을 종합적으로 고려하여 구성요건의 실현 여부를 판단하여야 한다는 견해 등이 있다.

부진정부작위범의 성립에 있어서도 반드시 확정적 고의를 요하는 것은 아니고, 부작위의 구성요건 실현을 행위자의 주관적 사정만으로 판단하는 것도 부당하다. 따라서 동가치성의 유무를 판단함에 있어서도 형법각칙상 개별 구성요건 등을 기준으로 하여 주관적 사정과 객관적 사정으로 종합적으로 고려하여야 한다.

6. 부작위범의 미수

가. 미수범의 성립 여부

진정부작위범은 거동범이므로 그 성격상 미수범 성립이 불가능하다. 따라서 형법상 퇴거불응죄의 경우에 미수범을 처벌하고 있는 것(제319조 제2항)은 입법상 오류이다. 그러나 부진정부작위범은 작위의무위반에 따른 결과범이므로 미수범 성립이 가능하고, 따라서 부작위를 하였지만 결과가 발생하지 아니하거나 부작위와 당해 결과 사이에 인과관계와 객관적 귀속이 인정되지 아니한 경우에는 미수범이 성립한다.

한편, 부진정부작위범에 있어서 중지미수의 성립도 가능하다. 착수미수의 경우에는 행위자가 실행에 착수한 후 자의로 부작위를 중단하고 작위의무를 이행하면 성립하고, 실행미수의 경우에는 적절한 대응수단을 취하지 않으면 부작위로 인한 결과발생이 가능한 상태에서 자의에 의하여 스스로 또는 외부의 도움을 받아 적극적으로 결과발생을 방지하면 중지미수가 성립할 수 있다.

> **[부진정부작위범의 불능미수]** 부진정부작위범의 불능미수의 성립 여부에 대하여는 ① 부
> 정설과 ② 긍정설이 있다. 전자는 행위자가 수단이나 대상의 착오로 인해 결과발생이
> 불가능하다는 사실을 모르고 결과발생방지에 나아가지 않은 경우에는 부작위범에게
> 애초부터 방지해야 할 위험이 없으므로 처벌할 필요가 없다고 한다.
>   그러나 이러한 경우에도 실행의 착수를 인정할 수 있고, 결과발생의 위험성이 있는
> 경우도 있을 수 있으므로 불능미수를 인정하여야 한다. 따라서 아버지가 타인이 자기
> 아들을 죽이려는 것으로 알고 그냥 방치한 경우에 그 타인이 다른 표적을 겨누어 쏘았
> 을 경우에는 심정반가치만 있으므로 불능미수가 성립하지 않지만, 총알이 장전되어 있
> 지 않아서 결과가 발생하지 않은 경우에는 불능미수가 성립할 수 있다.

나. 실행의 착수시기

부진정부작위범은 미수범 성립이 가능하므로 실행의 착수시기가 문제된다. 이
에 대하여는 ① 최초의 구조가능성, 즉 행위에 대한 법적 의무가 발생했을 때라는
견해(최초구조가능시설), ② 최후의 구조가능성, 즉 행위자가 행위에 나아가지 않으
면 더 이상 구조를 할 수 없다고 판단되는 때라는 견해(최후구조가능시설), ③ 작위
의무자가 구조행위를 지체함으로써 피해자에게 직접적인 위험이 야기되거나 기존
의 위험이 증대되었을 때라는 견해(절충설, 최근의 유력설) 등이 있다.

최초구조가능시설에 따르면 처벌범위가 지나치게 확대될 수 있고, 최후구조가
능시설에 따르면 피해자가 상당히 오랫동안 위험에 빠져 있었음에도 불구하고 행
위자에게 책임을 물을 수 없게 되는 문제점이 있다. 따라서 부작위범의 성립에 있
어서는 보호법익에 대한 작위의무의 실질적 위반이 인정되어야 할 것이므로 부작
위범의 실행의 착수시기는 부작위로 인해 위험이 증대된 때로 하여야 한다.

7. 부작위범과 공범

가. 부작위범에 대한 공범

(1) 부작위범에 대한 공동정범과 교사범

부작위범에 관여하는 공범은 주로 작위의 형태로 행하여지고, 이 경우는 부작
위범에게 현실적인 영향을 미칠 수 있다는 점에서 작위를 전제로 한 공범론이 그

대로 적용된다(통설). 이때 부진정부작위범은 일종의 신분범(보증인)이므로 신분 없는 사람의 가담행위는 형법 제33조(공범과 신분)에 의하여 규율된다. 따라서 乙의 남자친구 甲이 乙과 상의한 후 乙의 묵인 하에 乙의 부(父)를 살해하면 乙은 부작위에 의한 존속살해죄가 성립하고, 甲은 작위에 의한 보통살인죄의 공동정범이 성립한다. 또한 남자친구 甲이 乙을 설득하여 乙로 하여금 거동이 불편한 자신의 부(父)를 굶겨 죽게 하였다면 乙은 부작위에 의한 존속살해죄가 성립하고, 甲은 보통살인죄의 교사범이 된다(다수설).

그러나 공동정범이 모두 부작위범인 경우에는 공범자 모두에게 공통된 의무가 부과되어 있어야 하고, 그 의무를 공동으로 이행할 수 있어야 한다. 따라서 부부인 甲과 乙이 자신들의 영아를 돌보지 않아 사망하게 한 경우에는 부작위에 의한 살인죄의 공동정범이 성립하지만, 미혼모인 乙이 자신의 영아를 굶겨서 죽이는 것을 乙의 남자친구 甲이 단지 방관하였다고 하는 것만으로는 甲에게 부작위에 의한 보통살인죄의 공동정범은 성립하지 않는다.

한편, 공범자가 폭력, 협박, 기망 등의 방법으로 작위의무자로 하여금 부작위를 강요한 경우에는 공범자에게 간접정범(제34조 제1항)이 성립할 수 있다.

[**목적적 행위론과 부작위범에 대한 공범**] 목적적 행위론에서는 부작위는 행위가 아니므로 부작위에 대한 공범은 존재론적으로 불가능하고, 따라서 배후자는 보호의무의 유무를 불문하고 원칙적으로 금지구성요건의 작위정범에 해당한다고 한다.

---

(2) 부작위범에 대한 방조

부작위범에 대한 방조에 대하여는 ① 물리적인 방조는 불가능하고 정신적 방조만이 가능하다는 견해와 ② 물리적 방조도 가능하다는 견해 등이 있다. 기존의 인과과정이 결정적인 원인력을 가졌고, 제3자의 행위는 단지 부작위범을 도와줄 의사로써 인과과정의 진행을 촉진시켜 결과발생에 기여한 것이라면 부작위에 대한 물리적 방조가 성립할 수 있다. 따라서 미혼모인 乙이 영아를 굶겨서 죽이기로 하고 수유하지 않고 있었지만 영아의 울음소리에 마음이 흔들리자 이를 지켜보던 남자친구 甲이 乙의 결심이 흔들리지 않도록 격려하거나 방문을 닫아 乙이 영아의 울음소리를 듣지 못하게 함으로써 영아를 사망하게 하였다면 甲은 부작위에 의한 살인죄의 종범이 될 수 있다. 편면적 방조도 가능하다.

한편, 부작위범에 대하여 작위의무 있는 사람이 부작위에 의해 가담한 경우에 대하여는 ① 부작위범에 대한 공범성립을 부정하는 입장에서는 부작위 정범이 성립한다고 하지만, ② 부작위범에 대한 공범성립을 인정하는 입장에 따르면 그 기여정도에 따라 정범 또는 공범이 성립하게 된다. 즉, 직장상사가 자신이 감독하고 있는 부하직원이 의무에 위반하여 사무처리를 하지 않음으로써 회사에 큰 손해를 끼치고 있는 것을 알고도 이를 단순히 묵인하였다면 정범인 부하직원에 대한 부작위에 의한 종범이 성립할 수 있다.

나. 부작위에 의한 공범

(1) 부작위에 의한 공동정범

부작위에 의한 공동정범의 성립 여부에 대하여는 ① 공동의 행위결여나 물리적 분업관계가 없다는 점에서 이를 부정하는 견해와 ② 정신적으로 서로 강화할 수 있다는 점에서 작위범과 부작위범의 공동정범의 성립은 가능하다는 견해 등이 있다.

기능적 행위지배설의 관점에서 보면 부작위자에게 기능적 행위지배를 인정할 수 있는 경우에는 공동정범의 성립을 인정하여야 한다. 즉, 甲과 乙이 A(甲의 父)를 살해하기로 모의한 후, 乙이 A를 살해하는 것을 목격하고도 甲이 모른 척 한 경우에는 甲은 부작위에 의한 존속살해죄, 乙은 작위에 의한 보통살인죄의 공동정범이 성립할 수 있다(다수설).

(2) 부작위에 의한 교사

부작위에 의한 교사에 대하여는 ① 선행행위를 통해 다른 사람에게 범죄결의를 하게 한 경우에는 그 행위자에게 실행행위를 방지할 의무가 발생하므로 부작위에 의한 교사의 성립을 긍정하는 견해와 ② 부작위에 의해서는 현실적으로 정범자에게 아무런 물리적 영향을 미치지도 못하고, 심리적 작용도 할 수 없으므로 부작위에 의해서는 교사는 불가능하다는 견해 등이 있다.

부작위에 의해서 행위자에게 애초에 없던 범죄결의를 갖게 하는 것은 현실적으로 불가능하다고 할 것이므로 부작위에 의한 교사는 부정하여야 한다.

(3) 부작위에 의한 방조

부작위에 의한 방조에 대하여는 ① 작위행위와 동가치성의 정도에 따라 정범과 공범으로 구별된다는 견해, ② 법익침해의 태양에 따라 구분하여, 침해되는 법익에 대하여 보증인적 지위가 인정되는데도 결과발생을 막지 못한 경우(예, 부모가 자녀에 대한 독살을 막지 못한 경우 등)에는 정범이 되고, 법익을 침해하는 행위자 개인에 대하여 보증인적 지위가 인정되는 경우(예, 미성년자인 자녀의 범행을 방치한 경우 등)에는 방조가 된다는 견해, ③ 부작위에 의한 종범을 원칙적으로 부정하되, 정범의 성립에 불법영득의사와 같은 특별한 주관적 구성요건요소가 필요한 경우나 신분범·자수범 등에 있어서 정범적격을 가지지 못한 경우에 예외적으로 성립한다는 견해, ④ 부작위자가 보증인적 지위에 있을 것을 전제로 하여 부작위에 의한 종범이 성립한다는 견해(통설, 판례) 등이 있다.

방조의 경우에도 부작위자에게 작위의무가 있고, 이를 위반하여 부작위를 통해 범죄결과발생을 촉진하거나 기여하게 되면 부작위에 의한 종범이 성립한다. 즉, 甲이 자기 아버지가 乙에 의해 살해당하는 것을 우연히 목격하고도 모른 척하여 사망하게 하였다면 乙은 작위에 의한 보통살인죄가 성립하고, 甲은 부작위에 의한 존속살해죄의 종범이 성립할 수 있다(다수설).

[판례] 형법상 방조행위는 정범의 실행을 용이하게 하는 직접, 간접의 모든 행위를 가리키는 것으로서 작위에 의한 경우뿐만 아니라 부작위에 의하여도 성립되는 것이다(96도1639).

제 4 장

위법성론

제1절 위법성 일반이론

1. 위법성의 의의

위법성이란 구성요건에 해당하는 행위가 전체 법질서에 반하는 성질을 말한다. '법질서'란 헌법을 최고규범으로 하여 공법·사법의 전체계에 의하여 형성되는 국가의 법질서를 말한다. 따라서 위법성이란 전체법질서의 관점에서 구성요건해당행위에 대해 부정적으로 평가하고 그 행위를 허용하지 않는다는 것으로서, 행위에 대한 비난가능성을 의미한다. 구성요건에 해당하는 행위는 원칙적으로 위법성이 있는 것으로 추정되지만, 위법성조각사유가 있는 경우에는 위법성이 부정된다.

위법성은 불법 개념과 구분되기도 한다. 위법성은 추상적이고 형식적 개념인 반면, 불법은 구체적이고 실질적인 개념이라고 한다. 즉, 위법성은 법질서에 반하는 행위의 속성을 의미하는 것(관계개념)이라면, 불법은 위법하게 평가된 행위 그 자체, 즉 구성요건에 해당하고 정당화사유가 존재하지 않는 행위의 성질을 의미하는 것(실체개념)으로서 '가벌적 위법유형'으로 정의된다. 따라서 위법성은 언제나 단일하고 동일하지만 불법은 양과 질을 가지고 있기 때문에 범죄에 따라 불법의 정도가 달라질 수 있다. 3분법 범죄론체계에서 위법성은 구성요건해당성, 책임과 함께 범죄성립요소의 하나이다.

2. 위법성의 본질

가. 형식적 위법성론

형식적 위법성론은 위법성을 형식적인 법규에 대한 위반으로 이해하는 견해이다. 이 설에 대하여는 위법성의 실질적 내용을 제시하지 못하기 때문에 그 내용이 공허하며, 형식적 위법성은 구성요건의 충족이라는 의미에 지나지 않는다는 비판이 있다.

나. 실질적 위법성론

실질적 위법성론은 위법성은 단순히 행위와 규범 사이에 관계만을 의미하는 것이 아니라 일정한 내용을 가지고 있다고 주장하는 견해이다. 다만, 위법성의 실질적 내용에 대하여는 ① 형법의 임무를 사회윤리 및 도덕질서의 유지에 있다고 보고 사회윤리규범 또는 문화규범의 위반에서 찾으려는 견해, ② 법에 의하여 보호되는 생활이익 내지 가치, 즉 법익을 침해하거나 그 침해에 대한 위험이라는 견해, ③ 위법성은 사회적 상당성의 위반, 즉 역사적으로 형성될 수 있는 사회윤리질서의 테두리 내에서 허용되는 범위를 일탈한 행위라는 견해 등이 있다. 이러한 학설의 대립은 형법의 기능에 대한 사고방식의 차이에서 유래한다.

다. 결어

종래 위법성의 실질은 권리 또는 법익침해, 사회윤리규범의 위반, 문화규범위반 등으로 보았다. 그러나 오늘날 형법의 기능에 있어서 보호적 기능과 관련하여 법익보호와 사회윤리보호를 내용으로 하는 것으로 이해한다면, 위법성의 실질도 법익침해(결과반가치)와 사회윤리위반(행위반가치)의 요소를 모두 내포하고 있는 것으로 이해하여야 한다.

> **[가벌적 위법성론]** 가벌적 위법성론은 실질적 위법성론의 관점에서 외관상 구성요건에
> 해당하는 위법한 행위라 하더라도 그 행위의 위법성이 경미하여 실질적으로 형사처벌
> 할 정도의 양과 질을 구비하지 못한 경우에는 위법성을 부정하자는 이론이다.
>   이 이론은 일본 판례 및 학자들에 의해 주장된 것으로 일본 형법에는 형법 제20조와
> 같은 위법성조각사유에 관한 일반적인 규정이 없고, 선고유예제도를 인정하고 있지 않
> 기 때문에 경미사건에 대하여 형벌권이 부당하게 행사될 염려가 있다는 점을 배경으로
> 한다. 그러나 우리나라에서는 형사처벌할 필요가 없는 경미한 행위는 형법 제20조의
> '사회상규에 위배되지 않는 행위'로 하여 위법성조각이 가능하므로 이 이론을 인정할
> 실익은 없다(82도357).

3. 결과반가치론과 행위반가치론

형법상 구성요건은 모두 위법하다고 평가받는 행위들을 규정한 것이다. 다만,
불법의 본질이 무엇인가가 문제된다.

가. 결과반가치론

결과반가치론은 불법은 법익침해 또는 법익침해의 위험이라는 결과반가치에
그 본질이 있다는 견해이다(인과적 불법론, 결과불법일원론). 외부적·객관적 요소는
불법에서, 내부적·주관적 요소는 책임에서 다루어야 한다는 고전적·신고전적 범
죄체계가 취하는 불법론으로써 행위자의 주관에 관계없이 법익침해 또는 법익침
해의 위험이 발생하면 불법이 된다고 한다.

이 이론에 대하여는 형법은 평가규범과 의사결정규범의 성질을 동시에 가지
고 있음에도 불구하고 평가규범에 위반한 것이 불법이고 의사결정규범은 책임에
서만 문제된다고 해석하는 것은 옳지 않으며, 행위반가치를 무시하고 결과발생만
으로 불법을 인정함으로써 불법개념을 무제한하게 확대하는 결과를 초래한다는
비판이 있다.

나. 행위반가치론

행위반가치론은 불법의 본질이 결과가 아니라 행위의 반사회성에 있다는 견해로서, 범죄의 내부적·주관적 측면도 불법요소로 인정한다.

(1) 인적 불법론

인적 불법론은 벨젤(Welzel)의 목적적 범죄체계에 그 이론적 기초를 둔 것으로서, 행위의 본질은 목적성에 있기 때문에 고의·작위범에 있어서는 이 목적성이 고의와 동일시될 뿐 아니라 고의 자체가 일반적·주관적 불법요소로서 구성요건의 주체적 표지가 되며, 불법은 행위자의 인격과 행위자의 인격과 연관된 인적 행위반가치에 있다는 견해이다. 따라서 불법에서는 행위반가치가 제1차적·구성적 요소이고, 결과반가치는 불법을 제한하는 부차적 요소에 불과하다고 한다.

이 설에 대하여는 형법의 기능을 사회윤리적 행위가치의 보호에 있다고 보게 되므로 형법이 윤리화되어 심정형법화될 염려가 있고, 고의를 일반적 불법요소로 파악할 때에는 위법의 주관화 내지 윤리화를 초래하게 되며, 과실범의 불법판단에 있어서 위법판단의 객관성이 보장되지 않는다는 비판이 있다.

(2) 일원적·주관적 인적 불법론

일원적·주관적 인적 불법론은 행위반가치가 불법의 전부라고 보고, 형법적 불법과 구성요건해당성을 오직 행위반가치만으로 근거지우는 한편, 결과반가치를 불법의 영역에서 몰아내어 객관적 처벌조건으로 파악하는 견해이다. 이 설에서는 형법적 금지의 대상이 될 수 있는 것은 행위이지 결과가 아니라고 한다. 따라서 甲과 乙이 살인의 고의로 A를 향해 총을 발사했는데, A가 甲의 총에 맞아 사망하고, 乙의 총은 빗나간 경우에도 동일한 불법을 실현하였다는 점에서 乙은 甲과 동일한 책임을 진다고 한다.

이 설에 대하여는 형법은 의사결정규범이기에 앞서 평가규범이므로 금지대상은 법익침해를 목적으로 하는 행위이어야 하고, 미수와 기수의 처벌의 차이는 행위반가치만으로는 설명할 수 없으며, 객관적 처벌조건은 형벌권의 발생 여부에 관한 조건이지 형벌의 종류와 정도를 결정할 수 있는 조건이 아니라는 비판이 있다. 우리나라에서 이 견해를 취하는 학자는 없다.

다. 절충설

절충설에서는 결과반가치론과 행위반가치론을 절충하여 불법은 법익침해 또는 법익침해의 위험이라는 결과반가치와 행위의 주관적·객관적 측면을 포섭하는 행위반가치를 고려하여 판단해야 되며, 결과반가치와 행위반가치는 동일한 서열에서 상호 병존하는 불법요소라고 한다(이원적·인적 불법론, 결과불법·행위불법 이원론, 통설).

라. 결어

전통적인 의미에서 형법의 임무는 법익보호에 있다고 할 것이므로 불법을 결정함에 있어서 결과반가치를 무시할 수 없다. 또한 범죄론체계상 고의·과실을 주관적 구성요건요소 또는 주관적 불법요소로 인정하고 있는 현실에서 불법을 판단함에 있어서 행위반가치를 제외시키는 것도 부당하다. 따라서 위법판단에 있어서는 행위반가치와 결과반가치를 모두 고려하여야 한다. 다만, 심정형법화를 막기 위하여 불법판단에 있어서는 결과반가치를 중점으로 하되, 행위반가치는 부차적인 요소로 고려하여야 한다. 이때 결과반가치는 법익침해 또는 법익침해의 위험을 내용으로 하며, 행위반가치는 행위자의 행위에서 나타난 반사회적 위험성을 의미한다.

[법익평온상태의 교란] 법익침해나 법익침해의 위험의 정도에 이르지는 않았으나 일단 법익침해에로 지향된 행위자의 주관적 범죄의사가 실행의 착수단계를 지나 객관화되면 결과발생이 애초 불가능했던 경우라 하더라도 사회적으로 법익평온상태는 교란되고 만다. 이와 같은 법익평온상태의 교란은 법익침해나 법익침해의 위험에 비해 가장 약한 형태의 결과반가치를 구성한다. 이런 의미에서 이것을 제3의 결과반가치라고도 부른다. 이 개념의 실익은 미수와 예비의 구별뿐만 아니라 장애미수와 불능미수의 구별에 있다. 특히, 불능미수의 결과반가치는 바로 법익평온상태의 교란에 있다고 한다.

그러나 '법익평온상태의 교란'이라는 것은 법익위태화에 포함시킬 수 있으며, 이 개념을 인정할 경우 의미의 불확실성으로 인해 가벌성이 확대될 수 있다는 문제점이 있다.

---

4. 위법성의 평가방법

가. 객관적 위법성론

객관적 위법성론은 형법이 평가규범이라는 점을 이유로 행위자의 능력은 고려함이 없이 객관적인 평가규범을 위반하면 위법이 된다는 견해이다. 이 설에 따르면 책임무능력자의 행위도 위법행위가 될 수 있으며, 따라서 이들의 위법한 침해에 대하여는 정당방위가 가능하다.

나. 주관적 위법성론

주관적 위법성론은 형법이 의사결정규범이라는 점을 이유로 법규범을 이해할 수 있는 사람의 행위만이 위법이 된다는 견해이다. 이 설에 따르면 책임무능력자는 위법행위를 할 수 없으므로 이들의 행위에 대하여 정당방위는 할 수 없고, 따라서 긴급피난만이 가능하게 된다.

다. 결어

범죄론체계를 고려하여 위법성은 행위에 대한 객관적인 법적 반가치판단이고, 책임은 위법한 행위를 한 행위자에 대한 주관적인 법적 반가치판단으로 이해하는 객관적 위법성론에 따른다. 이때 위법성판단 여부는 범행시를 기준으로 한다.

그러나 위법성판단은 행위의 구성요건해당성을 전제로 하고 있으므로 위법성판단의 대상은 외부적 행위결과나 객관적 행위요소(행위태양) 외에 행위자관련적인 것으로 주관적인 요소도 포함된다(통설). 후자를 주관적 불법(위법)요소라고 한다. 주관적 요소에는 일반적 주관적 불법요소로서의 고의·과실과 특수한 주관적 불법요소로서 목적범에 있어서 목적, 경향범에 있어서 일정한 행위경향, 표현범에 있어서 주관적 의사, 재산죄에 있어서 불법영(이)득의사 등이 있다. 이외에 객관적 행위자요소도 위법판단의 대상이 된다. 객관적 행위자요소란 부진정부작위범의 보증인의 지위나 뇌물죄의 공무원과 같이 법규범이 일정한 범위의 사람에게만 의무를 부과함으로써 그 범위에 속하는 사람만이 가벌성이 인정되어 범죄자의 지위를 갖게 되는 경우를 말한다.

한편, 위법성판단은 구체적인 개별 구성요건해당행위를 대상으로 확정적으로 불법 여부를 판단하는 '구체적' 판단이다. 이 점에서 객관적·추상적인 관점에서 잠정적인 반가치판단을 내리는 구성요건해당성판단과 구별된다. 따라서 위법성판단에 있어서는 구성요건해당성에 의해 징표된 잠정적 반가치판단을 배제하고 행위의 허용(정당화) 여부를 검토해야 하기 때문에 그 한도 내에서 객관적 정당화요소와 주관적 정당화요소를 모두 위법성판단의 대상으로 하여야 한다.

5. 위법성조각사유의 일반이론

위법성조각사유란 구성요건해당성에 의해 추정되는 위법성을 배제하는 특별한 사유를 말한다. 형법은 총칙상 위법성조각사유로서 정당행위(제20조), 정당방위(제21조), 긴급피난(제22조), 자구행위(제23조), 피해자의 승낙에 의한 행위(제24조)를 규정하고, 각칙상 명예훼손죄에 대하여 특별한 위법성조각사유(제310조)를 규정하고 있다. 위법성조각사유가 있으면 구성요건해당행위의 위법성이 배제되어 범죄가 성립하지 않으므로 무죄판결을 하여야 한다. 따라서 형법에서 위법성조각사유를 인정하는 근거가 무엇인가가 문제된다.

가. 일원론

일원론은 모든 위법성조각사유를 하나의 통일된 원리에 의하여 설명하는 견해이다. 일원론은 ① 행위가 '정당한 목적을 위한 적합한 수단'일 때에는 위법하지 않다고 하는 목적설, ② 사회생활에 있어서 역사적으로 형성된 사회윤리적 질서, 즉 사회적 상당성에 반하지 않는다는 사회상당성설, ③ 법익형량설에서 발전한 것으로 이익의 교량에 의하여 경미한 이익을 희생하고 우월한 이익을 보호하려는 것이므로 적법하다는 이익형량(또는 교량)설 등이 있다.

나. 다원론

다원론은 일원론의 문제점을 극복하기 위하여 위법성조각사유를 여러 원리에 의하여 개별적으로 규명하거나, 위법성조각사유를 형태별로 분류하여 그 형태에 적응하는 원리를 결합하려는 입장이다. 학자에 따라 다양한 기준들이 제시되고 있으나 다원론의 대표자인 메츠거(Mezger)의 2분설에 따르면 위법성조각사유의 일반 원리를 우월적 이익의 원칙과 이익흠결의 원칙으로 구분한다. 정당방위, 긴급피난, 자구행위는 전자에 의하여, 피해자의 승낙과 추정적 승낙은 후자에 의해 위법성이 조각된다고 한다.

다. 결어

위법성의 본질을 고찰함에 있어서 결과반가치와 행위반가치를 모두 고려하여 야 한다는 점에서 보면 위법성조각사유의 일반원리로 제시되는 각 근거들은 일정한 범위 내에서 모두 정당성을 갖는다. 따라서 형법상 위법성조각사유의 특성에 따라 위법성조각사유의 근거로 제시되는 제 원칙들을 서로 결합하거나 그 중 어느하나를 중시하여 개별 위법성조각사유의 위법성조각근거를 설명하는 것이 합리적이다.

6. 주관적 정당화요소

가. 주관적 정당화요소의 필요성 여부

위법성조각사유에 해당하는가 여부를 판단함에 있어서 주관적 정당화요소를 필요로 하는가에 대하여는 ① 객관적 위법성론을 철저히 관철하는 입장에서, 위법성판단에 있어서 객관적 요소로 충분하고 주관적 요소는 필요하지 않기 때문에 위법성조각사유의 판단에 있어서도 주관적 정당화요소를 요하지 않는다는 견해(불요설)가 있다. 그러나 ② 위법성판단에 있어서 객관적 요소 외에 주관적 요소도 필요하다고 하는 견해(통설)에 따르면 위법성조각사유에 의해 위법성을 배제하기 위해서는 위법성조각사유의 객관적 요건인 정당화상황이 있어야 하고, 주관적 요건으로서 주관적 정당화요소가 있어야 한다(필요설, 판례).

나. 주관적 정당화요소의 내용

주관적 정당화요소 필요설에 따르면 주관적 정당화요소는 행위자가 위법성조각행위를 함에 있어서 위법성조각사유에 해당하는 객관적 상황에 대한 인식(정당화상황에 대한 인식)과 이러한 인식을 바탕으로 하여 정당화행위를 하는 것을 의욕하거나 인용하는 정당화의사(정당화목적)를 내용으로 한다.

그러나 주관적 정당화요소의 인식과 관련하여서는 ① 고의를 조각하면 족하다는 점에서 정당화상황에 대한 인식으로 충분한다는 견해(인식설), ② 정당화상황에 대한 인식 외에 정당화목적이 있어야 한다는 견해(인식·의사요구설, 다수설), ③ 정당방위, 긴급피난, 자구행위에 있어서는 정당화목적까지 필요하지만, 피해자의 승낙에 의한 행위에 있어서는 정당화상황에 대한 인식으로 충분하고, 추정적 승낙이나 형법 제310조에 의한 경우에는 주관적 정당화요소 외에 위법성조각사유의 객관적 요건에 대한 양심에 따른 심사 또는 의무합치적 심사가 필요하다는 견해(개별화설) 등이 있다. 주관적 불법요소인 고의의 본질에서 구성요건해당사실의 인식과 의사를 요하고 있는 것을 고려하면 주관적 정당화요소에 있어서도 정당화상황에 대한 인식뿐만 아니라 정당화목적까지 요구된다. 다만, 이때에도 정당화목적이 유일한 동기일 것은 요하지 않는다. 그러나 주관적 정당화요소의 인정에 있어서 양심에 따른 심사 또는 의무합치적 심사까지 요하는 것은 법문을 벗어난 제약일 뿐만 아니라 행위자에게 불리하게 작용하게 된다는 점에서 인정하기 어렵다.

[판례] 정당행위가 성립하기 위하여는 건전한 사회통념에 비추어 그 행위의 동기나 목적이 정당하여야 하고, 정당방위·과잉방위나 긴급피난·과잉피난이 성립하기 위하여는 방위의사 또는 피난의사가 있어야 한다(96도3376).

다. 주관적 정당화요소 결여의 효과

주관적 정당화요소 필요설의 입장에서도 주관적 정당화요소를 결여한 경우의 법적 효과에 대하여는 ① 주관적 정당화요소가 결여된 경우에는 행위반가치는 인정되지만 정당화상황의 존재로 결과반가치가 부정된다는 점에서 형법 제27조를 유추적용하여 불능미수로 이해하는 견해(다수설)와 ② 위법성조각사유가 인정되기 위해서는 객관적 정당화요소와 주관적 정당화요소를 모두 갖추어져야 한다는 이유로 기수범이 성립한다는 견해 등이 있다.

주관적 정당화요소 불요설(결과반가치론의 입장)에서는 주관적 정당화요소의 결여와 관계없이 객관적 정당화상황만 있으면 위법성이 조각된다고 한다. 그러나 이원적 인적 불법론에 따르면 위법성조각사유의 객관적 정당화요소를 충족하지만 주관적 정당화요소가 결여된 경우에는 결과반가치가 부정되지만 행위반가치는 인정되고, 따라서 구조적으로 형법 제27조의 불능미수와 유사하므로 이에 준하여 취급하되, 미수범처벌규정이 없는 경우에는 무죄로 하여야 한다.

제2절 정당행위

> 제20조(정당행위) 법령에 의한 행위 또는 업무로 인한 행위 기타 사회상규에 위배되지 아니하는 행위는 벌하지 아니한다.

1. 정당행위의 의의

정당행위란 법령에 의한 행위·업무로 인한 행위·기타 법질서 전체의 정신이나 사회윤리에 비추어 용인될 수 있는 행위를 의미한다. 형법 제20조에서는 "법령에 의한 행위 또는 업무로 인한 행위 기타 사회상규에 위배되지 않는 행위는 벌하지 아니한다"고 규정하여 위법성조각사유로 인정하고 있다.

2. 정당행위의 법적 성격

형법 제20조는 다른 나라의 입법례와 달리 '기타 사회상규에 위배되지 아니하는 행위는 벌하지 아니한다'고 규정하고 있다.

정당행위 및 사회상규불위배행위의 법적 성격에 대하여는 ① 사회상규불위배행위는 정당방위 등 다른 위법성조각사유와 독립된 위법성조각사유의 하나이면서, 형법 제20조 내에서는 법령에 의한 행위와 업무로 인한 행위를 포괄한다는 견해, ② 사회상규불위배행위는 정당방위 등 다른 위법성조각사유와 독립된 위법성조각사유의 하나이면서, 형법 제20조의 법령에 의한 행위나 업무로 인한 행위와도 병렬적이고 독자적인 제7의 위법성조각사유라는 견해, ③ 사회상규불위배행위가 모든 개별 위법성조각사유를 포괄하는 일반적 위법성조각사유라는 견해(다수설) 등이 있다. 판례는 정당행위를 인정하기 위해서는 (ⅰ) 행위의 동기나 목적의 정당성, (ⅱ) 행위의 수단이나 방법의 상당성, (ⅲ) 보호이익과 침해이익과의 법익균형성, (ⅳ) 긴급성, (ⅴ) 그 행위 외에 다른 수단이나 방법이 없다는 보충성 등의 요건을 갖추어야 한다(2021도9680)고 함으로써 사회상규불위배행위를 정당행위의 모든 유형을 포함한 일반적 요건으로 인정하고 있을 뿐만 아니라 개별적 위법성조각사유의 판단에 있어서도 사회상규불위배행위일 것을 요건으로 하는 등, 모든 위법성조각사유를 포섭하는 일반적 위법성조각사유로 인정하고 있다. 다만, 판례는 어떠한 행위가 위 요건들을 충족하는 정당한 행위로서 위법성이 조각되는 것인지는 구체적인 사정 아래서 합목적적, 합리적으로 고찰하여 개별적으로 판단되어야 하므로, 구체적인 사안에서 정당행위로 인정되기 위한 긴급성이나 보충성의 정도는 개별 사안에 따라 다를 수 있다(2020도16527)고 하면서, 어떠한 행위가 범죄구성요건에 해당하지만 정당행위라는 이유로 위법성이 조각된다는 것은 그 행위가 적극적으로 용인, 권장된다는 의미가 아니라 단지 특정한 상황하에서 그 행위가 범죄행위로서 처벌대상이 될 정도의 위법성을 갖추지 못하였다는 것을 의미한다고 한다(2021도9680).

> **[판례]** '목적의 정당성'과 '수단의 상당성' 요건은 행위의 측면에서 사회상규의 판단기준이 된다. 사회상규에 위배되지 아니하는 행위로 평가되려면 행위의 동기와 목적을 고려하여 그것이 법질서의 정신이나 사회윤리에 비추어 용인될 수 있어야 한다. 수단의 상당성·적합성도 고려되어야 한다. 또한 보호이익과 침해이익 사이의 법익균형은 결과의 측면에서 사회상규에 위배되는지를 판단하기 위한 기준이다. 이에 비하여 행위의 긴급성과 보충성은 수단의 상당성을 판단할 때 고려요소의 하나로 참작하여야 하고 이를 넘어 독립적인 요건으로 요구할 것은 아니다. 또한 그 내용 역시 다른 실효성 있는 적법한 수단이 없는 경우를 의미하고 '일체의 법률적인 적법한 수단이 존재하지 않을 것'을 의미하는 것은 아니라고 보아야 한다(2017도2760).

그러나 사회상규불위배행위를 일반적 위법성조각사유로 인정하게 되면 어떤 행위가 형법 제21조 내지 제24조가 위법성조각사유에 해당되지 않더라도 그 적법·위법에 관한 최종적 판단은 사회상규 여부에 의하여 결정된다. 하지만 '기타 사회상규불위배행위'라는 표현에 따르면 법령에 의한 행위나 업무로 인한 행위는 사회상규불위배행위의 예시로서 기술한 것으로 이해하는 것이 어법에 맞다. 또한 형법

제20조를 다른 위법성조각사유에 우선하여 규정하고 있는 형법체계를 고려하면, 형법 제20조는 사회상규불위배행위를 위법성조각사유의 하나의 독자적인 유형으로서 다른 위법성조각사유에 관한 규정들과 병렬적인 지위를 인정하고 있는 것으로 해석하여야 한다. 설령, 형법 제20조를 모든 위법성조각사유를 포섭하는 일반적 위법성조각사유로 인정하더라도 법문의 '사회상규불위배행위'가 매우 추상적인 개념이므로 판례와 같이 위법성을 근거지우는 적극적 기준이 되어서는 아니 된다. 즉, 사회상규불위배행위는 위법성조각사유를 제한하는 사유가 아니라 다른 위법성조각사유에 해당되지 않는 경우에도 위법성조각이 될 수 있는 영역을 인정하는 보충적 기능을 하는 위법성조각사유로 활용하여야 한다.

3. 정당행위의 내용

가. 법령에 의한 행위

법령에 의한 행위란 법령에 근거를 두고 권리(권한) 또는 의무로서 행하여지는 행위를 말한다. '법령'은 우리나라의 법령뿐만 아니라 외국의 법령 중에서 우리나라 법령에 의해 국내법적 효력이 인정되는 법령을 포함한다. 법령에 의한 행위를 위법성조각사유로 하고 있는 것은 법질서의 통일을 기하여 법적 안정성을 도모하기 위한 것이다.

법령에 의한 행위로는 공무원의 직무집행행위, 징계행위, 사인(私人)에 의한 현행범인체포, 노동쟁의행위, 모자보건법상 인공임신중절수술(제14조), 장기 등 이식에 관한 법률에 따른 장기적출행위(제22조), 호스피스·완화의료 및 임종과정에 있는 환자의 연명의료결정에 관한 법률에 따른 연명의료중단행위(제19조), 정신건강증진 및 정신질환자 복지서비스 지원에 관한 법률에 따른 강제입원(제43조, 제44조), 한국마사회법에 의한 승마투표권의 발매행위(제6조), 기타 특별법에 따른 각종 복권의 발매행위 등이 있다.

(1) 공무원의 직무집행행위

공무원의 직무집행행위는 법령에 근거한 경우와 상관의 명령에 의한 경우가 있다.

(가) 법령에 의한 직무집행행위

법령에 의한 공무원의 직무집행행위가 위법성이 조각되기 위해서는 (ⅰ) 그 행위가 근거로 한 법령에 규정된 요건을 갖추고, (ⅱ) 명령의 내용이 공무원의 직무범위 내에 속하며, (ⅲ) 적법한 절차에 따라 행하여져야 한다. 따라서 직무집행행위가 남용된 때에는 위법으로 된다(70도2406).

법령에 의한 공무원의 직무집행행위로는 형사소송법에 의한 경찰관의 체포·구속·압수·수색 등 강제처분, 경찰관 직무집행법에 의한 불심검문 등 경찰관의 직무행위, 민사집행법에 의한 집행관의 압류 등 강제집행, 형사소송법·형의 집행 및 수용자의 처우에 관한 법률에 의한 교도관의 사형집행 등이 있다.

(나) 상관의 명령에 의한 행위

상관의 명령에 의한 직무집행행위가 위법성이 조각되기 위해서는, 그 명령이 직무상 추상적·일반적 권한이 있는 사람에 의해 발해지고, 적법한 명령이어야 한다. 따라서 위법한 명령에 따른 행위는 위법성이 조각되지 않는다. 다만, 상관의 명령에 절대적 구속력이 있는 경우에 대하여는 ① 불법의 정도에 따라 경미한 경우에는 위법성조각, 중대한 경우에는 책임조각을 인정하는 견해와 ② 적법행위에 대한 기대가능성이 없다고 인정되면 책임이 조각될 수 있을 뿐이라는 견해(96도3376)가 있다. 상관의 명령에 절대적 구속력이 있다고 하더라도 불법한 명령이 적법한 것으로 변경되지는 않으므로 위법성조각사유가 아니라 책임조각사유가 될 수 있을 뿐이다. 그렇지만 상관 명령의 위법정도가 중대하고 명백한 경우에는 적법행위의 기대가능성이 부정되지 않는다(판례).

한편, 상관의 위법한 명령을 적법한 명령으로 오인한 경우에 대하여는 ① 위법성조각사유로 인정하되, '오인에 정당한 이유가 있을 것'으로 요건으로 하는 견해(86도1406)와 ② 위법성조각사유의 전제사실에 관한 착오의 문제로 취급하는 견해 등이 있다. 상관의 명령을 오인한 것은 위법성인식에 대한 착오의 문제가 아니라 정당행위의 요건에 대한 착오에 해당하므로 위법성조각사유의 전제사실에 관한 착오로 취급하여야 한다.

[판례] 설령 대공수사단 직원은 상관의 명령에 절대 복종하여야 한다는 것이 불문률로 되어 있다 할지라도 국민의 기본권인 신체의 자유를 침해하는 고문행위 등이 금지되어 있는 우리의 국법질서에 비추어 볼 때 그와 같은 불문률이 있다는 것만으로는 고문치사와 같이 중대하고도 명백한 위법명령에 따른 행위가 정당한 행위에 해당하거나 강요된 행위로서 적법행위에 대한 기대가능성이 없는 경우에 해당하게 되는 것이라고는 볼 수 없다(87도2358).

(2) 징계행위

학교의 장은 교육상 필요한 경우에는 법령과 학칙으로 정하는 바에 따라 학생을 징계할 수 있다(초·중등교육법 제18조 제1항, 고등교육법 제13조 제1항). 또한 소년원장 또는 소년분류심사원장에게 소년원에 수용된 보호소년에 대한 징계권(보호소년 등의 처우에 관한 법률 제15조)이 인정되고 있다. 따라서 징계권자의 적법한 징계행위는 법령에 의한 행위로서 위법성이 조각된다. 다만, 징계행위가 위법성을 조각하기 위해서는 (ⅰ) 객관적으로 충분한 징계사유가 있어야 하고, (ⅱ) 교육목적을 달성하기 위하여 필요하여야 하며, (ⅲ) 징계의 정도가 적절하여야 하고, (ⅳ) 주관적으로 교육을 위한 의사로 행하여져야 한다.

종래에는 친권자의 체벌은 물론, 교사에 의한 체벌도 제한적이지만 징계행위로서 허용되는 경우를 인정하였었다(2001도5380 등). 그러나 최근에는 징계행위를 이유로 체벌 등 부적절한 방법을 이용하는 경우는 물론, 징계권의 행사가 그 정도를 초과하거나 교육목적으로 행한 것이 아닌 때에는 위법성조각이 인정되지 않는다.

(3) 사인에 의한 현행범인체포

형사소송법 제212조에서는 "현행범인은 누구든지 영장없이 체포할 수 있다"고 규정하고 있다. 따라서 사인(私人)에 의한 현행범인의 체포행위는 위법성을 조각하며, 체포과정에서 필요한 최소한의 범위 내의 실력행사는 허용된다. 다만, 현행범인의 체포가 정당화되기 위해서는 정당행위의 일반적 요건을 충족하여야 한다(98도3029). 따라서 사인이 현행범인을 체포하기 위하여 타인의 주거에 침입하거나 흉기 등을 사용하여 범인을 살해 또는 상해를 한 경우에는 위법성이 조각되지 않는다.

(4) 노동쟁의행위

노동조합 및 노동관계조정법에서는 헌법 제33조에 근거하여 근로자에게 단결권과 단체교섭권 및 쟁의권을 인정하고 있다(제37조 이하). 따라서 근로자의 쟁의행위가 동법의 요건을 충족한 경우에는 법령에 의한 행위로서 위법성이 조각된다. 다만, 노동조합의 쟁의행위가 정당하기 위해서는 (ⅰ) 그 주체가 단체교섭의 주체로 될 수 있는 사람이어야 하고, (ⅱ) 노동조합과 사용자의 교섭과정에서 노사대등의 입장에서 근로조건의 향상 등 근로자의 경제적 지위를 향상시키려는 목적에서 나온 것이어야 하며, (ⅲ) 사용자가 근로자의 근로조건 개선에 관한 구체적인 요구에 대하여 단체교섭을 거부하거나 단체교섭에서 그와 같은 요구에 반대의 의사표시를 하거나 묵살하고 반대하고 있는 것을 분명하게 하고 있을 경우에 개시할 수 있으며, (ⅳ) 특별한 사정이 없는 한 법령이 규정한 절차를 밟아야 하고, 그 수단과 방법이 사용자의 재산권과 조화를 이루어야 할 뿐 아니라, 다른 기본적 인권을 침해하지 아니하는 등 그 밖의 헌법상 요청과 조화되어야 한다(2003두8906).

[판례] 노동조합의 조합활동은 근로자가 가지는 결사의 자유 내지 노동3권에 바탕을 둔 것으로서 노동조합 및 노동관계조정법 제1조의 목적을 달성하기 위하여 정당한 행위에 대하여는 민형사상 면책이 된다(법 제4조, 형법 제20조). 노동조합의 활동이 정당하다고 하려면, 첫째 주체의 측면에서 행위의 성질상 노동조합의 활동으로 볼 수 있거나 노동조합의 묵시적인 수권 혹은 승인을 받았다고 볼 수 있는 것이어야 하고, 둘째 목적의 측면에서 근로조건의 유지·개선과 근로자의 경제적 지위의 향상을 도모하기 위하여 필요하고 근로자들의 단결 강화에 도움이 되는 행위이어야 하며, 셋째 시기의 측면에서 취업규칙이나 단체협약에 별도의 허용규정이 있거나 관행이나 사용자의 승낙이 있는 경우 외에는 원칙적으로 근무시간 외에 행하여져야 하고, 넷째 수단·방법의 측면에서 사업장 내 조합활동에서는 사용자의 시설관리권에 바탕을 둔 합리적인 규율이나 제약에 따라야 하며 폭력과 파괴행위 등의 방법에 의하지 않는 것이어야 한다.
　이 중에서 시기·수단·방법 등에 관한 요건은 조합활동과 사용자의 노무지휘권·시설관리권 등이 충돌할 경우에 그 정당성을 어떠한 기준으로 정할 것인지 하는 문제이므로, 위 요건을 갖추었는지 여부를 판단할 때에는 조합활동의 필요성과 긴급성, 조합활동으로 행해진 개별 행위의 경위와 구체적 태양, 사용자의 노무지휘권·시설관리권 등의 침해 여부와 정도, 그 밖에 근로관계의 여러 사정을 종합하여 충돌되는 가치를 객관적으로 비교·형량하여 실질적인 관점에서 판단하여야 한다(2017도2478).

(5) 연명의료중단행위

호스피스·완화의료 및 임종과정에 있는 환자의 연명의료결정에 관한 법률에 따르면 담당의사는 임종과정에 있는 환자가 (ⅰ) 동법 제17조에 따라 연명의료계획서, 사전연명의료의향서 또는 환자가족의 진술을 통하여 환자의 의사로 보는 의사가 연명의료중단 등 결정을 원하는 것이고, 임종과정에 있는 환자의 의사에도 반하지 아니하는 경우 또는 (ⅱ) 동법 제18조에 따라 연명의료중단 등 결정이 있는 것으로 보는 경우에는 연명의료중단 등 결정을 이행할 수 있다(법 제15조).

연명의료중단행위의 법적 성격에 대하여는 ① 생명에 대한 자기결정권을 존중하는 것이라는 점에서 구성요건해당성조각사유로 인정하는 견해와 ② 사전연명의향서에 의한 결정이라는 점에서 행위반가치가 감소되고, 사기(死期)가 임박한 환자라는 점에서 결과반가치가 크게 축소된 것에 따른 위법성조각사유로 이해하는 견해 등이 있다. 형법에서는 절대적 생명보호의 원칙에 의하여 촉탁·승낙에 의한 살인죄나 자살관여죄(제252조)를 처벌하고 있는 점과 중환자에 대한 연명의료의 중단은 곧 사망을 의미한다는 점을 고려하면 살인죄의 구성요건해당성은 인정되지만 법률에 의하여 위법성이 조각된다고 하여야 한다. 이것은 의사 등 의료인들과 환자가족에 의한 환자의 연명의료중단행위의 남용과 오용을 막는 데에도 도움이 될 것이다.

나. 업무로 인한 행위

업무로 인한 행위는 개개의 행위에 대하여 법령에 규정되어 있지 않은 경우에도 사회상규에 비추어 정당하다고 인정되는 때에는 위법성이 조각된다. '업무'란 사람이 사회생활상의 지위에 의하여 계속·반복의 의사로 행하는 사무를 말한다. 업무로 인한 행위로는 의사의 치료행위, 변호사의 변론행위, 성직자의 종교상 행위, 운동경기행위 등이 있다.

(1) 의사의 치료행위

(가) 치료행위의 의의와 법적 성격

의사의 치료행위는 의사가 환자의 건강을 회복·개선시키기 위해 의술의 법칙에 따라 행하는 의료활동을 말한다. 의사의 치료행위에 대한 법적 성격에 대하여

는 ① 의사의 치료행위를 실질적·전체적으로 파악하여 치료행위가 성공한 경우에
는 상해죄의 구성요건해당성을 부정하는 견해, ② 치료행위를 형식적으로 파악하
여 신체의 생리적 기능을 침해하는 행위라는 점에서 상해죄의 구성요건해당성을
인정한 후에 위법성조각의 문제로 다루는 견해, ③ 의사의 치료와 수술행위는 원
칙적으로 상해죄의 구성요건해당성이 인정되지 않고, 치료나 수술의 종류에 따라
종래 상태와 비교하여 신체의 생리적 기능이 훼손된 경우에는 구성요건해당성은
인정되지만 위법성이 조각된다는 견해, ④ 성공한 치료행위는 구성요건해당성이
조각되고, 실패한 치료행위는 의술의 법칙에 적합한 시술이 이루어진 경우는 행위
불법을 구성하지 않지만, 그렇지 않은 경우는 구성요건해당성과 위법성을 조각하
지 않는다는 견해 등이 있다.

　　의사의 치료행위가 형법상 문제되는 것은 치료행위가 성공한 경우가 아니라
실패한 경우이고, 의사의 치료행위를 구성요건해당성조각사유라고 하게 되면 의
료과실에 대하여 처음부터 형법적 개입이 불가능하게 되므로 의사의 치료행위는
위법성조각사유로 이해하여야 한다. 다만, 의사의 (실패한) 치료행위가 위법성이
조각되기 위해서는 (i) 의사가 설명의무를 충실히 이행하여야 하고, (ii) 치료를
개시하기 전에 환자의 사전 동의를 받아야 하며, (iii) 의학적 방법에 의하여 최선
을 다하여야 할 것이 요구된다. 다만, 생명이 위급하여 피해자나 보호자의 동의
없이 행하는 전단(專斷)적 치료행위나 환자의 동의를 받아 행하는 실험적 의료행
위가 실패한 경우에도 의사가 의술의 법칙에 따라 최선을 다하였다면 위법성조각
을 인정하여야 한다. 이러한 법적 논리는 치료유사행위에도 마찬가지로 적용될
수 있다.

[판례] 의사의 설명의무위반을 이유로 한 형사상 책임을 묻기 위해서는 의사가 시술의 위험
성에 관하여 설명을 하였더라면 환자가 시술을 거부하였을 것이라는 점이 합리적 의심의 여
지가 없이 증명되어야 한다(2016도13089).

[**의사의 치료행위의 체계적 지위**] 의사의 치료행위가 위법성조각사유라는 입장에서도
그 체계적 지위와 관련하여 ① 정당행위의 일종이라는 견해와 ② 환자의 자기결정권
을 존중하여야 한다는 점에서 피해자의 승낙 또는 추정적 승낙에 의한 행위라는 견해
(92도2345) 등이 있다.

의사의 치료행위가 사전에 환자의 승낙을 받은 경우는 피해자의 승낙에 의한 행위로서 위법성이 조각될 수 있다. 하지만 환자의 승낙을 받을 수 없거나 추정적 승낙을 기대할 수 없는 때에도 의사가 환자의 생명을 구하기 위하여 치료행위를 하는 경우도 있다. 따라서 치료행위를 개별적·유형적으로 나누어 법적 성격을 규명하는 것보다는 전체적·통일적으로 판단하는 것이 법리적으로 혼란을 방지할 수 있다. 따라서 의사의 치료행위는 업무로 인한 행위로서의 정당행위로 보아야 한다.

(나) 안락사와 존엄사

안락사는 죽음에 임박한 중환자의 고통을 덜어주기 위해 사기(死期)를 앞당겨 사망하게 하는 행위를 말한다. 안락사의 유형에는 (ⅰ) 생명단축을 수반하지 않고 고통을 제거하여 안락하게 자연사하도록 하는 경우인 진정안락사(협의의 안락사), (ⅱ) 불치의 환자에 대해 고통을 제거하기 위한 치료가 생명단축을 가져오게 결과를 초래한 경우인 간접적 안락사(소극적 안락사), (ⅲ) 치료행위 중단에 의해 사망에 이르게 하는 경우인 부작위에 의한 안락사, (ⅳ) 환자의 고통을 덜어주기 위해 적극적으로 생명을 단축하게 하는 경우인 적극적 안락사 등이 있다.

이러한 안락사에 대하여 위법성조각이 인정되는가가 문제된다. 진정안락사, 즉 생명을 단축시키지 않는 안락사는 일종의 치료행위에 해당하므로 위법성이 조각된다는 점에는 견해가 일치한다. 그러나 생명의 단축을 가져오는 안락사에 대하여는 ① 어떠한 유형의 안락사도 허용되지 않는다는 견해, ② 간접적 안락사의 경우에만 위법성이 조각된다는 견해, ③ 동기가 안락사 본래의 목적을 달성하기 위한 경우에 한하여 적극적 안락사가 허용된다는 견해(통설) 등이 있다. 전술한 것처럼 현행법상 연명치료 중단행위가 허용되고 있는 현실을 고려하면 사실상 형법적으로 문제되는 안락사는 적극적 안락사의 경우이다. 환자의 고통이나 의료기술의 현실적 한계 등을 고려하면 적극적 안락사를 전면적으로 금지하는 것만이 최선은 아닐 것이다. 이미 일부 국가들에서는 적극적 안락사를 법적·제도적으로 허용하고 있다. 다만, 적극적 안락사를 허용한다고 하더라도 절대적 생명보호의 원칙은 존중되어야만 한다. 따라서 적극적 안락사가 위법성이 조각되기 위해서는 (ⅰ) 환자가 불치의 병으로 사기에 임박했을 것, (ⅱ) 환자의 육체적 고통이 극심할 것, (ⅲ) 그 고통을 완화하기 위한 목적으로 행할 것, (ⅳ) 환자의 의식이 명료한 때에는 본인의 진지한 촉탁 또는 승낙이 있을 것, (ⅴ) 원칙적으로 의사에 의해 시행되고, 그 방법이 윤리적으로 타당한 것으로 인정할 수 있을 것 등의 요건이 충족되어야 한다(일본 판례).

> **[안락사의 위법성조각의 법적 근거]** 안락사에 대하여 의사에게 위법성조각을 인정하는 경우에도 그 법적 근거에 대하여는 ① 업무로 인한 행위라는 견해(통설), ② 피해자의 승낙으로 인한 행위라는 견해, ③ 극히 제한된 조건(환자의 사기 임박과 극심한 고통, 환자의 진지한 동의, 고통을 덜어 주기 위한 목적과 의학적으로 상당한 시술 등)하에서 기타 사회상규에 위배되지 아니하는 행위라는 견해 등이 있다.
> 형법상 안락사는 의사에 의해 행하여지는 경우에 한하여 위법성조각을 인정하고 있고, 이것은 안락사가 의사의 치료행위의 연장선상에 있다는 이유를 근거로 하는 것이므로 업무로 인한 행위로서 위법성이 조각된다고 하여야 한다.

한편, **존엄사**는 불치의 병에 걸린 환자가 오랫동안 식물인간상태로 의식이 없거나 혹은 지적·정신적 판단능력이 사실상 상실된 경우에 인공적인 생명연장장치를 제거하거나 생명연장을 위한 응급조치를 하지 않음으로써 사망하게 하는 것을 말한다. 일부 국가에서는 사람은 사람답게 살 권리뿐만 아니라 '사람답게 죽을 권리'도 있고, 이것은 프라이버시권의 일종이라고 하면서 환자의 자기결정권을 존중하여 존엄사를 법적으로 허용하거나 위법성조각사유로 인정하기도 한다. 우리나라에서는 종래 절대적 생명보호의 원칙은 유지되어야 한다는 점에서 존엄사를 허용하는 법률규정은 없지만, (ⅰ) 자연적 생명력이 감퇴되어 생존가능성이 희박할 것, (ⅱ) 환자가 생전에 동의하거나 가족의 동의가 있어야 할 것, (ⅲ) 의사가 의학적 방법에 따라 처치할 것 등의 요건이 충족되면 위법성이 조각되는 것으로 이해하여 왔다. 하지만 전술한 것처럼 호스피스·완화의료 및 임종과정에 있는 환자의 연명의료결정에 관한 법률이 제정·시행됨에 따라 존엄사는 동법상 연명의료 중단행위에 해당하는 경우에 한하여 '법령에 의한 행위'로서 위법성이 조각되는 것으로 해석하여야 한다.

(2) 변호사 또는 성직자의 업무행위

변호사가 변호인으로서 피고인을 위해 변호활동을 하는 것은 정당한 업무행위에 속한다(변호사법 제3조 참조). 따라서 변호사가 법정에서 변론하던 중에 타인의 명예를 훼손하는 사실을 말하거나 변호업무를 처리하면서 알게 된 타인의 비밀을 누설한 경우에도 업무로 인한 정당행위로서 위법성이 조각된다. 그러나 변호사가 법정 외에서 변론과 상관없이 행한 경우에는 변호사로서의 비밀유지의무(변호사법 제26조)를 위반한 것으로서 명예훼손죄(제307조) 또는 형법상 업무상비밀누설죄(제317조 제1항) 등이 성립할 수 있다.

또한 **성직자**가 고해성사를 통해 알게 된 범죄사실을 고발하지 않거나 묵비한 경우에도 업무로 인한 행위로서 위법성이 조각된다. 오히려 성직자가 직무상 취득한 비밀을 누설하게 되면 형법상 업무상비밀누설죄(제317조)가 성립할 수 있다. 그러나 성직자가 적극적으로 범인을 은닉·도피하게 한 것은 성직자의 직무범위를 벗어난 것으로서 위법성이 조각되지 않는다(82도3248).

다. 사회상규에 위배되지 아니하는 행위

사회상규는 사회생활에 있어서 일반적으로 인정되는 정상적 규칙을 말한다. 따라서 사회상규불위배행위란 법질서 전체의 정신이나 그 배후를 이루는 사회윤리에 비추어 용인될 수 있는 범위 내의 행위를 의미한다. 판례는 "사회상규에 반하지 않는 행위라 함은 국가질서의 존중이라는 인식을 바탕으로 한 국민일반의 건전한 도의적 감정에 반하지 아니한 행위"(83도2224) 또는 "법질서 전체의 정신이나 그 배후에 놓여 있는 사회윤리 내지 사회통념에 비추어 용인될 수 있는 행위"(2007도6243)라고 한다.

[판례] 형법상 처벌하지 아니하는 소위 사회상규에 반하지 아니하는 행위라 함은 법규정의 문언상 일응 범죄구성요건에 해당된다고 보이는 경우에도 그것이 극히 정상적인 생활형태의 하나로서 역사적으로 생성된 사회질서의 범위 안에 있는 것이라고 생각되는 경우에 한하여 그 위법성이 조각되어 처벌할 수 없게 되는 것으로서, 어떤 법규정이 처벌대상으로 하는 행위가 사회발전에 따라 전혀 위법하지 않다고 인식되고 그 처벌이 무가치할 뿐만 아니라 사회정의에 위반된다고 생각될 정도에 이를 경우나, 국가법질서가 추구하는 사회의 목적가치에 비추어 이를 실현하기 위하여서 사회적 상당성이 있는 수단으로 행하여졌다는 평가가 가능한 경우에 한하여 이를 사회상규에 위배되지 아니한다고 할 것이다(94도1657).

[**사회상규와 사회상당성**] 사회상규와 유사한 개념으로 사회상당성이라는 용어가 있다. 사회상당성은 벨젤(Welzel)의 사회적 상당성이론에서 도출된 개념으로서, 역사적으로 형성된 공동생활의 사회질서의 테두리 내에 속하는 행위를 말한다. 따라서 이 입장에 따르면 사회상당성에 해당하는 행위는 구성요건해당성을 조각하는 것으로서 위법성조각사유인 사회상규와는 법적 지위에서는 구분된다.

　하지만 양 개념은 그 의미에 있어서 유사하므로 구별실익이 없다. 판례도 "사회상규에 위배되지 아니하는 행위는 초법규적인 법익교량의 원칙이나 목적과 수단이 정당성에 관한 원칙 또는 사회적 상당성의 원리에서 도출된 개념"(71도827)이라고 하여 사실상 양자를 구별하고 있지 않다.

그러나 사회상규는 너무나 포괄적이고 추상적인 개념에 불과하다. 따라서 사회상규에 위배되는가 여부에 관한 판단기준으로서 법익형량의 원칙, 목적과 수단의 정당성, 사회상당성, 이익흠결의 원칙 등이 거론된다. 판례는 어떠한 행위가 사회상규에 위배되지 아니하는 정당한 행위로서 위법성이 조각되는가 여부는 구체적인 사정 아래서 합목적적, 합리적으로 고찰하여 개별적으로 판단하고 있다 (2007도6243). 판례가 사회상규불위배행위로 인정한 구체적인 행위유형으로는 (ⅰ) 상대방의 도발이나 폭행 또는 강제연행을 피하기 위한 소극적인 저항행위, (ⅱ) 객관적으로 징계의 범위를 벗어나지 않고 주관적으로 교육의 목적으로 행해진 징계권 없는 사람의 징계행위, (ⅲ) 사회상규에 벗어나지 않는 정도의 자기 또는 타인의 권리를 실행하기 위한 행위, (ⅳ) 극히 경미한 법익침해행위 등이 있다(구체적 사례는 개별 판례 참조).

[**판례**] 모욕죄의 성부와 관련하여 사회상규에 위배되는지 여부는 피고인과 피해자의 지위와 관계, 표현행위를 하게 된 동기, 경위나 배경, 표현의 전체적인 취지와 구체적인 표현방법, 모욕적인 표현의 맥락 그리고 전체적인 내용과의 연관성 등을 종합적으로 고려하여 판단해야 한다. 따라서 어떤 글이 모욕적 표현을 담고 있는 경우에도 그 글이 객관적으로 타당성이 있는 사실을 전제로 하여 그 사실관계나 이를 둘러싼 문제에 관한 자신의 판단과 피해자의 태도 등이 합당한가에 대한 의견을 밝히고, 자신의 판단과 의견이 타당함을 강조하는 과정에서 부분적으로 다소 모욕적인 표현이 사용된 것에 불과하다면 사회상규에 위배되지 않는 행위로서 형법 제20조에 의하여 위법성이 조각될 수 있다. 그리고 인터넷 등 공간에서 작성된 단문의 글이라고 하더라도, 그 내용이 자신의 의견을 강조하거나 압축하여 표현한 것이라고 평가할 수 있고 표현도 지나치게 모욕적이거나 악의적이지 않다면 마찬가지로 위법성이 조각될 수 있다(2020도16897).

4. 의무의 충돌

가. 의무의 충돌의 의의와 종류

의무의 충돌이란 2개 이상의 의무를 동시에 이행할 수 없는 긴급상태에서 그중 하나의 의무를 이행하기 위하여 다른 의무의 이행을 방치한 결과, 방치한 의무불이행이 구성요건에 해당하는 경우를 말한다. 따라서 의무의 충돌은 부작위의무 상호 간이나 부작위의무와 작위의무가 충돌하는 경우에는 문제되지 않고, 작위의무와 작위의무가 충돌하는 경우에 문제된다.

의무의 충돌에는 (i) 법규 사이의 모순으로 인해 그로부터 도출되는 법적 의무가 충돌하는 경우인 **논리적 충돌**(예, 의사의 전염병예방법에 의한 신고의무와 형법상 업무상 비밀유지의무)과 법규와 관계없이 행위자의 일신적 사정에 의해 2개 이상의 의무가 충돌하는 경우인 **실질적 충돌**(예, 아들 2명이 동시에 물에 빠져 익사할 위험에 처한 상황에서 아버지가 한 아이를 구하다가 다른 아이를 익사하게 한 경우), (ii) 행위자가 의무형량이 가능한 경우로 적법행위인가 위법행위인가를 선택할 수 있는 충돌인 **해결할 수 있는 충돌**과 의무형량이 불가능한 경우로서 행위자에게 선택의 여지를 주지 않는 충돌인 **해결할 수 없는 충돌**이 있다. 의무의 충돌에서 특히 문제되는 것은 실질적 충돌의 경우로서 작위의무와 작위의무가 충돌하는 경우이다.

나. 의무의 충돌의 법적 성격

우열관계에 있는 의무의 충돌에 대하여 위법성조각을 인정하는 경우에도 그 법적 성격에 대하여는 ① 긴급피난의 일종이나 긴급피난의 특수한 경우라는 견해, ② 형법 제20조의 사회상규에 위배되지 않는 정당행위에 해당한다는 견해, ③ 초법규적 위법성조각사유라는 견해 등이 있다.

의무의 충돌은 2개 이상의 작위의무의 존재를 요하고, 위난의 현재성은 요하지 않으며, 위난의 원인도 묻지 않는다는 점 등에서 긴급피난과 구별되며, 형법 제20조의 '기타 사회상규불위배행위'의 규정으로 인해 초법규적 위법성조각사유를 인정할 필요가 없으므로 정당행위로 포섭하여야 한다.

[긴급피난과 의무의 충돌의 비교]

구 분	긴급피난	의무의 충돌
현재의 위난의 요부	필요함	필요하지 않음
위난의 원인	묻지 않음	법적 의무의 충돌을 요함
피난의무의 유무	의무 없음	의무이행이 강제됨
피난행위의 형태	주로 작위	부작위

다. 의무의 충돌의 요건 및 효과

의무의 충돌이 성립하기 위해서는 다음의 요건이 갖추어져야 한다.

첫째, 동시에 이행할 수 없는 2개 이상의 의무가 충돌하여야 한다. 행위자에게 2개 이상의 의무가 부과되어 있고, 이것을 동시에 이행할 수 없어야 한다. '의무'는 실정법상 의무일 것을 요하지 않으며, 관습법상 인정되거나 법질서 전체의 정신에서 도출되는 의무이면 된다. 그러나 행위자에게 책임 있는 사유로 인하여 의무의 충돌이 발생한 경우에 대하여는 ① 행위자의 고의 또는 과실에 의한 경우에는 위법하다는 견해(다수설), ② 경미한 과실의 경우에는 위법성이 조각된다는 견해, ③ 의무의 충돌상태에 있으면 원인에 관계없이 위법성이 조각된다는 견해 등이 있다.

행위자에게 고의나 과실이 있는 경우까지 법적으로 보호할 필요는 없지만, 예외적으로 경미한 과실이 있는 경우에는 비교형량 등을 통해 상당성이 인정되면 의무의 충돌에 해당하는 경우로서 위법성조각을 인정하여야 한다.

둘째, 의무의 충돌에 있어서는 충돌하는 의무 중 높은 가치의 의무를 이행하여야 한다. 의무의 충돌이 위법성이 조각되기 위해서는 높은 가치의 의무를 이행하여야 한다. 다만, 동등한 가치 또는 이익을 형량할 수 없는 의무의 충돌에 대하여는 ① 법이 불가능한 것을 강요할 수 없고, 어느 의무를 이행하는가는 행위자의 선택에 맡겨야 한다는 점에서 위법성조각사유로 이해하는 견해(다수설), ② 책임조각사유로 이해하는 견해, ③ 동등한 가치의 의무가 충돌한 경우는 위법성조각사유가 되고, 비교형량할 수 없는 가치가 충돌된 경우는 책임이 조각된다는 견해 등이 있다.

의무의 충돌이 상당성이 있는 행위로서 위법성조각사유로 인정되기 위해서는 위법성조각의 근거인 우월적 이익의 원칙을 충족하여야 한다. 따라서 같은 가치의 다른 의무를 이행하거나 하위가치의 의무를 이행한 경우에는 이 원칙에 위배되므로 위법성조각을 인정하기 어렵고, 불가피한 사정이 있는 경우에는 기대불가능성을 이유로 책임이 조각·감경되는 사유로 하여야 한다.

셋째, 주관적 정당화요소로서 의무의 충돌상황을 인식하고, 높은 가치의 의무를 이행하고자 하는 의사를 가져야 한다. 행위자가 2개 이상의 의무를 동시에 이행하여야 한다는 사실을 인식하고, 충돌하는 의무 중에서 높은 가치의 의무를 이행하려는 의사가 있어야 한다. 이때 이행하는 의무를 선택한 다른 동기는 묻지 않는다.

제3절 정당방위

제21조(정당방위) ① 현재의 부당한 침해로부터 자기 또는 타인의 법익(法益)을 방위하기 위하여 한 행위는 상당한 이유가 있는 경우에는 벌하지 아니한다.
② 방위행위가 그 정도를 초과한 경우에는 정황(情況)에 따라 그 형을 감경하거나 면제할 수 있다.
③ 제2항의 경우에 야간이나 그 밖의 불안한 상태에서 공포를 느끼거나 경악(驚愕)하거나 흥분하거나 당황하였기 때문에 그 행위를 하였을 때에는 벌하지 아니한다.

1. 정당방위의 의의

정당방위란 자기 또는 타인의 법익에 대한 현재의 부당한 침해를 방위하기 위한 상당한 이유가 있는 행위를 말한다. 형법 제21조 제1항에서는 "현재의 부당한 침해로부터 자기 또는 타인의 법익(法益)을 방위하기 위하여 한 행위는 상당한 이유가 있는 경우에는 벌하지 아니한다"고 규정하여 정당방위를 위법성조각사유로 인정하고 있다.

정당방위는 위법한 침해에 대하여 정당화되는 행위이므로 '부정(不正)' 대 '정(正)'의 관계에 있고, "정(正)은 부정(不正)에 양보할 필요가 없다"라는 사상, 즉 자기보호의 원리와 법수호의 원리를 위법성조각의 근거로 한다. 다시 말해서 정당방위는 개인의 권리 측면에서 타인의 위법한 침해로부터 스스로 방위하는 것을 허용함과 동시에 사회적 측면에서 불법에 대하여 법을 수호하고 불의를 징벌함으로써 정의를 세운다는 이념에 각각 기초하고 있다.

2. 정당방위의 성립요건

가. 현재의 부당한 침해

(1) 침해

침해란 법익에 대한 사람의 공격 또는 그 위험을 말한다. 침해가 범죄구성요건상 행위가 아니더라도 가능하다. 그러나 단순한 욕설만으로는 이에 해당하지 않는다(4290형상73). 침해는 사람의 행위이어야 하므로 자연재해에 의한 침해나 동물에 의한 침해에 대하여는 정당방위는 허용되지 않고 긴급피난만이 가능하다. 다만, '동물'의 침해가 주인의 사주 또는 고의·과실에 의한 경우에는 동물이 주인의 도구 및 수단으로 이용된 것이므로 궁극적으로는 사람의 행위이기 때문에 정당방위가 가능하다.

또한 침해는 고의행위·과실행위에 의한 경우를 불문하며, 행위자의 책임능력의 유무도 고려되지 않는다. 침해는 작위에 의한 경우가 대부분이지만, 작위의무가 있는 사람의 부작위에 의한 침해에 대해서도 정당방위가 가능하다. 그러나 채무불이행과 같은 단순한 의무불이행은 부작위에 의한 침해에 해당되지 않는다.

(2) 침해의 현재성

침해는 현재에 있어야 한다. 따라서 과거의 침해나 장래에 있을 것으로 예상되는 침해에 대하여는 정당방위가 허용되지 않는다.

'현재의 침해'란 침해가 지금 행해지고 있는 경우뿐만 아니라 곧 행해지려 하고 있는 급박한 상태이거나 아직 계속 중인 경우를 포함한다. '곧 행해지려 하고 있는 급박한 상태'에 대하여는 ① 공격자가 범행의 예비단계에서 실행의 착수단계로 이행하는 순간부터라는 견해, ② 방위행위가 더 이상 늦추어지게 되면 방위행위가 불가능하거나 매우 힘든 상황에 돌입하게 될 때부터라는 견해, ③ 예비의 종료시점이라는 견해 등이 있다. 정당방위의 현재성 요건은 엄격하게 해석하여야 한다는 점에서 예비·음모죄를 벌하는 경우가 아닌 한 실행의 착수 직전으로 이해하여야 한다. '침해의 현재성'이란 침해행위가 형식적으로 기수에 이르렀는지에 따라 결정되는 것이 아니라 자기 또는 타인의 법익에 대한 침해상황이 종료되기 전까지를 의미하는 것이므로 일련의 연속되는 행위로 인해 침해상황이 중단되지 아니하거나 일시 중단되더라도 추가 침해가 곧바로 발생할 객관적인 사유가 있는 경우에는 그중 일부 행위가 범죄의 기수에 이르렀더라도 전체적으로 침해상황이 종료되지 않은 것으로 볼 수 있다(2020도6874). 따라서 절도의 현행범인을 추격하여 도품을 탈취하는 것은 자구행위가 아니라 정당방위에 해당한다(95도241 참조).

현재성의 판단은 피침해자의 주관이 아니라 객관적인 상황에 따라 결정하여야 하고, 방위행위시가 아니라 침해행위시를 기준으로 하여야 한다. 따라서 사전에 담벼락에 전기철조망을 설치해 둔 경우에도 타인이 주거에 침입할 때 감전을 당하였다면 침해의 현재성이 인정될 수 있다. 그러나 예방적 정당방위, 즉 침해를 예견하고 사전에 미리 방위행위를 하는 것은 정당방위가 되지 않는다. 다만, 폭력행위 등 처벌에 관한 법률 제8조 제1항에서는 "이 법에 규정된 죄를 범한 사람이 흉기나 그 밖의 위험한 물건 등으로 사람에게 위해(危害)를 가하거나 가하려 할 때 이를 예방하거나 방위(防衛)하기 위하여 한 행위는 벌하지 아니한다"고 규정하여 예외적으로 예방적 정당방위를 인정하고 있다.

[지속적 위험의 현재성 여부] 지속적 위험이란 과거부터 침해가 지속되어 왔고, 장래에도 침해가 반복하여 계속될 우려가 있는 경우를 말한다. 이러한 지속적 위험이 있는 경우에 정당방위의 현재성을 인정할 수 있는가가 문제된다. 예를 들면, 가정폭력을 일삼는 남편으로부터 벗어나기 위해 남편이 잠든 틈을 타서 살해한 경우에 정당방위가 인정되는가 하는 것이다.

이에 대하여는 ① 계속되어 온 침해행위가 있으므로 침해의 현재성을 인정할 수 있다는 견해와 ② 침해의 현재성은 엄격하게 인정되어야 하며, 지속적 위험사례는 장래의 침해를 방지하기 위한 것이므로 침해의 현재성이 인정되지 않는다는 견해 등이 있다. 판례는 전설의 태도를 취하고 있는 듯하지만(92도2540) 정당방위의 요건은 엄격하게 해석할 필요가 있고, 위의 사례에서는 피해자가 다른 방법으로 긴급구조를 요청할 여지도 있다는 점에서 긴급피난이 성립하는 것은 별론으로 하고 정당방위는 인정되지 않는다.

(3) 침해의 부당성

침해는 부당하여야 한다. '부당한 침해'란 형법뿐만 아니라 법질서 전체에 반하는 모든 침해를 포괄하는 것으로 객관적으로 판단한다. 따라서 민사법상 불법행위나 미수범 처벌규정이 없는 범죄의 미수행위, 형법상 처벌되지 않는 사용절도와 같은 행위, 처벌되지 않는 과실행위에 관여하여 결과를 발생시킨 행위 등에 대해서도 정당방위가 가능하다. 부당한 침해의 요건에 대하여는 ① 단순한 결과반가치만 있으면 충분하므로 고의·과실 유무에 관계없이 법익에 대한 손해를 유발하면 침해가 된다는 견해와 ② 불법에는 결과반가치와 행위반가치가 동시에 존재해야 한다는 점에서 공격자의 행위가 법적인 명령 또는 금지규범에 반하는가를 중심으로 침해의 위법성 여부를 판단해야 하기 때문에 고의·과실뿐만 아니라 침해행위가 적어도 객관적으로 주의의무위반적 행위이어야 한다는 견해 등이 있다. 형법상 '부당'한 침해라고 규정하고 있는 점을 고려하면 법질서에 반하여 법익에 대한 침해(결과반가치)가 발생하면 정당방위를 허용하여야 한다.

침해행위가 범죄구성요건에 해당하는 경우에도 위법하면 충분하고, 유책할 필요는 없다. 따라서 정당행위, 정당방위, 긴급피난 등은 위법성이 조각되므로 이에 대하여는 정당방위가 허용되지 않지만, 명정자·정신병자 또는 유아 등 책임무능력자의 침해에 대하여는 정당방위가 가능하다. 싸움에 있어서 서로 공격할 의사로 싸우다가 먼저 공격을 받고 이에 대항하여 가해를 한 경우 가해행위는 방어행위인 동시에 공격행위의 성격을 가지므로 정당방위 또는 과잉방위행위라고 볼 수 없다 (2020도15812). 다만, 예외적으로 전혀 싸울 의사 없이 소극적인 방어에 그친 경우, 싸움 도중 상대방이 갑자기 예상하지 못했던 과도한 공격수단으로 나온 경우 등에 있어서는 정당방위가 인정된다. 또한 형식적으로는 싸움이지만 일방적으로 공격을 당하는 경우의 방어적 방위행위는 정당방위가 될 수 있다(판례).

> **[판례]** 맞붙어 싸움을 하는 사람 사이에서는 공격행위와 방어행위가 연달아 행하여지고 방어행위가 동시에 공격행위인 양면적 성격을 띠어서 어느 한쪽 당사자의 행위만을 가려내어 방어를 위한 '정당행위'라거나 '정당방위'에 해당한다고 보기 어려운 것이 보통이다. 그러나 겉으로는 서로 싸움을 하는 것처럼 보이더라도 실제로는 한쪽 당사자가 일방적으로 위법한 공격을 가하고 상대방은 이러한 공격으로부터 자신을 보호하고 이를 벗어나기 위한 저항수단으로서 유형력을 행사한 경우에는, 그 행위가 새로운 적극적 공격이라고 평가되지

아니하는 한, 이는 사회관념상 허용될 수 있는 상당성이 있는 것으로서 위법성이 조각된다 (2009도12958).

[참고] **싸움(쌍방폭행)**의 경우에 경찰실무상 정당방위를 인정하는 요건
 1. 침해행위에 대해 방어하기 위한 행위일 것
 2. 침해행위를 도발하지 않았을 것
 3. 먼저 폭력행위를 하지 않았을 것
 4 폭력행위의 정도가 침해행위의 수준보다 중하지 않을 것
 5. 기타 위험한 물건을 사용하지 않았을 것
 6. 침해행위가 저지되거나 종료된 후에는 폭력행위를 하지 않았을 것
 7. 상대방의 피해정도가 본인보다 중하지 않을 것
 8. 치료에 3주(21일) 이상을 요하는 상해를 입히지 않았을 것

* 경찰에서는 위의 8개 항목에 해당하는 경우로서 폭력행위가 정당방위로 인정되는 때에는 이를 범죄사건으로 입건하지 않으며 이미 입건된 경우에는 불기소(죄가안됨)의견으로 송치하고 있다고 함.

---

* 출처 : 경찰청 자료.

나. 자기 또는 타인의 법익을 방위하기 위한 행위

(1) 자기 또는 타인의 법익

(가) 법익

법익이란 권리에 한정하지 않고 법에 의해 보호되는 모든 이익을 말하며, 형법에 국한되지 않고 다른 법규에 의하여 보호되는 법익도 포함한다. 따라서 생명, 신체, 명예, 재산, 자유 등 형법상 법익 이외에 민법상 점유, 가족관계나 일반적 인격권의 대상이 되는 사적 생활영역도 정당방위의 대상이 된다.

(나) '자기 또는 타인'의 법익

정당방위는 자기 또는 타인의 법익을 방위하기 위해 허용된다. 타인을 위한 정당방위를 긴급구조라고 한다. '타인'에는 자연인 이외에 법인과 국가도 해당한다. 개인에게 국가적·사회적 법익을 위한 정당방위가 허용되는가가 문제되지만 국가가 개인적 지위에서 갖는 법익에 대한 정당방위는 허용된다. 따라서 국가 소유의 건물 또는 물건에 대한 방화·절도·손괴 등에 대하여는 정당방위가 가능하다.

그러나 공공질서와 같은 국가적·사회적 법익을 위한 정당방위는 원칙적으로 허용되지 않는다. 다만, 국가의 존립에 관한 명백하고 중대한 위협에 처하여 국가가 그 기관에 의하여 스스로 보호조치를 취할 수 있는 여유가 없는 경우에 사인(私人)에게 정당방위가 허용되는가에 대하여는 ① 예외적으로 허용되어야 한다는 견해와 ② 현행범체포 등 다른 위법성조각사유는 인정될 수 있을지언정 정당방위는 허용되지 않는다는 견해 등이 있다. 사인에게 국가적·사회적 법익을 위한 정당방위를 제한 없이 허용하게 되면 사인에게 경찰관의 역할과 기능을 부여하는 것이 되므로 국가 법질서유지에 혼란이 초래될 우려가 크다. 하지만 국가적·사회적 법익이라고 하더라도 국가기관이나 공공시설의 폭파와 같이 침해가 발생하면 그 피해가 중대하고, 회복하기 어렵다고 인정되는 경우로서 국가 자체에 의한 방위조치를 기대할 수 없는 긴급한 경우에는 예외적으로 사인에게도 정당방위를 인정하여야 한다.

(2) 방위하기 위한 행위

(가) 방위행위

방위행위란 위법한 침해를 막기 위한 방어행위를 말한다. 방위행위에는 침해행위에 대하여 순전히 수비적 방어에만 그치는 보호방위(방어적 방위)와 침해행위에 대하여 적극적 공격을 가하는 공격방위(적극적 방위)를 포함한다(2020도6874). 다만, 공격방위는 보호방위가 불가능한 부득이한 사정이 있는 경우에 한하여 인정된다.

방위행위는 성질상 침해행위자 및 그 도구에 대하여 행해져야 한다. 방위행위가 침해와 무관한 제3자에게 행해진 경우에는 긴급피난의 문제가 된다. 다만, 제3자에 대한 방위행위가 공격자에 대한 방위의 한 부분이 되는 경우에는 정당방위로 될 수 있다.

(나) 방위의사

방위행위가 성립하기 위해서는 주관적 정당화요소로서 방위의사가 있어야 한다(다수설, 2016도2794(2015노11)). 방위의사는 방위행위의 유일한 동기일 필요는 없고, 분노, 증오, 복수심 등과 같은 동기가 함께 있어도 주된 동기가 방위의사이면 정당방위가 성립한다. 우연방위는 외형적으로는 방위행위이지만 방위의사가 없으므로 정당방위가 성립하지 않는다. 방위의사가 결여된 방위행위는 결과반가치는 부정되지만 행위반가치는 인정되므로 불능미수범으로 처벌될 수 있다(다수설).

[도발된 침해와 정당방위의 성부] 도발된 침해란 행위자가 상대방의 공격을 도발한 경우를 말한다. 이 경우에 정당방위가 성립할 수 있는가가 문제된다.

1. **목적에 의한 도발** : 목적에 의한 도발은 행위자가 정당방위상황을 이용하여 공격자를 침해할 목적으로 공격자에게 악의적으로 침해를 유발시킨 것이므로 정당방위가 성립하지 않는다. 그 근거에 대하여는 ① 도발된 사람의 공격행위가 행위자의 도발에 대응한 정당한 행위이기 때문에 부당한 침해가 없으므로 정당방위상황이 존재하지 않는다는 견해(위법성불조각), ② 행위자에게 주관적 정당화사유인 방위의사가 없으므로 정당방위가 되지 않는다는 견해(불능미수 성립), ③ 행위자에게 법수호의 이익이 인정되지 않으므로 상당성을 결여한다는 견해(과잉방위 성립) 등이 있다.

   행위자가 침해를 도발하게 한 경우에도 공격자의 침해가 반드시 정당화되는 것은 아니고, 이 경우에도 행위자에게 법수호의 이익이 전혀 없다고 할 수 없다. 따라서 행위자에게는 처음부터 공격을 위한 방법으로서 도발시킨 것(공격자를 도구로 이용한 일종의 간접정범이라고 할 수 있을 것임)으로서 방위의사를 인정할 수 없기 때문에 정당방위의 요건이 충족되지 않는 것으로 이해하여야 한다.

2. **유책한 도발** : 유책한 도발은 행위자가 공격자의 침해를 의도하지 않았지만 상대방의 공격을 유발시킨데 책임이 있는 경우이다. 이 경우에는 행위자가 애초 공격을 예상하였다고 볼 수 없고, 따라서 공격자의 침해에 대해 방위의사를 인정할 수 있으므로 정당방위가 허용된다. 다만, 이 경우에는 행위자에게 침해에 대한 과실이 있다는 점에서 법수호의 이익이 현저히 감소되므로 방위행위는 다른 방법으로는 방어할 수 없는 경우에 행하여지는 최후수단이어야 하며, 방어적 방위행위로 제한된다.

   그러나 이때 행위자의 도발이 법질서 관점에서 부당하거나 위법한 경우에는 공격자의 행위가 정당방위가 되므로 행위자에게는 정당방위가 허용되지 않는다.

다. 상당한 이유

(1) 상당한 이유의 의의와 판단기준

정당방위가 성립하기 위해서는 방위행위에 상당한 이유(상당성)가 있어야 한다. 상당한 이유란 사회생활상 법적으로 허용되는 것으로 용인될 수 있는 성질을 의미한다.

상당한 이유의 구체적 의미에 대하여는 ① 독일형법(제32조 제2항 - 정당방위는 자기 또는 타인의 현재의 위법한 공격으로부터 회피하기 위하여 필요로 하는 방위이다)의 필요성과 동일한 의미로 이해하고, 상당한 이유 외에 사회윤리적 제한을 정당방위를 부정하기 위한 초법규적인 독자적인 요건으로 파악하는 견해, ② 필요성과 요구성으로 이해하고, 후자에 사회윤리적 제한이 포함된다는 견해, ③ 독일형법과 관계없이 형법상 독자적인 의미를 가진 것으로 사회윤리적 제한은 상당한 이유 속에 포함되어 있다는 견해, ④ 사회윤리적 제한은 형법상 상당한 이유와 별개의 것으로 형법상 정당행위의 성립요건에 포함시켜서는 아니 된다는 견해 등이 있다. 판례는 상당성의 판단과 관련하여 "정당방위에 있어서는 반드시 방위행위에 보충의 원칙은 적용되지 않으나 방위에 필요한 한도 내의 행위로서 사회윤리에 위배되지 않는 상당성 있는 행위임을 요한다"(91다19913)라고 하거나, "그 행위에 이르게 된 경위, 목적, 수단, 의사 등 제반사정에 비추어 사회통념상 허용될 만한 정도의 상당성"(84도242)이 있을 것을 요함으로써 상당성의 개념 속에 사회윤리적 제한을 포함시키고 있다.

위법성을 법질서 전체에 반하는 성질로 이해하게 되면 위법성조각의 요건인 상당한 이유를 판단함에 있어서도 사회윤리적 요소를 고려하여야 한다. 또한 위법성판단에 있어서는 행위반가치 외에 결과반가치를 고려할 것이 요구되므로, 구체적 사례에서 상당한 이유의 유무를 판단함에 있어서도 침해행위에 의해 침해되는 법익의 종류나 정도, 침해의 방법, 방위행위에 의해 침해되는 법익의 종류나 정도 등 당시의 사정을 종합적으로 고찰할 것이 요구된다. 따라서 상당한 이유는 사회윤리적 제한뿐만 아니라 필요성이나 법익균형성, 보충성 등의 요건을 모두 내포하고 있는 개념으로 이해하여야 한다. 이에 따르면 정당방위에 있어서 상당한 이유의 유무를 판단함에는 다음의 원칙이 고려되어야 한다. (i) 보충성의 원칙이다. 방위행위는 최후수단이어야 하며, 회피할 수 있는 경우에는 회피수단을 선택하여야 한다. (ii) 필요성 또는 상대적 최소방위의 원칙이다. 방위수단이 여러 가지인 경우에는 상대적으로 최소의 피해를 주는 방위행위를 선택하여야 한다. (iii) 이익균형의 원칙이다. 방위행위에 의하여 보호되는 법익과 방위행위로 인하여 훼손되는 법익 사이에 균형이 유지되어야 한다. (iv) 요구성 또는 사회윤리적 제한이다. 정당방위의 정당화 근거인 자기보호의 이익과 법질서수호의 이익이 없거나 미미한 경우에는 방위행위가 요구되지 않으므로 사회윤리적인 측면에서 제한된다.

그러나 정당방위는 '부정(不正)' 대 '정(正)'의 관계에서 '정'이 '부정'에 양보할 필요가 없으므로 정당방위에 있어서는 긴급피난의 경우와 달리 보충성의 원칙이나 법익균형의 원칙은 엄격하게 요구되지 않는다. 따라서 사실상 방위행위가 상대적 최소방위의 원칙을 충족하였다면 상당성이 있다고 판단할 수 있다. 또한 사회윤리적 제한 요소는 이를 지나치게 강조하면 형법이 심정형법화되고, 법관의 자의가 지나치게 개입될 우려가 있으므로 객관적 요소에 의한 판단을 보충하는 요소로만 인정하여야 한다.

[판례] 정당방위에 있어서는 반드시 방위행위에 보충의 원칙은 적용되지 않으나 방위에 필요한 한도 내의 행위로서 사회윤리에 위배되지 않는 상당성 있는 행위임을 요한다. 따라서 야간에 술이 취한 상태에서 병원에 있던 과도로 대형 유리창문을 쳐 깨뜨리고 자신의 복부에 칼을 대고 할복자살하겠다고 난동을 부린 피해자가 출동한 2명의 경찰관들에게 칼을 들고 항거하였다고 하여도 위 경찰관 등이 공포를 발사하거나 소지한 가스총과 경찰봉을 사용하여 위 망인의 항거를 억제할 시간적 여유와 보충적 수단이 있었다고 보여지고, 또 부득이 총을 발사할 수밖에 없었다고 하더라도 하체부위를 향하여 발사함으로써 그 위해를 최소한도로 줄일 여지가 있었다고 보여지므로, 칼빈소총을 1회 발사하여 피해자의 왼쪽 가슴 아래 부위를 관통하여 사망케 한 경찰관의 총기사용행위는 경찰관 직무집행법 제11조 소정의 총기사용 한계를 벗어난 것이다(91다19913).

(2) 정당방위의 제한

정당방위가 제한되는 경우로는 다음의 경우를 들 수 있다.

첫째, 책임무능력자의 행위에 대한 방위행위이다. 어린 아이·정신병자·술에 만취된 사람과 같이 책임능력이 결여된 사람으로부터 공격을 받았을 때에는 부당한 침해에 해당하므로 정당방위가 가능하다. 하지만 책임무능력자의 침해행위에 대하여는 법질서수호의 이익이 현저히 약화되므로 공격을 피할 수 없는 특별한 사정이 있는 경우에 한하여 예외적으로 방어적 정당방위가 허용된다.

둘째, 긴밀한 관계에 있는 사람의 행위에 대한 방위행위이다. 부부 사이나 부자 사이 등과 같이 긴밀한 인적 관계에서는 상호 간에 서로 보호할 보증의무가 있으므로 상대방의 침해에 대하여 원칙적으로 정당방위가 인정되지 않는다. 다만, 별거하고 있거나 이혼소송 중에 있는 경우와 같이 보증인적 지위를 인정할 수 없는 경우에는 그러하지 아니한다.

셋째, 극히 경미한 침해에 대한 방위행위이다. 정당방위는 '부정' 대 '정'의 관계이므로 경미한 침해에 대해서도 정당방위가 허용되지만, 그 침해의 정도가 극히 경미한 경우에는 법수호의 이익이 감소되므로 정당방위가 제한된다. 마찬가지로 침해가 예상되는 법익과 방위행위에 의해 침해된 법익 간에 현저하게 불균형이 있는 경우에도 정당방위는 물론, 과잉방위도 인정되지 않는다.

3. 과잉방위

과잉방위란 방위행위가 그 정도를 초과한 경우로서, 정당방위의 요건 중 상당한 이유의 요건을 충족시키지 못한 경우이다. 형법에서는 "방위행위가 그 정도를 초과한 경우에는 정황(情況)에 따라 그 형을 감경하거나 면제할 수 있다"(제21조 제2항)라고 규정하여 형의 임의적 감경 또는 면제사유로 하고 있다. 그러나 과잉 방위가 야간이나 그 밖의 불안한 상태에서 공포를 느끼거나 경악(驚愕)하거나 흥분하거나 당황하였기 때문에 그 행위를 하였을 때에는 벌하지 아니한다(동조 제3항).

과잉방위를 형의 임의적 감면사유로 하거나 불처벌사유로 하는 근거에 대하여는 ① 위법감소·소멸설, ② 책임감소·소멸설, ③ 위법 및 책임감소·소멸설, ④ 위법감소, 책임감소 및 예방적 처벌의 필요성설 등이 있다. 과잉방위는 정당방위의 요건을 충족하지 못하여 위법성은 조각되지 않지만, 급박한 사정으로 인해 행위자에게 적법행위에 대한 기대가능성이 감소되거나 없기 때문에 책임이 감소·소멸한 것으로 인정하여야 한다. 다만, 방위의사가 인정되지 않으면 과잉방위도 인정되지 않는다(2016도2794).

[질적 과잉방위와 양적 과잉방위]
1. **질적 과잉방위** : 질적 과잉방위란 방위행위의 범위를 초과한 경우, 즉 주먹으로 간단하게 방위할 수 있는 경우에 칼로 방위하여 중상을 입힌 경우를 말한다. 질적 과잉방위는 정당방위가 되지 않는다.
2. **양적 과잉방위** : 양적 과잉방위는 방위행위가 시간적 범위를 초과한 경우, 즉 방위행위에 의하여 이미 상대방이 침해행위가 중단되었음에도 불구하고, 계속하여 공격하여 다치게 한 경우를 말한다. 양적 과잉방위에 있어서 제2의 행위는 현재의 침해가 없으므로 정당방위에 해당하지 않고, 따라서 과잉방위도 되지 않는다. 다만, 제2의 행위가 폭행, 공포, 흥분 등 심리적 긴장상태에서 제1의 행위의 연속선상에서 이루어졌다고 평가될 수 있는 경우에는 정당방위가 될 수 있다.

4. 오상방위와 오상과잉방위

가. 오상방위

오상방위란 정당방위의 객관적 요건이 갖추어지지 않았음에도 불구하고 이것이 존재한다고 오인하고 행한 방위행위를 말한다. 예를 들면, 빌려갔던 망치를 돌려주려고 자신의 집안으로 들어오는 이웃집 사람을 강도로 오인하고 때려눕힌 경우이다.

오상방위는 정당방위상황이 객관적으로 존재하지 않지만 이를 오인하여 주관적으로는 방위의사가 존재하는 경우로서 위법성조각사유의 전제사실에 관한 착오에 해당한다. 따라서 오상방위는 제한책임설(다수설)에 따르면 사실의 착오에 준하여 취급하므로 과실범 처벌규정이 있는 경우에 한하여 과실범으로 처벌된다(후술 책임론 참조).

나. 오상과잉방위

오상과잉방위란 현재의 위법한 침해가 없음에도 불구하고 이것이 존재한다고 오인하고 상당성을 초과하는 방위행위를 한 경우를 말한다. 즉, 오상방위와 과잉방위가 결합된 형태이다.

오상과잉방위의 문제를 어떻게 처리할 것인가에 대하여는 ① 오상방위와 동일하게 취급하는 견해, ② 위법성착오로 취급하는 견해, ③ 과잉성을 인식한 오상과잉방위는 과잉방위로 취급하고, 착오로 그 정도를 초월한 경우는 오상방위로 취급하는 견해 등이 있다. 오상과잉방위는 위법성인식에 착오가 있는 것은 아니므로 원칙적으로 과잉방위로 취급하되, 정당방위상황과 상당성에 착오가 있는 경우에는 오상방위로 취급하여야 한다.

제4절 긴급피난

> 제22조(긴급피난) ① 자기 또는 타인의 법익에 대한 현재의 위난을 피하기 위한 행위는
> 상당한 이유가 있는 때에는 벌하지 아니한다.
> ② 위난을 피하지 못할 책임이 있는 자에 대하여는 전항의 규정을 적용하지 아니한다.
> ③ 전조 제2항과 제3항의 규정은 본조에 준용한다.

1. 긴급피난의 의의

긴급피난이란 자기 또는 타인의 법익에 대한 현재의 위난에 직면한 경우에 다른 사람의 정당한 법익을 희생시킴으로써 위난을 피하는 행위가 상당한 이유가 있는 경우를 말한다. 예를 들면, 甲이 맹견에게 물릴 위험에 처하자 乙의 주거에 무단으로 침입한 경우이다. 형법 제22조 제1항에서는 "자기 또는 타인의 법익에 대한 현재의 위난을 피하기 위한 행위는 상당한 이유가 있는 때에는 벌하지 아니한다"고 규정하여 긴급피난을 위법성조각사유로 인정하고 있다. 긴급피난은 보다 우월한 가치가 있는 이익을 보호하기 위한 유일한 방법(이익교량설)일 뿐만 아니라 정당한 목적을 위한 상당한 수단(목적설)이기 때문에 위법성이 조각된다고 한다.

긴급피난은 위난이 위법한 침해에 의하여 발생될 필요가 없다는 점에서 '정(正)'과 '정(正)'의 관계로 표현되며, 위난행위는 원칙적으로 위난을 야기한 사람이 아닌 제3자의 법익을 훼손하는 형태로도 나타나기 때문에 3면관계에서 발생한다는 점에서 정당방위와 다르다. 따라서 긴급피난에 있어서는 정당방위와 달리 보호이익과 피해이익 간에 엄격한 이익교량을 요구한다.

2. 긴급피난의 본질

긴급피난의 본질에 대하여는 ① 적법행위에 대한 기대가능성이 없는 경우이므로 책임조각사유로 인정하는 견해(책임조각사유설), ② 피난행위는 우월한 이익을 보전하기 위한 것이므로 이익교량설에 의하여 위법성조각사유로 인정하는 견해(위

법성조각사유설), ③ 이분설로서, 사물에 대한 긴급피난은 위법성조각사유이고, 사람의 생명·신체에 대한 긴급피난은 책임조각사유라는 견해와 우월적 이익의 원칙이 적용되는 경우는 위법성조각사유이고, 법익이 동가치인 경우에는 책임조각사유라는 견해 등이 있다.

위법성조각사유설에 대하여는 위법하지 않은 위난을 피하기 위해 타인의 법익을 침해하는 행위는 사회윤리적 규범에 반한다는 점에서 위법이라고 해야 하고, 생명과 생명, 신체와 신체와 같이 비교형량할 수 없는 법익이 충돌하는 경우에는 이익교량의 원칙을 적용할 수 없다는 비판이 있다. 그러나 형법의 입법체계를 고려하면 긴급피난은 위법성조각사유로서, 우월한 이익의 보호원칙이 적용되는 경우이다. 따라서 피해법익과 보존법익 간에 법익이 동일한 경우나 법익을 비교형량할 수 없는 경우에는 상당성을 결여하게 되므로 긴급피난에 해당하지 않는다. 따라서 이러한 경우는 현행법상 긴급성을 이유로 적법행위에 대한 기대가능성이 감소·소멸되는 것으로 해석할 수밖에 없다. 긴급피난의 '상당한 이유'에 적법행위에 대한 기대불가능성이 포함되어 있다고 해석하는 것은 정당방위 등 다른 위법성조각사유에 관한 규정을 고려할 때 일관성을 벗어나며, 따라서 이분설은 형법의 입법체계를 무시한 편의적인 해석이라고 할 수밖에 없다.

3. 긴급피난의 성립요건

가. 자기 또는 타인의 법익에 대한 현재의 위난

(1) 자기 또는 타인의 법익

긴급피난은 정당방위와 마찬가지로 자기의 법익뿐만 아니라 타인의 법익을 보호하기 위하여 할 수 있다. 타인은 자기를 제외한 모든 자연인과 법인을 뜻한다. 긴급피난은 타인의 개인적 법익뿐만 아니라 국가적·사회적 법익을 위해서도 허용된다. '법익'은 형법상 법익뿐만 아니라 법적으로 보호되는 모든 이익을 포함한다.

(2) 현재의 위난

위난이란 법익에 대한 침해가 발생할 위험이 있는 상태를 의미한다. 위난은 장래에 발생하게 될 법익침해를 사전에 예측하여 판단하는 것이므로 위난이 곧 법익침해를 의미하는 것은 아니며, 침해의 위험성이 있는 경우에도 위난이 인정될 수 있다. 위난의 원인은 불문하며, 위법할 것도 요하지 않는다. 다만, 위법한 위난에 대하여는 정당방위와 긴급피난 모두 가능하다. 또한 위난은 사람의 행위뿐만 아니라 동물에 의해 야기된 것은 물론, 천재지변 등 자연현상에 의하여 발생한 위난도 포함된다.

위난은 현재의 위난이어야 한다. '현재성'이란 침해가 즉시 또는 곧 발생할 것으로 예상되는 경우뿐만 아니라 이미 발생한 침해가 증폭되거나 반복될 가능성이 있는 때에도 이에 해당한다. 또한 위난이 현실화되기까지는 일정한 시간의 경과를 요하지만 사전에 실효성 있게 대처하기 위해 즉시 행동하여야 할 경우에도 현재성이 인정될 수 있다. 한편, 전술한 지속적 위험에 대하여 정당방위를 인정하지 않는 견해에서도 긴급피난의 경우는 정당방위와 달리 현재성이 엄격하게 요구되지 않는다는 이유로 긴급피난이 성립할 수 있다는 주장도 있다.

이때 위난 여부의 판단은 피난행위에 앞선 시점을 기준으로 하여 행하여지는 사전판단이어야 하며, 행위자의 특별한 지식을 고려하여 일반인의 관점에서 객관적으로 행하여야 한다.

나. 위난을 피하기 위한 행위

(1) 피난행위

피난행위란 현재의 위난을 피하기 위한 일체의 행위를 말한다. 피난행위는 원칙적으로 위난과 관계없는 제3자에 대하여 행하여진다(공격적 긴급피난). 그러나 예외적으로 위난을 유발한 사람에 대해서도 가능하며(방어적 긴급피난), 이때에도 긴급피난의 요건이 그대로 적용된다. 또한 동물에 의한 침해에 대해서도 방어적 긴급피난이 가능하다.

방어적 긴급피난의 경우로서 위난행위가 위법하지 않은 경우에는 피난행위와 '정 대 정'의 관계가 되므로 이때의 긴급피난에 대하여는 다시 긴급피난이 가능하다. 그러나 이때 위난행위가 위법한 경우(예, 지속적 위험)에는 피난행위와 '부정 대 정'의 관계가 되므로 전자에 비해 우월한 이익의 원칙이 다소 완화된다. 이러한 경우에는 피난자에게 그 공격을 피할 것만을 요구하거나 수인할 의무만을 부과할 수 없기 때문이다. 그러나 이 경우에도 이익형량의 원칙 외에 보충성의 원칙 등 다른 상당성 요건은 그대로 적용되므로 다른 긴급구조수단을 강구할 여지가 있었던 경우에는 긴급피난에 해당하지 않는다.

[판례] 피고인이 스스로 야기한 강간범행의 와중에서 피해자가 피고인의 손가락을 깨물며 반항하자 물린 손가락을 비틀며 잡아 뽑다가 피해자에게 치아결손의 상해를 입힌 소위를 가리켜 법에 의하여 용인되는 피난행위라 할 수 없다(94도2781).

(2) 피난의사

피난행위에는 주관적 정당화요소로서 피난의사가 있어야 한다. 즉, 행위자는 현재의 위난을 인식하고 적어도 보다 높은 가치의 이익을 보호하기 위하여 행위하여야 한다. 피난의사가 결여된 피난행위는 결과반가치는 부정되지만 행위반가치는 인정되므로 불능미수범으로 처벌될 수 있다(다수설).

행위자가 위난을 스스로 초래한 자초위난의 경우 중 행위자가 긴급피난을 통해 타인의 법익을 침해할 목적 또는 의도로 위난을 자초한 경우에는 피난의사가 없으므로 긴급피난이 허용되지 않는다. 그러나 행위자에게 책임 있는 사유로 인해 위난이 초래된 경우에는 피난의사가 인정되므로 상당성이 인정되는 한 긴급피난이 허용된다(도발된 침해 참조). 이때 자초위난이라는 사실을 이익교량의 판단에 있어서 하나의 요소로 고려할 수는 있다.

다. 상당한 이유

긴급피난이 성립하기 위해서는 피난행위에 상당한 이유가 있어야 한다. 정당방위가 '부정' 대 '정'의 관계임에 반하여, 긴급피난은 '정' 대 '정'의 관계이므로 상당한 이유를 판단함에 있어서는 정당방위에 비하여 엄격한 기준이 요구된다.

(1) 보충성의 원칙

피난행위가 위난에 처한 법익을 보전하기 위한 유일한 수단이어야 한다. 따라서 타인의 정당한 법익을 침해하지 않고 위난을 회피할 수 있는 다른 수단이 있을 때에는 먼저 이 수단을 선택해야 하며(회피의 원칙), 피난의 방법도 피해자에게 상대적으로 가장 피해가 적은 방법을 선택해야 한다(상대적 최소피난의 원칙). 따라서 택시를 이용할 수 있었음에도 불구하고 술에 취한 상태에서 환자를 병원으로 호송

하기 위하여 차를 운전한 경우에는 긴급피난에 해당되지 않는다.

보충성요건을 판단함에 있어서는 사회통념을 기준으로 하여 객관적인 사전판단에 의하여야 한다.

> **[판례]** 차량충돌 사고장소가 편도 1차선의 아스팔트 포장도로이고, 피고인 운전차량이 제한속도(시속 60km)의 범위 안에서 운행하였으며(시속 40 내지 50km), 비가 내려 노면이 미끄러운 상태였고, 피고인이 우회전을 하다가 전방에 정차하고 있는 버스를 발견하고 급제동조치를 취하였으나 빗길 때문에 미끄러져 미치지 못하고 중앙선을 침범하기에 이른 것이라면, 피고인이 버스를 피하기 위하여 다른 적절한 조치를 취할 방도가 없는 상황에서 부득이 중앙선을 침범하게 된 것이어서 교통사고처리특례법 제3조 제2항 단서 제2호에 해당되지 않는다(90도606).

(2) 우월적 이익의 원칙

피난행위에 의하여 보전되는 이익이 피난행위로 인하여 희생되는 이익보다 우월하여야 한다. 이익교량에 있어서는 법익가치뿐만 아니라 이들과 관련 있는 모든 이익, 즉 법익에 대한 위난의 종류와 정도, 침해받는 법익의 가치와 침해정도, 특별한 보호의무 및 피난행위를 통한 법익보호가능성 등을 고려하여 비교, 검토하여야 한다. 일반적으로 사람의 생명은 태아의 생명이나 신체·자유와 같은 인격적 법익보다 우월하고, 인격적 법익은 재산적 법익보다 우월한 것으로 본다.

(3) 적합성의 원칙

피난행위는 피난목적에 적합하고 사회상규에 위배되지 않는 수단에 의해 행하여져야 한다. 위난을 피하기 위한 법적 절차가 마련되어 있으면 피난행위는 그 절차에 따라야 한다(적법절차의 원칙).

적합성의 원칙은 이익교량을 신중하게 할 뿐만 아니라 인간의 존엄성을 지키는 기능을 한다는 점에서 상당성판단의 요건으로 하고 있다. 따라서 다른 사람을 구하기 위하여 본인의 동의 없이 강제로 채혈하거나 장기를 적출하여 이식하는 행위는 보충성의 원칙, 우월적 이익의 원칙을 충족하였더라도 신체의 일부를 다른 목적을 위하여 사용한 것이기 때문에 인간의 자유로운 자기결정권이나 인간의 존엄성을 해치는 행위로서 사회적으로 상당한 수단이 아니므로 긴급피난이 인정되지 않는다(이설 있음).

4. 긴급피난의 특칙

위난을 피하지 못할 책임이 있는 사람에게는 긴급피난이 허용되지 않는다 (제22조 제2항). '위난을 피하지 못할 책임이 있는 자'란 경찰관, 소방관, 군인, 의사 등과 같이 그 직무를 수행함에 있어서 일반인보다 위난을 감수할 의무가 높은 사람을 말한다. 이들이 직무를 행함에 있어서는 통상 위험이 수반되는 경우이므로 구조행위가 위험하다는 이유로 법적 구조의무를 이행하지 않고 긴급피난을 하는 것은 허용되지 않는다. 다만, 이들도 직무를 수행함에 있어서 감수해야 할 의무의 범위를 초과한 위난에 대하여는 긴급피난이 허용된다.

5. 과잉피난, 오상피난, 오상과잉피난

과잉피난이란 피난행위가 그 정도를 초과한 경우로서 '상당한 이유'의 요건을 충족시키지 못한 경우를 말한다. 과잉피난의 경우도 과잉방위와 마찬가지로 그 정황에 따라 형을 감경 또는 면제할 수 있고, 과잉피난행위가 야간이나 그 밖의 불안한 상태에서 공포를 느끼거나 경악(驚愕)하거나 흥분하거나 당황하였기 때문에 그 행위를 하였을 때에는 벌하지 아니한다(제22조 제3항).

오상피난은 현재의 위난이 없음에도 불구하고 이를 존재한다고 오인하고 행한 피난행위를 말한다. **오상과잉피난**이란 현재의 위난이 없음에도 불구하고 이를 존재한다고 오인하고 상당성을 초과하는 방위행위를 한 경우를 말한다. 오상피난과 과잉피난이 결합된 형태이다(오상피난과 오상과잉피난의 법적 효과에 대하여는 오상방위와 오상과잉방위 참조).

제5절 자구행위

> 제23조(자구행위) ① 법률에서 정한 절차에 따라서는 청구권을 보전(保全)할 수 없는 경우에 그 청구권의 실행이 불가능해지거나 현저히 곤란해지는 상황을 피하기 위하여 한 행위는 상당한 이유가 있는 때에는 벌하지 아니한다.
> ② 제1항의 행위가 그 정도를 초과한 경우에는 정황에 따라 그 형을 감경하거나 면제할 수 있다.

1. 자구행위의 의의

자구행위란 권리자가 자신의 권리에 대하여 불법한 침해를 받았으나 법정절차에 의하여 청구권을 보전하기 불능한 경우에 자력에 의하여 자신의 권리를 구제·실현하는 행위를 말한다. 예를 들면, 채무자가 채무를 변제하지 않고 외국으로 도주하기 위하여 비행기를 타는 것을 발견한 채권자가 채무자를 직접 체포하거나, 숙박업소 주인이 숙박비를 지불하지 않고 도주하는 손님을 붙잡아 그 대금을 받는 경우이다. 형법 제23조 제1항에서는 "법률에서 정한 절차에 따라서는 청구권을 보전(保全)할 수 없는 경우에 그 청구권의 실행이 불가능해지거나 현저히 곤란해지는 상황을 피하기 위하여 한 행위는 상당한 이유가 있는 때에는 벌하지 아니한다"고 규정하여 자구행위를 위법성조각사유로 인정하고 있다. 자구행위는 국가공권력에 의해 구제를 기다릴 수 없는 긴급상황하에서 허용되는 긴급행위의 일종으로, 국가권력의 대행으로서의 성격을 가진다.

자구행위는 위법한 권리침해에 대한 청구권의 사후보전행위이므로 '부정' 대 '정'의 관계라는 점에서 '정' 대 '정'의 관계인 긴급피난과 다르다. 또한 자구행위는 이미 침해된 청구권을 보전하기 위한 사후적 긴급구제로서 자기의 회복가능한 청구권에 대해서만 가능하다는 점에서 사전적 긴급행위로서 자기 또는 타인의 모든 법익에 대하여 가능한 정당방위 및 긴급피난과 다르다.

2. 자구행위의 성립요건

가. 법률에서 정하는 절차에 따라서는 청구권을 보전할 수 없는 경우

(1) 청구권의 침해

(가) 청구권

자구행위의 보호대상은 청구권이다. 청구권은 민법상 개념으로서 특정인에게 일정한 행위를 요구하는 권리를 말한다. 청구권의 범위에 대하여는 ① 재산상 청구권에 제한된다는 견해와 ② 재산상의 청구권(채권적 청구권, 물권적 청구권)과 같은 실체적 권리뿐만 아니라 가족권, 상속권, 무체재산권과 같은 절대권도 포함된다는 견해 등이 있다. 자구행위의 대상이 되는 청구권의 대부분은 재산권일 것이지만, 그렇다고 하더라도 법문에서 재산권으로 제한하고 있지 않는 한 그 적용범위를 제한할 필요는 없다.

청구권은 자구행위에 의하여 회복될 수 있는 권리이어야 한다. 따라서 원상회복이 불가능한 권리, 즉 생명·신체·자유·성적 자기결정권, 명예 등은 자구행위의 대상이 되지 않는다. 또한 청구권은 자기의 청구권에 한하므로 타인을 위한 자구행위는 허용되지 않는다. 다만, 청구권자로부터 자구행위의 실행을 위임받은 경우에는 타인을 위한 자구행위를 할 수 있다.

(나) 침해

자구행위가 성립하기 위해서는 청구권에 대한 침해가 있어야 한다. 청구권에 대한 침해가 위법하여야 하는가에 대하여는 ① 법률에서 정한 절차에 따른 구제는 불법한 침해를 전제로 한 것이라는 점에서 침해가 위법·부당하여야 한다는 견해(다수설)와 ② 법문상 아무런 제한이 없다는 이유로 위법·부당한 침해일 것을 요하지 않는다는 견해 등이 있다. 형법에서 사인(私人)에게 청구권보전을 인정하고 있는 것은 청구권에 대한 침해가 불법일 것을 전제로 한 것으로 파악하여야 한다. 따라서 자구행위는 청구권의 실행불능이나 현저한 실행곤란의 상태가 상대방의 귀책사유로 인한 경우로 제한된다. 따라서 적법행위나 자연현상에 의한 청구권의 실행불능 또는 현저한 실행곤란을 피하기 위한 행위는 긴급피난은 될 수 있지만 자구행위에는 해당하지 않는다.

청구권의 침해는 과거의 침해이어야 한다. 또한 자구행위는 부작위에 의한 침해에 대하여도 가능하지만 정당방위가 성립하는 경우에는 자구행위가 문제되지 않는다. 따라서 퇴거불응자를 강제퇴거시키는 행위는 현재의 침해상태에 있고, 부작위에 의해 부당한 침해를 하고 있는 상황이므로 자구행위가 아니라 정당방위가 된다.

> **[피해자의 도품탈환]** 절도범인을 현장에서 추격하여 격투 끝에 재물을 탈환하면 형식적으로는 이미 범죄는 기수에 도달했다 할지라도 침해가 현재성이 인정되므로 정당방위가 된다. 그러나 상당한 일시의 경과 후에 절도범인을 발견하고 체포하여 도품을 탈환하게 되면 이것은 과거의 침해에 대한 구제에 해당하므로 자구행위가 된다.

(2) 법률에서 정한 절차에 따라서는 청구권을 보전할 수 없는 경우

자구행위는 법률에서 정한 절차에 따라서는 청구권을 보전할 수 없는 긴급상황에서 허용된다. '법률에서 정한 절차'는 국가기관에 의한 각종의 권리구제절차, 즉 청구권을 실현하기 위하여 법규에 정해진 절차로서 민사소송법상 강제집행절차, 가처분, 가압류뿐만 아니라 행정공무원이나 경찰공무원에 의한 청구권보전절차도 포함한다. 재판상 절차에 한정되지도 않는다.

'법률에서 정한 절차에 따라서는 청구권을 보전할 수 없는 경우'란 장소 또는 시간관계상 공적 구제를 강구할 여유가 없고, 채무자가 지금 도망가려고 하는 경우와 같이 후일에 공적 수단에 의하더라도 그 실효를 거두지 못할 긴급한 사정이 있는 경우를 말한다(보충성의 원칙).

나. 청구권의 실행이 불가능해지거나 또는 현저히 곤란해지는 상황을 피하기 위한 행위

(1) 자구행위

'청구권의 실행이 불가능해지거나 또는 현저히 곤란해지는 상황을 피하기 위한 행위'란 자구행위를 말하는데, 이는 공적 구제가 불가능한 상황에서 청구권을 보전하기 위하여 필요한 조치를 취하는 행위를 의미한다. 자구행위는 법률에서 정한 절차에 따라서는 청구권을 보전하기 불가능한 긴급상황 외에도 즉시 자력에 의하여 구제하지 않으면 청구권을 실행할 수 없거나 현저히 곤란하게 되는 긴급상황까지 요구된다(이중의 긴급성). 따라서 법률에서 정하는 절차에 따라서는 청구권을 보전할 수 없는 경우라고 하더라도 그 청구권에 충분한 인적·물적 담보가 확보되어 있는 때에는 청구권의 실행이 가능하므로 자구행위가 허용되지 않는다.

자구행위에 있어서는 사회상규에 반하지 않는 범위 내에서 실력행사가 허용된다. 그러나 자구행위를 하는 과정에서 폭행, 협박, 체포, 감금, 손괴, 재물의 강제적 탈취·보관, 강요, 주거침입 등의 행위를 한 경우에는 자구행위에 해당하지 않고, 사회통념상 권리행사의 범위에 속하는가 여부에 따라 정당행위(제20조)의 성부만이 문제된다(79도2565 참조).

한편, 자구행위는 청구권의 보전행위에 그쳐야 하며, 청구권을 실행하는 행위는 허용되지 않는다(2005도8081). 따라서 무전숙박 후 손님이 도주하는 경우에 이를 체포하는 것에 그쳐야 하고, 손님이 차고 있던 시계를 빼앗거나 이를 빼앗아 그 매각대금을 숙박요금의 변제에 충당하는 것은 허용되지 않는다.

(2) 자구의사

자구행위를 함에 있어서는 주관적 정당화요소로서 자구의사, 즉 청구권의 실행이 불가능해지거나 현저히 곤란해지는 상황을 피하기 위한 의사가 있어야 한다. 자구의사가 결여된 자구행위는 결과반가치는 부정되지만 행위반가치는 인정되므로 불능미수범으로 처벌될 수 있다(다수설).

다. 상당한 이유

자구행위가 성립하기 위해서는 청구권의 보전을 위한 상당한 이유가 있어야 한다. 상당한 이유를 판단함에 있어서는 다음의 원칙이 고려되어야 한다.

첫째, 보충성의 원칙이다. 자구행위는 법률에서 정한 절차에 따라서는 청구권의 보전할 수 없는 경우뿐만 아니라 청구권의 실행이 불가능해지거나 현저히 곤란해지는 긴급상황하에서 최후의 수단으로 허용된다. 다만, 보충성의 원칙은 자구행위의 객관적 상황에서 요구되는 것이므로 별도로 요구되지 않는다는 견해가 있다.

둘째, 이익형량의 원칙이다. 자구행위에 있어서는 보호되는 법익과 침해되는 법익 사이에 균형성이 요구된다. 다만, 자구행위는 '부정' 대 '정'의 관계에 있으므로 이익형량의 원칙은 엄격하게 요구되지 않는다.

셋째, 수단의 적합성의 원칙이다. 자구행위는 사회상규에 비추어 적합한 수단으로 이루어져야 한다. 따라서 자구행위 자체가 권리의 남용에 해당하거나 사회윤리에 반하는 경우에는 상당한 이유가 있다고 할 수 없다(2006도4328).

3. 과잉자구행위, 오상자구행위, 오상과잉자구행위

과잉자구행위는 자구행위가 그 정도를 초과하여 '상당한 이유'의 요건을 충족시키지 못한 경우로서, 그 정황에 따라 형을 감경 또는 면제할 수 있다(제23조 제2항). 그러나 과잉자구행위에 대하여는 형법 제21조 제3항은 준용되지 않으므로 과잉자구행위가 '야간이나 그 밖의 불안한 상태에서 공포를 느끼거나 경악(驚愕)하거나 흥분하거나 당황하였기 때문'인 경우에도 책임이 조각되지 않는다.

오상자구행위는 자구행위가 허용되는 객관적인 상황이 아닌데도 불구하고 오인하고 행한 자구행위를 말한다. **오상과잉자구행위란** 자구행위가 허용되는 객관적인 상황이 아닌데도 불구하고 오인하고 상당성을 초과하는 자구행위를 한 경우를 말한다. 오상자구행위와 과잉자구행위가 결합된 형태이다(오상자구행위와 오상과잉자구행위의 법적 효과에 대하여는 오상방위와 오상과잉방위 참조).

[정당방위, 긴급피난, 자구행위의 비교]

	정당방위	긴급피난	자구행위
성 격	부정 대 정	정 대 정	부정 대 정
	사전적 긴급행위		사후적 긴급행위
위법성조각 근거	자기보호의 원리 법질서수호의 원리	이익교량의 원칙 목적설	국가권력의 대행
침해원인	사람의 행위	제한 없음	타인의 침해
침해대상	자기 또는 타인의 법익		자기의 (회복가능한) 청구권
	(원칙) 개인적 법익 (예외) 국가적·사회적 법익	개인적·국가적·사회적 법익	
행위대상	침해자	제3자, 침해자	침해자
현재성	필요		불요(과거의 침해)
	현재의 부당한 침해	현재의 위난	

주관적 정당화요소	방위의사	피난의사	자구의사
상당한 이유	필요성/(완화된)이익균형성 /요구성	보충성/(엄격한)이익균형성 /수단의 적합성	보충성/(완화된)이익균형 성/수단의 적합성
과잉행위	과잉방위(§21 ②)/ 불가벌적 과잉방위(§21 ③)	과잉피난(§22 ③)/ 불가벌적 과잉피난(§22 ③)	과잉자구행위(§23 ②)/ 불가벌적 과잉자구행위 불인정
특 칙	주체 제한 없음	위난을 피하지 못할 책임 있는 자(§22 ②) 불허용	주체 제한 없음

제6절 피해자의 승낙

제24조(피해자의 승낙) 처분할 수 있는 자의 승낙에 의하여 그 법익을 훼손한 행위는 법률에 특별한 규정이 없는 한 벌하지 아니한다.

1. 피해자의 승낙의 의의와 체계적 지위

가. 피해자의 승낙의 의의

피해자의 승낙이란 피해자가 가해자에 대하여 자기의 법익을 침해하는 것에 대하여 동의하는 경우를 말한다. 형법 제24조에서는 "처분할 수 있는 자의 승낙에 의하여 그 법익을 훼손한 행위는 법률에 특별한 규정이 없는 한 벌하지 아니한다"고 규정하여 피해자의 승낙에 의한 행위를 위법성조각사유로 하고 있다.

피해자의 승낙에 의한 행위의 위법성조각 근거에 대하여는 ① 승낙에 의한 행위는 사회적 상당성이 있기 때문이라는 견해(사회상당성설), ② 처분권리자가 자신의 법익을 포기하였으므로 국가법질서에 의해 그 법익을 보호할 필요가 없기 때문이라는 견해(이익흠결설), ③ 법익보호 여부에 대한 개인의 자기결정권과 법익을 보호하려는 사회적 이익이 충돌되는 경우 전자를 우선하는 것이 합리적이라는 법률정책적 판단 때문이라는 견해(법률정책설, 이익형량설, 다수설), ④ 피해자의 승낙은 행위자에게 타인의 법익을 침해할 수 있는 권리를 부여하는 법률행위이므로 그 권리행사는 결코 위법하지 않다는 견해(법률행위설) 등이 있다. 사회적 상당성이라는 개념은 추상적이어서 기준이 명확하지 않고, 피해자의 승낙이 있는 경우에도 위법성이 조각되지 않는 경우가 있으며, 민법과 형법은 별개의 원리에 의해 작용한다. 따라서 피해자의 승낙에 의한 행위는 이익형량의 관점에서 위법성을 조각하는 것으로 이해하여야 한다.

나. 피해자의 승낙의 체계적 지위

피해자의 승낙의 체계적 지위에 대하여는 ① 양해와 구분하여 양해가 있는 경우에는 구성요건해당성을 조각하고, 승낙이 있는 경우에는 위법성조각을 인정하는 견해(다수설), ② 형법상 양해라는 개념을 사용하고 있지 않는다는 이유로 양해와 승낙을 구분하지 않고 모두 승낙으로 취급하여 위법성조각사유로 인정하는 견해, ③ 피해자의 승낙이 있으면 행위자에 의한 법익침해(또는 위험)가 형법상 아무런 의미가 없다는 점에서 구성요건해당성이 조각된다는 견해 등이 있다. 판례는 양해라는 개념을 사용하지 않고, 피해자의 승낙이 있는 경우에 위법성조각(85도1892) 또는 구성요건해당성조각(82도1426)을 인정하고 있으며, 위법성조각을 인정하는 경우에는 승낙이 유효하고 사회상규에 반하지 않을 것을 요건으로 하고 있다.

그러나 구성요건의 내용상 피해자의 동의에 의하여 법익침해가 처음부터 발생하지 않기 때문에 구성요건해당성이 조각되는 경우와 피해자의 동의가 있더라도 법익에 대한 침해가 발생하지만 피해자의 동의를 이유로 위법성이 조각되는 경우로 나눌 수 있다. 따라서 전자는 행위불법이 피해자의 의사에 반하는 것을 내용으로 하는 범죄의 경우로서 피해자의 동의를 양해라고 하고, 후자는 신체의 완전성과 같이 피해자의 의사 외에 독자적인 가치가 있는 법익을 침해하는 범죄의 경우로서 피해자의 동의를 승낙이라고 하여 양자를 구분하는 것이 형법체계에 적합하다.

[피해자의 동의와 형법상 효과] 형법에서는 법익침해행위에 대하여 피해자의 동의가 있는 경우에 다음 4가지 형태로 취급하고 있다.
 1. **구성요건해당성을 조각하는 경우** : 이때의 피해자의 동의를 양해라고 한다.
 2. **위법성을 조각하는 경우** : 형법 제24조의 피해자의 승낙에 의한 행위를 말한다.

3. **구성요건의 변경, 즉 감경적 구성요건에 해당하는 경우** : 보통살인죄에 대한 촉탁·
   승낙살인죄(제252조 제2항), 타인소유일반건조물방화죄에 대한 자기소유일반건조물
   방화죄(제166조 제2항), 타인소유일반물건방화죄에 대한 자기소유일반물건방화죄
   (제167조 제2항) 등이 있다.
4. **범죄성립에 아무런 영향이 없는 경우** : 미성년자의제강간·강제추행죄(제305조),
   피구금자간음죄(제303조) 등이 있다.

다. 피해자의 승낙과 양해의 구별

(1) 양해의 의의

양해란 피해자가 처분할 수 있는 법익에 대한 침해행위가 있는 경우에 피해자
의 동의가 있으면 구성요건해당성을 조각시키는 경우를 말한다. 즉, 침해행위에
대하여 피해자가 동의한 경우에는 법익보호를 포기한 것으로 되기 때문에 불법침
해가 형성되지 않는 경우이다.

피해자의 동의가 양해인가 승낙인가에 대한 구별기준은 다양하지만 전술한 바
와 같이 당해 법익이 오로지 피해자 개인의 처분에 맡겨져 있는 경우에는 양해에
해당하고, 당해 법익이 법익주체의 자율적 처분권에 맡겨져 있는 것이 아니라 사회
적 의미를 가질 때에는 승낙에 해당한다. 따라서 절도죄(제329조), 강간죄(제297조),
주거침입죄(제319조), 횡령죄(제355조), 비밀침해죄(제316조) 등 형법 각칙상 개인적
법익에 관한 범죄 중 자유권이나 재산권을 보호법익으로 하는 범죄는 양해의 대상
이 된다. 판례는 문서위조죄의 경우도 사회적 법익이지만 사문서위조뿐만 아니라
공문서위조의 경우에도 양해의 대상으로 하고 있다(97도183, 82도1426). 그러나 개
인적 법익의 경우에도 신체의 완전성, 개인의 명예, 신용 또는 비밀과 같은 법익은
사회적 생활이익으로서 보장되어야 할 법익이므로 양해가 아닌 승낙의 대상이 된다.

(2) 양해의 법적 성격

양해의 법적 성격에 대하여는 ① 순수하게 사실적·자연적 성격을 갖는다는
견해와 ② 양해와 관련된 당해 구성요건의 해석을 통해 개별적으로 파악해야 한
다는 견해(다수설) 등이 있다. 전설에서는 자연적인 의사능력만으로 충분하기 때문
에 피해자에게 행위능력 또는 판단능력이 있을 것을 요하지 않는다. 반면, 후설에
서는 개개의 구성요건의 내용과 기능, 그 보호법익의 본질에 의하여 좌우되는 구

성요건요소의 해석에 따라 양해의 의미와 내용이 달라진다고 한다.

양해의 요건은 구성요건의 해석문제로 귀결되므로 그 법적 성격도 구성요건
마다 개별적으로 파악하여야 한다. 즉, 강간·감금·절도와 같이 자연적인 행동의
자유와 의사결정의 자유 또는 사실상의 지배관계를 침해하는 구성요건인 경우에
는 양해자에게 특별한 동의능력이 필요 없고 자연적 의사능력만으로 충분하다. 하
지만 의료적 침해나 모욕 등에서는 유효한 양해가 되기 위해서는 피해자는 자연적
통찰력과 판단능력 또는 법률행위능력을 갖추어야 한다. 또한 절도죄(90도1211)나
주거침입죄(95도2674)의 경우에는 의사(意思)의 하자가 있더라도 양해가 성립할 수
있지만, 미성년자 약취유인죄(76도2072), 강간죄, 강제추행죄와 같은 성적 자유의
침해의 경우에는 의사의 하자에 의한 동의라면 양해가 인정되지 않는다.

(3) 양해의 요건

양해가 유효하기 위해서는 법익을 임의로 처분할 수 있는 사람에 의하여 동의
가 있어야 하고, 이때 양해자에게는 최소한 자연적 의사능력이 있어야 한다. 자연
적 의사만으로 충분한 경우에는 양해는 내적 동의로서 충분하므로 양해의사는 외
부에 표시될 필요가 없고, 행위자는 양해가 있다는 사실을 인식하고 행위할 필요
도 없다. 하지만, 유효한 양해가 되기 위해 피해자에게 자연적 통찰력과 판단능력
이 있을 것을 요하는 경우에는 양해의사가 외부에 표시되어야 하고, 행위자는 양
해가 있다는 사실을 인식하고 행위하여야 한다. 양해의 표시방법도 구성요건에 따
라 다르기 때문에 절도죄의 경우 묵시적 동의로 충분하지만, 배임죄에서는 명시적
으로 표시될 것을 요한다.

또한 양해는 행위전이거나 적어도 행위시에 있어야 하며, 사후양해는 양해가
아니다. 다만, 추정적 양해의 경우는 행위당시에 행위자가 양해가 있다고 오인한
경우가 아닌 한 고의가 인정되므로 구성요건해당성은 조각되지 않고, 추정적 승낙
의 요건을 갖춘 경우에 한하여 위법성이 조각된다.

(4) 양해의 효과

양해가 인정되면 행위자의 행위는 구성요건해당성이 조각된다. 그러나 행위자
가 피해자의 양해가 있었음에도 불구하고 이를 알지 못하고 행위한 경우에는 객체

에 대한 착오로 인해 사실상 결과발생이 불가능한 경우이므로 불능미수의 문제가
된다. 반대로 행위자의 양해가 없었는데 있었던 것으로 오인한 경우에는 구성요건
적 착오로서 고의가 조각된다(다수설).

2. 피해자의 승낙의 성립요건

가. 법익을 처분할 수 있는 사람의 유효한 승낙

(1) 승낙의 주체

승낙자는 법익의 소지자, 즉 법익의 주체이어야 한다. 대리승낙은 허용되지
않지만 법익에 대하여 처분권이 인정된 사람(법정대리인 등)은 예외적으로 승낙자가
될 수 있다. 다만, 이때 대리승낙자의 의사표시는 가능한 한 법익주체의 의사에 부
합하여야 한다. 법익의 처분권자가 여러 사람인 경우에는 처분권자 모두의 승낙이
있어야 한다.

승낙자는 승낙능력이 있어야 한다. 승낙능력이란 법익의 의미와 그 침해의 결
과를 인식하고 이성적으로 판단할 수 있는 자연적 의사능력과 판단능력을 말한다.
승낙능력은 민법상 행위능력과 구별되는 것으로서 형법의 독자적인 기준에 의하
여 결정된다. 다만, 형법에서는 간음과 추행에 있어서는 13세(제305조 제1항), 아동
혹사죄에 있어서는 16세(제274조), 미성년자 약취유인죄에 있어서는 미성년자 등
승낙능력의 연령을 법문에서 기술하고 있는 경우가 있다. 또한 의료행위 등과 같
이 피해자의 자연적 판단능력만으로 구체적 상황을 판단하기 어려운 경우에는 유
효한 설명의무가 이행되어야 한다(판례).

[판례] 산부인과 전문의 수련과정 2년차인 의사가 자신의 시진, 촉진결과 등을 과신한 나머
지 초음파검사 등 피해자의 병증이 자궁외 임신인지, 자궁근종인지를 판별하기 위한 정밀한
진단방법을 실시하지 아니한 채 피해자의 병명을 자궁근종으로 오진하고 이에 근거하여 의
학에 대한 전문지식이 없는 피해자에게 자궁적출술의 불가피성만을 강조하였을 뿐 위와 같
은 진단상의 과오가 없었으면 당연히 설명받았을 자궁외 임신에 관한 내용을 설명받지 못한
피해자로부터 수술승낙을 받았다면 위 승낙은 부정확 또는 불충분한 설명을 근거로 이루어
진 것으로서 수술의 위법성을 조각할 유효한 승낙이라고 볼 수 없다(92도2345).

(2) 승낙의 대상

피해자의 승낙은 처분할 수 있는 법익에 대한 것이어야 한다. 따라서 국가적·사회적 법익은 개인이 처분할 수 있는 법익이 아니므로 원칙적으로 승낙대상이 될 수 없고, 개인적 법익만이 승낙대상이 된다. 그러나 개인적 법익 중 생명은 본질적인 가치와 비대체적인 절대성을 가지므로 처분할 수 있는 법익이 될 수 없다. 따라서 살인에 있어서는 피해자의 승낙이 있었다고 하더라도 위법성이 조각되지 않고, 형이 감경되는 승낙살인죄(제252조)가 성립한다. 신체도 생명과 같이 사람의 사회적 존립을 위한 중요한 법익으로서 사회적 의미를 가지므로 사회상규에 반하지 않는 경우에 한하여 신체의 침해에 대한 승낙이 인정된다.

개인적 법익과 국가적·사회적 법익이 중첩적으로 침해하는 범죄의 경우에 있어서 피해자의 승낙의 법적 효과에 대하여는 ① 구성요건해당성을 배제한다는 견해, ② 범죄성립에 지장이 없다는 견해, ③ 침해되는 주요 법익이 무엇인가에 따라 개별적으로 결정하여야 한다는 견해 등이 있다. 피해자의 승낙은 피해자가 처분할 수 있는 법익에 한하여 허용되는 것이다. 따라서 개인적 법익에 대한 침해를 내포하고 있다고 하더라도 국가적·사회적 법익에 대한 피해자의 승낙은 위법성이 조각되지 않는다. 다만, 이 경우에도 피해자의 승낙에 의해 개인적 법익에 대한 침해부분은 위법성이 조각되어야 하므로 그 범위 내에서 양형상 이를 고려하여야 한다.

(3) 승낙의 유효요건

승낙은 자유로운 의사에 의한 진지한 승낙이어야 한다. 따라서 기망·착오·강제 등 하자 있는 의사에 의하여 이루어진 승낙은 효력이 없다. 그러나 단순한 동기의 착오는 승낙의 유효성에 영향을 미치지 않는다.

[판례] 행위자가 거주자의 승낙을 받아 주거에 들어갔으나 범죄 등을 목적으로 한 출입이거나 거주자가 행위자의 실제 출입 목적을 알았더라면 출입을 승낙하지 않았을 것이라는 사정이 인정되는 경우 행위자의 출입행위가 주거침입죄에서 규정하는 침입행위에 해당하려면, 출입하려는 주거 등의 형태와 용도·성질, 외부인에 대한 출입의 통제·관리 방식과 상태, 행위자의 출입 경위와 방법 등을 종합적으로 고려하여 행위자의 출입 당시 객관적·외형적으로 드러난 행위 태양에 비추어 주거의 사실상 평온상태가 침해되었다고 평가되어야 한다. 이때 거주자의 의사도 고려되지만 주거 등의 형태와 용도·성질, 외부인에 대한 출입의 통제·관리 방식과 상태 등 출입 당시 상황에 따라 그 정도는 달리 평가될 수 있다(2022도419).

또한 승낙은 명시적으로 뿐만 아니라 묵시적으로도 가능하다(82도2486). 다만, 승낙의 표시방법에 대하여는 ① 피해자가 내적으로 동의하면 족하다는 견해(의사방향설), ② 승낙이 있었다는 사실이 행위자에게 표시되어야 한다는 견해(의사표시설), ③ 어떤 방법으로든 외부에서 인식할 수 있도록 표시되면 족하다는 견해(의사확인설, 다수설) 등이 있다. 승낙의 의사표시는 민법상 법률행위에 의한 의사표시를 요하는 것은 아니지만 법적 안정성의 관점에서 외부로 표현될 것이 요구된다.

그리고 승낙은 법익침해행위 이전에 표시되어야 하며, 행위시까지 계속되어야 한다. 사후승낙은 위법성을 조각하지 않는다. 승낙은 행위 이전에는 언제든지 자유롭게 철회할 수 있지만 철회 이전의 행위에 대하여는 승낙의 효력이 그대로 인정된다.

나. 법률에 특별한 규정이 없을 것

승낙은 법률에 특별한 규정, 즉 각칙상 피해자의 승낙이 있더라도 처벌하는 규정이 없는 경우에 한하여 위법성이 조각된다. 형법상 특별규정으로는 승낙살인죄(제252조 제1항), 미성년자의제강간·강제추행죄(제305조), 피구금자간음죄(제303조 제2항) 등이 있다.

다. 사회상규에 위배되지 않을 것

피해자의 승낙에 의한 행위는 사회상규에 위배되지 않아야 한다. 즉, 승낙을 받은 행위가 반윤리적인 목적에 의하거나 법익을 훼손하는 방법이 사회상규에 위배된다면 위법성이 조각되지 않는다. 예를 들면, 문학작품 '베니스의 상인'에서 채권자가 채무자의 승낙에 의하여 채무자의 살 1파운드를 베어내는 행위는 사회상규에 위배되어 위법성이 조각되지 않는다. 사회상규의 위반 여부의 판단은 법익의 종류, 행위의 동기와 방법, 침해의 강도 등 제반사정을 참작하여 법질서 전체의 기본이념에 비추어 구체적으로 결정하여야 한다.

그러나 '사회상규에 위배되지 않아야 한다'는 요건에 대하여는 ① 법규가 아니라 판례에 의해 추가된 요건이라는 점에서 상해죄에 한정된다는 견해와 ② 상해죄에 한정되지 않고 모든 범죄에 요구된다는 견해(판례) 등이 있다. 이 요건은 법규에 명문화되어 있지 않고, 그 개념도 모호하여 부당하게 위법성조각사유를 제한할 수 있기 때문에 죄형법정주의에 반한다는 점에서 그 적용에 있어서는 신중을 기할 필요가 있다. 입법에 의한 해결이 요구된다.

> **[판례]** 형법 제24조의 규정에 의하여 위법성이 조각되는 피해자의 승낙은 개인적 법익을 훼손하는 경우에 법률상 이를 처분할 수 있는 사람의 승낙이어야 할 뿐만 아니라 그 승낙이 윤리적·도덕적으로 사회상규에 반하는 것이 아니어야 한다(2008도9606).

한편, 법익침해행위가 고의행위뿐만 아니라 과실행위에 의한 경우에도 피해자의 승낙이 인정되는가가 문제된다. 예를 들면, 음주운전에 의한 사고를 승인하고 동승하였다가 운전자의 과실로 상해를 입은 경우나 운동경기에서 다른 선수에게 파울을 범하는 과정에서 실수로 상해를 입힌 경우이다. 이에 대하여는 ① 결과에 대한 동승자의 승낙이 없었기 때문에 위법성이 조각되지 않는다는 견해와 ② 법익주체가 운전자의 부주의한 행위로 야기되는 위험을 알면서도 그러한 위험에 대해 승낙한 이상 그 과실행위는 정당화된다는 견해 등이 있다. 피해자가 위험한 행위를 승낙했다고 해서 그로부터 발생할 수도 있는 불행한 결과에 대해서까지 피해자의 승낙이 있다고 할 수는 없다. 다만, 이러한 사례에서 행위자가 초래한 침해가 사회적으로 용인할 수 있거나 통상적으로 예상되는 범위 내의 것이라면 사회상규 불위배행위로서 위법성조각이 인정될 수도 있다.

라. 주관적 정당화요소

피해자의 승낙에 의한 행위를 함에 있어서 행위자는 피해자의 승낙이 있었다는 사실의 인식 외에 승낙에 기한 행위를 함으로써 자기행위를 정당화하는 의사도 있어야 한다(인식·의사요구설). 그러나 행위자의 승낙으로 인해 행위하였을 것은 요하지 않는다.

한편, 피해자의 승낙이 있었음에도 불구하고 없었던 것으로 오인한 때에는 불능미수범이 성립할 수 있고(다수설), 피해자의 승낙이 없었음에도 불구하고 있었던 것으로 오인한 때에는 위법성조각사유의 전제사실에 관한 착오가 된다.

3. 추정적 승낙

가. 추정적 승낙의 의의와 법적 성격

추정적 승낙이란 피해자가 현실적으로 승낙하지는 않았지만, 행위당시의 객관적 사정을 종합하여 볼 때 피해자가 당연히 승낙하였을 것이라고 추정되는 경우를 말한다. 추정적 승낙은 피해자의 현실적인 승낙이 없다는 점에서 피해자의 승낙과 구별되며, 객관적인 이익교량의 문제가 아니라 법익주체의 가정적(假定的) 의사에 대한 규범적 판단이라는 점에서 긴급피난과도 성질을 달리한다.

추정적 승낙의 법적 성격에 대하여는 ① 피해자의 승낙의 대용물이라는 견해, ② 피해자에게 발생하는 이익충돌의 점에 착안하여 긴급피난의 일종이라는 견해, ③ 독자적인 초법규적 위법성조각사유라는 견해, ④ 형법 제20조의 정당행위의 사회상규불위배행위라는 견해(다수설), ⑤ 추정적 승낙의 유형에 따라 긴급피난과 사회상당성 또는 자율의 원리와 허용된 위험의 원리에 의하여 위법성이 조각된다고 해석하는 견해 등이 있다. 추정적 승낙은 피해자의 승낙에 의한 행위와 구별될 수밖에 없고, 형법 제20조를 고려할 때 법체계상 초법규적 위법성조각사유를 인정할 이유가 없으며, 따라서 사회상규불위배행위로서 정당행위로 포섭하여야 한다.

나. 추정적 승낙의 유형

추정적 승낙의 유형으로 (ⅰ) 피해자의 이익을 위하여 법익을 침해한 경우와 (ⅱ) 자신 또는 제3자의 이익을 위하여 법익을 침해한 경우가 있다. 전자는 피해자의 높은 가치의 이익을 위해 이 보다 낮은 가치의 법익을 침해하는 형태로서, 예를 들면, 의사가 생명이 위중한 환자를 살리기 위해 환자나 보호자의 동의 없이 수술하는 경우 등이다. 후자는 피해법익의 경미성 내지 피해자와 행위자의 관계 때문에 피해자의 승낙이 추정되는 경우로서, 예를 들면, 기차를 놓치지 않기 위하여 친한 친구의 자전거를 무단으로 타고 가거나 가정부가 주인의 헌옷을 주인의 허락 없이 거지에게 주는 경우 등이다.

다. 추정적 승낙의 성립요건

추정적 승낙이 성립하기 위해서는 (i) 피해자의 승낙의 요건을 충족하는 것 외에, (ii) 피해자의 승낙을 받을 수 없어야 하고, (iii) 그럼에도 불구하고 피해자의 승낙이 확실히 기대되는 경우이어야 한다. 따라서 피해자의 명시적인 반대의사가 있는 경우에는 추정적 승낙이 인정되지 않는다.

한편, 추정적 승낙에 있어서 주관적 정당화요소로서 추정적 승낙이 있을 수 있는 상황에 대한 인식 이외에 행위자에게 모든 사정에 대한 양심적 심사의무(성실한 검토의무)가 요구되는가에 대하여는 ① 필요설과 ② 불요설(다수설)이 있다. 그러나 위법성판단에 있어서 행위자가 행위를 함에 있어서 신중하였는가 라고 하는 주관적 사정을 고려하는 것은 부적절하며, 다른 위법성조각사유의 경우와 달리 추정적 승낙의 경우에만 양심적 심사의무를 부과하는 것은 부당하다. 따라서 추정적 승낙에 의한 행위에 있어서는 추정적 승낙의 상황에 대한 인식과 추정적 승낙에 기한 행위를 하려는 의사가 있으면 주관적 정당화요소는 충족된다.

라. 추정적 승낙과 착오

피해자의 승낙에 의한 경우와 마찬가지로 추정적 승낙이 가능한 상황이 있음에도 불구하고 추정적 승낙이 있을 수 없다고 오인한 경우는 불능미수범이 성립할 수 있다(다수설). 또한 추정적 승낙이 가능한 상황이 아님에도 추정적 승낙이 가능한 상황이 있는 것으로 오인한 경우는 오상 추정적 승낙으로 위법성조각사유의 전제사실에 관한 착오의 문제가 된다.

[판례] 사문서변조죄는 권한 없는 사람이 이미 진정하게 성립된 타인 명의의 사문서 내용을 동일성을 해하지 않을 정도로 변경하여 새로운 증명력을 만드는 경우에 성립한다. 그러므로 사문서를 수정할 때 명의자가 명시적이거나 묵시적으로 승낙을 하였다면 사문서변조죄가 성립하지 않고, 행위 당시 명의자가 현실적으로 승낙하지는 않았지만 명의자가 그 사실을 알았다면 당연히 승낙했을 것이라고 추정되는 경우에도 사문서변조죄가 성립하지 않는다 (2014도781).

제 5 장

책 임 론

제1절 책임 일반이론

1. 책임의 의의와 책임주의

가. 책임의 의의

책임은 구성요건에 해당하고 위법한 행위를 한 사람에게 가해지는 비난 내지 비난가능성을 말한다. 형사책임은 법적 책임이므로 윤리적 책임이나 종교적 책임과 구별된다. 또한 형사책임은 민사책임과 구별된다. 민사책임은 개인에게 발생한 손해의 배상에 목적이 있으므로 손해라는 결과에 중점이 있고, 고의·과실 여부는 중요시되지 않는다. 따라서 민사책임에서는 고의책임과 과실책임 간에 별 차이가 없고, 심지어 무과실책임도 인정된다. 반면, 형사책임은 행위자에 대한 비난에 중점이 있으므로 행위자가 어떤 의사를 가졌는지가 중요시된다. 따라서 고의와 과실을 달리 취급하여 과실범은 예외적으로 처벌하고, 그 형벌도 고의범에 비하여 가볍게 처벌한다.

나. 책임주의

형법상 책임은 근대 이전에는 객관적 책임(결과책임) 및 단체책임이었다. 그러나 근대 이후 개인적 자유주의 사상의 영향을 받아 위법행위에 대하여 행위자에게 비난(또는 비난가능성)이 인정되는 경우에만 책임을 인정하는 주관적 책임·개인책임으로 변화되면서, 행위자를 비난할 만한 경우가 아닌 한 형벌을 가하여서는 아니 된다는 원칙이 확립되었다. 이를 책임주의라고 한다.

책임주의는 책임이 있는 경우에 형벌을 가하여야 한다는 의미의 적극적 책임주의(책임 있으면 형벌 있다. 형벌근거적 책임)에서 책임의 범위 내에서 예방의 목적을 고려하여 형벌을 부과하여야 한다는 소극적 책임주의(책임 없으면 형벌 없다. 형벌제한적 책임)로 발전하였다. 따라서 오늘날 책임주의는 위법행위의 정도에 따라 책임비난의 상한이 정하여지고, 그 범위 내에서 특별예방과 일반예방을 고려하여 필요 최소한의 범위 내에서 형벌로서의 책임을 부담하게 하여야 한다는 것을 의미한다.

[확신범과 형사책임] 확신범은 행위자가 자신의 행위가 법에 의하여 금지되어 있다는 것을 알면서도 도덕적·종교적·정치적 신념 등에 의하여 자신의 행위가 정당하다고 믿고 이를 행하는 경우를 말한다. 예를 들면, 자신이 믿는 종교적 계율에 의거하여 병역의무를 거부하거나 수혈을 거부하는 경우이다.

형법은 사회공동생활상 요구되는 이익과 기본적인 규범을 보호함으로써 사회질서의 유지를 위한 것이다. 따라서 개인이 법을 위반한 경우에는 그 법규범을 수용하느냐 여부와 상관없이 처벌하여야 하므로 확신범의 경우도 형사책임을 부담하여야 한다. 양심에 비추어 옳다고 판단하여 행하는 소위 양심범의 경우도 마찬가지이다. 다만, 양심범에 대하여는 양심강제에 의하여 윤리적으로 달리 행동할 수 없었다는 점에서 형벌감경사유라는 견해가 있다.

2. 책임의 근거

가. 도의적 책임론

도의적 책임론은 객관주의에 기초한 것으로서, 인간에게 자유의사가 있다는 것을 전제로 하여 책임의 근거가 자유의사에 있다는 견해이다. 따라서 책임은 행위자가 위법한 행위를 하기로 의사결정한 것에 대한 도의적 비난이라고 한다(의사 책임, 행위책임). 이 이론에서는 책임능력은 범죄능력 또는 유책행위능력을 의미하고, 형벌의 목적은 응보에 있다고 하며(응보형론), 형벌과 책임무능력자에게 부과되는 행정처분으로서의 보안처분은 그 성질을 달리한다고 한다(형벌과 보안처분의 이원론).

이 설에 대하여는 도의적 권위를 강조하는 국가주의 사상의 표출로서 적극적 책임주의를 취하게 되어 형벌과잉현상을 초래하기 쉽고, 의사자유론은 실증적·과학적으로 그 근거가 희박하며, 법과 윤리를 구분하여야 한다고 하면서 도의적 책임을 부과한다는 것은 모순이라는 비판이 있다.

나. 사회적 책임론

사회적 책임론은 주관주의에 기초한 것으로서, 인간의 의사와 행위는 개인의 유전적 소질과 사회적 환경에 의하여 결정된다고 하면서, 책임의 근거가 행위자의 반사회적 성격 또는 사회적 위험성(惡性)에 있다는 견해이다(성격책임). 따라서 책임은 사회적 위험성이 있는 행위자가 법적 제재를 받아야 할 지위를 의미한다. 이 이론에서는 책임능력은 형벌적응능력을 의미하고, 형벌의 목적은 범죄인의 재사회화에 있다고 하며(목적형론), 형벌과 보안처분을 동일시하되 책임능력자에게는 형벌을, 책임무능력자에게는 사회방위처분으로서 보안처분을 가하여야 한다고 한다(형벌과 보안처분의 일원론).

이 설에 대하여는 사회방위를 중심으로 하는 형법이론이므로 국가주의·권위주의와 결부하여 개인책임의 범위를 벗어나 형벌권확대의 경향을 띠기 쉽고, 형벌의 전제로서 행위자 개인에 대한 비난의 요소를 부인하고 사회적 위험성만을 기준으로 형사책임을 인정한다는 점에서 책임주의에 반한다는 비판이 있다.

다. 인격적 책임론

인격적 책임론은 전통적인 행위책임론과 성격책임론의 결함을 보완하여 인간은 소질과 환경의 제약을 받으면서도 어느 정도 이를 지배할 수 있는 주체적 존재로 인정하는 견해이다. 따라서 구체적인 행위(1차적으로는 행위책임)와 그 행위의 배후에 잠재되어 있는 행위자의 인격형성 내지 생활결정(2차적으로는 인격형성책임)에서 책임의 근거를 찾는다. 이 이론은 본래 상습범의 형을 가중하기 위한 근거로서 주장된 이론이다.

이 설에 대하여는 행위자에게 책임 없는 인격형성도 책임의 대상에 포함되므로 위험성이 책임에 포함되는 결과가 되고, 형사소송법상 인격형성과정에서의 유책한 부분과 숙명적인 부분의 구분이 불가능하다는 비판이 있다.

라. 결어

오늘날 대부분은 양 이론을 절충하여 설명하고 있다. 따라서 인간은 의사를 자유로 결정하면서 한편에서는 소질과 환경에 의하여 결정당하는 존재라고 하는 상대적 의사결정론을 근거로 하여 책임의 근거도 도의적 비난과 사회적 책임에 있다고 하고, 책임능력도 유책행위능력임과 동시에 형벌적응능력으로 이해하고 있다. 그러나 형법상 책임은 행위책임이며, 책임판단의 대상은 구체적인 행위이므로 형사책임은 개별적 행위책임이어야 한다. 따라서 형법상 책임은 도의적·윤리적 책임이나 사회적 책임이 아니라 구성요건에 해당하는 위법한 행위에 대하여 법적 관점에서 내리는 비난(또는 비난가능성), 즉 법적 책임(가벌적 책임론, 사회규범적 책임론)이어야 한다. 따라서 책임은 행위자가 구체적인 행위를 통하여 형법규범을 위반하였다는 사실 때문에 내려지는 행위자 개인에 대한 법적 비난이 된다. '법적 관점'이란 사회공동 생활질서의 유지, 즉 개인의 생명·신체·자유·재산 등의 보호라는 관점을 말한다.

한편, 인간의 의사는 인과적으로 결정되면서도, 한편에서는 자유롭다(유성결정론)고 할 것이므로 행위자에 대한 비난은 가능하게 된다. 다만, '자유'가 인정되기 위해서는 행위자에게 정상적인 행위주체로서 법규범을 준수할 수 있을 정도의 판단능력, 즉 정상적인 의사결정을 할 수 있는 능력이 있어야 한다. 따라서 책임능력은 법적 유책행위능력이 된다.

[유성결정론과 상대적 의사결정론] 유성결정론은 행위의 인과성을 인정하면서도 그 지배요소에 따라서 행위의 자유성을 긍정한다는 점에서 '결정되면서도 주체적으로 결정하는 영역이 있다'고 하는 상대적 결정론(상대적 의사자유론)과는 구별된다. 유성결정론에서의 '자유'는 원인이 없다는 의미에서의 무한정적인 자유가 아니고 생리적·물리적인 강제를 받지 않고 규범심리적으로 결정할 수 있는 상태를 말한다.

[예방적 책임론] 예방적 책임론(기능적 책임론)은 책임의 내용을 비난가능성, 즉 적법행위에 대한 기대가능성이 아닌 형벌의 목적(특히, 일반예방)이나 형사정책적 목적에서 찾고자 하는 이론이다. 즉, 형법이 범인의 재사회화, 잠재적 범인에 대한 위하(威嚇), 일반인의 규범의식강화와 같은 예방적 형벌목적을 달성할 수 있을 때에 비로소 행위자가 일반적 타행위가능성을 벗어났다는 책임판단은 의미가 있다고 하는 것이다. 야콥스(Jakobs)는 책임은 일반예방의 변형이므로 책임은 오로지 적극적 일반예방에 의해 근거되고 그 양이 결정된다고 하는 극단적인 태도를 취하고 있다.

그러나 이 이론은 형법과 형사정책의 과제를 혼동하는 것으로서, 일반예방을 지나치게 강조하게 되면 책임 없는 형벌까지 인정하게 될 위험이 있는 등 책임주의를 무의미하게 만든다. 이에 록신(Roxin)은 책임을 인정함에 있어서 타행위가능성이라는 전통적 책임개념을 인정하면서도 책임을 정함에 있어서도 일반예방을 고려하여 결정하여야 한다고 하면서, 답책성(答責性, Verantwortlichkeit)이론을 주장하였다.

3. 책임의 본질

가. 심리적 책임론

심리적 책임론은 책임의 본질을 행위자의 행위에 대한 심리적 사실관계로 이해하는 견해로서, 심리요소인 고의와 과실이 있으면 책임이 있다고 한다. 이 입장은 19세기에서 20세기에 이르기까지 지배적인 태도로서, 객관적이고 외적인 것은 위법성에, 주관적이고 내적인 것은 책임성에 속한다고 하면서 고의·과실을 책임요소로 본다.

이 설은 고의가 있다고 하더라도 강요된 행위(제12조)의 경우에 왜 책임이 조각되는지를 설명할 수 없다는 등의 문제점으로 인해 오늘날 지지하는 학자가 없다.

나. 규범적 책임론

규범적 책임론은 20세기 신칸트학파의 규범학의 영향을 받은 것으로서, 책임의 본질을 행위자의 심리과정에 대한 규범적 평가로 이해하는 견해이다. 즉, 책임의 본질은 고의와 과실을 전제로 하여, 행위자가 적법행위를 할 수 있었음에도 불구하고 그렇게 하지 않았다는 비난에 있다고 하면서, 책임은 위법한 행위를 한 사람에 대한 비난가능성이라고 한다. 프랑크(Frank)에 의해 주장된 이래로 오늘날 통설적 지위를 차지하고 있다.

4. 책임요소

규범적 책임론에 따르더라도 범죄론체계에 대한 태도에 따라 책임의 구성요소는 다르게 된다.

① **고전주의적 범죄론체계**에서는 초기에는 책임은 책임능력과 고의·과실로 구성된다고 하였으나 규범적 책임론으로 되면서 적법행위의 기대가능성이라는 요소가 추가되었다(복합적 책임개념설). ② **규범적 범죄론체계**(목적적 행위론)에서는 책임의 본질은 순수한 규범적 요소로서의 비난가능성에 있다고 하면서 고의·과실은 주관적 구성요건요소로 위치시키고, 책임에는 책임능력과 위법성인식(또는 인식가능성) 및 적법행위의 기대가능성이라는 요소만 남겨두었다(순수한 규범적 책임개념설). ③ **합일태적 범죄론체계**(사회적 행위론)에서는 책임의 본질을 행위자에 대한 비난가능성, 즉 비난가능한 행태 그 자체를 포괄하는 복합적 요소로 이루어진다고 한다(신복합적 책임개념설, 다수설). 이에 따르면 고의·과실의 이중기능을 인정하여, 책임은 그 전제요소로서 책임능력, 책임조건으로서 책임고의·과실과 위법성인식(또는 인식가능성), 초법규적 책임조각사유로서 적법행위에 대한 기대가능성으로 구성된다. 합일태적 범죄론체계에 따라 분설한다.

범죄론체계	책임의 구성요소
고전주의적 범죄론체계	책임능력, 고의·과실, 적법행위에 대한 기대가능성
목적론적 범죄론체계	책임능력, 위법성인식, 적법행위에 대한 기대가능성
합일태적 범죄론체계	책임능력, 책임고의·과실, 위법성인식, 적법행위에 대한 기대가능성

제2절 책임능력

1. 책임능력의 의의

책임능력이란 행위자가 법규범에 따라 행위할 수 있는 능력을 말한다. 책임능력은 행위자가 규범의 의미내용을 이해하여 명령과 금지를 분별·통찰할 수 있는 지적 능력과 그 분별한 바에 따라 의사를 결정하고 행동을 제어할 수 있는 의지적 능력을 내용으로 한다(고의의 본질 참조). 책임무능력자도 행위능력은 있을 수 있다.

책임능력은 행위시에 요구되는 것으로서, 형의 집행을 받을 능력으로서 형의 집행시에 존재하여야 하는 수형능력과 구별된다. 다만, 책임능력을 형벌적응능력으로 이해하는 입장에서는 책임능력은 형벌에 의하여 동기전환의 효과를 얻을 수 있는 능력이라고 보므로 수형능력과 동일시하게 된다. 또한 책임능력은 범죄성립을 위한 능력으로서 범죄행위시에 존재하여야 하는 것이므로, 소송을 수행하면서 자신의 이익과 권리를 방어할 수 있는 사실상의 능력으로서 형사절차상 소송행위시에 요구되는 소송능력(또는 소송행위능력)과 구별된다.

2. 책임능력의 본질

책임능력의 본질은 책임의 본질을 어떻게 보는가에 따라 달라진다.

① **도의적 책임론**에서는 책임능력은 의사자유론을 전제로 하여 행위의 시비를 변별하고 그 변별에 따라서 행동할 수 있는 능력, 즉 도의적 규범에 따라서 의사를 결정하고 행동을 결정하는 능력, 즉 유책행위능력(범죄능력, 귀책능력)이라고 한다(다수설). ② **사회적 책임론**에서는 책임능력은 의사결정론을 전제로 하여 범죄인에게 형벌을 과함으로써 형벌의 목적을 달성할 수 있는 능력, 즉 형벌적응능력(수형능력)이라고 한다. ③ **법적 책임론**에서는 책임능력은 유성결정론을 전제로 하여 정상적인 행위주체로서 법규범을 준수할 수 있을 정도의 판단능력으로서의 정상적인 의사결정을 할 수 있는 능력, 즉 법적인 유책행위능력이라고 한다. ④ **인격적 책임론**의 입장에서는 책임능력은 유책행위능력이면서 형벌적응능력이라고 한다.

책임능력을 형벌적응능력으로 이해하게 되면 형법상 형사미성년자나 심신장애인에 대한 책임면제·감경하는 이유는 물론, 상습범을 가중처벌하는 근거를 설명하기 어렵게 된다. 따라서 형법상 책임능력은 원칙적으로 행위자 자신의 행위에 대한 비난을 이해할 수 있어야 한다는 점에서 유책행위능력으로 이해하여야 한다. 다만, 법적 책임론에 따르면 책임능력은 위법행위에 대하여 법적 비난가능성을 부담하는 능력으로 된다. 따라서 책임능력은 규범적 관점에서 보면 행위시에 의사결정규범(평가규범을 전제로 히고)인 법규범의 내용, 즉 명령·금지의 의미를 인식·이해하고, 그 인식한 바에 따라서 의사를 결정하고 이에 따라 행동을 할 수 있는 능력으로 이해하여야 한다.

3. 책임능력의 체계적 지위

가. 책임전제조건설

책임전제조건설은 책임능력은 책임이 부과되는 인격적 능력이므로 책임의 전제조건이라는 견해이다(다수설, 68도400). 이 설에서는 의사자유론을 전제로 하면서, 책임능력을 행위자의 속성으로만 이해하여 개개 행위의 의사활동 그 자체보다는 행위자의 인격 내지 의식의 측면을 전체적으로 고찰하여 정당성의 판단기준으로서 이를 파악하고자 한다.

나. 책임요소설

책임요소설은 책임능력의 유무를 판단함에 있어서는 개개의 행위에 대해서 시비선악을 변별할 수 있느냐 또는 변별에 따라서 행동할 수 있느냐가 문제되므로, 단순한 비난의 전제가 아니라 행위의 의사형성에 대한 비난성 자체이므로 책임능력은 책임요소라는 견해이다. 이 설에서는 책임능력을 고의·과실 등의 책임요소를 결정하는 과정에서 고려하거나, 이들 책임요소의 존재를 인정한 다음에 고려되는 책임조각사유로 인정한다. 후자의 입장에서는 기대가능성은 환경적·사회학적인 면에 관한 책임조각사유이고, 책임능력은 소질적·생물학적인 면에 관한 책임조각사유라고 한다. 즉, 전자는 행위상황의 정상성(正常性)이고, 후자는 행위자의 정신적 정상성으로 보면서 기대가능성과 책임능력은 불가분의 관계에 있으며 그 한계가 없다고 한다.

다. 이원설

이원설은 책임능력은 행위자의 속성이라는 점에서 일반적인 인격적성(人格適性)

을 가리키므로 책임의 전제조건인 한편, 책임능력의 판단에서는 행위당시의 심리상태도 중요시하므로 책임요소라는 견해이다. 이 설에서는 책임능력과 고의·과실의 판단순서에 대하여는 책임요소설과 같은 태도를 취한다.

라. 결어

책임능력을 책임요소로 이해하게 되면 다른 책임요소인 위법성인식(가능성)·적법행위에 대한 기대가능성 등과 한계가 불분명해진다. 또한 위법성인식(가능성)은 책임능력을 구성하는 불법판단능력과 행동통제능력 중에서 전자를 전제로 하므로 책임무능력자라는 것이 판명되면 다른 책임요소를 고려할 필요도 없게 된다. 따라서 책임능력은 책임의 전제조건, 즉, 책임론의 영역에서 행위자에 대한 비난가능성의 전제가 되는 적격성으로 이해하여야 한다.

4. 책임무능력자와 한정책임능력자

책임무능력자에는 형사미성년자(제9조)와 심신상실자(제10조 제1항)가 있고, 한정책임능력자에는 심신미약자(제10조 제2항)와 청각 및 언어 장애인(제11조)가 있다. 책임무능력은 책임조각사유로서 범죄가 성립하지 않게 되고, 한정책임능력은 책임감경사유로서 형의 감경사유가 된다.

가. 형사미성년자

제9조(형사미성년자) 14세되지 아니한 자의 행위는 벌하지 아니한다.

형사미성년자, 즉 14세 미만자의 행위는 벌하지 아니한다(제9조). 형법은 행위자 개인의 육체적·정신적 발달정도를 묻지 않고, 14세 미만자이면 책임무능력자로 규정하고 있다. 14세는 만 나이를 말하며, 실제 나이를 기준으로 한다. 그러나 형사미성년자이더라도 만 10세 이상 만 14세 미만의 소년이 범죄를 범한 경우(촉법소년)에는 소년법상 보호처분을 과할 수 있다(법 제4조 제1항).

나. 심신장애인

> 제10조(심신장애인) ① 심신장애로 인하여 사물을 변별할 능력이 없거나 의사를 결정할
> 능력이 없는 자의 행위는 벌하지 아니한다.
> ② 심신장애로 인하여 전항의 능력이 미약한 자의 행위는 형을 감경할 수 있다.

(1) 심신장애인의 의의

심신장애인이란 범죄행위시에 심신장애로 인하여 사물변별능력 또는 의사결
정능력이 없거나(심신상실자) 또는 사물변별능력이나 의사결정능력이 미약한 사람
(심신미약자)을 말한다. 형법에서는 심신상실자는 처벌하지 않고(제10조 제1항), 심
신미약자는 형의 임의적 감경을 인정하고 있다(동조 제2항).

(2) 심신장애인의 판단요소

형법에서는 심신장애인에의 해당 여부를 판단함에 있어서 심신장애라고 하는
생물학적 요소와 사물변별능력과 의사결정능력이라고 하는 심리적 요소를 고려하
도록 하고 있다(제10조 제1항).

심신장애란 정신병, 정신병질, 중대한 의식장애, 정신박약 기타 중대한 정신적
장애 또는 정신적 기능의 장애를 의미한다. 신체적 장애는 심신장애에 포함되지
않는다. **정신병**에는 정신분열증, 조울증, 조현병, 뇌손상, 노인성치매 등이 있다.
정신병질은 감정, 의사 또는 성격장애를 말한다. **중대한 의식장애**란 병적 장애가
아닌 자아의식 또는 외계에 대한 의식에 심한 손상 내지 단절이 있는 경우로서,
실신, 마취, 혼수상태, 만취(명정상태), 극심한 피로, 심한 심리적 충격상태 등이 이
에 해당한다. **정신박약**이란 백치 등의 선천성지능박약을 말한다. **기타 중대한 정
신이상상태**로는 심한 노이로제, 중증의 충동조절장애, 중한 정신신경적 상태 등이
이에 해당한다. 다만, 의식장애 또는 정신병질은 그 정도가 심하여 병적 가치를 인
정할 수 있는 정도에 이르거나 다른 심신장애사유와 경합된 경우에 심신장애가 될
수 있다(판례).

[판례] 자신의 충동을 억제하지 못하여 범죄를 저지르게 되는 현상은 정상인에게서도 얼마든지 찾아볼 수 있는 일로서, 특단의 사정이 없는 한 위와 같은 성격적 결함을 가진 사람에 대하여 자신의 충동을 억제하고 법을 준수하도록 요구하는 것이 기대할 수 없는 행위를 요구하는 것이라고는 할 수 없으므로, 원칙적으로 충동조절장애와 같은 성격적 결함은 형의 감면사유인 심신장애에 해당하지 아니한다고 봄이 타당하다. 다만 충동조절장애와 같은 성격적 결함이라 할지라도 그것이 매우 심각하여 원래의 의미의 정신병을 가진 사람과 동등하다고 평가할 수 있는 경우에는 그로 인한 범행은 심신장애로 인한 범행으로 보아야 한다(2010도14512).

사물변별능력이란 행위의 불법 여부를 인식할 수 있는 능력 또는 행위의 시비선악을 분별할 수 있는 능력으로서, 지적 능력을 말한다. 이것은 사물에 대한 지각능력이나 기억능력과 일치되는 것은 아니다(90도1328). **의사결정능력**이란 사물을 변별한 바에 따라 의사를 결정하고, 자신의 행동을 제어할 수 있는 의지적 능력을 말한다(조종능력, 행위통제능력). 사물변별능력은 의사결정능력 유무의 판단에 앞서서 먼저 판단하여야 한다.

(3) 심신장애의 판단시기와 판단방법

심신상실 여부의 판단은 행위와 책임의 동시존재의 원칙에 의거하여 행위시를 기준으로 하되, 평균인의 일반적 능력을 기준으로 한다. 따라서 평소에는 정상적인 사람이라도 행위시에 심신장애 상태에 있었다면 심신상실자가 될 수 있다. 마찬가지로 심신장애가 있는 사람이라고 하더라도 범행당시에 정상적인 사물변별능력이나 행위통제능력이 있었다면 심신상실자로 볼 수 없다(판례).

[판례] 형법 제10조에 규정된 심신장애는 생물학적 요소로서 정신병 또는 비정상적 정신상태와 같은 정신적 장애가 있는 외에 심리학적 요소로서 이와 같은 정신적 장애로 말미암아 사물에 대한 변별능력과 그에 따른 행위통제능력이 결여되거나 감소되었음을 요하므로, 정신적 장애가 있는 사람이라고 하여도 범행당시 정상적인 사물변별능력이나 행위통제능력이 있었다면 심신장애로 볼 수 없다(2018도7658).

심신상실 여부의 판단에 있어서 형법은 혼합적 방법, 즉 심신장애라는 생물학적 요소를 기초로 하되, 사물변별능력과 의사결정능력이라는 심리학적 요소에 대한 판단에 의하도록 함으로써 최종적으로는 법적·규범적 관점에서 법률판단에 의하도록 하고 있다. 따라서 심신장애의 판단은 법관의 재량에 속하므로, 법관은 생물학적 기초의 존부를 판단하기 위하여 의사 등 선문가의 감정을 받지 않더라도 상관없으며, 의사 등 감정인의 의견은 법관의 판단에 있어서 하나의 참고자료에 불과하므로 법관이 이에 구속되는 것은 아니다(판례).

[심신장애의 판단방법]

1. **생물학적 방법** : 행위자의 정신장애나 정신결함과 같은 비정상적인 상태를 규정하고, 그러한 상태가 있으면 의사나 정신의학자 등에 의한 정신병리학적인 진단에 따라 책임능력이 없다고 판단하는 방법이다. 이 방법은 정신의학자인 레이(Ray)의 영향에 의하여 미국의 뉴 햄프셔(New Hampshire) 대법원에서 채택(Boardmann v. Woodman, 1866)한 뒤에 콜롬비아지구 항소법원의 소위 '정신병 또는 정신결함의 소산테스트'에 의하여 절정에 이르렀다. 미국법상 두르햄(Durham) 법칙은 대표적으로 생물학적인 방법에 의하고 있다.

   이 방법에 대하여는 의사나 정신의학자들의 자의나 편견이 개입될 우려가 있다는 비판이 있다.

2. **심리학적 방법** : 책임은 '달리 행위할 수 있었다'는 것에 대한 비난가능성을 의미하므로 행위자가 어떤 이유로 인한 것인가를 불문하고 사물을 변별하거나 의사를 결정할 능력이 없으면 책임능력이 없다고 하는 방법이다. 이에 따르면 행위자가 정신병자라고 하더라도 행위시에 이 인식이 있으면 완전한 책임을 져야 한다. 영미법상 1780년대 이래 책임능력에 관한 전통적인 기준인 맥노튼(M'Naughten) 규칙이 대표적이다.

   이 방법에 대하여는 정신의학의 현실과 과학적 지식을 충분히 고려하지 않고, 행위당시에 행위자의 심리상태에 미치는 생물학적 제약요인을 무시한다는 비판이 있다.

3. **혼합적 방법** : 행위자의 정신기능장애라는 생물학적 표지와 그 영향을 받아 결정되는 사물의 시비를 변별할 수 있는 능력과 그 변별에 따라 의사결정 및 행동통제를 할 수 있는 능력이라는 심리학적 표지를 함께 고려하여 책임능력의 존부를 결정하는 방법이다. 미국의 모범형법전(Section 4.01)을 비롯하여 대부분의 국가가 취하고 있는 태도이다. 형법도 이 방법을 취하고 있다. 이 방법에서는 생물학적 요소에 관한 정신의학자의 의견은 법관의 판단을 위한 하나의 참고자료가 될 뿐이므로 의사의 심신장애 판정에도 불구하고 법관이 책임능력을 인정하더라도 채증법칙의 위반으로 되지 않는다.

4. **결어** : 상대적 의사자유론을 전제로 한 도의적 책임론과 유성결정론을 전제로 한 법적 책임론에 의하면 심신장애 여부는 혼합적 방법에 의하여 판단하여야 한다. 다만, 전자는 도의적 책임의 전제로서 도의적 선악의 변별능력을 강조하므로 행위자

의 심리적 요소를 강조하는데 반하여, 후자는 형벌로써 제재를 통하여 사실상 일반예방·특별예방의 효과를 기대할 수 있는가라는 사실상 형사정책적 효과를 강조하므로 생물학적 요소를 중시하게 된다. 한편, 사회적 책임론에서는 형벌에의 적응이나 일반예방 또는 특별예방을 위해서 그 개념을 목적론적으로만 구성하므로 책임능력의 존부의 판단은 실천적이고 정책적일 수밖에 없고, 따라서 자연히 생물학적 요소만을 강조한다.

[판례] 심신장애의 유무는 법원이 형벌제도의 목적 등에 비추어 판단하여야 할 법률문제로서 그 판단에 전문감정인의 정신감정결과가 중요한 참고자료가 되기는 하나, 법원이 반드시 그 의견에 구속되는 것은 아니고, 그러한 감정결과뿐만 아니라 범행의 경위, 수단, 범행 전후의 피고인의 행동 등 기록에 나타난 여러 자료 등을 종합하여 독자적으로 심신장애의 유무를 판단하여야 한다(2018도7658).

(4) 심신장애의 효과

심신상실자의 행위는 벌하지 아니한다(제10조 제1항). 즉, 심신상실자는 책임능력이 없으므로 책임이 조각된다. 심신미약자의 행위는 형을 감경한다(동조 제2항). 다만, 심신상실자나 심신미약자에게 재범의 위험성이 있는 경우에는 치료감호 등에 관한 법률에 따른 치료감호처분을 부과할 수 있다(법 제2조 제1항 제1호).

[일부책임능력] 일부책임능력이란 어떤 일정한 방향으로 또는 일정한 범죄에 관해서만 정상적 판단능력이 결여된 경우이다. 일부책임무능력자의 인정 여부에 대하여는 ① 인격의 통일적 성격에 비추어 동일한 인격자가 어떤 행위에 대하여는 능력이 있고, 또 다른 행위에 대하여는 무능력이라는 것은 있을 수 없다는 견해와 ② 예외적이지만 히스테리 환자처럼 어떤 종류의 자극에 대하여 이상한 반응을 일으키는 사람(paranoia)이 그 반응으로써 나타내는 폭행 등에 대하여는 행동통제능력이 결여된 경우로서 책임무능력을 인정할 수 있다는 견해 등이 있다.
실제적으로 특정현상에 대한 이상반응으로 인해 범죄가 발생한 경우에 있어서 책임능력의 유무는 장애의 성질에 얽매일 것이 아니라 행위시에 특정장애로 인해 책임능력이 결여되었는가를 중심으로 판단하여야 한다.

다. 청각 및 언어 장애인

제11조(청각 및 언어 장애인) 듣거나 말하는 데 모두 장애가 있는 사람의 행위에 대해서는 형을 감경한다.

청각 및 언어 장애인의 행위는 형을 감경한다(제11조). '청각 및 언어 장애인'이란 청가기능과 발성기능에 장에기 있는 사람을 말한다. 장애가 선전적이든 후천적이든 상관없다. 청각장애나 언어장애만 있는 경우에는 이에 해당되지 않는다. 입법론적으로 삭제가 요구된다.

> **[성폭력범죄와 책임능력]** 음주 또는 약물로 인한 심신장애 상태에서 성폭력범죄의 처벌 등에 관한 특례법상 성폭력범죄(형법 제2편 제22장 성풍속에 관한 죄 중 제242조(음행매개), 제243조(음화반포등), 제244조(음화제조등) 및 제245조(공연음란)의 죄는 제외한다)를 범한 때에는 형법 제10조 제1항·제2항 및 제11조를 적용하지 아니할 수 있다(법 제20조).

5. 원인에 있어서 자유로운 행위

> 제10조(심신장애인) ③ 위험의 발생을 예견하고 자의로 심신장애를 야기한 자의 행위에는 전2항의 규정을 적용하지 아니한다.

가. 원인에 있어서 자유로운 행위의 의의

원인에 있어서 자유로운 행위란 책임능력이 있는 사람이 고의 또는 과실로 스스로를 심신장애상태에 빠지게 하고, 이 상태에서 범죄를 실현하는 것을 말한다. 예를 들면, 사람을 상해할 의도로 미리 술을 마셔 명정상태에 빠진 후, 이 상태에서 사람을 상해하는 경우이다.

행위와 책임의 동시존재의 원칙에 따르면 원인에 있어서 자유로운 행위의 경우에는 행위자가 행위시에 책임무능력상태이므로 이를 처벌할 수 없게 된다. 그러나 이것은 사회적 타당성이 없고, 사회통념이나 일반시민의 건전한 법감정에도 반하며, 음주나 약물 등의 남용에 따른 범죄의 예방이라는 형사정책적 요청에도 적합하지 않다. 따라서 형법에서는 원인에 있어서 자유로운 행위에 대하여는 형사책임을 인정하고 있다. 형법 제10조 제3항에서는 "위험의 발생을 예견하고 자의로 심신장애를 야기한 자의 행위는 전2항(심신상실과 심신미약)의 규정을 적용하지 아니한다"라고 규정하고 있다.

나. 원인에 있어서 자유로운 행위의 가벌성의 근거

행위자는 행위시에 책임능력이 있어야 한다(행위와 책임의 동시존재의 원칙). 그런데 원인에 있어서 자유로운 행위에 있어서는 원인설정행위시에는 책임능력이 있으나 범죄의 구성요건을 실현하는 행위시에는 책임능력이 없거나 미약하다. 따라서 원인에 있어서 자유로운 행위의 가벌성의 근거가 문제된다.

(1) 구성요건적 모델

구성요건적 모델은 인과적 행위론의 영향을 받은 것으로서, 가벌성의 근거를 원인설정행위에 구하는 견해이다. 이 설은 간접정범이 타인을 도구로 이용하는 것인데 반하여, 원인에 있어서 자유로운 행위는 행위자가 책임 없는 상태의 자기를 도구로서 이용한다는 점에 그 논리구조가 같다는 것을 근거로 한다. 이 설에서는 원인설정행위시에 실행행위(구성요건적 행위)가 개시된다고 함으로써 행위와 책임의 동시존재의 원칙을 충족하게 된다.

(2) 예외모델

예외모델은 원인설정행위가 실행행위나 착수행위로 될 수는 없지만 원인설정행위가 책임능력 없는 상태에서의 실행행위와 불가분의 관련을 갖는다는 점에 가벌성의 근거가 있다는 견해이다. 즉, 책임비난의 근거는 원인설정행위에 있지만 그것은 원인설정행위가 실행행위와 불가분의 관계에 있기 때문이라고 한다. 이 설에서는 실행행위시에는 행위자가 무능력상태이므로 원인에 있어서 자유로운 행위는 행위와 책임의 동시존재의 원칙에 대한 예외에 해당한다고 한다(다수설).

(3) 실행행위설

실행행위설은 현대 심리학의 입장에 따르면 완전한 무의식상태는 없으므로 실행행위에서 가벌성의 근거를 찾는 견해이다. 즉, 원인행위인 예비단계로부터 실행행위의 단계로의 돌입이 반무의식적 상태에서 이루어지므로 원인과 결과 간의 연관성을 인정할 수 있고, 따라서 반무의식적 실현이 있을 때에 범죄의 실행행위는 시작된다고 한다. 반무의식상태는 범죄의 주관적 요소가 되기에 충분하다고 한다.

(4) 결어

구성요건적 모델은 행위와 책임의 동시존재의 원칙을 관철한다는 점에서 장점이 있다. 그러나 이 설에 의하면 실행행위의 범위가 지나치게 확대되고, 형법상 간접정범에서는 피이용자가 반드시 책임무능력자임을 요하지 않는다는 점에서 간접정범의 유사형태라고 하기 어렵고, 특히 심신미약 상태의 경우에는 한정책임능력이 인정되므로 도구로서 이용되었다고 할 수 없다는 점에서 문제가 있다. 실행행위설도 반무의식적 상태를 설명하기 어렵고, 이 개념을 인정하게 되면 대부분의 경우에 책임능력을 인정하게 된다.

하지만 규범적 책임론에 따르면 책임은 그러한 행위를 유발시킨 '반가치에로의 의식적 결의'에 대한 비난가능성을 의미한다. 따라서 이 의식적 결의가 책임결함 상태의 위법행위로 이어져 계속될 때에는 그 결의에 대한 책임을 전체행위에 대하여 묻더라도 책임주의원칙에 반하는 것은 아니다. 형법 제10조 제3항에서도 '자의로 심신장애를 야기한 자의 행위'라고 규정하여 원인설정행위에 중점을 두고 있다. 따라서 원인에 있어서 자유로운 행위의 가벌성의 근거는 원인설정행위에 있지만 이것이 실행행위로 연결된다는 점에 있는 것으로 파악하여야 한다(예외모델).

다. 원인에 있어서 자유로운 행위의 성립요건

(1) 위험발생의 예견

'위험의 발생'이란 ① 구성요건적 결과의 실현을 의미한다는 견해(다수설)와 ② 객관적 구성요건적 사실에 대한 인식은 구체적으로 특정한 구성요건과 관련되어 있지만 위험의 발생은 반드시 특정한 구성요건적 사실을 전제로 하지 않으므로 위험발생은 원인설정행위에 전형적으로 수반되는 법익침해가능성을 모두 포함하는 개념이라는 견해(판례)가 있다. '위험의 발생'을 확대해석할 경우에는 행위와 책임의 동시존재의 원칙의 예외규정인 형법 제10조 제3항의 적용범위가 넓어지기 때문에 처벌범위가 확대될 수 있다. 따라서 '위험의 발생'은 구성요건적 결과실현을 의미하는 것으로 제한되어야 한다.

위험발생의 '예견', 즉 구성요건실현의 내용에 대하여는 ① 고의에 의한 경우만으로 한정하는 견해, ② 위험발생은 실행행위와 관련성이 없으므로 고의·과실과 상관이 없다는 견해, ③ 구성요건에 해당하는 범죄를 행할 것을 인식한 경우

(고의)뿐만 아니라 그 가능성을 예견한 경우(과실)도 포함된다는 견해(다수설, 판례) 등이 있다. '예견'은 인식을 전제로 하는 개념이므로, 이것에 '예견가능성'까지 포함된다고 해석하는 것은 문언의 의미를 벗어난 유추해석에 해당한다. 다만, '예견'은 위험발생, 즉 구성요건적 결과와의 관계에서 의미가 있는 것으로서, '예견'이라는 개념에는 의사적 요소는 아니지만 인식적 요소는 포함되어 있다고 할 수 있으므로 고의 외에 인식 있는 과실을 포함하는 개념으로 이해하여야 한다. 하지만 인식 없는 과실의 경우는 원인행위시에 위험발생의 '예견가능성'은 있을지언정 '예견'은 하지 못했던 경우이므로 형법 제10조 제3항의 적용대상에서 제외하여야 한다.

[판례] 형법 제10조 제3항은 고의에 의한 원인에 있어서의 자유로운 행위만이 아니라 과실에 의한 원인에 있어서의 자유로운 행위까지도 포함하는 것으로서 위험의 발생을 예견할 수 있었는데도 자의로 심신장애를 야기한 경우도 그 적용대상이 된다고 할 것이어서, 피고인이 음주운전을 할 의사를 가지고 음주만취한 후 운전을 결행하여 교통사고를 일으켰다면 피고인은 음주시에 교통사고를 일으킬 위험성을 예견하였는데도 자의로 심신장애를 야기한 경우에 해당하므로 위 법조항에 의하여 심신장애로 인한 감경 등을 할 수 없다(92도999).

[과실에 의한 원인에 있어서 자유로운 행위] 다수설과 판례에 따르면 과실에 의한 원인에 있어서 자유로운 행위는 구성요건의 실현가능성(실행행위)을 예견할 수 있었음에도 불구하고 이를 부주의로 예견하지 못하고 고의 또는 과실로 책임무능력(한정책임능력) 상태를 야기하여 과실범의 구성요건을 실현한 경우를 말한다. 예를 들면, 자동차를 운전해야 한다는 사실을 미처 생각하지 못하고 고의 또는 과실에 의해 만취된 후에 그 상태에서 운전하다가 사고를 낸 경우이다.

　그러나 이렇게 되면 과실로 심신장애 상태를 야기한 후에 미리 의도했던 범행을 실행한 경우의 법적 책임이 문제된다. 즉, 乙을 살해할 고의를 가지고 乙을 기다리면서 술을 마시다가 과실로 책임무능력상태에 빠진 상태에서 乙을 살해한 경우에 대하여는 ① 행위자에게 애초에 살해의 고의가 있었다는 것을 이유로 살인죄의 고의범이 성립한다는 견해와 ② 과실치사죄가 성립한다는 견해 등이 있다. 위 사례에서 乙에게는 원인설정행위에 대한 고의밖에 인정되지 않고, 만취한 상태에서 범행을 하려는 의도로 술을 마신 것도 아니며, 행위시에는 만취한 상태이었기 때문에 애초에 의도했던 살해의 고의를 실현한 것이라고도 할 수 없다. 따라서 이 사례에서 乙의 살해행위는 과실에 의한 원인에 있어서 자유로운 행위로 인정하여야 한다.

(2) 자의에 의한 심신장애상태의 야기

'자의'의 의미에 대하여는 ① 고의라는 견해, ② 위험발생은 실행행위와 관련성이 없으므로 고의·과실과 상관없다고 하면서 자유로운 의사결정으로 이해하는 견해, ③ '고의'가 아니라 '자유로이' 또는 '스스로'라는 의미이며, 따라서 과실로 심신장애를 야기한 경우도 포함된다는 견해 등이 있다. '자의'란 문언적으로 해석하면 원인설정행위를 강요에 의하지 않고 자발적으로 야기한 경우를 가리킨다. 따라서 '자의'를 고의로 심신장애상태를 야기한 경우로 제한하여 해석할 이유가 없다. 사실상 원인에 있어서 자유로운 행위는 과실로 심신장애상태를 일으킨 경우를 중심으로 발전된 이론이다.

(3) 심신장애상태하의 구성요건실현행위

행위자가 자의로 야기한 심신장애상태하에서 구성요건실현행위를 하여 위험(범죄결과)을 발생시켜야 한다. 심신장애를 야기한 행위와 구성요건실현행위(실행행위) 및 위험발생 사이에는 인과관계가 있어야 한다.

구성요건실현행위에는 고의·과실, 작위·부작위가 모두 포함된다. 예를 들면, 사람을 상해할 의도로 술을 마셔 명정상태에 빠진 후, 이 상태에서 사람을 상해하는 경우는 고의에 의한 작위범형태이고, 기차 전철수(轉轍手)가 열차를 탈선시킬 의도로 술을 마시고 열차통행시에 술에 취하여 전철하지 아니함으로써 열차를 탈선시킨 경우는 고의에 의한 부작위범형태이다. 또한 심한 과로에도 불구하고 자동차를 운전하다가 졸음운전상태에서 차가 인도로 벗어나면서 행인을 친 경우는 과실범의 형태이다.

[원인에 있어서의 자유로운 행위의 실행의 착수시기] ① 가벌성의 근거에 대하여 원인설정행위설을 취하는 구성요건적 모델에서는 실행의 착수도 원인설정행위시에 있다고 한다. 따라서 이 설에 따르면 살인의 의도를 가지고 일부러 술을 마셨으나 지나치게 취하여 살인을 하지 못한 경우에도 술을 마시기 시작한 때(원인설정행위시)에 실행의 착수를 인정하게 되므로 살인미수를 인정하게 된다. 하지만 ② 예외모델이나 실행행위설에 따르면 실행행위시에 실행의 착수를 인정하므로 위의 사례에서 살인예비·음모가 성립함에 지나지 않는다. 실행의 착수시기는 객관적인 구성요건의 정형을 떠나서는 논증하기 어렵다는 점에서 구성요건실현행위를 실행행위로 보아야 하고, 이 실행행위를 개시한 때에 실행의 착수를 인정하여야 한다.

> 과실에 의한 원인에 있어서 자유로운 행위의 경우에 ① 원인설정행위시가 실행의 착수시기라는 견해가 있으나 ② 구성요건실현행위가 개시된 때에 실행의 착수를 인정하여야 한다. 다만, 과실범의 경우는 미수범 처벌규정이 없고, 결과가 발생한 때에 성립하므로 사실상 실행의 착수시기를 논할 실익은 없다.

한편, 행위자의 예견내용과 심신장애상태하에서의 인식내용이 불일치한 경우가 문제된다. ① 원인행위시의 위험발생에 대한 예견을 고의로 해석하고 원인행위시를 실행의 착수로 보게 되면, 원인행위시의 예견내용과 심신장애상태하에서의 인식내용에 따른 발생결과가 다른 경우에는 사실의 착오의 문제가 발생할 수 있다. 그러나 ② 원인행위시의 예견을 고의와 구별하여 행위자의 책임비난을 위한 요소에 불과한 것으로 보면, 원인행위시의 예견내용과 실행행위시의 고의내용은 별개이므로 원인행위시의 예견내용과 심신장애상태하에서의 인식내용이 다르고, 그 인식내용에 따른 결과가 발생하더라도 원인행위시의 예견내용과 실제 발생결과 사이에는 사실의 착오의 문제가 발생하지 않는다. 하지만 ③ 원인에 있어서 자유로운 행위에 있어서는 행위자가 원인행위시의 예견내용이 아니라 심신장애상태하에서 실행행위시에 인식한 사실이 고의가 되고, 이때 실행의 착수가 인정되므로 예견내용과 발생결과는 아무런 관계가 없다. 따라서 원인에 있어서 자유로운 행위에 있어서는 실행행위시의 인식사실과 발생결과가 다른 경우에 한하여 사실의 착오의 문제가 발생한다. 따라서 甲이 A를 살해할 것을 예견하고, 심신장애상태를 야기하였으나 심신장애상태하에서는 B에 대한 살인의 고의를 가지고 B를 살해하였다면 사실의 착오의 문제는 발생하지 않고, B에 대한 살인죄의 기수가 된다.

또한 원인행위시의 예견내용과 실행행위시의 고의내용이 다른 종류의 구성요건에 해당하는 경우, 즉 절도를 예견하였으나 심신장애상태하에서는 살인의 고의를 가지고 살인을 한 경우 또는 살인을 예견하였으나 심신장애상태하에서는 절도의 고의를 가지고 절도를 한 경우에는 형법 제10조 제3항의 '위험발생의 예견', 즉 구성요건의 실현이라는 요건 자체가 충족되지 않기 때문에 어느 설에 따르더라도 사실의 착오의 문제는 발생하지 않고, 실행행위시의 심신장애의 정도에 따라 실행한 범죄의 책임이 감소·조각될 수 있을 뿐이다.

라. 원인에 있어서 자유로운 행위의 효과

원인에 있어서 자유로운 행위는 책임능력이 있는 상태에서 범행을 한 것과 동일하게 취급한다. 즉, 책임무능력상태에서의 행위일지라도 처벌하고, 한정책임능력상태에서의 행위라도 형을 감경하지 않는다.

제3절 책임고의 · 책임과실

1. 책임고의

책임고의는 위법성을 기초지우는 사실의 인식으로서, 행위자가 구성요건적 고의를 가지고 내심적으로 법질서 전체에 대하여 반사회적 태도를 보여줄 때 인정되는 행위자의 심정적 반가치를 의미한다(책임요소로서의 고의). 책임고의가 행위자의 내심에 존재하는 경우에 비로소 행위자는 규범의 문제에 직면하여 자기의 행위가 법적으로 허용되는가에 대하여 판단할 수 있게 된다. 따라서 책임고의는 대부분의 범죄에서는 구성요건에 해당하는 사실을 인식하는 것(구성요건적 고의)으로 충족되지만, 일부 범죄에서는 구성요건적 고의 외에 별개로 행위의 위법성을 기초지우는 사실을 인식할 것을 요구한다. '위법성을 기초지우는 사실'에는 적극적 사실과 소극적 사실이 있다.

가. 적극적 사실

적극적 사실의 예는 다음과 같다. 즉, 추상적 위험범에서 (추상적) 위험의 발생을 독자적 위법요소로 해석하는 경우에 그 위험발생은 책임고의의 대상이 된다. 따라서 공공의 위험발생을 전혀 예견하지 못하고 불을 지른 경우에는 방화죄가 아니라 손괴죄의 책임밖에 묻지 못한다. 또한 위증죄에서 증인의 진술이 객관적 진실에 반하는 것을 독립한 위법요소로 해석하는 경우에 자기의 기억에 반하는 진술의 인식 외에 객관적 진실에 반한다는 인식은 책임고의의 대상이 된다. 그리고 절도죄 등의 영득죄에 있어서 본권설(本權說)에 따라 불법영득의사를 고의에 포함시키는 경우 영득사실은 위법요소로서 책임고의의 대상이 된다.

나. 소극적 사실

소극적 사실의 예는 다음과 같다. 정당방위 등 정당화사유를 기초지우는 사실이 없음에도 불구하고 있다고 오인한 경우(예, 오상방위)에는 책임고의가 조각된다. 한편, 기대가능성을 기초지우는 사실도 소극적인 형태로서 책임고의의 대상으로 되고, 따라서 기대가능성을 부정하는 사실이 없음에도 불구하고 있다고 오인한 때에는 책임고의가 부정된다. 즉, 위법과 책임의 차이는 있지만 오상방위의 경우와 같은 논리구조를 띤다.

2. 책임과실

책임과실은 행위자의 주의능력을 기준으로 하는 개별적 주의의무(주관적 주의의무)에 위반해서 구성요건해당성 또는 위법성을 기초지우는 사실을 인식하지 못한 것을 말한다(책임요소로서의 과실). 즉, 과실책임은 행위자가 개인적 능력에 따라 객관적 주의의무를 인식할 수 있었고(주관적 예견가능성), 그에 따른 주의요구를 이행할 수 있었을 것(주관적 회피가능성)이라는데 있다고 한다. 따라서 책임과실은 주관적 예견의무와 주관적 회피의무를 그 내용으로 한다.

책임과실이 인정되기 위해서는 구성요건적 고의의 부존재와 위법성을 기초지우는 사실의 불인식을 요한다(소극면). 또한 무과실과 구별하기 위한 요건으로서 개별적(주관적) 예견의무위반이 요구된다(적극면). 즉, 행위자 개인의 주의능력을 기준으로 한 개별적(주관적) 예견가능성이 주의의무의 전제로 된다. 따라서 책임과실은 행위자에게 주의능력이 있으면 사실상 인정된다.

3. 원인에 있어서 주의능력 있는 행위

원인에 있어서 주의능력 있는 행위란, 예를 들면, 근시이면서 부주의로 안경쓰는 것을 잊고 사고를 발생시킨 자동차운전자와 같이, 위험이 현실화한 시점에서는 주의능력을 흠결하고 있더라도 사전에 주의의무의 전제로 되는 사실에 대해 주의능력이 있는 경우에는 발생한 결과에 대하여 예견가능성이 있었던 것으로서 과실을 인정할 수 있다. 이것은 원인에 있어서 자유로운 행위와 같은 논리구조를 가진다.

제4절 위법성인식

1. 위법성인식의 의의

위법성인식이란 자신의 행위가 전체 법질서에 위반하여 법적으로 허용되지 않는다는 행위자의 인식을 말한다.

첫째, 위법성인식은 '법적' 금지에 대한 인식이다. 위법성은 법에 금지되어 있다는 사실의 인식을 의미하므로 단순히 윤리·도덕에 위반된다는 정도의 인식만으로는 부족하다. 다만, 위법성인식의 대상은 위반하게 될 구체적인 형법규정이나 구성요건 자체가 아니고, 자신의 행위가 공동체의 법질서에 위배된다는 것, 즉 실질적으로 위법하다는 것 또는 법적으로 허용되지 않는다고 하는 인식을 가지면 충분하다. 반드시 형법위반에 대한 인식을 요하지 않으므로 민법이나 행정법 등 다른 법률의 금지를 인식해도 무방하다. 다만, 판례는 위법성인식은 범죄사실이 사회정의와 조리에 어긋난다는 것을 인식하는 것으로 충분하다고 한다.

둘째, 위법성인식은 법적으로 '금지'되어 있다는 사실의 인식이다. 자기의 행위가 법적으로 금지되었다는 사실을 인식하는 것으로 충분하고, 행위의 가벌성까지 인식할 것은 요하지 아니한다. 따라서 자신의 행위에 대한 정당성은 인정하면서도 실정법위반 사실을 인식하고 있는 확신범(또는 양심범)에 대하여도 위법성인식은 인정된다. 이점에서 위법성인식은 형법상 법조문에서 규정하고 있는 개별 구성요건적 사실에 대한 인식인 고의와 다르다.

셋째, 위법성인식은 '미필적 인식'으로 충분하다. 즉, 위법성인식의 정도는 확정적일 필요는 없고 위법일 가능성을 인식하고 감수하겠다는 미필적 인식으로도 충분하며, 행위자가 행위시에 갖는 현재적 인식뿐만 아니라 그보다 정도가 낮은 잠재적 인식이어도 된다.

〈참고〉 위법성인식은 추상적인 것이 아니라 형법상 구체적인 금지 또는 명령을 위반한 구체적인 인식을 의미한다는 견해가 있다. 이에 따르면 행위자가 하나의 행위로 여러 개의 구성요건을 실현시켰을 때에는 각 구성요건의 불법내용마다 개별적으로 위법성 인식이 있어야 한다. 따라서 가중구성요건을 실현하는 경우에는 가중적 구성요건의 특수한 가치위반도 인식할 것을 요한다고 한다. 그러나 위법성을 전체 법질서에 위반한 성질이라고 해석하게 되면 범죄자에게 자신의 행위가 형법에 위반하거나 또는 형법의 구체적 법조문에 해당하는 것까지 인식할 것은 요구되지 않는다고 해야 한다.

[판례] 위법의 인식은 그 범죄사실이 사회정의와 조리에 어긋난다는 것을 인식하는 것으로서 족하고 구체적인 해당 법조문까지 인식할 것을 요하는 것은 아니므로 설사 형법상의 허위공문서작성죄에 해당되는 줄 몰랐다고 가정하더라도 그와 같은 사유만으로는 위법성의 인식이 없었다고 할 수 없다(86도2673).

[위법성인식불요설] 위법성인식불요설은 위법성인식은 고의의 내용이 되지도 못하고, 독자적인 책임요소도 될 수 없다는 점에서 범죄성립에 있어서 위법성인식을 요하지 않는다는 견해이다. 이 설은 "법률의 부지는 용서되지 않는다"는 로마법격언에서 비롯된 것으로 과거 독일 제국법원에서 취했던 견해이다. 그러나 행위자에게 위법성인식이 전혀 없었던 경우는 위법에로의 행위동기를 저지하는 반대동기를 형성할 수 없게 되므로 행위자에 대한 비난가능성을 인정할 수 없다는 점에서 현재 이를 지지하는 견해는 없다.

2. 위법성인식의 체계적 지위

가. 고의설

고의설은 고의가 책임요소라는 인과적 행위론에서 주장하는 것으로서, 위법성인식이 범죄사실에 대한 인식(사회적 행위론상 구성요건적 고의)과 함께 고의의 요소가 된다는 견해이다. 이에는 ① 고의가 인정되기 위해서는 현실적인 위법성인식이 있어야 한다는 견해(엄격고의설)와 ② 엄격고의설의 문제점을 극복하고자 주장된 견해로서, 위법성인식까지는 요하지 않고 '위법성인식가능성'만 있으면 위법성인식을 인정하는 견해(제한고의설), ③ 행위자가 법맹목성이나 법적대성 때문에 위법성인식이 없는 경우에 고의를 인정하는 견해(법적대성설), ④ 현실적인 위법성이 없더라도 위법성을 인식하지 못한데 대하여 과실이 있으면 고의에 준해서 과실로 처벌하여야 한다는 견해(법과실 준고의설) 등이 있다.

이 설에 따르면 위법성인식은 고의의 요소이므로 위법성착오가 있는 경우에는 고의범의 성립은 부정되고, 그 착오에 과실이 있는 경우(위법성인식가능성 또는 착오의 회피가능성이 있는 경우)에는 과실범이 성립할 뿐이다. 하지만 제한고의설에서는 위법성인식가능성만 있으면 고의가 인정되므로 위법성착오가 인정되는 경우는 거의 없게 된다.

나. 책임설

책임설은 고의가 주관적 구성요건요소라는 목적적 행위론에서 주장하는 것으로서, 위법성인식이 고의와는 별개의 독자적인 책임요소가 된다는 견해이다. 이 설에 따르면 위법성인식은 고의와는 별개의 책임요소이므로 위법성착오는 고의의 성립 여부와는 상관없고, 다만 책임이 조각될 수 있을 뿐이다. 다만, 위법성인식의 정도에 대하여는 위법성인식가능성으로 충분하다고 한다.

이 설에서는 위법성조각사유의 전제사실에 관한 착오에 대하여 ① 위법성조각사유는 구성요건해당성이 아니라 위법성만을 배제시키는 것이고, 위법성조각사유의 전제사실에 관한 착오는 위법성인식에 관한 것이므로 위법성착오에 해당한다는 견해(엄격책임설)와 ② 위법성조각사유의 전제사실은 구성요건사실에 유사하므로 이에 관한 착오가 사실의 착오는 아니지만 사실의 착오에 준하여 고의책임을 배제하고 과실범으로 처벌하여야 한다는 견해(제한책임설, 다수설)가 있다. 전설에 대하여는 위법성조각사유의 전제사실에 관한 착오에 정당한 이유가 있는 경우에도 고의범을 인정하는 것은 일반인의 법감정에 반하며, 위법성불인식이라는 결과만을 중시하고 착오에 이르게 된 사정을 고려하지 않는다는 비판이 있다. 후설에 대하여는 위법성조각사유의 전제사실에 관한 착오에 정당한 이유가 있는 경우에도 과실범으로 처벌할 수밖에 없고, 더구나 과실범 처벌규정이 없으면 처벌할 수 없게 되는 결함이 있다는 비판이 있다. 후설에서도 위법성조각사유의 범위나 한계에 대한 착오는 위법성착오라고 한다.

다. 결어

형법 제16조에서는 위법성인식의 체계적 지위에 대하여 명확하게 규정하고 있지 않다. 판례는 "자기의 행위가 법령에 의하여 죄가 되지 아니하는 것으로 오인하였다 하더라도 피고인에게 범의가 없었다고는 할 수 없다"(87도160)고 하면서 고의와 별개의 요소로 인정하는 것이 있는 반면, 위법성인식을 고의의 요소로 인정하는 것(88도184)도 있다. 후자의 경우에 위법성인식이 없는 경우에도 고의성립을 인정하고 있다는 점에서 제한고의설에 따르고 있다고 볼 수 있다. 그러나 범죄론체계와 관련하여 보면 위법성인식은 고의와는 별개의 독립한 것으로서, 책임고의·과실과 구분되는 독자적인 책임요소로 파악하여야 한다(사회적 행위론). 또한 위법성인식의 정도는 행위자에게 행위당시에 현실적인 위법성인식이 있었을 것을 요하게 되면 사실상 책임을 인정하여 형사처벌하기가 어렵게 된다는 점에서 위법성인식가능성으로 충분하다고 해야 한다. 따라서 책임설 중 제한책임설에 따른다(후술 참조).

이때 위법성인식은 행위자 개인의 구체적인 위법성인식가능성을 전제로 하므로 행위자 개인의 개별적인 인식능력을 기초로 하여 판단하여야 한다. 다만, 위법성인식가능성만으로 위법성인식을 인정하게 되면 사실상 법관에 의한 사후판단이 되고, 결국에는 책임고의·과실이 인정되면 위법성인식은 무조건 인정될 우려가 있다. 따라서 개별 구성요건마다 위법성인식을 인정할 수 있는 객관적 지표를 확립해 가는 한편, 위법성인식은 책임을 인정하는 적극적 요소(위법성인식이 인정되므로 책임이 있다)가 아니라 책임을 부정하는 소극적 요소(위법성인식이 부정되므로 책임이 없다)가 되어야 한다.

〈참고〉 책임을 비난가능성으로 이해하고, 책임을 순수한 평가적 요소로만 이해하는 입장(순수한 규범적 책임개념)에서는 위법성인식은 자기행위의 규범위반성에 대한 행위자의 심리적 태도이므로 평가 그 자체인 책임의 요소가 될 수 없다고 하면서, 위법성인식은 독자적인 책임요소가 아니라 위법성불인식이 행위자의 행위에 대해 책임비난을 탈락시킬 수 있다고 평가할 수 있는 하나의 단서라고 한다.

3. 위법성착오

> 제16조(법률의 착오) 자기의 행위가 법령에 의하여 죄가 되지 아니하는 것으로 오인한
> 행위는 그 오인에 정당한 이유가 있는 때에 한하여 벌하지 아니한다.

가. 위법성착오의 의의

위법성착오란 행위자가 자기의 행위가 위법함에도 불구하고 법적으로 허용된 다고 오인한 경우를 말한다(금지착오). 형법 제16조에서는 '법률의 착오'라는 표제 하에 "자기의 행위가 법령에 의하여 죄가 되지 아니하는 것으로 오인한 행위는 그 오인에 정당한 이유가 있는 때에 한하여 벌하지 아니한다"라고 규정하고 있다. 위 법성착오는 자기의 행위가 법적으로 금지되어 있지 않음에도 불구하고 금지되어 있다고 오인한 경우인 환각범(반전된 위법성착오)과 구별된다. 환각범은 형법상 처 벌되지 않는다.

나. 위법성착오의 유형

(1) 직접적 착오

직접적 착오란 행위자가 자기의 행위에 대하여 직접 적용되는 금지규범을 잘 못 이해하여 그 행위가 허용되는 것으로 오인한 경우를 말한다. 직접적 착오에는 행위자가 (i) 금지규범 자체를 인식하지 못한 경우(법률의 부지), (ii) 금지규범의 존재는 인식하였지만 그 규범이 일정한 사유로 인해 규범으로서의 효력이 없다고 오인한 경우(효력의 착오), (iii) 행위자가 금지규범은 유효하지만 그 효력범위를 잘 못 해석하여 자신의 행위는 금지규범의 적용대상이 되지 않고 허용되는 것으로 오 인한 경우(포섭의 착오)가 있다.

법률의 부지에 대하여 ① 판례는 법률의 착오에 포함되지 않는다고 보고, 행 위자가 금지규범을 인식하지 못한 경우에는 처벌된다고 하는 반면, ② 다수설은 금지규범 자체를 인식하지 못함으로써 불법의식이 없는 행위자에게 형사책임을 인정한다는 것은 책임주의원칙에 반하므로 위법성착오로 인정한다. 법률의 홍수라 고 할 정도로 법이 넘치는 현대 사회에서 행위자에게 자신의 행위와 관련된 법률

들을 모두 알고 있을 것으로 기대하는 것은 불합리하다. 따라서 법률의 부지도 위법성착오의 유형으로 인정하고 정당한 이유의 판단을 거쳐 형사책임 여부를 판단하여야 한다.

[**판례**] 형법 제16조에 의하여 처벌하지 아니하는 경우란 단순한 법률의 부지의 경우를 말하는 것이 아니고, 일반적으로 범죄가 되는 행위이지만 자기의 특수한 경우에는 법령에 의하여 허용된 행위로서 죄가 되지 아니한다고 그릇 인식하고 그와 같이 인식함에 있어 정당한 이유가 있는 경우에는 벌하지 아니한다는 취지이므로, 피고인이 자신의 행위가 구 건축법상의 허가대상인 줄을 몰랐다는 사정은 단순한 법률의 부지에 불과하고 특히 법령에 의하여 허용된 행위로서 죄가 되지 않는다고 적극적으로 그릇 인식한 경우가 아니어서 이를 법률의 착오에 기인한 행위라고 할 수 없다(2010도15260).

(2) 간접적 착오

간접적 착오란 자기 행위가 금지된 것은 인식하였으나 구체적인 경우에 위법성조각사유에 관하여 잘못 이해하여 위법성조각사유에 의하여 자신의 행위가 허용되는 것으로 오인하는 경우를 말한다(위법성조각사유에 대한 착오).

간접적 착오에는 (ⅰ) 위법성조각사유의 범위와 한계에 관한 착오(허용한계의 착오)와 (ⅱ) 위법성조각사유의 전제사실에 관한 착오(허용구성요건의 착오)가 있다. 전자는 위법성착오에 해당하지만, 후자는 제한책임설에 따라 사실의 착오는 아니지만 사실의 착오에 준하여 취급한다(다수설). 전자의 예로는 과거의 침해나 정당한 행위에 대하여도 정당방위가 허용된다고 오인한 경우 등이 있고, 후자의 예로는 오상방위, 오상피난, 오상자구행위 등이 있다.

[**이중의 착오**] 이중의 착오란 다수의 착오가 동시에 존재하는 경우를 말한다. 즉, 정당화 상황에 대한 착오하에 다시 위법성착오를 일으킨 경우를 말한다. 예를 들면, 징계권자가 징계사유가 없음에도 이를 오인하고 징계하면서 폭행이 징계범위 내에 있다고 오인한 경우이다. 이중의 착오에 대하여는 ① 위법성조각사유의 전제사실에 관한 착오라는 견해와 ② 위법성조각사유의 전제사실에 관한 착오라고 평가하면서도 그 처벌을 위하여 행위자에게 불리한 위법성착오라는 견해, ③ 위법성조각사유의 한계에 관한 착오로서 위법성착오라는 견해 등이 있다. 이중의 착오는 후자의 착오에 중점이 있다고 할 것이므로 위법성착오로 인정하여야 한다.

한편, 이중의 착오의 유형으로 위법성착오상태에서 다시 다른 착오에 의하여 자기 행위가 위법하다고 오인한 경우를 포함시키기도 한다. 예를 들면, 진실한 사실의 저시 는 명예훼손죄에 해당하지 않는다고 생각하면서 비밀침해죄에 해당한다고 믿은 경우 이다. 이 경우 후자의 착오는 형법상 의미가 없으므로 전자의 착오에 중점을 두어 위 법성착오로 취급하여야 한다.

다. 형법 제16조의 해석

형법 제16조에서 '자기의 행위가 법령에 의하여 죄가 되지 아니하는 것으로 오인한 행위'란 자기의 행위가 위법하지 않은 것으로 오인한 행위, 즉 위법성을 인 식하지 못한 위법성착오를 말한다.

(1) 형법 제16조의 적용범위

형법 제16조의 적용범위에 대하여는 ① 직접적 착오에 관한 규정으로서 법률 의 부지를 포함한다는 견해, ② 형법 제16조의 문언에 충실하면 '법령' 즉, 형법상 위법성조각사유에 의하여 죄가 되지 않는 것으로 오인한 경우만을 의미한다는 견 해, ③ 위법성인식의 결여가 직접적 착오에 의한 것이든 간접적 착오에 의한 것이 든 모두 적용된다는 견해(다수설)가 있다. 형법 제16조에서는 위법성착오의 유형을 제한하고 있지 않으므로 위법성착오의 내용에 상관없이 위법성인식이 결여되어 있는 경우에는 정당한 이유가 있으면 책임조각을 인정하는 것으로 해석하여야 하 고, 따라서 착오의 내용을 구별할 필요가 없다.

(2) 정당한 이유

형법 제16조의 '그 오인에 정당한 이유가 있는 때'란 위법성인식가능성을 토 대로 한 착오의 회피가능성이 없는 경우를 의미한다.

'정당한 이유'의 평가기준에 대하여는 ① 행위자의 지적 인식능력을 기준으로 평가해야 한다는 견해, ② 위법성을 인식하지 못한 것에 대한 과실 유무에 따라서 판단하여야 한다는 견해 등이 있다. '정당한 이유'의 판단은 착오의 회피가능성의 유무의 판단으로 귀착된다. 따라서 행위자에게 자기의 행위의 위법성에 대한 구체 적 인식가능성(지적 인식능력)이 있음을 전제로 하되, 그 회피가능성 유무는 행위자 개인이 인식한 사정을 토대로 하여 위법성인식에 필요한 주의를 다하였느냐 여부를 평균인의 입장에서 판단하여야 한다(판례 참조). 이때 '지적 인식능력' 여부는 행위자가 법률을 올바르게 해석하고 위반한 법규범의 효력에 대해 올바른 가치판단을 가지고 있음을 전제로 하여 사회적·규범적으로 판단하여야 한다.

> **[판례]** 형법 제16조에서 자기가 행한 행위가 법령에 의하여 죄가 되지 아니한 것으로 오인한 행위는 그 오인에 정당한 이유가 있는 때에 한하여 벌하지 아니한다고 규정하고 있는 것은 일반적으로 범죄가 되는 경우이지만 자기의 특수한 경우에는 법령에 의하여 허용된 행위로서 죄가 되지 아니한다고 그릇 인식하고 그와 같이 그릇 인식함에 정당한 이유가 있는 경우에는 벌하지 아니한다는 취지이고, 이러한 정당한 이유가 있는지 여부는 행위자에게 자기 행위의 위법의 가능성에 대해 심사숙고하거나 조회할 수 있는 계기가 있어 자신의 지적능력을 다하여 이를 회피하기 위한 진지한 노력을 다하였더라면 스스로의 행위에 대하여 위법성을 인식할 수 있는 가능성이 있었음에도 이를 다하지 못한 결과 자기 행위의 위법성을 인식하지 못한 것인지 여부에 따라 판단하여야 할 것이고, 이러한 위법성의 인식에 필요한 노력의 정도는 구체적인 행위정황과 행위자 개인의 인식능력 그리고 행위자가 속한 사회집단에 따라 달리 평가되어야 한다(2015도18253).

> **[위법성인식에 대한 주의의무와 과실범의 주의의무]** ① 위법성인식에 대한 주의의무와 **과실범의 주의의무**는 모두 회피가능성을 내용으로 한다는 점에서 양자를 동일한 것으로 파악하는 견해가 있다. ② 그러나 위법성인식은 행위자 개인의 구체적인 위법성인식가능성을 전제로 하므로 여기서 주의의무위반은 행위자 개인의 개별적인 인식능력을 기초로 하여 판단한다. 반면, 과실범에 있어서는 주의의무의 판단에 있어서 일반인이나 평균인을 기준으로 한다(객관설을 취하는 경우).
> 　한편, 주의의무의 정도에 대하여는 ① 위법성인식의 경우가 과실의 경우보다 높다는 견해가 있지만, ② 위법성인식의 주의의무의 정도는 과실범에 준하는 것으로 보아야 한다.

구체적으로 살펴보면, (ⅰ) 일반적으로 행위가 법률위반뿐만 아니라 도덕질서에 대한 중대한 침해가 되는 경우에는 정당성이 인정되지 않는다. 또한 (ⅱ) 오인의 내용이 행위자의 업무와 관련되어 있거나 그에게 특히 중요한 사안일 경우(운전 등의 경우)에는 행위자에게 법규정을 조사하고 확인할 의무(양심긴장의무)가 있으므로 정당성이 인정되지 않는다. 이때에는 회피가능성을 행위자의 개별적 기준능력에 의하지 않고 규범적으로 설정한 일반적 기준에 따라 판단하기 때문이다. 그러나 (ⅲ) 변호사나 담당공무원 등 법률전문가나 관계기관의 조회(조회의무)에 의하여 적법하다고 인정되거나, 법원의 판례를 신뢰하여 행한 경우 등에 있어서는 정당한 이유가 인정된다.

[양심긴장의무와 조회의무] 양심긴장의무와 조회의무는 행위자의 위법성인식에 대한 주의의무의 구체적 내용과 관련하여 독일 판례에서 제시하고 있는 것이다.

양심긴장의무는 행위자가 모든 지적 인식능력과 가치관을 총동원하여 양심적인 숙고를 해야 한다는 의무를 말한다. 조회의무는 필요한 경우에 전문가나 해당 기관에 금지법규의 내용이나 의미를 문의해야 한다는 것을 말한다. 후자는 주로 법률과 관계를 맺는 전문가집단에서 요구되지만(이때 인정되는 책임을 인수책임이라고 한다), 최근에는 행위자의 직업생활영역이나 법적으로 특별하게 규율되고 있는 생활영역(도로교통 등)에 속하는 행위자에게도 조회의무가 인정되고 있다.

[판례] 행정청의 허가가 있어야 함에도 불구하고 허가를 받지 아니하여 처벌대상의 행위를 한 경우라도, 허가를 담당하는 공무원이 허가를 요하지 않는 것으로 잘못 알려 주어 이를 믿었기 때문에 허가를 받지 아니한 것이라면 허가를 받지 않더라도 죄가 되지 않는 것으로 착오를 일으킨 데 대하여 정당한 이유가 있는 경우에 해당하여 처벌할 수 없다(91도2525).

[판례] 검사의 수사지휘대로만 하면 피의자신문조서와 같은 절차를 임의로 한 것은 적법한 것으로서 자신의 행위가 허위공문서작성 및 행사죄가 된다는 사실을 알지 못하였다고 하지만, 이는 20년 이상의 경력을 가진 경찰임을 고려할 때 착오에 정당한 이유가 있다고 보기 어렵다(95도2088).

4. 위법성조각사유의 전제사실에 관한 착오

가. 위법성조각사유의 전제사실에 관한 착오의 의의

위법성조각사유의 전제사실에 관한 착오란 위법성조각사유의 객관적 성립요건을 충족하는 사실이 없음에도 불구하고 행위자가 그러한 사실이 있다고 오인하여 방위행위, 피난행위 등을 한 경우를 말한다. 오상방위, 오상피난, 오상자구행위가 이에 해당한다.

위법성조각사유의 전제사실에 관한 착오는 법률의 착오와 사실의 착오의 가운데에 위치하는 독립된 형태의 착오로 이해된다. 즉, 위법성조각사유의 요건을 충족하는 사실이 없음에도 불구하고 있다고 착오하였다는 점에서 사실의 착오가 있고, 이로 인하여 자기의 행위의 위법성을 인식하지 못하였다는 점에서 위법성착오도 있다. 따라서 위법성조각사유의 전제사실에 관한 착오의 법적 성격이 문제된다.

나. 위법성조각사유의 전제사실에 관한 착오의 효과

(1) 사실의 착오라는 입장

(가) 객관주의 입장

철저한 객관주의 입장에서는 구성요건의 내용이 되는 사실이건 그 외의 위법성에 관한 사실에 대한 착오이건 사실인 점에서는 차이가 없으므로 모두 사실의 착오로 본다. 따라서 위법성조각사유의 전제사실에 관한 착오는 사실의 착오에 해당한다고 한다.

이 설에 대하여는 범죄론체계상 부당하다는 비판이 있다.

(나) 소극적 구성요건요소이론

소극적 구성요건요소이론에서는 위법성조각사유의 요건은 소극적 구성요건요소가 되므로 위법성을 조각하는 행위상황에 대한 착오는 구성요건적 착오(사실의 착오)가 되고, 따라서 고의가 조각된다고 한다.

이 설에 대하여는 구성요건과 위법성의 본질적 차이를 인정하지 않는 것으로 3분법 범죄론체계와도 맞지 않으며, 고의 내용에 위법성조각사유가 존재하지 않는다는 사실까지 인식할 것을 요구하는 것은 부당하다는 비판이 있다.

(2) 위법성착오라는 입장

엄격책임설에서는 위법성조각사유의 전제사실에 관한 착오를 포함하여 모든 위법성조각사유의 착오는 구성요건해당사실에 대한 인식을 결여한 것이 아니고, 단지 존재하지 않는 위법성조각사유의 요건이 되는 사실을 오인하여 그 행위가 허용된다고 믿었기 때문에 위법성착오에 해당한다고 한다. 위법성조각사유의 전제사실에 관한 착오를 위법성착오로 인정하더라도 착오에 정당한 이유가 있으면 책임이 조각될 수 있으므로 일반인의 법감정에 반하지 않는다고 한다.

이 설에 대하여는 위법성조각사유의 전제사실에 관한 착오가 평가의 착오가 아니라 사실관계의 착오라는 특수성을 무시하고 있으며, 전쟁 중 아군을 적으로 오인하여 사살한 군인을 살인죄로 처벌하게 되면 일반인의 법감정에 반한다는 비판이 있다.

(3) 절충설

제한책임설은 위법성조각사유의 전제사실에 관한 착오는 사실의 착오는 아니지만 사실의 착오와의 구조적 유사성을 근거로 구성요건적 착오의 규정이 적용되어야 한다는 입장이다.

(가) 유추적용제한책임설

유추적용제한책임설에서는 구성요건요소와 허용구성요건 사이에는 질적인 차이가 없고, 위법성조각사유의 전제사실에 관한 착오의 경우에는 행위자에게 고의의 본질이 되는 구성요건적 불법을 실현하려는 결단이 없으므로 행위불법이 부정되고, 따라서 구성요건적 착오에 관한 규정이 유추적용되어 고의가 조각된다고 한다.

이 설에 대하여는 따르면 위법성조각사유의 전제사실에 관한 착오가 있으면 구성요건적 고의가 조각되어 불법성이 인정되지 않으므로 이에 대한 공범성립이 불가능하게 되기 때문에 처벌의 결함이 생긴다는 비판이 있다.

(나) 법효과제한책임설

법효과제한책임설에서는 위법성조각의 전제되는 사실의 착오의 경우에 구성요건적 고의는 영향을 받지 않으므로 고의범을 인정하지만, 그 법적 효과에 있어서는 사실의 착오에 있어서와 같이 과실범으로 처벌하고자 한다(다수설). 이 설은 고의의 이중적 지위를 인정하는 입장에 따른 것으로서, 위법성조각사유의 전제사실에 관한 착오의 경우에는 책임고의는 부정되지만 구성요건적 고의는 그대로 존재하므로 이 착오에 빠진 행위자를 과실범처벌규정이 없어서 처벌할 수 없는 경우에도 제한종속성설에 의하면 이를 교사·방조한 사람은 처벌할 수 있게 된다.

이 설에 대하여는 고의불법과 과실불법은 다름에도 불구하고 구성요건적 고의가 인정된 행위를 과실범으로 처벌하는 것은 모순으로서 과실의제에 불과하고, 자기 행위의 법배반성(法背反性) 여부를 검토할 기회를 부여하는 위법경고기능은

구성요건적 고의에 의해 수행됨에도 불구하고 책임고의가 없다는 이유로 위법경
고기능을 부정하는 것은 타당하지 않으며, 책임고의가 부정된다고 해서 고의가 과
실로 되는 근거가 부족하다는 비판이 있다.

(다) 비독립책임설

비독립책임설은 법효과제한책임설을 기초로 하되 법효과에 있어서 과실범의
형을 단순히 준용하는 것이 아니라 과실범의 형에 종속하여 고의범의 형을 현실화
하려는 견해로서, 과실범 처벌규정이 있는 경우에는 과실범이 아니라 고의범으로
보되, 처벌만은 과실범의 형량범위로 제한한다. 이 설에 따르면 회피불가능한 착
오에 대해서도 고의성이 배제되지 않으므로 공범성립이 가능하다.

이 설에 대하여는 고의범을 과실범의 형으로 처벌하는 근거가 명확하지 않다
는 비판이 있다.

(라) 감경처벌설

감경처벌설은 위법성조각사유의 전제사실에 관한 착오에 기한 행위는 고의행
위이지만 그 독자적 성격에 비추어 독립적으로 형벌범위를 결정하여야 한다는 견
해로서, 모든 고의범의 형량을 필요적으로 감경하여야 한다고 한다(법효과독립적 책
임설). 이 설에서는 제한종속성설에 의한 경우 공범은 착오가 회피가능하였을 경우
에만 성립하며, 착오의 회피가 불가능하였을 경우에는 구성요건적 고의는 인정되
지만 불법성이 없으므로 공범성립이 불가능하다고 한다.

이 설에 대하여는 위법성조각사유의 전제사실에 관한 착오에 대하여 독립적
인 형벌의 범위를 결정해야 하는 이유는 물론, 그 형을 감경하는 근거가 불확실하
다는 비판이 있다.

(4) 결어

위법성조각사유의 전제사실에 관한 착오는 규범적 평가의 전제인 위법성에
관련된 사실에 대한 착오이므로 위법성과 관련이 있음을 부정할 수 없다. 하지만
이 착오는 행위자가 구성요건해당사실을 인식하면서도 동시에 이것을 정당화하
는 사실을 인식하고 있는 것이기 때문에 결국에는 위법하지 않은 사실을 인식한
경우이고, 따라서 자기 행위가 법적으로 허용된다는 평가의 착오가 아니라 그것

을 정당화하는 사실을 착오한 것이므로 규범적 억지를 기대할 수 없게 된다. 따라서 위법성조각사유의 전제사실에 관한 착오는 구성요선석 착오와 위법성착오의 중간에 위치하면서도(준구성요건적 착오) 전자와 유사한 성격을 가지는 것이므로 이론적 귀결에 있어서는 고의를 조각하는 것으로 보아야 한다(법효과제한책임설). 판례는 위법성조각사유의 전제사실에 관한 착오에 관하여 책임조각사유가 아니라 위법성조각사유로 인정하되, 착오에 정당한 이유가 있을 것을 요건으로 하고 있다.

> **[판례]** 소속 중대장의 당번병이 근무시간 중은 물론 근무시간 후에도 밤늦게 까지 수시로 영외에 있는 중대장의 관사에 머물면서 집안일을 도와주고 그 자녀들을 보살피며 중대장 또는 그 처의 심부름을 관사를 떠나서까지 시키는 일을 해오던 중 사건당일 중대장의 지시에 따라 관사를 지키고 있던 중 중대장과 함께 외출 나간 그 처로부터 24:00경 비가 오고 밤이 늦어 혼자 귀가할 수 없으니 관사로부터 1.5킬로미터가량 떨어진 지점까지 우산을 들고 마중을 나오라는 연락을 받고 당번병으로서 당연히 해야 할 일로 생각하고 그 지점까지 나가 동인을 마중하여 그 다음날 01:00경 귀가하였다면 위와 같은 당번병의 관사이탈 행위는 중대장의 직접적인 허가를 받지 아니 하였다 하더라도 당번병으로서의 그 임무범위 내에 속하는 일로 오인하고 한 행위로서 그 오인에 정당한 이유가 있어 위법성이 없다고 볼 것이다 (91도2525).

> **[착오에 빠진 사람과 공범의 성립]** 위법성조각사유의 전제사실에 관한 착오에 빠진 사람을 교사·방조한 사람에 대한 공범성립 여부와 관련하여 엄격책임설과 법효과제한책임설에서는 행위자에게 구성요건적 고의가 인정되므로 제한종속성설에 따르면 공범성립이 가능하다. 하지만 다른 학설의 경우에는 이 착오가 있는 경우 구성요건적 고의가 조각되므로 공범이 성립하지 않고, 다만, 제3자에게 우월적 의사지배가 인정되는 경우에 한하여 간접정범이 성립될 수 있을 뿐이다.

제5절 기대가능성

1. 기대가능성의 의의

기대가능성이란 적법행위의 기대가능성, 즉 행위당시의 구체적 사정으로 미루어 범죄행위 대신 적법행위를 기대할 수 있는 가능성을 말한다. 적법행위의 기대가능성이 없거나 적은 때에는 비난가능성, 즉 책임이 조각되거나 감경된다.

기대가능성은 규범적 책임론의 핵심개념으로서, 1897년 3월 23일 독일의 소위 '말꼬리사건'(Leinenfänger사건)에 대한 제국법원(Reichsgericht)의 판결에서 유래한 것으로서 프랑크(Frank)에 의하여 이론적으로 체계화되었으며, 이후 프로이덴탈(Freudenthal), 골트슈미트(Goldschmidt) 및 에브하르트 슈미트(Eb. Schmidt) 등에 의하여 규범적 책임개념에서 직접 초법규적 책임조각사유로 인정하는 이론으로 발전하였다.

2. 기대가능성의 체계적 지위

가. 고의·과실의 구성요소설

고의·과실의 구성요소설은 기대가능성을 책임의 심리적 요소인 고의·과실의 구성요소로 파악하여 기대가능성이 없으면 고의나 과실이 조각된다는 견해이다.

이 설에 대하여는 고의·과실이 의사결정이라는 주관적·내부적인 정신세계에 속하는 문제임에 반하여, 기대가능성은 이러한 의사결정에 영향을 줄 수 있는 부수사정에 대한 외부적·객관적 가치판단이므로 이를 고의·과실에 포함시키는 것은 부당하다는 비판이 있다.

나. 제3의 책임요소설

제3의 책임요소설은 기대가능성을 책임능력, 책임조건(고의·과실)과 같은 위치에 있는 독립한 책임요소라고 하는 견해이다. 이 설은 기대가능성은 비난가능성의 가장 중요한 본질적 요소로서 책임을 조각하거나 감경하는 방향으로만 작용하는 것은 아니고 책임비난을 강화하는 방향으로 작용하는 경우도 있다는 점에서 기대 가능성의 독자성을 인정해야 한다는 것을 근거로 한다. 즉, 부유한 공무원이 도박 자금을 마련하기 위하여 공금을 횡령한 경우에는 경제적으로 어려운 사정에 처한 사람이 횡령한 경우보다 적법행위의 기대가능성이 크므로 책임비난이 무거워진다 는 것이다.

이 설에 대하여는 현실적으로 기대가능성의 판단은 소극적으로 이루어지고 있는 것과 맞지 않는다는 비판이 있다.

다. 책임조각사유설

책임조각사유설은 책임은 책임능력과 책임조건이 있으면 원칙적으로 책임이 인 정되고, 기대가능성이 없는 때에 책임이 조각된다고 해석하는 견해이다(통설, 판례).

라. 결어

어느 설에 따르더라도 기대가능성이 없는 경우에 책임이 조각된다는 점에서 는 같다. 그러나 비난가능성은 외부적 사정에 기인한 것이라는 점에서 행위자의 순수한 내심적 의사인 고의·과실과는 구분되며, 비난가능성 여부를 판단하기 위 하여 행위자가 적법행위를 할 것으로 기대가능한 사정을 적극적으로 인정하는 것 은 사실상 불가능하므로 행위자가 적법행위로 나올 것으로 기대되는 경우를 상정 할 수도 없다. 따라서 구성요건에 해당하는 위법행위가 책임능력자의 고의·과실 에 의해 행하여진 이상 기대가능성이 추정되는 것으로 파악하고, 특별한 사정으로 인하여 기대가능성이 인정되지 않는 때에 책임이 조각된다고 하는 초법규적 책임 조각사유로 인정하여야 한다.

> **[초법규적 책임조각사유의 인정 여부]** 적법행위의 기대가능성을 인정하는 경우에도 그 기능과 관련하여 ① 기대불가능성을 책임조각사유로 일반화하는 것은 형법의 기능을 약화시킬 위험이 있다는 점에서 기대불가능성은 책임조각사유가 아니라 법관으로 하 여금 구체적 상황별로 관련된 행위정황을 고려하여 불법과 책임을 한계지우는 제한원 리 내지 보정원리에 불과하다는 견해, ② 고의작위범의 경우에는 기대불가능성은 책 임조각사유가 아니지만 과실범과 부작위범에서는 초법규적 책임조각사유로 인정하여 야 한다는 견해, ③ 현행법상 책임조각사유가 불충분하고, 실정법으로 기대불가능한

사정을 모두 법으로 규정하는 것은 무리라는 점에서 초법규적 책임조각사유라는 견해
(다수설)가 있다. 규범적 책임론에 따르면 형법에 규정이 없더라도 기대가능성이 없는
경우는 책임비난을 할 수 없다는 점에서 초법규적 책임조각사유로 인정하여야 한다
(2007도8645).

한편, 적법행위에 대한 기대가능성을 초법규적 책임조각사유가 아니라 법률에 의해
열거된 제한적인 경우에만 책임조각사유로 이해하는 견해가 있다. 이 설에서는 기대가
능성 여부의 판단(기준)은 의미가 없으며, 구성요건을 충족하면 기대가능성이 없는 것
으로 된다.

3. 기대가능성의 판단기준

가. 행위자표준설

행위자표준설은 형사책임의 일반원칙과 기대가능성의 본질에 비추어 행위자
의 개인적 능력과 개인적 사정을 기초로 판단해야 한다는 것을 근거로 하여, 행위
당시의 행위자의 구체적 사정을 표준으로 하여 판단해야 한다는 견해이다.

이 설에 대하여는 모든 범죄자들이 범행당시의 구체적 상황하에서 자기로서
는 어쩔 수가 없었다고 주장하는 경우에는 적법행위의 기대가능성을 인정하는 것
이 거의 불가능하게 되고, 특히 확신범에게는 처음부터 적법행위를 기대할 수 없
으므로 책임이 없다는 결론에 이르게 된다는 비판이 있다.

나. 평균인표준설

평균인표준설은 기대가능성의 판단대상은 행위자이지만 그것은 평균인에 의
한 객관적 판단이어야 한다는 것을 근거로 하여, 사회의 평균인을 표준으로 하여
판단해야 한다는 견해이다(다수설, 판례).

이 설에 대하여는 '평균인'이라는 개념이 명확하지 않으며, 평균인을 기준으로
하게 되면 이미 책임판단의 문제가 아니라 일반인을 기준으로 객관적으로 판단하
는 불법조각사유에 해당한다는 비판이 있다.

다. 국가표준설

국가표준설은 기대가능성의 판단은 구체적인 행위자의 개별적 평가의 문제가 아니라 법질서와 법률에 의한 객관적 평가의 문제라는 이유로, 법질서 내지 현실을 지배하는 국가이념에 따라 기대가능성의 유무를 판단해야 한다는 견해이다.

이 설은 전체주의 국가관에 따른 것으로 기대가능성을 인정하는 기본사상과 일치하지 않으며, 국가는 국민에게 항상 적법행위를 기대하므로 국가를 표준으로 기대가능성을 판단하게 되면 기대가능성이 없는 경우란 있을 수 없다는 비판이 있다.

라. 결어

사회적 유형개념으로서의 '평균인'이라는 개념이 반드시 불명확한 것은 아니며, 평균인표준설에 의하더라도 그 판단은 개별적인 행위자를 대상으로 하므로 판단의 개별성이 무시되는 것은 아니다. 따라서 기대가능성의 유무는 평균인을 기준으로 판단하여야 한다.

[판례] 입학시험에 응시한 수험생으로서 자기 자신이 부정한 방법으로 탐지한 것이 아니고 우연한 기회에 미리 출제될 시험문제를 알게 되어 그에 대한 답을 암기하였을 경우 그 암기한 답에 해당된 문제가 출제되었다 하여도 위와 같은 경위로서 암기한 답을 그 입학시험 답안지에 기재하여서는 아니된다는 것을 그 일반수험생에게 기대한다는 것은 보통의 경우 도저히 불가능하다 할 것이다(65도1164).

4. 기대가능성의 착오

가. 기대가능성의 존재와 한계에 관한 착오

기대가능성의 존재와 한계에 관한 착오가 있는 경우에도 책임은 조각되지 않는다. 책임조각사유는 고의의 인식대상도 아니고 기대가능성의 존재나 한계는 행위자가 아니라 객관적(평균인)으로 판단되는 것이기 때문이다.

나. 기대가능성의 기초가 되는 사정에 관한 착오

기대가능성의 기초가 되는 사정에 관한 착오(책임을 조각하는 허용상황에 관한 착오)의 법적 효과는 그 유형에 따라 다르다.

(1) 적극적 착오

기대가능성을 결여하는 사실이 없음에도 불구하고 있다고 오인한 경우(적극적 착오)는 기대불가능성을 이유로 책임이 조각된다. 책임조각의 근거에 대하여는 ① 고유한 종류의 착오로서 착오에 상당한 이유가 있으면 책임이 조각되지만 이를 회피할 수 있었던 때에는 책임이 조각되지 않는다는 견해, ② 행위자가 착오로 인해 자기 행위의 위법성을 인식하지 못한 것이므로 형법 제16조를 유추적용하여 정당한 이유가 있는 경우에 한하여 책임이 조각된다는 견해(다수설), ③ 위법성조각사유의 전제사실에 관한 착오의 경우와 마찬가지로 사실의 착오에 준하여 취급하는 것으로서, 착오에 대하여 과실이 있으면 과실범의 성립을 긍정하는 견해, ④ 형법에 아무런 규정이 없으므로 범죄성립에 영향을 미칠 수 없고, 다만 양형에서 고려할 사정에 지나지 않는다는 견해 등이 있다.

기대가능성은 위법성인식과 마찬가지로 행위자의 비난가능성에 영향을 미치는 규범적 요소이고, 착오의 내용이 위법성인식가능성 여부에 따라 책임조각 여부를 결정하는 위법성착오와 유사하다. 따라서 형법 제16조를 유추적용하여 '정당한 이유'가 있는 경우에 한하여 책임이 조각되는 것으로 하여야 한다.

(2) 소극적 착오

기대가능성을 결여하는 사실이 있음에도 불구하고 없다고 오인한 경우(소극적 착오)는 이론적으로는 행위자에게 기대가능성을 조각하게 하는 사정의 인식이 없으므로 책임조각을 인정하지 않을 수도 있다. 그러나 이 경우는 사실상 결과불법이 없고, 기대가능성 여부의 판단은 행위자가 아니라 평균인을 기준으로 하므로 객관적으로 기대가능성을 결여하게 하는 사실이 있었다면 책임조각을 인정하여야 한다.

5. 기대불가능으로 인한 책임조각사유

가. 형법상 책임조각사유

형법총칙에서 기대불가능성을 이유로 책임조각 또는 감소를 인정하는 것으로는 강요된 행위(제12조), 과잉방위(제21조 제2항, 제3항), 과잉피난(제22조 제2항, 제3항), 과잉자구행위(제23조 제2항) 등이 있다.

형법각칙에서 기대불가능성을 이유로 책임조각을 인정하는 것으로는 친족 간의 범인은닉·증거인멸죄(제151조 제2항, 제155조 제4항) 및 범인자신의 범인은닉과 증거인멸이 있다. 또한 단순도주죄(제145조)는 도주원조죄(제147조)보다, 위조통화 취득후 지정행사죄(제210조)는 위조통화행사죄(제207조 제4항)보다 각각 법정형을 가볍게 규정하고 있는 것도 기대가능성의 감소를 이유로 책임이 감경된 경우라고 할 수 있다.

나. 강요된 행위

> 제12조(강요된 행위) 저항할 수 없는 폭력이나 자기 또는 친족의 생명, 신체에 대한 위해를 방어할 방법이 없는 협박에 의하여 강요된 행위는 벌하지 아니한다.

(1) 강요된 행위의 의의와 법적 성격

형법 제12조에서는 "저항할 수 없는 폭력이나 자기 또는 친족의 생명·신체에 대한 위해를 방어할 방법이 없는 협박에 의하여 강요된 행위는 벌하지 아니한다"라고 규정하고 있다. 즉, 강요된 행위는 강제상태로 인하여 행위자에게 적법행위에 대한 기대가능성이 없다는 이유로 책임조각사유로 명문화하고 있다.

강요된 행위는 긴급상태하에서 위난을 피하기 위한 행위라는 점에서는 긴급피난과 유사하다. 하지만 (ⅰ) 긴급피난은 그 원인을 불문하고 현재의 위난이 있으면 인정됨에 반해, 강요된 행위는 강요의 원인이 부당할 것을 요하고, (ⅱ) 긴급피난에는 이익형량의 원칙이 강하게 요구되는 반면, 강요된 행위에 있어서는 강요상태로 인해 적법행위의 기대가능성이 없는 것으로 충분하다는 점에서 양자는 구분된다.

[강요된 행위와 긴급피난의 비교]

구 분	강요된 행위	긴급피난
전제되는 행위상황	폭력이나 협박에 의한 불법한 강제상태	현재의 위난
성립근거	적법행위에 대한 기대가능성의 부존재	이익형량의 원칙에 의하여 우월적 이익의 보호
법적 효과	책임조각사유	위법성조각사유
보호법익의 주체	자기 또는 친족	자기 또는 타인
침해대상 법익	생명 또는 신체로 제한	제한 없음
상당성 요부	상당성 불요	상당성 필요

(2) 강요된 행위의 성립요건

(가) 저항할 수 없는 폭력

폭력은 일반적으로 사람의 의사나 행동을 제압하기 위하여 행사되는 일체의 유형력을 말한다. 폭력에는 사람을 육체적으로 저항할 수 없게 하는 물리력의 행사를 의미하는 절대적 폭력과 상대방의 의사형성에 영향을 미쳐 일정한 행위를 하게 하는 유형력을 말하는 강제적 폭력이 있다. 본조의 폭력은 강제적 폭력을 말한다(다수설, 판례). 폭력의 수단과 방법에는 제한이 없으며, 현실적으로 피강요자가 저항을 시도하였는가의 여부는 불문한다.

'저항할 수 없는' 폭력이란 피강요자가 강제에 대항할 수 없는 정도의 폭력으로서, 물리적으로 대항할 수 없는 경우는 물론, 사실상 거부할 수 없는 경우도 포함된다. '저항불능'은 피강요자와 관련되어 구체적으로 평가되는 상대적 불능을 의미하므로, 저항불능의 여부는 폭력의 성질과 수단·방법 및 피강요자의 인격 등, 그 당시의 모든 사정을 고려하여 행위자를 기준으로 판단하여야 한다.

(나) 자기 또는 친족의 생명·신체에 대한 위해를 방어할 방법이 없는 협박

협박은 사람에게 공포심을 일으킬 만한 해악의 고지를 말한다. 단순한 경고와는 구별되지만, 반드시 명시적·외형적인 협박이 있을 것은 요하지 않는다. 이때 협박은 현실로 상대방에게 공포심을 주어 의사결정과 활동의 자유를 침해할 정도에 이르러야 한다. 따라서 단순히 상사의 지시에 따랐다는 것만으로는 이에 해당되지 않는다. 이때 협박의 내용은 자기 또는 친족의 생명·신체에 대한 위해를 내용으로 하는 것이어야 한다. '생명·신체에 대한 위해'란 살해하거나 신체의 완전성을 현저히 침해하는 것을 말한다. 따라서 자유, 비밀, 명예, 신용, 정조, 재산 등의 법익에 대한 위해는 이에 해당되지 않는다. 다만, 일시적인 침해의 위협으로서도 충분하지만, 단순한 자유박탈의 침해는 이것이 건강침해와 결부되지 않는 한 이에 해당되지 않는다. '친족'의 범위는 민법(제777조)에 의하여 결정되며, 예외적으로 사실혼관계에 있는 부부나 사생아도 포함되지만 약혼자, 애인, 친구는 포함되지 않는다. 친족의 유무는 행위당시를 기준으로 한다.

'방어할 방법이 없는' 협박이란 강요자가 강요하는 대로 범죄를 하는 것 외에 달리 위해를 저지하거나 피할 수 없다는 것을 의미한다. 도망가능성이 있는 경우에는 이에 해당되지 않는다. 그 판단에 있어서는 '저항할 수 없는 폭력'에서와 같이 협박자의 성질, 협박내용, 협박의 수단과 방법, 피협박자의 상황 등 그 당시의 모든 사정을 고려하여 행위자를 기준으로 결정하여야 한다. 따라서 친족이 위해를 피할 수 있었던 경우에도 행위자에게 친족에 대한 위해를 방어할 방법이 없었다면 이에 포함된다.

(다) 강요된 행위

강요된 행위란 외부로부터의 폭력이나 협박에 의하여 피강요자의 의사결정이나 활동의 자유가 침해되어 강요자가 요구하는 일정한 행위를 하는 것을 말한다. 행위자가 성장과정을 통하여 형성된 내재적인 확신이나 관념으로 인하여 스스로 의사결정이 강제된 경우(89도1670)나 피강요자의 책임 있는 사유로 인하여 강제상태를 자초한 경우(자초된 강제상태. 예, 자진 월북한 경우 등)에는 강요된 행위에 해당하지 않는다(72도2585). 다만, 행위자가 강제상태를 자초한 경우에도 강요된 행위를 전혀 예견할 수 없었던 경우에는 강요된 행위가 될 수 있다(70도2629). 이때 강요된 행위는 개인의 법익을 침해하는 위법행위이어야 한다.

한편, 폭력 또는 협박과 강요된 행위 사이에는 인과관계가 있어야 하며, 그렇지 않으면 강요자와 공범관계가 성립하게 된다. 따라서 피강요자는 강요된 상태에

서 위해를 피하기 위하여 어쩔 수 없다는 인식을 갖고 행동하여야 한다. 또한 강
요된 행위에 있어서는 피강요자의 법익(보전법익)과 침해법익 간의 균형을 요건으
로 하고 있지 않지만, 강요된 행위에도 보충성의 원칙이 적용된다.

[판례] 형법 제12조에서 말하는 강요된 행위는 저항할 수 없는 폭력이나 생명, 신체에 위해
를 가하겠다는 협박 등 다른 사람의 강요에 의하여 이루어진 행위를 의미하는데, 여기서 저
항할 수 없는 폭력은 심리적 의미에 있어서 육체적으로 어떤 행위를 절대적으로 하지 아니
할 수 없게 하는 경우와 윤리적 의미에 있어서 강압된 경우를 말하고, 협박이란 자기 또는
친족의 생명, 신체에 대한 위해를 달리 막을 방법이 없는 협박을 말하며, 강요라 함은 피강
요자의 자유스런 의사결정을 하지 못하게 하면서 특정한 행위를 하게 하는 것을 말하는 것
이다(2007도3306).

(3) 효과
강요된 행위는 적법행위의 기대가능성이 없으므로 피강요자는 책임이 조각되
어 벌하지 아니한다. 다만, 강요된 행위에 대하여 피침해자는 정당방위를 할 수 있
다. 이때 강요자는 '처벌되지 않는 자'를 이용한 것이 되므로 강요된 행위의 간접
정범으로 처벌된다.

다. 초법규적 책임조각사유
법령에 규정이 없는 경우에도 기대불가능성을 이유로 하여 초법규적 책임조
각사유로 논의되는 것들이 있다.

(1) 상관의 위법한 명령에 따른 행위
상관의 명령에 의한 행위는 전술한 것처럼(정당행위 참조) 그것이 직무상 명령
이나 정당한 명령에 의한 경우에만 정당행위로서 위법성이 조각되며, 위법한 명령
에 따른 행위는 원칙적으로 위법성이 조각되지 않는다.
그러나 군대, 경찰, 정보기관 등과 같이 상관의 명령이 절대적 구속력(법적 구
속력은 없지만)을 가진 집단에서 상관의 위법한 명령을 수행한 행위에 대하여는 ①
적법행위의 기대가능성이 없으므로 책임이 조각된다는 견해(다수설), ② 면책적 긴
급피난에 해당한다는 견해, ③ 의사폭력에 해당하므로 강요된 행위에 따라 처리하
여야 한다는 견해 등이 있다. 형법에는 면책적 긴급피난에 대한 규정이 없으므로

상관의 명령위반이 생명·신체에 대한 위해를 내용으로 하는 것으로서 적법행위에 대한 기대가능성이 없는 경우에는 초법규적 책임조각사유로 인정하여야 한다. 다만, 판례는 위법한 명령에 따른 행위에 대하여는 원칙적으로 위법성조각은 물론, 책임조각도 인정하지 않는다.

> **[판례]** 대공수사단 직원은 상관의 명령에 절대 복종해야 한다는 것이 불문율로 되어 있다 할지라도 국민의 기본권인 신체의 자유를 침해하는 고문행위 등이 금지되어 있는 우리 나라의 국법질서에 비추어 볼 때 그와 같은 불문율이 있다는 것만으로는 고문치사와 같이 중대하고도 명백한 위법명령에 따른 행위가 정당한 행위에 해당하거나 강요된 행위로서 적법행위에 대한 기대가능성이 없는 경우에 해당하게 되는 것이라고 볼 수 없다(87도2358).

(2) 과잉피난행위

긴급피난에 있어서 침해법익과 보호법익이 동등하거나 침해법익이 보호법익보다 큰 경우 또는 생명과 생명, 신체와 신체 등 비교형량할 수 없는 법익침해의 경우에는 상당성 요건이 충족되지 않으므로 긴급피난으로서 위법성이 조각되지 않는다.

그러나 이에 대하여는 ① 면책적 긴급피난의 문제라는 견해와 ② 적법행위에 대한 기대가능성이 없는 경우로 취급하여야 한다는 견해(다수설)가 있다. 형법상 면책적 긴급피난은 인정되고 있지 아니하므로 이러한 경우에는 구체적 사정하에서 적법행위의 기대가능성이 없는 경우에 한하여 책임조각을 인정하여야 한다. 의무의 충돌에 있어서 동가치의 의무나 낮은 가치의 의무를 수행한 경우에도 마찬가지이다.

(3) 생명·신체 이외의 법익에 대한 강요행위

'자기 또는 친족의 생명과 신체'를 제외한 법익, 즉, 자유, 비밀, 명예, 신용, 정조, 재산 등에 대한 방어할 방법이 없는 협박은 형법 제12조의 적용대상이 아니다. 그러나 이들 법익에 대하여도 적법행위의 기대가능성이 없는 경우에는 초법규적으로 책임조각을 인정하여야 한다(다수설). 자기 또는 친족이 아닌 친한 친구나 애인 등, 자신과 밀접한 관계에 있는 사람의 생명과 신체에 대한 위해의 경우에도 마찬가지이다.

미 수 론

제1절 미수범 일반이론

1. 범죄의 실현단계

형법상 범죄의 기본형태는 고의·기수범이다. 고의범에서 범죄의 실현은 범행의 결의에서 시작하여 예비·음모, 실행의 착수, 결과의 발생, 범죄의 종료 순으로 진행된다. 범행의 결의 또는 범죄의 의사는 외부로 드러나지 않고 내심에 있는 한 형법의 대상이 아니므로 범죄가 되기 위해서는 최소한 범죄의사가 외부적 행위로 나타나야 한다.

예비·음모는 범죄실현을 위한 준비단계로서, 아직 실행의 착수에 이르지 아니한 일체의 행위를 말한다. 예비란 범죄실현을 위한 외부적 준비행위를 말하며, 음모란 2인 이상이 범죄실현을 위하여 의사소통하여 합의하는 것을 말한다.

실행의 착수란 구성요건실현행위의 개시·시작을 말한다. 범죄는 실행의 착수가 있은 때로부터 시작되며, 실행의 착수를 기준으로 예비·음모와 미수가 구별된다.

미수는 범죄의 실행에 착수하였지만 범죄행위를 종료하지 못하였거나 범죄행위를 종료하였지만 결과가 발생하지 않은 경우를 말하며, **기수**는 범죄의 실행에 착수하여 의도한 범죄결과를 발생시킨 경우를 말한다.

범죄의 종료는 범죄가 끝난 때를 말한다. 살인죄와 같은 즉시범이나 절도죄와 같은 상태범의 경우에는 범죄행위가 기수가 되면 범죄도 종료된다. 하지만 감금죄와 같은 계속범의 경우에는 피해자를 감금한 때 기수가 되고, 피해자가 감금에서 풀려날 때까지 범죄행위는 계속되고 있으며 감금행위가 끝난 때에 범죄가 종료되므로, 기수시기와 범죄종료시기가 일치하지 않는다. 즉, 기수는 형식적으로 범죄구성요건이 실현되었음을 의미하고, 범죄종료는 범죄가 실질적으로 끝난 때를 의미한다.

2. 미수범의 의의

제29조(미수범의 처벌) 미수범을 처벌할 죄는 각칙의 해당 죄에서 정한다.

미수범이란 실행에 착수하여 행위를 종료하지 못하였거나 범죄행위를 종료하였지만 결과를 발생시키지 못한 범죄유형을 말한다. 미수범은 법률에 의하여 처벌규정이 있는 경우에 한하여 처벌할 수 있다(제29조). 미수범에 있어서도 형법상 위법성조각사유와 책임조각사유는 그대로 적용된다.

3. 미수범의 처벌근거

가. 객관설

객관설은 객관주의에서 주장되는 것으로서, 범죄란 행위에 의하여 현실적으로 야기된 객관적 결과로 이해하므로 형법상 가벌성은 원칙적으로 기수범만 인정되며, 따라서 미수범은 구성요건적 결과발생이 없지만 예외적으로 실행의 착수로 인해 보호법익에 대한 구체적 위험성이 있기 때문에 처벌한다는 견해이다. 이 견해에서는 미수범 처벌규정은 형벌의 확장원인이며, 구성요건의 수정형식으로 이해한다. 다만, 미수범은 결과가 발생한 기수범보다 가볍게 처벌하여야 하며, 불능범은 구성요건적 결과발생의 가능성이 없으므로 가벌성이 인정되지 않는다고 한다.

이 설에 대하여는 행위자의 주관적 의사를 떠나서 미수의 가벌성을 논하는 것은 적절하지 않다는 비판이 있다.

나. 주관설

주관설은 주관주의에서 주장되는 것으로서, 실행행위에 착수하게 되면 범죄의사가 외부로 표출되어 행위자에게 반사회적인 위험성이 인정되므로 범죄의 기수·미수와 관계없이 가벌성은 동일하므로 미수범도 기수범과 같이 처벌하여야 한다는 견해이다. 이 견해에서는 결과불법과 관계없이 행위불법만 있어도 가벌성은 동일하므로 불능범도 가벌성이 인정된다고 한다.

이 설에 대하여는 행위자의 법적대적 의사만으로는 미수범의 처벌이 정당화될 수 없고, 심정(心情)형법으로 되어 가벌성의 범위가 확대될 수 있다는 비판이 있다.

다. 절충설

절충설은 주관설에 의한 미수의 범위를 객관적 표준에 의하여 제한하려는 견해이다. 미수범의 처벌근거는 기본적으로 행위자의 범죄의사에서 찾지만, 처벌하는 이유는 행위자의 법적대적 의사가 법질서의 효력과 일반인의 법적 안정에 대한 신뢰를 깨뜨려 일반인에게 범죄적 인상을 주었다고 하는 객관적 요소에 있다고 한다(인상설). 이 견해에 따르면 미수범의 실행행위에 의해 행위자의 법적대적 의사가 표출되었다고 하더라도 법적 안정성에 대한 신뢰를 깨뜨릴 단계에 이르지 않았다면 가벌성이 인정되지 않는다. 따라서 형법이 금지하고 있는 법익침해위험성이 전혀 없는 불능범은 처벌하지 않고, 객관적 측면의 고려에 의하여 미수범의 처벌은 기수범에 비해 감경해야 한다고 한다.

라. 결어

형법은 결과발생이 가능한 경우의 미수(장애미수·중지미수) 외에 결과발생이 불가능하더라도 위험성이 있는 미수(불능미수)를 처벌하고 있다. 전자의 경우는 결과발생을 전제로 하면서도 예외적으로 미수를 처벌하려는 것으로 미수와 기수를 구별하는 객관적 사고에 기초하고 있다. 반면, 후자의 경우는 결과발생이 불가능함에도 처벌하는 것으로 행위불법을 중시하는 주관적 사고에 기초하고 있다. 특히, 형법에서는 장애미수는 형의 임의적 감경(제25조), 불능미수는 형의 임의적 감경·면제(제27조)사유로 함으로써 절충적인 태도를 취하고 있다.

기수범의 불법판단에 있어서 결과반가치와 행위반가치를 모두 고려하고 있는 것처럼 미수범의 처벌근거도 결과반가치와 행위반가치를 모두 고려하여 판단하여야 한다. 다만, 절충설에 따르더라도 미수범의 처벌근거는 일반인의 '법적대적 의사'라는 불명확한 기준에 의거하기 보다는 행위자의 외부적 행위로 인한 법익침해의 구체적 위험성에 두어 미수범에 대한 처벌이 확대되지 않도록 경계하여야 한다.

4. 미수범의 유형

가. 착수미수와 실행미수

(1) 착수미수와 실행미수의 의의

미수는 실행행위의 종료 여부에 따라 착수미수와 실행미수로 구분된다.

착수미수란 범죄의 실행에 착수하였으나 범죄완성에 필요한 실행행위 그 자체를 종료하지 못한 경우를 말한다. 예를 들면, 사람을 살해할 의사로서 총을 겨누었으나 방아쇠를 당기지 않은 경우이다. 형법 제25조 전단의 '행위를 종료하지 못하였거나'라는 표현은 착수미수를 가리킨다.

실행미수란 범죄의 실행에 착수하여 실행행위를 종료하였지만 행위자가 의도했던 구성요건적 결과가 발생하지 않은 경우를 말한다. 예를 들면, 살해할 의사로 총을 발사하였으나 총알이 빗나가 살해하지 못한 경우이다. 형법 제25조 후단의 '결과가 발생하지 아니한 때'라는 표현은 실행미수를 가리킨다.

(2) 착수미수와 실행미수의 구별

착수미수와 실행미수의 구별은 중지범 성립요건에 있어서 차이가 있다. 다만, 실행행위의 종료시점이 문제된다. 예를 들면, 甲이 총을 2발 쏘아 乙을 살해하려고 계획하고 실행에 착수한 후 乙을 향해 1발을 쏘았는데 빗나가자 甲이 자의로 살해행위를 중지한 경우에 착수미수가 되는가, 실행미수가 되는가가 문제된다.

(가) 객관설

객관설은 객관적으로 결과발생가능성이 있는 행위가 있으면 행위자의 의사와 관계없이 실행행위는 종료한 것이라는 견해이다(개별행위설). 따라서 위 사례는 이미 객관적으로 결과발생이 가능한 행위가 종료된 것이므로 실행미수가 된다. 범죄자가 사후에 다시 범죄를 범할 의도를 가지고 있었다고 하더라도 결론이 달라지지 않는다.

이 설에 대하여는 행위자의 의사를 고려하지 않기 때문에 행위자의 의사에 관계없이 우연한 사정에 의해 착수미수와 실행미수가 결정될 수 있다는 비판이 있다.

(나) 주관설

주관설은 실행행위의 착수 및 종료시기는 행위자의 의사에 의하여 결정해야 한다는 견해이다(범행계획설, 전체행위설). 따라서 위 사례는 객관적으로 결과발생가능성이 있는 행위가 있었지만 행위자의 의사를 고려하면 아직 실행행위가 종료되지 않은 것이므로 착수미수가 된다.

이 설에 대하여는 실행의 착수시기와 중지시기 사이에 행위자의 의사가 바뀔 수 있다는 점을 간과하고 있으며, 우발범보다는 치밀한 계획에 의한 범죄자를 유리하게 취급하는 결과가 된다는 비판이 있다.

(다) 수정된 주관설

수정된 주관설은 행위자의 의사에 따르되, 실행의 착수시가 아니라 실행행위의 중지시의 의사를 기준으로 판단해야 한다는 견해이다. 즉, 실행행위를 중지하는 시점에서 범죄의 완성을 위해 필요한 행위를 모두 종료했다고 믿었다면 실행미수이고, 아직 필요한 행위가 남았다고 생각하였다면 착수미수가 된다(중지지평이론)고 한다. 따라서 위 사례는 행위자의 입장에서 보면 아직 범죄결과를 발생시킬 수 있는 행위가 남아 있었다고 할 것이므로 착수미수가 된다.

이 설에 대하여는 실행행위의 종료시기가 행위자의 의사에 따르게 된다는 점에서 주관설의 문제점이 그대로 남는다는 비판이 있다.

(라) 절충설

절충설은 행위자의 범행계획을 고려하면서, 행위당시의 객관적 사정과 행위자의 인식을 종합하여 판단해야 한다는 견해이다(다수설). 이 견해에 따르면 행위자의 범행계획을 고려하되, 이미 행한 행위만으로 결과발생이 가능한 경우라면 실행행위의 종료가 인정되므로 실행미수가 되고, 이미 행한 행위와 행위자의 의사에 따른 남은 후행행위가 단일행위로 인정되는 때에는 아직 실행행위가 종료하였다고 할 수 없을 것이므로 착수미수가 된다. 즉, 객관적 사정과 행위자의 범행계획을 종합하여 볼 때 결과발생에 필요한 행위가 종료한 후에 실행행위의 중지가 있으면 실행미수가 된다. 따라서 위 사례는 이미 행한 행위만으로도 결과발생이 가능하다는 점에서 실행미수(장애미수)가 된다.

(마) 결어

실행의 착수시기와 마찬가지로 실행의 종료시기도 행위자의 의사와 행위당시의 객관적 사정을 고려하여 판단하여야 한다. 따라서 위 사례는 실행미수가 된다.

나. 형법상 미수범의 유형

형법에서는 기본적인 미수형태로서 장애미수(제25조)를 규정하고, 특별유형으로서 중지미수(제26조)와 불능미수(제27조)를 규정하고 있다.

(ⅰ) **장애미수**는 범인의 자의가 아닌 외부적 장애요인에 의하여 미수가 된 경우를 말한다. 예를 들면, 절도범이 도품을 훔치려다가 주인에게 발각되어 도주한 경우이다. (ⅱ) **중지미수**는 범인이 자의로 범행을 중지하거나 결과발생을 방지함으로써 미수가 된 경우를 말한다. 예를 들면, 절도범이 절도를 하던 중 양심에 가책을 느껴 스스로 그만 두거나, 타인이 살해하려고 칼로 찔렀으나 후회하고 병원에 데려가 치료를 받게 한 경우이다. (ⅲ) **불능미수**는 범인이 범죄를 실현하려고 하였으나 대상이나 수단의 착오로 인하여 결과발생이 불가능한 경우이지만 법익침해의 위험성이 있는 경우를 말한다. 예를 들면, 사람을 살해하려고 커피에 독약을 타서 마시게 하였으나 치사량미달로 인해 실패한 경우이다.

제6장 미 수 론 **241**

제2절 장애미수

제25조(미수범) ① 범죄의 실행에 착수하여 행위를 종료하지 못하였거나 결과가 발생하지 아니한 때에는 미수범으로 처벌한다.
② 미수범의 형은 기수범보다 감경할 수 있다.

1. 미수범의 성립요건

형법 제25조 제1항에서는 "범죄의 실행에 착수하여 행위를 종료하지 못하였거나 결과가 발생하지 아니한 때에는 미수범으로 처벌한다"고 규정하고 있다. 따라서 미수범의 성립요건은 다음과 같다.

가. 객관적 요건

(1) 실행의 착수

미수범이 성립하기 위해서는 실행의 착수가 있어야 한다. 실행의 착수는 구성요건을 실현하기 위한 행위를 개시하는 것을 의미하며, 예비와 미수를 구별하는 기준이 된다. 다만, 실행의 착수시기가 문제된다.

(가) 객관설

① **형식적 객관설**은 구성요건에 해당하는 정형적인 행위 또는 그 일부를 개시한 때에 실행의 착수가 있다고 하는 견해이다. 이 설에 대하여는 실행의 착수시기의 인정이 너무 늦어지게 된다는 비판이 있다.

② **실질적 객관설**은 구성요건에 해당하는 정형적인 행위가 없더라도 그 행위가 객관적으로 구성요건적 행위와 필연적으로 결합된 행위가 있거나 보호법익에 대하여 실질적인 위험을 야기시킨 때 또는 법익침해에 밀접한 행위가 있을 때에 실행의 착수가 있다는 견해이다. 이 설에 대하여는 실행의 착수시기 판단기준이 모호하여 판단자의 자의가 개입할 여지가 있으며, 행위자의 의사나 범행계획을 고려하지 않고 실행의 착수시기를 결정하는 문제점이 있다는 비판이 있다.

(나) 주관설

주관설은 행위자의 의사를 기준으로 하여 범죄의사가 수행행위를 통하여 확정적으로 나타날 때 실행의 착수가 있다는 견해이다.

이 설에 대하여는 범죄의 수행과정에 대한 객관적인 판단 없이 행위자의 범죄의사만을 고려하므로 예비단계도 미수로 판단될 우려가 있으며, 주관적 의사에만 종속됨으로써 죄형법정주의의 정신에 반할 수 있다는 비판이 있다.

(다) 절충설

절충설은 행위자의 주관적인 범죄계획에 의하여 범죄의사가 분명하게 나타나고 (주관적 측면), 객관적으로 보호법익에 대한 직접적 위험을 발생시킨 때(객관적 측면)에 실행의 착수가 있다는 견해이다(주관적 객관설 또는 개별적 객관설, 다수설).

(라) 결어

형법에서는 실행의 착수시기에 대하여 아무런 규정을 두고 있지 않지만, 범죄에 대한 판단은 행위의 구성요건적 정형성과 행위자의 범죄계획을 함께 고려하여야 한다. 판례는 절충설의 입장을 기본으로 하면서도, 절도죄의 경우에는 객관설을, 간첩죄에 있어서는 주관설을 취하고 있는 등, 개별 범죄에 따라 각각 다른 태도를 취하고 있다.

> **[판례]** 절도죄의 실행의 착수시기는 재물에 대한 타인의 사실상의 지배를 침해하는 데에 밀접한 행위를 개시한 때라고 보아야 하므로, 야간이 아닌 주간에 절도의 목적으로 타인의 주거에 침입하였다고 하여도 아직 절취할 물건의 물색행위를 시작하기 전이라면 주거침입죄만 성립할 뿐 절도죄의 실행에 착수한 것으로 볼 수 없는 것이어서 절도미수죄는 성립하지 않는다(92도1650).

> **[판례]** 반국가 단체의 지령을 받고 국가적 기밀을 탐지 수집하기 위하여 그러한 행위를 할 수 있는 대한민국 지배지역에 잠입하였다면 이는 그 기밀의 탐지나 수집행위에 착수한 것이다(69도1606).

[특수유형범죄의 착수시기]

1. **결합범** : 결합범은 서로 상이한 여러 개의 행위가 결합하여 하나의 구성요건을 구성하는 범죄로서, 범죄구성요건에서 규정한 행위 중의 어느 하나를 실행하면 전체범죄

의 실행의 착수가 인정된다. 예를 들면, 강도죄에 있어서 재물절취 또는 폭행·협박 중 어느 하나라도 실행하면 강도죄의 실행의 착수가 인정된다.

2. **가중적 구성요건** : 가중적 구성요건은 기본적 구성요건을 기준으로 실행의 착수 여부를 판단한다. 예를 들면, 특수절도의 경우에는 기본적 구성요건인 절취행위에 착수함으로써 실행착수가 인정된다.

3. **격지범** : 격지범(隔地犯) 또는 이격범(離隔犯)은 구성요건에 해당하는 행위와 결과가 시간·장소적으로 괴리되어 있는 범죄로서, 행위자의 범행의사가 나타난 원인행위 개시시점이 실행의 착수시기가 된다.

(2) 범죄의 미완성

미수범이 성립하기 위해서는 실행에 착수하였으나 범죄가 완성에 이르지 않아야 한다. 범죄의 완성은 구성요건을 표준으로 해서 판단하고, 구성요건적 결과가 발생하였다고 하더라도 행위와 결과 사이에 인과관계 및 객관적 귀속이 부정되면 미수범이 성립한다. 따라서 구성요건적 결과를 요구하지 않는 거동범은 실행행위가 있으면 범죄가 성립하므로 미수범이 있을 수 없다. 형법에서 퇴거불응죄(제319조 제2항)의 미수범을 처벌하고 있는 것(제322조)은 입법의 오류라고 할 수 있다.

범죄의 미완성에는 착수한 실행행위 자체를 종료하지 못한 경우(착수미수)와 실행행위는 종료하였으나 구성요건적 결과가 발생하지 아니한 경우(실행미수)가 있다.

나. 주관적 요건

미수범이 성립하기 위해서는 기수범에서 요구되는 주관적 요소들을 모두 갖추어야 한다. 따라서 미수범의 고의는 기수의 고의를 말하며, 처음부터 미수에만 그치겠다는 '미수의 고의'(예, 함정수사)만으로는 미수범이 성립하지 않는다.

또한 미수범에 있어서도 구성요건적 고의 외에 특별한 주관적 불법요소를 요하는 범죄의 경우에는 특별한 주관적 불법요소도 갖추어야 한다. 예를 들면, 재산죄가 성립하기 위해서는 불법영득의사가 필요하고, 목적범에 있어서는 고의 외에 구성요건에 규정되어 있는 목적이 있어야 한다. 다만, 미수범은 고의범에서만 인정되므로 과실범의 미수는 원칙적으로 인정되지 않는다(과실범 참조).

2. 미수범의 처벌

미수범의 형은 기수범보다 감경할 수 있다(제25조 제2항). 미수범을 임의적 감경사유로 규정하고 있는 것은 정상(情狀)에 따라 형의 감경이 가능하다는 것을 의미한다. 이때 미수의 경우에 감경할 수 있는 형은 주형에 한하며, 부가형 또는 보안처분에 대하여는 감경할 수 없다. 그러나 주형으로 징역형과 벌금형이 병과된 경우에는 모두 감경이 가능하다.

> **[판례]** 미수범의 범죄행위는 행위를 종료하지 못하였거나 결과가 발생하지 아니하여 더 이상 범죄가 진행될 수 없는 때에 종료하고, 그때부터 미수범의 공소시효가 진행한다(2016도14820).

제3절 중지미수

> 제26조(중지범) 범인이 실행에 착수한 행위를 자의(自意)로 중지하거나 그 행위로 인한 결과의 발생을 자의로 방지한 경우에는 형을 감경하거나 면제한다.

1. 중지미수의 의의

중지미수란 범죄의 실행에 착수한 사람이 그 범죄가 완성되기 전에 자의로 실행행위를 중지하거나 그 행위로 인한 결과발생을 방지한 경우를 말한다. 전자를 착수중지, 후자를 실행중지라고 한다. 형법 제26조에서는 중지미수에 대하여 형을 감경 또는 면제하도록 하고 있다.

중지미수는 자의적으로 실행행위를 중지하거나 결과발생을 방지하였다는 점에서 장애미수와 구별되며, 실행행위로 인해 결과발생이 불가능한 경우가 아니라는 점에서 불능미수와 구별된다.

2. 중지미수의 법적 성격

중지미수의 법적 성격, 즉 형법에서 중지미수에 대하여 형의 필요적 감경·면제를 인정하는 근거가 문제된다.

가. 형사정책설

형사정책설은 행위자가 실행의 착수 후에 범행을 자의적으로 중단한 경우에는 형사정책적인 이유에 의하여 형을 필요적으로 감면한다는 견해이다.

① **황금의 다리이론**은 리스트가 주장한 것으로서, 중지미수 규정은 범죄세계에서 도덕의 세계로 돌아올 수 있는 '황금의 다리' 역할을 한다는 견해이다. 이 설에 대하여는 행위자가 중지미수의 형의 감면사실을 모르는 경우에는 효과가 없고, 중지미수 규정이 행위자의 범행중단에 실질적인 영향력을 행사한다는 것을 기대하기 어려우며, 형을 감경하는 경우와 면제하는 경우의 기준을 제시하지 못한다는 비판이 있다.

② **은사설**(또는 보상설)은 중지미수의 형의 감면은 행위자가 스스로 범행을 중지하고 적법의 세계로 돌아온 공적에 대하여 국가가 은사를 베풀거나 또는 보상을 하는 것이라는 견해이다. 이 설에 대하여는 은사라는 표현은 근대국가에서 적절하지 않으며, 형벌감면은 처벌의 필요성에 따라 판단하여야 함에도 불구하고 행위자가 범행을 중지하였다고 하여 국가가 보상을 한다는 것은 합리적인 이유가 될 수 없다는 비판이 있다.

③ **형벌목적설**은 중지미수의 형의 감면은 행위자가 자의로 범행을 중지하였기 때문에 특별예방의 관점에서 보면 형벌부과의 필요성이 없어졌기 때문이라는 견해이다. 이 설에 대하여는 범행을 중지하였다고 행위자의 범죄의사나 위험성이 반드시 소멸되었거나 약화되었다고 볼 수 없다는 비판이 있다.

④ **책임이행설**은 행위자가 자의로 범행을 중지하였다는 것은 이미 수행된 불법을 적법상태로 원상회복하라는 의무이행의 책임을 완수하였다는 점에서 형을 감면한다는 견해이다. 이 설에 대하여는 범행의 착수로 인해 이미 위법성이 인정됨에도 불구하고 범행중지 또는 결과발생의 방지만으로 형법상 책임을 이행하였다고 하는 것은 타당하지 않다는 비판이 있다.

나. 법률설

법률설은 중지미수는 범죄성립요소인 위법성 또는 책임이 소멸·감소된 것으로 이해하는 견해이다.

① **위법감소·소멸설**은 자의적인 범행중지의 결의는 주관적 불법요소이자 위법성의 요소인 고의를 철회한 것과 같으므로 위법성을 감소 또는 소멸시키는 주관적 요소가 된다는 견해이다. 이 설에 대하여는 이미 발생한 위법성을 사후에 감소 또는 소멸시킨다는 것은 부당하고, 만일 위법성이 소멸된다면 범죄가 성립할 수 없으므로 무죄가 되어야 한다는 비판이 있다.

② **책임감소·소멸설**은 범인이 범행을 중지함으로써 비난가능성의 정도가 감소·소멸되었다는 견해이다. 이 설에 대하여는 책임감소만으로는 형의 면제를 설명할 수 없고, 범행이 중지되었다고 하더라도 비난가능성이 완전히 소멸되었다고 할 수는 없다는 비판이 있다.

다. 결합설

결합설은 중지미수 규정에서 형의 면제는 형사정책적 고려에 따른 것으로 이해하고, 형의 감경은 형법이론적 판단에 근거해야 한다는 견해이다. 결합설은 그 결합방식에 따라 ① 형사정책설과 위법성 감소·소멸설, ② 형사정책설과 책임 감소·소멸설, ③ 형사정책설과 위법·책임 감소·소멸설, ④ 형의 감면은 형사정책설 중 보상이라는 측면과 법률적 관점 중 책임감소·소멸설에 따라야 한다는 견해 (이원설) 등이 있다.

이 설에 대하여는 형을 감경하는 경우와 형을 면제하는 경우를 달리 취급하는 근거가 불명확하고, 그 구별기준을 제시하고 있지 않다는 비판이 있다.

라. 결어

형의 가벌성 유무를 오로지 형사정책적 고려에 의존하는 것은 책임주의에 반한다. 또한 행위자가 범행을 중지한 경우라고 하더라도 이미 발생한 위법성이 감소·소멸하는 것은 아니다. 행위자가 실행한 부분에 있어서는 비난가능성이 인정되며, 이미 발생한 비난가능성이 사후에 범행을 중지한다고 해서 소멸되는 것도 아니다. 다만, 자의로 범행을 중지하였다는 점에서 비난가능성의 감소는 인정될 수 있다. 한편, 형벌의 주된 목적이 범죄인의 재사회화에 있다고 한다면 형법의 겸억성의 원칙에 의하여 설령 범죄가 성립된다고 하더라도 형벌목적이 이미 충분히 달성되었다고 한다면 행위자를 반드시 처벌하여야 하는 것은 아니다. 따라서 중지미수의 형을 감면하는 근거는 책임감소설과 형벌목적설의 결합으로 인정하여야 한다. 따라서 형을 면제하는 경우에 중지범은 인적 처벌조각(또는 소멸)사유가 된다.

3. 중지미수의 성립요건

가. 객관적 요건

중지미수가 성립하기 위한 객관적 요건으로는 실행의 착수, 실행의 중지 또는 결과의 방지, 결과의 불발생을 요한다.

(1) 실행의 착수

중지미수도 미수범이므로 실행의 착수가 있어야 한다.

(2) 실행행위의 중지 또는 결과발생의 방지

(가) 착수미수의 경우

착수미수의 경우에는 실행행위의 계속을 중지하고, 이로 인해 결과가 발생하지 않아야 한다. 실행행위의 중지는 객관설에서는 범행의 종국적 포기가 아니라 이미 행하여진 실행행위를 계속하지 않는 것을 의미하므로 잠정적으로 중지한 경우에도 중지미수가 성립한다. 반면에, 주관설에서는 행위자의 범행의 완전한 중지가 있는 경우에만 중지미수가 성립한다.

그러나 형법에서는 단지 실행행위의 중지만을 규정하고 있으므로 이를 범행의 완전한 중지를 의미하는 것으로 해석할 것은 아니다. 따라서 자의로 범행을 중지한 경우에는 설령 범죄의 완전한 포기가 아닌 경우에도 중지미수가 성립한다.

(나) 실행미수의 경우

실행미수의 경우에는 실행행위가 종료하였기 때문에 행위자는 적극적이고 진지하게 결과발생을 방지하기 위한 행위를 하여야 하고, 이로 인해 결과가 발생하지 않아야 한다. 따라서 이때 행위자의 행위는 결과발생을 방지하는데 객관적으로 상당한 행위이어야 하고, 행위자가 스스로 방지하는 것과 동일시할 수 있을 정도로 진지한 노력을 하여야 한다. 행위자에게 결과불발생을 위한 진지한 노력이 있었다면 의사, 소방관 등 타인의 도움을 받아서 결과발생을 방지한 경우에도 중지미수가 성립한다. 그러나 행위자가 타인이나 주변에 도움을 요청한 것에 지나지 않고, 궁극적으로 타인이 결과발생을 방지한 경우에는 중지미수가 되지 않는다.

> **[부작위범과 중지미수]** 부작위범에 있어서는 작위의무자가 실행에 착수한 후 범행이 기수에 이르기 전에 결과발생의 방지를 위한 행위를 한 경우에만 중지미수가 성립한다. 다만, 부작위범에 있어서는 작위의무자의 적극적인 결과발생방지행위가 요구된다는 점에서 착수미수와 실행미수의 구별은 무의미하다.

(3) 결과의 불발생

중지미수도 미수범이므로 결과가 발생하지 않아야 한다. 착수미수의 경우에 실행행위를 중지하였더라도 결과가 발생한 경우에는 중지미수가 아니라 기수가 되며, 단지 인과관계의 착오의 문제만이 남게 된다.

실행미수의 경우에도 결과가 발생하지 않아야 한다. 이때 결과불발생은 중지행위로 인한 것이어야 한다. 즉, 결과불발생과 중지행위 사이에 인과관계 및 객관적 귀속이 인정되어야 한다. 결과발생을 방지하기 위한 진지한 노력을 하였다고 하더라도 결과가 발생한 경우에는 기수범이 성립하고, 양형상 고려사유가 될 수 있을 뿐이다. 행위자가 결과발생방지를 위해 진지한 노력을 하였더라도 행위자의 존재를 알지 못한 제3자의 행위에 의해 결과발생이 방지되었다면 중지미수가 되지 아니한다.

> **[실패한 미수와 좌절미수]** 실패한 미수란 범죄의 계속적 수행이 무의미하거나 불가능한 경우로서 중지미수범의 성립이 원천적으로 불가능한 경우를 말한다(헛수고한 미수). 예를 들면, 100만원을 훔치기 위해 절도를 하였는데 1만원 밖에 없어서 범행을 중지한 경우이다. 실패한 미수의 유형으로는 (i) 구성요건의 내용이 행위자의 생각에 따라 실현될 가능성이 없을 때, (ii) 목표로 한 행위객체가 존재하지 않을 때, (iii) 행위객체의 질이나 상태가 행위자의 계획에 현저히 미치지 못할 경우를 제시한다.

이에 대해 실패한 미수는 주관적인 의미의 실패한 미수를 의미하는 것으로, 객관적인 의미의 실패한 미수를 의미하는 장애미수와 혼란을 초래한다는 점에서 이를 좌절미수라는 개념으로 설명하는 견해가 있다. 다만, 좌절미수는 행위자가 객관적인 실패 자체를 알고 있는 경우뿐만 아니라 객관적으로 실패하지 않은 것을 실패한 것으로 오인한 경우도 포함된다고 한다. 다만, 이 견해에서는 좌절미수는 계속적인 범행수행이 무의미하여 범행을 중단한 것이므로 범죄실현이 가능한 것을 전제로 한 중지미수와 다르기 때문에 애초부터 중지범 성립이 불가능하고, 따라서 형법상 장애미수로 처리하여야 한다고 한다.

나. 주관적 요건

중지미수가 성립하기 위한 주관적 요건으로는 고의 외에 범행중지에 있어서 자의성(自意性)이 있을 것을 요한다. 자의성은 중지미수와 장애미수를 구별하는 기준이 된다.

(1) 자의성의 판단기준

(가) 객관설

객관설은 범행의 중지가 외부적 사정에 의한 경우는 장애미수이고, 내부적 동기에 의한 경우에는 중지미수라는 견해이다.

이 설에 대하여는 외부적 사정과 내부적 동기의 구별이 곤란하고, 자의성의 범위가 지나치게 확대된다는 비판이 있다.

(나) 주관설

주관설은 후회·동정·연민과 같은 주관적·윤리적 동기에 의하여 범행을 중지한 경우가 중지미수이고, 그 외의 사유로 중지한 경우는 장애미수라는 견해이다.

이 설에 대하여는 자의성의 범위가 지나치게 좁아진다는 비판이 있다.

(다) 프랑크 공식

프랑크(Frank) 공식은 행위자가 범죄를 완성할 수 있었음에도 불구하고 범죄의 완성하기를 원하지 않아서 중지한 때에는 중지미수이고, 범행을 완성하려고 하였지만 할 수 없어서 중지한 경우에는 장애미수라는 견해이다.

이 설에 대하여는 심리적 측면에서의 고려 없이 지나치게 규범적 측면에서만 고려하여 중지미수의 적용범위를 지나치게 축소하고 있으며, 형법상 형의 감면을 인정하고 있지만 중지미수를 처벌대상으로 하고 있음에도 불구하고 형의 감면의 조건으로 합법성으로의 회귀나 법에 대한 충실한 심정을 요구하는 것은 적절하지 않다는 비판이 있다.

(라) 규범설

규범설은 보상설의 입장에서 자의성을 규범적 의미로 이해하는 견해로서, 중지범을 인정한 형법의 목적(중지미수의 형의 감면근거)과 범행중지사유가 일치되는 범위 내에서, 즉 중지동기가 그에 상응하는 보상을 받을 만한 평가를 받을 수 있을 때만 중지미수가 된다는 견해이다. 이 설에 따르면 범행의 중지가 보다 유리한 기회를 위한 경우, 기대보다 적은 이익으로 인한 경우, 특정한 범행대상을 발견하지 못한 경우, 피해자의 설득에 의한 경우, 공포심에 의한 경우 등에 있어서는 중지미수를 인정하지 않는다. 그러나 연민이나 고통받는 피해자의 모습을 보고 중지한 경우, 막연한 심리적 공포심이나 두려움 때문에 중지한 경우에는 중지미수가 성립한다고 한다.

이 설에 대하여는 심리적 측면에서의 고려 없이 지나치게 규범적 측면에서만 고려하므로 중지미수의 적용범위를 지나치게 축소하고 있으며, 형법상 중지미수를 처벌대상으로 하고 있음에도 불구하고 합법성으로의 회귀나 법에 대한 충실한 심정을 요구하는 것은 적절하지 않다는 비판이 있다.

(마) 절충설

절충설은 객관설과 주관설을 절충한 견해로서, 일반적인 사회통념상 보통 외부적 장애사유로 인하여 범행을 중지한 때에는 장애미수이고, 외부적 장애사유가 없었음에도 불구하고 자율적 동기에 의하여 중지한 때에는 중지미수라고 한다(다수설·판례).

(바) 결어

형법상 '자의'란 개념에는 의사결정이 행위자 스스로의 결정에 따른 것이라는 의미가 내포되어 있으므로 심리학적 요소를 부인할 수 없고, 형법적 평가를 하면서 외부사정이 행위자의 결정에 영향을 미쳤는가라고 하는 규범적 평가를 배제하는 것도 적절하지 않다. 따라서 심리적 요소와 규범적 요소를 모두 고려하여 행위자의 자유로운 결단에 의한 자율적 중지로 인정되는 경우에는 '자의성'을 인정하여야 한다. 설령 행위자의 중지에 외부사정이 개입하였다고 하더라도 그것이 행위자의 의사결정을 압박할 정도로 강압적인 것이 아니거나 행위자가 이에 구애되지 않고 이성적인 심사숙고에 의하여 중지한 때에는 자의성을 인정하여야 한다.

[판례] 중지미수라 함은 범죄의 실행행위에 착수하고 그 범죄가 완수되기 전에 자기의 자유로운 의사에 따라 범죄의 실행행위를 중지하는 것으로서 장애미수와 대칭되는 개념이나 중지미수와 장애미수를 구분하는 데 있어서는 범죄의 미수가 자의에 의한 중지이냐 또는 어떤 장애에 의한 미수이냐에 따라 가려야 하고 특히 자의에 의한 중지 중에서도 일반 통념상 장애에 의한 미수라고 보여지는 경우를 제외한 것을 중지미수라고 풀이함이 일반적이다 (85도2002).

(2) 자의성의 구체적 판단

절충설에 따르면 후회·동정·공포 또는 두려움에 의한 경우는 물론, 설득이나 범행의욕 상실과 같은 동기에 의하여 중지한 때에도 자의성이 인정된다. 자의적으로 중지한 이상 그것이 윤리적으로 정당한 가치를 가질 것을 요하지 않는다. 따라서 강간을 하려다가 후에 친하게 된 후 성교를 약속하므로 이를 중지한 때에도 자의성이 인정된다(판례). 다만, 판례는 공포나 두려움에 의한 경우에는 자의성을 인정하지 않고 있지만, 이것이 외부적 사정에 의한 것이 아니라 순수히 행위자의 내심에 의한 것이라면 자의성을 인정하여야 한다.

그러나 범죄실행 또는 범죄완성이 불가능하기 때문에 중지한 경우나 범죄실행은 가능하였지만 범죄를 중단할 수밖에 없었던 사정이 있었던 경우 또는 당시 상황이 현저하게 불리하게 되면서 그로 인한 불이익을 우려하여 그만 둔 경우 등에는 자의성이 인정되지 않는다. 따라서 강간에 착수하였으나 어린 딸이 깨어나 울고 있고 피해자가 임신 중이라고 하여 그만둔 경우, 피해자가 수술한 지 얼마 되지 않아 배가 아프다고 애원하여 간음을 중단한 경우, 범행이 발각되었거나 발각되었다고 생각하고 중지한 때에는 자의성이 인정되지 않는다(판례).

[판례] 피고인이 피해자를 강간하려다가 피해자의 다음 번에 만나 친해지면 응해 주겠다는 취지의 간곡한 부탁으로 인하여 그 목적을 이루지 못한 후 피해자를 자신의 차에 태워 집에 까지 데려다 주었다면 피고인은 자의로 피해자에 대한 강간행위를 중지한 것이고 피해자의 다음에 만나 친해지면 응해 주겠다는 취지의 간곡한 부탁은 사회통념상 범죄실행에 대한 장애라고 여겨지지는 아니하므로 피고인의 행위는 중지미수에 해당한다(93도1851).

[판례] 범죄의 실행행위에 착수하고 그 범죄가 완수되기 전에 자기의 자유로운 의사에 따라 범죄의 실행행위를 중지한 경우에 그 중지가 일반 사회통념상 범죄를 완수함에 장애가 되는 사정에 의한 것이 아니라면 이는 중지미수에 해당한다고 할 것이지만, 피고인이 피해자를 살해하려고 그의 목 부위와 왼쪽 가슴 부위를 칼로 수 회 찔렀으나 피해자의 가슴 부위에서 많은 피가 흘러나오는 것을 발견하고 겁을 먹고 그만 두는 바람에 미수에 그친 것이라면, 위와 같은 경우 많은 피가 흘러나오는 것에 놀라거나 두려움을 느끼는 것은 일반 사회통념상 범죄를 완수함에 장애가 되는 사정에 해당한다고 보아야 할 것이므로, 이를 자의에 의한 중지미수라고 볼 수 없다(99도640, 97도957).

한편, 자의성 판단의 대상은 외부적·객관적 사실이 아니라 행위자가 주관적으로 인식한 사실이므로, 객관적으로 장애사유가 없음에도 불구하고 장애사유가 있다고 생각하고 중지한 경우에는 중지미수가 되지 아니한다. 하지만 객관적으로 장애사유가 있음에도 불구하고 주관적으로 이를 알지 못하고 자율적으로 중지한 때에는 중지미수가 된다. 마찬가지로 객관적으로 결과발생이 불가능하지만 행위자가 주관적으로 가능하다고 오인하고 중지하거나 결과발생을 방지한 때에도 중지미수가 될 수 있다.

4. 중지미수의 처벌

중지미수는 형을 감경 또는 면제한다. 착수미수와 실행미수에는 차이가 없다. 이때 형의 감경 또는 면제 여부는 구체적인 경우에 있어서 범행중지의 동기·내용 그리고 피해자의 손해정도 등 제반사정을 고려하여 법관이 결정한다. 다만, 중지미수로 인한 형의 감면효과는 스스로 중지한 사람에게만 미친다. 따라서 여러 사람이 범죄에 관여한 경우에도 스스로 중지한 자만 중지미수범이 성립하고, 스스로 중지하지 않은 다른 가담자(공동정범, 교사범, 종범, 간접정범)에게는 그 효력이 미치지 않는다.

[중한 범죄의 중지미수범과 중지미수에 의해 실현된 범죄의 기수범의 관계] 중지미수범과 중지미수에 의해 실현된 범죄가 법조경합의 관계에 있는 경우, 즉 살해의 중지미수행위가 상해의 기수범이 되는 경우에는 상해죄는 살인죄에 흡수되므로 중한 죄인 살인죄의 중지미수가 성립한다.

　그러나 중지미수범과 기수범이 상상적 경합의 관계에 있는 경우에는 ① 원래 여러 개의 죄이어서 한 개의 죄의 중지는 다른 죄의 처벌에 영향을 미치지 아니하고, 중지미수의 경우에는 형의 면제가 포함되기 때문에 행위자가 실현한 범죄의 기수가 항상 중한 형이 되므로 실현한 범죄의 법정형에 따라 처벌된다는 견해와 ② 중지미수범의 기수와 미수에 의한 형의 감면효과는 상상적 경합을 처리하기 위한 법정형의 비교단계에서는 개입시키지 않고 중한 법정형을 선택한 후 중지미수에 의한 감면을 하여야 한다는 견해 등이 있다. 중지미수범을 기수범으로 상정하여 실현된 범죄의 기수범의 법정형과 비교해서 처벌할 형을 정하는 것은 책임주의에 반하므로 실현한 범죄의 기수범으로 처벌하여야 한다.

5. 중지미수와 공범

가. 공동정범의 중지미수

공동정범의 가벌성은 공범자 전체의 행위를 기준으로 판단한다. 따라서 공범자 중 1인이 자의로 자기의 실행행위를 중지하거나 자기가 분담한 부분의 결과발생을 방지한 것만으로는 중지미수가 성립하지 않고, 다른 공범자 전원의 실행행위를 중지시키거나 자의에 의하여 범죄결과의 발생을 방지하여야만 중지미수가 성립한다. 이때 자의적으로 범행을 중지한 사람만이 중지미수가 되고, 다른 공범자는 장애미수가 된다. 그러나 공동정범 중 1인이 자의로 범행을 중지하였다고 하더라도 모의한 범행이 기수에 이르렀다면 공범자 전원이 전체범죄의 기수범의 공동정범이 된다.

나. 교사범과 종범의 중지미수

협의의 공범에 있어서는 교사의 철회나 방조의 중단만으로는 중지미수가 성립하지 않고, 자의로 정범의 실행행위를 중지하게 하거나 결과발생을 방지하여야만 중지미수가 성립한다. 이때 공범의 중지행위에 대하여 정범에게 자의성이 없으면 정범은 장애미수가 된다. 반면, 정범이 자의로 중지한 때에는 정범은 중지미수가 되고 공범은 장애미수가 된다.

다. 간접정범의 중지미수

간접정범은 자기가 자의로 피이용자의 실행행위를 중지시키거나 결과발생을 방지한 때에 중지미수가 성립한다. 따라서 피이용자가 간접정범의 의사에 반하여 자의로 중지한 때에는 간접정범은 중지미수가 아니라 장애미수가 된다. 피이용자가 간접정범의 의사와 일치하여 자의로 중지한 때에도 피이용자의 중지행위가 간접정범의 의사대리라고 인정되는 때에 한하여 간접정범은 중지미수가 된다.

제4절 불능미수

> 제27조(불능범) 실행의 수단 또는 대상의 착오로 인하여 결과의 발생이 불가능하더라도 위험성이 있는 때에는 처벌한다. 단, 형을 감경 또는 면제할 수 있다.

1. 불능미수의 의의와 법적 성격

가. 불능미수의 의의

불능범은 구성요건적 결과발생이 불가능한 범죄이므로 객관주의에 따르면 행위자에게 범죄의사가 있고, 그에 따른 실행행위가 있더라도 법익침해 또는 법익침해가능성이 없기 때문에 가벌성이 인정되지 않는다. 그러나 주관주의에 따르면 불능범의 경우에도 실행행위에 의해 행위자로부터 범죄의사는 표출되었으므로 가벌성은 인정된다. 형법 제27조에서는 "실행의 수단 또는 대상의 착오로 인하여 결과의 발생이 불가능하더라도 위험성이 있는 때에는 처벌한다. 단, 형을 감경 또는 면제할 수 있다"고 규정함으로써, 불능범 중에서 결과불발생이 실행의 수단 또는 대상의 착오로 인한 경우로서 위험성이 있는 경우에 한하여 형을 감경 또는 면제할 수 있도록 하고 있다. 이에 강학상 형법 제27조에 의하여 처벌되는 불능범을 불능미수(또는 위험한 불능범)라고 지칭하고, 이를 형법상 처벌되지 않는 불능범(또는 위험하지 않은 불능범)과 구별하고 있다.

나. 불능범과 구별개념

(1) 환각범과의 구별

불능미수는 결과발생이 불가능함에도 불구하고 가능하다고 오인한 경우로서 구성요건적 착오의 반대형태인 '반전된 사실의 착오'이다. 이에 반해, 환각범은 형법상 죄가 되지 않음에도 불구하고 죄가 된다고 오인하고 행위한 경우를 말한다. 따라서 환각범은 결과발생이 불가능하다는 점에서 불능미수와 공통점이 있다. 그러나 불능미수는 행위자가 의도한대로 행하여졌다면 범죄가 실현될 수 있는 반면, 환각범은 행위자가 의도한대로 행하여졌더라도 그 행위를 처벌하는 구성요건 자체가 없으므로 범죄가 성립하지 않는다는 점에서 구별된다.

환각범의 유형으로는 (ⅰ) 금지규범이 없음에도 불구하고 있다고 오인한 경우(반전된 위법성착오 : 예, 동성애가 형법상 범죄라고 생각하고 이를 행한 경우), (ⅱ) 위법성조각사유에 해당함에도 그 범위나 한계에 대하여 오인하여 이에 해당하지 않는다고 인식한 경우, 즉 반전된 위법성조각사유의 착오(반전된 허용착오 : 예, 피해자가 절도범으로부터 도품을 탈환하면서 정당방위는 신체범죄에 대하여만 허용되기 때문에 위법하다고 생각한 경우), (ⅲ) 법규범에 대한 해석을 잘못하여 자신의 행위가 그 규범에 저촉되는 것으로 오인한 경우(반전된 포섭의 착오 : 예, 자신이 위조한 카드가 문서의 요건을 갖추지 못했음에도 이에 해당한다고 믿은 경우), (ⅳ) 인적 처벌조각사유에 해당함에도 불구하고 이에 해당하지 않는 것으로 잘못 알고 처벌받는 것으로 오인한 경우(반전된 가벌성의 착오 : 예, 국회의원이 청문회장에서 욕을 섞어 질의하면서 모욕죄로 처벌될 것이라고 생각한 경우) 등이 있다.

(2) 미신범

미신범이란 과학적으로 인과관계를 논증할 수 없는 방법, 즉, 주술이나 초자연력에 의존하여 형법상 범죄를 실현하려고 한 행위를 말한다. 예를 들면, 죽이고 싶은 사람의 얼굴을 그려놓고 화살을 쏘아 맞힘으로써 병들어 죽게 하려고 하는 행위이다. 미신범은 의도한 결과실현이 불가능한 점에서는 불능미수와 같다. 하지만 미신범은 그 행위방법이 인간의 지배가능한 범위를 벗어난 태도로서 어느 행위론에 의하더라도 형법상 행위로 인정되지 않는다는 점에서 결과발생은 불가능하지만 구성요건적 실행행위로서 인정되는 불능미수와 구별된다. 다만, 주관주의에 따르면 미신범도 범죄의사가 표명된 경우이므로 미수범으로 처벌될 가능성이 있다.

(3) 구성요건흠결이론

구성요건흠결이론은 구성요건요소의 흠결을 기준으로 하여 미수범과 불능범을 구별하는 이론이다. 이 이론에 따르면 미수범은 구성요건요소 중 인과관계가 인정되지 않는 경우에만 인정되며, 다른 구성요건요소, 즉 행위주체·행위객체·행위수단·행위상황 등이 결여되었을 경우에는 구성요건실현에 흠결이 생긴 경우이므로 처벌이 불가능한 불능범이 된다고 한다. 그리고 형법상 불능미수의 성립요건인 수단 또는 대상의 착오는 구성요건요소의 흠결에 해당하는 경우로서 구성요건해당성 자체가 인정되지 않으므로 범죄가 성립되지 않는다고 한다.

이 설에 대하여는 인과관계 착오를 제외한 다른 구성요건요소를 결여한 때에 미수범의 성립을 부정하는 것은 미수범의 처벌근거인 범죄의사의 표명이라는 주관적 특수성을 무시하는 것이고, 형법에서 수단 또는 대상의 착오가 있는 경우에도 위험성이 있는 경우에는 가벌성을 인정하고 있는 것과 조화되지 않으며, 인과관계를 다른 구성요건요소와 형법상 달리 취급해야 할 이유가 불분명할 뿐만 아니라 결과불발생이 인과관계의 결여로 인한 경우와 수단 또는 대상의 착오로 인한 경우를 명백히 구별하기 어렵다는 비판이 있다.

[불능미수와 구성요건적 착오의 관계] 불능미수의 성립에서 '수단의 착오'는 수단의 불가능성(수단자체가 구성요건을 실현시킬 수 없음)을 의미하는 것으로서 사실의 착오 중 방법의 착오와 구별되고, '대상의 착오'는 객체의 불가능성(구성요건상 객체가 될 수 없음)을 의미하므로 사실의 착오 중 객체의 착오와 구별된다.

한편, 사실의 착오에서 방법의 착오는 결과발생의 가능성이 전제되어 있다는 점에서 불능미수와 직접적인 관련성은 없다. 그러나 대상의 착오는 불능미수의 문제가 수반된다. 즉, 구체적 사실의 착오에 있어서는 객체의 착오는 학설에 상관없이 발생결과에 대한 고의·기수 책임을 인정하므로 불능미수의 성립 여부를 논할 실익은 없다. 그러나 추상적 사실의 착오 경우에는 구체적 부합설과 법정적 부합설에 따르면 인식사실의 미수와 발생결과의 과실의 상상적 경합이 성립되고, 이때 인식사실의 미수는 불능미수에 해당한다.

다. 형법 제27조의 성격

형법 제27조의 성격에 대하여는 ① 넓은 의미의 장애미수의 일종으로 이해하고, 위험성의 유무로 장애미수와 불능미수를 구별하는 견해(미수범·불능범 구별설), ② 미수범과 불능범의 중간개념으로 이해하는 견해(준불능범설), ③ 실행의 수단 또는 대상이 존재하지 않는 경우로 이해하는 견해(흠결미수설), ④ 불능범과 불능미수를 동일한 개념으로 이해하는 견해(불능범·불능미수범불구별설), ⑤ 형법 제25조의 장애미수와 다른 독립된 미수형태라는 견해(독립미수설) 등이 대립되고 있다.

형법 제27조는 그 표제에서 '불능범'으로 기술하여 제25조의 장애미수와 구분하고 있고, 불능범 중에서 수단과 대상의 착오로 인해 결과발생이 불가능하지만 위험성이 있는 경우에 한하여 처벌하되 형의 임의적 감면사유로 하고 있는 등, 처벌에 있어서 장애미수와 차이를 두고 있다. 따라서 형법 제27조는 장애미수와 구분되는 독립한 유형의 미수범 처벌규정으로 이해하여야 한다.

2. 불능미수의 성립요건

불능미수가 성립하기 위해서는 미수범의 일반적 성립요건인 실행의 착수와 결과의 불발생 외에 실행의 수단 또는 대상의 착오로 결과발생이 불가능하여야 하고, 실행행위에 위험성이 있어야 한다.

가. 실행의 수단 또는 대상의 착오로 인한 결과발생의 불가능

불능미수가 성립하려면 수단의 착오 또는 대상의 착오로 인하여 결과발생이 처음부터 불가능해야 한다.

수단의 착오란 행위자가 의도한 결과를 발생시킬 수 없는 수단임에도 불구하고 결과를 발생시킬 수 있는 수단으로 오인한 경우를 말한다(범죄실현수단의 불가능성). 예를 들면, 공포탄이 장전되어 있는 총으로 사람을 살해하려고 한 경우 또는 치사량미달의 독약을 먹게 한 경우이다.

대상의 착오란 그 대상에 대하여는 결과발생이 불가능함에도 불구하고 결과발생이 가능한 것으로 오인한 경우를 말한다(범죄객체의 불가능성). 대상의 불가능성은 사실상 불가능한 경우(예, 죽은 사람을 산 사람으로 오인하고 살해행위를 한 경우 등)는 물론, 법률상 불가능한 경우(예, 주인이 가져가도 좋다고 승낙한 재물을 절취하려고 한 경우 등)를 포함한다.

[주체의 착오] 주체의 착오는 행위자가 범죄구성요건상 행위주체의 자격을 갖추지 않았음에도 불구하고 행위주체 자격이 있다고 오인한 경우를 말한다. 예를 들면, 뇌물죄에서 공무원이 아닌 사람이 뇌물죄를 범한다고 생각하고 범행을 하는 경우이다.

주체의 착오가 있는 경우의 형법적 판단에 대하여는 ① 주체의 착오의 경우는 불능미수범으로 취급하여야 한다는 견해, ② 일종의 환각범이므로 주체의 착오가 있는 때에는 순수한 불능범이라는 견해(다수설), ③ 행위자가 특별한 의무적 지위(신분)을 가진 사람이 아님에도 불구하고 법을 잘못 해석하여 이에 해당한다고 오인한 경우와 주체의 착오가 대상의 흠결 또는 대상의 불능에 기인한 경우로 나누고, 전자는 환각범으로 처리해야 하는 반면, 후자는 신분범의 주체를 근거지우는 상황에 대한 착오가 있는 경우로서 반전된 구성요건착오에 해당하므로 불능미수범이라는 견해 등이 있다. 진정신분범은 신분자의 신분에 기초하여 일정한 의무를 부과하는 것이므로 신분 없는 사람이 신분범을 범하더라도 이는 환각범에 지나지 않는다. 형법 제27조도 '수단 또는 대상의 착오'가 있는 경우에만 불능미수범을 인정하고 있으므로 주체의 착오까지 가벌성 있는 불능미수로 처벌하는 것은 죄형법정주의에도 반한다.

'결과의 발생이 불가능'하다는 것은 범죄행위의 성질상 어떠한 경우에도 구성요건의 실현이 불가능하다는 것을 의미한다(2019도97). 결과발생이 불가능했느냐 여부는 자연과학적·사실적으로 판단한다.

나. 위험성

가벌적인 불능미수가 성립하려면 위험성이 있어야 한다. 위험성이 없는 경우에는 불가벌적인 불능범이 성립한다.

(1) 위험성의 의미

형법 제27조의 '위험성'의 의미에 대하여는 ① 미수범의 처벌근거로서 논의되는 위험성 개념과 동일한 개념으로 취급하여 단지 구성요건의 실현가능성 또는 결과발생의 개연성으로 이해하는 견해와 ② 미수범의 처벌근거로서의 결과발생의 가능성과 구분되는 별개의 개념으로 이해하거나 평가상 구성요건실현가능성으로 이해하는 견해 등이 있다. 전설에 의하면 수단과 대상의 착오가 있고, 그로 인해 결과가 발생하지 않게 되더라도 항상 위험성이 인정되어서 가벌적인 불능미수가 되는 반면, 후설에 의하면 결과발생가능성이 없으면 원칙적으로 불가벌적 불능범이 되고 별도의 위험성이 인정되어야만 가벌적인 불능미수가 된다.

미수범의 처벌근거로서의 위험성은 사후적·객관적인 판단에 의한 것으로서, 사실적·자연과학적으로 결과발생의 가능성 또는 위험성이 있는 경우를 의미한다. 하지만 불능미수의 위험성은 사후적으로 결과발생이 불가능하다는 것을 전제로 하여, 행위당시의 시점에서 결과발생의 가능성이 있다고 평가되는 경우이므로 구성요건적 결과발생의 가능성과 다른 독자적인 개념으로서 위험성을 이해하는 것이 형법 제27조의 태도나 불능미수의 성격을 독립한 미수형태로 이해하는 태도와도 일치한다. 따라서 형법 제27조의 위험성의 판단은 규범적 판단이므로, 사후적으로 결과발생이 불가능한 경우에도 예외적으로 사전적 판단을 통해 위험성이 있다고 인정되어야만 처벌할 수 있는 것으로 된다.

(2) 위험성의 판단기준

(가) 구객관설

구객관설은 결과발생의 불능을 절대적 불능과 상대적 불능으로 구별하고, 상대적 불능으로 판단되는 경우에는 위험성을 인정하는 견해이다(절대적 불능·상대적 불능구별설). '절대적 불능'은 행위자가 의도하였던 결과발생이 원천적으로 불가능한 경우를 말하고, '상대적 불능'은 일반적으로 결과발생이 불가능한 경우는 아니지만 구체적인 행위정황에 의하여 결과발생이 불가능한 경우를 말한다. 예를 들면, 시체를 살아있는 사람으로 알고 총을 발사한 경우, 설탕으로도 사람을 살해할 수 있다고 생각하여 차에 설탕을 과다하게 넣어 마시게 한 경우 등은 절대적 불능에 해당한다. 반면, 독약으로 사람의 살해를 시도하였으나 치사량 미달로 결과가 발생하지 않은 경우는 상대적 불능에 해당한다.

이 설에 대하여는 절대적·상대적 불능의 구별기준이 불명확하다는 비판이 있다.

〈참고〉 **법률적 불능·사실적 불능구별설** : 법률적 불능·사실적 불능 구별설은 결과발생의 불능을 법률적 불능과 사실적 불능으로 구별하고, 법률적 불능에 해당하는 경우에는 불능범으로 불가벌이고 사실적 불능에 해당하는 경우에는 위험성이 인정된다는 견해이다. 예를 들면, 자기물건을 타인 소유의 물건으로 오인하고 절취한 경우에는 법률상 불능으로 인해 형법상 절도죄가 성립되지 않는다고 한다. 다만, 사실상 불능의 경우 중에서도 인과관계의 흠결이 있는 경우에는 미수범(예, 총을 발사하였으나 명중시키지 못한 경우)이 성립하지만, 인과관계 이외의 구성요건요소(행위의 객체·주체·수단·상황 등)의 흠결은 사실적 불능에 해당하여 불능범이 된다고 한다. 현행법의 태도와 일치하지 않는 것으로 이 설을 따르는 학자는 없다.

(나) 구체적 위험설

구체적 위험설은 불능미수에 대한 가벌성의 근거를 법익침해의 위험성에서 찾는 견해이다. 즉, 행위당시에 행위자가 인식하였던 사정(주관적 사정)과 일반인이 인식할 수 있었던 사정(객관적 사정)을 기초로 하되, 사후적으로 판단하여 일반인의 경험칙에 따라 결과발생의 가능성이 있으면 위험성이 인정된다는 견해이다(신객관설, 다수설). 예를 들면, 총알이 있는 줄 알고 빈총으로 사람을 살해하려고 방아쇠를 당긴 경우에는 불능미수가 인정되지만, 일반인들이 착탄거리 밖에 있다는 것을 알 수 있는 사람을 향해 총을 발사한 경우에는 불능범이 된다.

이 설에 대하여는 행위자의 인식과 일반인의 인식이 다를 경우에 누구의 입장에서 위험성을 판단할 것인가가 명확하지 않고, 외부적·객관적 법익침해 측면만을 고려하여 미수의 형법적 반가치를 판단하고 있다는 비판이 있다.

(다) 추상적 위험설

추상적 위험설은 행위자가 행위당시에 인식하였던 주관적 사정을 기초로 하여 일반인의 관점에서 평가하여 위험성 유무를 판단하는 견해이다. 예를 들면, 설탕을 독약으로 알고 사람을 살해하려고 복용케 한 경우에는 현실적으로 결과발생은 불가능하더라도, 만약 설탕이 아니라 독약이었다면 사망했을 것이라고 평가되므로 불능미수가 성립한다. 반면에, 행위자가 설탕으로도 사람을 살해할 수 있다고 믿고 마시는 차에 다량의 설탕을 넣어 마시게 한 경우에는 일반인의 관점에서 보면 위험성이 없으므로 불능범이 된다.

이 설에 대하여는 위험성의 판단에 있어서 행위자의 주관적 인식사정만을 기초로 하고 일반인이 인식할 수 있었던 사정은 포함시키지 않고 있다는 비판이 있다.

(라) 주관설

주관설은 철저하게 주관주의에 따른 것으로서, 행위자의 범죄의사가 실행행위를 통하여 표명된 이상 객관적인 결과발생가능성 유무와 관계없이 위험성이 있으므로 미수가 성립한다는 견해이다. 따라서 이 견해에서는 결과발생이 불가능한 경우에도 모두 위험성이 인정되어 불능미수가 되므로 설탕으로 사람을 살해하려고 한 경우에도 불능미수범이 된다. 다만, 이 견해에서도 미신범은 형법상 행위에 해당하지 않으므로 불가벌이 된다.

이 설에 대하여는 행위자의 주관적 의사만을 고려할 뿐 범죄성립과 관련한 외적·객관적 요소를 전혀 고려하지 않는다는 비판이 있다.

(마) 인상설

인상설은 행위자의 범죄의사, 즉 법을 적대시하는 의사가 일반인의 법적 안정감이나 사회적 평온을 깨뜨릴 수 있다는 인상을 심어줄 경우에는 위험성이 인정된다는 견해이다. 이 견해는 주관설을 바탕으로 하되, 법적 안정감 또는 사회적 평온이라는 객관적 측면을 함께 고려하여 법률공동체 질서에 대한 위협을 가하는 인상을 심어주는가 여부에 따라 위험성을 판단하여야 한다는 것이다.

이 설에 대하여는 법적 안정감이나 시화적 평온교란상태를 어떻게 판단할 것인가에 대한 기준이나 방법을 제시하고 있지 않아서 위험성의 판단기준이 너무 포괄적이면서 막연하고, 주관설에 기울어 미수범의 처벌범위가 확대될 위험성이 있다는 비판이 있다.

(바) 결어

위험성의 판단기준에 대하여 판례는 종래 구객관설을 취하였으나 최근에는 추상적 위험설을 취하고 있다(2021도9043). 형법 제27조의 위험성은 결과발생가능성과 구분되는 독자적인 개념으로 이해한다고 하더라도 결과발생가능성과 단절된

채 논의되어서는 아니 된다. 다만, 형법 제27조의 요건상 결과발생이 사실상 불가
능한 경우이므로 위험성은 '평가상' 결과발생가능성으로 이해하여야 하고, 형법적
평가는 행위자의 주관적 의사를 고려하되 객관적 관점에서 판단하여야 한다는 점
에서 위험성의 판단에 있어서도 행위당시의 행위자의 의사를 기초로 하되, 일반인
의 관점에서 객관적으로 판단하여야 한다(추상적 위험설).

> [사례] 甲은 일반인들이 모두 마네킹이라고 인식하고 있는 것을 사람이라고 생각하고 살
> 해의 고의로 총을 쏜 경우, 추상적 위험설에 따르면 행위자가 인식한 사실인 사람을
> 향해 총을 쏜 것이므로 이를 기초로 하여 일반인 관점에서 판단하면 살해의 가능성이
> 있기 때문에 위험성이 인정되어 불능미수가 성립한다. 반면, 구체적 위험설에 따르면
> 행위자와 달리 일반인은 사람이 아니라 마네킹임을 알고 있고, 이를 기초로 일반인의
> 관점에서 판단하면 사람을 살해할 가능성은 없으므로 위험성이 부정되어 불능범이 된다.

> [판례] 불능범과 구별되는 불능미수의 성립요건인 '위험성'은 피고인이 행위 당시에 인식한
> 사정을 놓고 일반인이 객관적으로 판단하여 결과발생의 가능성이 있는지 여부를 따져야 한
> 다(2018도16002).

> [판례] 불능범은 범죄행위의 성질상 결과발생 또는 법익침해의 가능성이 절대로 있을 수 없
> 는 경우를 말하는 것이다(2007도3687).

3. 불능미수의 처벌

결과발생이 불가능하고 위험성이 없는 불능범은 불처벌이지만, 형법에서는 결
과발생이 불가능하더라도 위험성이 인정되는 불능미수의 경우에는 '형을 감경 또
는 면제할 수 있다'라고 규정하여 임의적 감경 또는 면제사유로 하고 있다.

> [불능미수와 중지미수의 관계]
> 1. **불능범의 착수중지** : 결과발생이 불가능한 경우라고 하더라도 범인이 실행행위 종료
>   전에 자의로 실행행위를 중지한 경우에는 행위자에게 유리한 중지미수 규정을 적용하
>   여야 한다.
> 2. **불능범의 실행중지** : 설탕을 독약으로 알고 복용하게 하였다가 이를 후회하고 결과발
>   생을 방지하기 위하여 바로 해독조치를 한 경우에 대하여는 ① 결과발생방지를 위하

여 진지한 노력이 있었다면 이러한 경우에는 형의 균형을 고려하여 중지미수를 인정하여야 한다는 견해와 ② 형법 제26조 후단의 요건을 엄격하게 해석하여 행위자가 실제로 결과발생을 방지할 것을 요하므로 불능미수에 해당한다는 견해 등이 있다. 후설에 따르면 같은 중지행위가 있더라도 결과발생이 불가능한 경우가 결과발생이 가능한 경우보다 더 중하게 처벌되는 모순이 발생하게 된다는 점에서 이 사례의 경우에도 중지미수를 인정하여야 한다.

제5절 예비죄

제28조(음모, 예비) 범죄의 음모 또는 예비행위가 실행의 착수에 이르지 아니한 때에는 법률에 특별한 규정이 없는 한 벌하지 아니한다.

1. 예비의 의의

예비란 실행의 착수 이전에 행하여지는 범죄의 준비행위를 말한다. 예비는 범죄의사가 외부에 표현되었다는 점에서 단순한 범행결의와 구별되고, 아직 실행의 착수에 이르지 않았다는 점에서 미수와 구별된다. 형법 제28조에서는 "범죄의 음모 또는 예비행위가 실행의 착수에 이르지 아니한 때에는 법률에 특별한 규정이 없는 한 벌하지 아니한다"고 규정하고 있다. 형법에서는 내란죄, 살인죄, 강도죄 등, 예비행위에 의하여 예상되는 법익침해와 행위자의 위험성이 큰 범죄에 한하여 예비·음모를 처벌하는 규정을 두고 있다.

[형법상 예비·음모 처벌규정] 내란죄(제87조), 내란목적살인죄(제88조), 외환유치죄(제92조), 여적죄(제93조), 모병이적죄(제94조), 시설제공이적죄(제95조), 시설파괴이적죄(제96조), 물건제공이적죄(제97조), 간첩죄(제98조), 일반이적죄(제99조), 외국에 대한 사전죄(제111조), 폭발물사용죄(제119조), 도주원조죄(제147조), 간수자도주원조죄(제148조), 현주건조물방화죄(제164조), 공용건조물방화죄(제165조), 일반건조물방화죄(제166조 제1항), 폭발성물건파열죄(제172조), 가스·전기등 방류죄(제172조의2 제1항), 가스·전기등 공급방해죄(제173조), 현주건조물일수죄(제177조), 공용건조물일수죄(제178조), 일반건조물일수죄(제179조 제1항), 기차·선박등 교통방해죄(제186조), 기차등 전복죄(제187조), 음용수사용방해죄(제192조 제2항), 수도음용수사용방해죄(제193조 제2항), 수도불통죄(제195조), 통화위조죄(제207조

> 제1항, 제2항, 제3항), 유가증권위조죄(제214조), 자격모용에 의한 유가증권작성죄(제215조), 인지·우표위조죄(제218조 제1항), 살인죄(제250조 제1항), 존속살해죄(제250조 제2항), 위계·위력에 의한 살인죄(제253조), 약취, 유인 및 인신매매의 죄(제287 - 제292조), 강도죄(제333조).

예비와 음모의 개념의 구분 여부에 대하여는 불요설과 필요설이 있다.

① **구분불요설**로는 예비와 음모는 병렬적으로 규정되어 있으므로 구분할 필요가 없다는 견해와 예비행위에 음모를 포함시켜 이해하는 견해 등이 있다.

② **구분필요설**로는 음모는 심리적 준비행위로서 예비에 선행하는 범죄발전의 1단계인 반면, 예비는 그 외의 준비행위라는 견해(판례), 예비는 물적 준비행위이고, 음모는 인적 준비행위라는 견해, 시간적 선후관계는 묻지 않고 준비행위의 성질을 기준으로 하여 음모는 심리적 준비행위이고, 예비는 그 이외의 준비행위라는 견해 등이 있다.

형법에서는 음모를 처벌하지 않고 예비만을 처벌하는 경우(예, 관세법 제271조 제3항, 제274조 제4항 등)도 있고, 음모가 반드시 예비에 선행되는 것은 아니라는 점에서 음모는 심리적 준비행위이고, 예비는 그 이외의 물질적 준비행위로 이해하여야 한다. 다만, 예비는 1인에 의해서도 가능하지만, 음모는 성질상 2인 이상의 사람이 가담한 경우에 성립한다. 2인 이상의 사람이 범죄의사를 교환한 경우에도 음모가 성립하기 위해서는 범죄실행에 대한 합의에 이르러야 하며, 그 합의에 실질적인 위험성이 인정되어야 한다(판례).

[판례] 형법상 음모죄가 성립하는 경우의 음모란 2인 이상의 사람 사이에 성립한 범죄실행의 합의를 말하는 것으로, 범죄실행의 합의가 있다고 하기 위해서는 단순히 범죄결심을 외부에 표시·전달하는 것만으로는 부족하고, 객관적으로 보아 특정한 범죄의 실행을 위한 준비행위라는 것이 명백히 인식되고, 그 합의에 실질적인 위험성이 인정될 때에 비로소 음모죄가 성립한다(99도3801).

2. 예비죄의 법적 성격

예비행위의 법적 성격을 논함에 있어서는 (ⅰ) 행위자가 준비행위를 통하여 실현하고자 한 범죄(기본범죄)와 준비행위의 관계를 어떻게 이해할 것인가의 문제와 (ⅱ) 준비행위를 기본범죄의 실현을 위한 행위로 인정할 것인가의 문제를 구분해서 고찰하여야 한다. 예비죄의 법적 성격에 따라 예비죄의 미수, 예비죄의 공범과 그 죄수 판단 등에 있어서 결론을 달리한다.

가. 예비행위와 기본범죄의 관계

(1) 발현형태설

발현형태설은 예비행위는 기본범죄의 실행행위와는 구분되며, 기본범죄의 실행행위 전단계의 행위, 즉 구성요건실현을 위한 발현행위에 지나지 않지만 구성요건설정을 통하여 보호되는 법익보호를 위해서 가벌성을 인정한다는 견해이다. 이 설에서는 예비죄는 법익보호를 위해 처벌범위를 확대하는 경우로서 구성요건의 수정형식으로 이해한다(수정형식설).

(2) 독립범죄설

독립범죄설은 예비죄도 독자적인 가벌성이 인정되는 독립된 범죄유형이라는 견해이다. 즉, 예비행위 자체가 불법이며, 기본범죄의 수정형식이 아니라는 것이다. 이 설에서는 형법상 미수범과 달리 예비죄는 '~죄를 범할 목적으로 예비한 자는 ~에 처한다'는 형식으로 규정되어 있는 것을 근거로 한다.

(3) 이분설

이분설은 예비죄를 기본범죄의 발현형태에 지나지 않는 경우와 독립범죄로 되어 있는 경우로 구분하여 설명하는 견해이다. 형법상 '~죄를 범할 목적으로 예비한 자는 ~처벌한다'는 형식으로 규정한 예비죄는 전자에 해당하는 반면, 범죄단체조직죄(제114조), 아편 등 소지죄(제205조), 음화 등 소지죄(제244조) 등 다른 범죄의 전단계 행위를 독립한 구성요건으로 규정하여 처벌하고 있는 것은 후자에 해당한다고 한다.

(4) 결어

특성범죄의 예비행위를 형법상 독립한 구성요건으로 규정하고 있는 경우는 일반범죄와 같이 구성요건해석의 문제에 지나지 않으므로 별도로 예비죄로 구분하여 논할 실익이 없다. 따라서 예비죄에 있어서 그 성격이 문제되는 것은 '~죄를 범할 목적으로 예비한 자는 ~처벌한다'는 형식의 예비죄이다. 그러나 이 형식의 예비죄를 독립범죄로 인정하게 되면 예비행위의 태양이 무정형·무한정이기 때문에 그 처벌범위가 부당하게 확대될 우려가 있다. 따라서 이 형식의 예비죄는 예비행위가 '기본범죄를 범할 목적'으로 행하여진다는 점에서 형법상 가벌성이 인정되는 것이라고 할 수 있으므로 미수범과 같이 형법에 의해 그 처벌이 확장된 구성요건의 수정형식으로 이해하여야 한다(이하에서는 이 형식의 예비죄에 대하여 설명한다).

나. 예비행위의 실행행위성

예비행위를 독립범죄로 보게 되면 당연히 실행행위성이 인정된다. 하지만 예비죄를 구성요건의 수정형식으로 이해하는 입장에서도 예비행위에 실행행위성을 인정할 것인가에 대하여는 ① 발현형식으로 예비죄를 이해하는 경우에도 실행행위의 상대적·기능적 성격뿐만 아니라 예비죄의 처벌규정이 있다는 점을 고려할 때 예비행위 자체에 대하여 실행행위성을 인정할 수 있다는 견해(다수설)와 ② 실행행위는 정범에 대하여만 인정되고, 예비행위는 구성요건의 수정형식으로 실행의 착수 이전 개념이라는 점에서 실행행위성을 부정하는 견해가 있다.

예비죄의 성격을 발현형태로 보면 기본범죄와의 관계에서는 실행행위성을 인정하는 것은 부당하다. 그러나 이 입장에 따르더라도 예비행위는 기본범죄의 수행이라는 방향에서 그 행위의 정형성과 범위가 제한적으로 인정되고, 예비죄도 기본범죄의 수정적 구성요건으로 인정되는 것이므로 독자적인 실행행위성을 인정할 수 있다. 다만, 이때의 실행행위는 정범의 실행행위가 아니라 예비행위 자체의 실행행위를 의미한다.

3. 예비죄의 성립요건

예비죄의 실행행위성을 인정하게 되면 예비죄가 성립하기 위해서는 실행의 착수에 이르지 않았을 것을 전제로 하여 객관적 요건과 주관적 요건이 요구된다.

가. 객관적 요건

예비죄가 성립하기 위해서는 객관적 요건으로서, 외부적 준비행위, 즉 예비행위가 있을 것을 요한다. 따라서 단순한 범죄계획이나 의사표시 또는 내심의 준비행위만으로는 예비라고 할 수 없다.

(1) 예비행위의 수단·방법

예비행위의 수단·방법에는 원칙적으로 제한이 없다. 예비행위는 무정형·무한정이지만, 기본범죄의 실현과 관련성이 있어야 형법적으로 의미가 있다. 따라서 예비의 수단·방법은 계획된 범죄를 실현함에 적합한 조건이 되는 행위이어야 한다.

예비행위는 물적 준비행위뿐만 아니라 인적 준비행위를 포함한다. 따라서 절도범행을 하기 위해 대상건물에서 일하고 있는 사람으로부터 건물구조에 관한 정보를 수집하는 행위도 예비행위가 된다.

> [불능예비] 예비는 기본범죄의 실현을 지향하는 준비단계이므로 구성요건 실현이 불가능한 경우는 예비행위에 대하여 형법적 의미를 부여하는 것이 무의미하므로 가벌성이 인정되지 않고, 따라서 불능예비는 인정되지 않는다.

(2) 자기예비와 타인예비

예비행위는 자신의 범죄를 실행할 목적으로 스스로 또는 타인과 공동으로 하는 예비행위인 자기예비가 일반적이다. 그러나 타인이 실행하려고 하는 범죄의 예비행위를 단독 또는 공동으로 하는 타인예비를 인정할 것인가가 문제된다.

(가) 긍정설

긍정설은 타인범죄를 위한 예비도 당연히 가벌성이 인정된다는 견해이다. 그 논거로는 (ⅰ) 자기예비이든 타인예비이든 범죄실현이 이루어진다면 법익침해가 야기될 수밖에 없고, (ⅱ) 예비죄 성립에 필요한 기본범죄를 범할 목적 속에는 행위자 스스로의 범죄실현 목적 외에 다인으로 하여금 기본범죄를 실현시킬 목적도 포함되어 있으며, (ⅲ) 형법상 교사의 미수를 예비·음모에 준하여 처벌하고 있다는 점 등을 들고 있다.

(나) 부정설

부정설은 형법상 예비죄에는 타인범죄를 위한 예비는 포함되지 않는다는 견해이다. 그 논거로는 (ⅰ) 범죄의 예비는 물론, 실행행위는 누가 어떤 범죄를 의도하였는가가 중요한 것이므로 자기예비와 타인예비는 구별되어야 하고, (ⅱ) 예비죄의 '~죄를 범할 목적'이란 행위자 스스로의 주관적 의도를 말하는 것이므로 이에 타인예비까지 포함시키는 것은 문언의 범위를 벗어난 해석이며, (ⅲ) 타인예비의 경우 정범이 실행행위를 하게 되면 정범의 **종범**으로 처벌될 수 있으므로 동일한 행위가 타인의 실행의 착수 여부에 따라 공범이 되기도 하고, 정범이 되기도 하는 모순이 생긴다는 것 등을 들고 있다(다수설).

(다) 결어

판례는 예비죄의 공동정범은 인정하지만 예비죄의 종범은 인정하지 않고 있다. 예비죄는 형법상 예외적으로 처벌하는 것이므로 형벌억제적으로 해석할 필요가 있고, 정범이 실행행위로 나아가지 않은 경우에 방조의 미수를 처벌하지 않는 형법의 태도를 고려하면 타인예비의 가벌성을 따로 인정할 필요가 없다.

[판례] 형법 제32조 제1항의 타인의 범죄를 방조한 사람은 종범으로 처벌한다는 규정의 타인의 범죄란 정범이 범죄를 실현하기 위하여 착수한 경우의 범죄를 말한다. 따라서 종범이 처벌되기 위해서는 정범의 실행의 착수가 있어야만 한다. 정범이 실행의 착수에 이르지 않고 예비의 단계에 그친 경우에는 이에 가공한 행위가 예비의 공동정범이 되는 경우를 제외하고는 이를 종범으로 처벌할 수 없다. 왜냐 하면 범죄의 구성요건상 예비죄의 실행행위는 무정형·무한정한 행위이고 종범의 행위도 무정형·무한정한 것이며, 형법 제28조에 따르면 범죄의 음모 또는 예비행위가 실행의 착수에 이르지 아니한 때에는 법률에 특별한 규정이 없는 한 벌하지 아니한다고 규정하여 예비의 처벌이 가져올 범죄의 구성요건을 부당하게 유추 내지 확장해석하는 것을 금지하고 있으므로 형법각칙의 예비죄를 처단하는 규정을 바로 독립된 구성요건 개념에 포함시킬 수는 없다고 하는 것이 죄형법정주의의 원칙에도 합당한 해석이 되기 때문이다(75도1549).

나. 주관적 요건

예비죄가 성립하기 위해서는 주관적 요건으로서, 예비의 고의와 기본범죄를 범할 목적이 있어야 한다.

(1) 예비의 고의

예비죄가 성립하기 위해서는 예비의 고의가 있어야 한다. 예비의 고의의 의미에 대하여는 ① 예비행위와 기본범죄의 실행행위는 질적인 차이가 있고, 따라서 예비의 고의와 기본범죄의 실행행위에 대한 고의는 구별하여야 한다는 점에서 준비행위에 대한 고의를 의미한다는 견해(다수설)와 ② 예비는 기본범죄의 구성요건을 실현하기 위한 준비행위이므로 기본범죄의 실행행위에 대한 고의를 의미한다는 견해 등이 있다. '기본범죄를 범할 목적'은 전설에서는 예비의 고의 외에 초과주관적 구성요건요소로 인정하는 반면, 후설에서는 예비의 고의에 포섭된다고 한다.

후설은 형법상 예비죄는 대부분 기본범죄를 전제로 하여 그 가벌성을 인정하고 있으므로 기본범죄를 지향하지 않은 채 범죄의 준비 그 자체만을 목적으로 하는 행위는 범죄행위의 고의로 인정할 수 없다는 것을 근거로 한다. 하지만 예비죄는 구성요건의 수정형식으로서, 예비행위가 예비의 실행행위, 즉 기본범죄를 실현하기 위한 준비행위라는 점에서 예비의 고의는 기본범죄를 전제로 한 준비행위에 대한 고의로 이해하여야 한다.

(2) 기본범죄를 범할 목적

예비죄가 성립하기 위해서는 예비의 고의 외에 초과주관적 구성요건요소로서 기본범죄를 범할 목적이 있어야 한다. 예비죄의 성립에 있어서 예비의 고의 외에 '기본범죄를 범할 목적'을 요구하는 것은 예비행위의 처벌범위가 부당하게 확대되는 것을 방지하기 위한 것이다.

기본범죄를 범할 목적의 인식의 정도에 대하여는 ① 미필적 인식으로 충분하다는 견해와 ② 확정적 인식이 있어야 한다는 견해 등이 있다. 예비행위의 처벌은 예외적인 것이므로 처벌범위에 있어서는 엄격하게 해석되어야 하고, 예비행위의 가벌성은 기본범죄의 실현에 있다고 할 것이므로 기본범죄를 범할 목적에 대한 확정적 인식이 요구된다.

4. 예비죄와 관련문제

가. 예비죄의 미수

(1) 미수범의 성립 여부

예비죄에 있어서 미수범 성립이 가능한가에 대하여는 ① 예비행위는 무정형·무한정이기 때문에 예비행위를 일부만 하더라도 이미 기수범이 되므로 미수범 성립이 불가능하다는 견해와 ② 예비행위의 실행행위성을 인정하게 되면 이론적으로 미수범 성립이 가능하지만 처벌규정이 없으므로 실익이 없다는 견해 등이 있다.

예비죄의 실행행위를 인정하고, 예비행위는 계획된 범죄를 실현할 수 있는 수단이 되어야 한다는 점을 고려하면 예비죄의 미수범 성립은 이론적으로 가능하다. 이때 준비행위 자체가 예비행위가 되므로 결과발생을 요하지 않는다는 점에서 착수미수가 성립함에 지나지 않는다. 다만, 현행법상 예비죄의 미수범 처벌규정이 없으므로 예비죄의 미수범을 인정하더라도 실익은 없지만 예비죄의 중지미수 성립과 관련하여서는 의미를 가진다.

(2) 예비의 중지

예비행위를 하다가 자의로 그만 둔 경우 중지미수를 인정할 수 있을 것인가가 문제된다.

(가) 긍정설

긍정설은 예비죄에 대하여도 중지미수 규정의 준용을 인정하여야 한다는 견해이다. 그 준용범위에 대하여는 ① 형의 면제의 경우에는 언제나 중지미수의 규정을 준용해야 하는 반면, 형의 감경의 경우에는 예비죄의 형이 기본범죄의 중지미수의 형보다 무거운 때에 한하여 형의 균형상 중지미수의 규정을 적용해야 한다는 견해(다수설)와 ② 중지미수에 관한 규정을 예비죄의 형에 그대로 적용하여야 한다는 견해 등이 있다.

(나) 부정설

부정설은 중지미수는 실행의 착수를 전제로 하는 것이므로 실행에 착수하지 않은 예비에 대하여는 중지미수의 규정을 준용할 수 없다는 견해이다. 다만, 이 견해

전술한 것처럼 예비죄의 실행행위성이 인정되고, 개별 사례에 있어서 예비행위의 경우에도 예비행위의 성질·정도나 행위자의 범죄의 실현의사 등을 고려하여 범죄행위에 대한 행위지배의 정도에 따라 정범과 공범을 구별할 수 있다고 할 것이므로 예비죄의 종범의 성립은 가능하다. 다만, 형법상 예비행위를 처벌하는 범죄는 극히 제한적이고, 예비행위는 무정형·무한정이므로 예비죄의 종범을 처벌하면 처벌범위가 부당하게 확대될 우려가 있으며, 예비죄의 방조행위는 형사처벌할 정도로 불법성이 있다고 보기도 어려울 것이므로 예비죄의 공동정범이 성립하는 경우가 아닌 한 예비죄의 종범을 인정하여 처벌할 필요는 없다. 이것은 기도된 방조를 처벌하지 않는 형법의 태도나 죄형법정주의 요청에도 합치한다.

[판례] 정범이 실행의 착수에 이르지 아니하고 예비단계에 그친 경우에는, 이에 가공한다 하더라도 예비의 공동정범이 되는 때를 제외하고는 종범으로 처벌할 수 없다(79도552).

다. 예비죄의 죄수

한 개의 범죄실행을 위하여 여러 개의 예비행위를 하더라도 전체가 포괄하여 한 개의 예비죄가 성립함에 그친다. 예비행위 후에 기본범죄의 실행에 착수한 경우에는 기본범죄의 미수 또는 기수가 성립하고 예비죄는 따로 성립하지 않는다(법조경합). 만약 예비행위로 인해 행위자가 실현하려던 범죄가 아니라 의도하지 않은 다른 범죄결과를 초래한 경우에는 기본범죄에 대한 예비죄 외에 우연히 발생된 결과에 대하여 과실범의 성부가 문제된다.

제1절 공범이론

1. 범죄의 참가형태

범죄의 참가형태란 행위자가 범죄에 참가하는 형태·방식을 의미한다. 그 입법형식으로는 (ⅰ) 정범과 공범을 구별하지 않는 단일정범체계와 (ⅱ) 정범과 공범을 구별하는 체계(분리방식)로 구분된다. 단일정범체계는 법익침해라는 결과만을 중시하므로 개별 구성요건마다 특유한 행위불법을 무시하게 되어 법치주의에 반하고, 이에 따르면 비신분자나 직접 실행행위를 하지 않은 사람도 구성요건실현에 기여한 경우에는 신분범 또는 자수범(自手犯)이 될 수 있으며, 공범의 미수범은 정범의 미수범이 되어 가벌성이 확대되는 등의 문제점이 있다. 형법은 분리방식을 취하고 있다. 다만, 경범죄 처벌법은 경범죄를 교사하거나 방조한 사람을 정범에 준하여 처벌하도록 규정하고 있으므로 단일정범체계를 취하고 있다고 할 수 있다 (법 제3조 참조).

분리방식 중에서도 ① 정범은 단독정범을 의미하고, 이외의 범죄형태는 공범으로 취급하며 그중에서 교사범과 종범을 협의의 공범으로 지칭하는 견해와

② 공범은 정범의 성립을 전제로 한다는 입장에서 행위내용에 따라 정범과 공범을 구별하는 견해 등이 있다. 후설에서는 범죄를 스스로 실행하고 불법구성요건을 충족한 사람은 정범이고 타인의 범행에 가담한 사람은 공범으로 구분하며, 전자에는 단독정범 외에 공동정범과 간접정범을 포함시키고, 후자에는 교사범과 종범이 속한다고 한다. 형법은 제2장 제3절에서 '공범'이라는 표제하에 '공동정범, 간접정범, 교사범, 종범'에 대하여 규정함으로써 전설의 태도에 따르고 있다.

> **[과실범과 공범체계]** 과실범의 경우에는 주의의무에 위반하여 구성요건실현(결과발생)에 기여하면 모두 정범이 되므로 정범과 공범의 구별이 무의미하고, 따라서 단일정범체계를 취하고 있다고 할 수 있다.

2. 공범의 의의와 유형

가. 공범의 의의

공범은 여러 사람이 범죄에 참가하는 형태의 범죄를 말한다. 형법학에서 공범은 여러 가지 개념으로 사용된다. 최광의의 공범은 임의적 공범과 필요적 공범을 모두 포함하는 개념이다. 광의의 공범은 임의적 공범으로서 공동정범, 교사범, 종범을 말한다. 협의의 공범은 광의의 공범 중에서 교사범과 종범을 말한다. 일반적으로 형법학에서 공범은 협의의 공범을 의미한다.

나. 임의적 공범과 필요적 공범

(1) 임의적 공범

임의적 공범이란 구성요건상 1인이 실현하는 것으로 규정되어 있는 범죄를 2인 이상이 협력·가공하여 실현한 경우를 말한다. 형법총칙에서 말하는 공범은 임의적 공범을 말한다.

(2) 필요적 공범

(가) 필요적 공범의 의의와 유형

필요적 공범은 구성요건상 2인 이상이 범죄를 실현하는 것으로 규정되어 범죄, 즉 구성요건 자체가 2인 이상의 참가나 단체의 행동을 전제로 하고 있는 범죄 유형을 말한다. 그 참가형태는 공동정범·교사범·종범임을 묻지 않는다.

필요적 공범의 유형으로는 집합범과 대향범(對向犯)이 있다. **집합범**은 여러 사람이 동일한 목표와 방향을 가지고 행하는 범죄를 말한다(집단범). 즉, 집합범은 여러 사람의 집합에 의한 군중범죄로서 (ⅰ) 소요죄(제115조)와 같이 여러 사람에게 동일한 형을 부과하는 경우와 (ⅱ) 내란죄(제87조)와 같이 참가자의 기능·지위·역할 및 행위태양에 따라 법정형에 차이를 두는 경우가 있다. **대향범**은 2인 이상이 서로 다른 방향에서 동일한 목표를 실현하는 경우로서, (ⅰ) 아동혹사죄(제274조) 등과 같이 공범자 간에 법정형이 같은 경우, (ⅱ) 뇌물죄(제129조, 제133조)나 배임수증죄(제357조) 등과 같이 공범자 간에 법정형이 다른 경우, (ⅲ) 음화 등 반포·판매·임대죄(제243조), 범인은닉죄(제151조) 등과 같이 대향자 중 한 사람만을 처벌하는 경우 등이 있다.

(나) 필요적 공범과 공범의 성부

필요적 공범은 가담형태에 따라 형법상 처벌의 차이의 유무를 불문하고 개별 구성요건에 범죄자로 규정되어 있으므로 필요적 공범에 관여한 내부참가자는 모두 정범에 해당한다. 따라서 필요적 공범 상호 간에는 형법총칙상 공범에 관한 규정이 적용될 여지가 없다(판례).

그러나 필요적 공범에 있어서도 외부에서 관여한 사람에 대하여는 형법총칙상 공범이 성립할 수 있다. 즉, 3인이 도박을 한 경우 모두 도박죄가 성립하지만, 도박에 가담하지 않고 옆에서 도박을 하도록 교사한 사람에 대하여는 도박죄의 교사범이 성립될 수 있다. 집합범에 있어서도 마찬가지이다. 다만, 내란죄(제87조)는 구성요건상 가담의 정도에 따라 구분하여 처벌하고 있으므로 내란행위에 가담한 것으로 되면 가담정도에 따라 처벌이 달라지게 될 뿐이고 필요적 공범으로서의 정범이 성립한다. 하지만 이 경우에도 외부에서 내란행위에 관여한 사람은 협의의 임의적 공범이 성립할 수 있다. 또한 구성요건상으로는 단독으로 실행할 수 있는 형식으로 되어 있는데 단지 구성요건이 대향범의 형태로 실행되는 경우에도 정범의 행위에 가담하는 행위에는 형법총칙의 공범규정이 적용된다(2020도7866).

[판례] 2인 이상의 서로 대향된 행위의 존재를 필요로 하는 대향범에 대하여는 공범에 관한 형법총칙 규정이 적용될 수 없다. 형법 제127조는 공무원 또는 공무원이었던 사람이 법령에 의한 직무상 비밀을 누설하는 행위만을 처벌하고 있을 뿐 직무상 비밀을 누설받은 상대방을 처벌하는 규정이 없는 점에 비추어, 직무상 비밀을 누설받은 사람에 대하여는 공범에 관한 형법총칙 규정이 적용될 수 없다(2017도4240).

한편, 대향범에 있어서 일방만을 처벌하는 경우에 처벌하지 않는 사람의 행위에 관여한 사람은 형법상 문제되지 않는다. 예를 들면, 타인에게 음화를 사도록 종용하여 이를 구매하게 하더라도 형법상 처벌되지 않는다(판례). 마찬가지로 음화를 구입하는 사람이 음화를 판매하도록 종용하여 구매하게 한 경우에도 음화판매죄의 교사범이 성립하는 것은 아니다. 다만, 공범독립성설에 따르면 불가벌적 대향범에 대하여도 교사범이나 종범의 성립을 인정하게 된다.

[판례] 매도, 매수와 같이 2인 이상의 서로 대향된 행위의 존재를 필요로 하는 관계에 있어서는 공범이나 방조범에 관한 형법총칙 규정의 적용이 있을 수 없고, 따라서 매도인에게 따로 처벌규정이 없는 이상 매도인의 매도행위는 그와 대향적 행위의 존재를 필요로 하는 상대방의 매수범행에 대하여 공범이나 방조범관계가 성립되지 아니한다(2001도5158).

3. 정범과 공범의 구별

[제한적 정범개념이론과 확장적 정범개념이론]
1. **제한적 정범개념이론** : 구성요건에 해당하는 행위를 한 사람은 정범이고, 구성요건 이외의 행위에 의하여 결과발생에 기여한 사람은 공범이라는 견해이다. 이 이론은 객관주의의 태도로서, 형법은 정범을 처벌하려는 것이고, 따라서 협의의 공범은 정범이 아니지만 형법규정에 의하여 처벌하게 되는 것으로 처벌확장사유가 된다.
2. **확장적 정범개념이론** : 결과발생에 조건을 설정한 사람은 구성요건해당행위를 하였는가에 상관없이 모두 정범이라는 견해이다. 이 이론은 주관주의의 태도로서, 협의의 공범은 정범으로 처벌되지만 형법규정에 의하여 처벌이 감경되거나 축소되는 처벌축소사유가 된다.
3. **결어** : 확장적 정범개념에 따르면 정범과 공범의 구별이 무의미해지고, 단일정범체계로 귀결되므로 정범과 공범을 구별하고 있는 형법의 태도와 일치하지 않는다. 따라서 구성요건실행행위를 기준으로 한 제한적 정범개념이 적합하다. 그러나 제한적 정범개념에 따르면 간접정범 등과 같이 구성요건실행행위를 하지 않은 사람은 정범이 될 수

없으므로 정범과 공범의 구별은 다른 기준에 의하여 보완할 필요가 있다. 다만, 과실범은 정범과 공범의 구별이 없고, 과실에 의하여 결과를 야기한 모든 사람이 과실범으로 처벌되므로 사실상 확장적 정범개념에 따르게 된다.

가. 객관설

(1) 형식적 객관설

형식적 객관설에서는 구성요건에 해당하는 행위의 전부 또는 일부를 직접 행한 사람이 정범이고, 이외의 방법으로 구성요건실현에 기여한 사람이 공범이라고 한다. 제한적 정범개념에 따른 이론이다.

이 설에 대하여는 구성요건적 행위는 아니지만 구성요건적 사실을 실현하는 행위를 통해 범죄성립에 중요한 역할을 한 경우에도 정범으로 하지 않는 것은 부당하며, 특히 간접정범이나 집단의 배후에서 이를 조종하는 사람을 정범으로 볼 수 없다는 비판이 있다. 현재 이 설을 취하는 견해는 없다.

(2) 실질적 객관설

실질적 객관설은 행위가담의 위험성의 정도에 따라 정범과 공범을 구별하는 견해이다. 이 설에 대하여는 객관설은 모두 행위자의 의사와 범죄계획을 고려하지 않고 객관적인 면만을 기준으로 정범성을 찾고자 하는 점에서 비판을 받고 있다. 다만, 위험성을 판단하는 객관적 기준에 대하여는 견해가 나뉘어져 있다.

① **필연설**은 결과발생에 필연적인 행위를 한 사람이 정범이고, 결과발생에 단순한 조건만 부여한 사람은 공범이라는 견해이다(필요설). 인과관계에 관한 학설 중 원인설에 따른 견해로서, 원인설에 대한 비판이 그대로 적용되며, 교사범도 정범이 되어 간접정범과 구별할 수 없게 된다는 비판이 있다.

② **동시설**은 행위시에 가담한 사람이 정범이고, 그 전후에 가담한 사람은 공범이라는 견해이다. 이 설에 대하여는 시간의 동시성만을 강조함으로써 단순히 망보는 행위나 문서위조를 위하여 현장에서 필기도구를 빌려 준 사람도 정범이 되며, 간접정범의 정범성을 설명할 수 없다는 비판이 있다.

③ **우위설**은 구체적 사건의 정황을 고려하여 우월적이거나 동가치적으로 영향을 미친 사람은 정범이고, 종속적으로 영향을 미친 사람은 공범이라는 견해이

다. 이 설에 대하여는 기준이 너무 추상적이어서 판단이 어려울 뿐만 아니라 자의적이고, 공동정범과 교사범의 구별기준을 제시하지 못한다는 비판이 있다.

④ **인과성의 매개방법 구별설**은 거동범과 결과범을 구별하여, 거동범에 대하여는 형식적 객관설을 취하고, 결과범에 있어서는 물리적으로 매개된 인과성이 있으면 정범이고 심리적 인과성만 있으면 공범이라는 견해이다. 이 설에 대하여는 간접정범을 설명하기 어렵다는 비판이 있다.

나. 주관설

주관설은 인과관계에 관한 조건설을 전제로 하여, 정범과 공범은 모두 결과에 조건을 제공한 점에서는 동일하므로 양자의 구별은 주관적 요소에 의해 결정하여야 한다는 견해이다. 확장적 정범개념에 따른 이론이다.

(1) 극단적 주관설

① **고의설**은 정범의 의사로 행위한 사람이 정범이고, 공범의 의사로 행위한 사람은 공범이라는 견해이다(의사설). '정범의사'란 행위를 자기의 범죄로 실현하려는 의사를 말하고, '공범의사'는 타인의 범죄로서 행위를 야기하거나 촉진하는 의사를 말한다. 이 설에 대하여는 인과관계(결과귀속)에 관련된 조건설을 정범과 공범의 구별에 적용하는 것이고, 정범의사나 공범의사는 정범과 공범의 개념설정이 전제된 후에 그 의미가 밝혀질 수 있다는 점에서 순환론에 불과하며, 살인청부와 같이 다른 사람으로부터 범행을 부탁받아 행한 경우에는 모두 공범이 된다는 비판이 있다.

② **이익설**은 자기의 목적이나 이익을 위하여 행위한 사람이 정범이고, 타인의 목적이나 이익을 위하여 행위한 사람은 공범이라는 견해이다(목적설). 이 설에 대하여는 범죄가 누구의 이익을 위한 것인지 획일적으로 정할 수 없을 뿐만 아니라 그 구별도 명확하지 않고, 형법상 타인의 이익을 위하여 범행한 경우도 처벌하는 규정(제3자를 위한 사기·공갈·배임 등)이 있으므로 형법과 모순될 뿐만 아니라 자신의 범행이 타인의 이익을 위한 경우에는 종범이 되며, 정범과 공범의 구별에 관하여 행위자의 의사에만 의존하고 있으므로 그 평가에 있어서 법관의 자의가 개입할 여지가 많다는 비판이 있다.

(2) 제한적 주관설

제한적 주관설은 주관적으로는 범행결과에 대한 자신의 이익을 통하여 정범의사가 징표되지만, 이에 대한 객관적 징표로서 행위기여의 태양, 행위과정의 지배 등을 고려하여야 한다는 견해이다.

이 설에 대하여는 주관설의 단점을 본질적으로 벗어나지 못했다는 비판이 있다.

다. 행위지배설

행위지배설은 행위지배를 통하여 그의 의사에 따라 구성요건의 실현을 지시하거나 진행하게 한 사람이 정범이고, 단순히 행위를 야기하거나 촉진한 사람은 공범이라는 견해이다. '행위지배'란 구성요건에 해당하는 사건진행의 장악을 의미한다. 이 설은 제한적 정범개념에서 출발하지만 주관적 요소로서 조종의사와 객관적 요소로서 행위가담 또는 기여의 정도를 고려하여 정범과 공범을 구별한다(다수설).

라. 결어

범죄이론을 고려하면 정범과 공범을 구별함에 있어서도 주관적 요소와 객관적 요소를 모두 고려하여 행위자가 범죄행위를 지배하여 실현하였는가에 따라 판단하여야 한다(판례). 다만, 행위지배는 정범의 종류에 따라 각각 다르게 나타난다(Roxin). 즉, (ⅰ) 직접정범은 구성요건을 스스로 실행한 사람이어서 정범이 되므로 행위지배는 실행지배로 나타난다. (ⅱ) 간접정범은 타인을 도구로 이용한 경우로서, 이때 타인의 행위는 간접정범의 의사와 계획에 따른 지배를 받은 것이므로 피이용자에 대한 의사지배의 형태로 나타난다. (ⅲ) 공동정범은 각자가 공동결의에 의한 기능적 역할분담을 통해 공동의 행위지배를 가진 정범이 된다(기능적 행위지배). 이에 따르면 부분적으로 행위에 가담한 사람이나 범죄집단의 수괴 등 전체범행의 일부분을 수행하는 기능을 한 사람도 정범으로 처벌할 수 있게 된다.

[판례] 공동정범의 본질은 행위자들이 공동의 의사로 역할을 분담하여 기능적 행위지배를 하고 있는 것에 반하여, 종범은 그러한 행위지배가 없다는 점에서 양자가 구별된다(2017도2573).

[행위지배설의 적용이 배제되는 경우] 다음의 경우에는 행위지배설의 적용이 배제된다.
1. **진정신분범의 경우** : 현실적인 행위지배와는 관계없이 행위가담자가 구성요건상 신분범에 해당하면 그는 진정신분범의 정범이 된다.
2. **자수범의 경우** : 자수범(自手犯)은 구성요건의 성질상 구성요건을 실현한 사람만이 정범이 되므로 행위지배와 행위기여는 정범성의 판단기준이 되지 않는다.
3. **의무범의 경우** : 의무범에서 정범의 가능성은 작위 또는 부작위를 통한 구성요건상 요구되는 의무위반 여부에 달려 있으므로 행위지배나 행위기여와 관계없이 의무를 위반한 사람만이 정범이 된다.
4. **고의 외에 초과주관적 구성요건요소를 요하는 범죄의 경우** : 재산범의 경우 불법영득의사가 없으면 정범이 될 수 없고, 목적범, 경향범, 표현범 등 범죄의 성립에 있어서 고의 외에 특수한 주관적 구성요건요소를 요하는 범죄의 경우에도 특수한 주관적 구성요건요소가 없는 사람은 정범이 될 수 없다.

* 의무범이란 구성요건상 정범에게 특정한 의무자로서의 지위가 있을 것을 요하는 범죄를 말하며, 횡령죄, 배임죄, 부진정부작위범, 유기죄, 공무원범죄 등이 이에 해당한다.

---

4. 공범의 종속성

가. 공범종속성설과 공범독립성설

공범인 교사범과 종범은 정범을 전제로 하지만(공범의 종속성원칙) 공범은 정범의 행위에 종속하여 성립하는가, 아니면 정범의 처벌과 상관없이 독립하여 성립하는가가 문제된다.

(1) 공범종속성설

공범종속성설은 객관주의에 기초한 이론으로서, 정범에 의한 실행행위에 의하여 법익침해가 발생했을 때 범죄가 성립하므로 공범은 정범에 종속되어, 즉 정범이 범죄가 성립된 때에 한하여 공범이 성립한다는 견해이다. 이 견해는 형법의 보장적 기능에 충실하게 된다. 다만, 이때 종속성은 성립의 종속성을 의미하고, 처벌의 종속성을 의미하는 것은 아니므로 정범의 범죄가 성립하면 정범의 처벌 여부나 정도에 관계없이 공범을 처벌할 수 있다고 한다.

[공범종속성설과 공범독립성설의 비교]

구 분	공범종속성설	공범독립성설
제31조 제2항과 제3항(교사의 미수)의 의미	공범은 정범에 종속되어 처벌되므로 공범의 미수는 성립 불가능함. 따라서 이 규정은 특별규정으로 이해함	공범은 정범과 독립하여 독자적인 위법성을 가지므로 공범의 미수는 성립 가능함. 따라서 이 규정은 당연한 규정으로 이해함
제33조(공범과 신분)의 의미	공범은 정범의 처벌에 종속되므로 신분에 따른 연대성을 규정한 것으로서 본문규정을 원칙규정으로 이해함	공범은 독자적인 위법성을 가지므로 신분에 따른 개별성을 규정한 단서규정을 원칙규정으로 이해함
제252조 제2항 (자살관여죄)의 의미	정범이 자살자를 처벌하지 않음에도 예외적으로 공범인 자살관여자를 처벌하도록 한 특별규정으로 이해함	정범인 자살자와 상관없이 자살관여자를 처벌하는 것이므로 공범독립성설의 실정법적 근거로 인정함
간접정범의 성립 여부	정범을 처벌할 수 없는 경우에 의사지배를 통하여 이를 이용한 이용자를 처벌하기 위하여 간접정범의 개념을 필요로 함(교사범과 구별)	정범의 처벌 여부와 상관없이 공범을 처벌할 수 있으므로 간접정범을 특별히 인정할 필요가 없음(교사범으로 흡수 가능함)

(2) 공범독립성설

공범독립성설은 주관주의에 기초한 이론으로서, 교사범·종범도 그 행위에 의하여 반사회적 위험성이 징표되면 정범의 범죄성립 여부와 관계없이 가벌성이 인정된다는 견해이다. 이 견해에서는 공범은 타인의 행위를 이용하여 자기의 범죄를 범하는 단독정범에 지나지 않는다고 한다.

(3) 결어

공범독립성설에서는 공범종속성설은 타인의 범죄성이나 가벌성에 의하여 자기의 행위가 범죄로 되고 가벌성을 가진다는 점에서 개인책임의 원칙과 자기책임의 원칙에 반한다고 한다. 그러나 공범종속성설에 따르더라도 공범의 가벌성과 범죄성이 정범의 행위에 의하여 반드시 결정되는 것은 아니며, 공범의 처벌근거에 있어서 책임가담설을 취하지 않는 한 개인책임의 원칙과 자기책임의 원칙에 반한다고도 할 수 없다.

또한 형법상 교사범(제31조 제1항 – '타인을 교사하여 죄를 범하게 하는 자')과 종범(제32조 제1항 – '타인의 범죄를 방조한 자')은 정범을 전제로 한 개념일 뿐만 아니라 그 처벌에 있어서도 정범의 실체를 고려하지 않으면 지나치게 형벌이 확장될 수 있다는 점에서 공범의 성립은 정범의 성립에 종속하는 것으로 하여야 한다(판례). 형법도 교사의 미수를 예비·음모에 준하여 처벌하고 있을 뿐이다(제31조 제2항, 제3항).

[판례] 정범의 성립은 교사범의 구성요건의 일부를 형성하고 교사범이 성립함에는 정범의 범죄행위가 인정되는 것이 그 전제요건이 된다(97도183).

나. 공범의 종속성의 정도

공범종속성설을 취하는 경우에도 공범의 정범에 대한 종속의 정도(종속형식)에 대하여는 다음 4가지로 나뉘어져 있다(M.E. Mayer).

(ⅰ) **최소한 종속형식**은 정범이 구성요건에 해당하기만 하면 공범이 성립한다고 한다. 이에 따르면 의사로 하여금 치료행위를 하게 하는 등 위법성이 조각되는 행위를 교사한 때에도 교사범으로 처벌된다는 부당한 결론에 이르게 된다. 이 견해를 취하는 학자는 없다. (ⅱ) **제한종속형식**은 정범이 구성요건에 해당하고 위법하기만 하면 공범이 성립한다고 한다. 이에 따르면 책임무능력자를 교사한 때에도 교사자는 공범으로서 책임을 지게 된다. (ⅲ) **극단종속형식**은 정범의 행위가 구성요건에 해당하고 위법·유책한 때에 공범이 성립한다고 한다. 이에 따르면 책임무능력자를 교사한 때에는 교사범이 아니라 간접정범이 성립한다. (ⅳ) **초극단종속형식**은 정범의 행위가 구성요건에 해당하고 위법·유책할 뿐만 아니라 처벌조건까지 갖추었을 때 공범이 성립한다고 한다. 이에 따르면 인적 처벌조각사유 등 정범의 신분관계에 의한 형의 가중·감면도 공범의 성립에 영향을 미친다. 즉, 정범이 자기 아버지의 지갑을 절취하여 절도죄를 범한 경우 친족상도례에 해당되어 처벌되지 않고, 따라서 절취를 교사하거나 방조한 공범도 처벌할 수 없게 된다. 그러나 이것은 비신분자인 공범에게는 친족상도례에 관한 규정을 적용하지 않도록 하고 있는 현행법(형법 제328조 제3항)의 태도와 배치된다. 따라서 이 견해를 취하는 학자는 없다.

한편, 극단종속형식을 주장하는 입장에서는 형법에서 교사범을 '타인의 죄를 교사하여 죄를 범하게 한 자'(제31조 제1항)로, 종범을 '타인의 범죄를 방조한 자'(제32조 제1항)로 규정함으로써 정범행위의 완전한 범죄성을 전제로 하고 있으며,

정범에게 책임이 없는 경우에는 간접정범의 성립을 인정하고 있는 것(제34조 제1항) 등을 근거로 하고 있다. 그러나 공범의 처벌근거를 정범의 책임유무와 결부하는 것보다는 정범의 불법을 야기·촉진한 데 있다고 하는 것이 개인책임의 원칙과도 조화된다. 또한 형법 제31조의 '죄'와 제32조의 '범죄'를 형법상 불법으로 이해하는 것이 가능하며, 형법 제34조 제1항의 규정이 있더라도 책임이 없는 사람을 교사· 방조한 경우에는 의사지배 여부에 따라 간접정범이 아니라 교사범의 성립을 인정 할 수 있다. 따라서 제한종속형식에 따른다. 다만, 제한종속형식에 따르더라도 형 법 제34조 제1항에서 '과실범으로 처벌되는 자'를 교사·방조한 사람도 간접정범이 성립한다고 규정하고 있으므로 형법상 교사범·종범이 종속하는 정범의 실행행위 는 고의행위이다.

5. 공범의 처벌근거

공범종속성설을 취하는 경우에도 공범의 처벌근거가 문제된다.

가. 책임가담설

책임가담설은 공범이 정범으로 하여금 유책한 범죄행위를 야기하게 하거나(교사) 촉진하였다(방조)는 점에서 처벌근거가 있다는 견해이다(책임공범설). 즉, 교사범의 처벌근거는 정범에 의해 법익침해의 결과가 초래되었기 때문이 아니라 정범으로 하여금 범죄를 범하게 하였다는 사실 때문이라는 것이다. 극단종속형식에 따른 것 이다.

이 설에 대하여는 정범이 초래한 법익침해라는 범행결과에 대하여 공범이 가 지는 독자적인 관련성을 고려하지 않는다는 비판이 있다.

나. 불법가담설

불법가담설은 공범이 정범으로 하여금 불법행위를 야기하게 하거나 촉진하였 다는 점에 처벌근거가 있다는 견해이다(불법공범설). 제한종속형식에 따라 책임가 담설을 변형한 이론이다.

이 설에 대하여는 교사범과 달리 종범의 경우에는 적극적인 불법가담이 없으므로 종범의 처벌근거를 제대로 설명하지 못하며, 책임가담설과 마찬가지로 공범 고유의 처벌근거를 설명하지 못하고 있다는 비판이 있다.

다. 순수야기설

순수야기설은 공범의 가벌성을 정범이 아니라 공범 자체에서 찾는 견해이다 (독립적 공범설). 즉, 공범은 타인의 행위에 불법하게 가담함으로써 정범에 의해 야기된 법익침해에 독자적으로 기여했다는 점에서 공범 고유의 행위반가치가 인정된다고 한다.

이 설에 대하여는 공범종속성설과 배치되며, 정범의 실행행위가 없는 경우에도 공범의 행위반가치만으로 공범을 처벌할 수 있다는 것으로 되기 때문에 타당하지 않다는 비판이 있다.

라. 종속적 야기설

종속적 야기설은 공범의 처벌근거는 정범의 범행을 야기하거나 촉진하였다는 점에 있지만, 공범의 불법의 근거와 정도는 정범의 불법의 근거와 정도에 따른다고 한다(수정된 야기설, 다수설). 공범의 행위는 정범의 범죄에 대한 종속의 기초가 되므로 공범은 정범으로 하여금 범죄의 기수에 이르게 하려는 고의를 요하게 된다. 따라서 함정수사에 있어서는 공범이 성립하지 않게 된다.

이 설에 대하여는 공범의 불법을 정범의 불법에 종속시킨 것에 대한 설명이 부족하며, 비신분자에게도 신분자의 공범을 인정하고 있는 형법 제33조 본문이나 기도된 교사를 예비·음모에 준하여 처벌하고 있는 형법의 태도에 반하며, 불가벌적인 필요적 공범과 미수의 교사(함정수사)의 불가벌성을 설명할 수 없다는 비판이 있다.

마. 혼합적 야기설

혼합적 야기설은 순수야기설과 종속적 야기설을 절충한 것으로서, ① 공범의 불법이 일부는 정범의 행위에 의해서, 일부는 정범에 의해 야기된 법익침해에 있다는 견해(종속적 법익침해설)와 ② 공범의 불법 중 행위반가치는 공범 자신의 교사· 방조행위에서 독립적으로 인정하고, 결과반가치는 정범에 종속한다고 주장하는 견해(행위반가치·결과반가치 구별설, 결과불법종속설) 등이 있다. 전설은 공범은 정범에 종속적인 동시에 자신의 독자적인 법익침해를 포함하고 있다고 하면서, 공범의 처벌근거는 정범의 행위반가치에 의한 종속과 공범자신의 교사·방조행위에 따른 법익침해, 즉 공범이 스스로 구성요건해당행위를 하지는 않았지만 정범의 실행행위에 가담함으로써 구성요건상 보호법익을 간접적으로 침해했기 때문에 처벌받는 것이라고 한다.

이 설에 대하여는 순수야기설의 단점을 그대로 갖고 있으며, 공범의 처벌근거를 종속적 법익침해로 한정함으로써 공범의 행위반가치는 고려하지 않고 있다는 비판이 있다.

바. 결어

공범종속성설에 의하면 공범은 정범의 실행행위를 전제로 하지 않고는 그 반가치를 논할 수 없으며, 따라서 공범의 처벌근거는 가담설에 따르더라도 처벌의 정도는 법익침해, 즉 정범의 불법의 정도와 양에 기초하지 않을 수 없다. 다만, 형법에서 교사의 미수에 대하여 정범의 실행행위가 없음에도 불구하고 예비·음모에 준하여 처벌하고 있는 점을 고려하면 혼합적 야기설 중 행위반가치·결과반가치 구별설이 형법의 태도와 조화된다.

제2절 공동정범

> 제30조(공동정범) 2인 이상이 공동하여 죄를 범한 때에는 각자를 그 죄의 정범으로 처벌한다.

1. 공동정범의 의의

공동정범이란 2인 이상이 공동하여 죄를 범하는 경우를 말한다. 공동정범은 공동의 결의에 따라 각자가 분업적으로 범죄를 실행하여 전체 범죄계획을 지배하였다는 기능적 행위지배가 있다는 점에서 정범성이 인정된다. 형법 제30조에서는 "2인 이상이 공동하여 죄를 범한 때에는 각자를 그 죄의 정범으로 처벌한다"고 규정하고 있다.

공동정범은 각자에게 기능적 행위지배가 인정된다는 점에서 실행행위에 직접 관여하지 않고, 기능적 행위지배도 없는 협의의 공범과 구별된다. 또한 공동정범은 서로 의사연락(공동결의)에 따른 분업적 행위실행에 의하여 전체범죄를 지배한다는 점에서 이용자가 의사지배를 통해 피이용자의 범행을 지배하는 간접정범과 구별되며, 행위자 간에 서로 의사연락을 전제로 한다는 점에서 동시범과 구별된다.

2. 공동정범의 본질

공동정범의 본질, 즉 공동정범에 있어서 '공동'의 의미가 문제된다.

가. 범죄공동설

범죄공동설은 객관주의에 따른 것으로서, 공동정범은 여러 사람이 특정범죄를 공동으로 행하는 것이라는 견해이다. 이 견해에서는 여러 사람 사이에 특정한 범죄를 공동으로 한다는 고의의 공동이 있어야 공동정범이 성립한다.

이 설은 공동정범은 '2인 이상이 공동으로 죄를 범한 때'에 성립한다고 규정하고 있는 형법의 태도에 충실하고, 공동정범의 성립범위가 한정됨으로써 책임주의 원칙에는 적합하다는 장점이 있는 반면, 다양한 형태의 공동범행을 공동정범으로 인정하지 않게 되므로 처벌에 대한 공백이 생겨서 형사정책상 많은 결함이 초래된다는 비판이 있다.

나. 행위공동설

행위공동설은 주관주의에 따른 것으로서, 공동정범은 여러 사람이 행위를 공동으로 하여 범죄를 행하는 것이라는 견해이다. '공동으로 하는 행위'는 전(前)법률적인 의미, 즉 자연적 의미의 행위로서 사실상 행위를 의미한다. 이 견해에서는 공동정범의 성립에 있어서 범죄사실이 하나로 특정되거나 고의가 동일할 것을 요하지 않는다.

이 설에 대하여는 공동정범이 전(前)구성요건적, 전법률적 또는 자연적인 단순한 행위를 공동으로 한 것에 불과함에도 이를 기준으로 공동정범 여부를 결정하는 것은 부당하다는 비판이 있다.

다. 수정설

수정설로는 다음의 견해들이 있다. 범죄공동설에 대하여는 ① 공동정범의 성립을 객관적 구성요건충족의 관점에서 인정한 후, 그 책임은 각자의 고의의 범위 내에서 개별적으로 논하는 견해(구성요건공동설), ② 여러 사람의 각각 별개의 범죄를 범한 경우에도 구성요건적으로 중첩하는 범위 내에서 공동정범의 성립을 인정하는 견해(부분적 범죄공동설) 등이 주장되고 있다. 행위공동설에 대하여는 ③ 형법상 행위는 구성요건적 정형을 떠나서는 의미를 가질 수 없으므로 행위의 공동이라고 할 때의 '행위'는 구성요건에 해당하는 행위의 의미로 이해하는 견해(구성요건적 행위공동설)가 있다.

수정설에 따르면 양자의 한계가 불명확하여 그 구별이 큰 의미가 없게 된다는 비판이 있다.

라. 결어

어느 설을 따르는가에 따라 공동정범의 성립범위에 있어서 차이가 있다. 즉, 범죄공동설에서는 특정범죄의 공동을 요하므로 다른 종류 또는 여러 개의 구성요건 사이의 공동정범, 승계적 공동정범, 부분적 공동정범, 과실범의 공동정범, 고의범과 과실범의 공동정범은 인정되지 않는다. 그러나 행위공동설에서는 특정범죄의 실현 여부와 상관없이 사실행위 자체의 공동성 유무를 논하므로 이들의 경우에는 모두 공동정범이 인정된다. 판례는 행위공동설을 따르고 있다.

오늘날 공동정범을 논의함에 있어서는 '공동'의 의미를 통해 그 범위를 정하기보다는 귀책의 근거를 밝히는 것에 중점을 두고 있다. 따라서 공동정범의 성립 여부도 정범과 공범의 구별문제로 환원하여 행위지배설에 의해 고찰하여야 한다.

[판례] 형법 제30조에 「공동하여 죄를 범한 때」의 「죄」는 고의범이고 과실범이고를 불문한다고 해석하여야 할 것이고 따라서 공동정범의 주관적 요건인 공동의 의사도 고의를 공동으로 가질 의사임을 필요로 하지 않고 고의행위이고 과실행위이고 간에 그 행위를 공동으로 할 의사이면 족하다고 해석하여야 할 것이므로 2인 이상이 어떠한 과실행위를 서로의 의사연락 아래 하여 범죄되는 결과를 발생케 한 것이라면 여기에 과실범의 공동정범이 성립되는 것이다(79도1249).

3. 공동정범의 성립요건

가. 주관적 요건

(1) 공동가공의 의사

공동정범이 성립하기 위해서는 주관적 요건으로 공동가공의 의사가 있어야 한다. 공동가공의 의사란 2인 이상의 사람이 공동으로 범행을 한다는 의사의 연락을 말한다(판례). '의사의 연락'은 범죄의 공동실행이나 기능적 분담에 관하여 공동행위자 간에 서로 양해가 되어야 한다는 것을 의미한다.

[판례] 형법 제30조의 공동정범은 2인 이상이 공동하여 죄를 범하는 것으로서, 공동정범이 성립하기 위하여는 주관적 요건인 공동가공의 의사와 객관적 요건인 공동의사에 의한 기능적 행위지배를 통한 범죄의 실행사실이 필요하다. 여기서 공동가공의 의사는 타인의 범행을 인식하면서도 이를 제지하지 아니하고 용인하는 것만으로는 부족하고, 공동의 의사로 특정한 범죄행위를 하기 위하여 일체가 되어 서로 다른 사람의 행위를 이용하여 자기의 의사를 실행에 옮기는 것을 내용으로 하여야 한다(2018도20415).

의사연락의 방법에는 제한이 없다. 따라서 명시적·묵시적 또는 직접적·간접적 방법을 불문한다. 공동행위자는 다른 공동행위가 공동의 범행계획 아래에 작용하고 있음을 인식하면 족하고, 공동행위자가 누구인지 현실적으로 서로 알고 있을 것도 요하지 않는다. 따라서 공동행위자 전원이 일정한 장소에 집합하여 직접 모의할 것을 요하지 않으므로 의사연락이 여러 사람 사이에 순차로 있는 순차적 공동정범도 인정된다. 다만, 공동행위자 사이의 의사연락은 상호적이어야 한다. 따라서 상호 간에 의사연락이 없는 동시범은 물론, 범행자 중 어느 일방에게만 공동실행의 의사가 있는 편면적 공동정범은 공동정범이 아니다.

[판례] 공동정범의 주관적 성립요건인 공모는 공범자 상호 간에 직접 또는 간접적으로 범죄의 공동실행에 관한 암묵적인 의사연락이 있으면 족하고 반드시 공범자들이 미리 일정한 장소에 집합하여 사전에 각자의 분담행위를 정하는 등 직접적인 모의를 하여야만 하는 것은 아니다(88도551).

의사연락의 시기는 실행의 착수 전·후를 묻지 않는다. 다만, 범행이 종료되기 전에는 의사연락이 있어야 한다. 실행행위 이전에 의사연락이 있는 경우는 예모(豫謀)적 공동정범, 실행행위시에 우연히 공동의사가 생긴 경우는 우연적 공동정범, 선행자가 실행행위를 개시한 후 범행이 종료하기 전에 후행자가 의사연락하에 범행에 가담한 경우는 승계적 공동정범이라고 한다.

[판례] 형법상 공모라고 함은 반드시 사전에 이루어질 필요는 없고, 사전 모의가 없었더라도 우연히 모인 장소에서 여러 사람이 각자 상호 간의 행위를 인식하고 암묵적으로 의사의 투합, 연락하에 범행에 공동가공하면 여러 사람은 각자 공동정범의 책임을 면할 수 없다(87도1240).

(2) 동시범

제19조(독립행위의 경합) 동시 또는 이시의 독립행위가 경합한 경우에 그 결과발생의 원인된 행위가 판명되지 아니한 때에는 각 행위를 미수범으로 처벌한다.

(가) 동시범의 의의

동시범은 2인 이상의 행위자가 의사연락 없이 각자가 동일한 대상에 대하여 동시 또는 이시(異時)에 범행하는 경우를 말한다(동시정범 또는 다수정범). 형법 제19조에서는 '독립행위의 경합'이란 표제하에 "동시 또는 이시의 독립행위가 경합한 경우에 그 결과발생의 원인된 행위가 판명되지 아니한 때에는 각 행위를 미수범으로 처벌한다"고 규정하고 있다. 동시범은 고의범과 과실범의 경우에 있어서 모두 성립할 수 있으며, 타인의 범행계획을 자기가 의도하는 범행에 이용하는 경우에도 동시범이 성립된다. 그러나 타인의 과실행위를 자기의 고의행위에 이용하는 경우에는 간접정범이 성립된다(제34조 제1항).

동시범은 상호 간에 공동의 의사연락이 없다는 점에서 공동정범과 구별되고, 다른 행위자가 단순한 도구로 이용된 것이 아니라는 점에서 간접정범과 구별된다.

(나) 동시범의 성립요건

동시범이 성립하기 위해서는 다음의 요건을 갖추어야 한다.

첫째, 2인 이상의 실행행위가 있어야 한다. 동시범은 각자에게 범죄의 실행행위가 있어야 하므로 예비·음모단계에 있는 경우에는 동시범이 성립하지 않는다.

둘째, 행위자 사이에 의사연락이 없어야 한다. 행위자 사이에 공동의 의사가 없어야 한다. '의사'는 범죄공동설에 의하면 특정범죄에 대한 공동의사인 반면, 행위공동설에 의하면 구성요건행위에 대한 공동의사를 의미하므로 행위공동설에서는 동시범의 성립범위가 좁아진다. 소위 편면적 공동정범은 공동정범이 아니라 동시범이 된다.

셋째, 행위객체가 동일하여야 한다. 각 행위자의 행위객체가 동일하여야 한다. 각 행위가 동일한 구성요건을 실현하는 행위일 것은 요하지 않으므로 행위객체가 동일하면 살해행위와 상해행위와 같이 서로 다른 구성요건을 실현한 경우에도 동시범이 성립한다.

넷째, 행위의 장소와 시간은 반드시 동일할 필요가 없다. 형법은 이시(異時)에 독립행위가 경합한 경우에도 동시범이 성립한다고 한다. '이시'는 근접한 시간적 전후관계를 의미하는 것이 일반적이지만, 반드시 그것에 한정되지 않는다. 범행장소가 서로 상당히 떨어져 있는 경우에도 마찬가지이다.

다섯째, 결과발생의 원인된 행위가 판명되지 아니하여야 한다. 발생한 결과가 누구의 행위로 인한 것인지 판명되지 않아야 한다. 만약 원인된 행위가 판명된 경우에는 각자가 자신이 한 행위의 범위 내에서 책임을 진다. 이때 원인된 행위에 대한 입증책임은 검사에게 있다.

(다) 동시범의 처벌

동시범이 성립하면 각자를 미수범으로 처벌한다. 이것은 '의심스러운 때에는 피고인의 이익으로'라는 형사소송법상 원칙에 따른 것이다. 다만, 상해죄의 동시범에 있어서는 공동정범의 예에 의한다(제263조). 2인 이상의 사람에 의해 상해행위가 행하여진 경우에는 그 원인행위를 판명하기 어렵기 때문에 입증곤란을 구제하기 위한 정책적인 요청에 따라 예외를 인정하고 있다. 따라서 동조의 법적 성격에 대하여는 거증책임의 전환규정으로 이해한다(다수설).

(3) 승계적 공동정범

(가) 승계적 공동정범의 의의

승계적 공동정범은 선행자에 의하여 실행행위가 개시된 후 범행이 종료되기 전에 후행자가 상호 의사연락에 의하여 후행행위를 공동 또는 단독으로 행하는 것을 말한다.

① **범죄공동설**에서는 승계적 공동정범에게는 특정범죄에 대한 고의와 행위분담이 인정되지 않으므로 공동정범이 되지 않고 전체범죄의 방조가 된다고 한다. 하지만 ② **행위공동설**에서는 공동정범에 있어서 의사연락이 실행행위 전에 있을 것을 요하지 않으므로 행위도중에 공동의사가 성립한 경우에도 공동정범의 성립을 인정한다(판례). 절도죄와 같은 단순범은 범행 도중에 공동정범으로 행위에 가담하면 승계적 공동정범의 적용법리를 적용하지 않더라도 일상적인 공동정범의 예에 따라 처리할 수 있다. 따라서 승계적 공동정범은 특히 결합범이나 계속범에 있어서 의미를 갖는다.

(나) 후행자의 책임범위

승계적 공동정범을 인정하는 경우에도 후행자에게 어느 범위에서 책임을 인정할 것인가가 문제된다.

① **적극설**은 '일부실행 전부책임'이라는 공동정범의 본질에 기초하여, 선행자의 행위를 인식하고 이를 이용하려는 의사연락이 있었으므로 후행자에 대하여도 전체행위에 대한 공동정범의 책임을 인정해야 한다는 견해이다. 즉, 후행자에 대해서도 결과에 대한 인과력이 인정될 수 있고, 후행자의 행위에 기능적 행위지배

가 인정될 수 있으므로 선행자가 실현한 부분에까지 공동정범의 책임을 부담시키는 것이 타당하다고 한다. 이 설에 대하여는 후행자가 선행자의 행위부분에 대한 기능적 행위지배가 인정되지 않으므로 자기책임의 원칙에 반하며, 후행자에게 선행자의 행위에 대한 책임을 부담하게 하는 것은 사후고의를 인정하는 것이 된다는 비판이 있다.

② **소극설**은 후행자에게 그 가담 이후의 행위에 대하여만 공동정범의 성립을 인정하는 견해이다(판례). 이 견해는 후행자의 행위는 선행자에 의하여 이미 행하여진 행위의 원인이 될 수 없고, 형법에서는 추인(追認)이나 사후고의를 인정할 수 없으며, 선행자에 의하여 단독으로 행하여진 결과에 대하여는 후행자의 행위지배를 인정할 수 없다는 것 등을 근거로 한다. 이 설에 대하여는 선행자의 실행행위가 계속되고 있다면 후행자에게 기능적 행위지배를 인정할 수 있으며, 따라서 결과에 대한 인과력이 부정되는 것도 아니라는 비판이 있다.

③ **절충설**은 전체불법을 구성하는 개개의 불법이 서로 분리될 수 있는 독립된 불법일 경우에는 소극설에 따르고, 계속범과 같이 선행행위와 후행행위가 하나의 구성요건을 실현하는 경우에는 적극설에 따라야 한다는 견해이다(개별설).

승계적 공동정범의 경우에 후행자가 선행자의 범행의 일부에 가담하였고, 그 범행에 있어서 기능적 행위지배가 인정된다면 공동정범으로 인정하는 것이 타당하다. 다만, 후행자에게 공동정범이 성립되는 경우에도 선행자의 선행행위에 대해서는 기능적 행위지배를 인정하기 어려우며, 후행자에게 자신이 관여하지 않은 선행자의 행위에 대하여 형사책임을 인정하는 것은 개인책임의 범위를 벗어난 것으로서 책임주의에 반하게 된다. 따라서 후행자에게 승계적 공동정범을 인정하는 경우에도 자신이 행한 행위에 대해서만 책임을 인정하여야 한다.

[판례] 포괄일죄의 범행 도중에 공동정범으로 범행에 가담한 자는 비록 그가 그 범행에 가담할 때에 이미 이루어진 종전의 범행을 알았다 하더라도 그 가담 이후의 범행에 대하여만 공동정범으로 책임을 진다(2019도8357).

[승계적 공동정범 개념 부정설] 위 사례에서 후행가담부분에 대하여 공동정범이 성립한다고 하면서도 승계적 공동정범이라는 용어를 부정하고 후행부분에 대한 공동정범으로 이해하는 견해가 있다. 이것은 후행자에게 선행자와 공동정범을 인정하면서도 후행

행위에 대하여만 책임을 부담하는 것으로 하게 되면 승계적 공동정범을 인정할 실익이 거의 없다는 것을 이유로 한다.

(4) 과실의 공동정범

과실의 공동정범이란 2인 이상이 공동의 과실로 인하여 과실범의 구성요건적 결과를 발생하게 한 경우를 말한다. 다만, 이 경우에 과실범의 공동정범을 인정할 것인가가 문제된다. 이것은 공동정범 성립의 주관적 요건인 '공동의사'의 의미를 어떻게 이해하는가에 따라 결론이 달라진다.

(가) 긍정설

① **행위공동설**에서는 공동정범은 특정범죄의 공동이 아니라 사실상의 행위공동만 있으면 족하고, 공동의사도 사실상의 행위를 공동으로 할 의사를 의미하므로 과실의 공동정범을 인정한다(다수설, 판례). 이 설에 대하여는 형법상 무의미한 사실행위를 평가개념인 과실행위로 바꾸어 공동정범을 인정하게 된다는 비판이 있다.

② **공동행위주체설**에서는 공동정범이 성립하기 위해서는 공모만으로는 부족하고 실행행위를 공동으로 하여야 한다고 하면서, 공동행위주체가 성립되어 실행행위를 분담한 이상 과실에 의한 경우에도 공동정범이 성립한다고 한다. 이 설에 대하여는 공모공동정범을 설명하기 위한 공동의사주체설에 대립되는 이론에 불과하고, 공동행위주체는 의사연락이 있고 실행행위를 분담한 경우에 성립하지만 과실범에서의 의사공동은 형법상 의미 있는 행위가 아니라 사실행위에 대한 것이라는 비판이 있다.

③ **기능적 행위지배설**에서는 과실범에서도 주의의무위반의 공동과 기능적 행위지배가 있으면 공동정범이 성립한다고 한다. 이 설에 대하여는 기능적 행위지배도 행위지배의 한 태양이며, 행위지배는 '구성요건과정에 대한 고의 장악'을 의미하므로 범죄실현의사 내지 고의를 전제로 하는 개념이며, 따라서 과실범에 있어서는 기능적 행위지배를 인정할 수 없다는 비판이 있다.

④ **과실공동·행위공동설**에서는 과실범의 공동정범은 과실범의 구성요건인 주의의무위반의 공동을 의미하므로 의사연락은 필요하지 않고 주의의무의 공동과 행위의 공동이 있으면 성립한다고 한다. 이 견해는 공동정범의 본질에 관하여 행위공동설을 취하면서, 공동의 의사내용은 공동실현의사를 의미하는 것이 아니라

정범을 공동으로 할 의사이며, '행위'는 구성요건적 행위를 의미한다고 한다. 이 설에 대하여는 공동정범의 성립요건을 정함에 있어서 고의범과 과실범을 달리하는 이유를 설명할 수 없으며, 과실범의 책임범위를 지나치게 확장시킬 우려가 있으므로 동시범을 인정하는 것이 개인책임의 원칙에 일치한다는 비판이 있다.

⑤ **과실공동·공동행위인식설**에서는 과실범에서도 주의의무위반적 행위, 즉 과실의 공동과 행위의 공동이 있고, 행위를 공동으로 한다는 인식이 있으면 공동정범이 성립할 수 있다고 한다. 이 설에 대하여는 과실공동·행위공동설의 태도를 보완하고자 한 것이지만 고의범과 과실범에 있어서 공동정범의 성립요건을 달리하는 문제점을 그대로 내포하고 있다는 비판이 있다.

(나) 부정설

① **범죄공동설**에서는 공동정범은 특정범죄를 공동으로 하는 것이므로 고의범의 경우에만 성립한다고 한다. 부분적 범죄공동설의 경우도 공통된 부분에 대한 고의의 공동을 요하므로 마찬가지이다. 이 설에 대하여는 범죄공동설 자체가 공범의 본질을 제대로 설명하지 못한다는 비판이 있다.

② **목적적 행위지배설**에서는 목적적 행위론에 따라 공동정범은 정범이므로 범죄의사와 목적적 행위지배를 요하지만 과실범의 공동정범에서는 이를 인정할 수 없다고 한다. 이 설에 대하여는 과실행위를 목적적 행위라고 할 수 없으며, 정범요소를 고의에 치중하여 해석함으로써 목적적 행위지배가 없다는 이유로 공동정범의 성립을 부정하는 것은 부당하다는 비판이 있다.

③ **기능적 행위지배설**에서는 공동정범의 본질은 기능적 행위지배이고, 기능적 행위지배는 공동의 결의에 기초한 역할분담을 의미하므로 과실범에서는 공동정범이 성립할 여지가 없다고 한다. 이 설에 따르면 과실범에 대하여는 공동정범은 물론, 단독정범도 있을 수 없다는 비판이 있다.

④ **공동의사주체설**에서는 공동정범의 본질은 공동의사의 주체에 있으며, 이때의 공동의사주체는 일정한 목적을 요하므로 공동정범은 고의범에 국한된다고 한다.

(다) 결어

부정설은 과실범의 공동정범을 인정할 실익이 없다고 하면서 동시범으로 해결하여야 한다고 한다. 하지만 형법 제19조에서 동시범은 '원인된 행위가 판명되지 아니하면 각자를 미수범으로 처벌'하도록 규정하고 있다. 따라서 미수범을 처벌하지 않는 과실범에 있어서 공동정범을 부정하게 되면 2인 이상의 사람에 의해 행하여진 과실행위의 경우에는 원인된 행위가 판명되지 않으면 처벌할 수 없게 된다. 다만, 이 설에 따르더라도 과실치상죄의 경우는 상해죄의 동시범의 특례(형법 제263조 참조)가 적용되므로 공동정범의 예에 의한 처벌이 가능하게 된다. 이에 대해 판례는 공동정범은 고의범이나 과실범을 불문하고 의사의 연락이 있는 경우이면 그 성립을 인정할 수 있다고 하고(82도781), 나아가 공동정범 상호 간에 현실적인 의사연락이 없는 경우에도 과실의 공동정범을 인정하고 있다. 이러한 판례의 태도는 여러 사람의 과실에 의한 범죄가 발생한 경우에 처벌의 공백이 발생하는 것을 막고, 결과발생에 기여한 개별 과실행위를 전체적으로 고찰하여 형사책임을 인정하기 위한 것으로 보인다.

그러나 주의의무를 위반한 모든 경우를 과실범으로 처벌하여야 하는 것은 아니며, 형법상 의미 없는 범죄행위 이전의 사실행위에 대한 의사공동을 이유로 공동정범을 인정하여 처벌성을 확장시키는 것은 형법의 책임주의원칙에 반한다. 또한 공동정범의 본질에 관하여 기능적 행위지배설에 따르게 되면 과실의 공동정범의 경우에 다수의 관여자에게는 범행에 대한 공동의 결의가 없으므로 기능적 행위지배를 인정하기 어렵고, 여러 사람의 과실이 경합한 경우라고 하여 모든 사람에게 전체범행에 대한 기능적 행위지배를 인정하는 것은 책임주의원칙에 반하게 된다. 따라서 과실범의 공동정범은 부정하여야 한다. 과실범의 공동정범을 부정하더라도 결과발생에 직접 관계된 과실행위자는 대부분 특정되어 있을 것이므로 그에 따라 각자 과실범으로 처벌할 수 있을 것이고, 따라서 여러 명의 과실범이 동시범이 되어 처벌되지 않는 경우는 극히 드물 것이다.

[판례] 성수대교와 같은 교량이 그 수명을 유지하기 위해서는 건설업자의 완벽한 시공, 감독공무원들의 철저한 제작시공상의 감독 및 유지·관리를 담당하고 있는 공무원들의 철저한 유지·관리라는 조건이 합치되어야 하는 것이므로, 위 각 단계에서의 과실 그것만으로 붕괴원인이 되지 못한다고 하더라도, 그것이 합쳐지면 교량이 붕괴될 수 있다는 점은 쉽게 예상할 수 있고, 따라서 위 각 단계에 관여한 사람은 전혀 과실이 없다거나 과실이 있다고 하여도 교량붕괴의 원인이 되지 않았다는 등의 특별한 사정이 있는 경우를 제외하고는 붕괴에 대한 공동책임을 면할 수 없다(97도1740).

[판례] 실화죄에 있어서 공동의 과실이 경합되어 화재가 발생한 경우 적어도 각 과실이 화재의 발생에 대하여 하나의 조건이 된 이상은 그 공동적 원인을 제공한 사람들은 각자 실화죄의 책임을 면할 수 없다(2022도16120).

(5) 공모관계로부터의 이탈

공모관계로부터의 이탈이란 범행을 공동결의한 가담자가 다른 공범자가 범행의 실행에 착수하기 이전에 공동가담의 의사를 철회하는 경우를 말한다. 이 경우 이탈자에게는 공동정범의 성립요건 중 주관적 요건인 의사연락이 인정되지 않으므로 공동정범이 성립하지 않고, 따라서 다른 공범자에 의해 결과발생이 일어나더라도 공동정범으로서 책임을 지지 않는다. 다만, 이때 이탈자에게 공범자에 의한 결과발생에 대하여 종범이 성립하거나 또는 모의한 범죄의 예비·음모를 처벌하는 경우에 그 범죄의 예비·음모죄로 처벌할 수 있는 여지는 있다. 그러나 이탈자가 다른 공범자가 실행에 착수한 후에 이탈하게 되면 공모관계의 이탈이 인정되지 않고, 따라서 다른 공범자의 범행에 대하여 공동정범의 책임을 진다(판례).

[판례] 공동정범은 범죄행위시에 그 의사의 연락이 묵시적이거나 간접적이거나를 불문하고, 행위자 상호 간에 주관적으로 서로 범죄행위를 공동으로 한다는 공동가공의 의사가 있음으로써 성립하고, 범죄의 실행을 공모하였다면 다른 공모자가 이미 실행행위에 착수한 이후에는 그 공모관계에서 이탈하였다고 하더라도 공동정범의 책임을 면할 수 없다(2017도12537).

공모관계로부터의 이탈이 성립하기 위해서 이탈자가 다른 공범자의 실행의 착수 이전에 범행포기의 의사를 표시하여야 하는가에 대하여는 ① 공범자가 이탈자의 이탈의사를 알지 못하면 다른 공범자의 범행에 있어서 이탈 이전에 이탈자가 행한 기여가 범행 전체에 영향을 미치게 되므로 이탈의 의사표시는 명시적 또는 묵시적으로 행하여져야 한다는 견해와 ② 이탈의 의사표시에 의해 실행행위시에는 이미 공모관계가 존재하지 않으므로 이탈의 의사표시를 요하지 않는다는 견해 등이 있다. 공동정범이 성립하기 위해서는 공범자 상호 간에는 상호 의사연락에 의해 범행의 결의를 강화시킬 것이 요구된다는 점을 고려하면, 공범관계로부터의 이탈이 인정되기 위해서는 명시적이든 묵시적이든 이탈의 의사표시가 다른 공범자에 전달되어 공범관계가 해소되었다는 것을 인식하게 하여야 한다(판례). 다만, 이탈자의 이탈에 대하여 다른 공범자의 동의나 승인이 있어야 하는 것은 아니다.

[판례] 공모공동정범에 있어서 그 공모자 중의 1인이 다른 공모자가 실행행위에 이르기 전에 그 공모관계에서 이탈한 때에는 그 이후의 다른 공모자의 행위에 관하여 공동정범으로서의 책임은 지지 않는다고 할 것이고 그 이탈의 표시는 반드시 명시적임을 요하지 않는다(85도2371).

한편, 이탈자의 일탈이 인정되기 위해서 이탈자가 범행의 예비단계에서 행위기여가 있는 경우에 그 결과발생에 대한 인과성을 제거할 것이 요구되는가와 관련하여 ① 불요설, ② 필요설, ③ 이탈자가 주모자로서 범행에 강한 영향을 미친 경우에는 인과성의 제거가 요구되지만, 단순 관여자인 경우에는 이탈의 의사표시로 충분하다는 견해 등이 있다. 이탈자가 범행결과발생에 기여한 부분이 있다면 기능적 행위지배가 인정될 수 있으므로 이탈의 의사표시만으로는 충분하지 않고, 적극적으로 결과발생을 방지하기 위한 노력을 하였을 것이 요구된다(판례).

[판례] 공모관계에서의 이탈은 공모자가 공모에 의하여 담당한 기능적 행위지배를 해소하는 것이 필요하므로 공모자가 공모에 주도적으로 참여하여 다른 공모자의 실행에 영향을 미친 때에는 범행을 저지하기 위하여 적극적으로 노력하는 등 실행에 미친 영향력을 제거하지 아니하는 한 공모자가 구속되었다는 등의 사유만으로 공모관계에서 이탈하였다고 할 수 없다(2010도6924).

[교사범의 공범관계로부터의 이탈] 교사범의 공범관계의 이탈이란 교사자가 피교사자로 하여금 범행을 결의하게 한 후, 피교사자가 범행의 실행행위에 나아가기 전에 교사자가 이탈한 경우를 말한다.
  교사범이 그 공범관계로부터 이탈하기 위해서는 피교사자가 범죄의 실행행위에 나아가기 전에 교사범에 의하여 형성된 피교사자의 범죄실행의 결의를 해소하는 것이 필요하고, 이때 교사범이 피교사자에게 교사행위를 철회한다는 의사를 표시하고 이에 피교사자도 그 의사에 따르기로 하거나 또는 교사범이 명시적으로 교사행위를 철회함과 아울러 피교사자의 범죄실행을 방지하기 위한 진지한 노력을 다하여 당초 피교사자가 범죄를 결의하게 된 사정을 제거하는 등 제반 사정에 비추어 객관적·실질적으로 보아 교사범에게 교사의 고의가 계속 있다고 보기 어렵고, 당초의 교사행위에 의하여 형성된 피교사자의 범죄실행의 결의가 더 이상 유지되지 않는 것으로 평가할 수 있다면, 설사 그 후 피교사자가 범죄를 저지르더라도 이는 당초의 교사행위에 의한 것이 아니

라 새로운 범죄실행의 결의에 따른 것이므로 교사자는 형법 제31조 제2항에 의한 죄책을 부담함은 별론으로 하고 형법 제31조 제1항에 의한 교사범으로서의 죄책을 부담하지는 않는다(2012도7407).

나. 객관적 요건

(1) 공동의 실행행위

공동의 실행행위란 공동의 범죄계획에 기초하여 구성요건의 전부 또는 일부를 분담하여 실현하는 객관적 행위기여를 말한다. 공동정범의 본질이 기능적·분업적 역할분담에 의한 기능적 행위지배에 있으므로 공범자 각자가 모든 구성요건을 충족할 것을 요하지는 않으며 구성요건의 일부를 실행하거나 구성요건적 행위 이외의 역할을 분담한 경우에도 전체 계획에 의하여 결과를 실현함에 있어서 불가결한 요건이 되는 기능을 분담하였다면 공동정범이 인정된다(85도2411). 부작위범의 경우에는 다수의 부작위범에게 공통된 작위의무가 부여되어 있고, 그 의무를 공통으로 이행할 수 있어야 한다(2008도89).

공동정범에 있어서 역할분담은 반드시 실행행위시에 있을 것을 요하지 않지만 적어도 실행의 착수시부터 범행이 종료되기 이전에 있어야만 한다. 분담하는 실행행위는 작위와 부작위를 불문하며, 시간적으로 선·후관계에 있을 수도 있고, 그 내용이 다른 경우도 가능하다. 다만, 예비·음모단계에서의 기여가 그 이후의 범행에 결정적이고 본질적인 영향을 미친 경우에는 공동정범이 성립할 수 있다(후술 공모공동정범 참조).

그러나 공동정범은 반드시 범행현장에 있어야 하는 것은 아니다. 따라서 범행현장이 아닌 장소에서 일반전화나 휴대폰으로 연락하여 범행을 지시한 경우에도 행위지배가 인정되면 공동정범의 성립을 인정할 수 있다(합동범은 제외).

[판례] 부하들이 흉기를 들고 싸움을 하고 있는 도중에 폭력단체의 두목급 수괴의 지위에 있는 乙이 그 현장에 모습을 나타내고 더우기나 부하들이 흉기들을 소지하고 있어 살상의 결과를 초래할 것을 예견하면서도 전부 죽이라는 고함을 친 행위는 부하들의 행위에 큰 영향을 미치는 것으로서 乙은 이로써 위 싸움에 가세한 것이라고 보지 아니할 수 없고, 나아가 부하들이 칼, 야구방망이 등으로 피해자들을 난타, 난자하여 사망케 한 것이라면 乙은 살인죄의 공동정범으로서의 죄책을 면할 수 없다(87도1240).

(2) 공모공동정범

공모공동정범이란 2인 이상의 사람이 범죄를 공모한 후 그 공모자 가운데 일부가 공모에 따라 범죄의 실행에 나아간 때에 실행행위를 담당하지 않은 공모자에게 공동정범이 성립하는 경우를 말한다. 공모공동정범을 공동정범으로 인정할 것인가가 문제된다.

(가) 긍정설

① **공동의사주체설**은 민법상 조합이론을 응용한 것으로서, 일정한 범죄를 실현하려는 공동목적이 있고, 그 목적 아래 2인 이상이 일심동체(공동의사주체)로 되어 그 중 1인이 범행을 실행하면 모두가 공동정범이 된다고 한다(82도3248 등). 이설에 대하여는 한사람의 행위에 대하여 단체의 구성원 모두의 책임을 인정한다는 점에서 전체주의적 이론으로 개인책임의 원칙에 반하고, 공동정범의 종속성을 인정하게 되어 정범의 본질에 반하며, 배후자에 대하여 정범의 표지로서 중요한 역할을 인정하지만 중요한 역할의 내용이 명확하지 않다는 비판이 있다.

② **간접정범유사설**은 공동의사에 의하여 심리적으로 실행자를 구속한 사람은 실행자를 이용하여 자기의 범죄의사를 실현한 것이므로 실행자는 다른 공모자의 도구로서 역할을 하며, 한편 실행자도 공모자의 존재에 의하여 정신적으로 지원을 받고 실행이 고무되어 범죄를 실행한 것이므로 공동정범성의 근거를 갖는다고 한다(2002도5112 등). 이 설에 대하여는 공동정범은 간접정범처럼 일방적 이용관계는 아니고, 단순히 공모하였다는 사실에 의하여 상호 역할분담관계를 인정한 공동정범을 지배관계에서 성립하는 간접정범과 유사하다고 할 수는 없으며, 간접정범은 단독정범이므로 공모공동정범을 간접정범과 유사하다고 하면 공모공동정범은 단독범의 하나의 태양으로 되기 때문에 공동정범을 부정하는 결과가 된다는 비판이 있다.

③ **적극이용설**은 실행행위를 전체적·실질적으로 고찰하여 공범의 이용행위를 실행행위와 가치적으로 동일시하여 적극적 이용행위에서 실행행위의 행태를 인정한다. 이 견해에서는 공모는 단순한 의사연락 정도로는 부족하고 공모자 간에 자신뿐만 아니라 서로를 구속할 수 있는 정도의 것이어야 하며, 예비·방조 등 실행행위를 용이하게 하거나 범죄수행에 중요한 역할을 담당하는 등 공모자가 실행자를 적극 이용하였다고 볼 만한 행위가 있어야 한다고 한다. 이 견해는 간접정범유

사설을 변형시킨 이론이지만 공모자에게 범죄수행을 용이하게 하는 유형·무형의 직접적인 행위를 필요로 한다는 점에서 공모공동정범과 간접정범은 구별된다고 한다. 이 설에 대하여는 적극 이용행위와 단순한 이용행위 사이에는 정도의 차이에 불과하므로 이를 정범의 요소로 하기에는 부적절하며, 공모자 사이의 이용행위를 바탕으로 하고 있는 한 간접정범유사설에 대한 비판이 그대로 적용된다는 비판이 있다.

④ **확장된 기능적 행위지배설**은 현실적으로 집단범죄의 배후세력을 정범으로 처벌할 필요성이 있다고 하면서, 공동가공의 행위를 '각자가 전체 계획의 범위 안에서 공동하여 결과를 실현하는데 불가결한 요건을 실현한 경우'로 확대해석하여 공범들을 배후에서 정신적·물질적으로 지휘·조종한 사람들에 대하여 정범성을 인정할 수 있다고 한다. 이 설에 대하여는 기능적 행위지배의 관점에서 공동정범을 논하게 되면 이것은 공동정범의 본질에 비추어 당연한 것으로 이미 공모공동정범의 범주와 관계없는 문제로 된다는 비판이 있다.

(나) 부정설

공동정범은 각자가 실행행위를 분담한 때에만 성립하므로 공모공동정범을 공동정범으로 인정할 수는 없고, 그 가공의 정도에 따라 교사나 방조의 책임을 진다는 견해이다(다수설).

이 설에 대하여는 조직범죄에 대하여 효과적으로 대처할 수 없으며, 공모공동정범을 인정하는 것은 우리나라 판례의 확고한 태도라는 점에서 비판이 제기되고 있다.

(다) 결어

공모공동정범에 대하여 판례는 특히 조직범죄에서 실행행위에 직접 가담하지 않고 배후에서 조종하는 사람, 즉 수괴 등을 처벌하기 위한 필요성을 이유로 공동정범으로 인정하고 있다. 그러나 형법 제30조에서는 공동정범의 성립에 있어서 객관적 요건으로 공동실행의 사실을 요하고 있고, 현실적으로 수괴 등에 대하여는 범죄단체조직죄(제114조) 등으로 얼마든지 처벌할 수 있으며, 이에 해당하지 않는 경우에도 형법상 교사범(제31조 제1항)을 인정하거나 특수교사·방조(제34조 제2항)의 적용을 통하여 조직범죄의 배후에 숨어있는 사람을 효과적으로 처벌할 수 있다. 따라서 형법상 실행행위를 분담하지 않은 공모공동정범을 공동정범으로 취급하는 것은 죄형법정주의와 개인책임의 원칙에 반한다는 점에서 공모공동정범의 공동정범성은 부정하여야 한다.

> **[판례]** 형법 제30조의 공동정범은 공동가공의 의사와 그 공동의사에 의한 기능적 행위지배를 통한 범죄실행이라는 주관적·객관적 요건을 충족함으로써 성립하므로, 공모자 중 구성요건행위를 직접 분담하여 실행하지 않은 사람도 위 요건의 충족 여부에 따라 이른바 공모공동정범으로서의 죄책을 질 수 있다. 구성요건행위를 직접 분담하여 실행하지 않은 공모자가 공모공동정범으로 인정되기 위해서는 전체 범죄에서 그가 차지하는 지위·역할, 범죄 경과에 대한 지배나 장악력 등을 종합하여 그가 단순한 공모자에 그치는 것이 아니라 범죄에 대한 본질적 기여를 통한 기능적 행위지배가 존재한다고 인정되어야 한다(2017도14322).

> **[판례]** 2인 이상이 공모하여 범죄에 공동 가공하는 공범관계에 있어서의 공모는 법률상 어떤 정형을 요구하는 것이 아니고, 범죄를 공동실행할 의사가 있는 공범자 상호 간에 직·간접적으로 그 공동실행에 관한 암묵적인 의사연락이 있으면 충분하고, 이에 대한 직접증거가 없더라도 정황사실과 경험법칙에 의하여 이를 인정할 수 있다. 그리고 공모에 의한 범죄의 공동실행은 모든 공범자가 스스로 범죄의 구성요건을 실현하는 것을 전제로 하지 아니하고, 그 실현행위를 하는 공범자에게 그 행위결정을 강화하도록 협력하는 것으로도 가능하며, 이에 해당하는지 여부는 행위결과에 대한 각자의 이해 정도, 행위가담의 크기, 범행지배에 대한 의지 등을 종합적으로 고려하여 판단하여야 한다(2017도15538).

(3) 합동범

(가) 합동범의 의의와 법적 성격

합동범은 2인 이상이 합동하여 범하는 범죄이다. 1인에 의하여도 범죄가 성립하지만 2인 이상이 합동하여 범행에 관여하였음을 이유로 형이 가중된다. 형법상 특수절도죄(제331조), 특수강도죄(제334조), 특수도주죄(제146조) 등이 이에 해당한다.

합동범의 법적 성격에 대하여는 ① 부진정필요적 공범이라는 견해, ② 필요적 공범에 해당한다는 견해, ③ 여러 사람이 가담하는 모든 경우를 포함하는 것이 아니라는 점에서 공동정범의 특수한 경우라는 견해 등이 있다. 합동범은 일부 범죄에 한해 2인 이상이 범행에 관여한 경우에 불법성이 증가하는 것을 이유로 특별히 취급하여 형을 가중하는 것이므로 공동정범의 특수한 형태이다.

(나) 합동의 의미

① **공모공동정범설**은 원칙적으로 공모공동정범은 부정하지만 집단범죄에 대한 형사정책적 요청, 즉 수괴나 배후인물을 처벌하기 위해서 합동범에 한하여 공모공동정범을 인정한 것이라는 견해이다. 따라서 합동범에는 공동정범과 공모공동정범이 포함된다고 한다. 이 설에 대하여는 공동과 합동을 같은 의미로 해석하여 이들 규정을 공모공동정범의 법적 근거로 하는 것은 부당하며, 합동범의 범위가 지나치게 확대되므로 합동범에 있어서는 총칙상 교사범이나 종범에 대한 규정까지 무의미하게 된다는 비판이 있다.

② **가중적 공동정범설**은 합동범은 그 본질에 있어서는 공동정범이지만 집단범죄에 대처하기 위해 특별히 형을 가중한 것이라는 견해이다. 이 입장에서는 '2인 이상이 합동하여'를 폭력행위등 처벌에 관한 법률 제2조 2항의 '2인 이상이 공동하여'라는 규정과 같은 의미로 해석한다. 이 설에 대하여는 공동과 합동은 구별되어야 하는 개념이고, 폭력행위 등 처벌에 관한 법률의 규정을 미루어 볼 때 합동범을 단순히 형을 가중한 것이라 볼 수 없으며, 집단범죄가 형법상 합동범에 제한된 것은 아니라는 비판이 있다.

③ **현장설**은 합동을 공동정범의 공동보다 좁게 해석하여 시간적·장소적 합동을 의미한다고 하면서, 합동범이 성립하기 위하여는 현장에서 실행행위를 분담하여야 한다는 견해이다(다수설, 판례). 합동범은 현장성으로 인해 현실적 위력과 구체적 위험성이 증가하여 가중처벌한다고 한다.

④ **현장적 공동정범설**은 합동범은 주관적 요건으로서 공모 외에, 객관적 요건으로서 현장에서의 실행행위의 분담을 요하며, 이때 합동범은 공동정범의 하나의 형태이므로 정범성의 표지(기능적 행위지배)를 갖추어야만 한다고 한다. 다만, 현장에 있지 않더라도 배후인물이 기능적 행위지배를 인정할 정범성의 요건을 갖추면 합동개념에 포함시킬 수 있다고 한다. 이 설에 대하여는 현장에 있지 않은 사람을 예외적으로 합동범에 포함시키기 위해 오히려 합동의 의미요소를 부정하는 모순된 태도라는 비판이 있다.

형법에서 '공동'과 구분하여 '합동'이라는 개념을 사용하면서 가중처벌하고 있는 것은 그 범행방법이나 범행의 정도에 있어서 불법성이 가중되는 특수한 경우를 전제로 한 것으로 보면 현장설이 입법취지와 조화된다.

[판례] 형법 제331조 제2항 후단의 2인 이상이 합동하여 타인의 재물을 절취한 경우의 특수절도죄가 성립하기 위하여는 주관적 요건으로서의 공모와 객관적 요건으로서의 실행행위의 분담이 있어야 하고 그 실행행위에 있어서는 시간적으로나 장소적으로 협동관계에 있음을 요한다(96도313).

(다) 합동범과 공동정범

현장설에 근거하여 합동범을 인정할 경우에 합동범에 대하여도 형법총칙상 공동정범 규정이 적용될 수 있는가에 대하여는 ① 2인 이상의 합동이 있는 이상 현장에서 범행에 가담하지 않은 사람에게도 합동범의 공동정범이 성립된다는 견해(판례)와 ② 합동범은 현장성을 요한다는 점에서 공동정범에 대한 특별규정이므로 형법총칙상 공동정범규정을 적용할 수 없다는 견해 등이 있다. 후설에서도 합동범에 대한 교사 또는 방조는 가능하다고 한다.

예를 들면, 甲, 乙, 丙이 절도를 공모한 다음, 乙과 丙만 현장에서 절취를 한 경우에 전설에서는 甲, 乙, 丙은 합동절도의 공동정범이 성립하는 반면, 후설에는 乙과 丙은 특수절도죄의 공동정범이 되지만, 甲은 단순절도죄의 공동정범과 특수절도죄의 교사 또는 방조의 상상적 경합이 된다. 판례는 종전에는 후설을 취하였으나 현재에는 전설의 태도를 취하고 있다. 판례의 태도에 대하여는 공동정범과 구별하여 현장성을 요하는 합동범의 적용범위가 문언상 허용되는 해석범위를 넘어 유추해석금지의 원칙에 위배되며, 현장에 있지 않은 사람도 합동절도의 교사범이나 종범으로 처벌할 수 있으므로 그 처벌에 있어서 공백이 생기지 않는다는 점에서 비판하는 견해가 있다.

그러나 현장에서 2인 이상이 범행을 함으로써 합동범으로서 가중하는 이유인 위험성은 발생하였기 때문에 현장에 없던 공범자에게 정범으로서의 기능적 행위지배가 인정된다면 합동법의 공동정범을 인정하여야 한다. 다만, 2인이 절도범행을 모의한 후, 그 중에서 1인만 절도죄를 범한 경우에는 합동범(특수절도죄)이 성립하지 않고 공범자 모두에게 절도죄의 공동정범이 성립한다(판례).

[판례] 3인 이상의 범인이 합동절도의 범행을 공모한 후 적어도 2인 이상의 범인이 범행현장에서 시간적, 장소적으로 협동관계를 이루어 절도의 실행행위를 분담하여 절도 범행을 한 경우에는 공동정범의 일반 이론에 비추어 그 공모에는 참여하였으나 현장에서 절도의 실행행위를 직접 분담하지 아니한 다른 범인에 대하여도 그가 현장에서 절도 범행을 실행한 위 2인 이상의 범인의 행위를 자기 의사의 수단으로 하여 합동절도의 범행을 하였다고 평가할 수 있는 정범성의 표지를 갖추고 있다고 보여지는 한 그 다른 범인에 대하여 합동절도의 공동정범의 성립을 부정할 이유가 없다고 할 것이다. 형법 제331조 제2항 후단의 규정이 위와 같이 3인 이상이 공모하고 적어도 2인 이상이 합동절도의 범행을 실행한 경우에 대하여 공동정범의 성립을 부정하는 취지라고 해석할 이유가 없을 뿐만 아니라, 만일 공동정범의 성립가능성을 제한한다면 직접 실행행위에 참여하지 아니하면서 배후에서 합동절도의 범행을 조종하는 수괴는 그 행위의 기여도가 강력함에도 불구하고 공동정범으로 처벌받지 아니하는 불합리한 현상이 나타날 수 있다. 그러므로 합동절도에서도 공동정범과 교사범·종범의 구별기준은 일반원칙에 따라야 하고, 그 결과 범행현장에 존재하지 아니한 범인도 공동정범이 될 수 있으며, 반대로 상황에 따라서는 장소적으로 협동한 범인도 방조만 한 경우에는 종범으로 처벌될 수도 있다(98도321).

4. 공동정범의 처벌

공동정범은 각자를 그 죄의 정범으로 처벌한다(제30조). 공동정범은 일부의 공동실행행위로 인하여 발생한 결과의 전부에 대하여 각자가 정범으로서 책임을 진다(일부실행 전부책임의 원칙). 공동정범은 정범으로서 법정형이 동일하고, 각자의 책임에 따라 법정형의 범위 내에서 양형은 달라질 수 있다. 그러나 범죄의 실행에 가담한 사람이라고 하더라도 공동의 의사에 따라 다른 공범자를 이용하여 실현하려는 행위가 자신에게는 범죄를 구성하지 않는다면 특별한 사정이 없는 한 공동정범의 죄책을 부담하지 아니한다(판례).

[판례] 자기 자신을 무고하기로 제3자와 공모하고 이에 따라 무고행위에 가담하였더라도 이는 자기 자신에게는 무고죄의 구성요건에 해당하지 않아 범죄가 성립할 수 없는 행위를 실현하고자 한 것에 지나지 않아 무고죄의 공동정범으로 처벌할 수 없다(2013도12592).

한편, 정범과 공범은 법조경합의 관계에 있으므로 교사자나 방조자가 공동정범으로 된 경우에는 교사죄나 방조죄는 별도로 성립되지 않고, 공동정범에 흡수되어 공동정범만 성립된다.

5. 공동정범의 착오

공동정범의 착오란 공범자 간에 공동으로 실행하기로 한 의사의 내용과 실제로 발생한 결과가 일치하지 않는 경우를 말한다.

가. 구체적 사실의 착오

공범자 중의 1인이 행한 범죄가 구체적 사실의 착오에 해당하는 경우(객체의 착오와 방법의 착오)에는 사실의 착오에 대한 이론이 그대로 적용된다. 따라서 법정적 부합설에 따르면 발생한 결과에 대한 고의·기수범이 성립된다. 예를 들면, 甲과 乙이 A를 살해하려고 모의하였으나 甲이 착오로 B를 살해한 경우에는 甲과 乙은 B에 대한 살인죄의 기수범으로 처벌된다.

나. 추상적 사실의 착오

공동정범 중 일부가 사전에 모의한 범죄와 다른 구성요건에 해당하는 범죄를 범한 경우에 다른 공범자의 법적 책임 여부가 문제된다.

(ⅰ) **양적 차이의 경우**, 즉 공동정범 중 일부가 모의한 범죄와 질적으로는 차이가 없지만 양적으로 차이가 있는 범죄를 범한 경우이다. 먼저 결과가 양적으로 초과된 경우(양적 초과)에는 다른 공동정범은 중첩되는 부분에 한하여 공동정범이 성립한다. 예를 들면, 甲과 乙이 절도를 모의했으나 乙이 강도를 행한 경우에는 절도부분이 중첩되므로 甲은 절도죄의 공동정범, 乙은 강도죄의 단독범으로 각각 처벌한다. 역으로 공동정범 중 일부가 모의한 한 범죄보다 작게 실행한 경우(양적 미달)에는 공범자 간에는 실행한 범죄의 범위 내에서 공동정범이 성립한다. 예를 들면, 甲과 乙이 강도를 모의했으나 乙이 절도를 행한 경우에는 절도부분이 중첩되므로 甲과 乙은 절도죄의 공동정범이 성립되고, 애초 모의한 중한 범죄를 실행하지 못했다는 점에서 강도예비·음모죄와 상상적 경합이 된다.

(ⅱ) **질적 차이의 경우**, 즉 공동정범 중 일부가 모의한 범죄와 전혀 다른 성질의 범죄를 범한 경우에는 공범자 간에 공동정범의 성립이 부정된다. 예를 들면, 甲과 乙이 강도를 모의했으나 乙이 강간을 한 경우에는 甲은 乙의 강간행위에 대하여는 책임을 지지 않고 강도예비·음모죄만이 성립한다.

(ⅲ) **결합범의 경우**, 즉 공동정범 중 일부가 모의한 범죄 외에 다른 범죄의 고의를 가지고 범죄를 실현하였는데, 이것이 결합범에 해당하는 경우에는 2개의 고의를 가진 공범자에게는 결합범의 고의범이 성립하지만, 다른 공범자는 애초에 모의한 범죄에 대하여 고의범이 성립하되, 다른 범죄에 대하여는 고의가 없었으므로 과실이 있는 경우에 한하여 과실범이 성립할 뿐이다. 예를 들면, 甲과 乙이 강도를 모의하였는데, 甲이 강도살인을 실현한 경우에 甲은 강도살인죄가 성립하지만, 乙은 살해에 대한 예견가능성이 있는 경우에 한하여 강도치사죄가 성립한다(판례).

[판례] 강도살인죄는 고의범이고 강도치사죄는 이른바 결과적가중범으로서 살인의 고의까지 요하는 것이 아니므로, 여러 사람이 합동하여 강도를 한 경우 그 중 1인이 사람을 살해하는 행위를 하였다면 그 범인은 강도살인죄의 기수 또는 미수의 죄책을 지는 것이고 다른 공범자도 살해행위에 관한 고의의 공동이 있었으면 그 또한 강도살인죄의 기수 또는 미수의 죄책을 지는 것이 당연하다 하겠으나, 고의의 공동이 없었으면 피해자가 사망한 경우에는 강도치사의, 강도살인이 미수에 그치고 피해자가 상해만 입은 경우에는 강도상해 또는 치상의, 피해자가 아무런 상해를 입지 아니한 경우에는 강도의 죄책만 진다고 보아야 할 것이다 (91도2156).

[착오의 특수한 형태] 공동정범 가운데 1인이 객체의 착오에 의해 범죄피해자가 된 경우에 이 피해자도 그 범죄의 공동정범이 성립하는가가 문제된다. 즉, 甲과 乙이 강도를 모의하고 A의 주거에 침입하려다가 적발되어 도망가던 중 甲이 乙을 자신을 잡으려고 쫓아오는 A로 오인하여 상해를 가한 경우를 말한다. 위 사례에 있어서 乙의 책임에 대하여는 ① 甲의 행위는 공동의 범행계획범위를 넘어선 것이므로 피해자인 乙은 공동정범에서 제외된다는 견해와 ② 범행계획에는 계획을 실현하는데 따르는 실패의 위험성까지도 포함되기 때문에 피해자인 乙에 대해서도 객체의 착오를 인정하여 甲의 범행에 대한 공동정범을 인정하여야 한다는 견해 등이 있다.

전설에 의하면 乙은 강도죄가 성립함에 불과하지만, 후설에 의하면 강도치상죄의 공동정범이 된다. 위 사례에서 공범의 일반원리에 따르면 후설이 타당하지만, 범죄란 타인의 법익에 대한 침해를 내용으로 하므로 乙에게 자신에 대한 범죄의 고의·기수범을 인정하는 것은 형법상 부당하므로 전설에 따른다.

6. 공동정범과 실행의 착수

공동정범의 실행의 착수시기를 언제로 할 것인가에 대하여는 ① 공동정범자 중 1인이 구성요건적 실행행위를 개시한 시점을 전체로서의 공동정범에 대한 실행의 착수로 인정하는 견해(전체적 해결설)와 ② 전체적 해결설에 따르면 단순가담자도 공동정범이 될 수 있다는 점에서 공동정범의 실행의 착수시기는 공범자마다 개별적으로 판단하여 결정해야 한다는 견해(개별적 해결설) 등이 있다.

공동정범의 경우 '일부실행, 전부책임'이라는 공동정범의 귀속원리를 고려하면 전설에 의하여 판단하여야 한다. 다만, 아직 실행에 착수하지 않은 사람에 대하여는 기능적 행위지배의 관점에서 공동정범의 인정 여부를 판단하여야 한다.

제3절 간접정범

제34조(간접정범, 특수한 교사, 방조에 대한 형의 가중) ① 어느 행위로 인하여 처벌되지 아니하는 자 또는 과실범으로 처벌되는 자를 교사 또는 방조하여 범죄행위의 결과를 발생하게 한 자는 교사 또는 방조의 예에 의하여 처벌한다.
② 자기의 지휘, 감독을 받는 자를 교사 또는 방조하여 전항의 결과를 발생하게 한 자는 교사인 때에는 정범에 정한 형의 장기 또는 다액에 그 2분의 1까지 가중하고 방조인 때에는 정범의 형으로 처벌한다.

1. 간접정범의 의의

간접정범이란 타인을 생명 있는 도구로 이용하여 범죄를 실현하는 것을 말한다. 형법 제34조 제1항에서는 "어느 행위로 인하여 처벌되지 아니하는 자 또는 과실범으로 처벌되는 자를 교사 또는 방조하여 범죄행위의 결과를 발생하게 한 자는 교사 또는 방조의 예에 의하여 처벌한다"고 규정하고 있다.

2. 간접정범의 본질

가. 간접정범의 본질론

간접정범의 본질에 대하여는 ① 간접정범은 우월적 의사지배를 통하여 처벌되지 않거나 과실범으로 처벌되는 사람을 도구로 이용하여 행하는 범죄이므로 정범이라는 견해(정범설)와 ② 형법상 간접정범은 '교사 또는 방조의 예에 의하여 처벌한다'라고 규정하고 있으며, 교사범과 종범 다음에 규정하고 있는 입법형식을 고려할 때 공범의 일종이라는 견해(공범설), ③ 간접정범의 정범성(도구형 간접정범)을 인정하면서도 형법 제34조 제1항의 간접정범은 교사·방조로 처벌할 수 없는 특수한 형태로서 준도구성의 특징을 가진 '공범형 간접정범'을 의미하고, 이때에는 간접정범자에게 우월적 의사지배가 요구되지 않는다는 견해(공범형 간접정범설) 등이 있다.

간접정범은 직접정범에 대비되는 것으로서 정범의 일종으로 취급하여야 한다.

[범죄론과 간접정범의 본질] 객관주의에서는 공범의 종속성을 인정하므로 피이용자의 가벌성을 전제로 하지 않는 간접정범은 공범과 구분된다. 반면, 주관주의에서는 공범독립성설에 따라 공범을 정범과 분리하여 공범자의 반사회적 위험성을 기초로 독자적으로 책임을 묻기 때문에 간접정범을 따로 인정할 필요가 없지만, 간접정범은 공범으로서의 독자적 범죄성을 특별히 인정한 규정이라고 한다. 다만, 주관주의에서는 형법규정은 제한적 정범개념을 취하면서 극단적 공범종속형식에 의할 경우 교사범이나 종범으로 처벌할 수 없는 결함을 보충하기 위해 도출한 개념으로 인정한다.

나. 간접정범의 정범성의 근거

간접정범의 정범성을 인정하는 경우에도 그 근거가 문제된다.

(1) 도구이론

도구이론은 간접정범은 피이용자의 행위가 이용자에 의하여 도구처럼 사용된 경우로서 정범이라는 견해이다. 이 설에서는 이용자의 이용행위는 그 자체가 법익침해에 대한 직접적인 위험성을 가진다는 점에서 실행행위와 동일시한다.

이 설에 대하여는 사람을 도구로서 인정하는 것은 일종의 비유에 불과하고,

제한적 정범개념에 따르면 정범이 아닌 것을 규범적 또는 가치적으로 정범과 동일시하여 처벌을 확대하는 것이므로 죄형법정주의에 반하며, 사실판단인 구성요건해당성의 판단에 있어서 자의적인 가치판단이 개입함으로써 형법의 인권보장기능을 무시하게 된다는 비판이 있다.

(2) 실질적 객관설

결과발생에 대한 행위의 기여정도에 따라서 정범과 공범을 구별하려는 실질적 객관설에서는 간접정범은 직접행위를 행하는 것은 아니지만 직접행위자의 배후에서 그 행위를 실질적으로 주도했다는 점에서 책임을 귀속시킬 수 있으므로 정범이라고 한다.

이 설에 대하여는 정범과 공범의 구별에 대한 일반적 기준을 제시하지 못하는 근본적인 문제점이 있다는 비판이 있다.

(3) 생활용어례이론·우월성이론

생활용어례이론은 제한적 정범개념에 의하되, 구성요건적 실행행위 여부의 판단기준에 있어서 일상생활용어례에 의하면 직접정범뿐만 아니라 간접정범도 정범에 포함된다는 견해이다. 또한 우월성이론은 이용자의 행위가 피이용자에 대하여 규범적 관점에서 우월적 지위에 있으므로 정범이라는 견해이다.

이 설에 대하여는 그 내용이 막연하고 불명확하며, 결국 도구이론과 마찬가지로 간접정범의 특징을 지적하는데 그치는 것으로 설득력이 없다는 비판이 있다.

(4) 확장적 정범개념론

확장적 정범개념론은 구성요건적 결과를 직접 단독으로 야기한 사람이건 간접적으로 타인을 통하여 야기한 사람이건 모두 정범이 되므로 간접정범은 당연히 정범개념에 속하며, 간접정범이라는 개념 자체가 불필요하다는 견해이다.

이 설에 대하여는 확장적 정범개념 자체가 구성요건적 정형성이 없는 행위까지 정범으로 인정하므로 지나치게 처벌범위를 넓히기 때문에 형법의 인권보장적 기능을 무시하는 것이며, 단일정범체계는 형법에서 종범을 감경하거나 공범의 미수를 처벌하지 않는 이유를 설명할 수 없는 문제점이 있다는 비판이 있다.

(5) 주관설·신주관설

정범과 공범의 구별에 관한 주관설 중 의사설에서는 간접정범은 '자기를 위한 의사'로 행한 것이므로 정범이라고 한다. 한편, 신주관설에서는 이용자가 타인에 의한 범행을 자신의 범죄계획 내에 의사적으로 받아들이는 것과 타인을 사주하는 것을 합친 것이 간접정범의 형식을 이룬다고 하면서, 이러한 요건을 충족하는 한 도구인 타인의 행위는 바로 간접정범 자신의 행위로서 간접정범에게 귀속된다고 한다.

이 설에 대하여는 직접정범에서는 정범의사의 확인을 요하지 않으면서도 간접정범에서는 정범의사의 유무라는 주관적 기준만을 근거로 하여 정범으로 판단한다는 점에서 일관성이 없다는 비판이 있다.

(6) 행위지배설

행위지배설에 따르면 간접정범에 있어서 이용자는 피이용자를 조종하여 사건의 진행을 실질적으로 지배했다는 점에서 피이용자의 행위는 이용자의 의사를 실현한 것에 지나지 않으며, 간접정범은 실행행위자에 대한 이러한 의사지배로 인하여 정범성을 가진다고 한다. '의사지배'란 우월적 의사와 인식으로 인한 행위지배를 의미한다. 목적적 행위지배설에서도 간접정범의 경우에는 목적적 실현의사에 의한 목적적 행위지배가 인정된다고 함으로써 정범성을 인정한다.

이 설에 대하여는 행위지배개념 자체에 대하여 현실적인 것만을 가리키는지 또는 가별적 행위지배도 포함되는가가 분명하지 않다는 비판이 있다.

(7) 결어

간접정범을 공범으로 인정하는 견해는 공범우위성원칙에서 기반한 것으로 극단종속형식에 의할 경우 책임무능력자에게 관여한 사람은 교사범이나 종범으로 처벌할 수 없게 되므로 간접정범은 그 처벌의 공백을 메우기 위한 보충규정으로 이해하고 있다. 그러나 형법규정은 그 처벌에 있어서 '교사 또는 방조의 예'에 의한다는 것이지 간접정범을 '교사 또는 방조로 본다'라는 의미로 해석할 수는 없으며, 형법상 간접정범의 성립에 있어서는 교사범과 종범의 경우와 달리 이용자에게 '범죄행위의 결과발생'을 요건으로 하면서 간접정범의 미수를 처벌하고 있다는 점에서 협의의 공범과 구별하고 있다.

또한 간접정범을 공범으로 인정하게 되면 형법 제34조 제1항의 적용사례에 있어서 정범을 처벌하지 않는 경우에는 정범 없이 공범만 존재하는 부당한 결과를 초래하게 되며, 공범종속성설을 취하고 있는 형법이나 판례의 태도와도 모순된다. 따라서 정범개념의 우위성원칙에 따라, 정범과 공범의 구별에 관한 행위지배설에 근거하여, 간접정범은 사실인식을 토대로 우월적 의사를 통해 타인의 행위를 지배하고(의사지배), 이것을 통해 자신의 범행을 실현하는 정범으로 이해하여야 한다.

3. 간접정범의 성립요건

가. 피이용자

간접정범의 피이용자는 '어느 행위로 인하여 처벌되지 아니하는 자 또는 과실범으로 처벌되는 자'이다. '어느 행위로 인하여 처벌되지 아니하는 자'란 범죄의 성립요건인 구성요건해당성, 위법성 또는 책임이 없기 때문에 범죄가 성립하지 않는 경우를 말한다.

(1) 구성요건해당성이 없는 사람

피이용자에게 구성요건해당성이 없는 경우로는 다음의 것들을 들 수 있다.

첫째, 피이용자의 행위가 객관적 구성요건에 해당하지 않는 경우이다. 예를 들면, 이용자의 강요나 기망에 의하여 피이용자가 자살하거나 또는 자상을 한 경우이다(판례). 다만, 이때 피이용자가 자살의 의미를 아는 경우에는 형법상 위계·위력에 의한 살인죄가 성립하고, 피이용자가 자살의 의미를 모르는 경우에만 살인죄의 간접정범이 성립한다.

> **[판례]** 피고인이 피해자를 협박하여 그로 하여금 자상케 한 경우에 피고인에게 상해의 결과에 대한 인식이 있고 또한 그 협박의 정도가 피해자의 의사결정의 자유를 상실케 함에 족한 것인 이상 피고인에게 대하여 상해죄를 구성한다(70도1638).

[판례] 강제추행죄는 사람의 성적 자유 내지 성적 자기결정의 자유를 보호하기 위한 죄로서 정범 자신이 직접 범죄를 실행하여야 성립하는 자수범이라고 볼 수 없으므로, 처벌되지 아니하는 타인을 도구로 삼아 피해자를 강제로 추행하는 간접정범의 형태로도 범할 수 있다. 여기서 강제추행에 관한 간접정범의 의사를 실현하는 도구로서의 타인에는 피해자도 포함될 수 있으므로, 피해자를 도구로 삼아 피해자의 신체를 이용하여 추행행위를 한 경우에도 강제추행죄의 간접정범에 해당할 수 있다(2016도17733).

둘째, 피이용자의 행위가 객관적 구성요건에는 해당하지만 주관적 구성요건인 고의가 조각되는 경우이다. 예를 들면, 의사가 정을 모르는 간호사를 이용하여 환자에게 독약을 투여하게 하여 살해하거나 타인의 물건을 자기의 물건으로 속여 가져오게 하는 경우이다. 피이용자가 사실의 착오에 의하여 고의가 조각되는 경우에도 마찬가지이다. 따라서 부당한 공격이 없음에도 불구하고 있는 것으로 오인하고 있는 사람의 방위행위를 이용하여 상대방을 공격하게 하는 경우처럼 위법성조각사유의 전제되는 사실에 관한 착오에 빠진 사람(제한책임설에 따르면 사실의 착오에 준하여 취급하므로)을 이용한 경우에도 간접정범이 인정된다.

피이용자에게 고의가 없으면 충분하므로 과실유무는 간접정범의 성립에 영향을 미치지 않는다. 따라서 피이용자의 행위가 과실행위인 경우에 과실범처벌규정이 없더라도 이용자에게는 고의범죄의 간접정범이 성립할 수 있다(판례).

[판례] 경찰서 보안과장인 피고인이 甲의 음주운전을 눈감아주기 위하여 그에 대한 음주운전자 적발보고서를 찢어버리고, 부하로 하여금 일련번호가 동일한 가짜 음주운전 적발보고서에 乙에 대한 음주운전 사실을 기재케 하여 그 정을 모르는 담당 경찰관으로 하여금 주취운전자 음주측정처리부에 乙에 대한 음주운전 사실을 기재하도록 한 이상, 乙이 음주운전으로 인하여 처벌을 받았는지 여부와는 관계없이 허위공문서작성 및 동 행사죄의 간접정범으로서의 죄책을 면할 수 없다(95도1706).

셋째, 피이용자가 목적 없는 고의 있는 도구인 경우이다. 목적범에서 목적을 가진 이용자가 목적 없는 고의 있는 사람을 이용한 경우이다(판례). 예를 들면, 행사의 목적을 가진 사람이 행사의 목적이 없는 사람으로 하여금 통화를 위조하게 한 경우이다. 영득범에 있어서 불법영득의사가 없는 사람을 이용한 경우도 마찬가지이다. 이때 고의 있는 도구인 피이용자는 '처벌되지 아니한 자'이어야 하므로 종범으로 처벌되지 않아야 한다.

〈참고〉 **목적 없는 고의 있는 도구를 이용한 행위** : 이에 대하여는 ① 피이용자가 구성요
건요소를 모두 인식하고 있기 때문에 이용자에게 의사지배를 인정하기 어렵고, 따라서
간접정범이 아니라 직접정범 또는 공범이 성립할 뿐이라는 견해, ② 이용자에게 피이
용자에 대한 규범적 혹은 사회적 행위지배가 인정된다는 견해(판례), ③ 이용자에게
의사지배가 없더라도 형법 제34조 제1항의 형식적 요건을 충족하므로 간접정범이 성
립한다는 견해(공범형 간접정범설의 태도) 등이 있다.

　이용자가 목적 없는 고의 있는 도구를 이용한 경우에는 피이용자에게 고의가 있기
때문에 이용자의 의사지배가 희박해진 요소가 있지만 목적범에서는 '목적'이 없으면
가벌성을 인정하기 어려우므로 목적을 가진 이용자의 의사가 사실상 범행을 지배한 것
이라고 할 수 있으며 이용자에게 간접정범이 성립할 수 있다.

[판례] 범죄는 '어느 행위로 인하여 처벌되지 아니하는 자'를 이용하여서도 이를 실행할 수
있으므로, 내란죄의 경우에도 '국헌문란의 목적'을 가진 사람이 그러한 목적이 없는 사람을
이용하여 이를 실행할 수 있다(96도3376).

넷째, 피이용자가 신분 없는 고의 있는 도구인 경우이다. 진정신분범에서 신
분자가 신분 없는 고의 있는 사람을 이용한 경우이다(판례). 예를 들면, 공무원이
자신의 처를 이용하여 뇌물을 받는 경우이다.

〈참고〉
1. **신분 없는 고의 있는 도구를 이용한 행위** : 이에 대하여는 ① 피이용자가 구성요건요소
　를 모두 인식하고 있기 때문에 이용자에게 의사지배를 인정하기 어렵고, 따라서 이용자는
　교사범이 되고, 피이용자는 종이나 공동정범이 성립할 뿐이라는 견해, ② 이용자에게 피이
　용자에 대한 규범적 혹은 사회적 행위지배가 인정된다는 견해, ③ 이용자에게 의사지배가
　없더라도 형법 제34조 제1항의 형식적 요건을 충족하므로 간접정범이 성립한다는 견해(공
　범형 간접정범설의 태도), ④ 의무범에 있어서는 정범표지가 규범적인 의무위반에 있다는
　입장에서, 신분자가 신분 없는 고의 있는 도구를 이용하는 경우에 신분 있는 이용자는 간
　접정범이라고 할 수 있지만, 이때 피이용자는 종범이 성립된다는 견해 등이 있다.
　　신분 없는 고의 있는 도구를 이용한 경우도 목적 없는 고의 있는 도구를 이용한 경
　우와 마찬가지로 신분범에서는 행위주체에게 '신분'이 있는 경우에 한하여 가벌성이
　인정되므로 신분 있는 이용자가 전체범행을 지배한 것으로 인정되면 이용자에게 간접
　정범이 성립한다.
2. **의무범과 간접정범** : 의무범은 행위주체에 부과된 일정한 일신전속적인 의무위반을
　구성요건내용으로 하는 범죄를 말한다(예, 횡령죄, 위증죄, 도주죄 등). 따라서 의무범

에 있어서 정범성의 판단기준은 행위지배 여부가 아니라 의무위반 여부에 있으므로
의무범에서는 의무 없는 사람이 행위지배를 하였다고 하더라도 공범에 해당할 뿐 정
범이 되지 못한다. 즉, 타인의 재산을 보관하지 않는 사람은 횡령죄의 구성요건을 실
현하였다고 하더라도 횡령죄의 정범이 될 수 없다.

[판례] 형법 제34조 제1항에 규정된 어느 행위로 인하여 처벌되지 아니하는 자라고 하는 것
은 일반적으로 책임무능력자, 범죄사실의 인식이 없는 사람, 의사의 자유를 억압당한 사람,
목적이나 신분이 없는 사람 및 위법성이 조각되는 사람으로 설명되고 있으나 간접정범은 이
런 사람들을 생명 있는 도구와 같이 이용하여 자신의 범죄를 수행하는 것을 말함이니 범죄
의 주체가 될 수 없는 외국인이나 외국단체 등도 위에 말하는 어느 행위로 인하여 처벌되지
아니한 자에 해당된다(83도515).

(2) 위법성이 조각되는 사람

구성요건해당성은 있으나 위법하지 않은 행위를 이용하는 경우로는 행위가
구성요건해당성은 있지만 정당방위, 긴급피난 등 위법성이 조각되는 경우를 말한다.

첫째, 정당행위를 이용한 경우이다. 적법한 행위를 이용하는 경우이다. 예를
들면, 허위채권에 기한 소송사기의 경우, 수사기관에 허위사실을 신고함으로써 형
식상 적법한 영장에 의하여 체포·구속하게 하는 경우 또는 학생에 대한 허위사실
을 고지하여 교사에게 징계를 받게 하는 경우 등이다. 다만, 이용행위가 진실한 사
실에 기초하여 적법하게 행사된 때에는 간접정범이 성립하지 않는다.

둘째, 정당방위를 이용한 경우이다. 정당방위자를 도구로 이용하여 공격자를
침해하기 위해 고의로 정당방위상황을 초래한 경우이다. 예를 들면, 甲이 乙을 살
해할 목적으로 丙을 공격하도록 사주하고, 丙이 이에 대해 정당방위를 하게 함으
로써 乙을 살해하도록 하는 경우이다. 이때 甲에게 간접정범이 성립하기 위하여는
甲의 의사지배가 乙과 丙 모두에게 인정되어야 한다.

셋째, 긴급피난을 이용한 경우이다. 행위자가 스스로 위난을 초래하여 긴급피
난 상황을 만든 경우이다. 예를 들면, 甲이 乙의 가게를 부술 의사로서 그 부근에
있던 丙을 향해 차를 돌진함으로써 丙이 이를 피하면서 乙의 가게를 부순 경우 등
이다.

(3) 책임이 인정되지 않는 사람

구성요건해당성과 위법성은 있으나 책임이 없는 사람의 행위를 이용하는 경우이다. 이 경우에 이용자는 극단종속형식에 따르면 언제나 간접정범이 성립한다. 하지만 제한종속형식에 따르면 이용자는 원칙적으로 공범이 성립하고, 이용자가 우월한 의사지배를 통하여 행위를 지배·조종하였을 경우에 한하여 간접정범이 성립한다.

첫째, 책임무능력자를 이용한 경우이다. 이용자가 형사미성년자나 심신상실자 등과 같이 책임무능력자를 이용하여 범행을 한 경우이다. 이때 이용자는 피이용자가 책임무능력자임을 인식하고 이를 이용하였을 것을 요한다. 그러나 책임무능력자라도 스스로 범행결의가 가능한 경우, 즉 시비변별능력이나 의사결정능력이 있는 경우에는 이용자에게 우월적 의사지배를 인정하기 어려우므로 간접정범이 아니라 교사범이 성립한다.

둘째, 위법성착오에 빠진 사람을 이용하는 경우이다. 이에 대하여는 ① 피이용자가 정당한 이유가 있는 위법성착오에 빠져 있는 때에는 간접정범이 되지만, 정당한 이유가 없는 때에는 교사범이 성립된다는 견해, ② 정당한 이유의 유무와 관계없이 이용자가 그 착오를 야기하였거나 적어도 이를 인식하고 이용한 때에는 간접정범이 되고, 그렇지 않은 경우에는 교사범이 된다는 견해, ③ 피이용자의 착오에 정당한 이유가 있는 경우로서 구체적인 사정에 따라 이용자에게 우월적 의사지배가 인정되면 간접정범이 성립한다는 견해 등이 있다.

이용자에게 피이용자의 착오에 의한 행위에 대한 의사지배가 인정되기 위해서는 이용자가 그 착오를 야기하였거나 적어도 이용하였다는 사실이 인정되어야 하고, 피이용자는 위법성착오에 정당한 이유가 있어서 책임이 조각되어야 한다. 따라서 이용자가 피이용자가 착오에 빠져 있는 것을 알지 못하였거나 정당한 이유가 없어서 책임이 조각되지 않으면 이용자는 공범이 성립함에 지나지 않는다.

셋째, 강요된 행위자를 이용하는 경우이다. 피이용자가 형법 제12조의 강요된 행위 또는 형법 제21조 제3항의 면책적 과잉방위(과잉피난 포함) 상황에 따른 행위로서 책임이 조각되는 경우에 이를 이용한 행위자는 간접정범이 된다. 다만, 강요행위에 의해 의사지배가 인정되지 않아서 피이용자의 책임이 조각되지 않고 피이용자에게 자발적 의사가 인정되는 때에는 이용자는 공범이 성립한다. 이외에도 기대가능성이 없어서 책임이 조각되는 사람을 이용하는 경우에도 마찬가지이다.

(4) 과실범으로 처벌되는 자

과실범을 이용하여 이용자의 고의를 실현시킨 경우 피이용자는 과실범으로 처벌되고, 이용자는 발생결과에 대한 고의범의 간접정범이 된다. 예를 들면, 의사가 고의로 간호사의 과실을 이용하여 환자에게 독약을 투여하게 함으로써 살해하는 경우이다. 과실범 처벌규정이 없어서 '어느 행위로 인하여 처벌되지 않는 자'에 속하는 경우에는 이에 해당하지 않는다.

[정범배후 정범이론] 정범배후 정범이론은 독일형법에서 유래한 것(간접정범을 타인을 통하여 죄를 범한 사람으로 규정하고 있음)으로 피이용자가 자기책임하에 행위함으로써 정범으로 처벌되지만, 이용자인 배후자도 우월한 의사지배가 성립되는 경우에 간접정범이 성립한다는 이론이다. 배후자의 간접정범 인정 여부가 문제되는 경우로는 (i) 정당한 이유가 인정되지 않아서 책임이 조각되지 않는 위법성착오에 빠진 사람을 이용하는 경우, (ii) 피이용자에게 타인 소유의 비싼 그림을 모조품으로 속여 손괴하게 하거나 피이용자로 하여금 객체의 착오를 야기하여 범행을 실현한 경우(甲이 자기를 죽이기 위해 丙이 잠복하고 있는 것을 알면서 친구 乙로 하여금 그 곳으로 가게 하여 丙이 乙을 甲으로 알고 살해하게 한 경우), (iii) 범죄조직 등 조직적인 권력구조하에서 상명하복관계를 이용하여 범죄를 실현한 경우 등을 들고 있다.

이에 대하여 ① 위의 사례에서 이용자에게 우월적 의사지배가 인정된다는 점에서 이용자에게 간접정범의 성립을 인정하는 견해와 ② 형법상 간접정범은 '처벌되지 않는 자'를 이용한 경우에 성립하므로 정범배후 정범이론은 인정하기 어렵다는 견해 등이 있다. 형법의 법문의 범위를 벗어나 간접정범을 인정하는 것은 타당하지 않으므로 우리나라에서는 정범배후 정범은 간접정범이 아니라 피이용자와 공범 또는 공동정범이 성립하는 것으로 하여야 한다.

나. 이용행위

이용자의 이용행위로서 교사 또는 방조가 있어야 한다. 간접정범은 교사범 또는 종범의 경우와 달리 이용자가 '범죄적 결과를 발생하게 하는 사람'으로서 범행에서 주체적 지위를 가지게 되므로 피이용자보다 우월한 지위에서 행위를 한다. 따라서 '교사 또는 방조'는 교사범과 종범에서의 그것과 같은 의미가 아니라 '사주 또는 이용'의 뜻으로 넓게 이해하여야 한다. 간접정범에 있어서 이용자가 피이용자로 하여금 범죄를 결의하게 하는 것(교사)이나 이미 범죄의사를 가진 사람을 원조하는 것(방조)은 원칙적으로 생각할 수 없기 때문이다. 다만, 이용자에게 간접정범으로서의 요소인 우월적 의사지배가 인정되기 위해서는 객관적으로 피이용자의 의사가 지배당하는 상황이 있어야 하고, 주관적으로 이용자가 우월적 의사지배를 하려는 의사가 있어야 한다.

[사례연구] 행인인 정신병자가 어린아이를 살해하려고 하자 그 아이의 도망을 방해함으로써 정신병자의 살해행위를 도운 경우의 법적 책임

이에 대하여는 ① 방조 유사의 간접정범이 성립한다는 견해와 ② 이용자가 단지 범죄결과에 대하여 큰 이해 내지 관심을 갖고 있다는 사실만을 가지고 이용자를 정범으로 취급할 수 없다는 견해 등이 있다. 이용자에게 범행을 방지할 작위의무가 있는 경우가 아니라면 피이용자가 고의를 가지고 구성요건에 해당하는 행위를 하고 있는 경우에 이용자에게 피이용자의 범행에 대한 우월적 의사지배를 인정하기는 어렵다. 따라서 위 사례에서 행인은 행위자(정신병자)의 범행을 도와준 것에 불과하므로 살인죄의 종범이 된다.

다. 결과의 발생

간접정범이 성립하기 위하여는 이용자가 우월적 의사지배를 통해 피이용자로 하여금 범죄행위의 결과를 발생하게 하여야 한다. '범죄행위의 결과를 발생하게 한 때'란 구성요건에 해당하는 사실을 실현하는 것을 말한다. 다만, 이것은 간접정범의 기수가 되기 위한 요건이므로 범죄결과가 발생하지 않더라도 실행의 착수가 있는 이상 미수범으로 처벌할 수 있다. 따라서 이용자가 피이용자를 이용하여 실현하고자 했던 범죄에 대하여 미수범 처벌규정이 있는 경우에는 간접정범의 미수가 성립한다.

4. 간접정범의 처벌

간접정범은 교사 또는 방조의 예에 의하여 처벌한다(제34조 제1항). 따라서 간접정범의 이용행위가 외형상 교사에 해당할 때에는 정범과 동일한 형으로 처벌하고(제31조 제1항), 종범에 해당할 때에는 정범의 형보다 감경하여야 한다(제32조 제2항).

또한 자기의 지휘, 감독을 받는 사람에 대하여 간접정범의 행위를 한 자에 대

하여는 교사일 경우에는 정범에 정한 형의 장기 또는 다액의 그 2분의 1까지 가중하고, 방조일 경우에는 정범의 형으로 처벌한다(제34조 제2항).

5. 관련문제

가. 간접정범의 실행의 착수시기

간접정범의 실행의 착수시기에 대하여는 ① 이용자가 이용행위를 개시한 때라는 견해(이용자행위기준설), ② 피이용자가 실행행위를 개시한 때라는 견해(피이용자행위기준설), ③ 악의(고의)있는 도구와 선의의 도구를 구분하여, 전자의 경우에는 피이용자의 실행행위시, 후자의 경우에는 이용자의 이용행위시라는 견해(이분설), ④ 구성요건을 개별적으로 판단하여 이용행위가 법익침해의 위험성을 직접적으로 초래한 때 또는 피이용자의 행위에 의하여 독자적으로 구성요건이 실현될 상황에 이르게 된 때라는 견해(개별설) 등이 있다.

간접정범에 있어서는 이용자가 정범이고 피이용자는 도구에 불과하며, 이용자의 의사지배에 따라 전체범행이 진행되는 것이므로 이용자의 이용행위가 개시된 때에 실행의 착수를 인정하여야 한다.

나. 간접정범의 미수

간접정범은 교사범 또는 방조의 예에 의하여 처벌하도록 되어 있다. 하지만 간접정범은 '정범'이므로 간접정범의 미수는 '공범의 예'에 따라 교사의 미수(제31조 제2항, 제3항)로 처벌되는 것이 아니라 간접정범 자체의 미수가 성립되고, 따라서 미수범에 관한 일반 규정이 적용되며, 형법상 미수범 처벌규정이 있는 경우에 한하여 처벌된다.

간접정범의 실행의 착수시기는 이용자의 이용행위가 개시된 때이므로, 간접정범의 미수는 이용자가 이용행위를 하였지만 피이용자가 이를 거절하거나 승낙하고도 실행행위로 나아가지 않은 경우는 물론, 피이용자가 실행행위를 하였지만 결과가 발생하지 않은 경우에 성립한다.

다. 간접정범의 착오

(1) 피이용자의 성질에 대한 착오

(가) 책임무능력자로 오인한 경우

이용자가 책임능력자인 피이용자를 책임무능력자로 오인하고 교사 또는 방조한 경우이다(간접정범 인식 → 교사범 결과). 예를 들면, 이용자가 13세의 형사미성년 자라고 생각하고 범죄를 교사하였으나 피이용자의 실제 나이는 15세인 경우이다.

이에 대하여는 ① 행위자의 의사를 기준으로 하여 간정정범이 성립한다는 견해(주관설), ② 이용자가 피이용자에 대하여 의사지배에 의한 행위지배가 사실상 불가능하므로 교사범이 성립한다는 견해(객관설, 다수설), ③ 간접정범의 미수와 교사범의 상상적 경합이 성립한다는 견해 등이 있다. 이용자에게 간접정범의 인식·의사가 있었다고 하더라도 실제 발생한 객관적 상황에 따르면 이용자에게 이용자의 의사지배를 인정하기 어렵기 때문에 간접정범이 아니라 교사범이 성립함에 지나지 않는다.

(나) 책임능력자로 오인한 경우

이용자가 책임무능력자인 피이용자를 책임능력자로 오인하고 교사 또는 방조한 경우이다(교사범 인식 → 간접정범 결과). 예를 들면, 이용자가 15세인 줄 알고 범죄를 교사하였으나 피이용자의 실제 나이는 13세인 경우이다.

이에 대하여는 ① 객관적 상황을 고려하여 간접정범의 결과실현 속에는 교사에 의한 범죄실현이 포함되므로 간접정범이 성립한다는 견해와 ② 이용자에게 이용의사가 없으므로 교사범이 성립한다는 견해(다수설) 등이 있다. 실제 발생한 사실은 간접정범이지만 이용자에게 자신의 주관적 불법의 정도를 초과하여 책임을 물을 수는 없으므로 이용자에게는 간접정범이 아니라 교사범의 성립을 인정하여야 한다.

(다) 피이용자의 고의에 대한 착오의 경우

먼저, 피이용자에게는 고의가 없다고 생각하였으나 고의가 있는 경우에 이용자는 ① 교사범이 된다는 견해와 ② 간접정범의 미수가 된다는 견해 등이 있다.

피이용자가 이용자에 의하여 범행을 결의한 경우가 아니라면 이용자에게 교사범을 인정하기 어려우므로 교사범이 아니라 간접정범의 미수가 성립한다.

역으로, 피이용자에게 고의가 있다고 생각하였으나 고의가 없는 경우에 이용자는 ① 교사범도 성립하지 않으므로 처벌되지 않는다는 견해, ② 교사범이 된다는 견해, ③ 고의 없는 도구를 이용한 경우로서 간접정범이 된다는 견해 등이 있다. 이용자에게 간접정범의 고의가 없으므로 간접정범이 성립하지 않고, 이용자의 교사에 의해 피이용자가 범행을 결의한 것이 아니라면 교사범도 성립하지 않는다.

(2) 실행행위에 대한 착오

실행행위에 대한 착오란 피이용자가 실행행위 과정에서 착오를 일으켜 이용자가 원래 의도했던 결과가 발생하지 않은 경우이다(피이용자의 착오). 이때에는 사실의 착오에 관한 일반이론이 그대로 적용된다.

또한 피이용자가 이용자의 의사를 초과하여 실현한 때에는 이용자는 초과부분에 대하여 책임을 지지 않는다. 그러나 결과적 가중범인 때에는 이용자가 그 결과에 대하여 미필적 고의가 있거나 중한 결과를 예견할 수 있었을 경우에는 이용자도 중한 결과에 대하여 책임이 인정된다.

라. 신분범과 간접정범

신분이 없는 이용자가 진정신분범의 간접정범이 될 수 있는가가 문제된다.

이에 대하여는 ① 간접정범은 공범이라고 하는 입장에서 형법 제34조 제1항이 간접정범은 '교사범 또는 방조의 예에 의하여 처벌한다'고 규정하고 있으므로 당연히 제33조가 적용되어 비신분자도 간접정범으로서 진정신분범을 범할 수 있다는 견해와 ② 진정신분범에 있어서 정범이 되기 위해서는 정범적격, 즉 신분이 있어야 하므로 신분 없는 사람이 신분 있는 사람을 이용하여 진정신분범의 간접정범이 될 수는 없다는 견해(다수설)가 있다.

간접정범의 본질은 정범이고, 형법 제34조 제1항은 간접정범의 처벌만을 공범의 예에 따른다는 의미에 불과하며, 형법 제33조는 비신분자가 신분자와 같이 진정신분범의 공동정범·교사범·종범이 될 수 있다는 것을 특별히 규정한 것이지 비신분자가 단독으로 진정신분범의 정범이 될 수 있다는 것을 의미하는 규정은 아니다. 따라서 신분 없는 사람은 진정신분범의 간접정범이 될 수 없다.

마. 과실범과 간접정범

이용자가 과실로 과실범인 피이용자를 이용하여 범죄결과를 발생하게 한 경우(예, 의사가 실수로 약을 잘못 처방하여 간호사로 하여금 환자에게 투여하게 함으로써 환자를 사망하게 한 경우 등)에 과실에 의한 간접정범의 성립을 인정할 것인가가 문제된다.

이에 대하여는 ① 과실범은 정범이며, 따라서 배후자에게 행위에 대한 객관적인 귀속을 인정할 수 있으므로 위법한 구성요건을 실현한 경우에는 고의·과실 여부에 관계없이 간접정범이 성립한다는 견해와 ② 과실범에게는 정범과 공범의 구별이 무의미하고, 간접정범을 성립하게 하는 기초가 되는 의사지배나 정범의사가 없으므로 간접정범은 부정된다는 견해 등이 있다(다수설).

간접정범이 성립하기 위해서는 의사를 통해 피이용자의 범행을 지배할 것(다수설)이 요구되므로 의사지배를 인정할 수 없는 과실범에 있어서는 간접정범이 성립되지 않는다. 다만, 이용자에게 과실로서 결과발생에 기여한 것이 인정되면 과실범의 동시범(또는 공동정범)이 성립될 수는 있을 것이다.

바. 부작위와 간접정범

(1) 부작위에 의한 간접정범

자신이 보호할 의무가 있는 사람이 다른 사람에 의해 침해당하는 것을 알면서도 이를 방치하여 다치게 한 경우(예, 정신병원 의사나 간호사가 입원 중인 정신병자가 다른 환자를 공격하는 것을 방치함으로써 다른 환자가 다친 경우 등)에 부작위에 의한 간접정범을 인정할 것인가가 문제된다.

이에 대하여는 ① 이용자가 보증의무에 반하여 도구인 피이용자의 행위를 방해하지 않은 때에는 간접정범이 성립할 수 있다는 견해와 ② 간접정범은 성질상 작위적인 방법으로 피이용자로 하여금 범죄를 범하도록 하여야 성립하는 것이고, 보증인이 책임무능력자의 행위를 저지하지 않은 것은 보호하여야 할 보증의무를 다하지 않은 것이므로 직접정범이 된다는 견해, ③ 부작위자에게는 직접정범에서 요구되는 실행지배가 없으므로 직접정범은 될 수 없고, 피이용자의 행위가 고의행위이고 위법성이 인정되면 부작위에 의한 종범이 성립될 수 있다는 견해 등이 있다.

위 사례에서 이용자의 부작위에 의해서는 타인에 대한 의사지배를 인정하기 어렵고, 이용자가 직접 범죄를 실행하지도 않았다는 점에서 직접정범의 요건도 갖추고 있지 않으므로 이용자는 피이용자의 범행의 종범이 성립함에 지나지 않는다. 설령 부작위에 의한 간접정범을 인정하더라도 부작위에 의한 교사는 불가능하고, 따라서 방조의 형태로만 가능하므로 부작위에 의한 종범으로 처벌하는 경우와 사실상 양형에 있어서는 차이가 없다.

(2) 타인의 부작위를 이용한 간접정범

작위의무자가 강요행위나 기망행위를 이용하여 타인으로 하여금 부작위하게 한 경우(예, 아버지가 물에 빠진 아들을 구하려는 제3자를 위협하거나 속여서 구조의사를 포기하게 함으로써 아들을 사망하게 한 경우 등)에 작위의무자에게 그 타인의 부작위를 이용한 간접정범의 성립을 인정할 것인가가 문제된다.

이에 대하여는 ① 이용자는 타인을 도구처럼 이용한 것이므로 간접정범이 되며, 제3자가 단순히 도구에 그치지 않고 작위의무자인 경우에는 간접정범이 아니라 교사범이 된다는 견해와 ② 이용자는 타인의 구조행위를 적극적인 작위로서 직접 막은 것이므로 간접정범이 아니라 직접정범이 된다는 견해 등이 있다.

간접정범의 성립에 있어서는 피이용자가 작위범이든 부작위범이든 묻지 않으므로 부작위범에 대해서도 간접정범이 성립할 수 있다. 따라서 위 사례에서는 이용자에게 의사지배가 인정되므로 간접정범이 성립한다.

사. 자수범과 간접정범

(1) 자수범의 의의

자수범(自手犯)은 정범자 자신의 직접적인 실행행위를 요하는 범죄로서, 타인을 이용하여 범할 수 없는 범죄를 말한다. 따라서 자수범에 있어서는 자수에 의하지 않고 실행하는 공동정범이나 간접정범은 불가능하다.

(2) 자수범의 인정 여부

(가) 긍정설

① **문언설**은 개개의 구성요건의 문언에 의하여 정범자 스스로의 실행행위를 해야만 구성요건을 충족할 수 있게 규정되어 있는 범죄가 자수범이라는 견해이다 (형식설). 따라서 의사가 간호사를 이용하여 환자를 살해하는 것은 가능하지만, 성범죄를 간접정범에 의하여 범할 수는 없다고 한다. 이 설에 대하여는 자수범 여부를 법률규정에 의하여 형식적으로 결정하는 것은 부당하고, 언어는 다양한 의미를 가지고 사용되므로 정범과 공범을 구별하는 기준으로 할 수 없으며, 법률이 자수범 인정기준이 될 만한 용어를 사용하는 것도 아니라는 비판이 있다.

② **거동범설**은 범죄를 결과범과 거동범으로 구별하고, 거동범은 행위자의 신체적 거동을 요하므로 자수범이라는 견해이다. 이 설에 대하여는 거동범도 그것이 사회적으로 비난할 만한 상태를 야기했거나 추상적 위험범으로서 결과와 간접적으로 연결될 때에는 처벌된다고 하면서, 주거침입죄와 같이 거동범이 모두 자수범이 되는 것은 아니라는 비판이 있다.

③ **법익보호표준설**은 법익보호의 관점에서 자수범을 진정자수범과 부진정자수범으로 나누어 설명하는 견해이다(Roxin). 진정자수범으로는 행위자 형법적 범죄와 법익침해 없는 행위관련적 범죄가 있다. 즉, 행위자 형법적 범죄는 구성요건이 개별적인 행위만이 아니라 생활태도 내지 일정한 행위자인격을 규정하고 있으므로 본인이 행위하지 않으면 행위지배가 있다고 볼 수 없는 범죄이고(예, 음행매개죄), 법익침해 없는 행위관련적 범죄는 도덕적으로 비난받는 행위를 스스로 행하였기 때문에 처벌되는 범죄(동성 간의 성교, 수간 등)를 말한다. 부진정자수범은 법익침해는 있지만 정범에게 특수한 의무침해를 요하므로 간접정범으로 범할 수 없는 범죄를 말한다(예, 위증죄, 군형법상 군무이탈죄 등). 이 설에 대하여는 형법은 일정한 법익보호를 전제로 처벌하는 것임에도 법익침해 없는 범죄를 행위의 반윤리성이나 의무위반만을 이유로 자수범으로 인정하여 처벌하는 것은 형법의 보호기능에 충실하지 못하며, 진정자수범과 부진정자수범을 구별할 실익이 없다는 비판이 있다.

〈참고〉 자수범의 구별
 1. **진정자수범과 부진정자수범에 대한 다른 구별** : 진정자수범은 신분자만이 범행할 수 있는 범죄유형을 말한다(예, 위증죄 등). 이에 대해 부진정자수범은 신분자는 비신분자를 이용하여 간접정범의 형태로 범할 수 있으나 비신분자는 신분자를 이용하여 간접정범의 형태로 범할 수 없는 범죄를 말한다(예, 업무상 비밀누설죄, 수뢰죄 등). 이 설에 대하여는 이 구별은 신분범의 정범적격과 관련된 문제이지 자수범의 문제는 아니라는 비판이 있다.
 2. **실질적 자수범과 형식적 자수범** : 실질적 자수범은 범죄의 성질상 일정한 주체의 행위에 의해서만 성립할 수 있는 범죄, 즉 간접정범의 형태로는 범할 수 없는 범죄(예, 신분범, 목적범, 진정부작위범, 단순거동범 등)를 말한다. 형식적 자수범은 범죄형식이 이미 간접정범의 형태로 되어 있기 때문에 따로 간접정범의 성립을 인정할 필요가 없는 범죄(예, 공정증서원본부실기재죄, 허위공문서작성죄 등)를 말한다.

④ **구성요건기준설**은 개별적인 구성요건의 체계적이고 합리적인 해석에 따라 판단하는 견해로서, 형법상 자수범에는 3가지 유형이 있다고 한다(3유형설, 다수설). 즉, (i) 범죄의 실행행위에 있어서 직접 행위자의 신체를 수단으로 할 것을 요구하는 범죄(예, 피구금자간음죄(제303조 제2항), 군형법상 계간죄(제92조) 등), (ii) 실행행위를 통해 행위자의 인격적 태도가 표출될 것을 요구하는 범죄(예, 명예훼손죄(제307조), 모욕죄(제311조), 업무상 비밀누설죄(제317조) 등), (iii) 법률에 의하여 행위자 스스로의 행위를 요구하는 범죄(예, 위증죄(제152조), 군형법상 군무이탈죄(제30조) 등)로 구분한다. 이 설에 대하여는 구성요건의 문언구성과정에 개입하는 우연한 사정에 좌우되는 경향에 있기 때문에 결국 문언설과 같으며, 형법 이외의 요소에 의해 자수범 문제를 해결하려는 태도로서 성급한 일반화의 오류를 범하고 있다는 비판이 있다.

(나) 부정설

부정설은 형법 제34조 제1항은 범죄의 주체가 정범자적 자격을 갖지 않은 경우라도 개념상 간접정범이 되어 교사범 또는 종범으로 처벌된다는 의미로 해석하여야 한다고 하면서, 형법에서는 형식상 간접정범을 인정하되 실질적으로는 간접정범을 공범화한 것이므로 간접정범을 정범의 일종으로 취급할 때 생기는 자수범의 문제는 일어나지 않는다는 견해이다. 따라서 형법 제34조 제1항이 간접정범을 교사나 방조의 예에 따라 처벌하도록 함으로써 제33조 본문이 간접정범에도 적용되므로 비신분자도 진정신분범의 간접정범이 될 수 있다고 한다.

이 설에 대하여는 간접정범은 정범이므로 비신분자가 진정신분범의 간접'정범'이 될 수 있다고 해석하는 것은 불가능하며, 형법 제33조에도 불구하고 각칙의 개별 구성요건의 해석상 정범 스스로의 실행행위에 의하여 범할 것을 요하는 범죄가 있다는 것을 부정할 수 없다는 비판이 있다.

(다) 결어

자수범 여부는 범행의 특성을 기반으로 하여 개별 구성요건의 해석에 의하여 판단할 수밖에 없다고 할 것이므로 자수성 판단의 실질적 기준을 제시하고 있는 3유형설에 따른다.

6. 특수교사·방조

가. 특수교사·방조의 의의

형법 제34조 제2항에서는 "자기의 지휘·감독을 받는 자를 교사 또는 방조하여 전항의 결과를 발생하게 한 자는 교사인 때에는 정범에 정한 형의 장기 또는 다액에 2분의 1까지 가중하고 방조인 때에는 정범의 형으로 처벌한다"고 규정하고 있다.

특수교사·방조에 대하여 형을 가중하는 이유에 대하여는 ① 타인을 지휘·감독할 지위에 있는 사람이 그 지위를 남용하여 범행을 하였다는 점에서 비난가능성이 크다는 견해와 ② 지휘·감독자와 행위자의 관계로 인해서 행위불법이 가중된 것이라는 견해 등이 있다. 특수교사·방조는 범죄형태의 특수성으로 인해 행위불법이 가중될 뿐만 아니라 비난가능성이 크기 때문에 형이 가중된 것이다.

나. 특수교사·방조의 법적 성격

형법 제34조 제2항의 법적 성격에 대하여는 ① 특수간접정범에 관한 규정이라는 견해, ② '전항의 결과를 발생하게 한 자'를 '범죄행위'의 결과를 발생하게 한 것으로 해석하여 이를 특수공범(특수교사 및 특수방조)에 관한 규정이라는 견해, ③ 특수공범과 특수간접정범을 모두 포함하여 가중규정한 것이라는 견해(다수설)

등이 있다.

형법 제34조 제2항에서는 피교사자와 피방조자를 '자기의 지휘, 감독을 받는 자'라고 규정하고 있을 뿐 동조 제1항과 같은 제한을 두고 있지 않다는 점에서 공범의 특수한 형태일 뿐만 아니라, '교사 또는 방조하여 전항의 결과를 발생케 한 자'로 규정되어 있으므로 간접정범의 경우에도 가중처벌하는 간접정범의 특별가중 규정으로 이해하여야 한다.

다. 특수교사·방조의 적용범위

(1) 자기의 지휘 또는 감독을 받는 자

형법 제34조 제2항에서 피교사자·피방조자는 '자기의 지휘, 감독을 받는 자'로 규정하고 있다. 이때 지휘·감독의 근거에 대하여는 법령, 계약, 사무관리에 의한 경우에 제한되지 않고, 사실상 지휘·감독을 받는 관계이면 충분하며, 반드시 적법할 것도 요하지 않는다. 따라서 경찰과 군대와 같은 특수조직의 경우뿐만 아니라 주인과 가정부 사이는 물론, 범죄조직에 있어서 두목과 추종자들 사이에서도 성립할 수 있다. 또한 지휘·감독관계는 강제적 구속성을 요하는 것도 아니므로 직장상사와 부하직원, 친권자와 미성년 자녀, 교육자와 피교육자 등의 경우도 포함된다.

(2) 교사 또는 방조

'교사 또는 방조'는 지휘·감독하는 지위를 이용하여 할 것을 요한다. 따라서 교사자 또는 방조자는 피이용자가 자기의 지휘·감독을 받는 사람이라는 사실을 인식하여야 한다. 그러나 교사 또는 방조의 내용이 자기의 지휘·감독을 받고 있는 사항에 관한 것임을 요하지는 않는다.

제4절 교사범

제31조(교사범) ① 타인을 교사하여 죄를 범하게 한 자는 죄를 실행한 자와 동일한 형으로 처벌한다.
  ② 교사를 받은 자가 범죄의 실행을 승낙하고 실행의 착수에 이르지 아니한 때에는 교사자와 피교사자를 음모 또는 예비에 준하여 처벌한다.
  ③ 교사를 받은 자가 범죄의 실행을 승낙하지 아니한 때에도 교사자에 대하여는 전항과 같다.

1. 교사범의 의의

교사범이란 타인으로 하여금 범죄실행의 결의를 일으키게 하고, 이 결의에 의하여 범죄를 실행하게 함으로써 성립하는 범죄를 말한다. 형법 제31조 제1항에서는 "타인을 교사하여 죄를 범하게 한 자는 죄를 실행한 자와 동일한 형으로 처벌한다"고 규정하고 있다.

교사범은 범죄의 실행행위에는 직접 관여하지 않고 분업적인 역할분담도 하지 않는다는 점에서 공동정범과 구별되며, 정범의 범죄행위를 전제로 한다는 점에서 정범으로서 의사지배를 통하여 타인을 도구로 이용하여 행하는 간접정범과 구별된다. 또한 교사범은 타인에게 범죄의 결의를 생기게 하였다는 점에서 이미 결의한 타인의 실행행위를 돕는 종범과 구별된다.

2. 교사범의 성립요건

교사범이 성립하기 위하여는 교사자의 교사행위와 피교사자의 실행행위가 있어야 한다(공범종속성설).

가. 교사자의 교사행위

(1) 교사행위

(가) 교사행위의 의의

교사행위란 타인에게 범죄실행의 결의를 가지게 하는 행위를 말한다. 단순히 범죄를 유발할 수 있는 상황을 만든 것만으로는 교사행위라고 할 수 없다. 다만, 피교사자가 아직 범행결의를 확고하게 가지고 있지 않거나, 막연하게 일반적인 범죄계획을 가지고 있음에 불과한 경우에는 교사행위가 될 수 있다.

또한 교사범의 교사가 정범이 죄를 범한 유일한 조건일 필요도 없다. 따라서 교사자의 교사행위에 의하여 범행을 결의한 이상 정범의 범죄습벽이 원인으로 작용한 경우에도 교사범이 성립한다. 하지만 피교사자가 교사행위 전에 이미 범죄결의를 하고 있었을 경우에는 방조 또는 교사미수가 성립할 뿐이다.

〈참고〉 기본적 구성요건에 대한 범행결의를 하고 있는 사람에 대하여 가중적 또는 감경적 구성요건의 실현을 교사하여 실행하게 한 경우의 교사범 성립 여부

먼저, 피교사자가 이미 범행을 결의하고 있었지만 교사자가 가중적 구성요건의 실현을 교사하여 실행하게 한 경우에 대하여는 ① 가중범죄에 대한 교사를 인정하는 견해, ② 피교사자가 이미 결의하고 있는 것을 제외하고 남은 부분에 대해서만 교사를 인정하는 견해, ③ 가중적 구성요건이 다른 범죄인 경우에는 가중범죄의 교사범, 단순한 가중범죄에 불과한 경우에는 단순한 (심리적인) 가중범죄의 종범이 성립한다는 견해 등이 있다. ③설에 따르면 절도를 결의하고 있는 사람에게 강도를 교사한 때에는 강도의 교사범이 성립하지만, 단순강도를 결의하고 있는 사람에게 특수강도를 교사한 때에는 특수강도의 종범이 된다고 한다. 그러나 가중범죄를 교사한 경우에는 불법내용을 달리하는 다른 범죄를 교사한 것이므로 가중범죄의 교사범을 인정하여야 한다.

역으로 감경적 구성요건을 실현하도록 교사한 경우에는 피교사자가 행한 범죄(감경적 구성요건)에 기여하였다는 점에서 교사의 고의범위 내에서 방조는 될 수 있지만 교사범은 성립하지 않는다. 따라서 교사자가 특수강도를 결의하고 있는 사람에게 단순강도를 범하도록 교사하여 실현하게 한 때에는 단순강도죄의 종범이 될 수 있을 뿐이다.

(나) 교사행위의 방법

교사행위의 수단과 방법에는 제한이 없다. 반드시 명시적·직접적일 것을 요하지 않으며, 묵시적·간접적인 방법으로도 가능하다. 다만, 교사자가 강요행위나 기망행위를 이용하는 경우로서 교사자에게 의사지배가 인정된 때에는 간접정범이 성립하므로 교사행위가 되지 않는다.

부작위에 의한 교사에 대하여는 ① 교사에 의하여 정범의 결의를 방해하지 않을 수는 있으나 그 성질상 정범의 결의를 야기할 수는 없다는 점에서 부정하는 견해(통설)와 ② 선행행위를 통해 타인으로 하여금 범행결의를 하게 한 사람은 이후의 실행행위를 방지해야 할 의무가 있다는 점에서 긍정하는 견해 등이 있다. 부작위는 타인의 범행결의에 인과적으로 작용할 수 없을 뿐만 아니라 자신의 선행행위로 인해 타인이 범행결의를 하게 한 경우에 그 선행행위는 작위에 해당한다고 할 것이므로 부작위에 의한 교사는 성립할 수 없다.

한편, 교사는 단독으로 하는 경우뿐만 아니라 여러 사람이 공동으로 하는 경우(공동교사)도 가능하다. 다만, 공동교사의 경우에는 교사자 상호 간에 공동교사의 의사가 있어야 한다.

(다) 교사행위의 내용

교사자가 교사하는 범행내용은 특정되어야 하므로 특정범죄를 교사하여야 한다. 다만, 범죄만 특정되면 충분하고 일시·장소·방법 등 범행의 세부적인 사항까지 지시하거나 교사할 것은 요하지 않는다(판례).

[판례] 교사범이란 타인(정범)으로 하여금 범죄를 결의하게 하여 그 죄를 범하게 한 때에 성립하는 것이고 피교사자는 교사범의 교사에 의하여 범죄실행을 결의하여야 하는 것이므로, 피교사자가 이미 범죄의 결의를 가지고 있을 때에는 교사범이 성립할 여지가 없다. 막연히 "범죄를 하라"거나 "절도를 하라"고 하는 등의 행위만으로는 교사행위가 되기에 부족하다 하겠으나, 타인으로 하여금 일정한 범죄를 실행할 결의를 생기게 하는 행위를 하면 되는 것으로서 교사의 수단방법에 제한이 없다 할 것이므로, 교사범이 성립하기 위하여는 범행의 일시, 장소, 방법 등의 세부적인 사항까지를 특정하여 교사할 필요는 없는 것이고, 정범으로 하여금 일정한 범죄의 실행을 결의할 정도에 이르게 하면 교사범이 성립된다. 교사범의 교사가 정범이 죄를 범한 유일한 조건일 필요는 없으므로, 교사행위에 의하여 정범이 실행을 결의하게 된 이상 비록 정범에게 범죄의 습벽이 있어 그 습벽과 함께 교사행위가 원인이 되어 정범이 범죄를 실행한 경우에도 교사범의 성립에 영향이 없다(91도542).

(라) 교사행위의 대상

교사행위의 대상은 구체적으로 특정되어야 한다. 그러나 피교사자가 반드시 책임능력자일 것은 요하지 않는다(제한종속형식). 다만, 피교사자가 책임무능력자인 경우에도 시비변별능력이나 의사결정능력이 인정되는 경우에는 교사범이 성립한다. 따라서 어른인 甲이 어린아이인 A를 단순히 유혹하여 집안의 물건을 훔쳐오게 한 경우에는 甲에게 의사지배까지 인정된다고는 할 수 없으므로 간접정범이 아니라 교사범이 성립한다.

(2) 교사자의 고의

(가) 이중고의

교사자의 고의는 피교사자에게 범행결의를 가지게 하여 피교사자로 하여금 범죄의 기수까지 실행하게 할 고의를 의미한다. 따라서 교사자의 고의는 피교사자로 하여금 범행을 결의하게 한다는 고의(교사의 고의)와 정범으로 하여금 특정 구성요건실현행위를 하게 한다는 점에 대한 고의(정범의 고의)를 내용으로 한다(이중고의). 교사자의 '고의'는 미필적 고의로도 충분하지만 구체적이고 특정되어야 한다. 따라서 교사자는 특정정범과 특정범죄에 대한 인식과 의욕이 있어야 하며, 목적범과 신분범에 있어서는 교사자가 목적과 신분에 대한 인식도 있어야 한다. 그러나 과실에 의해서는 범행결의를 하게 할 수 없으므로 과실에 의한 교사는 인정되지 않는다. 따라서 甲이 丙에 대한 불평을 하자 乙이 丙을 살해하라고 지시하는 것으로 잘못 판단하여 범행을 하더라도 甲에게 살인죄의 교사범이 성립하지 않는다.

한편, 피교사자가 특정되어 있는 이상 그 수의 다소는 불문하며, 피교사자가 누구인지를 교사자가 알지 못하더라도 상관없다. 또한 교사한 범죄가 특정되어 있으면 충분하고, 교사자가 정범이 범할 범죄의 일시·장소나 구체적인 실행방법까지 인식할 것은 요하지 않는다.

(나) 기수의 고의

교사자는 '타인을 교사하여 죄를 범하게 한 자'이므로 교사자는 피교사자로 하여금 구성요건적 결과를 실현하겠다는 범죄기수에 대한 고의가 있어야 한다. 따라서 처음부터 미수에 그칠 것을 예상하면서 하는 미수의 교사는 교사가 아니다.

나. 피교사자의 실행행위

(1) 피교사자의 범행결의

교사자의 교사행위로 인하여 피교사자가 범행을 결의하여야 한다. 즉, 교사자의 교사행위와 피교사자의 범행결의 사이에는 인과관계가 있어야 한다. 따라서 피교사자가 교사사실을 알지 못한 경우나 피교사자가 이미 범죄결의를 가지고 있는 경우에는 교사범이 성립하지 않는다. 교사를 받은 피교사자가 범행결의를 하지 않으면 교사의 미수가 되어 예비·음모에 준하여 처벌한다(제31조 제3항, 실패한 교사). 과실범은 범행결의가 있을 수 없으므로 이에 대한 교사는 교사범이 아니라 간접정범이 성립한다(제34조 제1항).

> **[판례]** 피교사자가 범죄의 실행에 착수한 경우 그 범행결의가 교사자의 교사행위에 의하여 생긴 것인지는 교사자와 피교사자의 관계, 교사행위의 내용 및 정도, 피교사자가 범행에 이르게 된 과정, 교사자의 교사행위가 없더라도 피교사자가 범행을 저지를 다른 원인의 존부 등 제반 사정을 종합적으로 고려하여 사건의 전체적 경과를 객관적으로 판단하는 방법에 의하여야 하고, 이러한 판단방법에 의할 때 피교사자가 교사자의 교사행위 당시에는 일응 범행을 승낙하지 아니한 것으로 보여진다 하더라도 이후 그 교사행위에 의하여 범행을 결의한 것으로 인정되는 이상 교사범의 성립에는 영향이 없다(2012도2744).

(2) 피교사자의 실행행위

교사범이 성립하기 위하여는 피교사자가 적어도 실행행위에 착수하여야 한다(2022도5827). 피교사자의 실행행위는 구성요건에 해당하는 위법한 행위이면 족하다(제한종속형식). 이때 교사자의 교사행위와 피교사자의 범행결의는 물론, 피교사자의 범행결의와 실행행위 사이에는 인과관계가 있어야 하지만 피교사자(정범)가 기수에 달할 것은 요하지 않는다. 다만, 피교사자가 실행에 착수하였으나 미수에 그친 경우는 물론, 교사행위와 실행행위 사이에 인과관계가 없는 경우에는 교사한 범죄의 미수범 처벌규정이 있으면 교사자는 교사한 범죄의 미수의 교사범이 성립한다.

피교사자가 교사자의 교사행위에 의하여 범행을 결의하였다고 하더라도 실행행위를 하지 않은 때에는 교사의 미수가 되며, 교사자와 피교사자는 예비·음모에 준하여 처벌한다(제31조 제3항, 효과없는 교사).

> **[기도된 교사와 공범의 종속성]** 실패한 교사와 효과없는 교사를 기도된 교사라 부른다. 공범종속성설에서는 공범의 성립요건으로 정범이 기수가 되거나 적어도 실행에 착수하였을 것을 요하므로 교사의 미수는 피교사자가 실행에 착수하여 범죄를 완성하지 못하였을 때에 인정된다. 따라서 기도된 교사의 경우는 교사범이 성립하지 않고 불처벌로 된다. 그러나 공범독립성설에서는 공범의 가벌성은 정범의 행위와 관계없이 공범자신의 불법성에 의하여 결정되므로 기도된 교사는 교사의 미수가 되며, 교사자는 교사한 범죄의 미수범으로 처벌된다. 형법은 기도된 교사에 대하여 '예비·음모에 준하여 처벌'하도록 하고 있다.

3. 교사범의 처벌

교사범은 정범과 동일한 형으로 처벌한다. '동일한 형'은 법정형을 의미하므로 교사범의 형이 정범보다 중할 수도 있다. 즉, 정범이 자수로 인해 형이 감경되면 교사범은 정범보다 중하게 처벌될 수 있다. 다만, 공범의 종속성이란 범죄의 '성립'에 있어서 정범에 종속한다는 것을 의미하고 '처벌'에 있어서 종속한다는 의미는 아니므로 정범이 처벌되어야만 교사범이 처벌되는 것은 아니다. 따라서 정범이 절도를 하였지만 친족상도례가 적용되어 처벌되지 않는 경우에도 교사자는 절도죄의 교사범으로 처벌될 수 있으며, 교사범을 정범보다 먼저 처벌하더라도 상관없다. 다만, 자기의 지휘·감독을 받는 사람을 교사한 때에는 정범에 정한 형의 장기 또는 다액에 그 2분의 1까지 가중한다(제34조 제2항).

한편, 교사범은 공동정범과 보충관계에 있으므로 공동정범이 성립하면 교사범은 이에 흡수된다.

4. 관련문제

가. 교사에 대한 교사

(1) 간접교사

간접교사는 타인에게 제3자를 교사하여 범죄를 실행하게 하거나, 타인을 교사하였는데 피교사자가 직접 실행하지 않고 제3자를 교사하여 실행하게 한 경우를 말한다.

이에 대하여는 ① 형법상 교사자를 교사한 사람을 교사자와 동일하게 처벌한 다는 규정이 없고, 간접교사는 단순히 교사행위를 교사하는 것에 불과하며, 간접 교사에까지 처벌을 확대하는 것은 법적 확실성을 해할 우려가 있다는 것을 근거로 교사범 성립을 부정하는 견해와 ② 형법은 교사의 방법에 대하여 제한을 두고 있 지 않고 있고, 피교사자가 반드시 정범일 것을 요하지 않으며, 간접교사자와 교사 자 사이에 질적인 차이는 없으므로 간접교사도 교사로서 그 가벌성이 인정된다는 견해(다수설) 등이 있다. 간접교사도 교사방법에 해당하므로 교사로 인정하여야 한 다(66도1586).

(2) 연쇄교사

연쇄교사는 교사가 순차적으로 행하여져 교사자와 피교사자 사이에 여러 사 람이 개입되어 있는 경우를 말한다.

이에 대하여는 ① 교사자가 연쇄교사를 인식·의욕하지 않는 한 피교사자가 특정되었다고 할 수 없다는 점에서 연쇄교사는 교사가 아니라는 견해와 ② 연쇄 교사는 교사가 반복된 것에 불과하므로 교사행위로 인한 실행행위가 있었다고 인 정되는 이상 연쇄교사도 교사로 인정하여야 한다는 견해(다수설)가 있다. 교사범의 성립에 있어서 교사자가 피교사자를 특정하면 충분하고, 구체적으로 실행행위자 가 누구인가를 알지 못하더라도 교사범의 성립에는 지장이 없으므로 연쇄교사도 교사에 해당한다. 이때 연쇄교사자가 자기와 정범 사이에 관여한 사람의 수나 이 름 등에 대하여 알고 있을 것은 요하지 않는다.

한편, 연쇄교사의 성질에 대하여는 ① 중간교사자의 행위를 본범에 대한 간접 공범이라는 견해, ② 교사행위 자체의 불법성을 인정하는 견해, ③ 공범의 독자적 범죄성을 인정하는 입장에서 본범에 대한 공범과 (간접)교사행위 자체의 범죄성(독 립적 공범설)을 인정하는 견해 등이 있다. 연쇄교사의 경우에도 교사행위의 성질이 달라지는 것은 아니므로 연쇄교사의 처벌은 공범의 종속성을 전제로 하여 교사행 위 자체의 불법성에 근거한 것이라고 할 수 있다.

[선의의 제3자 개입과 연쇄교사] 연쇄교사에 있어서 중간교사자 가운데 정을 모르고 관여한 사람이 있는 경우, 즉 중간교사자 중 한사람이 자신이 교사행위에 이용당한다는 사실을 알지 못하고 다시 교사를 하는 경우에 그 처벌유무가 문제된다. 예를 들면, 甲이 형사사건으로 입건되자 친구인 乙에게 여권발급을 부탁하고, 이에 乙이 자신이 알고 있는 공무원인 丙에게 甲의 여권발급을 부탁하여 丙이 부하직원인 丁에게 여권을 발급하도록 시킨 경우를 말한다. 이 사례에서 丙이 甲을 도피시킬 목적으로 乙이 부탁한다는 것을 알면서 부하직원으로 하여금 여권발급을 하게 한 경우라면, 이것은 연쇄교사에 해당하므로 이전의 교사자인 乙은 당연히 교사범이 된다.

하지만 丙이 선의의 제3자로서, 자신이 범죄를 교사한다는 사실을 알지 못한 경우에 이전의 교사자인 乙을 교사범으로 처벌할 수 있는가가 문제된다. 이에 대하여는 ① 선의의 중간교사자(丙)가 한 행위는 단순한 의사전달에 지나지 않으므로 연쇄교사는 중단되고, 따라서 이전의 교사자(乙)는 형사책임을 지지 않는다는 견해, ② 저항할 수 없는 폭력이나 기망행위를 이용하여 선의의 제3자로 하여금 교사행위를 하도록 하는 간접정범 방식에 의한 교사가 아닌 한 선의의 중간교사자에게는 고의가 없으므로 이전의 교사자는 교사의 미수에 해당한다는 견해, ③ 연쇄적인 교사행위로 인하여 종국적으로 본범이 실행에 착수하였다면 (교사자의 입장에서는) 선의의 중간교사자에 대해서도 고의를 가지고 교사하였다고 볼 수 있을 뿐만 아니라 선의의 중간교사행위는 중요하지 않은 인과요소에 불과하다는 점에서 이전의 교사자에게 교사범의 성립을 인정하는 견해 등이 있다. 교사자는 피교사자가 누구인가를 알고 있을 것을 요하지 않으며, 이전의 교사자인 乙이 교사행위의 하나의 방법으로 선의의 제3자인 丙을 이용한 것으로 볼 수 있으므로 乙이 이러한 사실을 알고 있었다면 교사의 고의가 인정되기 때문에 乙은 교사범이 성립한다. 이것은 형법 제31조의 '죄'는 종국적으로 실현된 죄를 의미하며, 중간에 개입되는 개별적인 교사행위를 의미하는 것이 아니므로 형법과도 조화된다.

나. 미수의 교사

(1) 미수의 교사의 의의

미수의 교사란 피교사자가 미수에 그칠 것을 예상하면서 하는 교사를 말한다. 타인으로 하여금 범죄자로 처벌받게 하기 위하여 범행을 교사하고, 피교사자가 실행에 착수한 후 기수에 이르기 전에 체포하기 위하여 행하는 함정교사(소위, 아장 쁘로보까뙤르(agent provocateur))가 전형적인 경우이다. 이때 피교사자는 미수의 교사에 의하여 실행에 착수한 이상 범죄에 대한 기수의 고의와 실행행위가 있으므로 착수한 범죄의 미수범이 성립한다. 하지만 이때 교사자를 피교사자가 범한 미수범의 교사범으로 처벌할 것인가가 문제된다.

(2) 교사자의 처벌

(가) 피교사자의 행위가 미수에 그친 경우

미수의 교사에 있어서 교사자의 처벌 여부에 대하여는 ① 교사자의 고의는 피교사자인 정범이 범죄행위로 나온다는 것을 인식하거나 또는 범죄실행의 결의를 일으키는 의사로 충분하다는 입장(표상설)에서, 정범이 실행에 착수한 이상 교사범은 성립되고 교사자는 교사의 미수로 처벌된다는 견해와 ② 미수의 교사에 있어서는 교사자에게 구성요건적 결과에 대한 인식과 실현의사가 없으므로 교사의 고의가 부정되고, 따라서 미수의 교사를 한 사람은 교사범이 성립하지 않으므로 불처벌로 된다는 견해(다수설) 등이 있다.

교사자의 고의가 성립하기 위해서는 교사자에게 '기수의 고의'가 있을 것이 요구되지만 미수의 교사에 있어서는 교사자에게 기수의 고의가 결여되어 있으므로 미수의 교사는 교사행위에 해당하지 않는다. 따라서 미수의 교사에 있어서 교사자는 교사범으로 처벌할 수 없다. 다만, 피교사자는 실행한 범죄의 미수범이 성립한다.

(나) 미수의 교사를 하였으나 피교사자의 행위가 기수가 된 경우

교사자가 미수의 교사를 시도하였으나 피교사자의 행위가 기수가 된 경우, 즉 甲이 A의 금고가 비어있는 줄 알고 乙에게 절도를 교사하였으나 실제로는 A의 금고에 돈이 있었기 때문에 이를 절취한 경우를 말한다.

이때 교사자인 甲에게 교사범이 성립하는가에 대하여는 ① 교사자에게 결과발생에 대한 과실이 있었던 경우(주의의무위반)에 한하여 과실범이 성립한다는 견해(다수설)와 ② 과실에 의한 교사행위는 인정되지 않으며, 궁극적으로는 교사자의 교사행위에 의해 범행이 시작되었고, 나아가 기수에 이르게 하였다는 점에서 방조의 예에 따라 처벌하여야 한다는 견해 등이 있다.

교사자에게는 교사의 고의가 있어야 하고 과실에 의한 교사는 인정되지 않으므로 위 사례에서 甲은 교사범이 되지 않지만, 교사를 통해 피교사자의 범행에 기여한 점은 인정되므로 종범이 성립할 수 있다. 이때 피교사자는 실행한 범죄의 고의·기수범이 성립한다.

(다) 함정교사에서 교사자에게 기수의 고의가 있는 경우

교사자가 피교사자로 하여금 범행의 기수에까지 이르게 할 생각이었으나 종료단계에 도달하기 전에 체포할 생각이었던 경우, 즉 수사관 甲이 마약사범을 체포하기 위해 乙에게 마약거래를 교사한 후 마약거래가 이루어졌을 때 乙을 체포하려고 한 경우를 말한다.

이때 교사자인 甲에게 교사범이 성립하는가에 대하여는 ① 함정교사자가 기수의 고의로써 교사하였다면 교사범 성립을 위한 주관적 요건을 갖추었으므로 교사범으로 처벌하여야 한다는 견해, ② 현실적인 법익침해가 초래되는 종료시점 이전까지는 불가벌성을 인정하는 견해, ③ 법익침해의 위험성을 초래하였다는 점에서 형사처벌이 가능하다는 견해, ④ 함정교사자가 기수의 고의로써 교사하였으므로 이론적으로는 교사범 성립이 가능하지만, 이 경우에도 범행종료의사는 없었으므로 결국 행위반가치가 부정되어 처벌할 수 없다는 견해 등이 있다.

위 사례에서는 피교사자의 범행이 기수에 달하였다면 형법이론상 교사자에게 교사범이 성립하지만, 甲의 교사행위가 마약사범의 체포를 목적으로 한 부득이한 조치라고 평가되는 때에는 형사정책적 견지에서 처벌이 면제될 수 있을 것이다.

(라) 함정교사에서 범행종료 이후에 즉시 체포하려고 한 경우

교사자가 피교사자를 교사하여 범행을 하게 하고 범행이 종료된 후에 체포하려고 한 경우, 즉 수사관 甲이 마약사범인 乙로 하여금 마약거래를 하게 한 후에 마약사범 일당을 모두 체포할 목적으로 피교사자인 乙을 추적한 다음 그 본거지에서 체포하고자 한 경우를 말한다.

이 경우는 피교사자의 범행이 기수에 도달한 경우와 마찬가지로 교사자에게 교사범으로서의 형사책임이 인정된다. 다만, 교사자의 교사가 범죄피해자의 사전동의하에 행하여지거나 마약범죄와 같이 중대한 범죄의 적발을 위한 불가피한 수단으로서 행하여진 때에는 형사정책적 견지에서 처벌이 면제될 수 있을 것이다.

[함정수사와 신분비공개수사·신분위장수사] 아동·청소년의 성보호에 관한 법률에 따르면 사법경찰관리는 아동·청소년에 대한 디지털 성범죄를 수사함에 있어서 신분비공개수사와 신분위장수사가 허용된다(제25조의2). 따라서 디지털 성범죄 수사에 있어서 함정수사가 신분비공개수사 또는 신분위장수사의 방법에 의하여 행하진 경우에는 '법률에 의한 행위'에 해당하므로 형법 제20조의 정당행위에 해당하기 때문에 사법경찰관리는 교사범으로서의 죄책이 문제되지 않는다.

다. 교사범과 착오

(1) 피교사자에 대한 착오

피교사자에 대한 착오란 피교사자의 책임능력에 착오가 있는 경우를 말한다. 즉, 피교사자를 책임능력자로 알았으나 책임무능력자인 경우나 피교사자를 책임무능력자로 알았으나 책임능력자인 경우이다. 피교사자의 책임능력에 관한 인식은 교사자의 고의의 내용에 포함되지 않으므로 이 경우에는 모두 교사범이 성립된다(간접정범의 착오 참조).

(2) 실행행위의 착오

실행행위의 착오란 교사자의 교사내용과 피교사자의 실행행위가 다른 경우를 말한다.

(가) 구체적 사실의 착오

구체적 사실의 착오란 교사자의 고의내용과 피교사자의 실행행위가 동일한 구성요건에 해당하는 경우를 말한다. 예를 들면, 교사자가 A를 살해하라고 교사하였으나 피교사자가 B를 살해한 경우이다.

먼저, 피교사자의 범행이 방법의 착오에 해당하는 경우에는 교사자에게도 방법의 착오가 되고, 따라서 사실의 착오에 관한 일반이론이 적용된다. 따라서 위 사례는 법정적 부합설에 따르면 교사자에게는 피교사자가 실행한 범죄의 교사범이 성립하므로 B에 대한 살인죄의 교사범이 되는 반면, 구체적 부합설에 따르면 교사자에게는 실현된 범죄 즉, A에 대한 살인죄의 교사의 미수가 성립한다.

그러나 피교사자의 범행이 객체의 착오에 해당하는 경우에 대하여는 ① 피교사자의 객체의 착오는 교사자에게도 일어날 수 있으므로 교사자에게도 객체의 착오를 귀속시킬 수 있다는 견해와 ② 피교사자의 객체의 착오는 교사자에게는 방법의 착오가 된다는 견해 등이 있다. 전설에 따르면 구체적 부합설과 법정적 부합설 중 어느 설에 따르더라도 교사자에게는 발생결과에 대한 교사범이 성립한다. 그러나 후설에 따르면 교사자에 대하여 구체적 부합설에서는 교사한 범죄의 교사의 미수가 성립하는데 반해, 법정적 부합설에서는 발생결과에 대한 교사범이 성립한다. 한편, 위의 사례를 인과과정의 착오로 보되 중요하지 않은 착오로 인정하거나 객관적 귀속을 전제로 하여 교사자에게 고의귀속을 긍정하는 견해도 있다.

(나) 추상적 사실의 착오

추상적 사실의 착오란 교사자의 고의내용과 피교사자의 실행행위가 다른 구성요건에 해당하는 경우이다.

첫째, 피교사자가 교사내용보다 적게 실행한 경우이다. 피교사자가 교사자가 교사한 내용보다 경한 범죄를 실행한 경우이다. 이 경우에는 공범의 종속성에 의하여 교사자는 원칙적으로 피교사자가 실행한 범위 내에서만 책임을 진다. 다만, 교사한 중한 범죄는 교사의 미수가 되므로 예비·음모를 처벌하는 규정이 있으면 형법 제31조 제2항에 의해 교사한 중한 범죄의 예비·음모죄와 실행한 범죄의 교사범의 상상적 경합이 된다. 예를 들면, 교사자가 강도를 교사하였으나 피교사자가 절도에 그친 경우에는 교사자는 절도의 교사범과 강도의 교사의 미수로서 강도예비·음모죄의 상상적 경합이 되고, 중한 강도예비·음모죄로 처벌된다.

둘째, 피교사자가 교사내용을 초과하여 실행한 경우이다. 피교사자가 교사자가 교사한 내용보다 중한 범죄를 실행한 경우이다. 교사범은 원칙적으로 정범의 실행행위가 자신의 고의와 일치하는 범위에서만 책임을 지므로 정범이 교사내용을 초과하여 실행한 부분에 대하여는 책임을 지지 않는다.

（ⅰ) **양적 초과의 경우**, 즉 교사내용과 실행행위가 구성요건을 달리하지만 공통적 요소를 포함하고 있는 경우이다. 이때 교사자는 초과부분에 대하여는 책임을 지지 않는다. 예를 들면, 교사자가 절도를 교사하였으나 피교사자가 강도를 행한 경우에는 교사자는 절도죄의 교사범이 성립한다.

（ⅱ) **질적 초과의 경우**, 즉 피교사자가 교사받은 범죄와 전혀 다른 범죄를 실행한 경우이다. 이때 교사자는 피교사자가 실행한 범죄의 교사범이 아니라, 교사한

범죄의 교사의 미수가 되고, 그 예비·음모를 처벌하는 규정이 있으면 형법 제31조 제2항에 의하여 교사한 범죄의 예비·음모에 준하여 처벌받는다. 예를 들면, 교사자가 절도를 교사하였으나 피교사자가 살인죄를 범한 경우에는 교사자는 절도죄의 교사의 미수가 되고, 절도죄의 예비·음모는 처벌하지 않으므로 무죄가 된다. 반면에, 교사자가 살인을 교사하였으나 피교사자가 강도를 범한 경우에는 교사자는 살인죄의 교사의 미수가 되고, 형법 제31조 제2항에 의하여 살인죄의 예비·음모에 준하여 처벌된다.

그러나 추상적 사실의 착오의 경우에도 교사내용과 실행행위 사이에 본질적인 질적 차이가 없는 경우에는 교사자는 교사의 책임을 면하지 못한다. 따라서 교사자가 사기를 교사하였으나 피교사자가 공갈을 한 경우에는 공갈죄의 교사범이, 교사자가 공갈을 교사하였으나 피교사자가 사기를 행한 경우에는 사기죄의 교사범이 각각 성립한다.

(iii) **피교사자가 결과적 가중범을 범한 경우**, 즉 피교사자가 교사자가 교사한 범죄를 실행하는 과정에서 결과적 가중범의 결과를 실현한 경우이다. 이에 대하여는 ① 교사자에게 중한 결과에 대한 과실, 즉 중한 결과발생에 대한 예견가능성이 있는 때에 한하여 결과적 가중범의 교사범이 성립한다는 견해(다수설, 판례)와 ② 결과적 가중범에 관한 총칙규정은 정범에 관한 규정이므로 이를 공범에 적용하는 것은 불리한 유추해석이어서 교사자에게는 결과적 가중범의 교사범이 성립하지 않는다는 견해 등이 있다.

결과적 가중범에 있어서 중한 결과는 기본범죄에 내포되어 있는 위험이 실현된 것이므로 교사자에게 중한 결과에 대한 예견가능성이 있었다면 피교사자에 의해 초래된 중한 결과에 대해서도 형사책임을 부담하게 하는 것이 책임주의원칙에 부합한다. 따라서 교사자가 상해를 교사하였는데 피교사자가 상해치사를 범한 경우에는 교사자에게 사망이라는 결과에 대하여 과실 내지 예견가능성이 인정되면 상해치사죄의 교사범 성립을 인정하여야 한다.

[판례] 교사자가 피교사자에 대하여 상해 또는 중상해를 교사하였는데 피교사자가 이를 넘어 살인을 실행한 경우에, 일반적으로 교사자는 상해죄 또는 중상해죄의 죄책을 지게 되는 것이지만 이 경우에 교사자에게 피해자의 사망이라는 결과에 대하여 과실 내지 예견가능성이 있는 때에는 상해치사죄의 죄책을 지울 수 있다(2002도4089).

제5절 종범

제32조(종범) ① 타인의 범죄를 방조한 자는 종범으로 처벌한다.
　② 종범의 형은 정범의 형보다 감경한다.

1. 종범의 의의

　종범이란 타인의 범죄실행을 방조하는 것을 말한다(방조범). 형법 제32조 제1항에서는 "타인의 범죄를 방조한 자는 종범으로 처벌한다"고 규정하고 있다. '방조'란 정범의 구체적인 범행준비나 범행사실을 알고 그 실행행위를 가능·촉진·용이하게 하는 지원행위 또는 정범의 범죄행위가 종료하기 전에 정범에 의한 법익침해 또는 법익침해의 위험성을 강화·증대시키는 행위로서, 정범의 범죄실현과 밀접한 관련이 있는 행위를 말한다(2020도7866).

　종범은 행위지배가 없다는 점에서 기능적 행위지배가 있는 공동정범과 구별되고, 이미 범죄를 결의하고 있는 자에게 그 결의를 강화하거나 실행을 용이하게 한다는 점에서 타인에게 새로이 범죄의 결의를 생기게 하는 교사범과 구별된다.

[방조행위가 형법각칙상 독립한 구성요건으로 되어 있는 경우] 형법상 방조행위가 독자적인 구성요건으로 되어 있는 경우로는 간첩방조죄(제98조 제1항), 도주원조죄(제147조), 간수자의 도주원조죄(제148조), 아편흡식 등 장소제공죄(제201조 제2항), 자살방조죄(제252조 제2항) 등이 있다. 이들 죄에는 형법각칙이 우선 적용되므로 형법 제32조는 적용되지 아니한다.

2. 종범의 성립요건

종범이 성립하기 위하여는 방조자의 방조행위와 정범의 실행행위가 있어야 한다(공범종속성설).

가. 방조자의 방조

(1) 방조자의 방조행위

(가) 방조행위의 방법

방조행위는 정범의 실행행위를 용이하게 하는 직접·간접의 모든 행위를 말한다. 따라서 유형적·물질적 방조뿐만 아니라 정범에게 범행의 결의를 강화하도록 하는 것과 같은 무형적·정신적 방조행위까지도 이에 해당한다(2006도3615). 유형적·물리적 방조란 범행도구나 장소의 제공, 범행자금의 제공 등 거동방조를 말하며, 무형적·정신적 방조란 충고, 조언, 격려, 정보의 제공 등 언어방조를 말한다. 다만, 언어방조가 순수한 정신적 지원에 해당하는 경우에는 결과발생에 대하여 영향을 미쳤다는 것을 입증할 수 있어야 한다(예, 방조범의 격려로 인해 정범이 범행을 포기하지 않은 경우 등). 따라서 단순히 긍정적 태도에 그친 경우는 제외된다.

또한 간접방조, 즉 방조자가 정범의 실행행위를 직접 방조하지 않고 정범이 아닌 다른 사람을 통하여 정범의 범행을 도와주는 것도 방조에 해당한다. 방조의 방조, 교사의 방조, 방조의 교사가 이에 해당한다. 다만, 방조에 있어서는 종범과 정범 사이에 의사의 일치를 요건으로 하지 않으므로 방조자에게 방조의 의사가 있는 한 정범이 이를 알지 못한 상태에서 행하여진 편면적 방조도 방조가 된다. 예를 들면, 甲이 친구 乙이 절도를 하기 위해 타인의 집 담을 넘어가는 것을 우연히 발견하고 乙에게 알리지 않은 채로 乙을 도와 줄 의사로 망을 보았다면 甲은 乙의 절도죄의 종범이 된다.

[판례] 핵폐기장 설치 반대 시위의 일환으로 행하여진 대학생들의 시청 기습점거 시위에 대하여 전혀 모르고 있다가 시위 직전에 주동자로부터 지시를 받고 시위현장 사진촬영행위를 한 자에 대하여, 시위행위에 대한 공동정범으로서의 범의는 부정하고 방조범으로서의 죄책만 인정하였다. 즉, ① 피고인은 총학생회 사회부장으로 일하며 시위로 구속된 전력이 있는 자로서 이 사건 당일 대학교 총학생회 사무실에 있다가 원심 공동피고인 로부터 "대원을 데리고 시청사에 기습투쟁을 가고 있으니 사진촬영할 사람을 내보내라"는 말을 직접 들어 그 시위의 양상이 폭력적으로 전개될 가능성을 충분히 예상할 수 있었고, 촬영한 사진의 대다수도 사후 게시를 예상하여 촬영한 것으로서 인천시청 옥상에서 학생들이 구호를 외치는 장면이었던 점 등에서 위 원심 공동피고인 등의 범행을 충분히 인식하고 있었던 것으로 보이며, ② 위 원심 공동피고인으로서는 피고인으로 하여금 자신들의 시위현장을 사진으로 찍게 하여 사후에 일반대중이 볼 수 있도록 게시한다는 생각에서 이 사건 범행을 함에 있어 정신적으로 크게 고무되고 그 범행결의도 강화한 것으로 보이며, ③ 피고인은 위 원심 공동피고인 등의 범행을 돕겠다는 의도에서 이 사건 사진촬영 행위에 나아간 것으로 인정되는 점 등에 비추어 피고인의 이 사건 사진촬영행위 등은 이 사건 폭력행위, 시위, 공용물건손상 등 범행의 방조행위가 된다고 하지 않을 수 없다고 하였다(96도2427).

한편, 방조는 작위에 의하여 정범의 실행을 용이하게 하는 경우는 물론, 직무상 의무가 있는 사람이 정범의 범죄행위를 인식하면서도 그것을 방지하여야 할 제반 조치를 취하지 아니하는 부작위에 의하여 정범의 실행행위를 용이하게 한 경우에도 성립된다(통설, 95도2551). 다만, 부작위에 의한 방조가 성립하기 위해서는 방조자에게 보증인적 지위가 인정되어야 한다. 따라서 부모가 미성년자인 아들의 절도행위를 방지할 수 있었는데도 불구하고 방치하여 범죄행위를 하게 한 때에는 절도죄의 종범이 된다(전술 부작위범 참조). 그러나 정범이 부진정부작위범(진정신분범)인 경우에는 방조자가 보증인적 지위에 있지 않더라도 형법 제33조(후술 참조)에 의해 공동정범 또는 종범이 성립할 수 있다.

[부작위에 의한 공동정범과 종범의 구별] 정범이 작위범인 경우에 보증인적 지위를 가진 사람의 부작위에 의한 가담이 정범이 되느냐 공범이 되는가는 보증의무의 내용과 동가치성의 판단에 의하여 결정된다.

(나) 방조행위의 시기

방조행위는 실행의 착수 전·후를 불문하며, 결과가 발생하기 이전에는 언제든지 가능하다(판례). 계속범이나 범죄가 기수가 된 후에도 구성요건에 해당하는 법익침해가 계속되는 범죄(방화죄 등) 등의 경우에는 기수에 달한 뒤에도 범죄가 종료되기 이전에는 방조가 가능하다(승계적 종범). 이때 종범은 자기가 가담한 이후의 부분에 대하여만 책임을 진다. 그러나 범죄가 종료한 뒤에는 종범이 성립되지 않는다(사후방조).

[판례]　종범은 정범의 실행행위 중에 이를 방조하는 경우는 물론이고 실행의 착수 전에 장래의 실행행위를 예상하고 이를 용이하게 하는 행위를 하여 방조한 경우에도 정범이 그 실행행위에 나아갔다면 성립한다(2018도7658).

[판례]　정범이 침해 게시물을 인터넷 웹사이트 서버 등에 업로드하여 공중의 구성원이 개별적으로 선택한 시간과 장소에서 접근할 수 있도록 이용에 제공하면, 공중에게 침해 게시물을 실제로 송신하지 않더라도 공중송신권 침해는 기수에 이른다. 그런데 정범이 침해 게시물을 서버에서 삭제하는 등으로 게시를 철회하지 않으면 이를 공중의 구성원이 개별적으로 선택한 시간과 장소에서 접근할 수 있도록 이용에 제공하는 가벌적인 위법행위가 계속 반복되고 있어 공중송신권 침해의 범죄행위가 종료되지 않았으므로, 그러한 정범의 범죄행위는 방조의 대상이 될 수 있다. 따라서 저작권 침해물 링크 사이트에서 침해 게시물에 연결되는 링크를 제공하는 경우 등과 같이, 링크 행위자가 정범이 공중송신권을 침해한다는 사실을 충분히 인식하면서 그러한 침해 게시물 등에 연결되는 링크를 인터넷 사이트에 영리적·계속적으로 게시하는 등으로 공중의 구성원이 개별적으로 선택한 시간과 장소에서 침해 게시물에 쉽게 접근할 수 있도록 하는 정도의 링크 행위를 한 경우에는 침해 게시물을 공중의 이용에 제공하는 정범의 범죄를 용이하게 하므로 공중송신권 침해의 방조범이 성립한다. 다만, 행위자가 링크 대상이 침해 게시물 등이라는 점을 명확하게 인식하지 못한 경우에는 방조가 성립하지 않고, 침해 게시물 등에 연결되는 링크를 영리적·계속적으로 제공한 정도에 이르지 않은 경우 등과 같이 방조범의 고의 또는 링크 행위와 정범의 범죄 실현 사이의 인과관계가 부정될 수 있거나 법질서 전체의 관점에서 살펴볼 때 사회적 상당성을 갖추었다고 볼 수 있는 경우에는 공중송신권 침해에 대한 방조가 성립하지 않을 수 있다(2017도19025).

(다) 방조행위의 인과관계

종범이 성립하기 위하여는 방조행위와 정범의 실행행위 사이에 인과관계를 요하는가가 문제된다.

① **부정설**은 방조행위가 정범의 실행행위를 용이하게 하였다고 인정되면 충분하고, 그 자체가 정범의 실행행위의 원인이 될 필요는 없다는 견해이다. 이 설은 본범에 대한 방조행위는 종범 처벌규정에 의하여 성립과 처벌이 가능하며, 정범에 의해 야기된 결과를 방조자 자신의 것으로 귀속시킬 수도 없다는 것을 논거로 한다. 이에 따르면 방조자가 절도범에게 출입문열쇠를 제공하였지만 출입문이 열려 있어서 절도범이 열쇠를 사용하지 않은 경우에도 절도범의 방조가 인정된다.

② **긍정설**은 방조행위와 정범의 범죄 사이에 인과관계가 있을 것을 요하며, 적어도 방조행위가 그 범죄의 실행행위에 영향을 미쳤을 것을 요한다는 견해이다 (통설, 판례). 이 설은 부정설에 의하면 방조의 미수를 방조로 처벌하게 되어 불합리하고, 종범의 고의에는 본범의 결과발생에 대한 인과관계의 인식이 포함되어야 하므로 단순한 연대의식의 표시행위만으로는 종범이 될 수 없으며, 공범의 처벌근거를 타인의 범죄행위를 야기하거나 촉진시킨다는 점에서 인정한다고 하면 정범의 범죄행위에 어떠한 원인도 제공하지 않은 사람은 처벌할 필요가 없다는 것 등을 논거로 하고 있다.

부정설에 따르면 방조행위의 범위가 지나치게 확대될 우려가 있을 뿐만 아니라 방조의 기수와 기도된 방조를 구별하기 어렵게 되며, 공범종속성설에 따르면 종범을 처벌하기 위해서는 적어도 방조행위가 정범의 범행을 촉진하거나 정범을 통해 불법을 야기하여야 한다. 따라서 종범이 성립하기 위해서는 방조행위와 정범의 실행행위 사이에는 인과관계가 있어야 한다. 정범의 실행행위와 직접 관련성이 없는 행위를 도와주거나 정범의 구성요건실현에 아무런 영향을 주지 못한 행위는 방조행위가 될 수 없다(2015도12632). 예를 들면, 甲이 A(정범)에게 강도에 사용할 총을 제공하였으나 A가 이를 사용하지 않고 자기가 가지고 있는 칼만을 이용하여 범행한 경우에는 甲의 행위는 방조가 되지 않는다.

한편, 그 인과관계의 내용에 대하여는 ① 정범행위의 인과관계론을 그대로 적용하여 합법칙적 조건설 혹은 상당인과관계설에 따라 판단하여야 한다는 견해와 ② 방조행위에 의하여 결과발생의 위험을 증가시킨 행위에 대해서만 객관적 귀속을 인정하여야 한다는 견해 등이 있다. 종범을 처벌하기 위해서는 방조행위를 통해 정범의 결과발생에 기여할 것이 요구된다는 점에서 정범의 경우와 마찬가지로 합법칙적 조건설에 의하여 인과관계가 인정되는 것을 전제로 하여 결과발생의 위험을 증대시킨 경우에 객관적 귀속을 인정하여 방조행위로 처벌하여야 한다. 따라서 종범이 결과발생의 기회를 감소시키거나 정범의 계획보다 결과발생의 범위를 축소시킨 경우, 즉 위험감소의 경우에는 방조행위가 인정되지 않는다.

[판례] 간첩이라 함은 적국을 위하여 국가기밀을 탐지, 수집하는 행위를 말하는 것이므로 간첩방조죄가 성립하려면 간첩의 활동을 방조할 의사로서 그의 기밀의 탐지 수집행위를 용이하게 하는 행위가 있어야 하고 단순히 숙식을 제공한다거나 또는 무전기를 매몰하는 행위를 도와주었다거나 하는 사실만으로서는 간첩방조죄가 성립할 수 없다(85도2533).

(2) 종범의 고의

(가) 이중고의

종범이 성립하기 위해서는 이중의 고의를 요한다. 즉, 종범은 정범의 범죄실행을 방조한다는 인식, 즉 방조행위에 대한 고의(방조의 고의)와 정범의 행위가 구성요건적 결과를 실현한다는 인식, 즉 정범에 대한 고의(정범의 고의)를 요한다. 다만, 종범은 방조의 고의를 요하므로 과실에 의한 방조는 있을 수 없고, 경우에 따라서 과실범의 정범이 될 수 있을 뿐이다.

정범의 고의는 정범에 의하여 실현되는 범죄의 구체적 내용을 인식할 것은 요하지 않으며, 미필적 인식 또는 예견으로 충분하다(2018도7658). 따라서 정범의 범죄의 일시·장소, 객체 또는 구체적인 상황까지 인식할 필요가 없으며, 정범이 누구인지를 확정적으로 인식할 필요도 없다(2005도872). 정범에게 고의 이외의 특별한 주관적 구성요건요소(불법영득의사 등)의 인식을 요하는 경우에는 방조자에게도 이에 대한 인식이 있어야 한다. 그러나 방조행위가 있는 한 정범의 범행에 대하여 종범이 개인적으로 동의하지 않았거나 반대하였더라도 종범으로서의 고의가 부인되는 것은 아니다.

한편, 방조의 고의는 종범에게만 있으면 충분하고, 정범과 의사연락이 있을

것은 요하지 않는다. 따라서 정범이 종범의 방조행위를 알지 못한 경우(편면적 종범)
에도 종범이 성립한다.

(나) 기수의 고의

종범의 고의는 정범으로 하여금 구성요건결과를 실현하게 하려는 범죄기수에
대한 고의이어야 한다. 따라서 단순히 미수에 그치게 할 의사로 방조한 미수의 방
조나 정범의 범죄를 실현할 수 없는 수단을 제공하는 행위는 방조행위가 아니다.
따라서 살인을 위해 독약을 줄 것을 의뢰받은 약사가 소화제를 독약이라고 속이고
교부한 경우는 살인죄의 방조라고 할 수 없다. 설령, 방조자가 미수의 방조를 하였
으나 예상과 달리 정범의 행위가 기수에 이른 경우라고 하더라도 방조자는 고의가
조각되므로 종범이 성립되지 않는다. 이때 방조자에게 과실이 있는 경우에는 과실
에 의한 종범이 아니라 발생된 결과에 대한 과실범이 성립할 수 있다.

나. 정범의 실행행위

(1) 종범의 종속성

종범이 성립하기 위해서는 정범의 실행행위가 있어야 한다(공범종속성설, 판례).
이때 정범의 실행행위는 구성요건에 해당하는 위법한 행위임을 요한다(제한적 종속
형식). 다만, 정범의 행위는 고의범일 것을 요한다. 따라서 과실범에 대한 방조는
성립되지 않으며, 경우에 따라 간접정범이 될 수 있을 뿐이다.

> **[판례]** 방조범은 종범으로서 정범의 존재를 전제로 하는 것이므로, 정범의 범죄행위 없이
> 방조범만이 성립될 수는 없다(2016도12865).

(2) 실행행위의 정도

종범을 처벌하기 위해서는 정범이 처벌되어야 하므로 정범의 행위가 기수에
달하거나 적어도 가벌적 미수에 이르러야 한다. 기도된 방조(실패한 방조와 효과없는
방조)는 기도된 교사와 달리 형법상 처벌되지 않기 때문이다.

3. 종범의 처벌

종범은 정범의 형보다 감경한다(제32조 제2항). 정범이 미수에 그친 때에는 종범은 이중으로 형을 감경할 수 있다. 종범이 정범보다 불법이나 책임이 가볍기 때문이다. 그러나 감경대상이 되는 형은 법정형을 의미하므로 종범의 선고형이 정범의 선고형보다 중할 수도 있다. 또한 공범은 처벌에 있어서까지 정범에 대하여 종속되는 것은 아니므로 종범이 정범보다 먼저 처벌되더라도 상관없다. 다만, 자기의 지휘·감독을 받는 사람을 방조하여 결과를 발생하게 한 사람은 정범의 형으로 처벌한다(제34조 제2항).

한편, 종범은 공동정범 또는 교사범과 보충관계에 있으므로 공동정범이나 교사범이 성립하면 종범은 이에 흡수된다.

4. 관련문제

가. 방조의 방조, 교사의 방조, 방조의 교사

방조의 방조는 타인의 방조행위를 방조하는 것을 말한다. 간접방조나 연쇄방조의 경우가 이에 포함된다. 방조의 방조가 정범의 실행행위를 도와 준 것이라면 정범에 대한 방조행위가 되므로 종범이 될 수 있다. 예를 들면, 甲은 乙이 A의 강도행위를 도와주려는 것을 알고 乙에게 자신의 칼을 빌려주어 A에게 주도록 하였고, A가 이를 이용하여 강도죄를 범한 경우, 甲은 A의 강도죄의 종범이 된다(판례).

교사의 방조란 교사범이 정범에게 범죄를 결의하도록 교사하는 것을 도와주는 것을 말한다. 교사의 방조는 궁극적으로는 정범에 대한 방조행위가 되므로 정범에 대한 종범이 될 수 있다. 예를 들면, 甲은 乙이 공무원 A에게 자신의 친구인 丙으로부터 뇌물을 받도록 권유하는 것을 보고 이를 도와주고자 A로 하여금 乙의 말에 따르도록 설득하여 丙으로부터 뇌물을 받게 한 경우, 甲은 A의 뇌물죄의 종범이 된다.

종범의 교사란 정범의 범행을 도와주도록 교사하는 것을 말한다. 종범을 교사하는 것은 결국 정범에 대한 방조행위가 되므로 정범에 대한 종범이 될 수 있다.

예를 들면, 甲은 A가 절도하러 가는 것을 알고 乙로 하여금 따라가서 망을 봐주도록 권유하여 A가 절도하는 동안 乙이 망을 본 경우, 甲은 A의 절도죄의 종범이 된다.

나. 종범과 착오

종범의 착오에 관하여는 교사의 착오에 관한 이론이 그대로 적용된다. 따라서 양적 차이의 경우에는 구성요건이 중첩되는 부분에 한하여 방조죄의 책임을 지게 되므로, 정범이 종범의 인식보다 중한 범죄를 범한 경우에는 종범이 인식한 범위 내에서, 정범이 종범의 인식보다 경한 범죄를 범한 경우에는 정범의 실행행위 범위 내에서 종범의 죄책을 지게 된다. 또한 종범이 기본범죄를 방조하였으나 정범이 결과적 가중범을 범한 경우에도 중한 결과발생에 대한 예견가능성이 있는 경우에 한하여 결과적 가중범의 종범이 되고, 결과발생에 대한 예견가능성이 없는 경우에는 기본범죄의 종범이 성립한다.

[판례] 방조자의 인식과 정범의 실행간에 착오가 있고 양자의 구성요건을 달리한 경우에는 원칙적으로 방조자의 고의는 조각되는 것이나 그 구성요건이 중첩되는 부분이 있는 경우에는 그 중복되는 한도 내에서는 방조자의 죄책을 인정하여야 할 것이다(84도2987).

그러나 형법상 종범의 미수는 처벌하지 않으므로 정범의 질적 초과의 경우에는 종범은 처벌되지 않는다. 따라서 甲은 乙이 절도행위를 하는 줄 알고 도와주었으나 실제로는 乙이 살인을 한 경우에는 甲은 절도죄의 방조미수가 성립하고, 따라서 불처벌로 된다.

제6절 공범과 신분

제33조(공범과 신분) 신분이 있어야 성립되는 범죄에 신분 없는 사람이 가담한 경우에는 그 신분 없는 사람에게도 제30조부터 제32조까지의 규정을 적용한다. 다만, 신분 때문에 형의 경중이 달라지는 경우에 신분이 없는 사람은 무거운 형으로 벌하지 아니한다.

1. 공범과 신분의 논의사항

공범과 신분의 문제는 범죄의 성립이나 형의 가감에 신분이 영향을 미치는 경우에 신분 있는 사람과 신분 없는 사람이 공범관계에 있을 때에 이것을 어떻게 취급할 것인가에 대한 것이다. 형법 제33조는 "신분이 있어야 성립되는 범죄에 신분 없는 사람이 가담한 경우에는 그 신분 없는 사람에게도 제30조부터 제32조까지의 규정을 적용한다. 다만, 신분 때문에 형의 경중이 달라지는 경우에 신분이 없는 사람은 무거운 형으로 벌하지 아니한다"라고 규정하고 있다. 이 규정에 대하여 본문은 공범의 종속성에 대하여 규정하고 있음에 반하여, 단서는 공범의 독립성 또는 책임의 개별성을 규정한 것으로 설명되기도 한다.

2. 신분의 의의와 종류

가. 신분의 의의

형법상 '신분'은 남녀의 성별, 내외국인의 구별, 친족관계 또는 공무원의 자격뿐만 아니라 널리 일정한 범죄행위에 대한 범인의 인적 관계인 특수한 지위나 상태를 가리킨다(93도1002). 신분이 범죄의 성립이나 형의 가감에 영향을 미치는 범죄를 신분범이라 한다.

신분은 행위자관련적 요소이므로 행위관련적 요소인 고의, 동기, 목적 등은 신분에 포함되지 않는다. 판례는 모해목적위증죄(제152조 제2항)의 모해목적을 신분요소로 이해하지만, 목적범의 목적은 행위관련적 요소이므로 신분요소라고 할 수 없다.

[판례] 형법 제152조 제1항과 제2항은 위증을 한 범인이 형사사건의 피고인 등을 '모해할 목적'을 가지고 있었는가 아니면 그러한 목적이 없었는가 하는 범인의 특수한 상태의 차이에 따라 범인에게 과할 형의 경중을 구별하고 있으므로, 이는 바로 형법 제33조 단서 소정의 "신분관계로 인하여 형의 경중이 있는 경우"에 해당한다고 봄이 상당하다(93도1002).

신분은 계속성을 가질 것을 요하는가에 대하여는 ① 일신전속적 상태가 반드시 계속적일 필요가 없다는 입장에서 신분의 계속성을 요하지 않는다는 견해와 ② 신분이라는 용어의 특성상 어느 정도의 계속성을 요한다는 견해 등이 있다. 형법에서는 신분범을 일반범과 구분하여 그에 대한 법적 취급을 달리하고 있다는 점에서 신분은 어느 정도의 계속성이 있어야 한다.

나. 신분의 종류

(1) 형식적 분류방법

형식적으로 분류방법에 따르면 신분은 구성적 신분, 가감적 신분, 소극적 신분으로 구분된다(통설).

(가) 구성적 신분

구성적 신분은 일정한 신분이 있어야 범죄가 성립하는 경우의 신분을 말하며, 이것은 가벌성을 구성하는 요소로서의 기능을 가진다. 수뢰죄(제129조)의 공무원, 위증죄(제152조)의 선서한 증인, 허위진단서작성죄(제233조)의 의사, 횡령죄(제355조 제1항)의 타인의 재물을 보관하는 자 등이 구성적 신분에 해당한다. 구성적 신분을 가진 사람에 의한 범죄를 진정신분범이라고 한다.

(나) 가감적 신분

가감적 신분은 신분이 없는 사람이 범죄를 범한 경우에도 범죄는 성립하지만 신분에 의하여 형벌이 가중되거나 감경되는 경우의 신분을 말하며, 이것은 형벌을 가감하는 인적 요소로서의 기능을 한다. 존속살해죄(제250조 제2항)의 직계비속, 업무상 횡령죄(제356조 제1항)의 업무자 등이 가중적 신분에 해당한다. 가감적 신분을 가진 사람에 의한 범죄를 부진정신분범이라고 한다.

(다) 소극적 신분

소극적 신분은 신분으로 인하여 범죄의 성립 또는 형벌이 조각되는 경우의 신분을 말한다. 이에는 (ⅰ) 불구성적 신분(위법조각신분, 예, 의료법위반에 있어서 의사, 변호사법위반에 있어서 변호사의 신분 등), (ⅱ) 책임조각신분(예, 만14세 되지 아니하는 사람 등), (ⅲ) 처벌조각신분(예, 친족상도례(제328조)에서의 친족의 신분 등)이 있다.

(2) 실질적 분류방법

실질적 분류방법은 불법의 연대성과 책임의 개별성을 고려한 분류방법으로서, 위법신분과 책임신분으로 구분된다.

(가) 위법신분

위법신분은 신분이 정범행위의 결과불법에 영향을 주는 기능을 하는 경우로서, 모든 공범에게 연대적으로 작용하여 비신분자도 신분자와 같이 취급된다. 이에는 제33조 본문이 적용된다고 한다.

위법신분은 다시 적극적 위법신분과 소극적 위법신분으로 나뉘어진다. (ⅰ) **적극적 위법신분**에는 일정한 신분자가 아니면 행위주체가 될 수 없는 구성적 위법신분과 신분에 의하여 불법이 가중되거나 감경되는 가감적 위법신분이 있다. 수뢰죄(제129조)의 공무원, 위증죄(제152조)의 선서한 증인, 횡령·배임죄(제355조)의 업무자 등이 전자에 해당하고, 도주원조죄(제148조)의 간수자, 직권남용죄(제123조, 제125조)의 공무원 등이 후자(가중)에 해당한다. (ⅱ) **소극적 위법신분**은 신분이 있음으로 인해 위법성이 조각되는 신분, 즉 위법성조각적 신분을 의미한다. 의료법위반죄에서 의사, 변호사법위반죄에서 변호사 등이 이에 해당한다.

(나) 책임신분

책임신분은 신분이 행위자의 책임비난에 영향을 주는 경우로서 책임개별화의 원칙이 적용되어 비신분자와 신분자를 구별한다. 이에는 제33조 단서가 적용된다고 한다.

책임신분은 다시 적극적 책임신분과 소극적 책임신분으로 나뉘어져 있다. (ⅰ) **적극적 책임신분**은 책임비난을 가중시키는 가중적 책임신분과 책임비난을 감경하는 감경적 책임신분이 있다. 존속살해죄의 직계비속 등이 전자에 해당하고,

한정책임능력자(제10조 제2항, 제11조), 형이 감경되는 중지미수범(제26조), 자수·자복한 사람(제52조) 등이 후자에 해당한다. (ⅱ) **소극적 책임신분**은 책임을 조각하는 신분을 말한다. 책임무능력자(제9조, 제10조 제1항), 책임이 면제되는 중지미수범과 자수·자복한 사람, 범인은닉죄(제151조 제2항)와 증거인멸죄(제155조 제4항)의 친족·동거가족 등이 이에 해당한다.

(3) 결어

실질적 분류방법은 동일한 내용의 신분이 구성적 또는 가감적으로 기능하는 경우에는 통설적인 방법에 의하면 불합리하다는 것을 근거로 한다. 그러나 위법신분과 책임신분의 구별이 명확하지 않으며, 위법신분이면서 가중적 신분을 가진 정범에게 가공한 비신분자에게도 형법 제33조 본문을 적용한다고 함으로써 제33조 단서의 규정과 배치되는 모순이 있다는 점에서 통설이 타당하다.

3. 형법 제33조 본문의 해석

형법 제33조의 본문은 "신분이 있어야 성립되는 범죄에 신분 없는 사람이 가담한 경우에는 그 신분 없는 사람에게도 제30조부터 제32조까지의 규정을 적용한다"라고 규정함으로써 비신분자는 단독으로 신분범의 정범이 될 수는 없지만 신분범의 공범은 될 수 있다고 한다.

가. '신분이 있어야 성립되는 범죄'의 의미

형법 제33조의 본문의 의미에 대하여는 견해가 나뉘어져 있다.

① **다수설**은 형법 제33조 본문은 진정신분범의 성립과 처벌근거에 관한 규정으로 이해한다(종속적 신분·비종속적 신분 구별설). 이 설은 소수설에 따르면 진정신분범에 대하여는 과형에 관한 규정이 없게 되며, 부진정신분범은 신분관계로 인하여 성립될 범죄가 아니라는 점 등을 그 논거로 한다.

② **소수설**은 형법 제33조 본문은 진정신분범과 부진정신분범의 성립근거에 관한 규정이고, 단서는 부진정신분범의 과형에 대한 규정으로 이해한다(신분의 종속·과형의 개별화설). 이 설은 다수설에 따르면 부진정신분범에 대하여는 공범성립

의 근거규정이 없게 되며, 형법 제33조 단서가 부진정신분범의 과형에 대하여만 규정한 것이 명백하므로 본문을 진정신분범에 제한하여 적용해야 할 근거가 없다는 점 등을 그 논거로 한다. 판례는 소수설을 취하고 있다.

[판례] 업무상의 임무라는 신분관계가 없는 사람이 그러한 신분관계 있는 사람과 공모하여 업무상배임죄를 저질렀다면, 그러한 신분관계가 없는 공범에 대하여는 형법 제33조 단서에 따라 단순배임죄에서 정한 형으로 처단하여야 한다. 이 경우에는 신분관계 없는 공범에게도 같은 조 본문에 따라 일단 신분범인 업무상배임죄가 성립하고 다만 과형에서만 무거운 형이 아닌 단순배임죄의 법정형이 적용된다(2018도10047).

형법 제33조는 처벌을 확장하는 예외규정이므로 본문의 '신분관계로 인하여 성립될 범죄'란 문언의 해석을 엄격하게 할 것이 요구되므로 '전 3조의 규정을 적용한다'라는 것은 진정신분범에 있어서 비신분자가 신분자에 가공한 경우에는 범죄의 성립뿐만 아니라 처벌에 있어서도 신분자에 따른다는 의미로 해석하여야 한다. 따라서 형법 제33조 본문은 비신분자도 진정신분범의 공범이 성립될 수 있다는 것을 규정한 것으로 이해해야 한다. 이에 따르면 공무원인 甲이 뇌물을 수수하는데 비공무원인 乙이 관여하게 되면 乙도 수뢰죄의 공범이 된다. 다만, 소수설에 따르더라도 진정신분범에 있어서의 이론적 귀결은 같다.

〈참고〉 위법신분·책임신분 구별설에 따르면 본문의 신분은 위법신분이므로 비신분자인 공범자에게 당연히 종속되고, 단서의 신분은 책임신분이므로 공범자에게 종속되지 않는다고 한다. 따라서 위법신분일 경우에 신분은 비신분자에게도 종속되므로 비신분자에게도 신분범의 공범이 성립되고 처벌도 신분범죄의 법정형에 종속되는 반면, 책임신분일 경우에 신분은 비신분자에게 종속되지 않으므로 비신분자에게는 신분범이 아니라 통상의 범죄의 공범이 성립하고 처벌도 통상의 범죄의 법정형에 따르게 된다고 한다.

나. '제30조부터 제32조까지의 규정을 적용한다'의 의미

공범종속성설에 의하면 신분범에 있어서 종속성이 인정되는 협의의 공범(교사범·종범)은 비신분자라고 하더라도 정범에게 신분이 있는 한 신분범의 공범이 될 수 있다. 반면에, 진정신분범에 있어서는 신분 있는 사람만이 정범적격을 가지므로 진정신분범의 공동정범이 되기 위해서는 범죄자 각자에게 신분이 있어야 한다. 하지만 형법은 예외적으로 비신분자도 진정신분범의 공동정범이 될 수 있음을 규정하고 있다(간접정범과 신분에 대하여는 간접정범 참조).

4. 형법 제33조 단서의 해석

형법 제33조 단서는 "신분 때문에 형의 경중이 달라지는 경우에 신분이 없는 사람은 무거운 형으로 벌하지 아니한다"라고 규정하고 있다. '신분관계로 인하여 형의 경중이 있는 경우'란 가감적 신분범을 의미한다. 따라서 형법 제33조 단서는 부진정신분범의 과형에 관한 규정으로서 교사범·종범뿐만 아니라 공동정범에도 적용된다. 다만, 단서가 부진정신분범의 공범성립의 근거가 될 수 있느냐에 대하여는 학설상 다툼이 있다.

가. 형법 제33조 단서의 적용범위

형법 제33조 단서의 적용범위에 대하여는 ① 제33조 본문의 적용범위에 관한 소수설(판례)은 부진정신분범에 있어서도 비신분자는 본문에 의하여 부진정신분범의 공범이 되고, 그 과형만 제33조 단서에 의하여 결정된다고 한다. 반면, ② 제33조 본문의 적용범위에 관한 다수설은 제33조 단서를 부진정신분범의 공범성립과 그 과형에 대한 규정으로 이해한다. 후설에 따르면 비신분자가 신분자의 범행에 가담한 경우에는 신분자는 부진정신분범의, 비신분자는 일반범죄의 공동정범이 된다. 따라서 甲과 乙이 甲의 아버지를 살해한 경우에 전설에 따르면 甲과 乙은 존속살해죄의 공동정범이 되고, 단서규정에 의하여 乙은 보통살인죄로 처벌되는 반면, 후설에 따르면 甲은 존속살해죄, 乙은 보통살인죄가 각각 성립하고, 각 범죄에 정한 형에 따라 처벌된다.

나. '무거운 형으로 벌하지 아니한다'의 의미

다수설에 따르면 형법 제33조 단서가 비신분자를 '무거운 형으로 벌하지 아니한다'고 규정한 것은 공범에 있어서 책임개별화의 원칙을 선언한 것이다. 따라서 가중적 신분범의 경우에는 비신분자는 신분범의 공범이 아니라 일반범죄의 공범이 되어 중한 형으로 벌하지 아니하게 된다. 따라서 비신분자가 신분자에 가공하여 존속살해죄를 범한 경우에 비신분자는 가공정도에 따라 보통살인죄의 공동정범·교사범·종범이 된다.

　　그러나 형법에서는 감경적 신분범에 대하여는 규정을 두고 있지 않다. 따라서 이에 대하여는 ① 형법이 명문으로 중한 형으로 벌하지 아니한다고 규정하고 있는 이상 비신분자는 언제나 경한 죄로 처벌하여야 한다는 견해와 ② 형법 제33조 단서는 책임개별화의 원칙을 규정한 것에 지나지 않으며, 형의 가중 또는 감경사유는 언제나 신분자에게 일신전속적이므로 공범에게는 미치지 않는다는 견해(다수설)가 있다. 형법 제33조 단서는 비신분자에 대하여 신분에 따른 불이익을 가해서는 아니 된다는 뜻이지 비신분자를 항상 가볍게 처벌할 것을 요구하는 것은 아니고, 이것은 개인책임의 원칙에도 합치한다. 따라서 비신분자가 감경적 신분범에 관여한 경우에는 비신분범이 성립·처벌된다. 즉, 직계존속이 비신분자와 함께 영아살해죄를 범한 경우에 범행에 관여한 비신분자는 보통살인죄가 성립하고, 보통살인죄로 처벌된다.

5. 소극적 신분과 공범

　　소극적 신분과 공범의 관계에 대하여 형법에서는 규정을 두고 있지 않다. 이에 양자의 관계에 대하여는 ① 형법상 규정이 불비하므로 공범의 종속성에 관한 일반이론에 따라 해결해야 한다는 견해(다수설)와 ② 형법 제33조의 신분에는 소극적 신분도 포함되며, 형법 제33조가 '신분이 있어야 성립되는 범죄', '신분 때문에 형의 경중이 달라지는 경우'라고 규정하고 있을 뿐이므로 소극적 신분의 경우에도 형법 제33조를 적용하여야 한다는 견해 등이 있다.

　　형법 제33조에서 '신분이 있어야 성립되는 범죄'란 신분이 범죄성립요소로 작용하는 경우를 의미한다고 할 것이므로 신분이 범죄불성립요소로 작용하는 경우가 포함된다고 해석하는 것은 법문의 문언을 벗어난 해석이 된다. 또한 처벌조각신분의 경우는 형법 제33조를 적용할 수 없는 한계를 가지게 된다. 따라서 소극적 신분범의 경우에 신분자와 비신분자의 공범성립을 논함에 있어서는 제한적 종속형식에 따라 해결하여야 한다.

가. 불구성적 신분과 공범

불구성적 신분을 가진 사람의 행위에 비신분자가 교사·방조한 때에는 신분자의 행위는 적법행위가 되어 범죄를 구성하지 않으므로 이에 종속하여 비신분자도 처벌되지 않는다. 따라서 의사 아닌 사람이 의사를 교사하여 치료행위를 하게 하더라도 의료법위반의 문제는 발생하지 않는다.

그러나 불구성적 신분자가 비신분자를 교사·방조한 때에는 형법 제33조의 취지에 따라 그 범죄의 교사범 또는 종범이 성립한다. 즉, 의사 아닌 사람의 치료행위에 의사가 관여한 경우에는 비신분자인 정범이 처벌되므로 이에 종속하여 신분자인 의사도 의료법위반의 공범으로 처벌된다. 다만, 신분자와 비신분자가 공동정범의 형식으로 관여한 때에 대하여는 ① 신분자와 비신분자가 공동정범이 된다는 견해, ② 비신분성이 정범표지로 되므로 비신분자는 정범이 되지만 신분자는 무죄가 된다는 견해 등이 있다. 신분자가 비신분자의 범행에 대하여 기능적 행위지배가 있으면 정범의 불법성이 인정되므로 위 사례에서 신분자는 비신분자와 공동정범이 된다(2001도2015).

한편, 필요적 공범인 대향범에 있어서는 형법총칙 규정이 적용되지 않으므로 변호사 아닌 사람이 변호사를 고용하여 법률사무소를 개설·운영한 경우에도 변호사는 변호사법위반죄의 공범으로 처벌할 수 없고(2004도3994), 일반인이 세무사의 사무직원으로부터 그가 직무상 보관하고 있던 임대사업자 등의 인적 사항 등을 교부받더라도 세무사법상 직무상 비밀누설죄의 공동정범에 해당하지 않는다(2007도6712).

나. 책임조각신분과 공범

책임무능력자 등 책임조각신분자의 행위에 비신분자가 가공한 때에는 신분자는 책임이 조각되어 처벌되지 않지만, 비신분자의 범죄성립에는 영향을 미치지 않으므로 가공정도에 따라 공동정범, 교사범, 종범이 성립한다. 다만, 책임조각신분자를 교사·방조한 비신분자에게 의사지배가 인정되면 간접정범이 성립될 수 있다. 따라서 제한종속형식에 따르면 15세인 甲이 13세인 乙의 절도행위에 관여한 경우에는 乙은 책임무능력자이므로 처벌되지 않지만 甲은 행위지배의 정도에 따라 간접정범 또는 공범이 성립한다.

한편, 책임조각신분자가 비신분자의 행위에 가공한 때에는 비신분자는 당해 범죄의 정범으로 처벌되지만 가공한 신분자는 책임이 조각된다. 즉, 15세인 甲의 절도행위를 도와주기 위하여 13세인 乙이 망을 본 경우에 甲은 절도죄가 성립하지만, 乙은 정범의 처벌에 상관없이 책임무능력자이므로 책임이 조각되어 처벌되지 않는다.

그러나 상대적 책임조각신분범의 경우는 견해가 나뉘어져 있다. 즉, 아버지(신분자)가 비신분자를 교사하여 살인죄를 범한 자신의 아들을 은닉하게 함으로써 범인은닉죄(제151조 제1항)를 범하게 한 경우에 대하여는 ① 신분자는 책임이 조각되므로 교사범이 성립되지 않는다는 견해와 ② 신분자가 책임조각대상범죄를 직접 범행을 한 것이 아니라 비신분자의 범행에 관여한 것이므로 불법성이 인정되어 책임이 조각되지 않고 교사범으로 처벌된다는 견해(판례) 등이 있다. 신분자에게 특수한 신분관계를 이유로 책임조각을 인정하는 것은 자신이 범행을 한 경우이지 다른 사람의 범행에 관여한 경우까지 포함된다고 할 수 없으므로 신분자가 비신분자의 범죄를 교사한 경우에는 교사범으로 처벌하여야 한다.

[판례] 형법 제151조 제1항에서 정한 '죄를 범한 자'가 자신을 위하여 타인으로 하여금 범인도피죄를 범하게 하는 행위는 방어권의 남용으로 범인도피교사죄에 해당한다(2013도152).

다. 처벌조각신분과 공범

처벌조각신분자의 행위에 비신분자가 가공한 때에는 신분자는 범죄가 성립하지만 처벌이 배제되는 반면, 비신분자는 범죄가 성립하고, 그에 따라 처벌된다. 즉, 甲이 乙로 하여금 乙의 아버지 A의 지갑을 훔치도록 교사한 때에는 乙은 절도죄가 성립되지만 친족상도례 규정(제328조 제1항)의 적용에 의하여 그 형이 면제되는 반면, 신분이 없는 甲은 절도죄의 교사범으로 처벌된다.

한편, 처벌조각신분자가 비신분자의 행위에 가공한 경우에 비신분자는 당해 범죄의 정범으로 처벌되지만 가공한 신분자의 범죄의 성립 여부에 대하여는 견해가 나뉘어져 있다. 즉, 甲이 乙을 교사하여 甲의 아버지 A의 지갑을 훔치게 한 경우에 乙은 절도죄가 성립한다. 반면, 甲의 죄책에 대하여는 ① 형면제에 관한 친족상도례에 관한 규정은 신분자의 실행행위가 직접적인가 간접적인가 묻지 않으며, 책임개별화의 원칙에 따르면 교사범이나 종범의 경우에도 정범의 처벌과 관계없이 신분자는 처벌을 면제하여야 하므로 절도교사죄가 성립하지만 형의 면제를 인정하여야 한다는 견해(다수설)와 ② 신분자가 비신분자를 교사한 경우에는 새로운 범인을 창조한 것이므로 신분자는 교사범으로 처벌하여야 한다는 견해 등이 있다. 신분자에게 처벌조각을 인정하는 것은 신분에 기초하여 예외적으로 처벌하지 않는 것이지만 단독범행이 아니라 비신분자의 범죄에 관여한 경우에는 새로운 불법을 야기한 것이므로 위 사례에서 신분자인 甲에게는 비신분자인 乙의 범행에 대한 공범성립을 인정하여야 한다.

6. 신분자가 비신분자에게 가공한 경우

형법 제33조에서는 비신분자가 신분자의 범행에 가공한 경우에 대하여 규정하고 있는 반면, 신분자가 비신분자의 범행에 가공한 경우에 대하여는 규정을 두고 있지 않다.

가. 진정신분범의 경우

신분자가 비신분자를 교사·방조하여 진정신분범을 범하게 한 경우에는 공범의 종속성에 관한 일반원칙에 의하여 해결하여야 한다. 이때 신분자는 처벌되지 않는 비신분범, 즉 신분 없는 고의 있는 사람의 행위를 이용한 것이므로 간접정범이 성립한다(다수설). 예를 들면, 공무원 甲이 비공무원 乙을 교사하여 乙로 하여금 뇌물을 받아 오게 한 경우에 乙은 신분이 없으므로 진정신분범인 수뢰죄의 구성요건에 해당하지 않기 때문에 甲에게 의사지배가 인정되면 수뢰죄의 간접정범이 성립한다.

나. 부진정신분범의 경우

신분자가 비신분자의 범행에 가공하여 부진정신분범을 범하는 경우이다.
첫째, 가중적 신분범의 경우이다. 甲이 乙을 교사하여 자신의 아버지 A를 살해하게 한 경우에 乙은 보통살인죄가 성립하는 반면, 甲의 죄책에 대하여는 ① 형법 제33조 단서를 적용하여 범죄의 성립과 처벌을 개별화하여야 한다는 견해(다수설,

판례)와 ② 공범종속성에 관한 일반원칙에 따라 형법 제31조 제1항을 적용하여야 한다는 견해 등이 있다. 위 사례에서 전설에 따르면 신분자인 甲은 신분에 의하여 부진정신분범인 존속살해죄의 교사범이 성립한다. 반면, 후설에 따르면 공범은 정범의 불법에 종속하여야 하므로 甲은 비신분범인 보통살인죄의 교사범이 성립한다.

형법 제33조의 입법취지 및 형법상 가중구성요건을 둔 이유를 고려할 때 신분자가 비신분자의 범행에 관여한 경우에도 형법 제33조를 형법 제31조나 제32조에 우선하여 적용하여야 한다. 따라서 형법 제33조의 단서의 규정에 따르면 甲은 존속살해죄의 교사범이 된다.

> **[판례]** 형법 제31조 제1항은 협의의 공범의 일종인 교사범이 그 성립과 처벌에 있어서 정범에 종속한다는 일반적인 원칙을 선언한 것에 불과하고, 신분관계로 인하여 형의 경중이 있는 경우에 신분이 있는 사람이 신분이 없는 사람을 교사하여 죄를 범하게 한 때에는 형법 제33조 단서가 형법 제31조 제1항에 우선하여 적용됨으로써 신분이 있는 교사범이 신분이 없는 정범보다 중하게 처벌된다(93도1002).

둘째, 감경적 신분범의 경우이다. 신분자(甲)가 비신분자(乙)를 교사하여 감경적 신분범을 범한 경우에 전술한 ①설에 따르면 乙은 비신분범, 甲은 비신분범의 교사범이 성립하지만, ②설에 따르면 형법 제33조의 단서규정의 취지에 따라 책임개별화의 원칙을 적용하면 비신분자인 乙은 비신분범, 甲은 신분범의 교사범이 성립한다.

다. 구성적 신분자의 행위에 가감적 신분자가 가공한 경우

정범과 공범이 모두 구성적 신분을 가지고 있지만 공범이 정범과 달리 추가적으로 가감적 신분을 가진 경우, 즉 타인의 사무를 처리하는 사람인 甲이 배임죄를 범한 경우에, 이에 가공한 乙이 타인의 사무를 처리하는 사람일 뿐만 아니라 업무자로서 가감적 신분자인 경우에 그 죄책이 문제된다. 이 사례에서 甲은 업무상배임죄와의 관계에서는 비신분자이므로 형법 제33조 단서를 적용하게 되면 甲은 단순배임죄의 정범, 乙은 업무상배임죄의 공범이 성립한다(다수설).

제 8 장

죄수론

제1절 죄수 일반이론

1. 죄수론의 의의

죄수론이란 범죄의 수가 몇 개이고, 이를 어떻게 처벌할 것인가에 관한 이론이다. 범죄론이 한 개의 범죄성립 여부를 심사하는 과정의 문제인 반면, 죄수론은 범죄의 개수를 밝히는 이론이다. 또한 공범론은 2인 이상이 한 개의 범죄에 가공한 경우를 문제로 하는 것임에 대해, 죄수론은 1인의 행위자가 범한 범죄의 개수에 관한 이론이다. '죄'란 범죄구성요건에 해당하고 위법·유책한 행위를 말한다.

범죄론의 심사에 의해 인정된 범죄행위의 수가 한 개인가 또는 여러 개인가에 대한 확정은 양형의 기초가 되어 범죄론과 형벌론의 연결기능을 담당하는 것은 물론, 공소의 효력, 기판력의 범위 등 형사소송법에서도 중요한 의미를 가진다.

2. 죄수결정의 기준

가. 행위표준설

행위표준설은 객관주의에서 주장되는 것으로서, 죄수를 행위의 수에 따라 결정하려는 견해이다. 이 설은 행위개념에 대하여 ① 자연적 의미의 행위로 이해하는 견해와 ② 법적·사회적 의미의 행위로 이해하는 견해 등이 있다. 전설에 따르면 결합범이나 계속범은 여러 개의 행위가 되는 반면, 후설에 따르면 동일한 구성요건이 여러 개의 행위태양을 허용하고 있는 협의의 포괄일죄(예, 뇌물죄 등), 결합범, 계속범, 접속범 또는 연속범은 한 개의 죄가 된다. 오늘날 행위표준설을 주장하는 견해는 후설에 따르고 있다. 판례는 강간죄, 강제추행죄, 공갈죄 등에서 행위표준설을 취하고 있다.

이 설에 대하여는 형법 제40조의 '한 개의 행위가 여러 개의 죄에 해당하는 경우'인 상상적 경합을 설명하기 어렵고, 여러 개의 행위로 한 개의 죄를 범한 경우를 설명하기 어렵다는 비판이 있다.

> **[판례]** 미성년자의제강간죄 또는 미성년자의제강제추행죄는 행위시마다 한 개의 범죄가 성립한다(82도2442).

나. 의사표준설

의사표준설은 주관주의에서 주장되는 것으로서, 죄수를 행위자의 범죄의사의 수에 따라 결정하려는 견해이다. '범죄의사'는 고의적 의사뿐만 아니라 과실적 의사도 포함한다. 이 설에 따르면 상상적 경합과 연속범도 의사의 단일성이 인정되므로 한 개의 죄가 된다. 판례는 단일한 범죄의사 하에 같은 종류의 행위를 계속·반복한 때에는 포괄일죄를 구성한다고 한다.

이 설에 대하여는 범죄의사의 단일 여부를 판단하는 기준이 불명확하고, 죄수를 범죄의사에 의해서만 결정하는 것은 범죄의 정형성을 무시하는 것이며, 단일한 범죄의사에 의해서 다수의 범죄결과가 발생한 경우를 한 개의 죄라고 하는 것은 부당하다는 비판이 있다.

[판례] 피고인이 뇌물수수의 단일한 범의의 계속하에 일정기간 같은 종류행위를 같은 장소에서 반복한 것이 분명하므로 피고인의 여러 번에 걸친 뇌물수수행위는 포괄일죄를 구성한다고 해석함이 상당하다(81도1409).

다. 법익표준설

법익표준설은 객관주의에 기초한 것으로서, 범죄행위로 인하여 침해되는 보호법익의 수나 결과의 수에 따라 죄수를 결정하려는 견해이다. 이 설에 따르면 한 개의 행위가 여러 개의 법익을 침해하면 여러 개의 죄가 성립하므로 상상적 경합의 경우도 실질상 여러 개의 죄가 되지만 과형상 일죄로 취급하는 결과가 된다. 판례는 포괄일죄(연속범의 경우는 제외)의 경우는 여러 개의 행위를 포괄하여 한 개의 죄가 성립한다고 한다.

이 설에 대하여는 여러 개의 법익침해가 한 개의 범죄를 구성하는 경우를 설명하지 못하며, 연속범이나 통화위조 후에 위조통화를 행사한 경우와 같이 동일한 법익을 여러 개의 행위로 침해한 경우를 한 개의 죄로 취급해야 한다는 비판이 있다.

[판례] 여러 사람의 피해자에 대하여 각별로 기망행위를 하여 각각 재물을 편취한 경우에는 범의가 단일하고 범행방법이 동일하더라도 각 피해자의 피해법익은 독립한 것이므로 이를 포괄일죄로 파악할 수 없고 피해자별로 독립한 사기죄가 성립된다(2001도6130).

라. 구성요건표준설

구성요건표준설은 객관주의에 기초하면서 실정법을 중요시하는 것으로서, 범죄구성요건에 해당하는 수를 기준으로 죄수를 결정하려는 견해이다. 이 설에 따르면 구성요건해당사실이 한 개이면 범죄도 한 개이고, 여러 개이면 범죄도 여러 개라고 한다. 다만, 상상적 경합은 원래 여러 개의 죄이지만 형법 제40조에 의하여 과형상 일죄로 취급된다고 한다. 판례는 조세포탈 등의 죄에 대하여는 구성요건충족 횟수를 기준으로 죄수를 결정한다.

이 설에 대하여는 반복된 행위가 동일한 구성요건을 여러 차례 충족하는 경우에 한 개의 죄인가 여러 개의 죄인가 판단하기 어려우며, 구체적 적용에 있어서 구성요건에 해당하는 횟수를 판단하기 어렵다는 비판이 있다.

[판례] 조세포탈범의 죄수는 위반사실의 구성요건 충족 회수를 기준으로 한 개의 죄가 성립하는 것이 원칙이다(2000도4880).

마. 결어

판례는 죄수를 결정함에 있어서 원칙적으로 구성요건적 평가와 보호법익의 측면에서 고찰하여 판단하지만, 전술한 것처럼 개별 범죄에 있어서는 여러 기준 중의 하나에 따르거나 이를 결합하여 판단하고 있다. 형법 제40조에 따르면 '행위'와 '죄'를 구분하고 있다는 점과 범죄의 성립에 있어서와 마찬가지로 범죄의 개수를 결정함에 있어서는 객관적 요소와 주관적 요소를 모두 고려하여 판단하여야 한다는 점 등을 고려하면 행위표준설이나 의사표준설은 적합하지 않다. 또한 개별 범죄의 경우 보호법익을 다르게 파악하는 경우도 있고, 한 개의 범죄가 여러 개의 법익을 침해하는 경우도 있으므로 침해법익의 수를 기준으로 결정하는 것도 명확하지 않다. 따라서 죄수의 결정은 구성요건을 기준으로 하여야 한다.

이에 따르면 여러 개의 행위로 한 개의 구성요건을 실현한 경우에는 한 개의 죄가 되며, 상상적 경합은 여러 개의 죄이지만 과형상 일죄로 취급하는 것이 된다. 다만, 범죄유형에 따라서는 구성요건충족의 횟수가 명확하게 파악할 수 없는 경우도 있으므로 개별 범죄의 죄수를 판단함에 있어서는 행위의 수는 물론, 범죄의사 또는 법익침해 등을 모두 고려하여야 한다.

[판례] 법조경합은 한 개의 행위가 외관상 수 개의 죄의 구성요건에 해당하는 것처럼 보이나 실질적으로 한 개의 죄만을 구성하는 경우를 말하며, 실질적으로 한 개의 죄인가 또는 여러 개의 죄인가는 구성요건적 평가와 보호법익의 측면에서 고찰하여 판단하여야 한다(2019도17405).

제2절 일죄

1. 일죄의 의의

일죄(1죄)란 범죄의 수가 한 개, 즉 한 개의 행위로 한 개의 구성요건을 충족시킨 경우를 말한다(구성요건표준설). 이를 단순일죄라고 한다. 단순일죄 이외에 한 개의 죄로 처리되는 것으로 법조경합과 포괄일죄가 있다. 다만, 상상적 경합은 실질적으로는 여러 개의 죄이지만 한 개의 죄로 처벌한다.

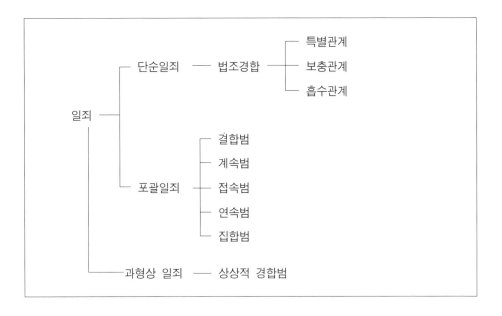

2. 법조경합

가. 법조경합의 의의

법조경합은 한 개 또는 여러 개의 행위가 외관상 여러 개의 구성요건에 해당하지만, 구성요건 상호 간의 관계에서 한 개의 구성요건에만 해당하는 경우이다. 법조경합은 외형상 여러 개의 구성요건에 관계되지만 실질적으로는 한 개의 구성요건만을 충족하기 때문에 외형상 경합 또는 부진정경합이라고 한다. 법조경합을 한 개의 죄로 인정하는 것은 한 개의 행위로 인한 불법이 이중으로 평가되는 것을 막기 위한 것이다(이중평가금지의 원칙).

법조경합은 행위가 외관상으로만 여러 개의 구성요건에 해당할 뿐이고, 실질적으로는 한 개의 구성요건만 적용된다는 점에서 실질적으로 여러 개의 죄인 상상적 경합·실체적 경합과 구별된다.

나. 법조경합의 유형

> **[법조경합의 분류]** 법조경합을 분류하는 방법에 있어서는 ① 전통적인 분류방법에 따라 3유형으로 나누는 견해, ② 법조경합의 형태를 행위의 단·복에 따라 구분하여 한 개의 행위가 인정되는 경우인 부진정상상적 경합과 불가벌적 사전행위나 불가벌적 사후행위와 같이 행위가 여러 개인 경우인 부진정실체적 경합으로 구별하는 견해, ③ 종래 흡수관계로 분류되던 불가벌적 사전행위나 불가벌적 사후행위를 보충관계의 일종으로 취급하면서 특별관계와 보충관계만으로 설명하는 견해, ④ 모든 법조경합의 유형을 특별관계로 일원화하여 설명하는 견해 등이 있다. 전통적 분류방법이 법조경합의 각 유형을 이해하는데 가장 합리적이므로 이에 따른다.

(1) 특별관계

특별관계는 한 개의 행위가 2개의 형벌법규에 해당하는 것처럼 보이지만, 그 2개의 형벌법규가 일반법과 특별법의 관계에 있어서 특별법이 우선 적용이 되는 경우이다(특별법은 일반법에 우선한다).

특별관계는 다음의 경우에 인정된다. (ⅰ) 기본적 구성요건과 가중·감경적 구성요건(예, 살인죄와 존속살해죄의 경우 등)의 관계에서는 가중적·감경적 구성요건이 성립한다. (ⅱ) 기본범죄와 결과적 가중범(예, 상해죄와 상해치사죄 등)의 관계에서는 결과적 가중범이 성립하고, 결합범과 그 내용이 되는 범죄(예, 강도죄와 절도죄 및 폭행·협박죄 등)의 관계에서는 결합범(강도죄)이 성립한다. (ⅲ) 일반형법법규와 특별형벌법규(예, 형법과 폭력행위 등 처벌에 관한 법률)의 관계에서는 특별형벌법규의 구성요건이 일반형벌법규의 구성요건요소를 포함하는 경우에는 특별형벌법규위반죄가 성립한다.

(2) 보충관계

보충관계는 기본구성요건이 적용되지 않는 경우에 다른 구성요건이 보충적으로 적용되는 경우이다. 기본법은 보충법에 우선하여 적용되므로 보충법은 기본법의 적용이 배제되는 경우에 한하여 적용된다(기본법은 보충법에 우선한다). 보충관계에는 명시적 보충관계와 묵시적 보충관계가 있다.

(가) 명시적 보충관계

명시적 보충관계는 형벌법규에 명백하게 보충적으로 적용한다고 규정하고 있는 경우를 말한다. 형법상 일반이적죄(제99조)와 일반건조물 등의 방화죄(제166조) 등이 이에 해당한다.

(나) 묵시적 보충관계

묵시적 보충관계는 구성요건의 해석상 보충관계의 의미를 가지는 경우로서 다음의 경우가 있다.

첫째, 불가벌적 사전행위이다. 불가벌적 사전행위는 경과범죄의 경우로서, 즉 범죄실현을 위한 전 단계의 범죄는 같은 대상에 대한 다음 단계의 침해가 있으면 독자적 의의를 잃고 불가벌이 된다. 즉, 예비는 미수에 대하여, 미수는 기수에 대하여 보충관계에 있다. 또한 폭행죄는 상해죄에, 상해죄는 살인죄에 대하여, 모욕죄는 명예훼손죄에 대하여 각각 보충관계에 있다. 이 밖에도 위험범과 침해범, 추상적 위험범과 구체적 위험범 관계에서도 보충관계가 인정된다. 다만, 불가벌적 사전행위가 인정되기 위해서는 주된 행위와 법익이 동일하고 주된 행위보다 가벼운 불법내용을 가지고 있어야 한다. 따라서 강도미수는 절도기수에 대한 보충관계가 될 수 없다.

둘째, 가벼운 침해방법이다. 같은 법익에 대한 침해에 있어서 무거운 침해방법과 가벼운 침해방법 사이에는 보충관계가 인정된다. 즉, 종범은 교사범에 대하여, 교사범은 정범에 대하여 각각 교사범과 공동정범이 성립한다. 또한 부작위범은 작위범에 대하여, 과실범은 고의범에 대하여 보충관계에 있다(다수설, 판례).

[판례] 경찰공무원이 지명수배 중인 범인을 발견하고도 직무상 의무에 따른 적절한 조치를 취하지 아니하고 오히려 범인을 도피하게 하는 행위를 하였다면, 그 직무위배의 위법상태는 범인도피행위 속에 포함되어 있다고 보아야 할 것이므로, 이와 같은 경우에는 작위범인 범인도피죄만이 성립하고 부작위범인 직무유기죄는 따로 성립하지 아니한다(2015도1456).

(3) 흡수관계

흡수관계는 한 개 또는 여러 개의 행위로 여러 개의 구성요건을 실현하였지만 '전부법은 부분법을 폐지한다'는 원리에 근거하여 전부법만 적용되는 경우이다. 흡수관계는 어떤 구성요건의 불법과 책임내용이 다른 구성요건의 불법과 책임내용을 포함하고 있지만 특별관계나 보충관계에 해당하지 않는 경우에 인정되는 것으로서, 흡수되는 범죄구성요건은 흡수하는 범죄의 '전형적인 수반행위'가 되는 것이 일반적이다. 흡수관계에는 불가벌적 수반행위와 불가벌적 사후행위가 있다.

(가) 불가벌적 수반행위

불가벌적 수반행위는 특정한 범죄에 일반적·전형적으로 결합되어 있는 제3의 경미한 위법행위를 말한다. 불가벌적 수반행위는 불법·책임이 주된 범죄에 비해 경미하기 때문에 별도로 처벌하지 않는 것이다. 예를 들면, 살인에 수반되는 재물손괴, 상해를 가하면서 행한 협박행위, 사문서위조를 하면서 인장을 위조한 행위 등이 불가벌적 수반행위에 해당한다. 다만, 수반행위가 흡수범의 불법성을 초과하여 고유한 불법내용을 가질 때에는 법조경합이 아니라 상상적 경합이 된다.

(나) 불가벌적 사후행위

불가벌적 사후행위란 범죄에 의하여 획득한 위법한 이익을 확보·사용·처분하는 행위가 별개의 구성요건에 해당하지만 그 불법이 이전 범죄에서 이미 평가를 받았으므로 별도의 범죄를 구성하지 않는 경우를 말한다. 예를 들면, 절도범이 취득한 재물을 손괴하더라도 이것은 불가벌적 사후행위가 되어서 손괴죄로 처벌하지 않는다. 불가벌적 사후행위의 법적 성격은 흡수관계에 의한 법조경합으로 본다(다수설).

불가벌적 사후행위로 인정되기 위해서는 다음의 요건을 갖추어야 한다.

첫째, 사후행위가 주된 범죄와 다른 범죄의 구성요건에 해당하여야 한다. 사후행위가 다른 범죄의 구성요건에 해당하지 않을 때는 가벌성 문제가 생기지 않는다. 즉, 절도범이 절취한 장물을 소비하는 경우는 '타인의 재물을 보관하는 자'가 아니기 때문에 횡령죄가 성립하지 않으므로 불가벌적 사후행위가 되지 아니한다. 또한 절도범이 절취한 장물을 처분하는 경우에도 절도죄의 정범은 장물죄의 구성요건에 해당하지 않으므로 불가벌적 사후행위가 되지 아니한다.

둘째, 사후행위가 주된 범죄와 동일한 보호법익·행위객체를 침해하여야 한다. 따라서 절도범이 절취한 물건을 손괴하거나 절취한 승차권을 환금하는 것은 불가벌적 사후행위가 된다. 그러나 사후행위가 새로운 법익을 침해하는 경우(예, 절취한 예금통장으로 현금을 인출하는 경우)는 별개의 범죄를 구성하게 되고, 주된 범죄와 실체적 경합범이 된다.

셋째, 사후행위에 의해 침해하는 법익은 주된 범죄의 보호법익과 질을 달리하거나 양을 초과하지 않아야 한다. 따라서 절취한 문서로 타인의 재물을 편취하거나 절취한 재물을 피해자에게 매각한 경우는 불가벌적 사후행위에 해당하지 않는다. 불가벌적 사후행위의 주된 범죄는 보통 재산죄이지만 이에 한정되지 않는다. 사후행위가 주된 범죄보다 가벼울 것도 요하지 않는다.

한편, 주된 범죄에 의해 행위자가 처벌받지 않더라도 사후행위가 성립할 수 있다. 따라서 주된 범죄가 공소시효의 완성 또는 소송조건의 결여로 공소가 제기되지 아니한 때에도 사후행위는 불가벌이다. 다만, 주된 범죄가 범죄의 성립요건을 결하였거나, 범죄의 증명이 없기 때문에 처벌받지 아니한 때에는 사후행위로 처벌될 수 있다. 또한 사후행위는 제3자에 대한 관계에서는 불가벌적 사후행위가 되지 않는다. 따라서 불가벌적 사후행위 자체는 구성요건에 해당하는 위법한 행위이므로 사후행위에 관여한 제3자와의 관계에서는 공동정범 및 공범이 성립할 수 있다.

[판례] 「유사수신행위의 규제에 관한 법률」(이하 '유사수신행위법'이라 한다) 제6조 제1항, 제3조를 위반한 행위는 그 자체가 사기행위에 해당한다거나 사기행위를 반드시 포함한다고 할 수 없고, 유사수신행위법위반죄가 형법 제347조 제1항의 사기죄와 구성요건을 달리하는 별개의 범죄로서 서로 보호법익이 다른 이상, 유사수신행위를 한 자가 출자자에게 별도의 기망행위를 하여 유사수신행위로 조달받은 자금의 전부 또는 일부를 다시 투자받는 행위는 유사수신행위법위반죄와 다른 새로운 보호법익을 침해하는 것으로서 유사수신행위법위반죄의 불가벌적 사후행위가 되는 것이 아니라 별죄인 사기죄를 구성한다(2023도12424).

[**택일관계**] 택일관계란 2개의 구성요건이 서로 대립하는 요소를 포함하고 있어서 하나를 적용하면 다른 하나는 배척되는 경우를 말한다. 예를 들면, 어떤 행위가 절도죄나 횡령죄에 해당하는 경우에는 절도죄나 횡령죄 중 하나가 적용된다.

택일관계에 대하여는 ① 법조경합의 한 유형으로 취급하는 견해와 ② 택일관계의 경우에는 2개의 구성요건이 상호 이질적이고 중첩적인 경우가 아니므로 법조경합의 일종이 아니라 2개 구성요건의 상호관계를 표현하는 용어에 불과하다는 견해(다수설)가 있다. 택일관계는 사실관계에 따라 어느 구성요건을 적용할 것인가가 달라지게 되는 것으로서, 외견상 여러 개의 구성요건에 해당하는 행위가 존재하는 법조경합의 경우와 달리 외견상으로도 한 개의 범죄만 성립하므로 독립된 법조경합의 유형으로 분류하는 것은 적절하지 않다.

다. 법조경합의 처리

법조경합의 경우에는 한 개의 형벌법규만이 적용되고, 다른 형벌법규는 적용이 배제된다. 따라서 적용되는 형벌법규만이 판결주문이나 이유에 기재되고, 배제되는 형벌법규는 형법적 제재의 근거가 될 수 없으므로 판결주문이나 이유에도 기재되지 않는다.

이때 배제되는 형벌법규를 양형에서 고려하여야 하는가에 대하여는 ① 긍정하는 견해가 있으나, ② 범죄성립을 부정하면서 이를 양형에 반영하는 것은 죄형법정주의에 반한다. 다만, 법조경합에 있어서 배제되는 형벌법규도 적용되는 법규정의 일부로 볼 수 있으므로 배제되는 형벌법규위반의 범죄에 관여한 제3자는 그 범죄의 공범이 될 수 있다.

3. 포괄일죄

가. 포괄일죄의 의의

포괄일죄는 여러 개의 행위가 포괄적으로 한 개의 구성요건에 해당하여 한 개의 죄를 구성하는 경우를 말한다. 포괄일죄는 판례를 중심으로 발전한 것으로서, 여러 개의 행위가 소송상 하나의 사건으로 취급하는 것이 적절하다고 판단되는 경우에 포괄일죄라는 개념으로 표현되었다. 포괄일죄는 행위는 여러 개이지만 실체

법상 한 개의 죄라는 점에서 한 개의 행위가 여러 개의 죄에 해당하는 과형상 일
죄(상상적 경합) 또는 여러 개의 행위에 의해 여러 개의 죄가 성립하는 실체적 경합
과 구별되며, 한 개 또는 여러 개의 행위가 여러 개의 범죄에 해당하지만 한 개의
죄만 성립하는 법조경합과 구별된다.

[협의의 포괄일죄] 협의의 포괄일죄란 동일한 법익을 침해하는 여러 개의 서로 다른 행위
태양을 한 개의 구성요건에 규정하고 있어서 이 여러 개의 행위태양에 의한 일련의 행
위를 포괄하여 1죄로 인정되는 경우를 말한다. 예를 들면, 동일인을 체포하여 감금한
경우에는 감금죄만 성립하고, 동일한 장물을 운반 또는 보관하고 이를 취득한 경우에
는 장물취득죄만 성립하며, 동일인에게 뇌물을 요구 또는 약속하고 이를 수수한 때에
는 뇌물수수죄만 성립한다(85도740 참조).
한편, 여러 개의 행위가 각각 독자적으로 당해 구성요건을 반복적으로 실현하지만
한 개의 죄로 인정하는 포괄일죄와 달리, 협의의 포괄일죄를 비롯한 계속범, 결합범,
집합범은 여러 개의 행위가 통합되어 한 개의 구성요건을 실현하는 경우라는 점에서
단순일죄로 이해하는 견해가 있다.

[판례] 동일 죄명에 해당하는 여러 개의 행위 혹은 연속된 행위를 단일하고 계속된 범의하
에 일정 기간 계속하여 행하고 피해법익도 동일한 경우에는 이들 각 행위를 통틀어 포괄일
죄로 처단하여야 할 것이나, 범의의 단일성과 계속성이 인정되지 아니하거나 범행방법 및 장
소가 동일하지 않은 경우에는 각 범행은 실체적 경합범에 해당한다(2020도1355).

나. 포괄일죄의 유형

(1) 결합범

결합범은 개별적으로는 독립된 구성요건에 해당하는 여러 개의 행위가 결합
하여 한 개의 범죄의 구성요건을 이루는 범죄를 말한다. 예를 들면, 강도죄(제333조)
는 폭행죄(제260조) 및 협박죄(제283조)와 절도죄(제329조)의 결합범이며, 강도살인
죄(제338조)는 강도죄(제333조)와 살인죄(제250조), 강도강간죄(제339조)는 강도죄
(제333조)와 강간죄(제297조)의 결합범이다. 결합범과 결합된 범죄는 특별관계이지
만, 결합범 자체는 한 개의 범죄완성을 위하여 여러 개의 실행행위가 포함되어
있다는 점에서 포괄일죄가 된다. 따라서 강도가 사람을 살해한 때에는 강도살인
죄만 성립된다.

또한 간첩죄(제98조), 범죄단체조직죄(제114조), 통화위조죄(제207조) 등과 같이

구성요건이 반복된 여러 개의 행위를 예정하고 있는 경우에는 반복된 여러 개의 행위가 있더라도 포괄하여 한 개의 죄가 성립한다(4292형상140 참조).

결합범은 여러 개의 실행행위가 결합하여 한 개의 죄를 구성하는 포괄일죄이므로 그 일부분에 대한 실행행위가 있으면 실행의 착수가 있는 것으로 보아야 하며, 일부분에 대한 방조는 전체에 대한 방조가 된다.

(2) 계속범

계속범은 구성요건적 행위의 기수에 의하여 위법상태가 야기된 후 그 위법상태가 구성요건적 행위에 의하여 일정시간 유지되어야 성립하는 범죄를 말한다. 따라서 계속범의 경우는 구성요건에 해당하는 위법한 행위와 야기된 위법상태를 유지하는 행위가 여러 개 존재하여 각각 독자적으로 구성요건을 충족하지만 포괄하여 한 개의 죄가 된다. 주거침입죄(제319조 제1항), 감금죄(제276조) 등이 이에 해당한다.

계속범은 위법적인 상태가 계속하여 종료할 때까지 일련의 계속된 행위는 한 개의 죄를 구성하므로 위법적인 상태가 일시적으로 중단되었다고 하여도 위법상태가 완전히 종료되지 않는 한 포괄일죄가 된다.

(3) 접속범

접속범은 각각 범죄구성요건에 해당하는 여러 개의 행위가 단일한 범죄의사에 의하여 동일한 기회에 시간적·장소적으로 근접하여 동일한 법익을 침해하였기 때문에 포괄하여 한 개의 죄로 되는 범죄를 말한다. 예를 들면, 절도범이 자동차를 대기시켜 놓은 상태에서 재물을 여러 번에 걸쳐 반출하거나, 동일한 기회에 같은 부녀를 여러 번 간음한 경우이다.

접속범이 성립하기 위해서는 반복된 행위의 시간적·장소적 밀착성, 단일한 범죄의사에 의한 여러 개의 밀접한 행위 그리고 피해법익의 동일성이 인정되어야 한다. 따라서 여러 개의 행위에 의해 다른 법익을 침해하거나 일신전속적 법익에서 다른 주체의 법익을 침해하면 포괄일죄가 아니라 여러 개의 죄가 성립하여 실체적 경합범이 된다. 다만, 접속범은 반드시 피해자의 동일성을 요구하지 않으므로 비일신전속적 법익에 대하여는 법익의 주체가 다르다 하더라도 불법의 단순한 양적 증가에 지나지 않기 때문에 접속범의 요건을 구비하면 포괄일죄가 성립한다. 하지만 일신전속적 법익(예, 생명, 신체, 자유, 명예 등)의 경우는 법익주체를 달리하면 불법의 단순한 양적 증가에 해당하지 않으므로 포괄일죄가 되지 않고, 법익주체마다 별도로 죄가 성립하게 된다. 마찬가지로 한 개의 구성요건이 일신전속적 법익과 비일신전속적 법익을 동시에 침해하는 경우에도 한 개의 죄가 아니라 여러 개의 죄가 된다. 따라서 강도범이 도자기를 강취하기 위해 이를 옮기는 여러 사람을 폭행한 경우에는 여러 개의 강도죄가 성립하게 된다.

[판례] 단일 범의하에 여러 번의 접속된 행위로서 동일법익을 침해한 경우에 있어서는 그것이 계속적 사정으로 인하여 촉발된 행위라는 점과 동일한 기회를 이용한 시간적 접착행위라는 점을 포괄적으로 평가하여 이를 일개의 범죄행위로 보는 것이 타당하다(4292형상573).

[판례] 하나의 사건에 관하여 한 번 선서한 증인이 같은 기일에 여러 가지 사실에 관하여 기억에 반하는 허위의 진술을 한 경우 이는 하나의 범죄의사에 의하여 계속하여 허위의 진술을 한 것으로서 포괄하여 한 개의 위증죄를 구성하는 것이고 각 진술마다 여러 개의 위증죄를 구성하는 것이 아니다(97도3340).

(4) 연속범

(가) 연속범의 의의

연속범이란 연속한 여러 개의 행위가 같은 종류의 범죄에 해당하는 경우를 말한다. 예를 들면, 공무원이 민원인으로부터 수차례에 걸쳐 뇌물을 수수하는 경우이다. 연속범은 동일한 의사와 동일한 방법으로 일련의 계속적인 행위로 법익을 침해하는 점에서 접속범과 동일하지만, 연속된 여러 개의 행위가 반드시 구성요건적으로 일치할 것을 요구하지 않고, 시간적·장소적 접속도 요건으로 하지 않는다. 따라서 같은 종류의 다른 구성요건을 각각 다른 기회에 동일한 방법으로 연속적으로 실행하는 경우에도 연속범이 된다. 예를 들면, 단순절도죄의 구성요건과 특수절도죄의 구성요건을 연속적으로 실행하였을 경우에도 연속범이 되어 특수절도죄가 성립한다.

(나) 연속범의 법적 성격

연속범의 법적 성격에 대하여는 ① 범의와 범죄수법이 동일한 연쇄범에 지나지 않고 개별 행위마다 범죄구성요건을 구비하고 있으므로 여러 개의 경합범이라는 견해(경합범설), ② 원래는 여러 개의 죄이지만 과형상 일죄라는 견해(과형상일죄설), ③ 연속범의 유형 중 일부는 한 개의 죄, 일부는 여러 개의 죄라는 견해, ④ 동일한 방법 및 의사로 동일한 법익을 침해하는 계속적 행위이므로 포괄일죄라는 견해(포괄일죄설, 다수설, 판례) 등이 있다.

연속범은 이론적으로 보면 법률에 근거가 없을 뿐만 아니라 연속고의를 이유로 한 개의 죄로 취급하는 것은 행위자에게 지나치게 유리한 결과를 초래하게 된다. 하지만 연속범을 여러 개의 죄로 보아 경합범으로 처리할 경우에는 여러 개의 범죄행위를 각각 개별적으로 확정하여야 처벌이 가능하게 되므로 법관에게 과도한 부담을 지우는 것일 뿐만 아니라 접속범의 경우와 비교하여 피고인에게 지나치게 불리한 결과를 초래할 수 있으므로 포괄하여 한 개의 죄로 취급하여야 한다. 다만, 연속범이란 여러 개의 행위에 의해서 여러 개의 범죄가 연속적으로 발생한 경우이므로 개개의 행위는 구성요건에 해당하고 위법·유책하여야 한다.

> **[판례]** 동일 죄명에 해당하는 여러 개의 행위를 단일하고 계속된 범의하에 일정기간 계속하여 행하고 그 피해법익도 동일한 경우에는 이들 각 행위를 통틀어 포괄일죄로 처단하여야 할 것이다(2007도595).

(다) 연속범의 성립요건

연속범은 여러 개의 범행에도 불구하고 포괄일죄로 취급하므로 연속범의 성립요건은 엄격하여야 한다. 연속범이 성립하기 위한 객관적 요건은 다음과 같다.

첫째, 침해법익이 동일하여야 한다. 여러 개의 행위가 서로 다른 종류의 법익을 침해하는 경우는 연속범이 될 수 없다. 따라서 절도죄와 주거침입죄, 절도죄와 강도죄, 감금죄와 상해죄 사이에는 연속범이 될 수 없다. 그러나 기본적 구성요건과 가중적 구성요건, 기수와 미수가 연속적으로 발생한 경우에는 연속범이 되어 포괄일죄로 할 수 있다. 다만, 같은 종류의 법익을 침해함에 있어서 피해자의 동일성은 요하지 않는다. 그러나 침해법익이 같은 종류의 법익이라 하더라도 생명·신체·자유와 같은 일신전속적 법익인 경우에는 법익주체가 다르면 연속범이 될 수 없고, 여러 개의 죄가 된다. 따라서 하나의 기회에 여러 사람에 대하여 강간을 연속적으로 한 경우에는 여러 개의 죄의 강간죄가 성립하고, 실체적 경합범이 된다.

> **[판례]** 1974.9.5. 03:00부터 1974.9.26. 22:00까지 행한 3번의 특수절도사실, 2번의 특수절도미수사실, 1번의 야간주거침입절도사실, 1번의 절도사실들이 상습적으로 반복된 것으로 볼 수 있다면 이러한 경우에는 그중 법정형이 가장 중한 상습특수절도의 죄에 나머지의 행위를 포괄시켜 하나의 죄만이 성립된다고 보는 것이 상당하다(75도1184).

둘째, 침해방법이 동일하여야 한다. 개개의 연속된 행위는 그 범행방법이 동일하거나 유사하여야 한다. 따라서 범죄형태가 다른 범죄행위가 연속적으로 발생한 경우, 예를 들면, 고의범과 과실범, 작위범과 부작위범 사이에는 연속범이 될 수 없다.

셋째, 시간적·장소적 계속성이 인정되어야 한다. 연속된 개개행위는 동일한 관계를 이용했다고 볼 수 있을 정도로 시간적·장소적 연속성이 있어야 한다. 따라서 증권회사 직원이 고객이 예탁한 돈을 2, 3일마다 여러 번에 걸쳐 횡령하였다면 연속범이 될 수 있지만, 범죄 사이의 기간이 여러 개월 이상 되거나, 각각 다른 지역에서 행하여진 여러 개의 무전취식행위는 연속범이 될 수 없다.

한편, 연속범이 성립하기 위한 주관적 요건으로서 범의의 단일성이 인정되어야 한다(판례). 범의의 단일성이 인정되기 위해서는 ① 처음부터 행위자가 연속범을 계획적으로 인식하고 범하는 전체고의가 있어야 한다는 견해(전체고의설)와 ② 범의의 계속성 또는 계속적 고의만으로 충분하다는 견해(다수설)가 있다. 전체고의설에 따르면 계획적이고 치밀한 범인이 비계획적으로 행하는 순간범인보다 유리하게 되는 부당한 결과가 초래된다. 따라서 개개의 행위가 앞의 행위와 계속적인 심리적 관련성이 있으면 범의의 단일성을 인정하여야 한다.

> **[판례]** 동일 죄명에 해당하는 여러 개의 행위를 단일하고 계속된 범의 아래 일정기간 계속하여 행하고 그 피해법익도 동일한 경우에는 이들 각 행위를 통틀어 포괄일죄로 처단하여야 할 것이나, 범의의 단일성과 계속성이 인정되지 아니하거나 범행방법이 동일하지 않은 경우에는 각 범행은 실체적 경합범에 해당한다(2018도10779).

[판례] 사기죄에서 수인의 피해자에 대하여 각 피해자별로 기망행위를 하여 각각 재물을 편취한 경우에 그 범의가 단일하고 범행방법이 동일하다고 하더라도 포괄일죄가 성립하는 것이 아니라 피해자별로 1개씩의 죄가 성립하는 것으로 보아야 한다. 다만 피해자들이 하나의 동업체를 구성하는 등으로 피해 법익이 동일하다고 볼 수 있는 사정이 있는 경우에는 피해자가 복수이더라도 이들에 대한 사기죄를 포괄하여 일죄로 볼 수도 있다(2023도13514).

(라) 연속범의 처벌

연속범은 포괄일죄가 되어 한 개의 죄로 처벌되며, 상이한 구성요건을 실현하였을 때에는 중한 죄로 처벌받는다. 예를 들면, 강간죄와 특수강간죄의 연속범인 경우는 특수강간죄로 처벌받는다. 같은 종류의 범죄의 기수와 미수가 연속된 경우에는 기수죄로 처벌된다. 다만, 경한 죄의 기수와 중한 죄의 미수가 연속된 때에는 양 죄의 상상적 경합이 된다.

또한 연속범은 소송법상 단일행위로 취급되어 기판력은 연속된 모든 행위에 미치므로 기판력이 발생한 개별 행위에 대한 공소가 새로 제기된 때에는 면소판결을 하여야 한다. 그러나 연속범으로 기소된 사건에 대하여 일부 유죄선고를 할 때에는 나머지 부분에 대하여 명시적으로 무죄선고를 할 필요는 없다.

(5) 집합범

(가) 집합범의 의의

집합범이란 다수의 같은 종류의 행위가 동일한 의사경향에 기하여 반복될 것이 구성요건의 성질상 당연히 예상되는 범죄를 말한다. 상습범·영업범·직업범 등이 이에 해당한다.

상습범은 행위자가 범죄의 반복행위로 얻어진 경향으로 인하여 죄를 범하는 것을 말한다. 영업범은 행위자가 행위의 반복으로 수입원을 삼는 것을 말하며, 직업범은 범죄의 반복이 경제적·직업적 활동이 된 경우를 말한다.

(나) 집합범의 죄수

집합범에 대하여는 ① 집합범에 있어서 여러 개의 행위들에 대해 영업성·상습성 및 직업성이 인정되는 경우에는 이들 요소가 개별적인 행위를 하나의 행위로 통일하는 기능을 가지므로 포괄일죄로 취급하여야 한다는 견해(다수설)와

② 집합범은 여러 개의 죄이고, 다만, 포괄일죄의 일반적 요건을 갖춘 경우에는 한 개의 죄로 취급할 수 있다는 견해 등이 있다. 판례는 상습범에 대하여는 상습성만을 이유로 포괄일죄로 인정하는 반면, 영업범(직업범)의 경우에는 영업성(직업성) 외에 포괄일죄의 일반적 요건을 요하는 것으로 하고 있다.

집합범에 대하여 상습성이나 영리성만으로 개별적 행위를 포괄일죄로 취급하는 것은 부당하며, 집합범을 포괄일죄를 인정하게 되면 특수한 범죄 성향을 가진 범죄인에게 부당한 특혜가 된다. 따라서 집합범이라고 하더라도 포괄일죄의 일반적 요건을 갖춘 경우에만 한 개의 죄로 취급하여야 한다.

[판례] 상습성을 갖춘 사람이 여러 개의 죄를 반복하여 저지른 경우에는 각 죄를 별죄로 보아 경합범으로 처단할 것이 아니라 그 모두를 포괄하여 상습범이라고 하는 하나의 죄로 처단하는 것이 상습범의 본질 또는 상습범 가중처벌규정의 입법취지에 부합한다(2001도3206).

[판례] 무등록 건설업 영위 행위는 범죄의 구성요건의 성질상 같은 종류 행위의 반복이 예상된다 할 것이고, 그와 같이 반복된 여러 개의 행위가 단일하고 계속된 범의하에 근접한 일시·장소에서 유사한 방법으로 행하여지는 등 밀접한 관계가 있어 전체를 한 개의 행위로 평가함이 상당한 경우에는 이들 각 행위를 통틀어 포괄일죄로 처벌하여야 한다(2013도12937).

다. 포괄일죄의 처리

(1) 실체법상 처리

포괄일죄는 실체법상 1죄이므로 한 개의 죄로 처벌된다. 구성요건을 달리하는 여러 개의 행위가 포괄일죄가 되는 경우에는 가장 중한 죄만 성립된다. 다만, 포괄일죄의 일부에 대하여 가담한 경우에는 그 가담한 부분에 대하여 공범이 성립한다.

한편, 포괄일죄는 한 개의 죄이므로 형의 변경이 있는 때에는 최후의 행위시법을 적용한다(판례). 포괄일죄로 되는 개개의 범죄행위가 법 개정의 전후 또는 다른 종류의 죄의 확정판결의 전후에 걸쳐서 행하여진 경우에는 그 죄는 2개의 죄로 분리되지 않고 확정판결 후인 최종의 범죄행위시에 완성된 것으로 한다(2001도3312). 그러나 실체법상 포괄일죄의 관계에 있는 일련의 범행 중간에 같은 종류의 죄에 관한 확정판결이 있는 경우에는 확정판결로 인해 전후 범죄사실이 나뉘어져 원래 하나의 범죄로 포괄될 수 있었던 일련의 범행은 확정판결의 전후로 분리된다(판례).

> **[판례]** 포괄일죄로 되는 개개의 범죄행위가 법 개정의 전후에 걸쳐서 행하여진 경우에는 신·구법의 법정형에 대한 경중을 비교하여 볼 필요도 없이 범죄실행 종료시의 법이라고 할 수 있는 신법을 적용하여 포괄일죄로 처단하여야 한다(97도183).

> **[판례]** 사실심판결 선고시 이후의 범죄는 확정판결의 기판력이 미치지 않으므로 설령 확정판결 전의 범죄와 포괄일죄의 관계에 있다고 하더라도 별개의 독립적인 범죄가 된다(2017도3373).

(2) 소송법상 처리

포괄일죄는 소송법상으로도 한 개의 죄이다. 따라서 포괄일죄에 대한 공소의 효력과 기판력은 사실심리의 가능성이 있는 항소심판결 선고시까지 범하여진 모든 사실에 대하여 미치며, 확정판결 이후에 이 사실에 대하여 별도의 공소가 제기된 경우에는 면소판결을 해야 한다.

> **[판례]** 상습범으로서 포괄적 일죄의 관계에 있는 여러 개의 범죄사실 중 일부에 대하여 유죄판결이 확정된 경우에, 그 확정판결의 사실심판결 선고 전에 저질러진 나머지 범죄에 대하여 새로이 공소가 제기되었다면 그 새로운 공소는 확정판결이 있었던 사건과 동일한 사건에 대하여 다시 제기된 데 해당하므로 이에 대하여는 판결로써 면소의 선고를 하여야 하는 것인바(형사소송법 제326조 제1호), 다만 이러한 법리가 적용되기 위해서는 전의 확정판결에서 당해 피고인이 상습범으로 기소되어 처단되었을 것을 필요로 하는 것이고, 상습범 아닌 기본 구성요건의 범죄로 처단되는 데 그친 경우에는, 설령 뒤에 기소된 사건에서 비로소 드러났거나 새로 저질러진 범죄사실과 전의 판결에서 이미 유죄로 확정된 범죄사실 등을 종합하여 비로소 그 모두가 상습범으로서의 포괄적 일죄에 해당하는 것으로 판단된다 하더라도 뒤늦게 앞서의 확정판결을 상습범의 일부에 대한 확정판결이라고 보아 그 기판력이 그 사실심판결 선고 전의 나머지 범죄에 미친다고 보아서는 아니 된다(2017도16223).

제3절 수죄

1. 상상적 경합

> 제40조(상상적 경합) 1개의 행위가 여러 개의 죄에 해당하는 경우에는 가장 무거운 죄에 대하여 정한 형으로 처벌한다.

가. 상상적 경합의 의의

상상적 경합이란 한 개의 행위가 여러 개의 죄에 해당하는 경우를 말한다. 한 개의 행위가 여러 개의 동일한 구성요건에 해당하는 경우를 같은 종류의 상상적 경합(예, 한 개의 수류탄을 던져 여러 사람을 살해한 경우)이라고 하고, 한 개의 행위가 서로 다른 여러 개의 구성요건에 해당하는 경우를 다른 종류의 상상적 경합(예, 한 개의 수류탄을 던져 사람을 살해하고 기물을 손괴한 경우)이라고 한다. 형법 제40조에서는 "1개의 행위가 여러 개의 죄에 해당하는 경우에는 가장 중한 죄에 정한 형으로 처벌한다"고 규정하고 있다.

> [견련범] 견련범(牽連犯)은 범죄의 수단 또는 결과의 행위가 여러 개의 죄명에 해당하는 경우를 말한다. 예를 들면, 주거침입과 절도·강도·강간·살인 또는 문서위조와 위조문서행사·사기 등의 관계가 이에 속한다. 구형법(제54조)에서는 과형상 일죄의 한 유형으로 규정하고 있었으나 형법에서는 이에 대한 규정이 없다.
> 견련범의 법적 성격에 대하여는 ① 의사와 행위의 단일성이 인정되는 범위 내에서 상상적 경합이 된다는 견해, ② 의사의 단복에 따라서 상상적 경합 또는 경합범이라는 견해, ③ 단순한 경합범이 된다는 견해, ④ 원칙적으로는 경합범이지만 행위의 동일성이 인정되는 범위에서 상상적 경합이 성립할 수 있다는 견해 등이 있다. 견련범은 2개의 구성요건해당행위가 동일성이 인정되지 않는 한 별개의 구성요건을 충족하는 것이어서 여러 개의 죄가 되므로 경합범으로 인정하여야 한다.

상상적 경합의 죄수에 대하여는 ① 상상적 경합의 경우에는 하나의 행위가 있었기 때문에 비록 다수의 구성요건이 실현되었다고 하더라도 하나의 범죄행위만 존재한다는 견해(1죄설, 행위표준설과 의사표준설의 입장)와 ② 상상적 경합의 경우에는 비록 외관상 하나의 행위만이 있더라도 실현된 구성요건이 다수이므로 여러 개의 죄라는 견해(수죄설, 구성요건표준설과 법익표준설의 입장) 등이 있다. 형법 제40조에서 '여러 개의 죄'라고 명시하고 있는 것을 고려하면 상상적 경합은 여러 개의 죄가 성립하지만, 한 개의 행위에 의해 여러 개의 죄가 발생하였으므로 과형상 일죄로 취급하는 것이다. 따라서 상상적 경합은 여러 개의 행위에 의해 여러 개의 범죄를 범한 경우인 실체적 경합과 구별된다.

나. 상상적 경합의 성립요건

(1) 1개의 행위

상상적 경합이 성립하기 위해서는 한 개의 행위가 있어야 한다. 즉, 행위자는 한 개의 행위에 의해 여러 개의 죄를 범해야 한다. 한 개의 행위라는 것은 행위의 단일성과 동일성이 있는 행위를 말한다.

(가) 행위의 단일성

한 개의 행위가 있어야 한다. 한 개의 '행위'에 대하여 판례는 자연적 의미의 행위로 이해하고 있지만, 구성요건적 행위를 의미하는 것으로 이해하여야 한다(구성요건표준설).

[판례] 상상적 경합은 한 개의 행위가 여러 개의 죄에 해당하는 경우를 말한다(형법 제40조). 여기에서 한 개의 행위란 법적 평가를 떠나 사회관념상 행위가 사물자연의 상태로서 한 개로 평가되는 것을 의미한다(2017도11687).

(나) 행위의 동일성

한 개의 행위는 행위의 동일성이 인정되어야 한다. 행위의 동일성은 객관적 실행행위의 동일성을 의미하며, 주관적 요소가 기준이 되는 것은 아니다. 이때 **행위의 동일성은 원칙적으로 완전한 동일성이 있는 실행행위를 의미한다**. 예를 들면, 한 개의 수류탄을 던져 여러 사람을 사망하게 한 경우이다. 다만, '동일성'은 구성요건해당성이 동일하다는 의미가 아니고, 위법행위의 동일성을 의미한다. 실행행위의 동일성이 인정되면 고의범과 과실범사이에서도 상상적 경합의 성립이 가능하고(예, 돌을 던져 고의로 재물을 손괴하고 과실로 사람을 다치게 한 경우), 여러 개의 부작위범 사이에서도 기대되는 행위의 동일성이 인정되면 상상적 경합이 성립할 수 있다. 그러나 작위범과 부작위범 사이에서는 실행행위의 동일성을 인정할 수 없으므로 상상적 경합이 불가능하다.

그러나 **여러 개의 구성요건을 실현하는 실행행위가 부분적으로 동일한 경우에도 행위의 동일성이 인정될 수 있다.** 예를 들면, 출입문을 부수고 타인의 주거에 침입한 경우이다. 결합범의 경우는 물론, 결과적 가중범에 있어서 중한 결과가 고의로 실현된 경우에는 결과적 가중범과 중한 결과의 고의는 상상적 경합이 된다. 예를 들면, 현주건조물을 방화하여 사람을 고의로 살해한 경우에는 현주건조물방화치사죄와 살인죄의 상상적 경합이 된다. 다만, 이때 판례는 부진정결과적 가중범만 성립한다고 한다.

[판례] 기본범죄를 통하여 고의로 중한 결과를 발생하게 한 경우에 가중 처벌하는 부진정결과적 가중범에서, 고의로 중한 결과를 발생하게 한 행위가 별도의 구성요건에 해당하고 그 고의범에 대하여 결과적 가중범에 정한 형보다 더 무겁게 처벌하는 규정이 있는 경우에는 그 고의범과 결과적 가중범이 상상적 경합관계에 있지만, 위와 같이 고의범에 대하여 더 무겁게 처벌하는 규정이 없는 경우에는 결과적 가중범이 고의범에 대하여 특별관계에 있으므로 결과적 가중범만 성립하고 이와 법조경합의 관계에 있는 고의범에 대하여는 별도로 죄를 구성하지 않는다(2008도7311).

또한 계속범에서 위법상태의 계속이 다른 범죄를 실현하기 위한 수단이 되는 경우에는 상상적 경합이 성립한다. 예를 들면, 강간 또는 강도의 수단으로 감금한 때에는 강간죄 또는 강도죄와 감금죄의 상상적 경합이 된다. 그러나 계속범과 그 중에 범한 죄 사이에 단지 동시성만 인정되는 경우에는 실체적 경합이 성립한다. 따라서 주거침입의 기회에 강간죄를 범하면 주거침입죄와 강간죄의 실체적 경합이 된다.

> **[밀접한 관계에 있는 여러 개의 행위]** 여러 개의 자연적 행위가 계속적으로 행하여져서 구성요건을 반복적으로 실현한 경우(예, 여러 사람을 한꺼번에 살해할 의사로서 동시에 한사람씩 권총으로 한발씩 차례로 쏘아 다수를 살해한 경우)에 실체적 경합을 인정하게 되면 한 개의 수류탄으로 다수의 사람을 살해한 경우와 비교하여 형이 불균형하다는 점에서 포괄일죄의 요건을 충족한 경우에는 상상적 경합을 인정하여야 한다는 견해가 있다.

한편, 실행행위의 일부분에서 '실행행위'란 실행의 착수시부터 종료시까지의 행위를 의미하므로 예비행위의 동일성만으로는 상상적 경합이 될 수 없지만 형식적 기수와 실질적 종료 사이에는 동일성이 인정되면 하나의 행위로서 상상적 경합이 성립한다. 따라서 문서위조죄와 위조문서행사죄 및 사기죄는 상상적 경합이 된다. 다만, 판례는 문서위조죄와 동행사죄(83도1378) 또는 위조통화행사죄와 사기죄(79도840)의 경우에 실체적 경합을 인정하고 있다.

> **[연결효과에 의한 상상적 경합]** 2개의 독립적 범죄가 제3의 범죄와 각각 상상적 경합관계에 있을 때, 이 2개의 범죄가 제3의 범죄에 의하여 연결되어 상상적 경합관계가 성립될 수 있는가 하는 문제이다. 이에 대하여는 ① 제3의 범죄의 이중평가를 피하고, 제3의 범죄가 2번 성립하게 되어 이 둘을 실체적 경합범으로 처벌하는 부당한 결론을 막기 위하여 연결효과에 의한 상상적 경합관계를 인정하여야 한다는 견해와 ② 서로 다른 2개의 범죄가 제3의 범죄에 의하여 한 개가 될 수 없으므로 연결효과에 의한 상상적 경합은 인정할 수 없다는 견해 등이 있다. 후설에서는 제3의 범죄에 대한 이중평가를 피하기 위하여 2개의 범죄를 실체적 경합으로 가중한 형을 정한 후에 그것과 상상적 경합의 관계에 있는 제3의 범죄의 형과 비교하여 중한 형으로 처벌하여야 한다고 한다.
> 실체적 경합에 따라 가중처벌되어야 할 범인이 제3의 범죄로 인해 상상적 경합으로 유리하게 처벌받는 것은 불합리하고, 긍정설에 따르면 행위의 단일성을 의제하는 것으로 되므로 연결효과에 의한 상상적 경합을 인정할 필요가 없다. 그러나 제3의 범죄가 다른 2개 또는 하나의 범죄보다 중하거나 동등한 경우에는 특별히 행위자에게 불리하지 않으므로 연결효과에 의한 상상적 경합을 인정하더라도 무방하다. 판례는 사실상 연결효과에 의한 상상적 경합을 인정하고 있다.

[판례] 허위공문서작성죄와 동행사죄가 수뢰후 부정처사죄와 각각 상상적 경합관계에 있을 때에는 허위공문서작성죄와 동행사죄 상호 간은 실체적 경합범관계에 있다고 할지라도 상상적 경합범관계에 있는 수뢰후 부정처사죄와 대비하여 가장 중한 죄에 정한 형으로 처단하면 족한 것이고 따로이 경합가중을 할 필요가 없다(83도1378).

(2) 여러 개의 범죄에 해당

한 개의 행위는 여러 개의 범죄에 해당할 것을 요한다. 여러 개의 범죄는 여러 개의 범죄의 구성요건에 해당한다는 것을 의미한다.

다른 종류의 상상적 경합은 인정된다. 하지만 같은 종류의 상상적 경합을 인정할 것인가에 대하여는 ① 같은 종류의 상상적 경합은 단순일죄이므로 상상적 경합이 성립할 수 없다는 견해, ② 모든 범죄에 대해서 상상적 경합이 가능하다는 견해, ③ 일신전속적 법익인 경우에는 상상적 경합이 가능하지만 비일신전속적 법익(재산죄)의 경우에는 불가능하다는 견해 등이 있다. 같은 종류의 상상적 경합에 있어서도 여러 개의 행위로 평가되는 경우에는 상상적 경합의 성립을 인정하여야 한다. 따라서 생명·신체·자유·명예 등과 같은 일신전속적 법익에 있어서는 피해자의 수에 따라 죄수가 결정되므로 같은 종류의 상상적 경합이 성립하지만, 재산과 같은 비일신전속적 법익의 경우에는 한 개의 죄로 평가되므로 같은 종류의 상상적 경합이 성립되지 않는다. 다만, 재산범죄라고 하더라도 강도죄나 공갈죄와 같이 개인의 일신전속적 법익을 동시에 보호하는 범죄는 같은 종류의 상상적 경합이 인정된다.

한편, 국가적·사회적 법익 중에서도 피해자 개인마다 개별화할 수 있는 고유한 가치를 가진 범죄에 있어서는 같은 종류의 상상적 경합이 인정된다. 예를 들면, 한 개의 고소장으로 여러 사람을 무고한 경우, 하나의 행위로 여러 공무원의 공무집행을 방해한 경우, 여러 개의 위조문서를 동시에 행사한 경우 등이다.

다. 상상적 경합의 처리

(1) 실체법상 처리

상상적 경합범은 실질적으로 여러 개의 죄이지만 과형상 일죄이므로 한 개의 형으로 처벌하되, 각 죄의 법정형 중에서 가장 중한 형으로 처벌한다. 예를 들면,

한 개의 행위에 의해 살인죄(제250조)와 재물손괴죄(제366조)가 성립하여 상상적 경합범으로 처단하게 되면 중한 법정형인 살인죄만을 적용하여 처벌하게 된다. 형의 경중은 형법 제50조에 따라 정해진다. 다만, 상상적 경합범의 처벌에 있어서는 실체적 경합범의 처벌에 관한 형법 제38조 제2항의 규정은 준용되지 않으므로 징역과 금고는 같은 종류의 형으로 간주되지 않는다(75도1543).

[형의 경중]
제50조(형의 경중) ① 형의 경중은 제41조 각 호의 순서에 따른다. 다만, 무기금고와 유기징역은 무기금고를 무거운 것으로 하고 유기금고의 장기가 유기징역의 장기를 초과하는 때에는 유기금고를 무거운 것으로 한다.
② 같은 종류의 형은 장기가 긴 것과 다액이 많은 것을 무거운 것으로 하고 장기 또는 다액이 같은 경우에는 단기가 긴 것과 소액이 많은 것을 무거운 것으로 한다.
③ 제1항 및 제2항을 제외하고는 죄질과 범정(犯情)을 고려하여 경중을 정한다.

한편, 법정형의 경중을 비교하는 방법으로는 (ⅰ) 중한 형만 비교하여 대조하는 **중점적 대조주의**와 (ⅱ) 형의 상한과 하한 모두를 비교하여 대조하는 **전체적 대조주의**(결합주의)가 있다. 중한 죄의 법정형의 하한이 경한 죄의 법정형의 하한보다 경한 경우에 전자에서는 경한 죄의 법정형의 하한보다 낮은 형으로 벌할 수 있지만, 후자의 경우에는 경한 죄의 법정형의 하한 이상으로 처벌하여야 한다. 상상적 경합은 실질적으로는 여러 개의 죄이고, 경한 죄도 범죄가 성립되므로 전체적 대조주의가 상상적 경합범의 본질에 부합한다. 따라서 상상적 경합범은 여러 개의 죄의 법정형 가운데 상한과 하한을 모두 중한 형으로 처벌하여야 하고, 경한 죄에 병과형이나 부가형이 있을 때에는 이를 병과하여야 한다(판례).

[판례] 형법 제40조가 규정하는 한 개의 행위가 여러 개의 죄에 해당하는 경우에 '가장 중한 죄에 정한 형으로 처벌한다'란, 여러 개의 죄명 중 가장 중한 형을 규정한 법조에 의하여 처단한다는 취지와 함께 다른 법조의 최하한의 형보다 가볍게 처단할 수 없다는 취지 즉, 각 법조의 상한과 하한을 모두 중한 형의 범위 내에서 처단한다는 것을 포함한다(2008도9169).

(2) 소송법상 처리

상상적 경합범은 과형상 일죄이므로 소송법적으로 한 개의 사건으로 취급한다. 따라서 여러 개의 죄 중 일부에 대해서 공소제기가 있더라도 공소불가분의 원칙에 따라 그 전부의 죄에 대해서 효력이 미친다. 그리고 여러 개의 죄 가운데 일부가 무죄일 때는 판결이유에서 이를 밝히는 것으로 충분하고, 판결주문에서 무죄를 선고할 필요는 없다. 그러나 주문에 무죄를 선고하였다 해도 판결결과에 어떤 영향을 미치는 것은 아니다(83도1288). 하지만 상상적 경합은 실질적으로 여러 개의 죄이므로 판결이유에서는 상상적 경합관계에 있는 모든 범죄사실과 적용법조문을 기재하여야 한다. 또한 상상적 경합관계에 있는 여러 개의 죄 중 어느 한 개의 죄가 확정판결을 받은 경우에 기판력은 여러 개의 죄 전체에 미치므로 일사부재리의 원리는 여러 개의 죄 전부에 적용된다(2017도11687).

한편, 친고죄에 있어서 고소는 각 죄별로 고찰하여야 하므로, 여러 개의 죄 중에서 친고죄가 있는 경우에 친고죄에 대해 고소가 없거나 고소가 취하되더라도 비친고죄의 처벌에는 영향을 미치지 않는다(83도323). 이것은 공소시효의 경우도 마찬가지이다(2006도6356).

2. 실체적 경합범

> 제37조(경합범) 판결이 확정되지 아니한 수개의 죄 또는 금고 이상의 형에 처한 판결이 확정된 죄와 그 판결확정전에 범한 죄를 경합범으로 한다.

가. 실체적 경합범의 의의

실체적 경합은 여러 개의 행위로 여러 개의 죄를 범한 경우를 말한다. 형법 제37조에서는 "판결이 확정되지 아니한 수개의 죄 또는 금고 이상의 형에 처한 판결이 확정된 죄와 그 판결확정전에 범한 죄를 경합범으로 한다"고 규정하고 있다. 전자를 동시적 경합범, 후자를 사후적 경합범이라고 한다. 따라서 판결이 확정된 죄와 재판확정 후에 범한 죄는 경합범이 아니다. 실체적 경합범은 여러 개의 행위에 의해 여러 개의 죄가 성립하였다는 점에서 한 개의 행위로 여러 개의 죄가 성립하는 상상적 경합과 구별된다.

실체적 경합범을 인정하는 것은 여러 개의 죄를 범한 경우에 형을 병과하게 되면 과도한 형벌로 인해 형의 실효성을 유지하기 어렵고, 범죄예방이라는 형벌목적을 달성하기 어려운 문제가 발생하므로 형의 양정에 있어서 합리화를 도모하기 위한 것이다. 따라서 경합범은 여러 개의 범죄가 하나의 재판에서 같이 판결될 수 있었을 것을 전제로 한다.

나. 실체적 경합범의 성립요건

(1) 동시적 경합범

동시적 경합범이란 판결이 확정되지 않은 여러 개의 죄를 말한다. 예를 들면, 甲이 A, B, C의 3개의 죄를 범하고 어느 것도 확정판결을 받지 않은 경우에 A, B, C죄는 동시적 경합범이 된다.

동시적 경합범이 성립하기 위해서는 다음의 요건이 충족되어야 한다.

첫째, 동일인이 여러 개의 행위에 의해 여러 개의 죄를 범하여야 한다. 여러 개의 행위란 행위의 단일성이 인정되지 않는 것을 말한다. 여러 개의 죄를 범하여야 하므로 여러 개의 행위가 포괄일죄가 되지 아니하여야 한다.

둘째, 여러 개의 죄는 판결이 확정되지 아니한 것이어야 한다. 판결의 확정은 상소 등 통상의 불복절차로서 다툴 수 없는 상태를 말한다(83도1200). 동시적 경합범의 관계에 있는 여러 개의 죄 가운데 일부의 죄가 먼저 기소되어 판결이 확정된 경우(66도526)는 물론, 경합범 중 한 개의 죄에 관한 부분만 파기환송됨으로써 다른 죄가 이미 확정된 경우(74도1301)에는 동시적 경합범이 되지 않는다.

셋째, 여러 개의 죄는 동시에 판결할 수 있는 상태에 있어야 한다. 판결이 확정된 여러 개의 죄 중 일부가 기소되지 아니한 때에는 기소되지 아니한 죄들은 경합범이 될 수 없다. 그러나 여러 개의 죄가 별도로 기소된 경우라도 항소심에서 병합심리가 이루어지면 경합범으로 처리된다(판례).

[판례] 재심의 대상이 된 범죄에 관한 유죄 확정판결(이하 '재심대상판결'이라 한다)에 대하여 재심이 개시되어 재심판결에서 다시 금고 이상의 형이 확정되었다면, 재심대상판결 이전 범죄와 재심대상판결 이후 범죄 사이에는 형법 제37조 전단의 경합범 관계가 성립하지 않으므로, 그 각 범죄에 대해 별도로 형을 정하여 선고하여야 한다(2023도10545).

[판례] 두 개의 공소사실들이 형법 제37조 전단에서 정한 경합범관계에 있는 경우 그 사실들에 대하여 병합심리를 하고 하나의 판결로 처단하는 이상 형법 제38조 제1항에서 정한 예에 따라 경합 가중한 형기 범위 내에서 피고인을 단일한 선고형으로 처단하여야 한다(2019도12560).

(2) 사후적 경합범

사후적 경합범이란 금고 이상의 형에 처한 판결이 확정된 죄와 그 판결확정 전에 범한 죄를 말한다. 예를 들면, 甲이 A, B, C, D, E의 5개의 죄를 순차적으로 범하였는데, C죄에 대하여 확정판결을 받은 경우에 C죄와 A, B죄는 사후적 경합범이 된다. 다만, C죄에 대하여 확정판결을 받은 후에 범한 D, E죄는 C죄 또는 A, B죄와 관계없이 동시적 경합범이 된다.

사후적 경합범이 성립하기 위해서는 다음의 요건이 충족되어야 한다.

첫째, 여러 개의 죄 중 일부에 대하여 금고 이상의 확정판결이 있어야 한다. 확정판결은 금고 이상의 형이어야 하므로 벌금형을 선고하거나, 약식명령이나 즉결심판에 의하여 구류나 과료가 확정된 재판은 이에 포함되지 아니한다(2017도7207). 다만, 금고 이상의 형이 확정되면 집행유예나 선고유예가 선고된 경우도 이에 포함된다. 이때 유예기간이 경과하여 형의 집행이 면제되거나 면소된 것으로 간주되는 경우(84모1297, 92도1417)는 물론, 판결이 확정된 죄가 일반사면을 받은 경우(95도2114)도 마찬가지이다.

둘째, 확정판결을 받지 않은 죄는 금고 이상의 확정판결 전에 범하여야 한다. '확정판결 전에 범한 죄'의 의미에 대하여는 ① 사후적 경합범을 인정하는 취지가 동시판결의 가능성에 있었던 사건에 대하여 동시적 경합범과 같이 취급하려는데 있고, 판결의 기판력도 최종의 사실심인 항소심판결시를 기준으로 하므로 최종의 사실심인 항소심판결 이전에 범한 죄라고 해석하는 견해(다수설)와 ② 사후적 경합범은 동시적 경합범으로 처벌하는 경우보다 불리하게 하지 않기 위한 것이라는 점에서 판결확정시는 판결선고 후 상소제기기간이 경과하였거나 대법원에서 판결이 선고된 때이므로 상고제기기간 중에 범한 죄도 포함된다는 견해 등이 있다. '판결 확정'이란 의미는 문언상 소송법적으로 이해하여야 하고, 이를 축소하여 해석할 필요가 없다. 따라서 상소제기기간 중에 다시 죄를 범한 경우나 상고심인 대법원에서 판결이 확정되기 전에 죄를 범한 경우에 이 죄는 이후에 판결이 확정된 죄와 사후적 경합범으로 하여야 한다.

이때 '죄를 범한 시기'는 범행의 종료시를 기준으로 한다. 따라서 계속범의 경우에는 범행이 계속되는 도중에 다른 범죄에 대한 확정판결이 있었더라도 계속범은 아직 범행이 진행중이므로 이들 범죄는 사후적 경합범이 되지 않는다. 포괄일죄의 경우도 마찬가지이다(판례).

[판례] 포괄일죄도 그 중간에 다른 종류의 범죄에 대한 확정판결이 끼어 있어도 그 때문에 포괄일죄가 둘로 나뉘는 것은 아니고, 또한 이 경우에는 그 확정판결 후의 범죄로 다루어야 한다(2000도4880).

다. 실체적 경합범의 처리

(1) 동시적 경합범

제38조(경합범과 처벌례) ① 경합범을 동시에 판결할 때에는 다음 각 호의 구분에 따라 처벌한다.
　　　1. 가장 무거운 죄에 대하여 정한 형이 사형, 무기징역, 무기금고인 경우에는 가장 무거운 죄에 대하여 정한 형으로 처벌한다.
　　　2. 각 죄에 대하여 정한 형이 사형, 무기징역, 무기금고 외의 같은 종류의 형인 경우에는 가장 무거운 죄에 대하여 정한 형의 장기 또는 다액(多額)에 그 2분의 1까지 가중하되 각 죄에 대하여 정한 형의 장기 또는 다액을 합산한 형기 또는 액수를 초과할 수 없다. 다만, 과료와 과료, 몰수와 몰수는 병과(倂科)할 수 있다.
　　　3. 각 죄에 대하여 정한 형이 무기징역, 무기금고 외의 다른 종류의 형인 경우에는 병과한다.
　　② 제1항 각 호의 경우에 징역과 금고는 같은 종류의 형으로 보아 징역형으로 처벌한다.

경합범은 같은 행위자에 의하여 실제로 여러 개의 죄가 실현된 경우이다. 따라서 경합범에 대하여는 이론적으로 실현된 여러 개의 죄의 형을 병과하여야 한다. 하지만 병과주의는 유기자유형의 성질을 변질시킬 뿐만 아니라 범죄예방이라는 형벌의 목적달성을 불가능하게 한다는 점에서 형법은 흡수주의, 가중주의, 병과주의를 모두 규정하고 있다(제38조).

(가) 흡수주의

흡수주의는 1인이 여러 개의 죄를 범한 경우에 여러 개의 죄 중에 가장 중한 죄에 정한 형을 적용하고 다른 경한 죄의 형은 중한 죄의 형에 흡수시키는 방법이다. 형법은 상상적 경합(제40조)의 경우와 경합범에서 '가장 무거운 죄에 대하여 정한 형이 사형, 무기징역, 무기금고인 경우에는 가장 무거운 죄에 대하여 정한 형으로 처벌한다'에는 가장 중한 형으로 처벌하도록 규정하고 있다(제38조 제1항 제1호).

(나) 가중주의

가중주의는 1인이 여러 개의 죄를 범한 경우에 여러 개의 죄에 대한 각 죄의 형을 확정하고 여러 개의 죄 중 가장 중한 죄에 정한 형을 가중하는 방법으로 하나의 전체형을 만들어서 선고하는 방법이다. 형법은 경합범에서 "각 죄에 대하여 정한 형이 사형, 무기징역, 무기금고 외의 같은 종류의 형인 경우에는 가장 무거운 죄에 대하여 정한 형의 장기 또는 다액(多額)에 그 2분의 1까지 가중하되 각 죄에 대하여 정한 형의 장기 또는 다액을 합산한 형기 또는 액수를 초과할 수 없다"라고 규정하고 있다(제38조 제1항 제2호). 이때 유기징역 또는 유기금고에 대한 가중은 50년을 넘을 수 없다(제42조).

경합범의 각 죄에 선택형이 있는 경우에는 그 중에서 먼저 처단형을 선택한 후에 가장 중한 죄에 정한 선택된 형의 장기 또는 다액의 2분의 1까지 가중하여야 한다(71도1834).

(다) 병과주의

병과주의는 1인이 여러 개의 죄를 범한 경우에 각 죄에 대하여 독자적인 형을 확정한 후에 여러 개의 죄의 형을 합산하여 부과하는 방법으로, 주로 영미법에서 이에 따르고 있다. 형법은 경합범에서 "각 죄에 대하여 정한 형이 무기징역, 무기금고 외의 다른 종류의 형인 경우에는 병과한다"라고 규정하고 있다(제38조 제1항 제3호). '다른 종류의 형'이란 유기자유형(유기징역과 유기금고)과 벌금 또는 과료, 벌금과 과료, 자격정지와 구류 등의 관계처럼 서로 다른 형을 말한다. 다만, 같은 종류의 형인 경우에도 '과료와 과료, 몰수와 몰수'는 병과할 수 있다(제38조 제1항 제2호 후단). 이것은 경합범 중 한 개의 죄의 형에 병과의 규정이 있는 경우에도 적용된다(4287형상210).

> 〈참고〉 위의 각 경우에 있어서 징역과 금고는 같은 종류의 형으로 보아 징역형으로 처벌한다(제38조 제2항).

(2) 사후적 경합범

> 제39조(판결을 받지 아니한 경합범, 수개의 판결과 경합범, 형의 집행과 경합범) ① 경합범중 판결을 받지 아니한 죄가 있는 때에는 그 죄와 판결이 확정된 죄를 동시에 판결할 경우와 형평을 고려하여 그 죄에 대하여 형을 선고한다. 이 경우 그 형을 감경 또는 면제할 수 있다.
> ② 삭제
> ③ 경합범에 의한 판결의 선고를 받은 자가 경합범 중의 어떤 죄에 대하여 사면 또는 형의 집행이 면제된 때에는 다른 죄에 대하여 다시 형을 정한다.
> ④ 전 3항의 형의 집행에 있어서는 이미 집행한 형기를 통산한다.

(가) 판결을 받지 아니한 죄에 대한 형의 선고

사후적 경합범에 있어서 경합범 중 판결을 받지 아니한 죄가 있을 때에는 그 죄와 판결이 확정된 죄를 동시에 판결할 경우와 형평을 고려하여 그 죄에 대하여 형을 선고하여야 한다(제39조 제1항 전문). 즉, 경합범 중 확정판결을 받은 죄에 대하여는 다시 판결할 수 없으므로(일사부재리의 원칙), 확정재판(판결)을 받지 아니한 죄에 대해서 형을 선고할 수 있도록 하되, 동시에 판결할 경우와 형평성을 고려하도록 하고 있다. 이것은 경합범이 따로 공소가 제기되어 동시에 판결할 수 없는 경우에 나중에 공소가 제기된 죄에 대해 판결하는 경우에도 적용된다(69도169). 그러나 아직 판결을 받지 않은 죄가 이미 판결이 확정된 죄와 동시에 판결할 수 없었던 경우에는 동조항은 적용되지 아니한다(2021도8719).

[판례] 형법 제39조 제1항이 형법 제37조의 후단 경합범과 전단 경합범 사이에 처벌의 불균형이 없도록 하고자 하면서도, 경합범 중 판결을 받지 아니한 죄가 있는 때에는 "그 죄와 판결이 확정된 죄를 동시에 판결할 경우와 형평을 고려하여" 판결을 받지 아니한 죄에 대하여 형을 선고한다고 정한 취지는, 두 죄에 형법 제38조를 적용하여 산출한 처단형의 범위 내에서 전체형을 정한 다음 그 전체형에서 판결이 확정된 죄에 대한 형을 공제한 나머지를 판결을 받지 아니한 죄에 대한 형으로 선고하거나, 두 죄에 대한 선고형의 총합이 두 죄에 대하여 형법 제38조를 적용하여 산출한 처단형의 범위 내에 속하도록 형을 선고하는 방법으로 전체형을 정하거나 처단형의 범위를 제한하게 되면, 이미 판결이 확정된 죄에 대하여 일사부재리 원칙에 반할 수 있고, 먼저 판결을 받은 죄에 대한 형이 확정됨에 따라 뒤에 판결을 선고받는 후단 경합범에 대하여 선고할 수 있는 형의 범위가 지나치게 제한되어 책임에 상응하는 합리적이고 적절한 선고형의 결정이 불가능하거나 현저히 곤란하게 될 우려가 있음을 감안한 것이다(2006도8376).

그러나 이미 판결을 받은 죄에 대한 형과 반드시 같은 종류의 형을 선택하여야 되는 것은 아니다(84도1371). 또한 소년범의 경우에 사후적 경합범에 해당하여 2개의 형을 선고하는 경우에 단기형의 합계가 5년을 초과하더라도 소년법(제60조 제1항)위반은 아니다(83도2323).

한편, 사후적 경합범의 형을 정함에 있어서는 그 형을 감경 또는 면제할 수 있다(제39조 제1항 후문). 형의 감면 여부는 원칙적으로 그 죄에 대하여 심판하는 법원이 재량에 속한다(2006도8376). 다만, 이때의 형의 감경은 법률상 감경에 해당하므로 제55조 제1항이 적용되고, 따라서 유기징역을 감경하더라도 그 형기의 2분의1 미만으로는 감경할 수 없다(2017도14609).

(나) 확정판결 전후에 범한 죄의 선고

여러 개의 죄를 범하였는데 그 중간에 일부의 죄에 대하여 확정판결이 있는 경우에는 확정판결 전후의 범죄가 경합범이 아니므로 2개의 주문에 의해 따로 형을 선고하여야 한다. 예를 들면, 甲이 A, B, C의 3개의 죄를 순차적으로 범한 후에 C죄에 대하여 확정판결을 받고, 다시 D, E의 죄를 범하였다면 A, B, C의 죄와 D, E의 죄는 경합범이 아니므로 C죄에 대한 형과 별도로 A, B의 죄와 D, E의 죄에 대하여 각각 형을 선고하여야 한다(67도701).

(3) 실체적 경합범과 형의 집행

경합범에 의하여 판결의 선고를 받은 사람이 경합범 중에 어떤 죄에 대하여 사면 또는 형의 집행이 면제된 때에는 다른 죄에 대하여 다시 형을 정한다(제39조 제3항). '다시 형을 정한다'란 그 죄에 대한 심판을 다시 한다는 뜻이 아니라 형의 집행을 다시 정한다는 의미이다. 이 경우에 형의 집행에 있어서는 이미 확정 판결에 의하여 집행한 형기를 통산한다(제39조 제4항).

제3편

형벌론

---- 제 1 장 ----

형 벌

제1절 형벌 일반이론

1. 형벌의 의의

범죄에 대한 형사제재로는 형벌과 보안처분이 있다. 형벌이란 범죄자에 대한 국가의 법익박탈행위를 말한다. 형벌은 책임을 전제로 하고 과거의 범죄행위에 대한 반동으로 과해진다는 점에서 행위자의 범죄적 위험성을 기초로 장래의 범죄예방을 지향하는데 중점을 둔 보안처분과 구별된다.

한편, 형벌은 범칙금과 구별된다. 범칙금은 도로교통법이나 경범죄처벌법위반의 경미한 범죄행위(10만원 이하의 벌금이나 구류 또는 과료의 형으로 처벌할 경우)에 대하여 경찰서장의 범칙금납부명령이라는 통고처분에 의하여 부과된다. 이때 범칙금납부명령을 받은 사람이 범칙금을 납부하면 그 행위는 형사사건으로 취급되지 않고, 전과기록도 없이 종결되지만, 이에 불복하거나 범칙금을 미납한 경우에는 경찰서장의 즉결심판청구에 의하여 벌금 등 형사처벌이 부과될 수 있다.

2. 형벌의 목적

형벌의 목적에 대하여는 ① 객관주의에 따른 응보형주의(일반예방주의)와 ② 주관주의에 따른 목적형주의가 서로 대립하고 있다.

응보형주의란 형벌의 본질이 범죄에 대한 정당한 응보에 있다고 하면서 형벌은 그 자체가 목적이라고 한다. 범죄에 대한 응보로서의 형벌을 통해 일반인들로 하여금 범죄로 나아가는 것을 방지하는 기능을 한다는 점에서 일반예방주의와 상통한다. 이에 대해 목적형주의란 형벌의 본질과 목적은 장래의 범죄를 예방하는 것이라고 하면서, 형벌의 목적은 범죄자의 재사회화에 있다고 한다. 그러나 오늘날에는 대체적으로 두 입장을 결합하여 설명하고자 한다. 따라서 형벌의 목적은 정당한 형벌이라는 관점에서 응보형주의(책임주의)를 형벌의 상한으로 하고, 효과적인 형벌이라는 관점에서 목적형주의를 형벌의 하한으로 하고 있다.

제2절 형벌의 종류

제41조(형의 종류) 형의 종류는 다음과 같다.
    1. 사형 2. 징역 3. 금고 4. 자격상실 5. 자격정지 6. 벌금 7. 구류
    8. 과료 9. 몰수

형법에서 인정하고 있는 형벌로는 사형, 징역, 금고, 자격상실, 자격정지, 벌금, 구류, 과료, 몰수 등 9가지가 있다. 형벌은 박탈되는 법익의 종류에 따라 생명형(사형), 자유형(징역, 금고, 구류), 재산형(벌금, 과료, 몰수), 명예형(자격상실, 자격정지)으로 분류될 수 있다.

1. 사형

제66조(사형) 사형은 교정시설 안에서 교수(絞首)하여 집행한다.

가. 사형의 의의

사형이란 수형자의 생명을 박탈하여 사회로부터 영원히 격리하는 형벌을 말한다. 형법이 정하고 있는 형벌 가운데 범죄자의 법익박탈이 가장 중하다는 의미에서 '극형'이라고도 한다. 사형제도는 기원전 18세기 바빌로니아의 함무라비 법전에 최초로 성문화되었다고 하며, 고조선시대의 8조금법(사람을 죽인 사람은 바로 죽인다(相殺以當時償殺))에도 규정되어 있었다.

형법에서 사형을 법정형으로 하고 있는 범죄로는 내란수괴·중요임무종사죄(제87조), 내란목적살인죄(제88조), 외환유치죄(제92조), 여적죄(제93조), 모병이적죄(제94조), 시설제공이적죄(제95조), 시설파괴이적죄(제96조), 간첩죄(제98조), 폭발물사용죄(제119조), 현주건조물 등 방화치사죄(제164조 제2항), 현주건조물 등 일수치사죄(제177조 제2항), 음용수혼독치사죄(제194조), 살인죄(제250조), 위계 등에 의한 촉탁살인 등의 죄(제253조), 약취·유인 등 살인죄(제291조), 강간 등 살인죄(제300조의2), 인질살해죄(제324조의4), 강도살인죄(제338조), 해상강도살인·치사·강간죄(제340조 제3항) 등이 있다. 이외에 형사특별법, 즉, 국가보안법, 군형법, 폭력행위 등 처벌에 관한 법률, 특정범죄 가중처벌 등에 관한 법률, 성폭력범죄의 처벌 등에 관한 특례법 등에서도 사형으로 처벌할 수 있는 범죄규정들을 두고 있다.

특히, 이 중에서 여적죄와 군형법상 군사반란죄의 수괴(제5조 제1호)는 사형만을 절대적 법정형으로 규정하고 있다. 다만, 이 경우에도 감경사유가 있으면 징역 또는 금고형으로 감경될 수 있다.

[판례] 사형은 인간의 생명을 박탈하는 냉엄한 궁극의 형벌로서 사법제도가 상정할 수 있는 극히 예외적인 형벌이라는 점을 감안할 때, 사형의 선고는 범행에 대한 책임의 정도와 형벌의 목적에 비추어 볼 때 누구라도 그것이 정당하다고 인정할 수 있는 특별한 사정이 있는 경우에만 허용되고, 형법 제51조가 규정한 사항을 중심으로 양형의 조건이 되는 모든 사정에 대한 철저히 심리를 거쳐 사형의 선고가 정당화될 수 있음이 밝혀진 경우에 한하여 비로소 사형을 선고할 수 있다(2017도2188).

나. 사형의 집행방법

사형의 집행방법은 국가마다 다르다. 형법에서는 사형은 교정시설 안에서 교수하여 집행하도록 하고 있다(제66조). 다만, 군형법에서는 사형은 소속 군 참모총장 또는 군사법원의 관할관이 지정한 장소에서 총살로써 집행한다(제3조).

〈참고〉 사형제도의 존폐론

1. **사형존치론 :** 사형존치론은 사형을 존치해야 한다는 견해로서, 그 근거는 다음과 같다. (i) 사형은 다른 어떤 형벌보다도 강력한 범죄억제력, 즉 위하적 효과를 가지고 있다. (ii) 형벌의 본질은 응보에도 있는 만큼 극악한 범죄인에 대하여는 사형을 통한 도의적 책임을 묻지 않을 수 없고, 또한 이것은 적절하다. (iii) 사형은 오랜 기간 유지되어 온 형벌로서 국민의 법의식 속에 흡수되어 있고, 아직도 많은 국민들이 사형의 존치를 희망하고 있다. (iv) 사형은 국민의 응보관념과 정의관념에 합치한다.

2. **사형폐지론 :** 사형폐지론은 사형폐지를 주장하는 견해로서, 그 근거는 다음과 같다. (i) 인간의 생명권은 헌법 제37조 제2항의 법률유보의 대상이 아니며, 사형은 인간의 존엄과 가치에 반하는 잔혹한 형벌로서 인간의 존엄과 가치를 존중하는 헌법의 정신에 반한다. (ii) 오판에 의해 사형이 집행되면 영원히 구제할 수 없는 결과를 가져온다. (iii) 일반의 기대와는 달리 사형의 범죄억제력은 강력하지 못하며, 사형집행이 많아질수록 범죄의 양상은 더욱 포악해질 뿐이다. (iv) 형벌의 목적을 개선·교육에 있다고 할 때 사형은 이러한 기능을 전혀 수행할 수 없다.

3. **결어 :** 오늘날 범죄의 흉폭화·잔인화가 심각해지고 있는 사정하에서 사형제도가 가지고 있는 범죄억지기능을 무시할 수 없으며, 일반시민의 입장에서 흉악한 범죄자에 대하여 엄중한 처벌을 요구하는 것이 일반적이므로 사형제도를 폐지하는 것은 일반국민의 정서에 반하는 것이기도 하다. 사형제도를 두고 있다고 하여 비인권적 국가가 되는 것은 아니다. 우리나라는 1998년 이후 현재까지 사형집행을 하고 있지 않아서 사실상 사형폐지국으로 인정되고 있다. 현재 사형제도 폐지의 대안으로 제시되고 있는 방안들 중 일부는 형벌기능을 고려할 때 비합리적이거나, 오히려 사형제도보다 더 비인격적이고 잔혹한 경우도 있다. 다만, 오판으로 인해 사형집행이 이루어지면 회복이 불가능하다는 점에서 오판을 줄일 수 있는 방안을 마련하는 등, 사형선고로 인해 부당한 피해가 발생하지 않도록 하는 대책을 강화할 필요는 있다.

[판례] (1) 사형은 일반국민에 대한 심리적 위하를 통하여 범죄의 발생을 예방하며 극악한 범죄에 대한 정당한 응보를 통하여 정의를 실현하고, 당해 범죄인의 재범가능성을 영구히 차단함으로써 사회를 방어하려는 것으로 그 입법목적은 정당하고, 가장 무거운 형벌인 사형은 입법목적의 달성을 위한 적합한 수단이다.

(2) 사형은 무기징역형이나 가석방이 불가능한 종신형보다도 범죄자에 대한 법익침해의 정도가 큰 형벌로서, 인간의 생존본능과 죽음에 대한 근원적인 공포까지 고려하면, 무기징역형 등 자유형보다 더 큰 위하력을 발휘함으로써 가장 강력한 범죄억지력을 가지고 있다고 보아야 하고, 극악한 범죄의 경우에는 무기징역형 등 자유형의 선고만으로는 범죄자의 책임에 미치지 못하게 될 뿐만 아니라 피해자들의 가족 및 일반국민의 정의관념에도 부합하지 못하며, 입법목적의 달성에 있어서 사형과 동일한 효과를 나타내면서도 사형보다 범죄자에 대한 법익침해 정도가 작은 다른 형벌이 명백히 존재한다고 보기 어려우므로 사형제도가 침해최소성원칙에 어긋난다고 할 수 없다. 한편, 오판가능성은 사법제도의 숙명적 한계이지 사형이라는 형벌제도 자체의 문제로 볼 수 없으며 심급제도, 재심제도 등의 제도적 장치 및 그에 대한 개선을 통하여 해결할 문제이지, 오판가능성을 이유로 사형이라는 형벌의 부과 자체가 위헌이라고 할 수는 없다.

(3) 사형제도에 의하여 달성되는 범죄예방을 통한 무고한 일반국민의 생명 보호 등 중대한 공익의 보호와 정의의 실현 및 사회방위라는 공익은 사형제도로 발생하는 극악한 범죄를 저지른 사람의 생명권이라는 사익보다 결코 작다고 볼 수 없을 뿐만 아니라, 다수의 인명을 잔혹하게 살해하는 등의 극악한 범죄에 대하여 한정적으로 부과되는 사형이 그 범죄의 잔혹함에 비하여 과도한 형벌이라고 볼 수 없으므로, 사형제도는 법익균형성원칙에 위배되지 아니한다.

또한 사형제도는 우리 헌법이 적어도 간접적으로나마 인정하고 있는 형벌의 한 종류일 뿐만 아니라, 사형제도가 생명권 제한에 있어서 헌법 제37조 제2항에 의한 헌법적 한계를 일탈하였다고 볼 수 없는 이상, 범죄자의 생명권 박탈을 내용으로 한다는 이유만으로 곧바로 인간의 존엄과 가치를 규정한 헌법 제10조에 위배된다고 할 수 없으며, 사형제도는 형벌의 경고기능을 무시하고 극악한 범죄를 저지른 사람에 대하여 그 중한 불법 정도와 책임에 상응하는 형벌을 부과하는 것으로서 범죄자가 스스로 선택한 잔악무도한 범죄행위의 결과인바, 범죄자를 오로지 사회방위라는 공익 추구를 위한 객체로만 취급함으로써 범죄자의 인간으로서의 존엄과 가치를 침해한 것으로 볼 수 없다. 한편 사형을 선고하거나 집행하는 법관 및 교도관 등이 인간적 자책감을 가질 수 있다는 이유만으로 사형제도가 법관 및 교도관 등의 인간으로서의 존엄과 가치를 침해하는 위헌적인 형벌제도라고 할 수는 없다(2008헌가23).

2. 자유형

제67조(징역) 징역은 교정시설에 수용하여 집행하며, 정해진 노역(勞役)에 복무하게 한다.

제68조(금고와 구류) 금고와 구류는 교정시설에 수용하여 집행한다.

제42조(징역 또는 금고의 기간) 징역 또는 금고는 무기 또는 유기로 하고 유기는 1개월 이상 30년 이하로 한다. 단, 유기징역 또는 유기금고에 대하여 형을 가중하는 때에는 50년까지로 한다.

제46조(구류) 구류는 1일 이상 30일 미만으로 한다.

자유형이란 수형자의 신체적 자유를 박탈·제한하는 것을 내용으로 하는 형벌을 말한다. 자유형에는 징역, 금고, 구류가 있다.

가. 징역과 금고

징역이란 수형자를 교정시설에 수용하여 집행하며, 정해진 노역(勞役)에 복무하게 형벌을 말한다(제67조). 금고란 수형자를 교도시설에 수용하여 집행하는 형벌로서(제68조), 정해진 노역에 복무할 의무가 없다는 점에서 징역과 구별된다. 금고는 과실범, 정치범 등과 같이 비파렴치범에 대하여 주로 부과되어 왔으나 형사특별법에서는 반드시 그렇지 않다. 다만, 금고의 경우에도 수형자의 신청이 있으면 정해진 노역에 복무하게 할 수 있다(형의 집행 및 수용자의 처우에 관한 법률 제67조).

징역과 금고에는 무기와 유기가 있고, 유기의 기간은 1개월 이상 30년 이하이며, 유기를 가중하는 경우에는 50년까지로 한다(제42조).

나. 구류

구류란 수형자를 1일 이상 30일 미만의 기간 동안 교도시설에 수용하여 집행하는 형벌을 말한다(제46조, 제68조). 구류는 정해진 노역에 복무할 의무가 없다는 점에서 징역과 구별되고, 기간이 30일 이하라는 점에서 징역·금고와 구별된다. 다만, 구류의 경우 수형자의 신청이 있으면 정해진 노역에 복무하게 할 수 있다(형의 집행 및 수용자의 처우에 관한 법률 제67조). 구류는 대부분 즉결심판절차에서 부과되고 있다.

[자유형의 개선방안]
1. **자유형의 단일화** : 자유형을 징역, 금고, 구류의 3종류로 구별하지 말고 단일화하
   자는 주장이 있다. 자유형을 정역부과 유무에 따라 징역과 금고로 구별하는 것은
   종래 노동을 천시하던 시대상을 반영한 것으로 현재에는 맞지 않고, 정역복무 여부
   는 행형단계에서 수형자의 인격, 소질, 환경 등을 고려하여 행형전문가의 판단에
   맡기는 것이 바람직하며, 실제적으로 금고형 수형자들도 대부분 신청에 의해 노동
   을 하고 있다는 점에서 그 구별도 무의하다고 한다.
2. **단기자유형의 제한** : 6개월 이하의 단기자유형은 비교적 가벼운 범죄를 저지른 사
   람에게 부과되는데, 그 수용기간이 너무 짧아서 교육적 효과를 기대하기 어려우므
   로 범죄인의 재사회화에 크게 도움이 되지 않는 반면, 다른 재소자들로부터 범죄성
   이 전염되기에는 충분한 기간이라고 한다. 따라서 가벼운 범죄에 대한 단기자유형
   은 폐지하고, 이에 대체하여 벌금형에 처하거나 사회내 처우를 활용하자고 한다.
3. **구류형의 폐지** : 구류형에 대하여 집행유예나 선고유예가 인정되지 않고, 신체형인
   구류형이 벌금형보다 경한 형으로 규정되어 있으며, 정식재판에 의하지 않은 경우
   에는 피고인의 방어권이 침해될 수 있다는 점에서 구류형을 폐지해야 한다고 한다.
4. **유기징역 · 금고형의 형기 완화** : 2010년 형법개정에 의해 유기징역 · 금고형의 형기
   를 30년으로 연장하고, 가중시에 50년으로 확대한 것은 매우 지나친 것이므로 유기
   자유형의 형기를 완화할 필요가 있다고 한다.

---

3. 재산형

재산형이란 범인으로부터 일정한 재산을 박탈하는 것을 내용으로 하는 형벌
을 말한다. 재산형에는 벌금, 과료, 몰수가 있다.

가. 벌금과 과료

제45조(벌금) 벌금은 5만원 이상으로 한다. 다만, 감경하는 경우에는 5만원 미만으로 할
　　수 있다.
제47조(과료) 과료는 2천원 이상 5만원 미만으로 한다.
제69조(벌금과 과료) ① 벌금과 과료는 판결확정일로부터 30일내에 납입하여야 한다. 단,
　　벌금을 선고할 때에는 동시에 그 금액을 완납할 때까지 노역장에 유치할 것을 명
　　할 수 있다.
　② 벌금을 납입하지 아니한 자는 1일 이상 3년 이하, 과료를 납입하지 아니한 자는
　　1일 이상 30일 미만의 기간 노역장에 유치하여 작업에 복무하게 한다.

제70조(노역장유치) ① 벌금이나 과료를 선고할 때에는 이를 납입하지 아니하는 경우의 노역장 유치기간을 정하여 동시에 선고하여야 한다.
② 선고하는 벌금이 1억원 이상 5억원 미만인 경우에는 300일 이상, 5억원 이상 50억원 미만인 경우에는 500일 이상, 50억원 이상인 경우에는 1천일 이상의 노역장 유치기간을 정하여야 한다
제71조(유치일수의 공제) 벌금이나 과료의 선고를 받은 사람이 그 금액의 일부를 납입한 경우에는 벌금 또는 과료액과 노역장 유치기간의 일수(日數)에 비례하여 납입금액에 해당하는 일수를 뺀다.

(1) 벌금·과료의 의의

벌금이란 범인에게 일정한 금액의 지급의무를 강제적으로 부과하는 형벌을 말한다. 벌금은 5만원 이상으로 하되, 감경하는 경우에는 5만원 미만으로 할 수 있다(제45조). 벌금의 상한은 각 처벌규정에서 정해진다. 과료란 2천원 이상 5만원 미만의 금액의 지급의무를 강제적으로 부과하는 형벌을 말한다(제47조). 과료는 액수가 2천원 이상 5만원 미만이라는 점에서 벌금과 구별되고, 형벌이라는 점에서 행정질서벌의 하나인 과태료와 구별된다.

[벌금과 과태료 및 과징금] 과태료는 행정상 질서유지를 위하여 행정의무위반자에게 부과하는 금전적 제재이다. 과태료는 금전적 제재라는 점에서 벌금과 같지만, 행정질서벌의 일종으로서 형사절차가 아니라 행정청의 판단에 의하여 부과되고, 과태료사건의 재판과 집행은 비송사건절차법에 의하며, 과태료를 부과받는 경우에도 전과기록이 남지 않는다는 점에서 벌금과 구별된다.
  한편, 벌금은 과징금과도 다르다. 과징금은 행정법상 의무를 위반하거나 이행하지 않은 것에 대한 금전적 제재라는 점에서는 과태료와 유사하다. 하지만 이것은 위반행위로 인한 경제적 이익의 환수에 초점을 둔 금전제재로서 행정행위의 형식으로 부과되고, 이에 대한 권리구제는 행정소송법상 항고소송의 일종인 취소소송에 의한다는 점에서 과태료와 구별된다.

벌금·과료는 일신전속적 성질을 가지므로 제3자의 대납, 국가에 대한 채권과의 상계, 제3자의 연대책임, 상속 등은 원칙적으로 인정되지 않는다. 다만, 몰수 또는 조세, 전매 기타 공과에 관한 법령에 의하여 재판한 벌금 또는 추징은 그 재판을 받은 사람이 재판확정 후 사망한 경우에는 그 상속재산에 대하여 집행할 수 있다(형사소송법 제478조). 또한 법인에 대하여 벌금, 과료, 몰수, 추징, 소송비용 또

는 비용배상을 명한 경우에 법인이 그 재판확정 후 합병에 의하여 소멸한 때에는 합병 후 존속한 법인 또는 합병에 의하여 설립된 법인에 대하여 집행할 수 있다 (형사소송법 제479조).

[벌금형의 장·단점]
 1. **장점** : 벌금형은 다음의 장점이 있다. (ⅰ) 이욕적인 범죄와 회사 등 법인이나 단체가 개입된 범죄에 효과적이다. (ⅱ) 자유형의 집행으로 인한 수형자에 대한 부정적 영향을 피할 수 있다. (ⅲ) 오판의 경우 그 회복이 용이하며, 집행비용도 저렴하다. (ⅳ) 재산권이 중시되는 자본주의사회에서의 재산의 손실은 일반적 위화력을 가지므로 적합한 형벌이 된다.
 2. **단점** : 벌금형은 다음의 단점이 있다. (ⅰ) 수형자의 자력에 따라 형벌의 효과가 달라지는 불평등 문제가 발생하고, 특히 자력 있는 사람에게는 일반예방이나 특별예방의 효과를 기대할 수 없다. (ⅱ) 피고인 가족의 생계에 영향을 주어 형벌의 일신전속성에 반한다. (ⅲ) 재산만을 박탈하게 되어 범죄인의 인격에 직접적인 영향을 주지 못하므로 교화·개선의 효과를 충분히 기대할 수 없다.

---

(2) 벌금·과료의 집행

벌금과 과료는 판결확정일로부터 30일 내에 납입하여야 한다(제69조). 벌금을 납입하지 아니한 사람은 1일 이상 3년 이하의 기간 동안 노역장에 유치하여 작업에 복무하게 하고, 과료를 납입하지 아니한 사람은 1일 이상 30일 미만의 기간 동안 노역장에 유치하여 작업에 복무하게 한다(제70조).

벌금 또는 과료를 선고할 때에는 이를 납입하지 아니하는 경우의 유치기간을 정하여 동시에 선고하여야 한다. 이때 선고하는 벌금이 1억원 이상 5억원 미만인 경우에는 300일 이상, 5억원 이상 50억원 미만인 경우에는 500일 이상, 50억원 이상인 경우에는 1천일 이상의 유치기간을 정하여야 한다(제70조). 다만, 벌금이나 과료의 선고를 받은 사람이 그 금액의 일부를 납입한 경우에는 벌금 또는 과료액과 노역장 유치기간의 일수(日數)에 비례하여 납입금액에 해당하는 일수를 뺀다(제71조).

한편, 500만원 이하의 벌금의 형을 선고할 경우에 형법 제51조(양형의 조건)의 사항을 참작하여 그 정상에 참작할 만한 사유가 있는 때에는 1년 이상 5년 이하의 기간 형의 집행을 유예할 수 있다. 다만, 금고 이상의 형을 선고한 판결이 확정된 때부터 그 집행을 종료하거나 면제된 후 3년까지의 기간에 범한 죄에 대하여 형을 선고하는 경우에는 그러하지 아니하다(제62조).

[벌금형제도의 개선방안]

1. **일수벌금형제도의 도입** : 형법은 일정액의 벌금을 총액으로 선고하는 소위 총액벌금형제도를 규정하고 있다. 그러나 총액벌금형제도는 범죄자의 경제적 차이를 고려할 수 없는 단점을 가지고 있다. 즉, 가난한 사람은 벌금을 내지 못해 대신 자유형을 살아야 하는 경우가 생기게 되고, 부자는 벌금을 내는 것이 전혀 부담이 되지 않기 때문에 형벌의 목적을 달성할 수 없게 되는 것이다. 이에 벌금형에 있어서 배분적 정의를 실현하기 위해 일수벌금형제도를 도입할 필요가 있다는 주장이 있다. 일수벌금형제도란 범죄에 대한 행위자의 책임에 따라 먼저 벌금을 일수로 정한 다음, 행위자의 경제적 사정(수입, 재산, 가족상황 등)에 따라 벌금액을 정하는 제도를 말한다. 그러나 일수벌금형제도는 사실상 범죄자의 재산상태를 정확히 파악하기 어렵기 때문에 오히려 불공평한 형벌이 될 가능성이 크다는 비판이 있다.

2. **벌금분납제와 납부연기제의 도입** : 벌금납부기간 30일은 경제적 약자에게는 짧은 기간이 될 수 있지만 대납이 불가능하므로 벌금형을 분납하거나 벌금납부를 연기하는 제도를 도입할 필요가 있다고 한다. 현재에도 검찰징수사무규칙 등에 근거하여 수급권자 등 일정한 사유가 있는 경우에는 검찰청에 신청하여 담당 검사의 재량에 의하여 벌금분납이나 납부연기를 받을 수 있는 제도가 마련되어 있지만 이를 법률에 정하고, 그 대상을 확대할 필요가 있다고 한다.

3. **벌금형의 확대 및 조정** : 단기자유형을 폐지하고 벌금형을 확대하는 한편, 징역과 벌금을 선택적으로 규정하고 있는 경우 징역형의 형기와 벌금액수를 균형에 맞게 조정할 필요가 있다고 한다. 이러한 요청에 부응하여 최근 법률개정에서는 징역형기 1년당 벌금 1천만원으로 조정·규정하고 있다. 이에 대하여는 오히려 벌금액수가 지나치게 과도하게 상향되어 경제적 약자의 경우에는 징역형 보다 가혹한 형벌이 될 수 있다는 우려가 있다.

4. **벌금형의 과태료 전환 확대** : 행정형법상 위반행위에 대하여 벌금형을 부과하는 경우가 늘어나고 있다. 하지만 이것은 지나치게 행정편의적인 것이므로 행정상 의무불이행에 대한 제재는 가급적 과태료부과로 전환하여 비범죄화할 필요가 있다고 한다.

나. 몰수

제48조(몰수의 대상과 추징) ① 범인 외의 자의 소유에 속하지 아니하거나 범죄 후 범인
     외의 자가 사정을 알면서 취득한 다음 각 호의 물건은 전부 또는 일부를 몰수할
     수 있다.
     1. 범죄행위에 제공하였거나 제공하려고 한 물건
     2. 범죄행위로 인하여 생겼거나 취득한 물건
     3. 제1호 또는 제2호의 대가로 취득한 물건
   ② 제1항 각 호의 물건을 몰수할 수 없을 때에는 그 가액(價額)을 추징한다
   ③ 문서, 도화(圖畵), 전자기록(電磁記錄) 등 특수매체기록 또는 유가증권의 일부가
     몰수의 대상이 된 경우에는 그 부분을 폐기한다.
제49조(몰수의 부가성) 몰수는 타형에 부가하여 과한다. 단, 행위자에게 유죄의 재판을
     아니할 때에도 몰수의 요건이 있는 때에는 몰수만을 선고할 수 있다.

(1) 몰수의 의의와 법적 성격

(가) 몰수의 의의

몰수란 범죄의 반복을 방지하거나 범죄로 인한 이득을 보유하지 못하게 할 목
적으로 범행과 관련된 재산을 박탈하여 국고에 귀속시키는 형벌을 말한다. 형법상
몰수형은 원칙적으로 다른 형에 부가하여 과해지는 부가형이지만, 예외적으로 행
위자에게 유죄의 재판을 아니 할 때에도 몰수의 요건이 있는 경우에는 몰수만을
선고할 수 있다(제49조). 다만, 이때에는 몰수·추징의 요건이 공소가 제기된 공소
사실과 관련되어 있어야 하고, 공소가 제기되지 아니한 별개의 범죄사실을 법원이
인정하여 그에 관하여 몰수·추징을 선고하는 것은 불고불리의 원칙에 위배되어
허용되지 않는다. 이러한 법리는 형법 제48조의 몰수·추징 규정에 대한 특별규정
인「범죄수익은닉의 규제 및 처벌 등에 관한 법률」제8조 내지 제10조의 규정에
따른 몰수·추징의 경우에도 마찬가지로 적용된다(2022도8592).

몰수는 임의적 몰수를 원칙으로 하므로(제48조 제1항) 몰수의 대상이 되더라도
몰수 여부는 법원의 재량이다(2017도5905). 다만, 형법각칙에서 예외적으로 필요적
몰수를 규정하는 경우도 있다. 범인 또는 정을 아는 제3자가 받은 뇌물 또는 뇌물
에 공할 금품(제134조)이나 아편에 관한 죄에서 제공한 아편 등(제206조), 배임수증
재죄에 의하여 취득한 재물(제357조 제3항) 등이 이에 해당한다.

[판례] 형법 제48조 제1항에 따른 몰수는 임의적인 것이어서 그 요건에 해당되더라도 실제로 이를 몰수할 것인지 여부는 법원의 재량에 맡겨져 있지만 형벌 일반에 적용되는 비례의 원칙에 따른 제한을 받는데, 몰수가 비례의 원칙에 위반되는 여부를 판단하기 위해서는, 몰수 대상 물건이 범죄 실행에 사용된 정도와 범위 및 범행에서의 중요성, 물건의 소유자가 범죄 실행에서 차지하는 역할과 책임의 정도, 범죄 실행으로 인한 법익 침해의 정도, 범죄 실행의 동기, 범죄로 얻은 수익, 물건 중 범죄 실행과 관련된 부분의 별도 분리 가능성, 물건의 실질적 가치와 범죄와의 상관성 및 균형성, 물건이 행위자에게 필요불가결한 것인지 여부, 몰수되지 아니할 경우 행위자가 그 물건을 이용하여 다시 동종 범죄를 실행할 위험성 유무 및 그 정도 등 제반 사정이 고려되어야 한다(2021도5723).

(나) 몰수의 법적 성격

몰수의 법적 성격에 대하여는 ① 형법은 몰수를 재산형으로 규정하고 있기 때문에 형식적으로 형벌에 해당하지만 실질적으로는 대물적 보안처분이라는 견해(다수설), ② 형법 제41조가 몰수를 형벌의 일종으로 규정하고 있는 이상 몰수는 형벌(재산형)로 보아야 한다는 견해, ③ 몰수는 한 가지 성질만 가진 제도가 아니라 경우에 따라 목적과 성질을 달리하는 것이라는 견해, ④ 몰수는 형벌과 보안처분의 중간에 위치하는 독립한 제재라는 견해 등이 있다.

몰수는 원래 자유형이나 벌금형 등과 같이 범인에 대한 응보적인 형벌로서의 성질을 가지고 있었으나 오늘날에는 벌금형과 몰수형을 분리시켜 몰수를 부가형으로 하고 있다. 따라서 몰수는 한편으로는 형벌인 반면, 다른 한편에서는 범인으로부터 사회적으로 위험한 물건을 제거함으로써 범죄의 재발을 예방한다는 의미에서 보안처분적 성질을 가진다(판례). 특히, 행위자 또는 공범의 소유에 속하는 물건의 몰수는 재산형으로서의 성질이 강한 반면, 제3자의 소유에 속하는 물건을 몰수하는 것은 보안처분으로서의 성질이 강하다. 다만, 형벌로서 몰수를 하는 경우에는 범죄로 인해 이득을 취한 것이 없는 경우에도 그 가액을 추징하여야 한다(판례).

[판례] 마약류관리에관한법률 제67조에 의한 몰수나 추징은 범죄행위로 인한 이득의 박탈을 목적으로 하는 것이 아니라 징벌적 성질의 처분이므로, 그 범행으로 인하여 이득을 취득한 바 없다 하더라도 법원은 그 가액의 추징을 명하여야 한다(2010도7251).

[판례] 형법 제134조의 규정에 의한 필요적 몰수 또는 추징은, 범인이 취득한 당해 재산을 범인으로부터 박탈하여 범인으로 하여금 부정한 이익을 보유하지 못하게 함에 그 목적이 있다(2002도1283).

(2) 몰수의 대상

몰수의 대상은 다음 물건의 전부 또는 일부이다(제48조 제1항). '물건'은 유체물에 한하지 않고 권리 및 이익도 포함한다.

[판례] 전자기록은 일정한 저장매체에 전자방식이나 자기방식에 의하여 저장된 기록으로서 저장매체를 매개로 존재하는 물건이므로 형법 제48조 제1항 각호의 사유가 있는 때에는 이를 몰수할 수 있다(2017도5905). 가령 휴대전화의 동영상 촬영기능을 이용하여 피해자를 촬영한 행위 자체가 범죄에 해당하는 경우, 휴대전화는 '범죄행위에 제공된 물건', 촬영되어 저장된 동영상은 휴대전화에 저장된 전자기록으로서 '범죄행위로 인하여 생긴 물건'에 각각 해당하고 이러한 경우 법원이 휴대전화를 몰수하지 않고 동영상만을 몰수하는 것도 가능하다(2021도5723).

(가) 범죄행위에 제공하였거나 제공하려고 한 물건(제1호).

'범죄행위에 제공한 물건'이란 범죄행위의 도구 또는 수단으로 사용된 물건을 말한다. 범행에 사용하기 위한 흉기나 도박자금으로 빌려준 돈 등이 이에 해당한다. 따라서 피해자를 사기도박에 참여하도록 유인하기 위해 제시한 수표는 몰수의 대상(2002도3589)이 되지만, 관세법상 허위신고죄의 대상이 된 물건은 범죄행위에 제공된 물건이 아니므로 몰수대상이 아니다(74도352).

'범죄행위에 제공하려고 한 물건'은 범죄행위에 사용하려고 준비하였으나 실제 사용하지 못한 물건이다. 다만, 형법상 몰수는 부가형이므로 이때 물건은 유죄로 인정되는 당해 범죄행위에 제공하려고 한 물건이어야 한다(2007도10034). 따라서 장차 실행하려고 하는 범죄행위에 제공하려는 물건은 몰수할 수 없다(2007도10034).

(나) 범죄행위로 인하여 생겼거나 취득한 물건(제2호).

'범죄행위로 인하여 생긴 물건'이란 범죄로 인하여 새롭게 생성된 산출물을 말한다. 위조문서나 위조통화, 도박으로 딴 돈, 불법으로 벌채한 나무 등이 이에 해당한다.

'범죄행위로 인하여 취득한 물건'이란 재산범죄에 의해 취득한 재산과 같이 해당 범죄행위로 인하여 결과적으로 이를 취득한 물건(2020도10970), 즉 범죄의 객체가 된 물건을 말한다. 다만, 이때의 물건은 범죄행위로 인한 것(66오2)이어야 하므로 절도를 약속하고 받은 재물은 절도죄의 예비·음모를 처벌하지 않기 때문에 몰수대상이 아니다.

그러나 몰수하여야 할 압수물이 멸실, 파손 또는 부패의 염려가 있거나 보관하기에 불편하여 이를 형사소송법 제132조의 규정에 따라 매각하여 그 대가를 보관하는 경우에는, 몰수와의 관계에서는 그 대가보관금을 몰수대상인 압수물과 동일시할 수 있다(96도2477).

> **[판례]** 민법 제98조는 물건에 관하여 '유체물 및 전기 기타 관리할 수 있는 자연력'을 의미한다고 정의하는데, 형법이 민법이 정의한 '물건'과 다른 내용으로 '물건'의 개념을 정의하고 있다고 볼 만한 사정도 존재하지 아니한다. 따라서 피고인이 범죄행위에 이용한 웹사이트 매각을 통해 취득한 대가는 형법 제48조 제1항 제2호의 몰수대상이 되므로 동조 제2항에 의한 추징대상이 된다(2021도7168).

> **[판례]** 외국환거래법 제30조가 규정하는 몰수·추징의 대상은 범인이 해당 행위로 인하여 취득한 외국환 기타 지급수단 등을 뜻하고, 이는 범인이 외국환거래법에서 규제하는 행위로 인하여 취득한 외국환 등이 있을 때 이를 몰수하거나 추징한다는 취지로서, 여기서 취득이란 해당 범죄행위로 인하여 결과적으로 이를 취득한 때를 말한다고 제한적으로 해석함이 타당하다(2013도8389).

(다) 위 두 경우의 물건의 대가로 취득한 물건(제3호)

'대가로 취득한 물건'이란 범죄도구를 빌려주고 받은 대가나 절도범이 장물을 매각한 대금 등을 말한다. 그러나 타인의 재물을 절취하여 주고 받기로 한 금품이나 물건은 절취물의 대가라고 할 수 없다. 이때 대가의 범위는 제한적으로 해석하여야 하므로, 뇌물을 받은 돈으로 주식을 사고 나중에 주식을 팔아 자동차를 산 경우에 자동차는 몰수의 대상이 되지 아니한다.

(3) 몰수의 요건

몰수를 하기 위해서는 몰수의 대상이 다음의 요건을 갖추어야 한다.

(가) 물건이 범인 이외의 자의 소유에 속하지 아니할 것

범인 이외의 사람의 소유로 되어 있는 물건은 몰수할 수 없다. 따라서 장물매각대금이라고 하더라도 장물피해자가 있을 때에는 범인 이외의 사람의 소유에 속하는 물건이기 때문에 몰수대상이 되지 아니한다(66도853). 그러나 범인 소유의 물건, 무주물, 누구의 물건인지 소유관계가 불확실한 물건(4288형상216), 금제품 등은 몰수할 수 있다.

'범인'에는 공범자도 포함되므로 공범자의 소유물도 그 공범자의 소추 여부를 불문하고 몰수할 수 있다. 이때 공범자에는 공동정범, 교사범, 종범에 해당하는 사람은 물론, 필요적 공범관계에 있는 사람도 포함되며, 이때 공범자는 반드시 유죄의 죄책을 지는 사람에 국한되지 않고 공범에 해당하는 행위를 한 사람이면 충분하다(2006도5586).

(나) 범죄 후 범인 이외의 자가 사정을 알면서 취득한 물건일 것

범인 이외의 사람이 소유한 물건이라고 하더라도 그 사람이 범죄행위에 관련된 물건이라는 사정을 알면서 취득한 경우에는 몰수의 대상이 된다. '사정을 알면서 취득한 물건'이란 취득 당시에 그 물건이 형법 제48조 제1항 각 호의 하나에 해당한다는 사실을 알면서 취득한 경우를 말한다.

<참고> 몰수는 반드시 압수되어 있는 물건에 대하여만 하는 것이 아니므로 몰수대상물건이 압수되어 있는가 하는 점 및 적법한 절차에 의하여 압수되었는가 하는 점은 몰수의 요건이 아니다(2003도705). 또한 압수물이 이 사건 범죄행위에 제공된 물건임이 인정되는 이상 압수물에 대한 압수 자체가 위법하게 되었다 하더라도 그것이 그에 대한 몰수의 효력에 영향을 미칠 수는 없다(2014도3263).

(4) 몰수의 효과

몰수는 재산권을 범인으로부터 박탈하여 국가에 귀속시키는 효과가 있다. 다만, 몰수는 원칙적으로 공소사실에 관하여 형사재판을 받는 피고인에 대한 유죄의 판결에서 다른 형에 부가하여 선고되는 형이다. 따라서 피고인 이외의 제3자의 소유에 속하는 물건에 대하여 몰수를 선고한 판결의 효력은 원칙적으로 몰수의 원인이 된 사실에 관하여 유죄의 판결을 받은 피고인에 대한 관계에서 그 물건을 소지하지 못하게 하는 데 그치고 그 사건에서 재판을 받지 아니한 제3자의 소유권에 어떤 영향을 미치는 것은 아니다(2017모236). 이때 피고인 이외의 제3자는 몰수의 대상이 된 물건의 소유자로서 민사소송으로 국가에 대하여 그 반환을 청구할 수 있다(70다245).

(5) 추징 등

(가) 추징의 의의와 법적 성격

추징은 몰수가 불가능할 경우 몰수대상인 물건의 가액을 납부하게 하는 부수적 강제처분이다. 형법 제48조 제2항에서는 몰수대상인 물건을 몰수 할 수 없을 때에는 그 가액을 추징하도록 규정하고 있다. 추징은 가액을 납부하지 않더라도 노역장에 유치할 수 없고, 피고인의 재산에 대하여 일반 강제집행절차에 의해 집행한다는 점에서 벌금 또는 과료와 구별된다.

추징은 몰수를 대체하는 처분으로서 몰수에 갈음하여 그 가액의 납부를 명령하는 사법처분으로서 형벌은 아니지만, 몰수의 취지를 관철하기 위하여 인정된 제도라는 점에서 부가형으로서의 성질을 가진다. 따라서 1심에서 선고하지 않은 추징을 항소심에서 선고하면 불이익변경금지의 원칙에 반한다(2006도4888). 또한 주형에 대하여 선고를 유예하는 경우에는 그 부가형인 몰수·추징에 대하여도 선고를 유예할 수 있다(80도584). 그러나 추징의 선고는 본안 종국판결에 부수되는 처분에 불과한 것이므로 종국판결에 대해 상고하지 않고 추징 부분만 독립하여 상고할 수는 없다(2007도6775). 다만, 필요적 몰수·추징의 경우에는 예외이다(판례).

[판례] 관세법상의 추징은 일반 형사법에서의 추징과는 달리 징벌적 성격을 띠고 있어 여러 사람이 공모하여 관세를 포탈하거나 관세장물을 알선, 운반, 취득한 경우에는 범인 중 1인이 그 물품을 소유하거나 점유하였다면 그 물품의 범죄행위 당시 국내도매가격에 상당한 금액을 그 물품의 소유 또는 점유사실의 유무를 불문하고 범인 전원으로부터 각각 추징할 수 있는 것이고, 범인이 밀수품을 소유하거나 점유한 사실이 있다면 압수 또는 몰수가 가능한 시기에 범인이 이를 소유하거나 점유한 사실이 있는지 여부에 상관없이 관세법 제282조에 따라 몰수 또는 추징할 수 있다(2017도15561).

(나) 추징의 요건

'몰수하기 불능한 때'란 소비·분실·혼동·심한 부패나 훼손·양도 등으로 판결시에 사실상 또는 법률상 몰수할 수 없는 경우를 말한다. 다만, 수뢰자가 뇌물을 그대로 보관하였다가 증뢰자에게 반환한 때에는 수뢰자로부터 추징할 것이 아니라 증뢰자로부터 추징하여야 한다(83도1713). 그러나 수뢰자가 자기앞수표를 뇌물로 받아 이를 소비한 후 자기앞수표 상당액을 증뢰자에게 반환하였다고 하더라도 뇌물 그 자체를 반환한 것은 아니므로 이를 몰수할 수 없고 수뢰자로부터 그 가액을 추징하여야 한다(98도3584).

(다) 추징의 방법

추징의 방법은 이익박탈적 성격의 몰수와 징벌적 성격의 몰수의 경우에 각각 다르다. 전자의 경우에는 각자가 실제로 분배받은 금품만을 개별적으로 몰수하거나 그 가액을 추징하는 개별적·분배적 추징의 원칙(98도4374)에 따르는 반면, 후자의 경우에는 전원에 대하여 그 취득한 가액 전부를 추징하는 공동연대추징의 원칙(95도2002)에 따른다.

추징할 가액은 범인이 그 물건을 보유하고 있다가 몰수의 선고를 받았더라면 잃게 될 이득상당액이다(판례). 다만, 범죄수익을 얻기 위해 범인이 지출한 비용은 그것이 범죄수익으로부터 지출되었다고 하더라도 이는 범죄수익을 소비하는 방법에 지나지 않아 추징할 범죄수익에서 공제되지 않는다(2007도6775).

[판례] 몰수의 취지가 범죄에 의한 이득의 박탈을 목적으로 하는 것이고 추징도 이러한 몰수의 취지를 관철하기 위한 것이라는 점을 고려하면 몰수하기 불능한 때에 추징하여야 할 가액은 범인이 그 물건을 보유하고 있다가 몰수의 선고를 받았더라면 잃게 될 이득상당액을 의미하므로, 추징하여야 할 가액이 몰수의 선고를 받았더라면 잃게 될 이득상당액을 초과하여서는 아니 된다(2017도8611).

[판례] 마약류 관리에 관한 법률에 따른 추징에서 그 소유자나 최종소지인으로부터 마약류 전부 또는 일부를 몰수하였다면 다른 취급자들과의 관계에 있어서 이를 몰수한 것과 마찬가지이므로 다른 취급자들에 대하여는 몰수된 마약류의 가액을 추징할 수 없다(2016도4927).

추징할 가액의 산정은 재판선고시의 가격을 기준으로 하되(2008도6944, 이익박탈의 경우), 정상적인 유통과정에서 형성된 시장가격을 기준으로 한다(91도352).

(라) 폐기

문서, 도화, 전자기록등 특수매체기록 또는 유가증권의 일부가 몰수에 해당하는 때에는 그 부분을 폐기한다(제48조 제3항). 문서 등이 범인 이외의 사람의 소유에 속하는 것은 폐기대상이 아니다.

[불법수익몰수제] 형법상 몰수대상은 물건이고, 범죄로 취득한 재산에 한정하여 인정되므로 몰수대상 물건을 이용하여 형성한 재산에 대하여는 몰수를 할 수 없다. 따라서 1억원의 뇌물을 받은 후, 이를 주식에 투자하여 10억원으로 증식된 경우에 증식된 9억원은 몰수할 수 없게 된다. 따라서 이러한 불법수익에 대하여도 몰수하는 것을 불법수익몰수제라고 한다. 현행법상 뇌물범죄, 마약범죄, 공무원범죄 등에서 일부 인정되고 있는데, 이러한 제도를 모든 범죄로 확대할 필요가 있다.

---

4. 명예형

제43조(형의 선고와 자격상실, 자격정지) ① 사형, 무기징역 또는 무기금고의 판결을 받은 자는 다음에 기재한 자격을 상실한다.
　　1. 공무원이 되는 자격
　　2. 공법상의 선거권과 피선거권
　　3. 법률로 요건을 정한 공법상의 업무에 관한 자격
　　4. 법인의 이사, 감사 또는 지배인 기타 법인의 업무에 관한 검사역이나 재산관리인이 되는 자격
② 유기징역 또는 유기금고의 판결을 받은 자는 그 형의 집행이 종료하거나 면제될 때까지 전항 제1호 내지 제3호에 기재된 자격이 정지된다. 다만, 다른 법률에 특별한 규정이 있는 경우에는 그 법률에 따른다.
제44조(자격정지) ① 전조에 기재한 자격의 전부 또는 일부에 대한 정지는 1년 이상 15년 이하로 한다.
② 유기징역 또는 유기금고에 자격정지를 병과한 때에는 징역 또는 금고의 집행을 종료하거나 면제된 날로부터 정지기간을 기산한다.

명예형이란 범인의 명예에 손상을 주거나 자격을 박탈 또는 제한하는 것을 내용으로 하는 형벌을 말한다. 형법에서는 명예를 박탈·제한하는 형벌은 두지 않고, 자격을 박탈·제한하는 자격상실과 자격정지가 있다.

가. 자격상실

자격상실이란 일정한 형벌을 선고받으면 그의 부수효과로서 일정한 자격이 상실되는 것을 말한다. 사형, 무기징역 또는 무기금고의 판결을 받은 경우에는 (i) 공무원이 되는 자격, (ii) 공법상의 선거권과 피선거권, (iii) 법률로 요건을 정한 공법상의 업무에 관한 자격, (iv) 법인의 이사, 감사 또는 지배인 기타 법인의 업무에 관한 검사역이나 재산관리인이 되는 자격이 상실된다(제43조 제1항).

나. 자격정지

자격정지란 일정한 자격의 전부 또는 일부를 일정기간 동안 정지시키는 것을 말한다. 자격정지에는 당연정지와 판결선고에 의한 정지가 있다.

유기징역 또는 유기금고의 판결을 받은 자는 그 형의 집행이 종료하거나 면제될 때까지 (i) 공무원이 되는 자격, (ii) 공법상의 선거권과 피선거권, (iii) 법률로 요건을 정한 공법상의 업무에 관한 자격이 당연히 정지된다. 다만, 다른 법률에 특별한 규정이 있는 경우에는 그 법률에 따른다(제43조 제2항).

또한 법원은 자격정지형이 다른 형벌과 선택적으로 규정되어 있는 경우에는 자격정지만을 독립적으로 선고할 수 있고, 병과형으로 되어 있는 경우에는 다른 형과 병과할 수 있다. 판결선고에 의한 자격정지의 기간은 1년 이상 15년 이하로 한다(제44조 제1항). 다만, 유기징역 또는 유기금고에 자격정지를 병과한 때에는 징역 또는 금고의 집행을 종료하거나 면제된 날로부터 정지기간을 기산한다(제44조 제2항).

> **[명예형의 폐지론]** 명예형은 전과자에 대한 사회적 차별을 제도화한 것이므로 범죄인의 재사회화 이념에 배치되고, 자격상실의 경우는 형의 일종으로 되어 있으나 형의 부수효과에 지나지 않으므로 형벌의 종류에서 삭제하는 것이 바람직하다고 한다.

제3절 형의 양정

1. 양형 일반론

제51조(양형의 조건) 형을 정함에 있어서는 다음 사항을 참작하여야 한다.
　　1. 범인의 연령, 성행, 지능과 환경
　　2. 피해자에 대한 관계
　　3. 범행의 동기, 수단과 결과
　　4. 범행 후의 정황

가. 양형의 의의

　형의 양정, 즉 양형이란 법관이 범죄의 성립을 인정할 경우에 그 범죄에 규정된 법정형에 법률상 가중·감경 및 정상참작감경을 하여 얻어진 처단형의 범위 내에서 구체적으로 선고할 형의 종류와 분량을 정하는 것을 말한다. 즉, 법관이 피고인에 대하여 구체적인 형벌의 종류와 범위를 정하는 것을 말한다. 양형은 법관의 재량에 속한다. 다만, 양형에 있어서는 법관의 합리적 판단이 요구되며(기속재량), 양형이 부당할 경우에는 형사소송법상 항소이유(형사소송법 제361조의5 제15호) 또는 상고이유(제383조 제4호)가 된다.

[판례] 본조에 의한 정상참작감경에 있어서도 일정한 범위를 정하여 그 범위 내에서만 각 범죄사정에 적합한 양형을 하여야 하고 정상참작감경의 방법도 본법 제55조 소정 방법에 따라야 한다(64도454).

나. 양형의 기준

　양형은 형벌의 목적에 따라 결정되어야 하므로 행위자의 책임과 일반예방 및 특별예방의 관점을 고려해야 한다. 그러나 양형의 기초와 한계는 행위자의 책임이므로, 예방목적을 위하여 책임의 범위를 초과하는 양형은 허용되지 않는다.

[양형책임과 형벌근거책임] 양형책임은 양형의 기초가 되어 형벌의 한계선을 짓는 책임으로서, 행위에 대한 사회윤리적 불법판단의 경중을 결정하는 모든 요소의 총체, 즉 책임있는 불법을 의미한다고 한다. 양형책임에는 범죄 전후의 행위자의 태도도 포함된다는 점에서 범죄성립요건인 비난가능성으로서의 형벌근거책임과 구별된다.

양형의 기준에 대한 이론으로는 ① 책임은 언제나 고정된 일정한 크기를 가지므로 그러한 책임을 기초로 한 형법은 오직 하나의 점으로 표현되어야 한다고 하면서, 책임과 형량은 정확히 일치하여야 하므로 단일의 형량만이 인정될 수 있다는 견해(유일(점)형이론), ② 양형의 단계에 따라 개별적인 형벌목적의 의의와 가치를 결정해야 된다고 하면서, 형량은 불법과 책임에 따라서 결정하지만, 형벌의 종류와 집행 여부는 예방목적에 따라 결정해야 한다는 견해(단계이론, 위가이론 (Stellenwerttheorien)), ③ 책임과 정확히 일치하는 형벌은 정할 수 없으므로 책임의 상한과 하한의 범위 내에서 일차적으로 특별예방을, 이차적으로는 일반예방을 고려하여 형벌을 결정해야 한다는 견해(범위이론, 다수설)가 있다.

책임과 일치하는 정확한 형벌을 정하는 것은 불가능하므로 유일형이론은 하나의 가설에 지나지 않는다. 또한 단계이론은 양형에 관하여 예방적 목적을 약화시킨다는 점에서 부당하다. 따라서 양형책임에 있어서도 형벌목적 외에 형사책임의 범위를 고려하지 않을 수 없을 것이므로 행위자의 불법에 상응하는 형벌의 범위 내에서 특별예방과 일반예방을 고려하여 형량을 정하여야 한다.

다. 양형의 조건

양형의 기초는 행위의 불법과 책임이며, 이때 책임은 행위책임을 의미하지만 형벌의 예방목적을 고려하여야 한다. 형법 제51조는 양형의 조건, 즉 형을 정함에 있어서는 다음 사항을 참작하여야 한다고 규정하고 있다. 즉, (ⅰ) 범인의 연령, 성행, 지능과 환경, (ⅱ) 피해자에 대한 관계, (ⅲ) 범행의 동기, 수단과 결과, (ⅳ) 범행 후의 정황 등이다.

> **[판례]** 형법 제51조 제4호에서 양형의 조건의 하나로 정하고 있는 범행 후의 정황 가운데에는 형사소송절차에서의 피고인의 태도나 행위를 들 수 있는데, 모든 국민은 형사상 자기에게 불리한 진술을 강요당하지 아니할 권리가 보장되어 있으므로(헌법 제12조 제2항), 형사소송 절차에서 피고인은 방어권에 기하여 범죄사실에 대하여 진술을 거부하거나 거짓 진술을 할 수 있고, 이 경우 범죄사실을 단순히 부인하고 있는 것이 죄를 반성하거나 후회하고 있지 않다는 인격적 비난요소로 보아 가중적 양형의 조건으로 삼는 것은 결과적으로 피고인에게 자백을 강요하는 것이 되어 허용될 수 없다고 할 것이나, 그러한 태도나 행위가 피고인에게 보장된 방어권 행사의 범위를 넘어 객관적이고 명백한 증거가 있음에도 진실의 발견을 적극적으로 숨기거나 법원을 오도하려는 시도에 기인한 경우에는 가중적 양형의 조건으로 참작될 수 있다(2001도192).

한편, 양형에 있어서는 법적 구성요건요소로 되어 있는 형의 가중·감경 사유를 다시 양형의 자료로 삼아서는 아니된다(이중평가의 금지). 따라서 개별 범죄구성요건에서 가중·감경사유로 기술한 내용을 이유로 다시 가중·감경할 수 없다.

2. 양형의 단계

형의 양정은 법정형, 처단형, 선고형의 순서로 진행된다.

가. 법정형

법정형이란 형법각칙상 개개 구성요건에서 정한 일정한 범죄행위에 대하여 그 법률효과로 정하고 있는 형벌을 말한다. 법정형은 개별범죄의 불법의 정도에 따라 다르다. 법정형의 규정방식과 관련하여 (ⅰ) 형벌의 종류와 범위를 법률로 엄격히 규정하여 법관에게 재량을 전혀 인정하지 않는 **절대적 법정형주의**와 (ⅱ) 법률에서 형벌의 종류와 범위를 정하고 그 범위 내에서 형의 적용을 법관의 재량에 맡기는 **상대적 법정형주의**가 있다. 형법은 상대적 법정형주의를 원칙으로 한다. 다만, 여적죄(제93조)는 법정형으로 사형만을 규정하고 있기 때문에 절대적 법정형주의를 취하고 있다.

나. 처단형

처단형이란 법정형을 기초로 하여 당해 법률상 또는 재판상 가중·감경한 형을 말한다. 당해 범죄의 법정형으로 여러 가지 선택할 형종이 있는 경우에는 먼저 형벌의 종류를 선택한 후, 그 선택형을 대상으로 하여 특정사유가 있으면 법률상 또는 재판상 가중 또는 감경을 하여 형이 정하여지고, 이것이 처단형이 된다. 형의 가중·감경사유가 없으면 법정형이 처단형이 된다.

다. 선고형

선고형이란 법관이 처단형의 범위 내에서 여러 가지 양형사유를 고려하여 구체적으로 피고인에게 선고하는 형을 말한다. 선고형은 양형의 최종적 단계이다.

선고형은 당해 피고인의 양형책임을 기초로 판단하여야 한다. 양형책임은 범죄 성립요건으로서의 형벌근거책임과는 달리 범죄 후의 행위자의 태도, 피해자와의 관계, 범죄 후의 정황 등도 고려하여 판단하여야 한다. 형법 제51조의 양형의 조건은 1차적으로는 처단형을 결정함에 있어서 그 정상참작감경의 판단자료로, 2차적으로는 처단형의 범위 내에서 최종적인 선고형을 구체적으로 결정하는 근거자료로 활용된다.

[자유형의 선고방식] 형법은 자유형을 선고함에 있어서 정기형을 원칙으로 한다. 다만, 소년범에 대하여는 상대적 부정기형을 허용하고 있다. 즉, 소년이 법정형으로 장기 2년 이상의 유기형(有期刑)에 해당하는 죄를 범한 경우에는 그 형의 범위에서 장기와 단기를 정하여 선고한다. 다만, 장기는 10년, 단기는 5년을 초과하지 못한다(소년법 제60조 제1항).

---

3. 형의 가중·감경

가. 형의 가중

형법상 형의 가중은 법률상 가중만 인정되고, 재판상 가중은 인정되지 않는다. 법률상 가중이란 미리 법률에 의하여 형의 가중이 규정되어 있는 경우로서, 형법은 가중사유가 있으면 반드시 가중해야 하는 필요적 가중만 인정하고 있다.

형의 가중사유는 형법총칙상 가중사유와 형법각칙상 가중사유가 있다. **형법총칙상 가중사유**로는 경합범가중(제38조), 누범가중(제35조, 제36조), 특수교사·방조가중(제34조 제2항)이 있다. **형법각칙상 가중사유**로는 상습범가중(제264조 등), 공무원의 범죄에 대한 가중(제135조) 등이 있다.

나. 형의 감경

형의 감경에는 법률상 감경과 재판상 감경(정상참작감경)이 있다.

(1) 법률상 감경

> 제52조(자수, 자복) ① 죄를 지은 후 수사기관에 자수한 경우에는 형을 감경하거나 면제할 수 있다.
> ② 피해자의 의사에 반하여 처벌할 수 없는 범죄의 경우에는 피해자에게 죄를 자복(自服)하였을 때에도 형을 감경하거나 면제할 수 있다.

법률상 감경에는 필요적 감경과 임의적 감경이 있다.

필요적 감경이란 법률상 일정한 사유가 있으면 법원이 반드시 감경해야 하는 경우를 말한다. 필요적 감경사유로는 형법총칙상 외국에서 받은 형의 집행(제7조), 심신미약자(제10조 제2항), 청각 및 언어 장애인(제11조), 중지미수(제26조), 종범(제32조)이 있고, 형법각칙상 내란의 죄의 자수(제90조)와 외환의 죄의 자수(제101조) 등이 있다.

임의적 감경이란 법률상 일정한 사유가 있으면 법원의 재량에 의하여 감경할 수 있는 경우를 말한다. 따라서 임의적 감경의 경우에는 감경사유가 있더라도 법관이 제55조 제1항에 따른 법률상 감경을 할 수도 있고 하지 않을 수도 있다. 임의적 감경사유로는 형법총칙상 과잉방위(제21조 제2항), 과잉피난(제22조 제3항), 과잉자구행위(제23조 제2항), 장애미수(제25조 제2항), 불능미수(제27조), 자수·자복(제52조)이 있고, 형법각칙상 범죄단체등의 조직(제114조), 피약취·유인자·인질해방(제295조의2, 제324조의6) 등이 있다.

[**자수와 자복**] 자수란 범인 자발적으로 자신의 범죄사실은 수사기관에 신고하여 그 소추를 구하는 의사표시를 말한다. 자복이란 죄를 범한 사람이 피해자에게 범죄사실을 고백하는 것을 말한다. 형법에서는 범인이 죄를 범한 후 자수하거나 반의사불벌죄를 범한 사람이 피해자에게 자복한 때에는 형의 임의적 감경 또는 면제사유로 하고 있다(제52조). 다만, 내란죄(제87조)와 내란목적살인죄(제88조) 또는 외환의 죄(제92조-제99조)에 있어서 예비·음모를 한 후 실행행위에 이르기 전에 자수한 경우(제90조, 제101조)처럼 형법각칙에서 필요적 감경·면제사유로 규정하고 있는 경우도 있다.

[**자수에 관한 판례의 태도**] 형법 제52조 소정의 자수라 함은 범인이 자발적으로 자신의 범죄사실을 수사기관에 신고하여 소추를 구하는 의사표시를 말하는 것인바, 여기서 신고의 내용이 되는 '자신의 범죄사실'이란 자기의 범행으로서 범죄성립요건을 갖춘 객관적 사실을 의미하는 것으로, 위와 같은 객관적 사실을 자발적으로 수사기관에 신고하여 그 처분에 맡기는 의사표시를 하는 것으로 족하고, 더 나아가 법적으로 그 요건을 완전히 갖춘 범죄행위라고 적극적으로 인식하고 있을 필요까지는 없다(94도1017, 99도2443). 다만, 자수를 하였다고 하더라도 이를 양형에 반드시 참작하여야 하는 것이 아니다(86도309).

〈자수인정 사례〉 검찰에 자진 출석하여 범행을 사실대로 진술한 후 법정에서 범행을 부인한 경우(2002도7262), 수사기관에 자진 출석하여 범죄사실을 자백한 후에 검찰이나 법정에서 이를 일부 부인하는 경우(2002도46), 여러 개의 범죄사실 중 일부에 관하여만 자수한 경우(그 부분 범죄사실에 한하여, 94도2130), 제3자를 통하여 한 자수(64도252) 등.

〈자수불인정 사례〉 피고인이 경찰관의 여죄 추궁 끝에 다른 범죄사실을 자백한 경우(2006도4883), 자수서를 소지하고 수사기관에 자발적으로 출석하였으나 자수서를 제출하지 아니하고 범행사실도 부인하였다면 자수가 성립하지 아니하고, 그 이후 구속까지 된 상태에서 자수서를 제출하고 범행사실을 시인한 경우(2003도3133), 수사기관에 뇌물수수의 범죄사실을 자발적으로 신고하였으나 그 수뢰액을 실제보다 적게 신고함으로써 적용법조와 법정형이 달라지게 된 경우(2004도2003), 세관 검색시 금속탐지기에 의해 대마 휴대사실이 발각될 상황에서 세관 검색원의 추궁에 의하여 대마 수입 범행을 시인한 경우(98도4560), 범죄사실을 부인하거나 죄의 뉘우침이 없는 자수(94도2130), 내심으로 자수할 것을 결심한 경우(86도792), 경찰관에게 검거되기 전에 친지에게 전화로 자수의사를 전달하였던 경우(85도1489), 수사기관의 직무상의 질문 또는 조사에 응하여 범죄사실을 진술하는 경우(82도1965) 등.

(2) 재판상 감경

> 제53조(정상참작감경) 범죄의 정상(情狀)에 참작할 만한 사유가 있는 경우에는 그 형을
>   감경할 수 있다.
> 제54조(선택형과 정상참작감경) 한 개의 죄에 정한 형이 여러 종류인 때에는 먼저 적용
>   할 형을 정하고 그 형을 감경한다.

　　재판상 감경(정상참작감경)이란 법률상 특별한 감경사유가 없더라도 범죄의 정
상에 참작할 만한 사유가 있는 때 법원이 작량하여 그 형을 감경할 수 있는 것을
말한다(제53조). '참작할 만한 사유'는 형법 제51조가 적용된다. 법률상 형을 가중
또는 감경한 경우에도 다시 정상참작감경을 할 수 있다.

　　한 개의 죄에 규정된 형이 여러 종류인 경우에는 먼저 적용할 형을 정하고,
그 형을 감경한다(제54조). 가중의 경우도 마찬가지이다. 예를 들면, 형법 제329조
의 절도죄에 있어서 6년 이하의 징역 또는 1천만원 이하의 벌금과 같이 2개 이상
의 형이 선택적으로 규정되어 있는 경우에는 6년 이하의 징역을 선택할지 아니면
1천만원 이하의 벌금을 선택할지 먼저 정해야 한다. 그리고 형의 감경에 있어서 2개
의 형종을 병과하는 경우에는 양자 모두 감경해야 한다.

다. 형의 가중·감경의 순서

> 제56조(가중·감경의 순서) 형을 가중·감경할 사유가 경합하는 경우에는 다음 각 호의
>   순서에 따른다.
>   1. 각칙 조문에 따른 가중
>   2. 제34조제2항에 따른 가중
>   3. 누범가중
>   4. 법률상감경
>   5. 경합범가중
>   6. 정상참작감경

　　형의 가중·감경할 사유가 경합된 경우에는 (ⅰ) 각칙 조문에 따른 가중, (ⅱ) 제34조
제2항(특수교사·방조)에 따른 가중, (ⅲ) 누범가중, (ⅳ) 법률상 감경, (ⅴ) 경합범
가중, (ⅵ) 정상참작감경의 순에 의하여 가중·감경한다(제56조). 다만, 처단형은

선고형의 최종적인 기준이 되므로 그 범위는 법률에 따라서 엄격하게 정하여야 하고, 별도의 명시적인 규정이 없는 이상 제56조에서 열거하고 있는 가중·감경할 사유에 해당하지 않는 다른 성질의 감경사유를 인정할 수는 없다(2018도5475).

라. 형의 가중·감경의 방법

제55조(법률상의 감경) ① 법률상의 감경은 다음과 같다.
　　1. 사형을 감경할 때에는 무기 또는 20년 이상 50년 이하의 징역 또는 금고로 한다.
　　2. 무기징역 또는 무기금고를 감경할 때에는 10년 이상 50년 이하의 징역 또는 금고로 한다.
　　3. 유기징역 또는 유기금고를 감경할 때에는 그 형기의 2분의 1로 한다.
　　4. 자격상실을 감경할 때에는 7년 이상의 자격정지로 한다.
　　5. 자격정지를 감경할 때에는 그 형기의 2분의 1로 한다.
　　6. 벌금을 감경할 때에는 그 다액의 2분의 1로 한다.
　　7. 구류를 감경할 때에는 그 장기의 2분의 1로 한다.
　　8. 과료를 감경할 때에는 그 다액의 2분의 1로 한다.
② 법률상 감경할 사유가 수개있는 때에는 거듭 감경할 수 있다.

(1) 형의 가중

유기징역 또는 유기금고에 대하여는 형을 가중하는 때에는 50년까지로 한다 (제42조 단서).

누범가중은 장기의 2배까지 가중하고(제35조), 경합범가중은 중한 죄의 장기 또는 다액의 2분의 1까지 가중하되, 각 죄에 정한 형의 장기 또는 다액을 합한 형기 또는 액수를 초과할 수 없다(제38조). 특수교사·방조의 경우에는 교사인 때에는 정범에 정한 형의 장기 또는 다액에 그 2분의 1까지 가중하고, 방조인 때에는 정범의 형으로 처벌한다(제34조 제2항).

(2) 형의 감경

법률상 감경은 다음과 같다(제55조 제1항). (ⅰ) 사형을 감경할 때에는 무기 또는 20년 이상 50년 이하의 징역 또는 금고로 한다. (ⅱ) 무기징역 또는 무기금고를 감경할 때에는 10년 이상 50년 이하의 징역 또는 금고로 한다. (ⅲ) 유기징역 또는 유기금고를 감경할 때에는 그 형기의 2분의 1로 한다. (ⅳ) 자격상실을 감경할 때에는 7년 이상의 자격정지로 한다. (v) 자격정지를 감경할 때에는 그 형기의 2분의 1로 한다. (vi) 벌금을 감경할 때에는 그 다액의 2분의 1로 한다. (vii) 구류를 감경할 때에는 그 장기의 2분의 1로 한다. (viii) 과료를 감경할 때에는 그 다액의 2분의 1로 한다. 법률상 감경할 사유가 여러 개 있는 때에는 거듭 감경할 수 있다(동조 제2항).

그러나 **재판상 감경**(정상참작감경)의 방법에 대하여는 형법상 규정이 없다. 따라서 정상참작감경에 있어서도 일정한 범위를 정하여 그 범위 내에서만 각 범죄사정에 적합한 양형을 하여야 하고, 정상참작감경의 방법도 형법 제55조 소정 방법에 따라야 한다(64도454). 다만, 법률상 감경사유와 정상참작감경사유가 경합한 때에는 법률상 감경을 먼저 하고, 마지막으로 정상참작감경을 해야 한다(제56조). 이처럼 법률상 감경을 한 후 다시 정상참작감경을 할 수 있지만, 정상참작감경을 할 사유가 여러 개 있더라도 거듭 정상참작감경할 수는 없다(63도410). 한편, 한 개의 범죄에 징역형과 벌금형을 병과하는 경우에 특별한 규정이 없는 한 어느 하나만을 정상참작감경할 수는 없지만(77도1827), 경합범의 경우에는 어느 하나만 정상참작감경할 수 있다(2006도1076).

한편, 유기징역 또는 유기금고형을 감경할 경우에는 '형기', 즉 법정형의 장기와 단기를 모두 2분의 1로 감경함을 의미한다. 따라서 임의적 감경의 경우에도 감경사유의 존재가 인정되고 법관이 그에 따라 징역형에 대해 법률상 감경을 하는 경우에는 제55조 제1항 제3호에 따라 상한과 하한을 모두 2분의 1로 감경하여야 한다(2018도5475).

4. 형의 면제

형의 면제란 범죄가 성립하지만 형벌을 부과하지 않는 경우를 말한다. 따라서 형의 면제도 유죄판결의 일종이다(형사소송법 제322조). 형의 면제는 확정재판 전의 사유로 인하여 형이 면제되는 경우라는 점에서 확정재판 후의 사유로 인하여 형의 집행이 면제되는 형집행의 면제와 구별된다. 형의 면제는 법률상 면제이며, 재판상 면제는 인정되지 않는다.

　　형의 면제에는 필요적 면제와 임의적 면제가 있다. **필요적 면제사유**로는 형법
총칙상 중지미수(제26조), 형법각칙상 예비·음모의 자수(제90조, 제101조 등), 재산
죄에 있어서의 친족 간의 범행(제328조 제1항, 제344조 등)이 있고, **임의적 면제사유**
로는 과잉방위(제21조 제2항), 과잉피난(제22조 제3항), 과잉자구행위(제23조 제2항),
불능미수(제27조), 자수 및 자복(제52조) 등이 있다.

5. 판결선고 전 구금일수의 통산·판결의 공시

가. 판결선고 전 구금일수의 통산

> 제57조(판결선고전 구금일수의 통산) ① 판결선고전의 구금일수는 그 전부를 유기징역,
>　　유기금고, 벌금이나 과료에 관한 유치 또는 구류에 산입한다.
> ② 전항의 경우에는 구금일수의 1일은 징역, 금고, 벌금이나 과료에 관한 유치 또는
>　　구류의 기간의 1일로 계산한다.

　　판결선고 전의 구금이란 범죄의 혐의를 받는 사람을 재판이 확정될 때까지 구
금하는 것을 말한다(미결구금). 판결선고 전 구금은 증거인멸을 방지하고 범인도피
의 예방을 통해 소송절차의 진행을 확보하고, 유죄판결의 확정에 따라 시행될 형
집행을 담보하려는 데 그 목적이 있다.

　　판결선고 전의 구금은 형벌은 아니지만, 자유를 박탈한다는 점(그 정도의 차이
는 있지만)에서 징역, 금고, 구류, 노역장유치 등 자유형의 집행과 동일하다. 따라
서 형법은 판결선고 전의 구금일수는 그 전부를 유기징역, 유기금고, 벌금이나 과
료에 관한 유치 또는 구류에 산입하도록 하고 있다(제57조 제1항). 구금일수의 1일
은 징역, 금고, 유치 또는 구류기간의 1일로 계산한다(동조 제2항). 본형산입의 대
상이 되는 미결구금일수는(재정통산일수)는 판결선고 전날까지의 구금일수이다
(2005도6246).

　　한편, 판례는 무기형에 대하여는 미결구금일수를 산입할 수 없다(65도384)고
한다. 그러나 무기형의 경우에도 가석방의 요건에 차이가 있을 수 있으므로 가석방
을 결정함에 있어서는 미결구금일수를 산입하여 계산하여야 한다. 사형수가 무기
형으로 감형된 후 가석방되는 경우에도 마찬가지이다. 다만, 형의 집행과 구속영장

의 집행이 경합하고 있는 경우에는 미결구금일수는 본형에 산입하지 않는다(판례). 또한 제1심 및 원심판결에 의하여 산입된 미결구금일수만으로도 이미 본형의 형기를 초과한 때에는 상고 후의 구금일수는 별도로 산입하지 않는다(2006도4238).

> **[판례]** 미결구금은 공소의 목적을 달성하기 위하여 어쩔 수 없이 피고인 또는 피의자를 구금하는 강제처분이어서 형의 집행은 아니지만, 자유를 박탈하는 점이 자유형과 유사하기 때문에, 형법 제57조는 인권보호의 관점에서 미결구금일수의 전부 또는 일부를 본형에 산입한다고 규정하고 있는 것이나, 형의 집행과 구속영장의 집행이 경합하고 있는 경우에는 구속 여부와 관계없이 피고인 또는 피의자는 형의 집행에 의하여 구금을 당하고 있는 것이어서, 구속은 관념상은 존재하지만 사실상은 형의 집행에 의한 구금만이 존재하는 것에 불과하므로 즉, 구속에 의하여 자유를 박탈하는 것이 아니므로, 인권보호의 관점에서 이러한 미결구금 기간을 본형에 통산할 필요가 없고, 오히려 이것을 통산한다면 하나의 구금으로써 두 개의 자유형의 집행을 동시에 하는 것과 같게 되는 불합리한 결과가 되어 피고인에게 부당한 이익을 부여하게 되므로, 이러한 경우의 미결구금은 본형에 통산하여서는 아니된다(2001도4583).

> **[판례]** 피고인이 범행 후 미국으로 도주하였다가 대한민국정부와 미합중국정부 간의 범죄인 인도조약에 따라 체포되어 인도절차를 밟기 위한 절차에 해당하는 기간은 본형에 산입될 미결구금일수에 해당한다고 볼 수 없다(2004도482).

나. 판결의 공시

> 제58조(판결의 공시) ① 피해자의 이익을 위하여 필요하다고 인정할 때에는 피해자의 청구가 있는 경우에 한하여 피고인의 부담으로 판결공시의 취지를 선고할 수 있다.
> ② 피고사건에 대하여 무죄의 판결을 선고하는 경우에는 무죄판결공시의 취지를 선고하여야 한다. 다만, 무죄판결을 받은 피고인이 무죄판결공시 취지의 선고에 동의하지 아니하거나 피고인의 동의를 받을 수 없는 경우에는 그러하지 아니하다.
> ③ 피고사건에 대하여 면소의 판결을 선고하는 경우에는 면소판결공시의 취지를 선고할 수 있다.

판결의 공시란 피해자의 이익이나 피고인의 명예회복을 위해서 판결의 선고와 동시에 관보 또는 일간신문 등에 판결의 전부 또는 일부를 공식적으로 알리는 제도를 말한다.

판결의 공시는 다음의 경우에 인정된다(제58조). 즉, (ⅰ) 피해자의 이익을 위하여 필요하다고 인정할 때에는 피해자의 청구가 있는 경우에 한하여 피고인의 부담으로 판결공시의 취지를 선고할 수 있다(제1항). (ⅱ) 피고사건에 대하여 무죄의 판결을 선고하는 경우에는 무죄판결공시의 취지를 선고하여야 한다. 다만, 무죄판결을 받은 피고인이 무죄판결공시 취지의 선고에 동의하지 아니하거나 피고인의 동의를 받을 수 없는 경우에는 그러하지 아니하다(제2항). (ⅲ) 피고사건에 대하여 면소의 판결을 선고하는 경우에는 면소판결공시의 취지를 선고할 수 있다(제3항).

제4절 누범

제35조(누범) ① 금고(禁錮) 이상의 형을 선고받아 그 집행이 종료되거나 면제된 후 3년 내에 금고 이상에 해당하는 죄를 지은 사람은 누범(累犯)으로 처벌한다.
  ② 누범의 형은 그 죄에 대하여 정한 형의 장기(長期)의 2배까지 가중한다.
제36조(판결선고후의 누범발각) 판결선고후 누범인 것이 발각된 때에는 그 선고한 형을 통산하여 다시 형을 정할 수 있다. 단, 선고한 형의 집행을 종료하거나 그 집행이 면제된 후에는 예외로 한다.

---

1. 누범의 의의와 법적 성격

가. 누범의 의의

누범이란 범죄를 누적적으로 반복하여 범하는 것을 말한다. 누범 중에 특히 형법적 의미를 가지는 것은 형법 제35조에 의하여 가중처벌되는 협의의 누범이다. 형법 제35조 제1항에서는 "금고(禁錮) 이상의 형을 선고받아 그 집행이 종료되거나 면제된 후 3년 내에 금고 이상에 해당하는 죄를 지은 사람은 누범(累犯)으로 처벌한다"고 규정하고 있다. 누범은 그 죄에 정한 형의 장기의 2배까지 가중하여 처벌한다(제2항). 누범을 법정형의 2배까지 무겁게 가중하는 것은 재범으로 인해 비난이 가중된 것에 근거한다. 하지만 누범가중은 전범(前犯)을 이유로 하여 후범(後犯)의 형을 가중한다는 점에서 형벌은 행위자가 범한 당해 범죄에 따른 책임에 비례하여야 한다는 책임주의원칙에 반한다는 비판이 있다.

[누범가중의 위헌성] 누범을 가중처벌하는 것은 범죄인이 전범에 대한 형벌에 의하여 주어진 경고기능을 무시하고 후범의 실현을 통하여 범죄추진력이 보다 강화되어 행위책임이 가중되기 때문이고, 나아가 재범예방이라는 형사정책적 목적을 달성하기 위한 것이다. 즉 책임은 행위자가 합법을 결의하고 행동할 수 있었음에도 불구하고 불법을 결의하고 행하였다고 하는 의사형성에 대한 비난가능성을 의미하므로, '전 판결의 경고기능 무시'나 '범죄추진력의 강화'는 행위책임의 가중을 정당화할 수 있는 근거가 된다. 행위자가 전범에 대한 형벌을 통하여 자신의 범죄행위의 위법성과 그에 대한 비난을 인식하고 체험하였다면 불법을 회피하고 합법적인 행위를 할 수 있는 범죄억제동기가 형성되었을 것인데, 이러한 전 판결의 경고를 무시하고 다시 실형을 선고받을 만한 범행을 하였다면 그 행위에 대한 비난가능성, 즉 행위책임이 증대된다고 할 수 있다. 그리고 위와 같은 행위책임의 증대 외에도, 재범예방이라는 형사정책적 고려가 가미되어 누범을 가중처벌하고 있는 것이다. 따라서 누범가중처벌규정은 일사부재리의 원칙이나 책임과 형벌간의 비례원칙, 평등원칙 등에 위배되지 않아 헌법에 위반되지 아니한다 (2018헌바8). 대법원도 누범가중의 위헌성을 부인한다(2006도1427).

누범은 상습범과 다음의 점에서 구별된다. (ⅰ) 누범은 범죄의 반복에 따른 처벌을 내용으로 함에 반해, 상습범은 범죄의 반복으로 나타나는 범죄인의 성향이나 습벽을 특징으로 하는 범죄이다. (ⅱ) 누범은 전과가 있는 것으로 충분하고, 그것이 동일하거나 같은 종류의 범죄일 필요가 없지만, 상습범은 전과가 있을 것을 요하지는 않지만 동일 범죄 또는 같은 종류 범죄의 반복을 요한다. (ⅲ) 상습범은 행위자의 상습성이라는 행위자책임사상에 근거하여 형법 각칙에 규정되어 있는 반면, 누범은 행위책임에 근거하여 초범자보다 형을 가중하는 것으로 형법총칙에 규정되어 있다. 따라서 누범이 반드시 상습범이거나 상습범이 반드시 누범이 되는 것은 아니다. 하지만 현실적으로 대부분의 경우 누범과 상습범은 중첩되어 상습누범의 형태로 나타난다. 이처럼 상습범가중과 누범가중이 경합하는 경우에는 거듭 가중할 수 있다(판례).

[판례] 특정범죄 가중처벌 등에 관한 법률 제5조의4 제5항의 규정 취지는 같은 법조 제1항, 제3항 또는 제4항에 규정된 죄 또는 그 미수죄로 3회 이상 징역형을 받은 자로서 다시 이를 범하여 누범으로 처벌할 경우에는 상습성이 인정되지 않은 경우에도 상습범에 관한 제1항 내지 제4항 소정의 법정형에 의하여 처벌한다는 뜻이라고 새겨지므로, 제1항 내지 제4항에 정한 형에 다시 누범가중한 형기범위 내에서 처단형을 정하는 것이 타당하다(94도1391).

나. 누범의 법적 성격

누범의 법적 성격에 대하여는 ① 양형에 관한 법률상 가중규정으로 이해하는 견해와 ② 누범을 여러 개의 범죄를 누적적으로 범한 범죄라는 점에서 죄수론으로 취급하는 견해 등이 있다.

누범은 전범 자체를 대상으로 하여 형을 가중하는 것이 아니므로 죄수의 문제로 볼 수는 없고, 형법규정도 경합범과 다른 절(節)에서 규정하고 있으므로 법률상 가중규정으로 이해하여야 한다.

2. 누범의 성립요건

가. 전범에 관한 요건

(1) 금고 이상의 형의 선고

전범에 의하여 선고받은 형은 금고 이상의 형이어야 한다. 금고 이상의 형이 선고되기만 하면 그 범죄가 고의범이든 과실범이든 불문한다. '금고 이상의 형'은 유기징역과 유기금고를 말한다. 사형 또는 무기형을 선고받은 사람이 감형으로 인해 유기징역이나 유기금고로 되거나 형의 선고가 있는 한 특별사면이나 형의 시효로 인하여 집행이 면제된 경우에도 누범전과가 된다. 금고 이상의 형을 선고받은 이상 형법위반인지 특별법위반인지는 문제되지 않는다(4290형상268).

> [판례] 형법 제38조 제1항 제1호는 경합범 중 가장 중한 죄에 정한 형이 사형 또는 무기징역형으로 처벌하도록 규정하고 있으므로, 경합범 중 가장 중한 죄의 소정형에서 무기징역형을 선택한 이상 무기징역형으로만 처벌하고 따로 이 경합범가중을 하거나 가장 중한 죄가 누범이라 하여 누범가중을 할 수 없다(92도1428).

'금고 이상의 형의 선고'는 유효하여야 한다. 따라서 전범에 대한 금고 이상의 선고가 일반사면 등으로 그 효력이 상실된 때에는 누범전과가 되지 않는다(64도34). 다만, 복권(제82조)은 형 선고의 효력을 상실시키는 것이 아니므로 그 후범은 누범이 된다. 집행유예의 선고가 실효되거나 취소되지 않고 집행유예기간을 경과한 때

428 제3편 형 벌 론

에도 형의 선고가 효력을 상실하므로 누범전과가 되지 않는다(70도1627). 또한 벌금형을 선고받은 사람에 대하여 대체자유형인 노역장유치가 집행된 경우도 누범가중사유가 되지 않는다.

(2) 형의 집행이 종료되거나 면제된 후일 것

전범의 형의 집행의 종료 되거나 면제가 된 후이어야 한다. '형의 집행종료'는 형기가 만료된 경우를 말하고, '형의 집행면제'란 형의 시효가 완성된 때(제77조), 특별사면에 의하여 형의 집행이 면제된 때(사면법 제5조), 외국에서 형의 집행을 받았을 때(제7조) 등의 경우를 말한다.

전형(前刑)의 집행 전이나 집행 중에 다시 죄를 범하여도 누범이 되지 않는다. 따라서 금고 이상의 형을 받고 그 형의 집행유예기간 중에 금고 이상에 해당하는 죄를 범하였다고 하더라도 누범이 되지 않는다(83도1600). 가석방이 취소되지 않고 잔여형기가 경과한 때에는 형의 집행이 종료되는 것이므로 가석방된 사람이 가석방기간 중에 다시 죄를 범한 경우에는 누범이 되지 않는다(76도2071). 또한 교도소 복역 중에 도주하여 죄를 범한 경우나 교도소 안에서 죄를 범한 경우도 마찬가지이다.

나. 후범에 관한 요건

(1) 금고 이상에 해당하는 죄를 범할 것

후범은 금고 이상의 형에 해당하는 범죄를 범하여야 한다. '금고 이상에 해당하는 범죄'의 의미에 대하여 ① 법정형이란 견해와 ② 선고형이라는 견해(다수설)가 있으나 누범가중을 제한하여야 한다는 점에서 선고형을 기준으로 판단해야 한다(판례).

> **[판례]** 형법 제35조 제1항에 규정된 "금고 이상에 해당하는 죄"라 함은 유기금고형이나 유기징역형으로 처단할 경우에 해당하는 죄를 의미하는 것으로서 법정형 중 벌금형을 선택한 경우에는 누범가중을 할 수 없다(82도1702).

이때 누범가중이 되는 후범은 고의범이든 과실범이든 불문하며, 전범과 동일한 범죄이거나 같은 종류의 범죄일 것을 요하지 않는다.

(2) 전범의 형의 집행이 종료되거나 면제된 후 3년 내에 범하였을 것

후범은 전범의 형의 집행이 종료되거나 면제된 때로부터 3년 내에 범하여야 한다. 누범 시효의 기산점은 전범의 형의 집행을 종료한 날 또는 형집행을 면제받은 날이며, 금고 이상에 해당하는 죄를 범한 시기는 후범의 실행의 착수시기를 기준으로 한다(2005도9858). 다만, 예비·음모를 처벌하는 범죄에 있어서 이 기간 내에 예비·음모가 있었다면 누범요건은 충족된다.

한편, 상습범 중 일부 소위가 누범기간 내에 이루어진 이상 나머지 소위가 누범기간 경과 후에 행하여 졌더라도 그 행위 전부에 대하여 누범관계가 인정된다(82도600). 다만, 후범이 여러 개의 죄인 때에는 누범기간 내에 행하여진 범죄에 대하여만 누범가중을 할 수 있다.

3. 누범의 효과

가. 실체법적 효과

누범은 그 범죄에 적용할 형의 장기의 2배까지 가중하여 처벌한다(제35조 제2항). 다만, 유기징역과 유기금고는 50년을 초과할 수 없다(제42조 단서). 누범가중은 장기에만 효력이 미치므로 형의 단기까지 가중되는 것은 아니다(69도1129). 이때 가중되는 형은 법정형이고 선고형을 뜻하는 것은 아니므로 누범가중의 경우에도 후범의 법정형을 초과하여 선고하여야 하는 것은 아니다. 누범이 여러 개의 죄인 경우에는 각 죄에 대하여 먼저 누범가중을 한 후 경합범으로 처벌하여야 하며, 각 죄가 상상적 경합인 경우에는 누범가중을 한 후 가장 중한 죄에 정한 형으로 처단하여야 한다.

한편, 판결선고 후 누범인 것이 밝혀졌을 경우에는 이미 선고한 형벌과 합쳐서 다시 형량을 정할 수 있다(제36조). 이것은 피고인이 재판시에 자신의 인적 사항을 감추거나 사칭하는 등 전과사실을 은폐한 경우에 그 부당함을 시정하기 위한 것이지만, 이미 확정된 판결에 대하여 누범가중을 위하여 다시 형을 선고한다는 것은 일사부재리의 원칙에 반한다는 점에서 입법상 재고를 요한다. 다만, 동조는 판결선고 후 누범인 사실이 발각되더라도 선고했던 형이 종료되었거나 그 집행이 면제된 후에는 적용되지 않는다.

나. 소송법적 효과

누범가중의 사유가 되는 전과사실은 형벌권의 범위에 관한 중요사실이므로 엄격한 증명을 요한다. 다만, 판례는 전과에 관한 사실은 피고인의 자백만으로도 인정할 수 있다고 한다(81도1353).

한편, 누범가중의 이유가 되는 전과사실을 유죄판결에 명시하여야 하는가에 대하여는 전과사실은 ① 형벌권의 범위를 정하는 범죄사실이므로 명시하여 한다는 견해, ② 범죄사실은 아니지만 중요사실이므로 판결에 명시하여야 한다는 견해, ③ 범죄사실이 아니므로 진술에 대한 판단만 명시하면 충분하다는 견해 등이 있다. 전과사실은 범죄사실은 아니지만 누범가중의 근거가 된다는 점에서 유죄판결이유에 명시하여야 한다. 이외에도 누범가중에 있어서는 누범가중시기를 명시하여야 한다(4279형상13).

제5절 선고유예·집행유예·가석방

1. 선고유예

제59조(선고유예의 요건) 1년 이하의 징역이나 금고, 자격정지 또는 벌금의 형을 선고할 경우에 제51조의 사항을 고려하여 뉘우치는 정상이 뚜렷할 때에는 그 형의 선고를 유예할 수 있다. 다만, 자격정지 이상의 형을 받은 전과가 있는 사람에 대해서는 예외로 한다.

② 형을 병과할 경우에도 형의 전부 또는 일부에 대하여 선고를 유예할 수 있다.

제59조의2(보호관찰) ① 형의 선고를 유예하는 경우에 재범방지를 위하여 지도 및 원호가 필요한 때에는 보호관찰을 받을 것을 명할 수 있다.

② 제1항의 규정에 의한 보호관찰의 기간은 1년으로 한다.

제60조(선고유예의 효과) 형의 선고유예를 받은 날로부터 2년을 경과한 때에는 면소된 것으로 간주한다.

제61조(선고유예의 실효) ① 형의 선고유예를 받은 자가 유예기간 중 자격정지 이상의 형에 처한 판결이 확정되거나 자격정지 이상의 형에 처한 전과가 발견된 때에는 유예한 형을 선고한다.

② 제59조의2의 규정에 의하여 보호관찰을 명한 선고유예를 받은 자가 보호관찰기간 중에 준수사항을 위반하고 그 정도가 무거운 때에는 유예한 형을 선고할 수 있다.

가. 선고유예의 의의

선고유예란 경미한 범죄행위자에 대하여 일정기간 동안 형의 선고를 유예하고, 그 유예기간을 무사히 경과한 때에는 면소된 것으로 간주하는 제도를 말한다. 형법 제59조 제1항에서는 "1년 이하의 징역이나 금고, 자격정지 또는 벌금의 형을 선고할 경우에 제51조의 사항을 고려하여 뉘우치는 정상이 뚜렷할 때에는 그 형의 선고를 유예할 수 있다. 다만, 자격정지 이상의 형을 받은 전과가 있는 사람에 대해서는 예외로 한다"고 규정하고 있다. 선고유예제도는 경미한 범죄를 범한 경우에 처벌을 유예해 줌으로써 피고인의 사회복귀를 용이하게 한다는 점에 그 취지가 있다.

선고유예제도는 1842년경부터 영국에서 행하여진 조건부석방제도에서 유래하는 것으로 영미의 probation제도와 유사하지만, probation은 유죄판결을 선고한다는 점에서 양자는 구별된다. 또한 선고유예제도는 형의 선고자체를 유예한다는 점에서 형을 선고하고 그 집행만을 유예하는 집행유예와 구별된다. 선고유예는 형의 선고를 유예할 뿐이므로 형집행의 변형도 아니고, 선고할 형을 정하여 준다는 점에서 보안처분도 아니며, 따라서 제3의 형사제재 또는 형법에서 규정한 고유한 제재로서 인정된다.

나. 선고유예의 요건

(1) 1년 이하의 징역이나 금고, 자격정지 또는 벌금의 형의 선고

피고인에게 벌금형뿐만 아니라 1년 이하의 징역이나 금고, 자격정지형을 선고할 경우이어야 한다. 범죄의 종류는 불문한다. 다만, 구류형은 그 대상이 아니다. '선고를 유예할 수 있는 형'이란 주형과 부가형을 포함한 처단형 전체를 의미한다. 따라서 주형을 선고유예하는 경우에는 부가형인 몰수나 추징도 선고를 유예할 수 있다(77도2027). 그러나 주형에 대하여 선고를 유예하지 아니하면서 이에 부가할 몰수나 추징에 대하여서만 선고를 유예할 수는 없다(대판 1988.6.21. 88도551).

형을 병과하는 경우에는 그 형의 전부 또는 일부에 대하여도 선고를 유예할 수 있다(제59조 제2항).

(2) 뉘우치는 정상이 뚜렷할 것

피고인에게 제51조의 사항을 참작하여 뉘우치는 정상이 뚜렷하여야 한다. '뉘우치는 정상이 뚜렷하다'는 것은 행위자에게 형을 선고하지 않더라도 재범의 위험성이 없다고 인정되는 경우를 말한다. 구체적인 판단은 형법 제51조의 양형의 조건을 고려해서 하여야 하며, 이러한 조건을 갖추었는가에 대한 판단시기는 재판시점을 기준으로 한다. 피고인이 범행을 부인하는 경우에도 선고유예를 할 수 있다(판례).

[판례] 선고유예의 요건 중 '개전의 정상이 현저한 때'라고 함은, 반성의 정도를 포함하여 널리 형법 제51조가 규정하는 양형의 조건을 종합적으로 참작하여 볼 때 형을 선고하지 않더라도 피고인이 다시 범행을 저지르지 않으리라는 사정이 현저하게 기대되는 경우를 가리킨다고 해석할 것이고, 이와 달리 여기서의 '개전의 정상이 현저한 때'가 반드시 피고인이 죄를 깊이 뉘우치는 경우만을 뜻하는 것으로 제한하여 해석하거나, 피고인이 범죄사실을 자백하지 않고 부인할 경우에는 언제나 선고유예를 할 수 없다고 해석할 것은 아니며, 또한 형법 제51조의 사항과 개전의 정상이 현저한지 여부에 관한 사항은 널리 형의 양정에 관한 법원의 재량사항에 속한다(2001도6138).

(3) 자격정지 이상의 형을 받은 전과가 없을 것

피고인에게 자격정지 이상의 형을 받은 전과가 없어야 한다. 따라서 벌금, 구류, 과료의 형을 선고받은 전과가 있는 경우에는 선고유예를 할 수 있다. 선고유예가 재범의 위험성이 없는 사람, 특히 초범자에게만 허용된다는 점을 명확히 하는 것이다. 집행유예의 선고를 받은 사람이 그 유예기간을 무사히 경과하여 형의 효력을 잃게 되었더라도 형의 선고의 법률적 효과가 없어진다는 것일 뿐, 형의 선고가 있었다는 기왕의 사실 자체까지 없어지는 것은 아니므로 선고유예를 할 수 없다(2007도9405).

[판례] 형법 제39조 제1항에 따라 형법 제37조 후단 경합범 중 판결을 받지 아니한 죄에 대하여 형을 선고하는 경우 형법 제37조 후단에 규정된 '금고 이상의 형에 처한 판결이 확정된 죄'의 형도 형법 제59조 제1항 단서에서 규정한 '자격정지 이상의 형을 받은 전과'에 포함된다(2018오1).

다. 선고유예와 보호관찰

형의 선고를 유예하는 경우에 재범방지를 위하여 지도 및 원호가 필요한 때에는 보호관찰을 받을 것을 명할 수 있다. 이때 보호관찰의 기간은 1년으로 한다(제59조의2). (보호관찰의 법적 성격에 대하여는 후술 집행유예 참조)

라. 선고유예의 판결 및 효과

선고유예판결을 할 것인가의 여부는 법원의 재량사항이다. 선고유예의 판결은 유죄판결의 일종이므로 선고유예를 하는 경우에도 범죄사실과 선고할 형량을 결정하여야 한다. 다만, 선고유예의 판결을 받은 날로부터 선고유예가 실효되지 않고 2년을 경과한 때에는 면소된 것으로 간주한다(제60조).

이처럼 선고유예는 유죄판결의 일종이지만, 유예기간이 완성되면 형벌권을 비롯한 모든 것이 소멸되므로 같은 범죄로 인하여 어떠한 형태로도 다시는 형사상 불이익을 받지 않는다.

마. 선고유예의 실효

형의 선고유예를 받은 사람이 유예기간 중 자격정지 이상의 형에 처한 판결이 확정되거나, 자격정지 이상의 형에 처한 전과가 발견된 때에는 유예된 형을 선고한다(제61조 제1항). '형의 선고유예를 받은 자가 자격정지 이상의 형에 처한 전과가 발견된 때'란 형의 선고유예의 판결이 확정된 후에 비로소 위와 같은 전과가 발견된 경우를 말하고, 그 판결확정 전에 이러한 전과가 발견된 경우에는 이를 취소할 수 없다. 이때 '판결확정 전에 발견되었다'고 함은 검사가 명확하게 그 결격사유를 안 경우뿐만 아니라 당연히 그 결격사유를 알 수 있는 객관적 상황이 존재함에도 부주의로 알지 못한 경우도 포함한다(2007모845). 다만, 형의 선고유예를 받은 사람이 유예기간 중 자격정지 이상의 형에 처한 판결을 선고받아 그 판결이 확정되더라도 검사의 청구에 의한 선고유예 실효의 결정에 의하여 비로소 선고유예가 실효된다(판례).

> **[판례]** 형의 선고유예를 받은 사람이 유예기간 중 자격정지 이상의 형에 처한 판결을 선고받아 그 판결이 확정되더라도 검사의 청구에 의한 선고유예 실효의 결정에 의하여 비로소 선고유예가 실효된다. 형의 선고유예 판결이 확정된 후 2년을 경과한 때에는 형법 제60조에 따라 면소된 것으로 간주하고, 그 뒤에는 실효의 대상이 되는 선고유예의 판결이 존재하지 않으므로 선고유예 실효의 결정을 할 수 없다. 이는 원결정에 대한 집행정지의 효력이 있는 즉시항고 또는 재항고로 인하여 아직 선고유예 실효 결정의 효력이 발생하기 전 상태에서 상소심 절차 진행 중에 선고유예기간이 그대로 경과한 경우에도 마찬가지이다(2017모3459).

또한 선고유예와 함께 보호관찰을 부과받은 사람이 보호관찰기간 중에 준수사항을 위반하고, 그 정도가 무거운 때에는 유예한 형을 선고할 수 있다(동조 제2항). 유예된 형의 선고는 검사의 청구에 의하여 그 범죄사실에 대한 최종판결을 내린 법원이 한다(형사소송법 제336조).

2. 집행유예

제62조(집행유예의 요건) ① 3년 이하의 징역이나 금고 또는 500만원 이하의 벌금의 형을 선고할 경우에 제51조의 사항을 참작하여 그 정상에 참작할 만한 사유가 있는 때에는 1년 이상 5년 이하의 기간 형의 집행을 유예할 수 있다. 다만, 금고 이상의 형을 선고한 판결이 확정된 때부터 그 집행을 종료하거나 면제된 후 3년까지의 기간에 범한 죄에 대하여 형을 선고하는 경우에는 그러하지 아니하다.
　② 형을 병과할 경우에는 그 형의 일부에 대하여 집행을 유예할 수 있다.
제62조의2(보호관찰, 사회봉사·수강명령) ① 형의 집행을 유예하는 경우에는 보호관찰을 받을 것을 명하거나 사회봉사 또는 수강을 명할 수 있다.
　② 제1항의 규정에 의한 보호관찰의 기간은 집행을 유예한 기간으로 한다. 다만, 법원은 유예기간의 범위내에서 보호관찰기간을 정할 수 있다.
　③ 사회봉사명령 또는 수강명령은 집행유예기간내에 이를 집행한다.
제63조(집행유예의 실효) 집행유예의 선고를 받은 자가 유예기간 중 고의로 범한 죄로 금고 이상의 실형을 선고받아 그 판결이 확정된 때에는 집행유예의 선고는 효력을 잃는다.
제64조(집행유예의 취소) ① 집행유예의 선고를 받은 후 제62조 단행의 사유가 발각된 때에는 집행유예의 선고를 취소한다.
　② 제62조의2의 규정에 의하여 보호관찰이나 사회봉사 또는 수강을 명한 집행유예를 받은 자가 준수사항이나 명령을 위반하고 그 정도가 무거운 때에는 집행유예의 선고를 취소할 수 있다.

> 제65조(집행유예의 효과) 집행유예의 선고를 받은 후 그 선고의 실효 또는 취소됨이 없
> 이 유예기간을 경과한 때에는 형의 선고는 효력을 잃는다.

가. 집행유예의 의의

집행유예란 형을 선고함에 있어서 일정한 기간 동안 형의 집행을 유예하고, 그 유예기간이 지나면 형을 선고한 효력을 잃게 하는 제도이다. 형법 제62조 제1항에서는 "3년 이하의 징역이나 금고 또는 500만원 이하의 벌금의 형을 선고할 경우에 제51조의 사항을 참작하여 그 정상에 참작할 만한 사유가 있는 때에는 1년 이상 5년 이하의 기간 형의 집행을 유예할 수 있다. 다만, 금고 이상의 형을 선고한 판결이 확정된 때부터 그 집행을 종료하거나 면제된 후 3년까지의 기간에 범한 죄에 대하여 형을 선고하는 경우에는 그러하지 아니하다"고 규정하고 있다. 집행유예제도는 단기자유형의 집행으로 인한 여러 가지의 폐해를 방지하고, 형을 집행하지 않음으로써 피고인의 재사회화를 돕는다는 특별예방의 측면에서 인정되고 있다.

집행유예제도는 영미의 probation에서 유래한 것으로서, 그 법적 성격에 대하여는 ① 형벌과 보안처분의 성격을 함께 가지고 있는 고유한 종류의 제재 또는 제3의 독립한 제재라는 견해와 ② 사회내 처우라는 점에서 특수성을 가진 형집행의 변형에 지나지 않는다는 견해 등이 있다. 집행유예의 선고시에 보호관찰이 반드시 부과되어야 하는 것도 아니므로 보안처분이라고 할 수 없고, 따라서 집행유예는 형집행의 하나의 방법으로 이해하여야 한다. 집행유예는 일단 형을 선고한다는 점에서 선고유예와 구별되지만, 유죄판결이면서 형을 유예하는 제도라는 점에서는 같다.

나. 집행유예의 요건

(1) 3년 이하의 징역 또는 금고의 형 또는 500만원 이하의 벌금형의 선고

집행유예는 피고인에게 3년 이하의 징역 또는 금고 또는 500만원 이하의 벌금의 형을 선고할 경우에만 선고할 수 있다. '3년 이하의 징역이나 금고'의 형은 선고형을 의미한다(89도780).

(2) 정상을 참작할 만한 사유가 있을 것

피고인에게 정상을 참작할 만한 사유가 있어야 한다. '정상을 참작할 만한 사유'란 형의 집행을 하지 않고 형의 선고만으로도 유예기간 중은 물론, 장래에 재범의 위험성이 없다고 인정되는 경우를 말한다. 이러한 사유의 유무는 선고유예와 마찬가지로 형법 제51조의 양형의 조건을 고려하여 판단하여야 한다. 이때 판단의 기준시점은 재판시이다.

(3) 금고 이상의 형을 선고한 판결이 확정된 때부터 그 집행을 종료하거나 면제된 후 3년까지의 기간에 범한 죄가 아닐 것

집행유예 선고대상인 범죄는 금고 이상의 형의 선고한 판결이 확정된 때부터 그 집행이 종료되거나 면제된 후 3년이 경과하기 전에 범한 경우가 아니어야 한다.

'금고 이상의 형을 선고한 판결이 확정된 때'와 관련하여 형의 집행유예기간 중에 범한 범죄에 대하여 다시 집행유예를 선고할 수 있는가에 대하여는 ① 부정설과 ② 긍정설이 있다. '금고 이상의 형을 선고'의 의미에 대하여 전자의 입장에서는 실형의 선고뿐만 아니라 집행유예의 선고도 포함된다고 하는 반면, 후자의 입장에서는 실형의 선고만을 의미한다고 한다. 판례는 '형의 선고'의 의미에 대하여 집행유예의 선고를 포함한다고 하면서도, 경합범으로 동시에 재판받을 경우와 비교하여 형의 불균형을 초래할 수 있는 경우에 한하여 예외적으로 집행유예기간 중에 집행유예를 선고할 수 있다고 한다(87도2365). 그러나 '집행의 종료나 면제'라는 표현을 문언적으로 살펴보면 '실형에 따른 형의 집행'을 의미하는 것으로 해석하여야 하고, 따라서 집행유예기간 중에 범한 죄에 대하여는 이전 범죄의 집행유예기간의 종료 여부와 상관없이 집행유예를 선고할 수 있다고 하는 것이 집행유예제도의 도입취지에도 일치한다. 특히, 집행유예가 선고된 경우에는 그 선고의 실효 또는 취소됨이 없이 유예기간을 경과하면 형의 선고는 효력을 잃게 되므로 집행유예의 선고는 '형을 선고한 판결'에 해당하지도 않는다. 판례는 집행유예기간 중에 범죄를 범한 때에도 집행유예가 실효 또는 취소됨이 없이 그 유예기간이 경과한 경우에는 이에 대해 다시 집행유예의 선고를 할 수 있다고 한다(2006도6196).

[판례] 형법 제62조 제1항 단서는 집행유예 결격사유로 '금고 이상의 형을 선고한 판결이 확정된 때부터 그 집행을 종료하거나 면제된 후 3년까지의 기간에 범한 죄에 대하여 형을 선고하는 경우'를 정하고 있다. 이는 실형을 선고받고 집행종료나 집행면제 후 3년이 지나지 않은 시점에서 범한 죄에 대하여 형을 선고하는 경우뿐만 아니라, 집행유예 기간 중에 범한 죄에 대하여 형을 선고할 때 이미 집행유예가 실효 또는 취소된 경우와 그 선고 시점에 집행유예 기간이 지나지 않아 형 선고의 효력이 실효되지 않은 채로 남아 있는 경우도 포함한다 (2018도17589).

다. 집행유예의 기간과 방법

집행유예의 요건이 구비되면 1년 이상 5년 이하의 기간 형의 집행을 유예할 수 있다(제61조 제1항). 집행유예의 시기(始期)는 집행유예를 선고하는 판결확정일 이며, 법원이 판결확정일 이후의 시점을 임의로 선택할 수는 없다(2018도13382). 따라서 집행유예기간의 시기를 다른 하나의 징역형의 집행종료일로 한 것은 위법 이다(2000도4637).

한편, 형을 병과할 경우에는 그 형의 일부에 대하여 집행을 유예할 수 있다 (제62조 제2항). 확정판결 이전 및 이후(형법 제37조 후단의 경합범 관계에 있는) 2개의 범죄에 대하여 하나의 판결로 2개의 징역형을 선고하는 경우에는 그 중 하나의 징역형에 대하여만 집행유예를 선고할 수 있다(2001도3579). 그러나 하나의 자유형 중 일부에 대하여는 실형을, 나머지에 대하여는 집행유예를 선고하는 것은 허용되지 않는다(2006도8555).

라. 집행유예와 보호관찰·사회봉사명령·수강명령

형의 집행을 유예할 때에는 보호관찰을 받을 것을 명하거나 사회봉사 또는 수강을 명할 수 있다(제62조의2 제1항). 이때 보호관찰의 기간은 집행을 유예한 기간으로 한다. 다만, 법원은 유예기간의 범위 내에서 보호관찰기간을 정할 수 있다 (동조 제2항). 사회봉사명령과 수강명령은 집행유예기간 내에 이를 집행한다(동조 제3항).

보호관찰은 범죄인의 재범방지와 사회복귀를 촉진하기 위하여 교정시설에 수용하지 않은 자유상태에 있는 범죄인을 지도·감독하는 제도로서 집행유예제도에 있어서 매우 중요한 의미를 지닌다. 다만, 이때 보호관찰의 법적 성격에 대하여는

① 보호관찰을 미래의 범죄행위를 방지하기 위한 수단으로 형벌을 보완하는 것이라는 점에서 보안처분의 일종으로 이해하는 견해(판례), ② 보호관찰이 형벌을 대체하지 않는다는 점에서 보안처분은 아니며, 단지 형벌을 보완하는 것으로 제3의 독자적인 형사제재라는 견해, ③ 재판상 일종으로 집행유예를 받은 사람의 사회복귀를 촉진하기 위해 부과되는 것으로 소년법상 보호관찰과 유사한 성격을 가진다는 견해 등이 있다. 형법상 보호관찰은 범죄자의 재범을 방지하기보다는 사회복귀에 중점이 있다는 점에서 순수한 보안처분이라고 하기는 어렵고, 형벌대체수단이 아니고 형벌보완수단이라는 점에서 소년법상 보호관찰과 다르다. 따라서 집행유예선고시의 보호관찰은 형법상 독자적인 제3의 제재수단으로 이해하여야 한다.

[판례] 형법 제62조의2 제1항에서 말하는 보호관찰은 형벌이 아닌 보안처분의 성격을 갖는 것으로서, 과거의 불법에 대한 책임에 기초하고 있는 제재가 아니라 장래의 위험성으로부터 행위자를 보호하고 사회를 방위하기 위한 합목적적인 조치이다. 보호관찰은 위와 같은 형사정책적 견지에서 때로는 본래 개인의 자유에 맡겨진 영역이거나 또는 타인의 이익을 침해하는 법상 금지된 행위가 아니더라도 보호관찰 대상자의 특성, 그가 저지른 범죄의 내용과 종류 등을 구체적·개별적으로 고려하여 일정기간 동안 보호관찰 대상자의 자유를 제한하는 내용의 준수사항을 부과함으로써 대상자의 교화·개선을 통해 범죄를 예방하고 재범을 방지하려는 데에 그 제도적 의의가 있다. 다만 법치주의와 기본권 보장의 원칙 아래에서 보호관찰 역시 자의적·무제한적으로 허용될 수 없음은 물론이다. 보호관찰은 필요하고도 적절한 한도 내에서 이루어져야 하며, 가장 적합한 방법으로 실시되어야 하므로(보호관찰 등에 관한 법률 제4조 참조), 대상자가 준수할 수 있고 그 자유를 부당하게 제한하지 아니하는 범위 내에서 구체적으로 부과되어야 한다(보호관찰 등에 관한 법률 시행령 제19조 제8호 참조)(2010도6403).

사회봉사명령은 유죄가 인정된 범죄자를 일정한 기간 내에 지정된 시간 동안 무보수로 근로에 종사하도록 하는 제도이며, **수강명령**은 일정한 시간 동안 지정된 장소에 출석하여 강제로 강의, 훈련 또는 상담 등을 받도록 하는 제도이다. 법원은 사회봉사를 명할 때에는 500시간, 수강을 명할 때에는 200시간의 범위에서 그 기간을 정하여야 한다(보호관찰 등에 관한 법률 제59조 제1항). 이때 법원은 사회봉사·수강명령 대상자가 사회봉사를 하거나 수강할 분야와 장소 등을 지정할 수 있다(동조 제2항). 다만, 피고인에게 유죄로 인정된 범죄행위를 뉘우치거나 그 범죄행위

를 공개하는 취지의 말이나 글을 발표하도록 하는 내용의 사회봉사를 명하는 것은
위법이다(판례).

[판례] 법원이 피고인에게 유죄로 인정된 범죄행위를 뉘우치거나 그 범죄행위를 공개하
는 취지의 말이나 글을 발표하도록 하는 내용의 사회봉사를 명하고 이를 위반할 경우 형법
제64조 제2항에 의하여 집행유예의 선고를 취소할 수 있도록 함으로써 그 이행을 강제하는
것은, 헌법이 보호하는 피고인의 양심의 자유, 명예 및 인격에 대한 심각하고 중대한 침해에
해당하므로 허용될 수 없고, 또한 법원이 명하는 사회봉사의 의미나 내용은 피고인이나 집행
담당 기관이 쉽게 이해할 수 있어 집행과정에서 그 의미나 내용에 관한 다툼이 발생하지 않
을 정도로 특정되어야 하므로, 피고인으로 하여금 자신의 범죄행위와 관련하여 어떤 말이나
글을 공개적으로 발표하라는 사회봉사를 명하는 것은 경우에 따라 피고인의 명예나 인격에
대한 심각하고 중대한 침해를 초래할 수 있고, 그 말이나 글이 어떤 의미나 내용이어야 하는
것인지 쉽게 이해할 수 없어 집행과정에서 그 의미나 내용에 관한 다툼이 발생할 가능성이
적지 않으며, 유죄로 인정된 범죄행위를 뉘우치거나 그 범죄행위를 공개하는 취지의 말이나
글을 발표하도록 하는 취지의 것으로도 해석될 가능성이 적지 않으므로 이러한 사회봉사명
령은 위법하다(2007도8373).

한편, 집행유예를 선고할 경우에는 보호관찰과 사회봉사명령·수강명령을 병
과할 수 있다(98도98). 이것은 범죄자에 대한 사회복귀를 촉진하고 효율적인 범죄
예방을 위하여 양자를 병과할 필요성이 있다는 점을 고려한 것이다.

마. 집행유예의 효과

집행유예의 선고가 취소 또는 실효됨이 없이 유예기간을 경과한 때에는 형의
선고는 효력을 잃는다(제65조). '형의 선고가 효력을 잃는다'는 것은 형의 집행이
면제될 뿐 아니라 형의 선고가 없었던 상태로 돌아가게 된다는 것을 의미한다. 그
러나 형의 선고가 있었던 사실까지 없어지는 것은 아니며, 이미 발생한 법률효과
가 이로써 영향을 받지 아니한다(2007도9405).

바. 집행유예의 실효와 취소

(1) 집행유예의 실효

집행유예의 선고를 받은 사람이 유예기간 중 고의로 범한 죄로 금고 이상의 실형의 선고받아 그 판결이 확정된 때에는 집행유예의 선고는 효력을 잃는다(제63조). 따라서 범행이 언제 행하여졌던 간에 유예기간 중 금고 이상의 실형의 선고를 받아 확정되면 집행유예는 실효된다. 다만, '금고 이상의 실형을 선고받은 죄'는 고의로 범한 죄이어야 한다.

(2) 집행유예의 취소

집행유예의 선고를 받은 후 금고 이상의 형을 선고한 판결이 확정된 때부터 그 집행을 종료하거나 면제된 후 3년까지의 기간에 죄를 범한 사실이 발각된 때에는 집행유예의 선고를 취소하여야 한다(제64조 제1항, 필요적 취소). '집행유예의 선고를 받은 후'란 집행유예를 선고한 판결이 확정된 후를 의미한다. 따라서 판결확정 전에 결격사유를 발견하였던 경우에는 집행유예를 취소할 수 없다. 이때 '판결확정 전에 발각되었다'고 함은 검사가 명확하게 그 결격사유를 안 경우뿐만 아니라 당연히 그 결격사유를 알 수 있는 객관적 상황이 존재함에도 부주의로 알지 못한 경우를 포함한다(2001모135). 또한 집행유예기간이 경과함으로써 형의 선고가 효력을 잃은 후에는 이러한 사실이 발각되더라도 집행유예를 취소할 수 없다. 이러한 법리는 원결정에 대한 집행정지 효력이 있는 즉시항고 또는 재항고로 말미암아 아직 집행유예의 선고 취소 결정의 효력이 발생하기 전의 상태에서 상소심 절차가 진행되는 중에 유예기간이 지난 경우에도 마찬가지이다(2022모1466).

한편, 보호관찰이나 사회봉사 또는 수강을 명한 집행유예를 받은 사람이 준수사항이나 명령을 위반하고 그 정도가 무거운 때에는 집행유예의 선고를 취소할 수 있다(제64조 제2항, 임의적 취소). 따라서 보호관찰이나 사회봉사 또는 수강을 명한 집행유예를 받은 사람이 준수사항이나 명령을 위반한 경우에는 그 위반사실이 동시에 범죄행위라도 그 기소나 재판의 확정 여부 등 형사절차와는 별도로 집행유예를 취소할 수 있다(99모33).

[선고유예와 집행유예의 비교]

구 분	선 고 유 예	집 행 유 예
대 상	1년 이하의 징역이나 금고, 자격정지 또는 벌금의 형을 선고할 경우	3년 이하의 징역 또는 금고의 형을 선고할 경우
요 건	*뉘우치는 정상이 뚜렷할 것 *자격정지 이상의 형을 받은 전과가 없을 것	*정상에 참작할 만한 사유가 있을 것 *금고 이상의 형의 선고를 받아 판결이 확정된 때로부터 집행을 종료하거나 면제된 후 3년이 경과하였을 것
기 간	2년	1년 이상 5년 이하
효 과	선고유예 기간이 경과한 때에는 면소된 것으로 간주함	집행유예 선고가 실효 또는 취소됨이 없이 유예기간을 경과한 때에는 형의 선고는 효력을 잃게 됨
실 효	유예기간 중 자격정지 이상의 형에 처한 판결이 확정되거나 자격정지 이상의 형에 처한 전과가 발견된 때	유예기간 중 고의로 범한 죄로 금고 이상의 실형을 선고받아 그 판결이 확정된 때
취 소	해당 없음	금고 이상의 형의 선고한 판결이 확정된 때로부터 그 집행이 종료 또는 면제된 후 3년을 경과하지 않은 것이 발각된 때
보 안 처 분	지도와 원호가 필요한 때에는 1년 동안 보호관찰을 받을 것을 명할 수 있음	유예기간 동안 보호관찰을 받을 것을 명하거나, 사회봉사 또는 수강명령을 명할 수 있음

3. 가석방

제72조(가석방의 요건) ① 징역이나 금고의 집행 중에 있는 사람이 행상(行狀)이 양호하여 뉘우침이 뚜렷한 때에는 무기형은 20년, 유기형은 형기의 3분의 1이 지난 후 행정처분으로 가석방을 할 수 있다.

② 제1항의 경우에 벌금이나 과료가 병과되어 있는 때에는 그 금액을 완납하여야 한다.

제73조(판결선고전 구금과 가석방) ① 형기에 산입된 판결선고 전 구금일수는 가석방을 하는 경우 집행한 기간에 산입한다.

② 제72조제2항의 경우에 벌금이나 과료에 관한 노역장 유치기간에 산입된 판결선고 전 구금일수는 그에 해당하는 금액이 납입된 것으로 본다.

제73조의2(가석방의 기간 및 보호관찰) ① 가석방의 기간은 무기형에 있어서는 10년으로 하고, 유기형에 있어서는 남은 형기로 하되, 그 기간은 10년을 초과할 수 없다.
② 가석방된 자는 가석방기간중 보호관찰을 받는다. 다만, 가석방을 허가한 행정관청이 필요가 없다고 인정한 때에는 그러하지 아니하다.
제74조(가석방의 실효) 가석방 기간 중 고의로 지은 죄로 금고 이상의 형을 선고받아 그 판결이 확정된 경우에 가석방 처분은 효력을 잃는다.
제75조(가석방의 취소) 가석방의 처분을 받은 자가 감시에 관한 규칙을 위배하거나, 보호관찰의 준수사항을 위반하고 그 정도가 무거운 때에는 가석방처분을 취소할 수 있다.
제76조(가석방의 효과) ① 가석방의 처분을 받은 후 그 처분이 실효 또는 취소되지 아니하고 가석방기간을 경과한 때에는 형의 집행을 종료한 것으로 본다.
② 전2조의 경우에는 가석방중의 일수는 형기에 산입하지 아니한다.

가. 가석방의 의의

가석방이란 자유형의 집행을 받고 있는 사람이 행상이 양호하여 뉘우침이 뚜렷한 때에 조건부로 수형자를 석방하고, 그때부터 일정한 기간이 경과하면 형의 집행을 종료한 것으로 간주하는 제도를 말한다. 형법 제72조 제1항에서는 "징역이나 금고의 집행 중에 있는 사람이 행상(行狀)이 양호하여 뉘우침이 뚜렷한 때에는 무기형은 20년, 유기형은 형기의 3분의 1이 지난 후 행정처분으로 가석방을 할 수 있다"고 규정하고 있다. 가석방제도는 불필요한 형집행기간을 단축해서 수형자의 사회복귀를 용이하게 하기 위한 것으로, 특별예방의 목적을 달성함과 동시에 형집행에 있어서 구체적 타당성을 모색하기 위하여 인정되는 제도이다. 따라서 가석방은 수형자의 잔여형기에 대한 형집행방법의 변형에 해당한다.

가석방제도는 1800년경 영국의 식민지였던 오스트레일리아에서 유형(流刑)을 받은 죄수에게 섬 안에 있을 것을 조건으로 하여 허가장을 주어 석방하던 관행에서 유래한 것이다. 이것은 형사정책적 목적에 있어서는 집행유예와 같지만 형의 집행 중에 그 형의 집행이 정지되며, 행정처분에 의하여 수형자를 석방하는 것이라는 점에서 법원의 판결에 의해 확정되고 처음부터 형이 집행이 행하여지지 않는 집행유예와 구별된다.

나. 가석방의 요건

(1) 징역 또는 금고의 집행을 받고 있는 사람이 무기에 있어서는 20년, 유기에 있어서는 형기의 3분의 1을 경과한 후일 것

가석방은 징역 또는 금고의 집행을 받고 있는 사람이 무기에 있어서는 20년, 유기에 있어서는 형기의 3분의 1을 경과한 후이어야 한다. 따라서 가석방은 징역 또는 금고형의 집행 중에 있는 사람에 대하여 인정된다. 다만, 벌금형을 선고받은 후 벌금을 납입하지 않아서 노역장으로 환형유치된 경우에도 노역장유치는 대체 자유형이어서 자유형을 선고받은 사람에 비하여 불이익하게 처우할 필요가 없으 므로 가석방을 허용하여야 한다.

또한 무기는 30년, 유기는 형기의 3분의 1을 경과하여야 한다. '형기'는 선고 형을 말한다. 다만, 사면 등에 의하여 감형된 경우에는 감형된 형을 기준으로 한 다. 형기에 산입된 판결선고전 구금의 일수는 가석방을 하는 경우에 집행을 경과 한 기간에 산입한다(제73조 제1항). 이때 형기는 '각 형의 형기'를 의미하므로 여러 개의 독립된 자유형이 선고되어 있는 경우에는 각 형의 형기가 모두 3분의 1 이상 씩 경과한 후이어야만 가석방이 가능하다(93헌마12).

[판례] 사형집행을 위한 구금은 미결구금도 아니고 형의 집행기간도 아니며 특별감형은 형 을 변경하는 효과만 있을 뿐이고 이로 인하여 형의 선고에 의한 기성의 효과는 변경되지 아 니하므로 사형이 무기징역으로 특별감형된 경우 사형의 판결확정일에 소급하여 무기징역형 이 확정된 것으로 보아 무기징역형의 형기 기산일을 사형의 판결확정일로 인정할 수도 없고 사형집행대기기간이 미결구금이나 형의 집행기간으로 변경된다고 볼 여지도 없으며, 또한 특 별감형은 수형 중의 행장의 하나인 사형집행대기기간까지를 참작하여 되었다고 볼 것이므로 사형집행대기기간을 처음부터 무기징역을 받은 경우와 동일하게 가석방요건 중의 하나인 형 의 집행기간에 다시 산입할 수는 없다(90모59).

(2) 행상이 양호하여 뉘우침이 뚜렷할 것

수형자가 행상이 양호하여 뉘우침이 뚜렷하여야 한다. 즉, 수형자가 행형 성 적이 우수하고, 반성하고 있으며, 재범의 위험이 없어서 남은 형기를 집행하지 않 는 것이 수형자의 사회복귀에 도움이 된다고 인정되는 경우를 말한다. 따라서 가석방 여부는 순수하게 수형자에 대한 특별예방의 관점을 고려해서 판단하여야 하며, 범죄의 경중을 기준으로 해서는 아니 된다.

(3) 벌금 또는 과료가 병과되어 있는 때에는 그 금액을 완납할 것

자유형에 벌금 또는 과료가 병과되어 있는 때에는 그 금액을 완납하여야 한다. 벌금·과료에 관한 노역장 유치기간에 산입된 판결선고전 구금일수는 그에 해당하는 금액이 납입된 것으로 본다(제73조 제2항).

다. 가석방의 기간과 보호관찰

가석방기간은 무기형에 있어서는 10년으로 하고, 유기형에 있어서는 남은 형기로 하되 그 기간은 10년을 초과할 수 없다(제73조의2 제1항). 다만, 가석방된 사람은 그 가석방기간 중 보호관찰을 받는다(동조 제2항). 선고유예나 집행유예는 보호관찰이 임의적 처분이지만, 가석방의 경우에 있어서의 보호관찰은 필요적 처분이다. 그러나 가석방을 허가한 행정관청이 필요가 없다고 인정한 때에는 보호관찰을 행하지 아니한다(동항 단서).

라. 가석방의 절차

교도소장은 형법 제72조 제1항의 기간이 지난 수형자에 대하여는 법무부령으로 정하는 바에 따라 법무부장관 소속의 가석방위원회에 가석방 적격심사를 신청하여야 한다(형의 집행 및 수용자의 처우에 관한 법률 제121조 제1항).

가석방위원회는 수형자의 나이, 범죄동기, 죄명, 형기, 교정성적, 건강상태, 가석방 후의 생계능력, 생활환경, 재범의 위험성, 그 밖에 필요한 사정을 고려하여 가석방의 적격 여부를 결정한다(동조 제2항). 가석방위원회는 가석방 적격결정을 하였으면 5일 이내에 법무부장관에게 가석방허가를 신청하여야 한다(동법 제122조 제1항). 법무부장관은 가석방위원회의 가석방허가신청이 적정하다고 인정하면 가석방을 허가할 수 있다(동조 제2항).

한편, 교도소장은 가석방을 앞둔 수형자 중에서 법무부령으로 정하는 일정한 요건을 갖춘 사람에 대하여는 가석방 또는 형기 종료 전 일정기간 동안 지역사회 또는 교정시설에 설치된 개방시설에 수용하여 사회적응에 필요한 교육, 취업지원 등의 적정한 처우를 할 수 있다(동법 제57조 제4항).

마. 가석방의 효과

가석방의 처분을 받은 후 그 처분이 실효 또는 취소되지 아니하고 가석방기간을 경과한 때에는 형의 집행을 종료한 것으로 본다(제76조 제1항). 가석방기간이 경과하더라도 형의 집행이 종료되는 것일 뿐이며 집행유예의 경우처럼 형의 선고가 효력을 잃는 것은 아니다. 따라서 가석방기간 중에 다시 죄를 범해도 누범이 되지 않는다(76도207).

바. 가석방의 실효와 취소

가석방기간 중 고의로 지은 죄로 금고 이상의 형을 선고받아 그 판결이 확정된 경우에 가석방 처분은 효력을 잃는다(제74조). 또한 가석방의 처분을 받은 사람이 감시에 관한 규칙을 위배하거나, 보호관찰의 준수사항을 위반하고 그 정도가 무거운 때에는 가석방처분을 취소할 수 있다(제75조). 가석방의 취소 여부는 법무부장관의 재량에 속한다.

가석방이 취소되거나 실효되었을 경우에는 가석방 중의 일수는 형기에 산입되지 아니한다(제76조 제2항). 따라서 가석방이 취소되거나 실효되었을 경우에는 가석방 당시 피고인의 잔여형기에 대하여 다시 형을 집행받아야 한다. 무기형을 선고받은 사람이 가석방되었다가 실효 또는 취소되면 다시 무기수가 된다. '가석방 중의 일수'란 가석방된 다음 날부터 가석방이 실효 또는 취소되어 구금된 전날까지의 일수를 말한다.

제6절 형의 시효·소멸·사면·기간

1. 형의 시효

제77조(시효의 효과) 형(사형은 제외한다)을 선고받은 자에 대해서는 시효가 완성되면 그 집행이 면제된다.

제78조(시효의 기간) 시효는 형을 선고하는 재판이 확정된 후 그 집행을 받지 아니하고 다음 각 호의 구분에 따른 기간이 지나면 완성된다.

    1. 삭제

    2. 무기의 징역 또는 금고: 20년

    3. 10년 이상의 징역 또는 금고: 15년

    4. 3년 이상의 징역이나 금고 또는 10년 이상의 자격정지: 10년

    5. 3년 미만의 징역이나 금고 또는 5년 이상의 자격정지: 7년

    6. 5년 미만의 자격정지, 벌금, 몰수 또는 추징: 5년

    7. 구류 또는 과료: 1년

제79조(시효의 정지) ① 시효는 형의 집행의 유예나 정지 또는 가석방 기타 집행할 수 없는 기간은 진행되지 아니한다.

  ② 시효는 형이 확정된 후 그 형의 집행을 받지 아니한 자가 형의 집행을 면할 목적으로 국외에 있는 기간 동안은 진행되지 아니한다.

제80조(시효의 중단) 시효는 사형, 징역, 금고와 구류에 있어서는 수형자를 체포함으로, 벌금, 과료, 몰수와 추징에 있어서는 강제처분을 개시함으로 인하여 중단된다.

제85조(형의 집행과 시효기간의 초일) 형의 집행과 시효기간의 초일은 시간을 계산함이 없이 1일로 산정한다.

가. 형의 시효의 의의

형의 시효란 형의 선고를 받은 자가 재판이 확정된 후 그 형의 집행을 받지 않고 일정한 기간이 경과한 때 집행이 면제되는 제도를 말한다. 형법 제77조에서는 "형(사형은 제외한다)을 선고받은 자에 대해서는 시효가 완성되면 그 집행이 면제된다"고 규정하고 있다. 형의 시효를 인정하는 취지는 형벌을 집행하지 않는 상태가 상당한 시간이 경과함으로써 당해 형사사건에 대하여 당벌성과 필벌성에 관한 사회적 요구가 현저히 약화되고, 범인이 일정기간 동안 유지해 온 평온한 생활

상태를 유지·존중할 필요가 있다는 데 있다.

형의 시효는 이미 확정된 형벌의 집행권을 소멸시키는 것이라는 점에서 미확정의 형벌권인 공소권을 소멸시키는 공소시효와 구별된다. 형의 시효는 형법에서 규정하고, 공소시효는 형사소송법(제249조)에서 규정한다.

나. 형의 시효의 기간

형의 시효는 형의 선고하는 재판이 확정된 후 그 집행을 받지 아니하고 다음의 기간이 지나면 완성된다(제78조). (ⅰ) 무기의 징역 또는 금고는 20년, (ⅱ) 10년 이상의 징역 또는 금고는 15년, (ⅲ) 3년 이상의 징역이나 금고 또는 10년 이상의 자격정지는 10년, (ⅳ) 3년 미만의 징역이나 금고 또는 5년 이상의 자격정지는 7년, (ⅴ) 5년 미만의 자격정지, 벌금, 몰수 또는 추징은 5년, (ⅵ) 구류 또는 과료는 1년이다. 다만, 사형은 형의 시효가 적용되지 않는다.

시효는 판결이 확정된 날부터 개시되고, 그 말일 24시에 종료된다. 시효기간의 초일인 확정판결일은 판결이 내려진 시각과 관계없이 1일로 계산된다.

다. 형의 시효의 효과

시효는 형을 선고하는 재판이 확정된 후 그 집행을 받음이 없이 형의 시효기간(제78조)을 경과함으로 인하여 완성된다. 형의 선고를 받은 사람은 시효의 완성으로 인하여 그 집행이 면제된다(제77조). 별도의 재판은 요하지 않는다. 그러나 시효가 완성되더라도 형집행이 면제될 뿐이고 형선고 자체가 실효되는 것은 아니다.

라. 형의 시효의 정지와 중단

(1) 형의 시효의 정지

형의 시효는 형의 집행의 유예나 정지 또는 가석방 기타 집행할 수 없는 기간은 진행되지 아니한다(제79조 제1항). '기타 집행할 수 없는 기간'이란 천재지변 등으로 인하여 형의 집행이 불가능한 경우를 말한다. 따라서 형의 선고를 받은 사람이 도주하거나 행방불명이 된 기간은 여기에 포함되지 않는다. 또한 형의 시효는 형이 확정된 후 그 형의 집행을 받지 아니한 사람이 형의 집행을 면할 목적으로 국외에 있는 기간 동안은 진행되지 아니한다(동조 제2항).

형의 시효가 정지된 경우에 그 정지사유가 사라지면 정지된 시효는 그때부터 잔여시효기간이 진행된다.

(2) 형의 시효의 중단

형의 시효는 징역, 금고 및 구류의 경우에는 수형자를 체포한 때, 벌금·과료·몰수 및 추징의 경우에는 강제처분을 개시한 때에 중단된다(제80조). 시효가 중단되면 이미 경과한 형의 시효기간은 소멸되고 처음부터 다시 계산되므로 중단사유가 있은 때로부터 시효의 전(全) 기간이 경과되어야 시효가 완성된다.

> [판례] 수형자가 벌금의 일부를 납부한 경우에는 이로써 집행행위가 개시된 것으로 보아 그 벌금형의 시효가 중단된다고 봄이 상당하고, 이 경우 벌금의 일부 납부란 수형자 본인이 스스로 벌금을 일부 납부한 경우, 즉 벌금의 일부를 수형자 본인 또는 그 대리인이나 사자가 수형자 본인의 의사에 따라 이를 납부한 경우를 말하는 것이고, 수형자 본인의 의사와는 무관하게 제3자가 이를 납부한 경우는 포함되지 아니한다(2001모91).

> [판례] 추징금의 시효는 검사의 집행명령에 따라 집행관이 강제처분인 집행행위를 개시함으로써 중단되고, 이러한 집행행위는 유체동산 압류시 압류할 유체동산을 찾기 위해 추징금 납부의무자의 주거를 수색함으로써 이미 개시되므로 그 때 시효중단의 효력은 발생하며, 수색 결과 압류할 물건을 찾아 압류집행한 경우는 물론 이를 찾지 못하여 집행불능이 된 경우나 특정 유체동산을 압류하였으나 나중에 제3자가 그 소유권을 주장하며 제3자 이의의 소를 제기하여 해당 유체동산에 대한 압류가 취소된 경우에도 이미 발생한 시효중단의 효력은 소멸하지 않는다(2001두3365).

2. 형의 소멸과 실효 및 복권

가. 형의 소멸

형의 소멸이란 유죄판결의 확정에 의하여 발생한 형의 집행권을 소멸시키는 제도를 말한다. 형의 집행권이 소멸되는 경우로는 형의 집행종료, 선고유예나 집행유예기간의 경과, 가석방기간의 만료, 형의 집행면제, 형의 시효의 완성, 범인의 사망 등이 있다. 형의 소멸은 유죄판결의 확정에 의한 형의 집행권을 소멸시키는 것이라는 점에서 검사의 공소권을 소멸시키는 공소시효제도와 구별된다.

한편, 형법은 형의 소멸 이외에 형의 실효와 복권제도를 규정하고 있다. 이것은 형이 소멸되어도 전과사실은 그대로 남아 형선고의 법률상 효과는 소멸되지 않으므로, 이로 인해 여러 가지 자격에 제한을 받게 되는 점을 고려하여 전과사실을 말소시키고 자격을 회복시키는 제도를 말한다.

나. 형의 실효

제81조(형의 실효) 징역 또는 금고의 집행을 종료하거나 집행이 면제된 자가 피해자의 손해를 보상하고 자격정지 이상의 형을 받음이 없이 7년을 경과한 때에는 본인 또는 검사의 신청에 의하여 그 재판의 실효를 선고할 수 있다.

형의 실효란 전과자의 정상적인 사회복귀를 보장함을 목적으로 수형인의 전과기록을 없애 주는 제도를 말한다. 이에는 재판상 실효와 당연실효가 있다.

(1) 재판상 형의 실효

형법 제81조에서는 "징역 또는 금고의 집행을 종료하거나 집행이 면제된 사람이 피해자의 손해를 보상하고 자격정지 이상의 형을 받음이 없이 7년을 경과한 때에는 본인 또는 검사의 신청에 의하여 그 재판의 실효를 선고할 수 있다"고 규정하고 있다. 이를 재판상 형의 실효라고 한다. 즉, 일정한 기간의 경과로 인하여 자동으로 형이 실효되는 것이 아니라 재판에 의하여 형이 실효되는 것이다.

형의 실효대상은 징역과 금고형에 한하며, 피해를 보상하고 자격정지 이상의 형을 받음이 없이 7년을 경과하였을 것을 요한다. 형을 받음이 없이 7년을 경과하여야 하므로 형의 집행종료 후 7년 이내에 집행유예의 판결을 받은 경우에는 유예기간이 경과되어도 형의 실효를 선고할 수 없다(83모8). 이것은 형의 실효 등에 관한 법률에 의한 경우도 마찬가지이다(2005도5756). 형의 실효선고는 형의 선고에 기한 법적 효과가 장래에 향하여 소멸한다는 취지이고, 형의 선고가 있었다는 기왕의 사실 그 자체까지 없어진다는 뜻은 아니므로 소급하여 자격을 회복하는 것은 아니다(74누2).

(2) 당연실효

형의 실효 등에 관한 법률에 따르면 수형인이 자격정지 이상의 형을 받지 아니하고 형의 집행을 종료하거나 그 집행이 면제된 날부터 다음 각 호의 구분에 따른 기간이 경과한 때에 그 형은 실효된다. 즉, (ⅰ) 3년을 초과하는 징역·금고는 10년, (ⅱ) 3년 이하의 징역·금고는 5년, (ⅲ) 벌금은 2년이다. 다만, 구류와 과료는 형의 집행을 종료하거나 그 집행이 면제된 때에 그 형이 실효된다(법 제7조 제1항).

하나의 판결로 여러 개의 형이 선고된 경우에는 각 형의 집행을 종료하거나 그 집행이 면제된 날부터 가장 무거운 형에 대한 위의 기간이 경과한 때에 형의 선고는 효력을 잃는다. 다만, 징역과 금고는 같은 종류의 형으로 보고, 각 형기(刑期)를 합산한다(동조 제2항).

[판례] 형이 실효된 경우에는 형의 선고에 의한 법적 효과가 장래에 향하여 소멸되므로, 그 전과를 특정범죄가중 처벌 등에 관한 법률 제5조의4 제5항에서 정한 '징역형을 받은 경우'로 볼 수 없다. 한편 형의 실효등에 관한 법률의 입법취지에 비추어 보면, 2번 이상의 징역형을 받은 자가 자격정지 이상의 형을 받음이 없이 마지막 형의 집행을 종료한 날부터 위 법에서 정한 기간을 경과한 때에는 그 마지막 형에 앞서는 형도 모두 실효되는 것으로 보아야 한다(2023도10699).

다. 복권

제82조(복권) 자격정지의 선고를 받은 자가 피해자의 손해를 보상하고 자격정지 이상의 형을 받음이 없이 정지기간의 2분의 1을 경과한 때에는 본인 또는 검사의 신청에 의하여 자격의 회복을 선고할 수 있다.

형법 제82조에서는 "자격정지의 선고를 받은 자가 피해자의 손해를 보상하고 자격정지 이상의 형을 받음이 없이 정지기간의 2분의 1을 경과한 때에는 본인 또는 검사의 신청에 의하여 자격의 회복을 선고할 수 있다"고 규정하고 있다. 이를 복권이라고 한다. 이것은 자격정지의 선고를 받은 사람에게 자격정지의 기간이 만료하지 않아도 일정한 조건 아래 자격을 회복시켜 사회복귀를 허용하여 재사회화에 도움을 주고자 하는 제도이다.

한편, 사면법상 복권의 대상은 형의 선고로 인하여 법령에 따른 자격이 상실되거나 정지된 사람이고(법 제3조 제3호), 복권은 대통령이 행한다(법 제9조). 복권이 있으면 형 선고의 효력으로 인하여 상실되거나 정지된 자격을 회복하지만(법 제5조 제1항 제5호), 형의 선고에 따른 기성(旣成)의 효과는 복권으로 인하여 변경되지 아니한다(동조 제2항). 다만, 복권은 형의 집행이 끝나지 아니한 사람 또는 집행이 면제되지 아니한 사람에 대하여는 하지 아니한다(법 제6조).

> **[판례]** 징역형의 집행유예와 추징의 선고를 받은 사람에 대하여 징역형의 선고의 효력을 상실케 하는 동시에 복권하는 특별사면이 있은 경우에 추징에 대하여도 형 선고의 효력이 상실된다고 볼 수는 없다(96모14).

3. 사면과 감형

가. 사면의 의의

사면은 국가원수의 특권에 의하여 형벌권을 소멸하게 하거나 그 효력을 제한하는 제도를 말한다. 사면은 가혹한 법률규정을 완화하거나, 입법 또는 사법의 결함에 대한 구제 또는 판결의 착오에 대한 수정 및 형사정책적 고려를 위하여 인정하고 있는 제도이다.

대통령은 법률이 정하는 바에 의하여 사면·감형 또는 복권을 명할 수 있다(헌법 제79조 제1항). 사면법에는 일반사면과 특별사면이 있다(법 제3조).

나. 일반사면

일반사면은 죄를 범한 사람에 대하여 죄의 종류를 정하여 대통령령에 의하여 행하는 사면을 말한다. 일반사면을 명하려면 국회의 동의를 얻어야 한다(헌법 제79조 제2항).

일반사면이 있으면 형 선고의 효력이 상실되며, 형을 선고받지 아니한 사람에 대하여는 공소권(公訴權)이 상실된다. 다만, 특별한 규정이 있을 때에는 예외로 한다(법 제5조 제1항 제1호). 그러나 형의 선고에 따른 기성(既成)의 효과는 사면으로 인하여 변경되지 아니한다(동조 제2항).

다. 특별사면과 감형

특별사면·감형은 형의 선고를 받은 특정인에 대하여 대통령이 하는 사면·감형을 말한다(법 제3조, 제9조). 법무부장관은 사면심사위원회의 심사를 거쳐 대통령에게 특별사면, 특정한 사람에 대한 감형 및 복권을 상신(上申)한다(법 제10조). 죄 또는 형의 종류를 정하여 하는 감형 및 일반에 대한 복권은 대통령령으로 한다 (법 제8조).

특별사면이 있으면 형의 집행이 면제된다. 다만, 특별한 사정이 있을 때에는 이후 형 선고의 효력을 상실하게 할 수 있다(법 제5조 제1항 제2호). 일반(一般)에 대한 감형의 경우는 특별한 규정이 없는 경우에는 형을 변경한다(동항 제3호). 특정한 사람에 대한 감형의 경우는 형의 집행을 경감하되, 특별한 사정이 있을 때에는 형을 변경할 수 있다(동항 제4호). 한편, 형의 집행유예를 선고받은 사람에 대하여는 형 선고의 효력을 상실하게 하는 특별사면 또는 형을 변경하는 감형을 하거나 그 유예기간을 단축할 수 있다(법 제7조).

4. 형의 기간

> 제83조(기간의 계산) 연(年) 또는 월(月)로 정한 기간은 연 또는 월 단위로 계산한다.
> 제84조(형기의 기산) ① 형기는 판결이 확정된 날로부터 기산한다.
>   ② 징역, 금고, 구류와 유치에 있어서는 구속되지 아니한 일수는 형기에 산입하지 아니한다.
> 제85조(형의 집행과 시효기간의 초일) 형의 집행과 시효기간의 초일은 시간을 계산함이 없이 1일로 산정한다.
> 제86조(석방일) 석방은 형기종료일에 하여야 한다.

형법상 기간의 계산은 연(年) 또는 월(月)로 정한 기간은 연 또는 월 단위로 계산한다(제83조). 형기는 판결이 확정된 날로부터 기산하며(제84조 제1항), 징역, 금고, 구류와 유치에 있어서는 구속되지 아니한 일수는 형기에 산입하지 아니한다 (동조 제2항).

형의 집행과 시효기간의 초일은 시간을 계산함이 없이 1일로 산정한다(제85조). 다만, 석방은 형기종료일에 하여야 한다(제86조).

제 2 장

보안처분

제1절   보안처분제도

1. 보안처분의 의의

보안처분이란 행위 속에 나타난 행위자의 장래의 범죄적 위험성 때문에 행위
자를 개선 내지 재사회화하고, 위험한 행위자로부터 사회를 방위하기 위하여 부과
되는 형벌 이외의 형사제재수단을 말한다.

형벌은 과거의 범죄를 이유로 하고, 책임주의의 범위 내에서 응보와 일반예방
을 목적으로 한 제재이다. 이에 반하여, 보안처분은 행위자의 장래의 재범위험성
을 이유로 하고, 특별예방을 목적으로 한 제재로서 책임의 범위 내에서 제한되지
만 비례성의 원칙에 따른다는 점에서 형벌과 구별된다.

2. 보안처분의 연혁

보안처분의 시초는 1532년 캐롤리나(Carolina) 형법전이라고 한다. 동법에서는 범행이 예견되고 충분한 보증이 없는 사람에게 부정기의 보안구금을 허용하였다. 다만, 형벌과 보안처분의 구별이 아직 명확하지는 않았다.

그러다가 보안처분의 이론이 확립된 것은 클라인(E. F. Klein)에 의해서이다. 그는 책임에 기초한 형벌과 함께 행위자의 위험성을 대상으로 하는 보안처분의 필요성을 최초로 주장하였다. 이 주장은 1794년 프로이센 일반란트법에 반영되었지만 1799년 부정기형의 보안형벌의 도입과 함께 폐지되었다. 이후 리스트(Franz v. Liszt)는 특별예방적 목적형사상을 주장하였으며, 형벌을 순수한 보안형벌로 이해하였다(일원주의). 한편, 쉬토스(Carl Stoos)는 1893년 스위스 형법 예비초안에서 현대적 의미의 보안처분제도를 반영하였다. 즉, 정신병의 치료와 상습범, 노동기피자, 중독자 등을 그 원인에 따라 격리·개선하기 위하여 보안처분을 형법에 도입하고자 하였다. 이후 1933년 독일에서 '위험한 상습범죄자에 대한 법률'에서 보안처분이 도입된 이래 유럽 각국을 거쳐 세계 각국에서 도입하기에 이르렀다.

3. 보안처분과 형벌의 관계

가. 이원주의

이원주의는 형벌과 보안처분이 동시에 선고되고, 중복적으로 집행되는 주의를 말한다. 형벌은 책임을 기초로 한 과거행위에 대한 응보이고, 보안처분은 장래의 위험성에 대한 사회방위처분으로서 양자는 엄격히 구별되므로, 국가는 범죄에 의하여 표현된 책임과 위험성을 형벌과 보안처분이라는 이중의 수단에 의하여 대처할 수 있다는 것을 근거로 한다. 다만, 보안처분은 부정기이고, 형벌에 대해 보충적이므로 일반적으로 형벌의 집행종료 후에 보안처분을 집행한다고 한다.

이에 대하여는 형벌과 보안처분의 구별은 이론상으로는 가능하지만 사실상 실현될 수 없으므로 실제적으로 이중처벌의 결과를 초래하고, 양자가 중복적으로 집행될 경우 행위자는 가혹한 처벌을 받는다는 생각을 갖게 되어 형사정책적 효과를 거둘 수 없다는 비판이 있다.

나. 일원주의

일원주의는 형벌과 보안처분 중 어느 하나만을 적용하는 주의를 말한다. 일원주의는 형벌과 보안처분은 범죄인의 개선 및 사회복귀라는 점에서 동일하므로, 형벌의 특별예방적 효과를 기대할 수 없는 경우에는 보안처분을 적용해야 한다는 것을 근거로 한다.

이에 대하여는 일원주의는 책임이 행위자책임·성격책임으로 되어 책임주의를 포기하는 결과가 되며, 한정책임능력자에 대한 보안처분은 책임무능력자와의 구별을 인정하고 있는 형법의 태도와 일치하지 않는다는 비판이 있다.

다. 대체주의

대체주의는 형벌은 책임의 정도에 따라 언제나 선고하되, 그 집행단계에서 보안처분에 의해 대체하거나 보안처분의 집행이 종료된 후에 형벌을 집행하는 주의를 말한다. 대체주의는 범죄인의 사회복귀를 위해서는 보안처분의 선집행이 합리적이며, 보안처분도 자유박탈 내지 제한을 그 내용으로 하므로 이에 의해서도 형벌의 목적을 달성할 수 있다는 것을 근거로 한다. 대체주의는 그 내용으로 형벌에 대한 보안처분의 우선집행, 보안처분기간을 형기에 산입, 보안처분 집행 후 형벌집행의 유예가능성을 제시하고 있다.

이에 대하여는 형벌과 보안처분의 교환이 책임형법에 합치되지 아니하고, 형벌과 보안처분의 한계가 불명확하며, 보안처분을 받은 사람이 형벌만을 선고받은 사람보다 유리하게 되어 정의관념에 반한다는 비판이 있다.

라. 결어

판례는 형벌과 보안처분을 구별하여 동시에 2가지를 모두 선고하더라도 위법은 아니라고 한다. 그러나 이원주의에 따라 행위자의 위험성을 방치한 채 형벌을 먼저 집행하는 것은 보안처분의 취지에 반한다. 하지만 현행법 하에서 형벌과 보안처분은 명백히 구분하고 있으므로 이론적으로 이를 완전히 동일시한 것으로 인정하는 것도 모순된다. 따라서 책임의 정도에 따라 형벌을 선고하되, 그 집행단계에서 보안처분에 의해 대체하는 것으로 이해하여야 한다. 다만, 현행법상 보안처분이 종료된 후에 형벌을 집행하는 것으로 되어 있으므로 대체주의에 따르더라도 사회방위의 목적을 달성할 수 있고, 행위자에게 불리하지 않게 작용할 것이다.

> **[판례]** 사회보호법에 규정된 보호감호는 죄를 범한 사람으로서 재범의 위험성이 있는 경우에 교육개선을 하여 사회복귀를 촉진하고 사회를 보호할 목적으로 하는 소위 보안처분임이 분명하여 이를 형벌과 동일시 할 수 없으니 일정한 범죄자에 대하여 징역형에 처함과 동시에 보호감호에 처하였다 하여 헌법에 규정된 이중처벌 금지에 위반된다고 할 수 없다 (84도529).

4. 보안처분의 지도원리

가. 보안처분의 정당성

보안처분의 정당성의 근거에 대하여는 ① 피처분자의 내적 자유의 결함에 보안처분의 정당성의 근거가 있다는 견해(내적 자유의 결함설), ② 타인의 법익보호가 범죄인의 자유박탈이나 제약에 비해 훨씬 중요한 의미를 가질 때 보안처분은 정당화될 수 있다는 견해(법익교량설), ③ 자유를 사회에 반하는 방법으로 행사할 때에는 사회의 보호를 받을 수 없다는 기본권의 내재적 한계에 보안처분의 정당성이 있다는 견해(기본권의 내재적 한계설) 등이 있다.

그러나 내적 자유의 결함설과 기본권의 내재적 한계설에 따르면 보안처분이 사실상 행위자의 책임범위를 초과해서까지 자유를 박탈하는 이유를 설명하지 못하는 문제점이 있다. 따라서 보안처분의 정당성의 근거는 행위자가 감수해야 할 자유권적 기본권과 사회의 안전에 대한 이익을 교량하여 후자의 이익이 우월한 경우에 허용되는 것에서 찾아야 한다.

나. 비례성의 원칙

보안처분은 행위자에 의하여 행하여진 범죄와 장래에 기대될 범죄 및 위험성의 정도와 균형을 유지해야 한다. 책임주의가 형벌의 제한원리인 것처럼 비례성의 원칙은 보안처분에 대한 법치국가적 한계로서 보장적 기능을 수행한다.

이 원칙은 다음의 것들을 그 내용으로 한다. (ⅰ) 적합성의 원칙이다. 보안처분에 의한 자유박탈 및 제한의 수단은 예방적 목적을 달성하는 데 적합하고 유용한 것이어야 한다. (ⅱ) 필요성의 원칙이다. 보안처분의 수단은 범죄인의 자유영역을 가장 적게 침해하는 필요불가결한 것이어야 한다. (ⅲ) 균형성의 원칙이다. 보안처분이 비록 적합하고 필요한 수단일지라도 침해의 중대성과 얻을 수 있는 결과 사이의 불균형을 초래하는 것은 허용되지 않는다.

이 원칙은 특정한 하나의 보안처분의 선고 여부를 판단함에 있어서는 물론, 여러 개의 보안처분 중 어느 것을 선택하여 선고할 것인가를 판단하는 경우에도 적용된다. 나아가 이 원칙은 보안처분의 집행 및 집행받고 있는 사람의 석방에 관한 판단 등, 보안처분의 전체영역에 적용된다.

다. 사법적 통제와 인권보장

보안처분은 범죄자의 장래의 위험성 때문에 내려지는 사회방위처분이기 때문에 그것이 남용되면 인권이 침해될 우려가 매우 크다. 따라서 이러한 위험성 때문에 보안처분에 대해서는 다음과 같은 사법적 통제가 요구된다. 즉, (ⅰ) 보안처분은 사법처분·형사처분으로서 대상자의 자유를 박탈하거나 제한하는 국가의 처분이라는 점에서 형벌과 다르지 않으므로 그 선고는 법원에 의하여 행하여져야 한다. (ⅱ) 인권보장의 관점에서 죄형법정주의의 근본정신은 보안처분에서도 존중되어야 하므로 보안처분은 법률에 규정되어야 하며(헌법 제12조 제1항, 보안처분법정주의), 헌법상 보장되는 자유권 등 기본권의 본질적 내용을 침해하는 것이어서는 아니된다(헌법 제37조 제2항). (ⅲ) 보안처분의 적용에 있어서 불명확한 점이 있을 때에는 피처분자에게 유리한 방향으로 판단하여야 한다.

5. 보안처분의 전제조건

가. 위법행위의 존재

형벌을 부과하는 경우에 위법행위의 존재는 그 법적 근거가 되는 것처럼, 보안처분의 부과에 있어서도 그 준거점이 된다. 위법행위의 존재는 위험성의 법적 징표로서의 의미도 가지고 있기 때문이다. 즉, 위법한 행위사실이 있을 때 이에 대해 형벌의 대체수단으로서 형사제재의 하나인 보안처분을 부과할 수 있으므로 보안처분은 위법행위를 전제로 한다. 다만, 이때 위법행위는 보안처분에 의해 제거하고자 하는 행위자의 위험성의 징표로 볼 수 있는 행위이어야 한다. 그렇지 않으면 보안처분의 남용으로 인해 개인의 자유가 침해될 우려가 크기 때문이다.

나. 위험성의 존재

보안처분은 장래의 범죄발생의 위험성으로부터 사회를 방위하기 위한 처분이므로 그 전제조건으로 행위자에게 장래 범죄를 범할 위험성이 존재하여야 한다. '행위자의 위험성'은 재범의 높은 가능성, 즉 개연성을 의미한다. 이때 위험성의 판단에 있어서는 행위자의 인격과 그가 행한 행위를 종합적으로 고려하여야 하며, 미래에 대한 가정적 예측이므로 범죄행위시가 아니라 보안처분의 선고시를 기준으로 판단하여야 한다.

6. 보안처분의 종류

가. 대물적 보안처분과 대인적 보안처분

대물적 보안처분이란 범죄와 법익침해의 방지를 목적으로 하는 물건에 대한 국가적 예방수단을 말한다. 범죄에 제공되었거나 장차 제공될 물건 등 범죄와 관련된 물건의 몰수, 범죄에 이용된 영업소의 폐쇄, 범죄와 관련된 법인의 해산 또는 영업의 허가취소 등이 이에 해당한다.

대인적 보안처분이란 사람에 의한 장래의 범죄행위를 방지하기 위하여 특정인에게 선고되는 보안처분을 말한다. 대인적 보안처분은 자유침해의 정도에 따라 자유박탈적 보안처분과 자유제한적 보안처분으로 나누어진다. 자유박탈적 보안처분은 일정한 시설에 격리·수용하는 것을 내용으로 하는 것으로서, 보호감호처분, 치료감호처분, 금단치료처분 등이 이에 해당한다. 자유제한적 보안처분은 자유박탈이 아니라 사회 내에서 집행하는 것으로서, 보호관찰, 선행보증, 단종·거세, 직업금지, 거주제한, 국외추방, 운전면허박탈 등이 이에 해당한다.

나. 형벌대체적 보안처분과 형벌보충적 보안처분

형벌대체적 보안처분은 형벌을 부과할 수 없는 경우에 대안적으로 부과되는 것으로서, 치료감호 등에 관한 법률상 치료감호, 소년법상 보안처분 등이 이에 해당한다. **형벌보충적 보안처분**은 형벌부과를 통해서는 얻을 수 없는 특별예방목적을 달성하기 위하여 부과되는 것으로서, 한정책임능력자에 대한 치료감호, 형집행종료 후의 보호관찰, 신상정보공개, 디엔에이신원확인정보의 수집·이용, 치료감호 등에 관한 법률상 정신성적장애자 또는 알코올중독자나 마약류중독자에 대한 치료감호 등이 이에 해당한다.

제2절 현행법상 보안처분

헌법 제12조 제1항에서는 "누구든지 … 법률과 적법한 절차에 의하지 아니하고는 … 보안처분 … 을 받지 아니한다"고 규정하고 있다.

형법에서는 보안처분에 관한 일반적 규정을 두고 있지 않고, 단지 집행유예시에 보호관찰과 사회봉사·수강명령(제62조의2), 선고유예시에 보호관찰(제59조의2) 및 가석방시에 보호관찰(제73조의2 제2항) 등을 규정하고 있을 뿐이다. 이외에도 현행법상 인정되고 있는 보안처분으로는 치료감호 등에 관한 법률상 치료감호·보호관찰, 소년법상 보호처분 등, 보호관찰 등에 관한 법률에 의한 보호관찰, 보안관찰법에 의한 보안관찰, 국가보안법상 공소보류자에 대한 감시·보도, 마약류 관리에 관한 법률에 의한 마약류중독자의 치료보호, 특정범죄자에 대한 보호관찰 및 전자장치 부착 등에 관한 법률에 의한 전자장치(일명 전자발찌) 부착제도, 성폭력범죄자의 성충동 약물치료에 관한 법률에 따른 약물치료, 가정폭력범죄의 처벌 등에 관한 법률·성폭력범죄의 처벌 등에 관한 법률·아동·청소년의 성보호에 관한 법률 등에 따른 신상공개와 취업금지 등이 있다.

[판례] 아동·청소년의 성보호에 관한 법률(이하 '아동·청소년성보호법'이라고 한다)이 정한 공개명령 절차는 아동·청소년대상 성범죄자의 신상정보를 일정기간 동안 정보통신망을 이용하여 공개하도록 하는 조치를 취함으로써 필요한 절차를 거친 사람은 누구든지 인터넷을 통해 공개명령 대상자의 공개정보를 열람할 수 있도록 하는 제도이다. 또한 위 법률이 정한 고지명령 절차는 아동·청소년대상 성폭력범죄자의 신상정보 등을 공개명령기간 동안 고지명령 대상자가 거주하는 지역의 일정한 주민 등에게 고지하도록 하는 조치를 취함으로써 일정한 지역 주민 등이 인터넷을 통해 열람하지 않고도 고지명령 대상자의 고지정보를 알 수 있게 하는 제도이다. 위와 같은 공개명령 및 고지명령 제도는 아동·청소년대상 성폭력범죄 등을 효과적으로 예방하고 그 범죄로부터 아동·청소년을 보호함을 목적으로 하는 일종의 보안처분으로서, 그 목적과 성격, 운영에 관한 법률의 규정 내용 및 취지 등을 종합해 보면, 공개명령 및 고지명령 제도는 범죄행위를 한 사람에 대한 응보 등을 목적으로 그 책임을 추궁하는 사후적 처분인 형벌과 구별되어 그 본질을 달리한다(2012도2763).

[판례] 특정 범죄자에 대한 위치추적 전자장치 부착 등에 관한 법률에 의한 성폭력범죄자에 대한 전자감시제도는, 성폭력범죄자의 재범방지와 성행교정을 통한 재사회화를 위하여 그의 행적을 추적하여 위치를 확인할 수 있는 전자장치를 신체에 부착하게 하는 부가적인 조치를 취함으로써 성폭력범죄로부터 국민을 보호함을 목적으로 하는 일종의 보안처분이다. 이러한 전자감시제도의 목적과 성격, 운영에 관한 법률의 규정 내용 및 취지 등을 종합해 보면, 전자감시제도는 범죄행위를 한 사람에 대한 응보를 주된 목적으로 책임을 추궁하는 사후적 처분인 형벌과 구별되어 본질을 달리한다(2011도5813).

1. 치료감호 등에 관한 법률상 치료감호와 보호관찰

치료감호 등에 관한 법률은 심신장애 상태, 마약류·알코올이나 그 밖의 약물중독 상태, 정신성적(精神性的) 장애가 있는 상태 등에서 범죄행위를 한 사람으로서, 재범(再犯)의 위험성이 있고 특수한 교육·개선 및 치료가 필요하다고 인정되는 사람에 대하여 적절한 보호와 치료를 규정하고 있다(제1조).

가. 치료감호

(1) 치료감호의 대상과 내용

치료감호대상자는 (ⅰ) 형법 제10조 제1항에 따라 벌하지 아니하거나 같은 조 제2항에 따라 형을 감경할 수 있는 심신장애인으로서 금고 이상의 형에 해당하는

죄를 지은 자, (ⅱ) 마약·향정신성의약품·대마, 그 밖에 남용되거나 해독(害毒)을
끼칠 우려가 있는 물질이나 알코올을 식음(食飮)·섭취·흡입·흡연 또는 주입받는
습벽이 있거나 그에 중독된 사람으로서 금고 이상의 형에 해당하는 죄를 지은 사람,
또는 (ⅲ) 소아성기호증(小兒性嗜好症), 성적가학증(性的加虐症) 등 성적 성벽(性癖)
이 있는 정신성적 장애인으로서 금고 이상의 형에 해당하는 성폭력범죄를 지은 사
람으로서 치료감호시설에서 치료를 받을 필요가 있고 재범의 위험성이 있는 사람
이다(제2조).

〈제3호의 성폭력범죄〉 (제2조의2)
1. 「형법」제297조(강간)·제297조의2(유사강간)·제298조(강제추행)·제299조(준강간,
   준강제추행)·제300조(미수범)·제301조(강간등 상해·치상)·제301조의2(강간등 살
   인·치사)·제302조(미성년자등에 대한 간음)·제303조(업무상위력등에 의한 간음)·
   제305조(미성년자에 대한 간음, 추행)·제305조의2(상습범)·제339조(강도강간)·
   제340조(해상강도) 제3항(사람을 강간한 죄만을 말한다) 및 제342조(미수범)의 죄
   (제339조 및 제340조 제3항 중 사람을 강간한 죄의 미수범만을 말한다)
2. 「성폭력범죄의 처벌 등에 관한 특례법」제3조부터 제10조까지 및 제15조(제3조부
   터 제9조까지의 미수범으로 한정한다)의 죄
3. 「아동·청소년의 성보호에 관한 법률」제7조(아동·청소년에 대한 강간·강제추행
   등)·제9조(강간 등 상해·치상)·제10조(강간 등 살인·치사)의 죄
4. 제1호부터 제3호까지의 죄로서 다른 법률에 따라 가중 처벌되는 죄

치료명령대상자는 (ⅰ) 형법 제10조 제2항에 따라 형을 감경할 수 있는 심신
장애인으로서 금고 이상의 형에 해당하는 죄를 지은 자, (ⅱ) 알코올을 식음하는
습벽이 있거나 그에 중독된 사람으로서 금고 이상의 형에 해당하는 죄를 지은 사
람, 또는 (ⅲ) 마약·향정신성의약품·대마, 그 밖에 대통령령으로 정하는 남용되거
나 해독을 끼칠 우려가 있는 물질을 식음·섭취·흡입·흡연 또는 주입받는 습벽이
있거나 그에 중독된 사람으로서 금고 이상의 형에 해당하는 죄를 지은 사람으로서
통원치료를 받을 필요가 있고 재범의 위험성이 있는 사람이다(제2조의3).

(2) 치료감호의 내용
피치료감호자는 치료감호시설에 수용하여 치료를 위한 조치를 한다(제16조 제1항).
피치료감호자를 치료감호시설에 수용하는 기간은 위의 (ⅰ) 및 (ⅲ)에 해당하는 사

람은 15년, (ⅱ)에 해당하는 사람은 2년을 초과할 수 없다(동조 제2항). 다만, 전자
장치 부착 등에 관한 법률 제2조 제3호의2에 따른 살인범죄를 저질러 치료감호를
선고받은 피치료감호자가 살인범죄를 다시 범할 위험성이 있고 계속 치료가 필요
하다고 인정되는 경우에는 법원은 치료감호시설의 장의 신청에 따른 검사의 청구
로 3회까지 매회 2년의 범위에서 위의 각 호의 기간을 연장하는 결정을 할 수 있
다(동조 제3항).

(3) 치료감호의 절차

검사는 치료감호대상자가 치료감호를 받을 필요가 있는 경우에 관할법원에
치료감호를 청구할 수 있다(제4조 제1항). 이때 검사는 치료감호대상자에 대한 치
료감호를 청구할 때에는 정신건강의학과 등의 전문의의 진단이나 감정(鑑定)을 참
고하여야 한다. 다만, 제3호에 따른 치료감호대상자(성폭력범죄자)에 대하여는 정신
건강의학과 등의 전문의의 진단이나 감정을 받은 후 치료감호를 청구하여야 한다
(동조 제2항).

또한 검사는 (ⅰ) 피의자가 형법 제10조 제1항에 해당하여 벌할 수 없는 경우,
(ⅱ) 고소·고발이 있어야 논할 수 있는 죄에서 그 고소·고발이 없거나 취소된 경우
또는 피해자의 명시적인 의사에 반(反)하여 논할 수 없는 죄에서 피해자가 처벌을
원하지 아니한다는 의사표시를 하거나 처벌을 원한다는 의사표시를 철회한 경우,
또는 (ⅲ) 피의자에 대하여 형사소송법 제247조에 따라 공소를 제기하지 아니하는
결정을 한 경우에는 공소를 제기하지 아니하고 치료감호만을 청구할 수 있다(제7조).

한편, 법원은 치료감호사건을 심리하여 그 청구가 이유 있다고 인정할 때에는
판결로써 치료감호를 선고하여야 하고, 이유 없다고 인정할 때 또는 피고사건에
대하여 심신상실 외의 사유로 무죄를 선고하거나 사형을 선고할 때에는 판결로써
청구기각을 선고하여야 한다(제12조 제1항). 치료감호사건의 판결은 피고사건의 판
결과 동시에 선고하여야 한다. 다만, 공소를 제기하지 아니하고 치료감호만을 청
구한 경우(제7조)에는 그러하지 아니하다(동조 제2항).

치료감호의 집행은 검사가 지휘한다(제17조 제1항). 치료감호와 형(刑)이 병과
(倂科)된 경우에는 치료감호를 먼저 집행한다. 이 경우 치료감호의 집행기간은 형
집행기간에 포함한다(제18조).

나. 보호관찰

(1) 보호관찰의 대상과 준수사항

피치료감호자가 (ⅰ) 피치료감호자에 대한 치료감호가 가종료되었을 때, (ⅱ) 피치료감호자가 치료감호시설 외에서 치료받도록 법정대리인 등에게 위탁되었을 때, 또는 (ⅲ) 치료감호기간이 만료되는 피치료감호자에 대하여 치료감호심의위원회가 심사하여 보호관찰이 필요하다고 결정한 경우에 치료감호기간이 만료되었을 때에는 보호관찰 등에 관한 법률에 따른 보호관찰이 시작된다(제32조 제1항). 보호관찰의 기간은 3년으로 한다(동조 제2항).

이때 피보호관찰자는 보호관찰 등에 관한 법률 제32조 제2항에 따른 준수사항, 즉 (ⅰ) 주거지에 상주(常住)하고 생업에 종사할 것, (ⅱ) 범죄로 이어지기 쉬운 나쁜 습관을 버리고 선행(善行)을 하며 범죄를 저지를 염려가 있는 사람들과 교제하거나 어울리지 말 것, (ⅲ) 보호관찰관의 지도·감독에 따르고 방문하면 응대할 것, (ⅳ) 주거를 이전(移轉)하거나 1개월 이상 국내외 여행을 할 때에는 미리 보호관찰관에게 신고할 것 등을 성실히 이행하여야 한다(제33조 제1항).

또한, 치료감호심의위원회는 피보호관찰자의 치료경과 및 특성 등에 비추어 필요하다고 판단되면 이 준수사항 외에 다음 각 호의 사항 중 전부 또는 일부를 따로 보호관찰기간 동안 특별히 지켜야 할 준수사항으로 부과할 수 있다(동조 제2항). 즉, (ⅰ) 주기적인 외래치료 및 처방받은 약물의 복용 여부에 관한 검사, (ⅱ) 야간 등 재범의 기회나 충동을 줄 수 있는 특정 시간대의 외출제한, (ⅲ) 재범의 기회나 충동을 줄 수 있는 특정지역·장소에 출입금지, (ⅳ) 피해자 등 재범의 대상이 될 우려가 있는 특정인에게 접근금지, (ⅴ) 일정한 주거가 없는 경우 거주장소 제한, (ⅵ) 일정량 이상의 음주금지, (ⅶ) 마약 등 중독성 있는 물질 사용금지, (ⅷ) 마약류 관리에 관한 법률에 따른 마약류 투약, 흡연, 섭취 여부에 관한 검사, (ⅸ) 그 밖에 피보호관찰자의 생활상태, 심신상태나 거주지의 환경 등으로 보아 피보호관찰자가 준수할 수 있고 그 자유를 부당하게 제한하지 아니하는 범위에서 피보호관찰자의 재범방지 또는 치료감호의 원인이 된 질병·습벽의 재발방지를 위하여 필요하다고 인정되는 사항 등이다.

치료감호심의위원회는 피보호관찰자가 이 준수사항을 위반하거나 상당한 사정변경이 있는 경우에는 직권 또는 보호관찰소의 장의 신청에 따라 준수사항 전부 또는 일부의 추가·변경 또는 삭제에 관하여 심사하고 결정할 수 있다(동조 제3항).

(2) 보호관찰의 종료

피보호관찰자가 (ⅰ) 보호관찰기간이 끝났을 때, (ⅱ) 보호관찰기간이 끝나기 전이라도 제37조에 따른 치료감호심의위원회의 치료감호의 종료결정이 있을 때, 또는 (ⅲ) 보호관찰기간이 끝나기 전이라도 피보호관찰자가 다시 치료감호 집행을 받게 되어 재수용되었을 때에 보호관찰이 종료된다(제32조 제3항). 그러나 피보호 관찰자가 보호관찰기간 중 새로운 범죄로 금고 이상의 형의 집행을 받게 된 때에는 보호관찰은 종료되지 아니하며, 해당 형의 집행기간 동안 피보호관찰자에 대한 보호관찰기간은 계속 진행된다(동조 제4항). 또한 피보호관찰자에 대하여 금고 이상의 형의 집행이 종료·면제되는 때 또는 피보호관찰자가 가석방되는 때에 보호관찰기간이 아직 남아있으면 그 잔여기간 동안 보호관찰을 집행한다(동조 제5항).

보호관찰소의 장은 준수사항을 위반한 피보호관찰자를 구인(拘引)할 수 있으며(제33조의2 제1항), 이때 가종료의 취소 신청 또는 치료위탁의 취소 신청을 검사에게 요청할 필요가 있다고 인정하는 경우에는 구인한 피보호관찰자를 교도소, 구치소 또는 치료감호시설에 유치할 수 있다(동조 제2항).

한편, 보호관찰기간이 끝나면 피보호관찰자에 대한 치료감호가 끝난다(제35조 제1항). 다만, 치료감호심의위원회는 피보호관찰자의 관찰성적 및 치료경과가 양호하면 보호관찰기간이 끝나기 전에 보호관찰의 종료를 결정할 수 있다(동조 제2항).

2. 보호관찰 등에 관한 법률상 보호관찰

보호관찰 등에 관한 법률에서는 죄를 지은 사람의 재범방지를 위하여 보호관찰, 사회봉사, 수강(受講) 및 갱생보호(更生保護) 등 체계적인 사회내 처우를 하도록 규정하고 있다(제1조).

가. 보호관찰 등의 대상자

보호관찰대상자는 (ⅰ) 형법 제59조의2에 따라 보호관찰을 조건으로 형의 선고유예를 받은 사람, (ⅱ) 형법 제62조의2에 따라 보호관찰을 조건으로 형의 집행유예를 선고받은 사람, (ⅲ) 형법 제73조의2 또는 이 법 제25조에 따라 보호관찰을 조건으로 가석방되거나 임시퇴원된 사람, (ⅳ) 소년법 제32조 제1항 제4호 및 제5호의 보호처분을 받은 사람, (ⅴ) 다른 법률에서 이 법에 따른 보호관찰을 받도록 규정된 사람이다(제3조 제1항).

사회봉사·수강명령대상자는 (ⅰ) 형법 제62조의2에 따라 사회봉사 또는 수강을 조건으로 형의 집행유예를 선고받은 사람, (ⅱ) 소년법 제32조에 따라 사회봉사명령 또는 수강명령을 받은 사람, (ⅲ) 다른 법률에서 이 법에 따른 사회봉사 또는 수강을 받도록 규정된 사람이다(동조 제2항).

갱생보호대상자는 형사처분 또는 보호처분을 받은 사람으로서 자립갱생을 위한 숙식 제공, 주거 지원, 창업 지원, 직업훈련 및 취업 지원 등 보호의 필요성이 인정되는 사람이다(동조 제3항).

나. 보호관찰대상자의 준수사항

보호관찰대상자는 보호관찰관의 지도·감독을 받으며 준수사항을 지키고 스스로 건전한 사회인이 되도록 노력하여야 하며(제32조 제1항), 보호관찰 대상자는 다음의 사항을 지켜야 한다(동조 제2항). (ⅰ) 주거지에 상주(常住)하고 생업에 종사할 것, (ⅱ) 범죄로 이어지기 쉬운 나쁜 습관을 버리고 선행(善行)을 하며 범죄를 저지를 염려가 있는 사람들과 교제하거나 어울리지 말 것, (ⅲ) 보호관찰관의 지도·감독에 따르고 방문하면 응대할 것, (ⅳ) 주거를 이전(移轉)하거나 1개월 이상 국내외 여행을 할 때에는 미리 보호관찰관에게 신고할 것 등이다.

이외에도 법원 및 심사위원회는 판결의 선고 또는 결정의 고지를 할 때에는 범죄의 내용과 종류 및 본인의 특성 등을 고려하여 필요하면 보호관찰기간의 범위에서 기간을 정하여 다음의 사항을 특별히 지켜야 할 사항으로 따로 과(科)할 수 있다(동조 제3항). 즉, (ⅰ) 야간 등 재범의 기회나 충동을 줄 수 있는 특정 시간대의 외출제한, (ⅱ) 재범의 기회나 충동을 줄 수 있는 특정 지역·장소의 출입금지, (ⅲ) 피해자 등 재범의 대상이 될 우려가 있는 특정인에 대한 접근금지, (ⅳ) 범죄행위로 인한 손해를 회복하기 위하여 노력할 것, (ⅴ) 일정한 주거가 없는 사람에 대한 거주장소 제한, (ⅵ) 사행행위에 빠지지 아니할 것, (ⅶ) 일정량 이상의 음주를 하지 말 것, (viii) 마약 등 중독성 있는 물질을 사용하지 아니할 것, (ix) 마약류관리에 관한 법률상의 마약류 투약, 흡연, 섭취 여부에 관한 검사에 따를 것, (x) 그 밖에 보호관찰대상자의 재범방지를 위하여 필요하다고 인정되어 대통령령으로 정하는 사항 등이다.

한편, 보호관찰대상자가 위의 준수사항을 위반하거나 사정변경의 상당한 이유가 있는 경우에는 법원은 보호관찰소의 장의 신청 또는 검사의 청구에 따라, 심사위원회는 보호관찰소의 장의 신청에 따라 각각 준수사항의 전부 또는 일부를 추가, 변경하거나 삭제할 수 있다(동조 제4항).

다. 보호관찰의 개시와 종료

보호관찰은 법원의 판결이나 결정이 확정된 때 또는 가석방·임시퇴원된 때부터 시작된다(제29조 제1항). 보호관찰기간은 다음과 같다(동조 제2항). 즉, (ⅰ) 보호관찰을 조건으로 형의 선고유예를 받은 사람은 1년, (ⅱ) 보호관찰을 조건으로 형의 집행유예를 선고받은 사람은 그 유예기간(다만, 법원이 보호관찰 기간을 따로 정한 경우에는 그 기간), (ⅲ) 가석방자는 형법 제73조의2 또는 소년법 제66조에 규정된 기간, (ⅳ) 임시퇴원자는 퇴원일부터 6개월 이상 2년 이하의 범위에서 심사위원회가 정한 기간, (ⅴ) 소년법 제32조 제1항 제4호 및 제5호의 보호처분을 받은 사람은 그 법률에서 정한 기간, (ⅵ) 다른 법률에 따라 이 법에서 정한 보호관찰을 받는 사람은 그 법률에서 정한 기간이다.

한편, 보호관찰은 보호관찰대상자가 다음 각 호의 어느 하나에 해당하는 때에 종료한다(제51조 제1항). 즉, (ⅰ) 보호관찰 기간이 지난 때, (ⅱ) 형법 제61조에 따라 보호관찰을 조건으로 한 형의 선고유예가 실효되거나 같은 법 제63조 또는 제64조에 따라 보호관찰을 조건으로 한 집행유예가 실효되거나 취소된 때, (ⅲ) 제48조 또는 다른 법률에 따라 가석방 또는 임시퇴원이 실효되거나 취소된 때, (ⅳ) 제49조에 따라 보호처분이 변경된 때, (ⅴ) 제50조에 따른 부정기형 종료 결정이 있는 때, (ⅵ) 제53조에 따라 보호관찰이 정지된 임시퇴원자가 보호소년 등의 처우에 관한 법률 제43조 제1항의 나이가 된 때, (ⅶ) 다른 법률에 따라 보호관찰이 변경되거나 취소·종료된 때 등이다.

보호관찰대상자가 보호관찰기간 중 금고 이상의 형의 집행을 받게 된 때에는 해당 형의 집행기간 동안 보호관찰대상자에 대한 보호관찰기간은 계속 진행되고, 해당 형의 집행이 종료·면제되거나 보호관찰대상자가 가석방된 경우 보호관찰기간이 남아있는 때에는 그 잔여기간 동안 보호관찰을 집행한다(동조 제2항).

3. 보안관찰법상 보안관찰

보안관찰법은 보안관찰해당범죄를 범한 사람에 대하여 재범의 위험성을 예방하고 건전한 사회복귀를 촉진하기 위한 보안관찰처분을 규정하고 있다(제1조).

[보안관찰해당범죄](제2조)
1. 형법 제88조·제89조(제87조의 미수범을 제외한다)·제90조(제87조에 해당하는 죄를 제외한다)·제92조 내지 제98조·제100조(제99조의 미수범을 제외한다) 및 제101조(제99조에 해당하는 죄를 제외한다)
2. 군형법 제5조 내지 제8조·제9조 제2항 및 제11조 내지 제16조
3. 국가보안법 제4조, 제5조(제1항 중 제4조 제1항 제6호에 해당하는 행위를 제외한다), 제6조, 제9조 제1항·제3항(제2항의 미수범을 제외한다)·제4항

가. 보안관찰의 대상과 기간 및 절차

보안관찰처분대상자는 보안관찰해당범죄 또는 이와 경합된 범죄로 금고 이상의 형의 선고를 받고 그 형기합계가 3년 이상인 사람으로서 형의 전부 또는 일부의 집행을 받은 사실이 있는 사람이다(제3조). 즉, 보호관찰처분대상자 중 보안관찰해당범죄를 다시 범할 위험성이 있다고 인정할 충분한 이유가 있어 재범의 방지를 위한 관찰이 필요한 사람에 대하여는 보안관찰처분을 한다(제4조 제1항).

보안관찰처분을 받은 사람은 이 법이 정하는 바에 따라 소정의 사항을 주거지 관할경찰서장에게 신고하고, 재범방지에 필요한 범위안에서 그 지시에 따라 보안관찰을 받아야 한다(동조 제2항). 다만, 법무부장관은 보안관찰처분대상자 중 (ⅰ) 준법정신이 확립되어 있을 것, (ⅱ) 일정한 주거와 생업이 있을 것, (ⅲ) 대통령령이 정하는 신원보증이 있을 것 등의 요건을 갖춘 사람에 대하여는 보안관찰처분을 하지 아니하는 결정을 할 수 있다(제11조 제1항).

보안관찰처분은 검사가 청구한다(제7조). 검사의 청구가 있는 경우 법무부장관

의 심사를 거쳐(동법 제10조) 보안관찰처분심의위원회가 보안관찰처분 혹은 기각의 결정을 한다(동법 제12조 제9항). 보안관찰처분의 기간은 2년으로 한다(제5조 제1항). 다만, 법무부장관은 검사의 청구가 있는 때에는 보안관찰처분심의위원회의 의결을 거쳐 그 기간을 갱신할 수 있다(동조 제2항).

나. 보호관찰대상자에 대한 지도 등

검사 및 사법경찰관리는 피보안관찰자의 재범을 방지하고 건전한 사회복귀를 촉진하기 위하여 다음의 지도를 할 수 있다(제19조 제1항). 즉, (ⅰ) 피보안관찰자와 긴밀한 접촉을 가지고 항상 그 행동 및 환경 등을 관찰하는 것, (ⅱ) 피보안관찰자에 대하여 신고사항을 이행함에 적절한 지시를 하는 것, (ⅲ) 기타 피보안관찰자가 사회의 선량한 일원이 되는데 필요한 조치를 취하는 것 등이다.

또한 검사 및 사법경찰관은 피보안관찰자의 재범방지를 위하여 특히 필요한 경우에는 다음의 조치를 할 수 있다(동조 제2항). 즉, (ⅰ) 보안관찰해당범죄를 범한 사람과의 회합·통신을 금지하는 것, (ⅱ) 집단적인 폭행, 협박, 손괴, 방화 등으로 공공의 안녕질서에 직접적인 위협을 가할 것이 명백한 집회 또는 시위장소에의 출입을 금지하는 것, (ⅲ) 피보안관찰자의 보호 또는 조사를 위하여 특정장소에의 출석을 요구하는 것 등이다.

그리고 검사 및 사법경찰관리는 피보안관찰자가 자조의 노력을 함에 있어서 그의 개선과 자위를 위하여 필요하다고 인정되는 적절한 보호를 할 수 있다(제20조 제1항). 보호의 방법은 다음과 같다(동조 제2항). 즉, (ⅰ) 주거 또는 취업을 알선하는 것, (ⅱ) 직업훈련의 기회를 제공하는 것, (ⅲ) 환경을 개선하는 것, (ⅳ) 기타 본인의 건전한 사회복귀를 위하여 필요한 원조를 하는 것 등이다. 뿐만 아니라 법무부장관은 보안관찰처분대상자 또는 피보안관찰자 중 국내에 가족이 없거나 가족이 있어도 인수를 거절하는 사람에 대하여는 대통령령이 정하는 바에 의하여 거소를 제공할 수 있다(동조 제2항).

이외에도 검사 및 사법경찰관리는 피보안관찰자에게 부상·질병 기타 긴급한 사유가 발생하였을 때에는 대통령령이 정하는 바에 따라 필요한 구호를 할 수 있다(제21조). 다만, 검사 및 사법경찰관리는 피보안관찰자가 의무를 위반하였거나 위반할 위험성이 있다고 의심할 상당한 이유가 있는 때에는 그 이행을 촉구하고 형사처벌등 불이익한 처분을 받을 수 있음을 경고할 수 있다(제22조).

4. 소년법상 보호처분

소년법은 반사회성(反社會性)이 있는 소년의 환경조정과 품행교정(矯正)을 위한 보호처분 등의 필요한 조치를 규정하고 있다(제1조).

가. 보호처분의 의의와 종류

소년부 판사는 범죄소년·촉법소년·우범소년(제4조)에 대하여 심리한 결과 보호처분을 할 필요가 있다고 인정하면 결정으로써 다음 각 호의 어느 하나에 해당하는 처분을 하여야 한다(제32조 제1항).

[소년범의 개념] (소년법 제4조 제1항)
1. 범죄소년은 죄를 범한 소년을 말한다.
2. 촉법소년은 형벌 법령에 저촉되는 행위를 한 10세 이상 14세 미만인 소년을 말한다.
3. 우범소년은 (i) 집단적으로 몰려다니며 주위 사람들에게 불안감을 조성하는 성벽(性癖)이 있는 것, (ii) 정당한 이유 없이 가출하는 것, (iii) 술을 마시고 소란을 피우거나 유해환경에 접하는 성벽이 있는 것에 해당하는 사유가 있고, 그의 성격이나 환경에 비추어 앞으로 형벌 법령에 저촉되는 행위를 할 우려가 있는 10세 이상인 소년을 말한다.

소년법상 인정되는 보호처분은 다음과 같다(제32조 제1항). 즉, (i) 보호자 또는 보호자를 대신하여 소년을 보호할 수 있는 사람에게 감호위탁, (ii) 수강명령, (iii) 사회봉사명령, (iv) 보호관찰관의 단기(短期) 보호관찰, (v) 보호관찰관의 장기(長期) 보호관찰, (vi) 아동복지법에 따른 아동복지시설이나 그 밖의 소년보호시설에 감호위탁, (vii) 병원, 요양소 또는 보호소년 등의 처우에 관한 법률에 따른 의료재활소년원에 위탁, (viii) 1개월 이내의 소년원 송치, (ix) 단기 소년원 송치, (x) 장기 소년원 송치 등이다. 이 각 호의 처분 상호 간에는 그 전부 또는 일부를 병합할 수 있으며(동조 제2항), 다만, (iii)의 처분은 14세 이상의 소년에게만 할 수 있고(동조 제3항), (ii) 및 (x)의 처분은 12세 이상의 소년에게만 할 수 있다(동조 제4항). 이때 소년의 보호처분은 그 소년의 장래 신상에 어떠한 영향도 미치지 아

니한다(동조 제6항). (vii)부터 (x)까지의 처분에 의하여 가정법원소년부 또는 지방
법원소년부로부터 위탁되거나 송치된 보호소년의 처우와 교정교육 등에 대하여는
보호소년 등의 처우에 관한 법률에서 따로 규정하고 있다.

이외에 소년부 판사는 보호관찰처분에 따른 부가처분을 할 수 있다. 즉, (iv)
또는 (v)의 처분을 할 때에 3개월 이내의 기간을 정하여 보호소년 등의 처우에
관한 법률에 따른 대안교육 또는 소년의 상담·선도·교화와 관련된 단체나 시설
에서의 상담·교육을 받을 것을 동시에 명할 수 있으며(제32조의2 제1항), 1년 이내
의 기간을 정하여 야간 등 특정 시간대의 외출을 제한하는 명령을 보호관찰대상
자의 준수사항으로 부과할 수 있다(동조 제2항). 또한 소년부 판사는 가정상황 등
을 고려하여 필요하다고 판단되면 보호자에게 소년원·소년분류심사원 또는 보호
관찰소 등에서 실시하는 소년의 보호를 위한 특별교육을 받을 것을 명할 수 있다
(동조 제3항).

나. 보호처분의 기간

보호처분의 기간은 다음과 같다(제33조). 즉, 보호처분 중 (i)·(vi)·(vii)의 위
탁기간은 6개월로 하되, 소년부 판사는 결정으로써 6개월의 범위에서 한 번에 한
하여 그 기간을 연장할 수 있다. 다만, 소년부 판사는 필요한 경우에는 언제든지
결정으로써 그 위탁을 종료시킬 수 있다(제1항). (iv)의 단기 보호관찰기간은 1년
으로 한다(제2항). (v)의 장기 보호관찰기간은 2년으로 한다. 다만, 소년부 판사는
보호관찰관의 신청에 따라 결정으로써 1년의 범위에서 한 번에 한하여 그 기간을
연장할 수 있다(제3항). (ii)의 수강명령은 100시간을, (iii)의 사회봉사명령은 200시
간을 초과할 수 없으며, 보호관찰관이 그 명령을 집행할 때에는 사건 본인의 정상
적인 생활을 방해하지 아니하도록 하여야 한다(제4항).

또한 (ix)에 따라 단기로 소년원에 송치된 소년의 보호기간은 6개월을 초과하
지 못하며(제5항), (x)에 따라 장기로 소년원에 송치된 소년의 보호기간은 2년을
초과하지 못한다(제6항). 다만, (vi)부터 (x)까지의 어느 하나에 해당하는 처분을
받은 소년이 시설위탁이나 수용 이후 그 시설을 이탈하였을 때에는 위 처분기간은
진행이 정지되고, 재위탁 또는 재수용된 때로부터 다시 진행한다(제7항).

다. 보호처분의 변경과 취소

소년부 판사는 위탁받은 사람이나 보호처분을 집행하는 사람의 신청에 따라 결정으로써 보호처분과 부가처분을 변경할 수 있다. 다만, (ⅰ)·(ⅵ)·(ⅶ)의 보호처분과 제32조의2 제1항의 부가처분((ⅳ) 또는 (ⅴ)의 처분을 할 때에 3개월 이내의 기간을 정하여 보호소년 등의 처우에 관한 법률에 따른 대안교육 또는 소년의 상담·선도·교화와 관련된 단체나 시설에서의 상담·교육을 받을 것을 동시에 명할 수 있다)은 직권으로 변경할 수 있다(제37조 제1항).

한편, 보호처분이 계속 중일 때에 사건 본인이 처분 당시 19세 이상인 것으로 밝혀진 경우에는 소년부 판사는 결정으로써 그 보호처분을 취소하고, 다음의 구분에 따라 처리하여야 한다(제38조 제1항). 즉, (ⅰ) 검사·경찰서장의 송치 또는 소년부에의 통고(제4조 제3항)에 의한 사건인 경우에는 관할 지방법원에 대응하는 검찰청 검사에게 송치한다. (ⅱ) 법원이 송치한 사건인 경우에는 송치한 법원에 이송한다. (ⅰ)·(ⅱ)의 소년에 대한 보호처분이 계속 중일 때에 사건 본인이 행위당시 10세 미만으로 밝혀진 경우 또는 우범소년(제4조 제1항 제3호)에 대한 보호처분이 계속 중일 때에 사건 본인이 처분당시 10세 미만으로 밝혀진 경우에는 소년부 판사는 결정으로써 그 보호처분을 취소하여야 한다(동조 제2항).

또한 보호처분이 계속 중일 때에 사건 본인에 대하여 유죄판결이 확정된 경우에 보호처분을 한 소년부 판사는 그 처분을 존속할 필요가 없다고 인정하면 결정으로써 보호처분을 취소할 수 있다(제39조).

그리고 보호처분이 계속 중일 때에 사건 본인에 대하여 새로운 보호처분이 있었을 때에는 그 처분을 한 소년부 판사는 이전의 보호처분을 한 소년부에 조회하여 어느 하나의 보호처분을 취소하여야 한다(제40조).

찾아보기

저자약력

강 동 욱

법학박사
전) 관동대학교 교수
전) 한양대학교, 국립 경찰대학 강사
전) 동국대학교 법과대학 학장 겸 법무대학원 원장
전) 한국법학교수회 부회장
전) 서울중앙지방검찰청 형사상고심의위원회, 대검찰청 검찰수사심의위원회,
    서울고등검찰청 영장심의위원회 위원
동국대학교 법과대학 교수
법무부 여성아동정책심의회 위원장
법무부 법무보호위원
서울동부지방검찰청 형사조정위원
국가연구개발과제 범부처 평가위원
민주화운동관련자 명예회복 및 보상심의위원회 위원
서울 동부노인보호전문기관 사례판정위원회 위원장
한국법정책학회, 한양법학회, 한국아동보호학회 고문
한국탐정학회 회장, 한국아동학대예방협회 부회장 등
사법시험, 행정고시, 입법고시 및 각종 국가공무원(경찰공무원 포함)시험 출제위원,
    선정위원, 면접위원 등

제 3 판
강의 형법총론

초판 발행	2020년 7월 30일
제2판 발행	2021년 8월 30일
제3판 발행	2024년 7월 25일

지은이	강동욱
펴낸이	안종만 · 안상준

편 집	양수정
기획/마케팅	정연환
표지디자인	권아린
제 작	고철민 · 김원표

펴낸곳	(주) **박영사**
	서울특별시 금천구 가산디지털2로 53, 210호(가산동, 한라시그마밸리)
	등록 1959. 3. 11. 제300-1959-1호(倫)

전 화	02)733-6771
f a x	02)736-4818
e-mail	pys@pybook.co.kr
homepage	www.pybook.co.kr
ISBN	979-11-303-4745-5 93360

* 파본은 구입하신 곳에서 교환해 드립니다. 본서의 무단복제행위를 금합니다.

정 가	32,000원